上海大学（1922—1927）全史

SHANGHAI DAXUE (1922—1927) QUANSHI

胡申生 著

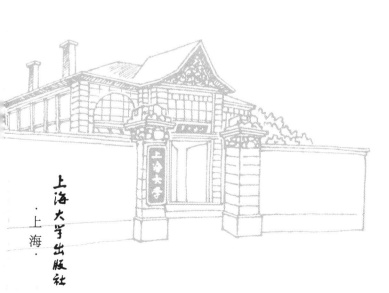

上海大学出版社
·上海·

图书在版编目(CIP)数据

上海大学(1922-1927)全史 / 胡申生著. —上海：上海大学出版社,2022.7
ISBN 978-7-5671-4490-3

Ⅰ.①上… Ⅱ.①胡… Ⅲ.①上海大学－校史－1922-1927 Ⅳ.①G649.285.1

中国版本图书馆CIP数据核字(2022)第107952号

责任编辑　傅玉芳　刘　强
封面设计　柯国富
技术编辑　金　鑫　钱宇坤

上海大学(1922—1927)全史

胡申生　著

上海大学出版社出版发行
(上海市上大路99号　邮政编码200444)
(http://www.shupress.cn　发行热线 021-66135112)
出版人　戴骏豪

*

南京展望文化发展有限公司排版
上海东亚彩印有限公司印刷　各地新华书店经销
开本 787mm×1092mm 1/16 印张 24.75 字数 527千
2022年7月第1版　2022年7月第1次印刷
ISBN 978-7-5671-4490-3/G·3449　定价 85.00元

版权所有　侵权必究
如发现本书有印装质量问题请与印刷厂质量科联系
联系电话：021-34536788

自 序

胡申生

为20世纪20年代的上海大学作史立传的念头,萦回于脑际,盘桓在心中,非一年两年了。2012年5月,上海大学举行了一个大型研讨会,既庆祝新上海大学组建18周年,又纪念老上海大学成立90周年。承蒙学校青睐,让我在研讨会上作了题为"20世纪20年代上海大学精神的传承与弘扬"的发言。从那次会议以后,学校就紧锣密鼓地筹建老上海大学的纪念地——溯园,我也和学校宣传部的谢瑾一起,承担了溯园中关于老上海大学介绍的所有文字的执笔工作。同时,又参加了当时学校的一个重点文化工程——《20世纪20年代的上海大学(上下卷)》的编纂。2014年5月,也就是在庆祝新上海大学组建20周年、纪念老上海大学成立92周年之际,溯园落成,总计180多万字的《20世纪20年代的上海大学(上下卷)》正式出版。这标志着新上海大学对20世纪20年代诞生的上海大学的纪念力度、资料搜集和研究质量达到了前所未有的水平和高度。而我自己不揣浅陋,为老上海大学作史立传的心愿也发轫于此。

2014年5月,我已办妥退休手续,自思今后自己所有的文字见诸报端,形成著述,都无干功利。然而,我知道,20世纪20年代的上海大学这一段历史,值得写,必须写,还需有人写,于是便义无反顾地投身于此。屈指算来,从发愿到今天本书的付梓,历时已整整8年了。

我有幸曾在几位当代历史名家绛帐之下受过几年亲炙,知道作史立传之不易,须从最基本的资料搜集、排梳、考订入手。于是在2018年9月,完成了《上海大学(1922—1927)编年事辑》的初稿,作为《上海大学(1922—1927)全史》的基础和依据。然而,自己深知,上海大学全史的写作条件依然没有成熟。上海大学涉及人物众多,有教师,有学生,必须将重要人物在上海大学的来龙去脉逐一爬梳考订清楚,于是就有了2020年出版的《从上海

大学(1922—1927)走出来的英雄烈士》和 2021 年出版的《他们从上海大学(1922—1927)走进新中国》两本著述。这两本书共记载了上海大学 133 位师生的事迹,考订记叙了他们在上海大学任教求学的经历,许多史料都是新发掘搜集的,不是由现成资料拼凑而成的。另外,实际上写成而没有或不便放在这两本书中出版的人物还有不少。为人物立传,这也是一部史书不可缺少的基础和环节。

从 2020 年开始,上海大学对 20 世纪 20 年代的上海大学的研究到了一个全新的阶段,对这座红色高等学府血脉与精神的赓续又达到一个新的高度。上海大学成立了"红色学府 百年传承"丛书编委会,拙著《从上海大学(1922—1927)走出来的英雄烈士》《他们从上海大学(1922—1927)走进新中国》也入选丛书。在学校的领导和支持下,我和上海大学出版社的傅玉芳、刘强等几位编辑,又合力编著出版了《上海大学(1922—1927)研究文选(1980—2020)》《上海大学(1922—1927)师生回忆录》《上海大学(1922—1927)演讲集》《上海大学(1922—1927)师生诗文书信选》《上海大学(1922—1927)教材》等;同时,上海大学文学院、上海大学档案馆等也编著出版了《上海大学(1922—1927)与五卅运动》《上海大学(1922—1927)与五卅运动外文史料选辑》《〈民国日报〉中的上海大学(1922—1927)》《〈新闻报〉〈大公报〉〈时报〉〈中央日报〉中的上海大学(1922—1927)》等,这些著述集成 12 本一函的"溯源——红色学府 百年传承"丛书,蔚为大观。这套丛书的编撰出版,展示了新上海大学对老上海大学史料的挖掘和研究所取得的令人瞩目的新成就,也为我的《上海大学(1922—1927)全史》的写作提供了更多更新的史料支撑。

关于上海大学(1922—1927)的史料,在这里还想多说几句。1984 年,复旦大学出版社出版的由黄美珍、石源华、张云编写的《上海大学史料》,堪称滥觞之作;1986 年,上海社会科学院出版社出版的由王家贵、蔡锡瑶编著的《上海大学(1922—1927)》,是接续之作;2014 年,上海大学出版社出版的《20 世纪 20 年代的上海大学(上下卷)》,则为集大成之作。在《20 世纪 20 年代的上海大学(上下卷)》中,不仅涵盖了前两种著述的主要内容,还增添了大量新搜集、新发现的史料,包括在台北搜集到的许多第一手档案资料。还要特别强调的是,从 2020 年开始,新上海大学以赓续老上海大学红色血脉为己任,在搜集老上海大学史料方面又有新的突破、新的收获,分别从我国台湾地区和相关纪念馆以及俄罗斯等国家获得了一批十分珍贵的新的档案资料。这些档案资料的发现和展出,为本书的撰写提供了更多、更新的科学依据。

本书的实际撰写,是从 2021 年 7 月开始的。在综合分析考订大量史料的基础上,确定本书的主要框架为——上海大学是一所正规的大学、上海大学是一所爱国的大学、上海大学是一所革命的大学。在书中，每一句话、每一个结论都力求有相关史料为支撑依据，不虚妄，不溢美，但当肯定褒赞之处也绝不吝惜笔墨。著者之意是通过本书的撰述出版，让读者看到一个真实的上海大学，了解它为什么是一所"正规的""爱国的""革命的"大学。

严格地说，本书不是一部学术著作，没有按照时下通行的学术套路来写，也不求闻达于学术之林。由于老上海大学的革命性，导致在其存世不到五年的时间里，被帝国主义海军陆战队武力封闭在前，遭蒋介石反动新军阀武力解散于后，大量办学档案散失湮灭，幸存档案又遭兵燹之祸，所以在本书写作过程中每每有史料不足之叹。因此，对已有之史料，即使一鳞半爪，亦觉弥足珍贵，不忍割舍。另外，著者也深知有读者并不完全认同老上海大学为"红色高等学府"之说，以"自我溢美"嘲讽者有之，以"自我抬高"腹诽者有之。所以，在行文中以"多引资料，少发议论"为原则，用史料说话。如老上海大学存世之时，舆论界就有"文有上大，武有黄埔"和"北有五四的北大，南有五卅的上大"之誉。对这两句话的引用，为脱"孤证"之嫌，不惮穷搜之烦，查找其出处，并在书中各举两条书证。此举虽嫌累赘，却不失真实。这也是本书的一个特点。

司马迁之《史记》，班固之《汉书》，前者为纪传体通史之滥觞，后者开纪传体断代史之先河。这两本史学巨著都有人物列传之设，并为后世历代正史尊为圭臬。新中国成立后，史著改章节体，多不单列人物传记。直至白寿彝以总主编之身，主持《中国通史》12卷22册的大工程，才直言史著不设人物传记之谬，而专设"传记"体制，且所占篇幅不弱。本书之微末，自不能与大家比肩，但愿效白寿彝《中国通史》之体例，增设"人物志"，为上海大学的教师、学生及相关人员单列小传，以求书稿经纬互补，使读者得窥老上海大学之全豹。

本书虽为积 8 年之功作成，但著者深知自己的才学不足以担当此任，只是一种时不我待的使命感促使自己勉为其难。作为上大人，著者愿以这本小书献给上海大学建校 100 周年。"溯源、奋进、共襄、传扬"，著者愿在上海大学党委的领导下，不揣衰朽，做晨曦中的赶路人，为赓续红色血脉、创上海大学新的辉煌而尽绵薄之力。

2022 年 3 月

凡 例

一、本书出现的人物均为通行名,曾用名或在行文中说明或以括号形式注明。

二、本书所引用的文献、档案、史料、著作等,一律注明出处。对史料的考订,以注释的形式加以说明。

三、本书所引用的旧闻、旧著等,一律改用简化字和现代汉语标点符号。具体内容尊重当时的行文习惯。除明显的错、漏字予以改正或改在〔 〕内外,其余一仍其旧。史料中难以辨认的字,以□代替。

四、本书有"人物志"作为专章,以人物姓氏的汉语拼音字母顺序排列;遇有叔侄、兄弟、兄妹、姊妹等关系的,则酌情编排在一起,以便行文和查检。

五、本书所涉及的人物,凡已在"人物志"中列专条介绍的,不在书中出注;其他相关人物则视行文需要在注释中介绍。

目 录

楔子　一个新的时代催生了上海大学的呱呱坠地 ………………………………… 1

第一编　上海大学是一所正规的大学

第一章　上海大学是在国共酝酿合作的背景下，由国共两党共同创办的一所大学 …… 5

第一节　国共合作的酝酿为上海大学的诞生埋下了伏笔 …………………… 5
　　　孙中山的愤怒与无奈 ……………………………………………………… 5
　　　中国共产党的"西湖会议" ………………………………………………… 5
　　　李大钊和孙中山在上海会晤 ……………………………………………… 6

第二节　在东南高等专科师范学校"学潮"中诞生的上海大学 ……………… 7
　　　学店：东南高等专科师范学校 …………………………………………… 7
　　　稽直结识的两位共产党员 ………………………………………………… 8
　　　一顿"夹生饭"成为闹学潮的导火线 …………………………………… 9
　　　为什么新校长是于右任 ………………………………………………… 10
　　　共产党参与了新校长的遴选并给出了建议 …………………………… 11
　　　邵力子的促驾与说项 …………………………………………………… 11
　　　上海大学成立 …………………………………………………………… 12
　　　围绕着上海大学的成立引起的争纷诉讼得到了结 …………………… 13

第三节　上海大学办学开始步入正轨 ………………………………………… 14
　　　于右任对上海大学的初步整顿 ………………………………………… 14
　　　邓中夏来了 ……………………………………………………………… 15
　　　上海大学的"大管家" …………………………………………………… 16
　　　从《上海大学暂行校则》到《上海大学章程》 …………………………… 17
　　　附：上海大学章程 ……………………………………………………… 18

1

第二章　上海大学办学面面观 ……………………………………………… 22

第一节　上海大学的定名、宗旨、校徽、校旗 …………………………… 22
- 上海大学的定名 ……………………………………………………… 22
- 上海大学的宗旨 ……………………………………………………… 22
- 上海大学的校徽 ……………………………………………………… 23
- 上海大学的校旗 ……………………………………………………… 23

第二节　上海大学议事、决策机制和董事会 …………………………… 23
- 从教务会议到全体教职员会议再到评议会 ………………………… 23
- 上海大学行政委员会 ………………………………………………… 24
- 上海大学董事会 ……………………………………………………… 25

第三节　上海大学的行政架构 …………………………………………… 25
- 校级层面 ……………………………………………………………… 25
- 系部层面 ……………………………………………………………… 26

第四节　上海大学的办学经费 …………………………………………… 27
- 学费收入 ……………………………………………………………… 27
- 对困难学生提供各种帮助 …………………………………………… 28
- 坚持私立大学的收费标准 …………………………………………… 28
- 教职员的薪水支出 …………………………………………………… 29
- 国民党中央的拨款收入 ……………………………………………… 29
- 经费短缺是办学的常态 ……………………………………………… 30

第五节　上海大学办学条件的逐步改善 ………………………………… 30
- 创设图书馆 …………………………………………………………… 30
- 拟在宋园建筑新校舍 ………………………………………………… 31
- 校舍的几经搬迁 ……………………………………………………… 32

第六节　上海大学的学科和专业 ………………………………………… 34
- 原有之学科和专业 …………………………………………………… 34
- 实际办的学科和专业 ………………………………………………… 34
- 办过一阵又取消的学科和专业 ……………………………………… 34
- 规划办而实际上并没有办的学科和专业 …………………………… 35

第七节　上海大学的教师聘任和师资队伍建设 ………………………… 35
- 成立初期的教授聘任 ………………………………………………… 35
- 国民党要员受邀任教授 ……………………………………………… 36
- 中国共产党早期领导人和党员成为教授的中坚力量 ……………… 37
- 第一流的学者、专家云集 …………………………………………… 37
- 选课教授、外籍教师和其他教职员 ………………………………… 38

		教师的学历和留学情况	38
第八节	上海大学招生、入学考试、录取、毕业工作和学习制度安排		38
		招生宣传和录取工作	38
		新生录取的类别	39
		学分制和选课制	40
		学生总数	40
第九节	上海大学中学部		41
		从"普通科"到中学部	41
		陈德徵和《发展中的上海大学中学部》	41
		中学部的教育方针和组织形态	42

第三章　沪上名校：上海大学　47

第一节　从"弄堂大学"到"上海著名大学"　47
　　师生心目中的"弄堂大学"　47
　　"弄堂大学"和"野鸡大学"　48
　　媒体的报道和介绍　48
　　于右任以上海大学校长的名义接待爱因斯坦　49

第二节　教学管理与教材建设　49
　　教学管理严格　49
　　自编讲义与教材　50
　　学生眼中的上海大学讲义　51

第三节　新型的教学风气、教学方法和师生关系　52
　　教师的教学态度　52
　　倡导理论联系实际学风　53
　　讲课生动有趣　54
　　新型而又良好的师生关系　55
　　用正确的观点教育和引导学生　56

第四节　三系一科——办学成就的主要体现　57
　　瞿秋白与社会学系　58
　　陈望道与中国文学系　59
　　何世桢与英国文学系　61
　　洪野与美术科　62

第五节　中学部与俄语专业　64
　　侯绍裘与中学部　64
　　深孚社会声望的俄文专业　66

第六节	举办各类演讲活动	68
	本校教师在课堂、集会和各类活动中的演讲	68
	社会名人在上海大学的演讲	71
	海外回国的中国学者与外国学者在上海大学的演讲	74
	本校教师在校外的演讲	75
第七节	校园文化生活	77
	教职员的聚餐会	77
	文化娱乐与体育活动	78
	成立学生社团	79
	组织成立同乡会和同学会	80
	成立校工团	81
	成立女同学会	81
第八节	上海大学的刊物	82
	校内刊物	82
	在社会上公开发行的刊物	83
	与《民国日报》合作编辑出版发行文艺副刊	84
	出版小册子	85

第二编　上海大学是一所爱国的大学

第一章	上海大学的反帝反军阀斗争	89
第一节	上海大学从成立伊始就亮出了反帝反军阀的大旗	89
	反帝反军阀是中国人民普遍的愿望和要求	89
	上海大学不在北洋政府教育部注册登记	89
	校长于右任、代理校长邵力子都是真诚的爱国者	90
	用先烈的爱国事迹与革命精神来教育和影响学生	92
第二节	上海大学的反对帝国主义的斗争	94
	参加"国民对日外交游行"	94
	四川同乡会为日轮"德阳丸"事件发抗议通电	95
	学生会为南京惨案发表通电	95
	反对日本御用机关发起召开"全亚细亚会议"	96
	陈阿堂被日本水手殴打致死事件	96
	反对英国借款资助奉系军阀	97
	为"宁案"敦促国民政府向英美提出严重抗议	97
	参加反英大同盟会	97

第三节	上海大学积极参加非基督教运动，反对帝国主义的文化侵略	98
	非基督教运动在全国的开展	98
	积极参加非基督教运动	99
	成立非基督教同盟会组织	99
	用各种形式进行非基督教活动	100
	出版非基督教小册子《圣诞节的敬礼》	101
第四节	上海大学反对军阀的斗争	103
	反对北洋政府教育总长彭允彝的倒行逆施	103
	参加"五九"国耻纪念日活动	104
	反对曹锟贿选	104
	反对马联甲、倪道烺、孙传芳、刘镇华、邓本殷等地方反动军阀	105
	声援和支持全国各地学生反军阀斗争	107
	录取各地被军阀迫害的学生	109
第五节	代理校长邵力子被控案是上海大学反帝爱国斗争的重要组成部分	110
	邵力子被控案的缘起	110
	邵力子被控案第一次开审，控方所控"仇洋"案由就被注销	110
	邵力子被控案复审，案子被撤销	111
	邵力子在《民国日报》《申报》刊登启事	111
	邵力子第二次被租界巡捕房提起控诉	112
	邵力子第二次被控案作出判决	113
	邵力子致淞沪警厅长书	113
	邵力子第三次遭巡捕房控告案	114
	邵力子第三次被控案继续审讯	115
第六节	上海大学支持和声援北伐战争	116
	北伐军节节胜利逼近上海	117
	直接参加北伐战争	117
	声援北伐军	118
	四次到兵营慰劳北伐军	119

第二章 拥护孙中山的政治主张，深切哀悼孙中山的不幸逝世 ······ 120

第一节 上海大学成立后，孙中山在各方面对上海大学进行支持 ······ 120
  亲任上海大学董事和名誉校董 ······ 120
  在办学经费上予以支持 ······ 121
  支持上海大学学生社团 ······ 121
  支持因反对军阀而失学的进步学生进入上海大学读书 ······ 121

		支持学生的反帝爱国运动，反对国民党右派	122
第二节		敬仰拥戴孙中山	122
		将孙中山的《实业计划》英文原著作为教材	122
		成立研究会宣传三民主义	122
第三节		欢迎孙中山北上，积极支持孙中山提出的召开国民会议的主张	123
		北京发生政变	123
		孙中山发表《北上宣言》，提出召集国民会议主张	123
		上海大学师生欢迎孙中山一行抵达上海	124
		积极支持孙中山提出的召开国民会议的主张	125
		发起组织"上海国民会议促成会"	127
		积极参加争取女界参与国民会议的活动	128
		与南洋大学等一起发起请全上海学生讨论国民会议	129
		教授施存统发表文章《新年的第一件工作　努力促成国民会议》	129
第四节		沉痛悼念孙中山不幸逝世	130
		致电校长于右任代为转达对孙中山病情的关心忧念	130
		参加孙中山悼念活动，向国民党中央发唁电	131
		上海大学和上海大学平民学校分别举行追悼孙中山大会	132
		发表悼念文章和悼念诗作	132
		《新群》半月刊出版"纪念孙中山先生专号"	134
		发起成立"孙中山主义研究会"	135
第五节		积极进行将上海大学改名为中山大学的活动	136
		学生会提议改上海大学为中山大学	136
		国民党中央赞同将上海大学改名为中山大学	137
		上海大学改名为国立中山大学这一愿望最终没有实现	139

第三编　上海大学是一所革命的大学

第一章	中国共产党在和国民党共同创办的上海大学中占有主导地位	143
第一节	中国共产党参与了上海大学的筹建决策并直接参加学校高层的管理实践	143
	中国共产党对上海大学校长的人选给出了建议	143
	中国共产党早期主要领导人直接参与了上海大学的办学实践	144
第二节	中国共产党人直接领导了学校的管理工作	146
	校部管理层主要由中国共产党人所掌握	146
	各系、科、部行政领导大多为共产党员	146

第三节	中国共产党人是上海大学教师的中坚力量	147
	中国共产党早期党员为教师的中坚力量	147
	国民党方面也承认上海大学的主导力量为共产党	147

第二章　上海大学党团组织的建设和发展 149

第一节	上海大学的中国共产党组织	149
	第一组——上海大学组	149
	上海大学党的支部	151
	直属上海区委领导的上海大学独立支部	151
	师生回忆中的上海大学党的组织	152
	上海大学党组织的组织建设	153
	上海大学党组织的思想建设	155
第二节	上海大学的青年团组织	156
	青年团上海大学支部	157
	共青团上海大学特别支部	158
	在青年团体中担任党团书记	158
	上海大学青年团的组织建设与思想建设	159

第三章　上海大学是中国共产党早期传播宣传马克思列宁主义的重要阵地 164

第一节	通过课堂讲台公开讲授、传播和宣传马克思列宁主义	164
	上海大学的社会学是一个以马克思主义为理论基础和理论指导的学科	164
	瞿秋白主讲的"社会学""社会哲学"	165
	蔡和森讲授"社会进化史"	166
	张太雷主讲"政治学""政治学史"	166
	恽代英主讲"国内政治""国际问题""现代政治"	167
	施存统主讲"社会思想史""社会运动史""社会问题"	167
	安体诚主讲"现代经济学"	168
	李季主讲"马克思主义"和"政治经济学"	168
	邓中夏、萧朴生、彭述之、郑超麟的讲课	169
第二节	通过讲座和演讲传播和宣传马克思列宁主义	169
	李大钊在上海大学所作的演讲	170
	瞿秋白在上海大学所作的演讲	173
	恽代英、施存统、董亦湘、李季在上海大学所作的演讲	175
	上海大学教授在上海夏令讲学会上的演讲	176

|第三节　在党团中央刊物和《民国日报》以及自办刊物上宣传马克思列宁主义 …… 177
　　上海大学的教授在党团中央机关刊物担任主编、编辑和主要撰稿者 …… 177
　　在《民国日报》副刊《觉悟》上编辑发表宣传马克思列宁主义的译文和介绍
　　　文章 …… 177
　　在上海大学自办刊物上刊登宣传马克思列宁主义的文章 …… 178
　　出版以马克思主义为指导的讲义和教材，在上海乃至全国产生重要影响
　　　…… 179
　　上海大学是学生接受马克思主义哺育的摇篮 …… 179
　　学生中的马克思主义理论家 …… 180

第四章　播撒革命火种，创建各地党团的基层组织 …… 183

第一节　上海大学党组织参与创建各地党团基层组织的原因 …… 183
　　中国共产党自我建设和发展的需要 …… 184
　　领导各地创建党团基层组织是在上海大学任教的党的领导人的主要革命
　　　工作之一 …… 184
　　上海大学中的一大批学生党员是由邓中夏、瞿秋白等直接培养发展的
　　　…… 185
　　上海大学理论联系实际办学理念的充分体现 …… 185

第二节　在全国各地创建的党的基层组织 …… 186
　　在安徽地区创建的党的基层组织 …… 186
　　在浙江地区创建的党的基层组织 …… 188
　　在江苏地区创建的党的基层组织 …… 188
　　在广东地区创建的党的基层组织 …… 189
　　在福建地区创建的党的基层组织 …… 190
　　在江西地区创建的党的基层组织 …… 190
　　在河南地区创建的党的基层组织 …… 191
　　在山东地区创建的党的基层组织 …… 191

第三节　在全国各地创建的青年团基层组织 …… 191
　　在安徽地区创建的青年团基层组织 …… 191
　　在浙江地区创建的青年团基层组织 …… 192
　　在江西地区创建的青年团基层组织 …… 192
　　在陕西地区创建的青年团基层组织 …… 192

第五章　投身轰轰烈烈的革命斗争和输送师生到苏联学习 …… 195

第一节　在党团各级岗位上任职，领导革命斗争 …… 195

	在党中央任职和工作	195
	在团中央任职和工作	196
	在中共上海地方组织任职和工作	196
	在中共上海部委一级担任书记	197
	在上海地方团委和团部委任职	197
	在工会系统任职	198
第二节	深入到工人居住区举办工人夜校，开展工人运动	198
	到工人中去	198
	办工人夜校	199
	在办工人夜校的过程中使自己的思想得到升华	201
	薛尚实的回忆	202
	办工友俱乐部	202
	领导"二月罢工"	203
第三节	参加学生运动	204
	在全国与上海学联任职	204
	重新出版《中国学生》	204
	推动建立上海学生军	205
	担任《上海学生》周刊主编	205
第四节	参加妇女解放运动和其他革命运动	205
	在党的妇女工作岗位上任职	205
	深入到女工和大学女学生中间开展工作，投身上海妇女运动	206
	参与领导上海妇女运动	207
	在中国济难会中任职	207
第五节	参加上海工人武装起义，经受血与火的斗争考验	208
	参加第一次上海工人武装起义	208
	参加第二次上海工人武装起义	209
	参加第三次上海工人武装起义	209
	参加上海工人三次武装起义的其他师生	211
第六节	输送师生到莫斯科东方大学和莫斯科中山大学学习	211
	到莫斯科东方大学学习的上海大学师生	212
	到莫斯科中山大学学习的上海大学师生	212
	上海大学师生赴苏学习都是由党组织统一安排的	213

第六章 五卅运动的策源地和五卅运动的先锋与主力 217

第一节 五卅运动爆发的导火线 217

	顾正红被日商枪杀	217
	抬着烈士的遗体游行	218
	公祭顾正红烈士大会	218
	上海大学、文治大学学生被捕案	219
第二节	震惊中外的"五卅惨案"	220
	中共中央发出进一步发动群众开展反对帝国主义的政治斗争的号召	220
	到南京路演讲示威	221
	喋血南京路	221
	上海大学校长于右任就五卅惨案在北京发表讲话	222
	会审公廨上的斗争	222
第三节	参加中国共产党领导的"三罢"斗争	224
	上海总工会成立,刘华任副委员长	224
	中国共产党领导"三罢"斗争	224
	上海大学师生积极参加"三罢"斗争	225
第四节	为五卅惨案中的何秉彝等烈士治丧	226
	成立"何秉彝烈士治丧委员会"和发表《告全国同胞书》	226
	上海各界举行何秉彝等五卅烈士追悼大会	226
	何秉彝是上海大学优秀的学生,是上海大学优秀的共产党员	227
第五节	向全国全世界宣传五卅惨案真相	227
	参加中国共产党第一张日报《热血日报》的创办和编辑工作	227
	刻印传单宣传五卅惨案真相	228
	参加《公理日报》的编辑工作	228
	参加《上海学生周刊》《上海工商学联合会日报》的编辑工作	229
	发起成立上海教职员救国同志会	229
	出版《上大五卅特刊》	230
	赴全国各地宣讲,说明五卅惨案真相	230
第六节	上海大学被租界当局以武力封闭	231
	上海大学被租界当局用武力封闭解散	231
	上海大学发表通电和宣言抗议帝国主义以武力占领和解散学校	233
	上海大学召开紧急会议作出重要决定,并在南市西门迅速成立临时校舍和办公点	234
	校长于右任自豫回沪主持大计	235
第七节	"北有五四的北大,南有五卅的上大"	237
	上海大学师生参与了五卅运动的决策和指挥	237
	在五卅运动中充当主力和先锋	238

录取王稼祥等大批因参加五卅运动而被学校当局开除的学生 ················ 239
"'五卅运动'的策源地" ················ 239

第七章 贯彻和维护党的统一战线方针，与国民党右派作坚决斗争 ················ 242

第一节 参加国民党上海执行部和国民党上海大学区分部的工作 ················ 242
国民党上海执行部成立 ················ 242
参加纪念孙中山在广东就任非常大总统三周年活动 ················ 243
参加国民党上海大学区分部工作 ················ 243
国民党上海执行部在上海大学的其他组织建设工作 ················ 244
国民党上海执行部宣传部向国民党中央提出在上海大学附设师范部 ················ 244

第二节 致力于平民教育工作 ················ 245
国民党上海执行部成立平民教育委员会 ················ 245
上海大学成立平民学校 ················ 245
上海大学平民学校师资队伍、课程设置、学生来源和教材 ················ 246
上海大学平民学校举行毕业典礼和坚持办学的努力 ················ 247
重视对平民学校学员的思想教育 ················ 247

第三节 追悼列宁逝世和共同建立上海特别市临时政府 ················ 248
参加国民党上海执行部举行的追悼列宁大会 ················ 248
瞿秋白提议出版《列宁文集》 ················ 249
邵力子、施存统在上海各工团追悼列宁大会上发表演说 ················ 249
参与成立上海特别市临时市政府 ················ 249

第四节 "文有上大，武有黄埔" ················ 250
上海大学与黄埔军校是"革命之左右手" ················ 250
黄埔军校的建立 ················ 250
上海大学是黄埔军校的秘密报名招生与考试点 ················ 250
上海大学校长于右任参加了黄埔军校学生的招生与录取工作 ················ 251
来自上海大学的黄埔军校历届学员 ················ 252
来自上海大学的黄埔军校教员 ················ 253

第五节 "黄仁事件"是国共合作出现裂痕的标志 ················ 254
国民党上海大学区分部分成甲乙两派 ················ 254
杨之华、王一知等致函国民党上海执行部对国民党上海大学区分部工作提出意见 ················ 255
瞿秋白要求社会学系的学生主动团结中国文学系和英国文学系的学生 ················ 256
黄仁在天后宫"双十惨案"中被殴打致死 ················ 257

		"黄仁事件"在社会上激起巨大反响	257
		中国共产党对"黄仁事件"迅速表态	258
		上海大学举行"黄仁烈士追悼大会"	258
		"黄仁事件"是共产党和国民党右派在上海大学内分道扬镳的标志性事件	259

第六节	旗帜鲜明地与"戴季陶主义""国家主义派"作斗争	260
	戴季陶和"戴季陶主义"	260
	对"戴季陶主义"的批判	261
	"青年党"与"国家主义派"	262
	对"国家主义派"的批判	263

第七节	上海大学永久校舍的建成是党的统一战线的重要成果	264
	成立新校舍建筑募捐委员会	264
	新校舍建筑募捐初战告捷	265
	组成募捐团到广州开展募捐活动	265
	先后七次致函国民党中央执行委员会要求拨款补助永久校舍建筑	266
	国民党中央最终拨付给上海大学校舍建筑补助费2万元是国共合作的一项具体成果	267
	永久校舍的建成和投入使用	267

第八章 风雨如晦,鸡鸣不已 … 269

第一节	中国共产党和党领导的青年团组织在上海大学始终处于秘密状态	269
	中国共产党领导上海大学的活动多以国民党和学生组织名义出面	269
	党的组织活动都是秘密进行	270
	青年团的组织活动也同样处于秘密状态	271
	上海大学党团组织活动使用的秘密代号	272

第二节	上海大学党组织的活动受到帝国主义和封建军阀的密切监视	272
	公共租界工部局早就盯上了上海大学	272
	日本驻沪总领事馆密切注意上海大学	274
	军阀当局密切监视上海大学	274
	刘华上了帝国主义和反动军阀势力的"黑名单"	274

第三节	上海大学被以蒋介石为代表的新军阀武力封闭	276
	上海大学教育教学秩序重新进入了正常轨道	276
	上海大学被国民党军警查封	276
	师生回忆上海大学横遭国民党军警查封	277

| 第四节 | 为有牺牲多壮志,敢叫日月换新天 | 278 |

		瞿秋白是上海大学第一个被通缉的共产党人	278

　　　　　　上海大学学生、上海总工会副委员长刘华被害案 278
　　　　　　军阀当局对上海大学革命进步学生的追捕 280
　　　　　　周水平被军阀孙传芳抓捕处死 281
　　　　　　贺威圣不屈而死 282
　　　　　　侯绍裘死在蒋介石的屠刀之下 282
　　　　　　为有牺牲多壮志，敢叫日月换新天 283
　　　第五节　上海大学在中国共产党早期发展中的地位和作用 284
　　　　　　是中国共产党早期发展阶段的一所干部学校 284
　　　　　　是中国共产党早期领导人和优秀党员的蓄水池和中转站 284
　　　　　　为宣传马克思列宁主义作出无可替代的贡献 285
　　　　　　为中国共产党、中国革命汇集和培养了大批优秀人才 285

第四编　上海大学人物志

第一章　上海大学董事会董事、教职员传略 293
　　第一节　董事会董事传略 293
　　　　　　名誉校董 293
　　　　　　校董 293
　　第二节　教职员 295

第二章　上海大学学生和相关人物传略 320
　　第一节　学生 320
　　第二节　中共上海兼区委第一组上海大学组成员 362

余绪　追认学籍，筹划复校 365

参考文献 367

后记 371

楔子
一个新的时代催生了上海大学的呱呱坠地

上海大学诞生于20世纪20年代,从成立到被蒋介石反动当局武力封闭,存世的时间不到五年。但是,恰如鹤鸣九皋、声震八荒,又似电光石火、辉耀霄壤,无论是在中国革命史还是在中国高等教育史上,上海大学,都留下了浓墨重彩的一笔,书写了独特的篇章。

上海大学成立的确切时间是1922年10月23日。在这之前的1921年7月23日晚上,中国共产党第一次全国代表大会在上海法租界望志路106号(今兴业路76号)召开。党的一大的召开和上海大学的成立前后相距15个月,即一年零三个月的时间;如果将时间再朝前推移,1919年5月4日,五四运动爆发;如果将时间再朝前推到1917年11月7日(俄历10月15日),俄国十月社会主义革命取得伟大胜利;如果将时间再上溯到1915年9月,陈独秀在上海创办了《青年杂志》(后改名《新青年》),在思想文化领域掀起了一场以民主和科学为旗帜,向封建思想、道德、文化宣战的新文化运动。

新文化运动对中国封建文化进行了勇猛的冲击,形成了一场前所未有的启蒙运动和空前深刻的思想解放运动。虽然由于阶级和时代的局限,新文化运动在思想认识和思想方法上还存在这样或那样的缺点,但这次运动的大方向是正确的,反对封建文化的态度是坚决的,因而有力地打击和动摇了长期以来封建思想的统治地位,唤醒了一代青年,使中国的知识分子尤其是广大青年受到一次民主和科学思想的洗礼,从而打开了遏制新思想涌流的闸门,在中国社会上掀起一股生气勃勃的思想解放的潮流。

俄国十月革命的胜利是人类历史上一个划时代的事件,极大地改变了20世纪世界历史的进程。它唤醒了西方的无产阶级,也唤醒了东方的被压迫民族。在十月革命的影响下,西方无产阶级争取社会主义的斗争与东方殖民地、半殖民地人民争取民族解放的斗争开始汇合。从此,世界长期呈现社会主义制度和资本主义制度相斗争、社会主义国家和资本主义国家相对立的总体态势。"十月革命一声炮响,给中国送来了马克思列宁主义"[①]。俄国十月革命的胜利,极大地鼓舞了中国人民和中国的先进分子,对中国革命产生了巨大

---

① 《中共中央关于党的百年奋斗重大成就和历史经验的决议》,2021年11月11日中国共产党第十九届中央委员会第六次全体会议通过。

的影响。中国先进分子接受和传播马克思主义并建立中国共产党,就具有了现实的可能性。

五四运动是近代中国历史上第一次由学生、工人和其他群众掀起的反对帝国主义、反对封建主义的爱国运动。在五四运动期间,中国工人阶级以自己特有的组织性和斗争的坚定性,在运动中发挥主力军作用并开始作为一支独立的政治力量登上历史舞台。工人运动本身也逐步由经济斗争上升为政治斗争。五四运动促进了马克思主义在中国的传播,对中国先进分子认识工人阶级的历史作用和强大力量、接受马克思主义并到工人群众中去开展宣传活动、促进马克思主义同中国工人运动的结合,有着重要的影响。五四运动的发生,加速了中国共产党成立的进程。

中国共产党的成立是开天辟地的大事件,是近代中国革命史上划时代的里程碑。中国共产党所提出的纲领和奋斗目标,代表着中国社会发展的正确方向,代表着中国无产阶级和其他广大劳动群众的根本利益。因此,从它的诞生之日起,就充满着勃勃的生机和活力,预示着中国的光明和希望,中国革命的面貌从此焕然一新。

从1915年9月《青年杂志》的创办到1921年7月中国共产党的成立,这些重要的时间节点,这些重要的事件和运动,无疑对上海大学这所红色高等学府的呱呱坠地,起到了催生作用。

第一编

上海大学是一所正规的大学

第一章
上海大学是在国共酝酿合作的背景下,由国共两党共同创办的一所大学

第一次国共合作的标志是 1924 年 1 月在广州召开的国民党第一次全国代表大会,而其酝酿的时间,则从 1922 年就开始了。上海大学,就是在中国共产党和中国国民党酝酿合作的大背景下,由国共两党共同创办的一所大学。

第一节 国共合作的酝酿为上海大学的诞生埋下了伏笔

孙中山的愤怒与无奈

孙中山是中国民主革命的伟大先驱,他的革命生涯,充满艰难险阻。在他一生中遭受到的最严重的一次打击,经历过的最痛苦的一次失败,就是陈炯明的叛乱。

1921 年 5 月 5 日,孙中山在广州就任非常大总统。为了完成第二次护法任务,孙中山于 7 月下达出师北伐统一两广的命令。但这一命令遭到了广东省省长、粤军总司令陈炯明的反对,陈炯明于 1922 年 6 月 15 日悍然发动叛乱,炮击总统府。北伐军不敌,孙中山只得离开广州,于 8 月 4 日辗转来到上海。

陈炯明的叛乱导致了第二次护法战争的失败,孙中山虽对此愤怒不已,但内心却也充满着无奈。中国国民党本来就是一个成分复杂、组织松散的资产阶级政党。在 1919 年 10 月由国民党改成中国国民党后,其成员虽有所增加,但并没有从组织上统一起来。这次陈炯明叛乱,导致孙中山仓皇离粤,避居上海,使孙中山不得不承认他先前指望从美国、英国、日本等国家获取援助的想法实在是天真的幻想。他不得不重新寻求革命的出路,寻找新的革命同盟者。

中国共产党的"西湖会议"

正当孙中山彷徨无计、思量寻求新的革命同盟者的时候,中国共产党也差不多在同一

时间想到了与中国国民党结成统一战线这个大问题。

1922年7月16日,中国共产党第二次全国代表大会在上海召开。出席大会的代表有陈独秀、张国焘、李达、杨明斋、罗章龙、王尽美、许白昊、蔡和森、谭平山、李震瀛、施存统等12人,代表全国党员195人。大会讨论了中国社会的政治、经济情况和当前任务,通过了《世界大势与中国共产党》《民主的联合战线》《工会运动与共产党》《中国共产党加入第三国际》等决议案和党章。大会的中心任务是制定中国革命的纲领。大会讨论的主要问题,集中地反映在大会发表的《中国共产党第二次全国代表大会宣言》中。宣言对中国社会的政治、经济情况进行了正确分析,指出了当时中国社会是半殖民地半封建的性质,确定了中国当时的革命是反对帝国主义和封建主义的民族民主革命,指出了现阶段中国革命的动力是无产阶级、贫苦农民和小资产阶级,民族资产阶级也是革命力量之一。因此,只有无产阶级的革命势力联合资产阶级民主派,组成民主联合战线,进行共同的反帝反封建革命,才能打倒敌人,使民主主义革命迅速成功。

共产国际代表马林回到苏俄汇报工作后,带着共产国际的有关指示,再次来到中国。根据中国共产党第二次全国代表大会提出的"联合资产阶级民主派,组成民主联合战线,进行共同的反帝反封建革命"的精神,1922年8月,中共中央在杭州西湖召开了中国共产党中央执行委员会特别会议,讨论了中国共产党同国民党建立革命统一战线的问题。参加会议的有中共中央执行委员会委员陈独秀、李大钊、蔡和森、张国焘、高君宇和共产国际代表马林及其翻译张太雷。会议共开了两天。会上,马林根据共产国际的最新指示,提议中国共产党党员应以个人身份加入国民党,实现国共合作。起初,参加会议的中央执行委员对马林的建议思想上并不统一。经过马林的解释和说服,并经过充分讨论,会议决定在孙中山改组国民党的条件下,由共产党少数负责人先加入国民党,同时劝说全体共产党员以个人身份加入国民党。这次会议是中国共产党关于国共合作政策由党外合作到党内合作的转折点。由于这次会议是在杭州西湖召开的,史称"西湖会议"。

李大钊和孙中山在上海会晤

1922年8月下旬,中国共产党西湖特别会议结束之后,李大钊前往莫里爱路(今香山路)29号孙中山在上海的寓所拜访孙中山。

孙中山与李大钊,一个是中国国民党的创建者,一个是中国共产党的创始人之一。孙中山要比李大钊年长23岁,但这并不影响两人的交往。早在1919年,孙中山就和李大钊有了接触,而且孙中山亲眼看到李大钊在孜孜不倦地研究马克思主义和列宁的著作,感到很高兴①。这次李大钊受中共中央的委托与孙中山晤面,讨论了"振兴国民党以振兴中国"的"种种问题",孙中山对以李大钊为代表的中国共产党的这种真诚的帮助感到非常高

---

① 宋庆龄:《孙中山和他同中国共产党的合作》,《人民日报》1962年11月12日。

兴,他和李大钊"畅谈不倦,几乎忘食"①。从现存史料来看,李大钊拜会孙中山不止一次。在另一次交谈中,两人曾畅论孙中山的建国方略。席间孙中山提出,愿介绍李大钊加入国民党,李大钊当即向孙中山说明自己是第三国际的党员,孙中山说:"这不打紧,你尽管一面作第三国际党员,一面加入本党帮助我。"李大钊根据党的指示,同意了孙中山的提议,就由孙中山"亲自主盟",加入了国民党,成为中国共产党中第一个以个人身份加入国民党的人。

对于李大钊这样一位中国共产党的创始人,孙中山极为欣赏和佩服。正如宋庆龄所写的那样:"孙中山特别钦佩和尊敬李大钊,我们总是欢迎他到我们家来……孙中山在见到这样的客人后常常说,他认为这些人是他的真正的革命同志。他知道,在斗争中他能依靠他们明确的思想和无畏的勇气。"②可见,李大钊很好地贯彻执行了中国共产党第二次全国代表大会和西湖会议精神,完成了党交给他的联合孙中山、帮助孙中山"振兴国民党以振兴中国"这一重大的政治任务。李大钊和孙中山在上海的密会和晤谈,也为两个月后孙中山和李大钊等国共两党的领导人给予新生的上海大学全力支持和帮助,埋下了政治上的伏笔。

在这期间,中国共产党的领导人陈独秀、蔡和森、张国焘等也先后以个人身份加入了国民党。虽然国共合作的正式标志是1924年1月国民党第一次全国代表大会的召开,但是1922年8月中国共产党召开的"西湖会议",以及李大钊拜会孙中山、率先以个人身份加入国民党,可以说意味着国共合作进入了酝酿阶段。

上海大学正是在这样一个大背景下横空出世。

第二节 在东南高等专科师范学校"学潮"中诞生的上海大学

学店:东南高等专科师范学校

上海大学的前身是东南高等专科师范学校。

东南高等专科师范学校成立于何时,现在没能查到确切的记载。从目前看到的广告推测,应成立于1921年底到1922年初之间。1921年12月31日,《时报》刊登了东南高等专科师范学校的招生广告:

> 文学科:国学部、英文部;美术科:图画音乐部、图画手工部;普通科:五班,每班各四十人,男女并收。入学资格:文学科、美术科以师范学校、中〔等〕学校毕业生或

---

① 李大钊:《狱中自述》,《李大钊文集(下)》,人民出版社1984年版,第888页。
② 宋庆龄:《孙中山和他同中国共产党的合作》,《人民日报》1962年11月12日。

与之有同等学力者为合格；普通科以中等学校一年以上肄业生及高等小学成绩优良毕业生或与之有同等学力者为合格。考期：第一次十一年一月十五日；第二次十一年二月十日。考试地点：本校校舍建筑尚未竣工，试验在上海四川路中国青年总会。报名处：中国青年总会智育部办事处(星期日停止报名)。在外省远道，特准通函报名。投考手续：一切投考手续，备载章程。章程向上海西门方斜路庆安里六号本校办事处函索即寄。校址：上海闸北宝兴路。

通过这则广告可以了解东南高等专科师范学校的大致情况。学校分成文学科、美术科和普通科三科。其中文学科分国学、英文两部；美术科分图画音乐、图画手工两部；普通科实际上是预科，相当于附属中学。地点在闸北宝兴路①。1922 年 10 月 23 日在东南高等专科师范学校的基础上改制的上海大学，在其最初几个月的运行中基本上延续了这些学科架构。

东南高等专科师范学校是一所私立学校，其创始人是一名安徽籍人，叫王理堂，又叫王公燮，毕业于一所五年制的师范学校。他与河南籍的陈勋武为了迎合经过新文化运动和五四运动洗礼的广大青年学生追求知识、渴望读书的热情，开办了这所学校并以当时在青年中享有盛誉的新文化运动健将陈独秀、胡适、陈望道、邵力子等任教职为招牌，招揽学生。在 1922 年初开学的时候，竟招收学生多达 160 人左右，并且男女兼收，确实体现出一些革新性和进步性。当时，校长由王理堂自己担任，校务长由陈勋武担任，另一名叫汤石庵的安徽籍人任会计。

当满怀读书热望的各地学生进校后，才失望地发现学校的现状与报纸所登的广告以及其他相关的宣传、承诺相去甚远：校舍是五六幢弄堂房子，设备仅美术科有几架钢琴、风琴和一些石膏模型，图书也就是几本杂志和几份报纸。另外，教师也不全，与广告宣传所说的大不相称，不要说陈独秀、胡适、陈望道、邵力子这些文化、学界名人一个也未见，就是在课堂上执教的教师也多不称职。这对于在五四运动中受过锻炼或由于种种原因失学而亟盼有书读、有学上的学子来说，不啻是个沉重打击。因此，刚一开学，学生就闹起来了，觉得是上当受骗了。当时有一个名叫嵇直的学生带头组织学生成立学生会，要求学校改组。嵇直的要求得到学生的支持，他也被选为学生会的会长。学生会在嵇直等学生的领导下，开始与校方交涉。

嵇直结识的两位共产党员

要介绍嵇直在东南高等专科师范学校的风潮中所起的作用，有必要先说一下当时他结识的两位浙江籍的马克思主义者、后来都在上海大学担任教授的杨贤江和张秋人。

---

① 指宝兴路一带，后来上海大学的校址称闸北青岛路，是 1923 年始筑成的，即东南高等专科师范学校原址。

杨贤江,浙江慈溪人。1917年,毕业于浙江省立第一师范学校。1919年10月,经邓中夏介绍,参加了"少年中国学会"。1920年,与李大钊、恽代英等七人被选为领导"少年中国学会"的评议员。1921年起,担任商务印书馆主办的《学生杂志》主编,在刊物上开辟"通讯"和"问答"专栏,热情地解答学生和青年提出的有关思想、政治、工作、学习及生活中遇到的各种问题,成为青年学生思想、学习和生活上的值得信赖的导师和朋友。而嵇直来到上海之前,就通过订购杂志和投稿,结识了杨贤江并在思想上受到杨贤江的深刻影响。

张秋人,浙江诸暨人。1917年由绍兴越材中学转入宁波崇信中学学习,成绩优秀,英文成绩更是名列前茅。由于在学校积极参加五四运动,被美国籍的校长取消了免费保送大学的资格。他在1920年就结识了陈独秀、俞秀松、施存统、沈雁冰、沈泽民、邵力子、沈玄庐等最早的一批信仰马克思主义的知识分子,并接受了马克思主义。在共产党创办的上海平民女校担任义务英语教员。1922年初加入了中国共产党。

嵇直于1922年1月进入东南高等专科师范学校。1922年3月,在张秋人的介绍下参加了中国社会主义青年团。据嵇直自己回忆,他入团以后的主要任务,"一是改造学校,一是积极参加社会工作"①。从这一点上可以看出,1922年初嵇直等组织学生会,要求改组学校,是与党团组织有密切关联的。

然而,校方对学生的正当要求非但没有回应,更令学生气愤的是校长王理堂竟然置学生于不顾,卷携了学生的学费、膳费到日本东京留学去了。消息一传开,学生更是忍无可忍,一场罢课风潮就在东南高等专科师范学校展开了。

一顿"夹生饭"成为闹学潮的导火线

1922年10月15日中午,东南高等专科师范学校循往例准时开始午膳。由于当天做饭时火力过急,遂使米饭有些夹生。于是,围绕着这顿饭该吃不该吃的问题,学生内部起了纷争。其实对于一顿午饭出现略有夹生的状况,本属正常。但是这对于对学校校政早就不满的学生来说,正好借题发挥,于是便正式掀起了要求彻底改组学校的罢课风潮。

这次学潮,由美术科的程永言带头。程永言,又叫程嘉咏,安徽祁门人。他秘密联络了同学周学文、汪钺、陈荫楠、孔庆仁、陈子英、王德庆、余益文、黄吉羽和一个姓郝的共10名同学组成十人团,来领导这次罢课和改组学校的风潮。学生将五四运动的经验用在这次罢课风潮中,成立了学生自治会,拟好改组宣言,揭露学店黑幕,呼吁社会援助。在校内组织纠察队维持秩序,对外推选负责交涉联络的总代表。学生的正当要求不但得到学校大多数学生的支持和响应,教师陈藻清、陈东阜等也都对学生表示同情,站到了学生一边。学校也有一部分人反对罢课,还组织了维持会,要求恢复学校教学秩序。力主罢课改组学校的学生自治会和反对罢课主张一切照旧的维持会一度形成对峙之势,但最终还是程永

---

① 嵇直:《我所知道的上海大学的由来》,中共江苏省委党史资料征集委员会、江苏省档案局编《江苏革命史料选辑》1983年第6期。

言等领导的学生自治会赢得了胜利,正式开始了对学校的改组。

为什么新校长是于右任

驱逐以开学店牟利的旧校长王理堂,这已成定局,但学校不可一日无校长,那究竟请谁来当这个新校长呢?在学生的心目中,有这样三个人选,即陈独秀、章太炎和于右任。

陈独秀,字仲甫,安徽怀宁人。新文化运动的倡导者、发起者和主要旗手,是"五四运动时期的总司令"[①],又是中国共产党的主要创始人之一。在中国共产党第一次全国代表大会和第二次全国代表大会上都被推选为主要领导人。但是,当时中国共产党处于秘密状态,因此,在学生心目中的陈独秀并不是一个共产党的领袖,而是一个名满天下的大学者。

章太炎,原名学乘,后易名炳麟,号太炎,浙江余杭人。清末民初民主革命家、思想家,又是著名学者,朴学大师,研究范围广及小学、历史、哲学、政治等,著述等身。更由于他的早期革命经历,因此在社会上影响很大。

于右任,陕西三原人。中国同盟会会员,国民党元老,中国现代政治家、教育家、书法家。曾参与创办复旦公学、中国公学,兼任两校国文讲习。又先后创办过《神州日报》《民呼日报》《民吁日报》《民立报》,以"大声疾呼,为民请命"而驰名于世。1918年响应孙中山的护法战争,曾以书生之身,赴陕西任靖国军总司令。1922年兵败后来到上海。他的胆气和文名,在青年中影响很大。

陈独秀、章太炎、于右任三人,学生们虽素为敬仰心仪,但苦于都不认识。经过进一步的了解和打听,发现陈独秀行踪不定,难以联系;章太炎似乎心灰意冷,已不像他早期那样意气昂扬;而于右任恰在东南高等专科师范学校闹学潮之际,也就是1922年10月10日,在《民国日报》上发表了《教育改进的要义》一文。文章一开头就说:

> 教育固然是立国的命脉,但误用时,也是亡国灭种的祸根;所以"教育普及不普及"是一个问题,"所普及的是甚么教育",却另是一个问题。教育不普及,流弊是人民愚陋;人民愚陋,也还有使他们离愚陋而进于开通的方法;若普及了一种落后时代拂逆思潮妨害人群进化的教育,流弊要比愚陋大十百倍了。

在这篇文章里,于右任强调"教育固然是立国的命脉",但更重视普及符合时代进步要求、有利于人群进化的教育,反对那种拂逆时代进步思潮的所谓教育。这种对教育普及的看法,不能说不是一种独特而新颖的观点。

于右任这篇文章写于辛亥革命发生11周年之际,确实是有感而发的。他从1918年不顾自己为一介书生,出任靖国军总司令,驰骋疆场整整5年,甘苦尝尽。回顾靖国军失

[①] 《毛泽东文集(第3卷)》,人民出版社1996年版。

败的教训,在将领中除少数人如杨虎城、樊锺秀等坚强刚毅、不贪财色外,多数将领朝秦暮楚、见利忘义,只知个人升迁,不知革命为何物。对此,感触良多的于右任后来回念生平,对教育有了刻骨铭心的感悟:"因思以兵救国,实志士仁人不得已而为之;以学救人,效虽迟而功则远。"所以他也曾宣言:"欲建设新民国,当先建设新教育,欲建设新教育,当自小学教育始。"①

于右任的这篇《教育改进的要义》在《民国日报》上发表后,即在社会上产生了一定的影响。而对于亟欲寻找合适校长的东南高等专科师范学校的学生们来说,这不啻是一场及时雨、一针强心剂。于是他们立刻将新校长的人选锁定在于右任身上。

共产党参与了新校长的遴选并给出了建议

关于学校改组后新校长的人选,还惊动了当时完全处于秘密状态的中国共产党中央领导层。由于学生最初考虑新校长人选中也有陈独秀,在基本确定拟请于右任担任新校长后,"这时学生中有与党有联系的,就来找党,要党来接办这学校。但中央考虑,还是请国民党出面办这学校于学校的发展有利,且筹款也方便些,就告诉原东南高等师范闹风潮的学生,应由他们派代表请于右任出来担任校长,改名为上海大学。于是于右任就当了上海大学的校长"。以上这段史实,出自沈雁冰(即茅盾)的回忆《我走过的道路》②。沈雁冰是中国共产党早期党员,后来到上海大学担任教授。他的回忆不会是空穴来风的。

关于决定由于右任来担任校长,上海大学陕西籍学生党伯弧有个说法:"于右任出任上海大学校长,名义上是经过校内、外的国民党人所公推,实际上是当时的中共中央决定的。在学校改组过程中,党中央曾从各方面给予了协助和支持。"③这一说法也是对沈雁冰的回忆,即共产党参与了于右任担任上海大学校长的遴选和讨论的佐证。

邵力子的促驾与说项

在确定于右任担任新校长的人选以后,于右任本人并没有立即答应。他虽然对学生的境况极为同情,但由于对东南高等专科师范学校之性质并不明了,连这个学校的校址在哪都不清楚,因此,对于出任校长一事踌躇不定。其间,在学生的运动下,于右任好友柏文蔚、柳亚子、杨杏佛、叶楚伧等先后到于右任寓所促驾,代学生说项。而最后在促使于右任下定决心接受校长一职中起到决定作用的,则是邵力子。

邵力子,字仲辉,浙江绍兴人。早年加入中国同盟会,为国民党元老。是于右任的挚友。曾和于右任一起创办复旦公学,又协助于右任办《神州日报》《民呼日报》《民吁日报》《民立报》《民声报》。1916年起在上海创办《民国日报》,担任主笔,同时兼该报副刊《觉

---

① 于右任:《〈上海大学一览〉弁言》,《上海大学一览》1924年4月印制。
② 茅盾:《我走过的道路(上)》,人民文学出版社1981年版。茅盾是沈雁冰在1927年9月在上海发表小说《幻灭》始用的笔名,后以笔名行。
③ 党伯弧:《大革命时期陕籍青年在上海大学》,《西安文史资料(第4辑)》1983年6月(内部发行)。

悟》主笔。当时,他和于右任等人一样,在青年学生中享有很高的声誉。更值得一提的,他是中国共产党发起组织成员,是中国共产党最早的党员之一。沈雁冰在回忆中讲到的关于新校长人选,"但中央考虑,还是请国民党出面办这学校于学校的发展有利,且筹款也方便些,就告诉原东南高等专科师范领导罢课的学生,应由他们派代表请于右任出来担任校长",这个精神邵力子不会不知道。于是,当学生来到报馆请求邵力子出面说服于右任接下校长这副担子的时候,邵力子便欣然答应了。经过邵力子的说项,于右任不再推托,就任新校长的事,就这样定下来了。

上海大学成立

在邵力子的引荐下,程永言、周学文、汪钺专程到于右任寓所正式拜见了于右任。当着三位学生的面,于右任提出,东南高等专科师范学校的校名,字既多又狭隘,拟改为"上海大学"。这正是一个教育大家的视野!这是一个多么有气派和响亮的校名!学生听后高兴极了,即请于右任题写校名。于右任本身就是海内闻名的大书法家,性情又豪迈,在学生的请求下,当即挥毫写就。这就是我们今天看到的"上海大学"四个大字。

应学生之请,于右任决定到学校去一下,与教师、学生见个面。

《申报》和《民国日报》分别于1922年10月22日和23日刊登了上海大学启事:"本校原名东南高等专科师范学校,因东南二字与国立东南大学相同,兹从改组会之议决,变更学制,定名上海大学,公举于右任先生为本大学校长。此布。"这是从程序上完成了于右任担任上海大学校长的相关手续。关于将东南高等专科师范学校改名为上海大学的原由,上海大学启事的表述和学生程永言的回忆虽有差别,但有一点是可以肯定的——上海大学横空出世了。

1922年10月23日,对于上海大学来说,是一个喜庆而又重要的日子,是一个呱呱坠地的生日。

这一天早晨,在邵力子的陪同下,于右任和专程到寓所来迎接的学生程永言等一起,坐车到学校去。经过北火车站,只见学生手执彩旗,列队欢迎。一支由学生雇来的军乐队奏响了欢快的乐曲,学生们不时高呼欢迎口号。当天,虽然下着毛毛细雨,但一点不影响学生激动和喜悦的心情。从北火车站到学校,尽管还有几里路要走,但一路上欢迎队伍井然有序,学生们个个精神振奋。到了学校,于右任书写的"上海大学"四个大字已经镌刻成校牌悬挂在校门口。学生的热情和办事效率不禁使于右任大为感动。

到了学校,立即召开欢迎会。全体学生和教职员都参加了大会。

会议首先由学生余益文致欢迎辞。

接着教师代表陈藻青致辞。他说:"此次改造学校,可谓公理战胜强权,于校长为革命伟人、共和元勋、言论界之前驱、教育界之先进,敬为本校前途表示欢迎。"①

---

① 《上海大学欢迎校长》,《民国日报》1922年10月24日。

接着于右任即席发表演讲。他说:"予自陕西回沪,极欲投身教育界,但予乃愿为小学生以研究教育,非好为人师。因予自审学力不足,诸君改组大学,前途艰巨,尤非予所能任。予二十年奔走,能得人同情者,惟不随风倒浪,但因此便不能不审慎进退,予实不敢担任校长。但诸君如此诚意,念西哲言互助之义,自动植物以至野蛮人类皆能互助,何况吾辈为有文化之人,自当尽力之所能,辅助诸君,力谋学校发展。改日再当提出意见,与诸君商榷,谨以诚意感谢诸君。"①他还说,他见雨中的同学们精神奋发,很受感动。他又特别指出,自己在少年时代,曾做过小鞭炮竹,今后要制造炸弹、地雷,不仅在中国落地开花,还要炸得全世界开花结果②。于右任的演讲赢得学生们的阵阵掌声。

接着教师代表陈景新发言,他说:"学校改组而后,百端待兴,尤宜研究学问,始终不懈。"邵力子以来宾的身份发表了如下演说:"诸君以革命精神,改造学校,实可佩服。上海学校林立,优少劣多。所谓劣者,即营业式之学校。营业学校何自而发达,实由于高级学校之佳者学额有定,考取不易,彼等遂得乘机而起,以供学子之需求。今诸君群众一心,推倒营业式之学校,此类学校,当可逐渐消灭。于先生为余旧友,余不欲作标榜语,但深知其进退不苟,七年③护法赴陕,辛苦数载,孑然归来,可谓失败。然其失败乃光荣之失败,余以为于先生之精神实近于易卜生所云非全有则宁无者。现代青年病根在羡慕虚荣,骗钱学校亦即乘此弱点而起,故非称专科,即称高等,或专门,或大学。诸君此次改组大学,只能视为悬一大学之目标以共赴之,万不可遽自命为大学学生。于先生谦言愿为小学生以研究教育,余望诸君亦本此精神,切切实实地多求几年学问。"④

最后,程永言代表学生作了发言。

第二天,即10月24日的《民国日报》,以《上海大学欢迎校长》为题,用比较大的篇幅报道了这次大会的盛况。这次欢迎会,虽然按照于右任本意,只是一次见面会,并不是就此来就任上海大学校长一职。但实际上,通过这次大会,于右任实至名归,正式成为新成立的上海大学校长。对于上海大学来说,对于过去、现在乃至将来的上大人来说,1922年10月23日,都成为一个永恒的纪念日。

围绕着上海大学的成立引起的争纷诉讼得到了结

从东南高等专科师范学校闹风潮到改组成立上海大学,实际上拥护者和反对者之间的争议和斗争一直没有中断过。1923年1月7日,也就是上海大学成立两个多月以后,原东南高等专科师范学校的学生王幹庭、李忠汉、王尧、李彦章、李含章等52人,以东南高等专科师范学生的名义在《民国日报》刊登启事:"敝校前因吃饭问题酿成巨大风潮,学生周学文、程嘉咏、汪钺等被教员陈东阜等所利用,声势汹汹,妄言改组,扰乱数旬,犹未平

---

① 《上海大学欢迎校长》,《民国日报》1922年10月24日。
② 程永言:《回忆上海大学》,《党史资料丛刊(第2辑)》,上海人民出版社1980年版。
③ 指民国七年,即1918年。
④ 《上海大学欢迎校长》,《民国日报》1922年10月24日。

息。近日校中负责无人,已至无形解体。"并在启事中称"为求学前途计,迫不得已,于昨日(六日)欢迎旧创办人入校,一切均恢复原状。谨此奉闻"①。

第二天,上海大学学生委员会则在《民国日报》刊登了一则针锋相对的启事:"敝校系东南高等专科师范改组,其改组原因则以前创办人王理堂(王公燮)、汤石庵、陈勷武等借学敛财,挟款私逃,曾由全体学生提起诉讼,已奉检厅审讯,尚未终结。王公燮等竟敢藐视学生为学校主体,于诉讼未终决前,乘敝校放寒假之后,突于六日率领流氓及开除学生陈九经等十余人到校滋闹,当由警署派警前来驱逐出校。敝校正拟以无端侵入,告诉官厅。讵王公燮及开除学生等捏造谣言,遍登各报,希图淆乱黑白。恐外界不明真相,发生误会,特此声明。"②

双方的争论及诉讼持续到1月下旬,还请人居间调停。后在著名大律师王开疆的调解下,王公燮致函上海大学校长于右任和上海大学学生委员会,声明与上海大学脱离关系,双方撤销诉讼案。并表示,原东南高等专科师范学校所有教具及其他各种物件,均应归改组后的上海大学所有。他和汤石庵、陈勷武等原东南高等专科师范学校同人即与上海大学脱离关系。这样,原东南高等专科师范学校王理堂等和新成立的上海大学,双方都各自向检、审两厅撤销了诉讼案。自此,因东南高等专科师范学校改组为上海大学而引起的争纷诉讼得以了结③。

第三节 上海大学办学开始步入正轨

于右任对上海大学的初步整顿

于右任担任上海大学校长后,从各方面作了初步整顿:

一是在学科专业方面,为了保证教师教学和学生学习的正常与稳定,一方面,基本上延续原东南高等专科师范学校的学科设置,分美术科和文学科,美术科下分图音、图工两部;文学科则分英文、国文两部。另一方面,又将原附设的"普通科"改为"中学部",既招收高中年级学生,又招收初中年级学生。

二是在行政管理方面和教授聘任方面,有新的举措。于右任聘请了叶楚伧担任教务主任,负责全校的教务管理。叶楚伧,江苏苏州人。南社诗人。早年参加中国同盟会。1916年与邵力子合办《民国日报》,任总编辑。又与于右任、邵力子同为国民党元老,也是好朋友。受聘时他表示,于右任担任上海大学校长,是为帮助学生,他则是为帮助校长而来,因此他提出"只能暂尽义务,不支薪水"④。续聘洪野任美术科主任。洪野,又名禹仇,安徽歙县人。行伍出身,是一位自学成才的美术教育家和融中西画法于一体的画家,为旅

---

① 《东南高等专科师范学生启事》,《民国日报》1923年1月7日。
② 《上海大学学生委员会启事》,《民国日报》1923年1月8日。
③ 《上海大学学生委员会来函》,《民国日报》《申报》1922年1月25日。
④ 《上海大学之教务会议》,《民国日报》1922年10月27日。

法女画家潘玉良的绘画启蒙老师,他原就为东南高等专科师范学校的美术科主任。新聘张君谋为文学科主任。张君谋,名乃燕,浙江湖州人。国民党元老张静江之侄。1919年获日内瓦大学理学博士学位,学贯中西,为一时俊彦,由他来担任文学科主任,是很合适的。新建立的中学部,则聘请陈德徵当主任。陈德徵,浙江浦江人。曾就读于之江大学化学系,五四运动时期为杭州学生领袖。邵力子在东南高等专科师范学校成立时,就和陈独秀、胡适等人被作为文化名人的招牌招徕学生,在青年人中颇有影响。当时,邵力子的主要精力虽然在《民国日报》任主笔和主编这张报纸的副刊《觉悟》,但作为校长于右任的好友和于右任就任上海大学校长的促驾者,当然义不容辞,受聘为文学科教授,主讲古代散文。

三是在学校行政事务的运行方面,建立了教务会议制度,决定每星期六召开一次教务会议,由图音、图工、英文、国文四个部轮流主持召开会议。而每个月则召开一次由全体教师参加的教务会议,布置教学工作,通报情况。10月26日,也就是于右任就任校长后的第三天,于右任就以校长的名义在学校召开了第一次教务会议,宣布了各项人事任命,布置了一系列工作。当时,对于于右任出任校长,"教职员学生均极欣幸"①。

1923年3月5日,《民国日报》刊登题为《上海大学积极整顿》的报道,称"上海大学自去岁风潮平息后,由校长于右任先生积极整顿"。3月6日的《申报》则发表题为《上海大学之积极整顿·由陈德徵、张君谋、洪禹仇等担任教授》的报道,对于右任担任上海大学校长后的"积极整顿"作了正面介绍。

然而,从上海大学的整个发展来看,自1922年10月23日起到1923年4月,于右任校长虽然对学校的教育教学进行了积极整顿,也取得一定的成功,但这只是在原东南高等专科师范的基础上起到了维持和稳定教学秩序的作用,解决了原来校政腐败开学店的问题。而真正使上海大学办学走上正轨和出现根本性变化,并在上海高校占有重要的一席之地,则是邓中夏来到上海大学任职任教以后的事了。

邓中夏来了

1923年4月,对于上海大学来说是一个重要的月份。

这一年4月初,中国共产党的创始人之一、北京大学图书馆主任李大钊教授又一次来到上海公干。于右任和李大钊本为旧识,就在一天中午,于右任以上海大学校长之身,假座四马路(今福州路)同兴楼京津菜馆设便宴款待李大钊,出席的还有邵力子、张继和程永言。张继,字溥泉,河北沧县人,曾留学日本东京早稻田大学攻读政治经济,为国民党元老。他和李大钊本就熟悉。席间大家讨论了上海大学的校务。于右任向李大钊提出,请他帮助办好上海大学。于右任对李大钊说:"你来办吧,你内行,我外行。"②当时李大钊正负责北方党的工作,无法脱身到上海大学来,于是就向于右任推荐了邓中夏到上海大学来

---

① 《上海大学之教务会议》,《民国日报》1922年10月27日。
② 乐嗣炳:《回忆上海大学》,黄美真、石源华、张云编《上海大学史料》,复旦大学出版社1984年版。

工作。

邓中夏,原名隆勃,字仲澥,湖南宜章人。1917年,就读于北京大学。五四运动期间是北京学联的领导人之一。1920年,参加北京的中国共产党早期组织。1921年初,创办长辛店劳动补习学校、出版进步刊物《劳动者》。1922年5月,任中国劳动组合书记部主任,参加领导长辛店铁路工人、开滦煤矿工人和京汉铁路工人大罢工。1923年3月31日,遵照党组织的指示,邓中夏化装成商人模样,由北京赴上海,寓居在闸北宝山路宝山里82号。他化名"安石",寓意"安如磐石",开始了新的革命生涯。

对于李大钊的推荐,于右任极为高兴。当然,对于邓中夏的共产党员的身份,于右任不一定很清楚,他也无意多打听。他只知道,邓中夏是北京大学的高才生,是李大钊的学生,无论在学识、人品和能力方面,都很出众。回到学校以后,于右任即发布任命,特聘邓中夏为上海大学总务长,同时担任历史学教授。为了表示诚意,又特派代表程永言到宝山路寓所迎接邓中夏到校履新。4月23日,《民国日报》和《申报》都报道了上海大学校长于右任"为整顿校务起见",特聘邓中夏就任上海大学总务长的消息。

上海大学的"大管家"

上海大学总务长的职位,在当时是极为重要的,是校长于右任最重要的助手,主要负责整个学校的校务工作。邓中夏从1923年4月到上海大学任职,一直到1924年秋天正式辞去上海大学总务长的职务,他在上海大学工作虽然只有两年不到的时间,但对于上海大学的发展和壮大,可以说厥功至伟。以邓中夏到上海大学任职任教为标志,上海大学的办学开始走向正规化。

当时,邓中夏29岁,可谓年富力强。他到上海大学任职以后,即以充沛旺盛的精力投入到上海大学繁杂的行政工作中去。作为一所大学的总务长,邓中夏面临的行政工作可谓千头万绪,有文件的起草工作,有校舍的安排和扩充工作,有办学经费的安排和使用,等等。但他高度负责的工作态度、极强的行政工作能力,给同事、教师和学生们留下了极其深刻的印象。

最早与邓中夏联系并奉于右任之命直接到寓所迎迓邓中夏来上海大学工作、又以半工半读方式兼任上海大学义务书记的程永言称:"邓先生到校后,是非常虚心和蔼可亲的,因他是中国共产党劳动局书记①,工作甚繁,一般是上午来较多,有时下午亦来。"②学生杨之华说:"邓中夏同志是学校的总务长,经常在办公室里认真地工作着。他的头发很黑,眉毛又浓又长,眉心很宽。当他抬头看人的时候,两眼炯炯有光。他和同学们很亲近,常常和我们讲李卜克内西、卢森堡等共产党人的故事。"③上海大学教师、在邓中夏直接领导下从事学校庶务的许德良说:"邓中夏在上大时,兼职很多,工作极忙,一般是下午挟一皮包

---

① 原注:误,是中国劳动组合书记部主任。
② 程永言:《回忆上海大学》,《党史资料丛刊(第2辑)》,上海人民出版社1980年版。
③ 杨之华:《回忆秋白》,人民出版社1984年版。

来校,什么事都自己动手,工作能力很强,写东西很快。""学生找邓中夏,他总是有求必应。他和学生关系很好,全校师生都很尊敬他,他是上海大学的奠基人。"①可以说,邓中夏是上海大学名副其实的"大管家"。

从《上海大学暂行校则》到《上海大学章程》

上海大学办学全面走向正规的标志,是《上海大学章程》的颁布和实施。而《上海大学章程》的主要起草者,就是邓中夏。

上海大学成立之初,为了恢复和稳定教学秩序,基本延续了原东南高等师范专科学校的教学与专业安排,并没有一个可以使教职员、学生一体遵循的章程。1923年4月,于右任校长主持召开全体教职员会议,对上海大学今后的发展作了规划,并制定通过了《上海大学暂行校则》。《上海大学暂行校则》共计五章二十一条,五章的内容分别是定名、组织与行政、学制、经费和附则。当年6月15日,《民国日报》在《上海大学概述(续)》一文中全文刊登了这份《上海大学暂行校则》,并于当年9月新学期开学正式实施。根据《上海大学暂行校则》,改文科的"国学组"为"中国文学系","英文组"为"英国文学系","美术科"一仍其旧,并新招"中国文学系""英国文学系""社会学系"各一班。将原附设的"普通科"改为"中学部"。中学部除招收"高级中学"一班以外,并新招"高级中学""初级中学"各一班。上海大学最高议事机关"上海大学评议会"也在《上海大学暂行校则》中予以规定。应该说,《上海大学暂行校则》的制定、颁布和实行,对于完成从东南高等专科师范学校到上海大学的平稳过渡起到了积极作用。然而,随着上海大学规模初具,正如校长于右任所说,暂行校则已"不足以应需要"②,尤其是暂行校则中没有标明上海大学的办学宗旨,成为一大缺憾,因此,急需要有一部新的章程,标明上海大学的办学宗旨,来取代原有的暂行校则。

1923年4月23日,上海大学在四马路(今福州路)同兴楼召开会议,决定由邓中夏负责制定学校章程。邓中夏以总务长的身份承担了章程的起草工作。程永言在回忆邓中夏起草章程过程时说:"他首先埋头苦干的,就是起草上海大学的章程。他花了不少时间,搜集了不少参考资料,是用十行红格纸写成的,规划宏伟,并确定了上大的教育方针。"③1923年12月5日,上海大学评议会开会正式通过了由邓中夏主持起草的《上海大学章程》。1924年3月31日,上海大学行政委员会召开会议,又正式通过了修订后的《上海大学章程》并予以公布和实施。同年4月22日,上海大学又召开全体教职员会议,任命邓中夏为"办理扩充后章程事要"负责人,负责《上海大学章程》的修订工作。

《上海大学章程》凡七章四十九条,内容包括定名、宗旨、组织与行政、学制、学年及休假、普通规则和附则等方面。

---

① 许德良:《回忆上海大学》,王家贵、蔡锡瑶编著《上海大学(1922—1927)》,上海社会科学院出版社1986年版。
② 于右任:《〈上海大学一览〉弁言》,《上海大学一览》1924年4月印制。
③ 程永言:《回忆上海大学》,《党史资料丛刊(第2辑)》,上海人民出版社1980年版。

上海大学从接手东南高等专科师范学校开始,先是制定颁布实施《上海大学暂行校则》,继则制定颁布实施《上海大学章程》,体现出上海大学的办学在一步一步地不断改善。尤其是《上海大学章程》的颁行,更是具有里程碑的意义,它是上海大学办学正规化的重要标志。

附:上海大学章程

第一章　定名
第一条　本大学定名为上海大学(英文名为 The University of Shanghai)。

第二章　宗旨
第二条　本大学以养成建国人才,促进文化事业为宗旨。

第三章　组织与行政
第三条　本大学设校长一人,统辖全校事务。

第四条　本大学设校董会,规划本校经济,辅助本校进行。其细则另定之。

第五条　本大学设行政委员会,以校长、学务长、校务长及各系部主任为当然委员,另由教职员选举四人为委员,校长为委员长。开会时,由校长或其代理人为主席,会议关于本大会一切重大事项。

左列各事须经议决:

一、本大学教育方针;

二、各系部之增设、变更或废止;

三、全校行政计划;

四、重要之建筑及设备;

五、预算决算之制定、审查及关于经济之建议事项;

六、学生毕业事宜、试验日期及学生成绩标准;

七、优待生事项;

八、关于学生之训练及指导方法;

九、学生会对于本校改进之意见;

十、校章之修改;

十一、其他重大事项。

行政委员会议事细则另订之。

第六条　行政委员会为便利校务执行起见,得随时酌设各项委员会(如校舍建筑委员会、招生委员会、学生自治委员会等),由行政委员会推选若干人组织之。其办事细则临时由各委员会酌定。

第七条　本大学设学务处,置学务长一人,由校长于各系部主任中遴选一人任之;各系部设主任各一人,教授及教员若干人,皆由校长延聘。下设学务员,由校长函聘之。

学务处办事细则另定之。

第八条　本大学设校务处,置校务长一人,由校长延聘之。下设书记、会计、庶务、斋务等若干人,皆由校长函聘之。

校务处置校医两人,由校长延聘之。

校务处办事细则另定之。

第九条　本大学设图书馆,置图书馆长一人,由校长延聘之。设图书馆员若干人,皆由校长函聘之。

图书馆办事细则另定之。

第十条　学务长得召集各系部主任开学务会议,议决各系部间共同学务。各系部主任得召集本系部教授或教员开教务会议,决议关于各该系部之学务(如决定教学方法、审定教材等)。开会时,以主任或其代理人为主席。如遇必要时,得开各系部全体联席会议,由学务长召集及主席。

第四章　学制

第十一条　本大学设文艺院、社会科学院及自然科学院。

第十二条　文艺院分设中国文学、英国文学、俄国文学、德国文学、法国文学、绘画、音乐七系。

第十三条　社会科学院分设社会、经济、政治、法律、史学、哲学、教育、商业八系。

第十四条　自然科学院分设数学、物理、化学、生物学四系。

第十五条　大学部各系定为四年毕业。毕业时,给与学士学位。

第十六条　本大学附设中学部,分设高级中学班及初级中学班。

第十七条　高级中学及初级中学皆各定为三年毕业。毕业时,给授毕业证书。

第十八条　本大学专门部,随时增设社会所需之各种专科(如美术、英数、新闻等),程度与旧制高等专门学校相等。其修业年限,由行政委员会于设科时酌定之。

第十九条　本大学学程,大学部采用学分制,以每周上课一小时或实习二小时历半年者为一学分。以修满一百四十学分为毕业。若遇特别情形,得酌量减少或增加。

第五章　学年及休假

第二十条　本大学每一学年分为两学期,其学历由行政委员会另定之。

第二十一条　除暑假、寒假及星期例假外,本校纪念日、国庆日及各种节日均各休假一天。

第二十二条　如有特别事故须休假半天或全天时,由校长临时宣布。

第六章　普通规则

第一节　入学

第二十三条　凡男女学生曾在大学预科或高级中学毕业,或具有相当程度,通过本校入学考试者,得入本校大学部各系。

第二十四条　凡男女学生曾在初级中学毕业,或具有相当程度,通过本校入学考试者,得入本校高级中学。

第二十五条　凡男女学生曾在高等小学毕业,或具有相当程度,通过本校入学考试

者,得入本校初级中学。

第二十六条 本校各班遇有缺额时,得招收插班生。其入学资格应与该班生年级相当,并须通过入学考试。

第二十七条 本校各班遇有缺额时,得招收特别生,入学酌量免试。其选修该班全部功课并通过平时及学期各种考试,成绩在七十分以上者,得改编为正式生。

第二十八条 本校新生入学,须先向学务处注册,并填具保证书及志愿书。

第二节 缴费

第二十九条 学生须缴下列各费:

一、学费

大学部每学期四十元。

专门部每学期四十元。

高级中学每学期三十二元。

初级中学每学期二十二元。

特别生选修一班全部功课者,缴费与该班正式生同;择选者每一学分缴费二元,但至少须选十学分。

二、膳费寄全膳者每学期三十元,半膳者每学期十五元。

三、宿费寄宿者每学期十五元。

四、体育费每学期一元。

五、书报费每学期一元。

六、杂费寄宿生每学期二元,通学生一元。

七、讲义及用品费临时酌定宣布之。

各项用费已缴纳者,概不退还。

第三十条 本校新旧学生皆须缴清各项费用,方可领取听讲券。

第三节 转系或转科

第三十一条 学生入学分班,两星期后不得自请转入他系或他科。其因不得已事故,经学务会议许可时,每人须缴纳转系或转科费十元。

第三十二条 不论何年级学生,如转入他系或他科时,皆须从第一学年读起。

第四节 退学或休学

第三十三条 学生有特别事故,必须中途退学者,须呈请行政委员会批准。如该生果系品学兼优,得给予修业证书。

第三十四条 学生于一学年中,因疾病或其他不得已事故,缺课时间逾受课时间三分之一,其疾病仍未愈或继续有不得已事故者,得呈请行政委员会许可,暂行休学;但休学期满回校时,须插入原学年或原学年以下之学级。

第五节 请假

第三十五条 学生因疾病或重要事故须缺课时,必须向学务处请假,否则以旷课论。

第三十六条　寄宿学生请假出外,须向斋务室登记。

第六节　考试

第三十七条　本校考试,分临时考,学期考,及毕业考三种。临时考由教授或教员随时酌定;学期考于每学期终了时举行;毕业考于该班修业期满时举行。

第三十八条　临时考与学期考平均积分之标准,学期考与毕业考平均积分之标准,皆由各系部教务会斟酌情形定之。

第三十九条　各课目以百分之六十为及格。不及格之课目在四十分以上者,得复考一次。复考仍不及格,须重行学习。

第四十条　学期考试时期,学生不得请假。但有下列情事,得斟酌办理:

(一) 因病重有校医证明者;

(二) 家有重大事故有函电证明者。

第四十一条　凡须补考之学生,应于本校开学前一星期内到校,缴清学费,请求补考。其未经准许给假之学生,须纳补考费五元,方准补考。

第七节　奖励与惩戒

第四十二条　凡本校各班前三名毕业生,分别奖给书籍等品。

第四十三条　凡本校学生于一种学科有特别心得,见之著述者,经成绩审查委员会审查合格,由本校发给荣誉证书。

第四十四条　凡于论文、演说、辩论、体育有优良成绩者,给予相当奖品。

第四十五条　凡学生品学兼优,家况清贫,经主任之保荐,行政委员会之通过,得由校长于一定期内减免学费。

第四十六条　凡学生违犯校章,败坏学纪,或对教职员及同学有侮辱行为者,本校得分别轻重以惩诫之。

第四十七条　惩戒分记小过、记大过、开除学籍三种,均由校长揭示之。满三小过者作一大过;记大过三次者,开除学籍。

第四十八条　每一小过扣本学期总平均分数百分之三,每一大过扣百分之十。

第七章　附则

第四十九条　本校章如有应增省之处,得由行政委员会三分之二以上之可决修改之。

十二年十二月五日评议会通过
十三年三月三十一日行政委员会第一次修正①

---

① 载 1924 年 4 月印制的《上海大学一览》。

第二章
上海大学办学面面观

上海大学从东南高等专科师范学校接手过来之时,可以说是一副烂摊子。但是,在校长于右任的领导下,在全体教职员和学生的共同努力下,一直以一所正规大学的要求来进行办学实践,使上海大学成为一所正规的高等学校。

第一节 上海大学的定名、宗旨、校徽、校旗

上海大学的定名

关于上海大学的定名,在《上海大学章程》第一章"定名"中,称:"本大学定名为上海大学(英文名为 The University of Shanghai)。"与《上海大学暂行校则》相比,在英文名的表述方面作了改动。在《上海大学暂行校则》第一章"定名"中,称:"本大学定名为上海大学(People's College of Shanghai)。"两者相比,《上海大学章程》在校名的英文表述方面,一是与中文名的匹配度更高,二是对上海大学办学的定位更加准确。

上海大学的宗旨

关于上海大学的宗旨,在《上海大学暂行校则》中并没有作规定。《上海大学章程》则单设第二章"宗旨",明确规定"本大学以养成建国人才,促进文化事业为宗旨"。为什么要确立这样的办学宗旨,邓中夏在《上大的使命》[①]一文中作出了说明。他说:"我们在这国际紧迫和国内扰乱的时代和环境之场合中,使我们大家都觉得建国是中国今日唯一的出路。我们的教职员和学生,没有一个事前的会商和协定,却是不谋而合地凝成一种共同的意志和希望。所以上大的宗旨便不客气地把'养成建国人才'六个大字规定下来。再有一项是'促进文化事业',这是建国方略中应有的而且必要的一种手段。"邓中夏还说:"上大的声望、地位,在国中各大学中比较起来,我们不自讳亦不必讳承认上大是一个微乎其微

---

① 邓中夏:《上大的使命》,《上海大学周刊(第一期)》1924 年 5 月 4 日。

的学校,既不像国立大学毕业了可以图一个出身之价,也不像教会学校毕业了可以谋一条出洋之路,有何好处可招徕。然而在这一年当中,有的学生是从偏僻省份赶来的,有的是从海外归来的,有的脱离有名大学(如北大)来的,有的情愿不考别的有名大学而来考上大的;学生人数现已超过原有人数三分之二以上。据此看来,这几百个学生如果不为建国的目的而来,试问是为什么?"由此可见,上海大学最终形成"养成建国人才,促进文化事业"12个字的办学宗旨,完全是经过深思熟虑的,符合当时时代和社会发展要求,符合大批青年求学求知求进步的愿望和要求。

上海大学的校徽

1925年2月13日,上海大学行政委员会讨论,议定上海大学校徽形式,并将职员、学生、校役以三种颜色来分别①。同年5月,"上大颁发校章,人各一枚,图案是海上红日东升,中嵌'上大'两字"②。学生周文在也在回忆中讲到上海大学的校徽,称:"五卅运动以后,上海大学曾制作校徽,名'海上明星'。长方形,蓝底,中间是一个圆圈,圈的上方是红五角星,下面是海水。"③

上海大学的校旗

上海大学的校旗是蓝底白字,旗面上的图案为国民党党徽。上海大学学生程永言回忆说:"'上大'是在五色国旗(指北洋政府的国旗)下诞生的,但从未使用五色旗,所用的是国民党党徽和蓝底白字的校旗,以示与其他大学的区别,而反对当时的反动统治。"④

第二节 上海大学议事、决策机制和董事会

从教务会议到全体教职员会议再到评议会

上海大学在1922年10月成立之初,没有形成一个完善的决策机制。当时,最急迫的工作是尽快恢复正常的教学秩序。因此,在学校成立后的第三天,即10月26日,校长于右任就召集教务会议,决定上海大学于10月30日(星期一)正式上课。并议决,每星期六、日,由美术科的图音、图工和文学科的国文、英文四部轮开教务会议一次,每月开全体教务会议一次。这可视作上海大学最初的决策安排。

---

① 《上海大学开行政会议纪》,《申报》1925年2月14日。
② 周启新:《上海大学始末》,中国人民政治协商会议上海市委员会文史资料工作委员会编《文史资料选辑(一九八一年第一辑)》,上海人民出版社1981年版。
③ 周文在:《回忆上海大学》,王家贵、蔡锡瑶编著《上海大学(1922—1927)》,上海社会科学院出版社1986年版。
④ 程永言:《回忆上海大学》,《党史资料丛刊(第2辑)》,上海人民出版社1980年版。

到1923年8月之前,上海大学在重大问题上的决策,基本上以召开全体教职员会议来讨论决定。如当年4月,假座四马路①同兴楼召开教职员会议,由校长于右任主持,讨论学校扩充校舍、制定章程和系科专业设置等问题;6月7日,又召开教职员会议,由教务长叶楚伧主持,研究讨论美术科学生毕业安排、学生学年考试、新生招生考试和推定招考委员等事宜。

8月8日,于右任在一江春酒楼召开了上海大学全体教职员会议,决定成立上海大学评议会。会议推定校长于右任为主席评议员,叶楚伧、陈德徵、邓中夏、瞿秋白、洪野、陈望道、周颂西、冯子恭、邵力子为评议员。会议决定,评议会负责处理全校一切根本重大事务,是上海大学最高决策机构。从最初的教务会议,再到全体教职员会议,再到成立评议会,这是上海大学的议事和决策机制走向规范和成熟的一个标志。

上海大学行政委员会

1923年12月,根据新修订的《上海大学章程》"组织与行政"一章的规定,改上海大学评议会为上海大学行政委员会作为学校最高议事和决策机关。委员会由校长、学务长、校务长、各系部主任及教职员代表组成。以校长、学务长、校务长及各系部主任为当然委员,另由教职员选举四人为委员,校长为委员长。开会时,由校长或其代理人为主席,商议关于本大会一切重大事项。

1923年12月成立的上海大学行政委员会,委员长为于右任(校长),委员为邓中夏(校务长)、何世桢(学务长兼英国文学系主任)、陈望道(中国文学系主任)、瞿秋白(社会学系主任)、洪野(美术科主任)和叶楚伧、邵力子、曾伯兴、韩觉民(四人为教员代表)。

1924年4月,上海大学行政委员会的组成人员作了调整,主席为邵力子(代理校长),委员为韩觉民(总务主任)、陈望道(学务主任兼中国文学系主任)、周越然(英国文学系主任)、施存统(社会学系主任)和沈雁冰、刘大白、朱复、恽代英(以上为教员代表)。

1927年4月,上海大学行政委员会组成人员调整为7人,临时主席为陈望道,委员为谢六逸、李春鍌、金耀光、冯三昧、刘大白、周由廑。

作为学校最高议事和决策机关,行政委员会要讨论和决定学校的重大事项,如1925年2月13日,上海大学行政委员会举行第十八次会议,就讨论了以下一些重大事务:报告上学期决算;审查本学期预算;规定关课日期;办理伙食办法;整理图书馆,组织图书委员会,推定委员;议定学校徽章形式等。1927年4月18日,上海大学行政委员会举行改选后的第一次会议。该次会议根据时局的实际情况,选举了陈望道为行政委员会临时主席。

上海大学的决策和议事,遇到紧急和特殊情况,临时召集由全体教职员和学生参加的大会。如1925年五卅运动后,上海大学被租界当局动用武力封闭,6月6日,校长于右任

---

① 今福州路。

从外地赶回上海,假西门少年宣讲团召开由全校教职员和学生参加的紧急大会,讨论学校被封后及对五卅惨案的应对办法;会议决定发表宣言,和当局交涉,要求所有学生留沪不散,另租校舍重整旗鼓;1927年4月14日,也就是蒋介石在上海发动四一二反革命政变后的第三天,政治局势已对刚搬入江湾新校舍的上海大学正常教学造成了冲击和影响,上海大学不得不召开教职员学生联席会议,到会人数达400余人,会议研究讨论了学校面临的学务、校务和学生生活等方面的问题。

上海大学董事会

1923年8月12日下午,上海大学评议会召开第一次会议。会议决定克期成立上海大学董事会。关于校董人选的资格,会议确定:一是全国国民所敬仰、足为学生模范者;二是教育界上负有声誉者;三是出资助成学校经费及校舍者;四是与宋公遁初①有密切关系者;五是于本校发展事项著有劳绩者。会议根据以上五条规定,推定孙中山为名誉校董,蔡元培、汪精卫、李石曾、章太炎、张继、马素、马玉山、张静江、马君武、简照南、王一亭、孙科、柏文蔚、邹鲁②等二十余人为校董。由校务长邓中夏任校董会秘书。会议责成有关方面在9月1日以前与各校董接洽妥当,学校在9月20日以前成立校董会③。

第三节 上海大学的行政架构

关于上海大学的行政架构,无论在《上海大学暂行校则》还是在《上海大学章程》中,都有明确的规定。然而在实际运作中有着一定的变化。现根据上海大学办学的实际情况,将上海大学的行政机构和担任过其中各项职务的人员介绍如下:

校级层面

校长:

于右任(1922年10月23日—1927年5月)

代理校长:

---

① 即宋教仁。
② 以上董事会名单分别见《上海大学开第一次评议会》(《申报》1923年8月13日)、《上海大学首次评议会》(《民国日报》1923年8月13日)、浩人《张开元与〈上海大学志〉》(政协淮阴市委员会文史资料委员会编《别梦依稀——淮阴文史资料第八辑》,1989年10月)、台湾档案《上海大学概况》、汪令吾《国共合作创办的上海大学》(上海市政协文史资料委员会编《上海文史资料存稿汇编(第9辑)》,上海古籍出版社2001年版)。
③ 从目前所搜集到的史料中,并未见有关上海大学正式成立校董会的记载。仅1936年3月于右任在向国民党中央执行委员会递交的、由上海大学学生代表马文彦、程永言、郑仲武、关中哲、刘道行等起草的关于请求追认上海大学学生学籍与国立大学同等待遇提案中,有"上大之创办既经请命于总理,总理且亲任该校之董事长,本党先进诸公多曾担任校董、讲授"之说。

邵力子(1923年12月—1925年5月)①
总务长(校务长、总务主任)②：
　　邓中夏(1923年4月—1924年9月)
　　刘含初(1924年10月—1925年2月)
　　韩觉民(1925年2月—1926年4月)
教务长(教务主任、学务长)：
　　叶楚伧(1922年10月23日—1923年7月)
　　瞿秋白(1923年7—12月)
　　何世桢(1923年12月—1924年10月)
　　陈望道(1925年2月—1927年4月)

系部层面

文学科③主任：
　　叶楚伧(1922年10月23日—1923年3月)
　　张君谋(1923年3—8月)
美术科主任：
　　洪野(1922年10月23日—1927年5月)
社会学系主任④：
　　瞿秋白(1923年7月—1924年10月)
　　施存统(1924年10月—1926年4月)
　　李季(1926年4月—1927年5月)
中国文学系主任：
　　陈望道(1923年7月—1927年4月)
英国文学系主任：
　　何世桢(1923年7月—1924年10月)
　　周越然(1924年12月—1926年8月)
　　周由廑(1926年8月—1927年5月)
中学部主任：

---

① 《上海大学暂行校则》和《上海大学章程》中，均无"副校长"一职。上海大学成立之初，邵力子并没有在上海大学任职。1924年印制的《上海大学一览》中，"职员之部"下的"中国文学系"栏里明确记载了邵力子的入校年月为1923年春季。关于邵力子为上海大学副校长一说，主要出自程永言的回忆，称自1922年10月23日以后，上海大学的"同学们皆认于、邵为正副校长"(程永言：《回忆上海大学》，《党史资料丛刊(第2辑)》，上海人民出版社1980年版)。这里说的于右任、邵力子为正、副校长，是"同学们皆认为"，并非出自上海大学有关公告。

② 1924年10月，将总务长改成为校务长；1925年2月，又将校务长改成为总务主任。

③ 在1923年7月中国文学系和英国文学系成立之前，文学科分为国文部和英文部。

④ 也有学生回忆中说，彭述之担任过社会学系主任一职。

陈德徵(1923年3月—1924年1月)
　　杨明轩(1924年1月—1925年3月)
　　刘薰宇(1925年3—8月)
　　侯绍裘(1925年8月—1927年4月)
　　张作人(1927年4—5月)①
图书室主任：
　　陈德徵(1923年5月—1924年1月)②

第四节　上海大学的办学经费

上海大学作为一所私立大学，其办学经费主要是依靠学费和社会捐助。1923年4月制定颁行的《上海大学暂行校则》，规定办学经费来自"基金""学生学费""团体或个人之特别捐款"和"其他收入"。

学费收入

《上海大学章程》规定，学生缴费包括学费、膳费、宿费、体育费、书报费、杂费、讲义及用品费等七项。其中：

学费，大学部每学期40元；专门部每学期40元；高级中学每学期32元；初级中学每学期22元；特别生选修一班全部功课者，缴费与该班正式生同，择选者每1个学分缴费2元，但至少须选10个学分。

膳费，寄全膳者每学期30元，半膳者每学期15元。

宿费，寄宿者每学期15元。

体育费，每学期1元。

书报费，每学期1元。

杂费，寄宿生每学期2元，通学生1元。

学生会费：每学期0.5元。

讲义及用品费，临时酌定宣布之。

上海大学学生何秉彝，在请父母汇寄学费的家信中称："上海大学，大致八月初开学，但是，学、宿、食和少数的杂费，一齐约要缴九十元，事前照兑八十元来才行。"③何秉彝所

---

① 张作人为中学部代理主任。
② 1923年5月，上海大学开设图书室，陈德徵为主任。1923年6月通过的《上海大学暂行校则》有"另设图书馆、美术馆、体育馆三馆，亦各置主任一人"；1924年4月通过的《上海大学章程》称："本大学设图书馆，置图书馆长一人。"但其主任或馆长均未见记载。
③ 何秉彝：《给父母亲的信》(1924年7月29日)，见中共彭州市委党史研究室编著《那些年的青春与热血——何秉彝、何秉钧书信论文选》，中国文史出版社2015年版。

列举的上海大学学宿食等费用数额和《上海大学章程》所公布的费用数基本是一致的。

对困难学生提供各种帮助

学校规定,凡学生品学兼优、家况清贫,经系主任之保荐、行政委员会之通过,得由校长于一定期内减免学费。关于这一点,上海大学的教师和学生在回忆中也曾提及,如主管学校庶务的教师许德良说:"学校规定,交不出学费可由教职员担保缓交,到期就由会计在担保者薪金中扣除。"①学生薛尚实则说:"交不出学费,经老师或同学作保,就可以拖欠,这种情况在旁的大学中是绝无仅有的。"②刘华是上海大学中学部的学生,入校前在中华书局印刷所做工,只有小学文化程度。上海大学代理校长邵力子将刘华要求进上海大学中学部学习的请求函转给总务长邓中夏,邓中夏收到后非常重视,专门约了刘华到校面谈。在为刘华办好入学手续后,还当面答应为刘华免除学费,要他以担任学校"义务书记"的半工半读方式完成学业。邓中夏又从自己的薪水中拿出一部分来补贴刘华的伙食费。上海大学大学部女学生钟复光,在邓中夏的鼓励下,于1923年进入上海大学学习,她的学费食宿费都是由邓中夏替她缴的。在学生的心目中,邓中夏是有求必应的。还有一名学生,家境贫寒,课余时间在《申报》做校对工作,低微的收入不足以缴纳学费,就请了一位老师作保③。在上海大学,学生组织也会对困难学生提供各种帮助,如学生会的服务部会经常动员经济比较宽裕的同学,捐助一些旧衣服、旧鞋袜去帮助困难的同学。

针对学生在缴纳学费方面的困难,上海大学还允许学生以半工半读的方式来完成学业。如:英国文学系学生邱清泉④,在学务处做兼职助理员;英国文学系学生佘埃生,中国文学系学生徐直,社会学系学生张湛明、薛卓汉,美术科学生孙君谋、郭昭等,都是像刘华那样以担任学校"义务书记"的半工半读方式来减免学费的;社会学系学生羊牧之,是瞿秋白的同乡,经瞿秋白介绍考进上海大学,由于家境困难,就在学校图书馆工作,"半工半读的目的是解决吃饭问题"⑤;社会学系学生关向应,则是通过在校外兼职来维持学习生活的。

坚持私立大学的收费标准

关于上海大学学费收费标准,在上海大学内部曾有过争论。1925年5月孙中山逝世以后,广州国民党中央委员会作出决议,认为上海大学是国民党党立大学,胡汉民以代理

---

① 许德良:《回忆上海大学》,王家贵、蔡锡瑶编著《上海大学(1922—1927)》,上海社会科学院出版社1986年版。
② 薛尚实:《回忆上海大学》,中国人民政治协商会议上海市委员会文史资料工作委员会编《文史资料选辑(第二辑)》,上海人民出版社1979年版。
③ 薛尚实:《回忆上海大学》,中国人民政治协商会议上海市委员会文史资料工作委员会编《文史资料选辑(第二辑)》,上海人民出版社1979年版。
④ 在上海大学注册名为邱青钱。
⑤ 羊牧之:《回忆上海大学》,王家贵、蔡锡瑶编著《上海大学(1922—1927)》,上海社会科学院出版社1986年版。

大元帅名义,正式通知校方,把上海大学作为国民党的党校。记得在一次大会上,有人说上海大学组织性质系国民党中央办理,陈望道当场予以更正,谓大学系于右任私立,与大夏、南方等私立大学同一性质,是故学校收费标准亦照当时私立大学同样办理,"学费每期四十元,宿费每期二元,其他膳食书籍概归自理"①。

教职员的薪水支出

上海大学是私立学校,由于办学经费并不足,因此教职员的薪水普遍不高。1924 年 2 月 10 日,上海大学行政委员会举行第二次会议,校务长邓中夏在会上作《上半年经济状况》的校务报告,会上就"会计年度""教授职员薪水标准""职员薪水之规定"等作出相应的决议。

校长于右任,自 1922 年 10 月就任以后,一直坚持不支薪水,直到 1924 年新学期开始,才正式领取薪水,每月 150 元。教务长,如瞿秋白,每月 100 元;总务长,如邓中夏,每月 80 元。其余教员,大学部每小时 1.5 元;专门部每小时 1.25 元;中学部每小时 1 元。根据以上实际,上海大学除校长以外,没有一个人的月薪是超过 100 元的。

在学生眼中,上海大学教师是很清苦的。据许德良回忆说:"老师们的薪金,听说是很少的,每一点钟课,只拿一两块钱的报酬,有的还是尽义务的。他们的生活也很艰苦。有的和穷学生一样,一年到头只穿几套旧衣服。""邓中夏在上大工作每月薪金八十元,但他和恽代英、萧楚女、任弼时等同志一样,生活都很艰苦。"②

对于上海大学的经济情况,邓中夏在《上大的使命》一文中有过介绍,他说:"上大的经济状况,在国中各大学中比较起来,我们不自讳亦不必讳上大是一个穷而又穷的学校。所以教职员的薪水,有的完全是尽义务,一文也不拿;有的为维持生活,亦只拿到很少的数量,还比不上一个高等机器工匠的工资;有的原在别校拿到很多的薪水,却情愿抛弃了来上大吃苦;有的原有别项职务,收入已丰,并且没有余暇,却情愿多吃辛苦来上大兼课。"③

国民党中央的拨款收入

1924 年 1 月召开的国民党第一次全国代表大会,正式决定将上海大学作为国民党办的学校,并每月拨款 1 000 元作为办学经费。然而随着国民党广州国民政府经费的紧缺,这笔资助并没有按决定继续划拨。上海大学办学经费一直处于比较紧张短缺的状态当中。由于办学经费不足,仅 1924 年上半年,学校亏损就达 9 000 余元。1924 年 7 月,于右任校长曾致函国民党中央执行委员会,提出请国民党中央从 8 月起,将拨付上海大学的办

---

① 周启新:《上海大学始末》,中国人民政治协商会议上海市委员会文史资料工作委员会编《文史资料选辑(一九八一年第一辑)》,上海人民出版社 1981 年版。
② 许德良:《回忆上海大学》,王家贵、蔡锡瑶编著《上海大学(1922—1927)》,上海社会科学院出版社 1986 年版。
③ 邓中夏:《上大的使命》,《上海大学周刊(第一期)》1924 年 5 月 4 日。

学经费从每月 1 000 元增加到每月 5 000 元,并附有上海大学请求增加津贴理由书和预算,但最终遭国民党中央执行委员会开会否决①。

经费短缺是办学的常态

上海大学办学经费之困难,也影响到校舍的正常租赁。当时,上海大学在房屋租赁方面的工作由许德良负责。据他回忆,学校搬到西摩路(今陕西北路)校舍时,"我当时到校参加工作,担任总务工作,租房子、和房东办交涉都归我负责。记得当时学校每月房租是 300 元,后来校舍不敷应用,我们又把靠北边的中国式房子和对面新造的时应里的一部分房子一并租下来。因为是国共合作,当时学校经费是从广州汇来的,但经费还是有困难,有时房租都交不出。那时上海房地产公司的老板主要靠外国人的牌头,例如时应里的房东本是中国人,却去加入了荷兰国籍,我们欠了他的房租,他就要打官司,仗洋人的势力来欺压我们。我先是向他软求,说房租一时付不出,但我们是教育机关,大家都通情达理,总不会少你的。对方不肯通融,要我们立刻付清,逼得我无路可走,只能对他说:'你去告状好了,你也是中国人,不过入了外国籍,大不了封闭学校,换个地方我们还照样办下去!'对方碰了钉子,只好答应延期付款。"②

为了解决办学经费的短缺,校长于右任还曾经以私人名义借款,来解决办学经费的燃眉之急。1924 年 9 月,于右任的挚友吴季玉曾资助上海大学办学经费 5 000 元③;1924 年 10 月 8 日,瞿秋白在给国民党政府顾问、苏联政府驻广州国民政府代表鲍罗廷的信中称:"于右任请您以私人方式借给他一万或八千元,作为上海大学经费,因为中央④没有按照预算给他资金,他只好个人负债,如没有这些钱,则大学在右派的打击下必将解体。他保证在明年内归还(这是他个人的意见)。"⑤

第五节　上海大学办学条件的逐步改善

创设图书馆

上海大学作为一所文科大学,图书报刊资料是办学的一个重要基础和条件,而原东南高等专科师范学校在图书报刊资料方面的积累几乎为零。上海大学成立以后,在改善办学条件方面所做的一个重要举措就是建立图书馆。

1923 年 4 月,上海大学全体教职员会议通过《上海大学暂行校则》,明确提出在学校

---

① 台北:中国国民党中央委员会文化传播委员会党史馆汉口档案 7499.1、7499.2。
② 许德良:《五卅运动与上海大学》,中国人民政治协商会议上海市委员会文史资料工作委员会编《文史资料选辑(第二辑)》,上海人民出版社 1979 年版。
③ 朱凯:《于右任传》,陕西人民出版社 2015 年版。
④ 指国民党中央。
⑤ 《瞿秋白自传》,江苏文艺出版社 1996 年版。

设立图书馆。由于受经费不足的限制,于1923年5月,先创设了图书室,任命陈德徵为主任,徐竹虚、姚天宇为管理员。一周以后,正式成立上海大学图书馆。5月12日,《民国日报》刊登《上海大学图书馆征求图书》启事,称:"敝校创设图书馆,原以副莘莘学子自动研究之望,惟开创之初,书籍不多,势不得不向各界恳切征求。务希海内外热心教育诸君,欣然惠赠,不计性质,不计册数(多多益善)。如蒙慨许,乞寄敝校图书馆为幸!"6月14日,《民国日报》刊登《上海大学概况》,介绍了上海大学发展的计划,将兴建图书馆作为"建筑校舍"中的一项重要内容。11月17日,《民国日报》刊登题为《上海大学发展之将来》一文,总务长邓中夏以记者的名义介绍了上海大学的发展计划,重申"惟校舍建筑与图书馆设备尚属目前重要问题"。12月制定并通过的《上海大学章程》,在第三章"组织与行政"的第九条中明确规定:"本大学设图书馆,置图书馆长一人,由校长延聘之。设图书馆员若干人,皆由校长函聘之。"并提出"图书馆办事细则另定之"。

1924年12月下旬,代理校长邵力子主持召开行政委员会会议,专门讨论了在新的一年扩充图书馆事宜。1925年2月13日,校行政委员会举行第十八次会议,其中一项议程就是"整理图书馆,组织图书委员会",并推定英国文学系主任周越然、中国文学系主任陈望道、社会学系主任施存统为委员。

拟在宋园建筑新校舍

上海大学青岛路校舍,只有五幢弄堂房子,一是地方狭小,已不能适应学校发展;二是本为居民住宅用房,与学校的设施、环境要求不符。因此,建筑新的校舍从上海大学成立伊始,就开始讨论并规划。经过于右任出面交涉,决定在闸北宋园(今闸北公园)一侧建筑新校舍。宋园,即辛亥革命先烈宋教仁先生的墓园。1913年3月20日,宋教仁在上海火车站遇刺,3月22日不治身亡,1914年在此建墓。1924年6月,又辟地100余亩建造陵园,称宋公园,又名教仁公园。墓在公园西首,呈半球形,墓前立有"宋教仁先生之墓"的石碑。1923年4月22日,上海大学召开教职员会议,议决在宋园建设新校舍,并决定由校长于右任和张继负责筹办。张继则答应赴南洋为上海大学建筑新校舍募款。为此,上海大学于5月7日上午9时召开了由全体教师和学生一起参加的欢送大会。8月12日,新成立的上海大学评议会举行第一次会议,会议决定成立校舍建筑委员会,任命邓中夏兼任委员长,陈德徵、曾伯兴、钱病鹤、冯子恭为委员,全面负责新校舍的建设。邓中夏和陈德徵会同美孚工程师方保障,还到宋园进行实地勘察测量。11月17日,《民国日报》刊登邓中夏以记者名义写的《上海大学发展之将来》一文,称"舍为学校之基础,辟雍无存,讲诵奚托?昔东汉大学以学问气节风率一时,明季顾君讲学而天下清议皆归东林。使当时无百堵之宫以位皋比,无广厦以聚国士。弦歌声辍,乾坤惨黯矣。我校创办伊始,校舍犹虚。兹拟积极以谋建筑,期早观成。安石承乏建筑校舍委员长。以智虑之疏庸,惧椽题之莫举,现当着手计划之始。诸同学如有精思卓见,凡可以匡助进行者,尚望条举见告。以便提交委员会议决施行"。文章还说:"建筑基址闻在宋园,建筑经费闻从事募集,建筑时期明年暑

期当可藏工。"

上海大学决定在宋园建筑新校舍,是一件大事,在师生中引起很大反响。从东南高等专科师范学校转到上海大学读书的学生季步高在给父亲的信中还介绍了学校将建设新校舍的情况:"男①与叶书②班即为大学预科一年级,校址现仍用旧址,明年将在距本校之西二里许,宋教仁墓旁,建筑新洋房地址。"③后来由于种种原因,上海大学并没有能够在宋园建成新的校舍。

校舍的几经搬迁

上海大学办学的时间总长只有四年半的时间,但校舍却几经搬迁,这在上海的高等教育史上是不多见的。其中,既有上海大学力求办学条件改善,主动搬迁理想的新校舍;也有遭到租界当局的武力查抄封闭而被迫迁徙,而最终遭到国民党反动当局的封闭。所以,对于上海大学校舍的播迁必须联系时局变化和发展来看待。

上海大学的第一个校址在闸北青岛路青云里,时间为1922年10月23日到1924年2月22日。这是原东南高等专科师范学校的地址。根据这所学校在《时报》《民国日报》刊登的招生广告,校址为"上海闸北宝兴路"或"闸北西宝兴路"。故上海大学在成立之初,校址仍沿用"闸北西宝兴路"④。1923年青岛路筑成,原东南高等专科师范学校恰在宝兴路和青岛路交叉口附近,故上海大学成立以后,通信地址定为"闸北青岛路"⑤。后青岛路改为青云路,所以上海大学地址又称为青云路。

上海大学的第二个校址在西摩路132号⑥,时间为1924年2月23日到1925年6月。1924年2月,随着入学学生的增多,原校舍湫隘,不敷应用,于是租定西摩路⑦南洋路⑧口洋房一大所。这个地方属公共租界,房舍广阔,还有余地可供做操场之用,交通也便利。为了解决学生住宿问题,学校又在附近租赁了民房作学生宿舍。其中第一宿舍在时应里,第二宿舍在甄庆里,第三宿舍在敦裕里。于2月23日正式搬迁到这个校址。根据学生和教师的回忆,西摩路校址"校门坐东朝西,内有花园园地,二间坐北朝南的洋房子。除教务、总务在楼下办公外,其余皆为教室。在学校附近的里弄里,另租男女宿舍及图书

---

① 季步高在给父亲信中自称。
② 季步高表哥,即李逸明。
③ 季步高:《致父亲的信》,胡申生编著《上海大学(1922—1927)师生诗文书信选》,上海大学出版社2021年3月版。
④ 季步高:《致父亲的信》,胡申生编著《上海大学(1922—1927)师生诗文书信选》,上海大学出版社2021年3月版。
⑤ 《上海大学交涉和平解决》,《民国日报》1923年1月21日;《上海大学招生广告》,《民国日报》1923年2月10日。
⑥ 关于上海大学西摩路校址的门牌号,还有"西摩路29号"等说法(《上海大学迁移校舍通告》,《申报》1924年2月16日)。
⑦ 今陕西北路。
⑧ 今南阳路。

室"①;"那是一座三层楼的红瓦洋房,里面有一大块空地,适于做运动场,比之过去的校舍宽敞得多了。同时还租了对面时应里的许多幢房子,作为中学部的教室"②。

上海大学第三个校址为临时校舍,在南市西门方斜路东安里18号、29号,时间为1925年6月5日到1925年9月3日。1925年6月4日,上海大学被公共租界当局巡捕和英、美等国海军陆战队包围,并进行武力搜捕查封。上海大学一方面与租界当局进行抗议斗争,另一方面坚持办学,第二天就在西门方浜桥勤业女子师范学校设立临时办事处,并于8日租借西门方斜路东安里民房建立临时校舍,继续办学。上海大学教职员,因该校此次被美水兵占据校舍,损失甚大,7月1日下午2时假座辣斐德路(今复兴中路)艺术师范大学开全体大会,决定将6、7两个月薪水减扣,以维持学校,由自己认定一成至十成均可,并有多人自认减扣十成③。

上海大学第四个校舍在闸北青云路青云桥右的师寿坊,时间为1925年9月4日到1927年3月。1925年9月5日,《民国日报》刊登《上海大学学生会通告》,称:"本会已迁至闸北青云路本校临时校舍内办公,所有西门会址自即日起撤销。九月四日。"关于这个校址,据当时在这里学习的学生薛尚实回忆,是在闸北青云路师寿坊的第三条弄堂里。"它没有校门,没有大礼堂,没有图书馆,也没有运动场。这里有两件事惹人注意:一是庶务课的门口挂有一大幅红布,上面贴着各式各样纸头上写的文章、诗歌、学习心得和漫画等等,右角上写着'上大学生墙报'。另一件是收发室的客堂里摆了一个书摊,《向导》、《新青年》合订本、《中国青年》以及各种社会科学书籍、文艺书籍等摆得很多。原来是上海书店在学校里所设的书摊。当然,这是别的大学里没有的。""把两幢石库门房子楼上的墙壁打通,即为楼上讲堂。客厅里、厢房里摆上桌凳,就是小课堂。"④

上海大学第五个校舍在江湾镇,时间为1927年4月1日到5月。这个校舍是上海大学集资自建的。建筑经费由上海大学校舍建筑募捐委员会通过向社会各界募捐、校内教职员、学生个人捐款(标准为教职员每人100元,学生20元)以及国民党中央拨款2万元而成,于1926年8月1日动工兴建,1927年1月落成。1927年3月13日《申报》刊登《上海大学通告》,根据上海大学行政委员会决定,自3月15日起,大学、中学新旧学生应一律到江湾新校注册缴费,20日正式上课。后由于准备不及,未能按时实行。3月24日,《民国日报》《申报》同日刊登上海大学大学行政委员会主席陈望道、中学主任侯绍裘联合署名的《上海大学暨附属中学校开课招生通告》:"刻定四月一日起正式上课,并在四月一日以前招收新生。"位于江湾的新校舍占地20余亩,全新设计和建筑,是一座专为大学教学和办公而设计建设的现代化教学楼。4月12日,蒋介石在上海发动反革命政变,5月3日,上海大学

---

① 程永言:《回忆上海大学》,《党史资料丛刊(第2辑)》,上海人民出版社1980年版。
② 姚天羽:《培养革命干部的烘炉——上海大学》,《党史资料丛刊(第2辑)》,上海人民出版社1980年版。
③ 《上大教职员自动减薪》,《民国日报》1925年7月2日。
④ 薛尚实:《回忆上海大学》,中国人民政治协商会议上海市委员会文史资料工作委员会编《文史资料选辑(第二辑)》,上海人民出版社1979年版。

被国民党军警查封,办学被迫中止。5月4日,江湾新校舍由国民党军白崇禧部驻扎。学校被封一个多月后,国民党当局把上海大学江湾校舍改成国立劳动大学农学院院址。

第六节 上海大学的学科和专业

上海大学的学科和专业的设置,根据其办学过程,可以从四个方面来概括:一是原有之学科和专业;二是实际办的学科和专业;三是办过一阵又取消的学科和专业;四是规划办而实际上并没有办的学科和专业。

原有之学科和专业

由于上海大学是在东南高等专科师范学校基础上改制而成,因此,在初创之时,从1922年10月30日正式开学上课一直到1923年7月,沿袭了东南高等专科师范学校的学科与专业,在学科上,有美术科和文学科;在专业方面,则有美术科的图画音乐和图画手工两个专业、文学科的中国文学和英国文学两个专业。

实际办的学科和专业

1923年4月,上海大学制定通过《上海大学暂行校则》,在原有美术科和文学科的基础上,增设社会学学科,形成了美术、文学和社会学三个学科,专业分别为美术学科的图画音乐和图画手工两个专业、文学学科的中国文学和英国文学两个专业、社会学学科的社会学专业。而这三个学科和五个专业一直办到上海大学被国民党当局武力封闭为止。1926年4月,《寰球中国学生会特刊》刊登《上海著名大学调查录·上海大学》,在"编制"一栏中明确写道:"文艺院分中国文学系、英文学系,社会科学院社会系。"

办过一阵又取消的学科和专业

办过一阵又取消的学科和专业,是指这些学科和专业招过学生也开过课,但没有坚持办下去而实际被取消了。1923年6月,上海大学在《民国日报》《申报》先后刊登招生广告,在文学学科中增加了"俄国文学"专业,在美术学科中增加了"绘画"专业。在8月份刊登的招生广告中,又在美术学科中增加了"俄国绘画"专业。9月,又招生"俄文"选修专业。1924年6月14日在《民国日报》刊登的招生广告中,又在中国文学系、英国文学系、社会学系、美术科这三系一科的基础上,增加了"政治学系""商业学系""教育学系",也就是说增加了政治学科、商科和教育学科。1924年4月印制的《上海大学一览》介绍上海大学学生,有"俄文班"4名学生,并注明"本校学生在俄文班听讲者不录"。1924年7月14日在《民国日报》上刊登的《上海大学第一次录取新生》名单中,"经济学系"录取新生1名,"政治学系"录取新生3名。9月11日在《民国日报》上刊登的《上海大学录取新生》名单中,"经济学系"录取新生5名,"政治学系"录取新生1名,"商业学系"录取新生2名。9月20日在《民国日报》上刊登的《上海大学录取新生》名单中,"商业学系"录取新生3名,"政治学系"录取新生1名。

开设这几个新的学科,还聘请了相应的教师。1924年8月20日《申报》刊登的《上海大学校新聘教授》消息称:"顷闻该校政治学系已聘定张奚若为主任、杨杏佛等为教授;经济学系已聘定李守常①为主任,戴季陶、蒋光赤②、彭述之等为教授;商业学系已聘定殷志恒为主任。"

规划办而实际上并没有办的学科和专业

按照《上海大学章程》的规定,上海大学"设文艺院、社会科学院及自然科学院"。文艺院分设中国文学、英国文学、俄国文学、德国文学、法国文学、绘画、音乐七系,社会科学院分设社会、经济、政治、法律、史学、哲学、教育、商业八系。自然科学院分设数学、物理、化学、生物学四系。最终除了文艺院的中国文学系、英国文学系和社会科学院的社会学系及原有之美术科以外,其余的实际上都没有办成。

外文教学原计划有四种,即俄文、英文、德文、日文。最后实际上除英文以外,只有俄文班办成,并且由俄文教师担任大学部俄文选科教授。

第七节　上海大学的教师聘任和师资队伍建设

于右任自担任上海大学校长以后,积极整顿,力图别开生面。其中一项很重要的工作就是增聘教师和管理人员。

上海大学教职员队伍的聘任和建设,可以1923年4月为分水岭,分成两个阶段。在1923年4月之前,也就是邓中夏到上海大学任职任教之前,教师与职员的聘任,主要体现在留用原东南高等专科师范学校成员和新聘当时社会名流以及国民党中的同事等。1923年4月,随着邓中夏来到上海大学任职任教,教师队伍的选择面就大不一样了,大批共产党的优秀人才和在社会上享有盛誉的学者,云集上海大学,使上海大学的教师、职员队伍无论在质量还是在数量方面,都出现了一个新的局面。

成立初期的教授聘任

作为一所大学,教学管理无疑是一项至关重要的工作。于右任校长在上任后的第三天就召开教务会议,并宣布聘任叶楚伧为教务主任。叶楚伧学问博洽,工诗,为当时社会

---

① 即李大钊。
② 即蒋光慈。

名流。在教务会上,叶楚伧作了表态性发言,表示愿意协助于右任做好上海大学的教学管理工作。

洪野是原东南高等专科师范学校美术科主任。上海大学成立以后,于右任校长续聘洪野为美术科主任。美术科的办学与实践证明,于右任是有眼光的,留任并重用洪野,是于右任在教师聘任方面的一个正确决策。洪野在上海大学担任美术科主任一直坚持到1927年5月学校被国民党当局武力封闭才离开,为上海大学美术科的教学和人才培养作出了重要贡献。

东南高等专科师范学校原有文学科,下分国学与英文两组。上海大学成立以后,学生也随之转入上海大学。为了搞好这个在学生中有影响、学生人数又比较多的文学科,于右任于1923年3月聘请了当时在学界和社会上都有影响的张君谋来担任文学科主任。张君谋虽然在上海大学任职任教的时间只有短短的五个月,却为以后上海大学中国文学系、英国文学系的建立打下了基础。

东南高等专科师范学校原有普通科,招收中等学校一年以上肄业生及高等小学成绩优良毕业生或与之有同等学力者。1923年春,上海大学在此基础上,成立中学科。于右任聘请了陈德徵为中学科主任。陈德徵就职以后,于1923年8月7日在《民国日报》副刊《觉悟》上发表《发展中的上海大学中学部》一文,对上海大学中学部的建设提出了自己的设想,也为上海大学中学部的日后发展奠定了基础。

关于叶楚伧、洪野、张君谋、陈德徵受聘上海大学教职,上海的媒体给予关注,作了报道。1922年10月27日《民国日报》刊登新闻,报道了叶楚伧就任上海大学教务主任的消息;洪野、张君谋、陈德徵分别就任上海大学美术科主任、文学科主任、中学科主任后,《民国日报》又于1923年3月5日刊登题为《上海大学积极整顿》的报道,称洪野、张君谋、陈德徵"皆积学热心之士";《申报》也于第二天刊发《上海大学之积极整顿·由陈德徵、张君谋、洪禹仇等担任教授》的报道。

叶楚伧、洪野、张君谋、陈德徵的受聘任职任教,对于刚从东南高等专科师范学校风潮中改制而成的上海大学来说,在人心的稳定、教学秩序的维持与恢复、两个学校的衔接与平稳过渡等方面,都起到了积极的作用,也为上海大学的进一步发展打下了基础。

国民党要员受邀任教授

由于上海大学是中国国民党和中国共产党联合创办的,校长于右任又是国民党元老,在国民党中有很深很广的人脉;再加之1924年1月中国国民党召开的第一次全国代表大会上作出决定,每月拨付上海大学办学津贴1000元,将上海大学视作国民党办的大学,因此,国民党中一些有学问、有影响的人物纷纷接受邀请,到上海大学任教。如:汪精卫、胡汉民担任"现代政治"课程教授,戴季陶担任经济学教授,何世桢、何世枚在英国文学系担任教授,冯子恭在中国文学系任教授,周颂西任英文教授,张厉生、邵元冲、潘公展等也都在上海大学任教授。还有叶楚伧,其虽然是诗人、学者,但也一直在国民党中担任重要职务。1924年7月以后,由于胡汉民、汪精卫离沪去广州任职,"现代政治"这门课才由恽代英担任主讲。

中国共产党早期领导人和党员成为教授的中坚力量

1923年4月,邓中夏来到上海大学担任总务长和历史学教授,标志着上海大学完成了维持与过渡阶段,开始了一个新的发展时期。其中一个重要体现就是在教师队伍的建设方面,聘请了一大批中国共产党的早期党员和早期领导人。这些共产党员,主要集中在社会学系和中国文学系。

根据如今掌握的史料,从1923年4月起,先后被社会学系聘为教授的中国共产党党员有瞿秋白、施存统、蔡和森、恽代英、安体诚、沈泽民、杨贤江、张秋人、任弼时、董亦湘、张太雷、彭述之、蒋光慈、韩觉民、高语罕、李季、萧朴生、萧楚女、李汉俊、郑超麟等,被中国文学系聘为教授的中国共产党党员有沈雁冰、邵力子等。邓中夏作为学校的总务长,同时兼任历史学教授。这些在上海大学任教的中国共产党党员,大多数都接受过高等教育,有不少还有苏俄、法国、日本等留学的经历,他们不但有着深厚的中国传统文化修养,而且精通外国语,有着广阔的国际视野。当时,中国共产党还处在秘密状态,这些共产党员都是以学者、专家的身份来到上海大学任教。他们在上海大学,尤其在社会学系,很快成为教学的中坚力量。

第一流的学者、专家云集

上海大学教授中,还有一批在学术界、艺术界堪称一流的学者、专家。包括:

社会学系的郭沫若、周建人;

政治学系的张奚若、杨杏佛、刘隐庐;

经济学系的李大钊、李达、张伯简;

教育学系的杨明轩;

商业学系的殷志恒;

中国文学系的陈望道、叶楚伧、陈德徵、邵力子、沈雁冰、俞平伯、沈仲九、何味辛、傅东华、刘大白、田汉、高冠吾、李仲乾、胡朴安、顾均正、李石岑、丰子恺、朱自清、郑振铎、赵景深、徐蔚南、蔡乐生、方光焘、章乃羹、任仲敏、谢六逸、金祖惠、王世颖、姚伯谦、严既澄、滕固、蔡慕晖、冯三昧等;

英国文学系的何世桢、何世枚、朱光潜、董承道、虞鸿勋、孙邦藻、周颂西、冯子恭、火贲达、曾伯兴、邵诗舟、周越然、周由廑、朱复、胡哲谋、唐鸣时、江显之、刘志新、殷志恒、沈亦珍、高觉敷、林康元、朱恢伯等;

美术科的洪野、万古蟾、吴梦非、王一亭、陈抱一、李超士、仲子通、傅彦长、钱病鹤、何明斋、俞铸成、李骧、陈晓江、万籁天等;

中学部的陈德徵、王登云、侯绍裘、李未农、张石樵、刘薰宇、匡互生、毛飞、邵诗舟、赵振甫、邓中夏、俞铸成、仲子通、阮永钊、梅电龙、刘宜之、狄侃、张心诚、曹聚仁、季忠琢、汪

馥泉、丰子恺、张作人、韩觉民、沈观澜(志远)、黄鸣祥、周天僇、钟伯庸、朱复、徐文台、傅君亮、张德俞、陆宗赞、张企留、丁文澜、刘志新、毕任庸、王芝九、吴庶五、张世瑜、徐诚美、许德良、陈贵三、萧觉先、侯绍纶、汪志青、蔡文星、黄文容等。

选课教授、外籍教师和其他教职员

　　在上海大学教师队伍中,除了在社会学系、中国文学系、英国文学系、美术科这三系一科集中了大批名流、学者、专家以外,其他的教师,包括职员队伍的组成,在当时也为一时之人选。如大学部的学科教授郭任远、阮永钊,均为著名的心理学家,主教心理学课程,卜达礼精通俄文,主教俄文课程。著名记者戈公振也担任过上海大学教授①。还有任体育课程教授的吴志青,毕业于上海中国体操学校,1919年任中华武术会总干事,1922年当选为体育研究会会长,还担任体育师范校长;周水平,毕业于日本高等体育学校。

　　上海大学还聘请有外籍教师,如油画教授哥本可夫斯基、宝特格尔司基、卜脱儿四喀等,都为来自俄罗斯的美术家。

　　除了专业课教师以外,上海大学的教师队伍中还有扬琴教师何连琴(女);任校医的董翼孙,为医学士、大东医院院长;任会计员的吴建寅,为吴宓的父亲,曾任高雷道署财政科长;任法律顾问的克威,则为著名律师。

教师的学历和留学情况

　　从1922年10月到1927年5月,在上海大学任教任职的教职员总计在125名左右。这些教师,都具有高等教育的学历,有许多毕业于当时国内的著名大学。在教师队伍中,有近50人在入职上海大学前,有到香港或国外的大学求学的经历。其中到日本留学的有27人,到美国留学的有6人,到英国、法国、德国、瑞士等欧洲国家留学的有11人;到苏联莫斯科东方大学留学和工作的有5人,到中国香港大学学习的有4人。其中获得博士学位的有4人②。

第八节　上海大学招生、入学考试、录取、毕业工作和学习制度安排

招生宣传和录取工作

　　上海大学非常重视招生工作。每到招生阶段,就在《民国日报》《申报》等报纸上刊登招生广告,印制详细的招生简章。1923年8月,由于浙江考生较多,学校特地在杭州的浙

---

　　① 1927年3月11日《申报》刊登《英外相接见戈公振·谈英国对话态度》一文中有"英外相张伯伦,今日接见上海大学教授兼时报记者戈公振,并向之宣告英国对华政策"的记载。

　　② 详见本章附表二。

江省教育会设立招考处,时任特别讲师的张君谋博士还专程到杭州主持浙江的招生工作①。

上海大学新生入学一般都要经过考试。考试的科目有中文、政治、伦理、数学、英语②五门。谢雪红回忆起上海大学的入学考试时说:"记得第一天中文笔试的考题是有关'五·九事件'等,我虽然懂得一点,可是不会写,只写了一点就交卷了。当日下午口答(口试)——这是主要部分——记得问起了'鸦片战争'的历史和不平等条约等问题,对这个口答我讲得比较多一点。第二天考英文,一进考场就发了好几张考卷。"③阳翰笙回忆上海大学的入学考试时说:"1924年,夏天,我到上海大学去插班,插班时不考数理化,考我的题目是'对时局的看法',是从政治上来考我。我考的是社会学系。"当时负责主考的教师是邓中夏④。

新生录取的类别

上海大学在录取新生时,根据学生的不同情况,分为正式生、试读生、特别生三种。

正式生就是通过学校统一考试,成绩合格而被录取的学生,这是学生的主要来源和构成。

试读生是指插班生或以同等学力资格通过入学考试者。还有的就是错过了入学考试时间,只能作为试读生先入学学习,比如杨尚昆1926年5月下旬到达上海时,上海大学的入学考试时间已过,他只能作为试读生进校学习⑤。

特别生的招收情况分成几种。根据《上海大学章程》第二十七条的规定:"本校各班遇有缺额时,得招收特别生,入学酌量免试。其选修该班全部功课并通过平时及学期各种考试,成绩在七十分以上者,得改编为正式生。"在实际招生中,特别生既包括插班生也包括免试生。插班生如阳翰笙、匡亚明等,都经过考试插班进入学校学习。免试生一般是经过特别手续得以进入学校学习的,如社会学系的王步文、皮言智,分别遭到安徽军阀当局通缉,流亡到上海,于1924年前后先后上书孙中山,后由国民党上海执行部致函上海大学,得以"破格免费收录"。在特别生中,还有虽经过考试,但文化基础差、成绩并不理想,还是以"特别生"的名义被录取的,如台湾籍学生谢雪红⑥。

除正式生、试读生、特别生以外,上海大学还有"选科生",如社会学系的女学生钟复光,是由邓中夏介绍入学的,其学费也是邓中夏代为缴纳的。钟复光在回忆中说:"在上海大学我是'选科生',就是选几门社会科学的课,学费少。我的学费都是邓中夏老师为我交的。"⑦

---

① 《上海大学赴杭州招生》,《民国日报》1923年8月14日。
② 胡允恭:《我所知道的上海大学》,胡允恭著《金陵丛谈》,人民出版社1985年版。
③ 谢雪红口述、杨克煌笔录:《我的半生记》第六章"上海大学",杨翠华1997年印行于台北。
④ 阳翰笙:《回忆上海大学》(《新文学史料》1984年第2期)、《谈二十年代的上海大学》(《社会》1983年第4期)。
⑤ 杨尚昆:《杨尚昆回忆录》,中央文献出版社2001年版。
⑥ 谢雪红口述、杨克煌笔录:《我的半生记》第六章"上海大学",杨翠华1997年印行于台北。
⑦ 钟复光:《回忆上海大学》,王家贵、蔡锡瑶编著《上海大学(1922—1927)》,上海社会科学院出版社1986年版。

根据学生刘披云的回忆,他在上海大学读书则是属于"交学费不上课,取得学生代表资格的一名学生"①。

上海大学还吸收一部分旁听生,比如安徽来的曹渊、许继慎都是作为旁听生在上海大学学习了一段时间,后根据中国共产党组织的统一安排,于1924年5月从上海大学考入黄埔军校第一期学习的。

学分制和选课制

上海大学成立伊始,就在学生学习制度方面采取了学分制。根据1923年6月15日公布的《上海大学暂行校则》第十五条规定:"各系学程采用学分制,以每学生每周上课及自修合二小时历半年者,为一学分。每半年以学习十二学分为标准;若遇特别情形,得由教务处会议减少或增加。"1923年12月5日经上海大学评议会通过、1924年3月31日又经上海大学行政委员会修订通过的《上海大学章程》第十九条规定:"本大学学程,大学部采用学分制,以每周上课一小时或实习二小时历半年者为一学分。以修满一百四十学分为毕业。若遇特别情形,得酌量减少或增加。"从上海大学走出来的学生,对学分制以及由学分制带来的选课制留下深刻印象。胡允恭在回忆文章《我所知道的上海大学》中说:"上大是一所新型的革命大学。在学习上,实行学分制,并采用百分制记分法。本系必读三门功课,另外可任意选修两门(本系、外系均可),只要五门功课考试合格,就准予毕业,发给文凭。"②曹雪松回忆说:"社会学系教授讲课,我们可以自由选课旁听,对瞿秋白、萧楚女、恽代英上课或做报告,文科生都去听。"③学生匡亚明说:上海大学"允许学生跨系选修。我就曾在社会学系旁听过李季的'资本论浅说'课,收获很大。"④学生薛尚实说,上海大学"除必修课外,选课很自由,你对别的课如果有兴趣的话,自己去听好了,从来没有人干涉或限制。至于外文,你同时读几门都可以"⑤。

学生总数

关于上海大学历届学生的总人数,有多种说法:一是如刘锡吾所说,"1926年,上大有一千多名学生"⑥;二是如周启新所说"前后同学共一千八百余人"⑦;三是如孔另境所说,

---

① 刘披云:《回忆上海大学》,王家贵、蔡锡瑶编著《上海大学(1922—1927)》,上海社会科学院出版社1986年版。
② 胡允恭:《我所知道的上海大学》,胡允恭著《金陵丛谈》,人民出版社1985年版。
③ 曹雪松:《回忆上海大学》,《上海大学(1922—1927)师生回忆录》,上海大学出版社2021年版。
④ 匡亚明:《我在上海大学的学习生活》,国务院学位委员会办公室编《中国社会科学家自述》,上海教育出版社1997年版。
⑤ 薛尚实:《回忆上海大学》,中国人民政治协商会议上海市委员会文史资料工作委员会编《文史资料选辑(第二辑)》,上海人民出版社1979年版。
⑥ 刘锡吾:《有关上海大学的情况》,黄美真、石源华、张云编《上海大学史料》,复旦大学出版社1984年版。
⑦ 周启新:《上海大学始末》,中国人民政治协商会议上海市委员会文史资料工作委员会编《文史资料选辑(一九八一年第一辑)》,上海人民出版社1981年版。

"出入于该校的学生,先后不下二三千人"①。四是 1936 年上海大学学生曹雪松在《上海大学留沪同学会成立大会特刊》上发表长诗《怀母校》,称"您产了一千八百个儿女,一个个把他抚养成人",是说上海大学培养了 1 800 名学生。以上这些回忆,对上海大学学生总人数的估计,虽有差异,但总体上与实际人数相差不是最大。上海大学学生总人数,比较确切的数字,应该在 2 000 人上下。

上海大学是从 1923 年 2 月开始正式招生的。此前的东南高等专科师范学校在校学生人数为 160 名左右,1922 年 10 月 23 日上海大学成立后,大多数学生都随之转入上海大学。上海大学的招生每年举行两次,到 1927 年 2 月,一共招收了十届学生,其中包括大学部和中学部。

关于学生人数,根据 1923 年 9 月新学期开学的统计,大学部和中学部的总人数为 312 人。根据 1924 年 4 月的统计,全校学生人数为 390 余人②。1936 年 3 月,于右任向国民党中央执行委员会递交了一份关于《追认上海大学学生学籍与国立大学同等待遇》的提案并获得通过,该份提案中称上海大学"先后来学者达两千人"③。

第九节　上海大学中学部

从"普通科"到中学部

上海大学中学部是由东南高等专科师范学校附设之"普通科"改制而来的。1923 年 4 月,上海大学召开教职员全体会议,制定《上海大学暂行校则》改"国学组"为"中国文学系"、"英文组"为"英国文学系"、"美术科"维持原名不变,新增社会学系,将原附设之"普通科"改为"中学部"。中学部除事务仍总属于大学部之校务处外,其教务、训育皆由中学部独立主持,并正式聘请陈德徵为中学部主任。

1924 年 2 月 10 日,上海大学行政委员会举行第二次会议,会上就"中学部与大学部之划分与关系"等问题作出相应的决议。

陈德徵和《发展中的上海大学中学部》

1923 年 8 月 7 日,《民国日报》副刊《觉悟》全文刊登了陈德徵于当年 7 月 30 日写就的《发展中的上海大学中学部》一文。在该篇文章中,陈德徵提出:"中国现在既应产生适应社会需要的大学,尤其该多注意社会要求里急不可缓的一种中学。""上海大学,便是建筑在'适应社会需要'的一个原则上的;而上海大学中学部,更是建筑在'适应社会迫切的需

---

① 孔另境:《旧事新谈——怀念革命的摇篮上海大学》,《我的记忆——孔另境散文选》,上海文艺出版社 1987 年版。
② 于右任:《〈上海大学一览〉弁言》,《上海大学一览》1924 年 4 月印制。
③ 于右任:《追认上海大学学生学籍与国立大学同等待遇案》(1936 年 3 月 3 日),台北:中国国民党中央委员会文化传播委员会党史馆会议档案(国民党中央执行委员会常务会议)5.3.8.32。

要'这个原则上的。因为要想培养出多数能供社会需要的人才,并且要想培养出多数有根本功夫的能作社会中坚的人才,所以有了上海大学,更不能不有个上海大学中学部。"陈德徵还提出:"为了要依民治精神的目标,以适应社会底需要,所以上海大学中学部,该有下面那么一个计划。"

陈德徵为上海大学中学部拟定的计划很详尽,包括学科、课程、学习制度、学分安排、必修、选修科目、体育美育教育、师资队伍等。关于师资队伍,陈德徵认为:"中学底教员,确是很难找的:普通的,不适合;适合的,又怕他们不肯俯就,而且经济上也是极不容易办到。上海大学中学部,确有一种幸运:大学教授多肯兼为高中和初中的教员,他们底才力和思想,自然是很可观的。"陈德徵的这段话,也从一个侧面反映了上海大学初创时期,大学部教员对中学部的教学给予的有力支持。

中学部的教育方针和组织形态

中学部的教育方针,以平均发展青年智能、培养积极道德、造成健全公民为宗旨。在智识方面,务求常识充足、见解正确而富有自动研究之精神;在道德方面,注重养成勤朴、耐劳、诚实、坚毅、公正而富有进取改革之精神。

中学部的组织形态,分教务、训育和事务三个方面。除主任代表中学部出席大学行政会议外,设有全体教职员会议、教务会议、训育会议;会计、庶务、图书、购置、保管、杂务及一切事务,统属大学校务处;成绩统计及一切关于教务者,暂由主任及大学学务员合办;管理、训练均由级任教员担任。

1924年1月,陈德徵辞去中学部主任一职,于右任校长聘请了杨明轩继任中学部主任。1925年3月,杨明轩离开上海大学,中学部主任由刘薰宇继任;同年8月,由侯绍裘担任中学部主任。1927年4月2日,侯绍裘离职去南京,由张作人代理中学部主任一职。

上海大学中学部既有聘请的固定教员,也有大学部老师的兼任教员。

附表一 上海大学行政机构及担任职务人员一览

职 务		姓 名	任 职 时 间
校级层面	校长	于右任	1922年10月23日—1927年5月
	代理校长	邵力子	1923年12月—1925年5月
	总务长 (总务主任)	邓中夏	1923年4月—1924年9月
		刘含初	1924年10月—1925年2月
		韩觉民	1925年2月—1926年4月
	教务长 (教务主任、学务长)	叶楚伧	1922年10月23日—1923年7月
		瞿秋白	1923年7—12月

续 表

	职 务	姓 名	任 职 时 间
校级层面	教务长 (教务主任、学务长)	何世桢	1923年12月—1924年10月
		陈望道	1925年2月—1927年4月
系部层面	文学科主任	叶楚伧	1922年10月23日—1923年3月
		张君谋	1923年3—8月
	美术科主任	洪 野	1922年10月23日—1927年5月
	社会学系主任	瞿秋白	1923年7月—1924年10月
		施存统	1924年10月—1926年4月
		李 季	1926年4月—1927年5月
	中国文学系主任	陈望道	1923年7月—1927年4月
	英国文学系主任	何世桢	1923年7月—1924年10月
		周越然	1924年12月—1926年8月
		周由廑	1926年8月—1927年5月
	中学部主任	陈德徵	1923年3月—1924年1月
		杨明轩	1924年1月—1925年3月
		刘薰宇	1925年3—8月
		侯绍裘	1925年8月—1927年4月
		张作人	1927年4—5月
	图书室主任	陈德徵	1923年5月—1924年1月

(制表：洪佳惠)

附表二 上海大学各系教授一览

系 别	姓 名
社会学系	郭沫若、周建人
政治学系	张奚若、杨杏佛、刘隐庐
经济学系	李大钊、李达、张伯简

续　表

系　别	姓　名
教育学系	杨明轩
商业学系	殷志恒
中国文学系	陈望道、叶楚伧、陈德徵、邵力子、沈雁冰、俞平伯、沈仲九、何味辛、傅东华、刘大白、田汉、高冠吾、李仲乾、胡朴安、顾均正、李石岑、丰子恺、朱自清、郑振铎、赵景深、徐蔚南、蔡乐生、方光焘、章乃羹、任仲敏、谢六逸、金祖惠、王世颖、姚伯谦、严既澄、滕固、蔡慕晖、冯三昧
英国文学系	何世桢、何世枚、朱光潜、董承道、虞鸿勋、孙邦藻、周颂西、冯子恭、火贲达、曾伯兴、邵诗舟、周越然、周由廑、朱复、胡哲谋、唐鸣时、江显之、刘志新、殷志恒、沈亦珍、高觉敷、林康元、朱恢伯
美术科	洪野、万古蟾、吴梦非、王一亭、陈抱一、李超士、仲子通、傅彦长、钱病鹤、何明斋、俞铸成、李骧、陈晓江、万籁天
中学部	陈德徵、王登云、侯绍裘、李未农、张石樵、刘薰宇、匡互生、毛飞、邵诗舟、赵振甫、邓中夏、俞铸成、仲子通、阮永钊、梅电龙、刘宜之、狄侃、张心诚、曹聚仁、季忠琢、汪馥泉、丰子恺、张作人、韩觉民、沈观澜、黄鸣祥、周天僇、钟伯庸、朱复、徐文台、傅君亮、张德俞、陆宗贽、张企留、丁文澜、刘志新、毕任庸、王芝九、吴庶五、张世瑜、徐诚美、许德良、陈贵三、萧觉先、侯绍纶、汪志青、蔡文星（女）、黄文容

（制表：洪佳惠）

附表三　上海大学教师在国外和香港地区留学情况

姓　名	留学国家或地区	留学院校	入校时间	毕业时间	毕业、授位及其他情况
万籁天	日本	东京日本大学			
丰子恺	日本	不详			
王开疆	日本	早稻田大学			
方光焘	日本	东京高等师范学校			
	法国	里昂大学			研究生
田　汉	日本	东京高等师范学校	1916年		
冯子恭	英国	伦敦大学	1915年		预科
	中国香港	香港大学	1916年		文学、理学学士
朱光潜	中国香港	香港大学	1918年		

续 表

姓 名	留学国家或地区	留 学 院 校	入校时间	毕业时间	毕业、授位及其他情况
朱 复	中国香港	香港大学	1922年		
安体诚	日本	东京帝国大学	1918年		
李石岑	日本				
李汉俊	日本	东京帝国大学		1918年	
李 达	日本				
李超士	英国				
	法国	巴黎美术大学		1919年	
杨杏佛	美国	康乃尔大学、哈佛大学			
杨明轩	日本	同文书院	1913年	1914年	
何世枚	美国	密西根大学	1921年		法学博士
何世桢	美国	密西根大学			法学博士
汪馥泉	日本		1919年	1922年	
沈亦珍	中国香港	香港大学	1918年		
沈泽民	日本	东京帝国大学	1920年	1921年	
张厉生	法国	巴黎大学	1920年		
张作人	日本		1921年	1921年	
张伯简	法国				勤工俭学
张君谋	瑞士	日内瓦大学		1919年	理学博士
张奚若	美国	哥伦比亚大学		1917年	学士
				1919年	政治学硕士
陈抱一	日本	东京美术学校		1921年	
陈望道	日本	中央大学			
邵力子	日本				
邵元冲	日本		1911年		

续　表

姓　名	留学国家或地区	留 学 院 校	入校时间	毕业时间	毕业、授位及其他情况
周水平	日本	东京高等体育学校	1917 年	1920 年	
郑超麟	法国		1919 年		
胡汉民	日本	日本政法大学	1902 年		
施存统	日本				
高语罕	日本	早稻田大学		1907 年	
郭任远	美国	加利福尼亚伯克利大学	1918 年		
		加州大学	1923 年		博士
郭沫若	日本		1914 年		
萧朴生	法国		1920 年		勤工俭学
彭述之	苏联	莫斯科东方大学	1921 年	1924 年	
蒋光慈	苏联	莫斯科东方大学	1921 年		
傅彦长	日本				
	美国				
曾伯兴	德国	柏林大学	1912 年		
谢六逸	日本	早稻田大学	1917 年		
蔡和森	法国		1919 年		勤工俭学
滕　固	日本				
戴季陶	日本				

（制表：洪佳惠）

第三章
沪上名校：上海大学

从上海大学走出来的学生柯柏年，是外交家、马克思列宁主义著作的翻译家，他于1982年6月在北京接受有关方面的采访时，曾对上海大学做过这样的评价："在20年代，上海大学可说是上海的革命中心，上海什么进步的运动，都是上海大学的学生带头当先锋。可以说，北京的北京大学，上海的上海大学，广州的广东高等师范学校（后来改称中山大学），是全国的三所最有影响的大学。"①柯柏年将上海大学与北京大学、中山大学相提并论，称这三所大学"是全国的三所最有影响的大学"。可见，上海大学当时位于名校之列，完全是当之无愧的。

第一节　从"弄堂大学"到"上海著名大学"

师生心目中的"弄堂大学"

上海大学在其发展过程中，曾遭到社会的讥讽，有诬称其为"野鸡大学"，也有的讥为"弄堂大学"。沈雁冰（茅盾）回忆上海大学在闸北青云路青云里办学时说："此时的上海大学，是名副其实的'弄堂大学'（弄堂，上海土话，即北京所谓胡同，这个名称是外边人嘲笑上海一般的'野鸡'大学的，他们也用来嘲笑'上大'）。它的校址在上海闸北青云路青云里。"②1925年9月，上海大学的西摩路校址由于被租界当局武力封闭，又迁到闸北青云路的师寿坊，在弄堂里租了几幢民房作为校舍。阳翰笙在回忆中说："那个弄堂很大，但很破旧，都是木板房。有人戏称上海大学是公园大学、公馆大学、弄堂大学。"③1926年秋天进入上海大学学习的学生、新中国成立后曾担任同济大学党委书记兼校长的薛尚实在回忆中说："上大是弄堂大学，这样说是很恰当的。它没有校门，没有大礼堂，没有图书馆，也没

---

① 柯柏年：《回忆上海大学》，王家贵、蔡锡瑶编著《上海大学（1922—1927）》，上海社会科学院出版社1986年版。
② 茅盾：《我走过的道路（上）》，人民文学出版社1981年版。
③ 阳翰笙：《回忆上海大学》，《新文学史料》1984年第2期。

有运动场。"①

"弄堂大学"和"野鸡大学"

其实,在上海人的说法中,"弄堂大学"和"野鸡大学"是有本质区别的。称为"弄堂大学",主要是指其办学条件,而上海大学确实是办在弄堂里的,完全符合实际。称为"野鸡大学",则是对上海大学的污蔑和攻击。"野鸡",在沪语中有一个义项为"不正规",相当于现在所说的"山寨"。所谓"野鸡大学"是批评讽刺办学者的主观动机和目的。上海大学的前身东南高等专科师范学校,由于校长王理堂等主观动机为开学店敛财,置学生于不顾,故被称为"野鸡大学",这对东南高等专科师范学校的办学实际,算不得污蔑和攻击。也正因为如此,才有了学生罢课闹学潮之举。而上海大学成立后,以"养成建国人才,促进文化事业"为宗旨,时时以学生求知进取为念,从建校伊始,就将自建校舍作为一件大事来落实,筚路蓝缕,锐意革新,不断改善和提高办学条件,名师云集,学生影从,在社会上享有盛誉,很快进入名校之列。张太雷在上课时,用戏谑的语气将上海大学和美国的哈佛大学作比较。他说:"我们虽是'弄堂大学',但同学们思想新颖,情绪热烈,立志为革命作出贡献。美国以哈佛大学为最大,较我们大几百倍,但学生大都浑浑噩噩,毫无生气,只想毕业后多赚几个钱。"②虽然我们不能将张太雷这番话完全当真,但他在谈到上海大学这个"弄堂大学"时充满着的自信和自豪,我们就不能不当真的了。

媒体的报道和介绍

1926年2月24日,《申报》刊登《上海各学校招生表》,共公布了25所学校的招考信息,其中大学12所,分别是复旦大学、持志大学、远东大学、宏才大学、艺术大学、学艺大学、上海大学、大同大学、东华大学、国民大学、文治大学、大夏大学。同年4月,《寰球中国学生会特刊》刊登《上海著名大学调查录·上海大学》,从校址、校长、各主要职员、各科教授、编制、投考时期及投考资格、学生应缴之费、附属学校概要等八个方面介绍了上海大学。1927年3月26日,《申报》刊登《上海市教育协会大学教职会组织》的报道,称:"上海有名之各大学教职员,早有联合会之组织,发起人共有三四十人之多,如复旦大学刘大白、徐蔚南,上海大学冯三昧、蔡慕晖、周越然等,均在发起人之列。"这些都是当时的媒体把上海大学列入名校之林的客观报道和介绍。

上海大学之所以能进入名校之列,是由于在学校的决策机制、办学条件的不断改善、师资队伍的建设、学科和专业的建设与发展、学生的招生与培养、日常教学的安排与运作、校园文化建设等诸多方面,都达到了一所正规大学的规范与要求,并带有自己鲜明的特色

---

① 薛尚实:《回忆上海大学》,中国人民政治协商会议上海市委员会文史资料工作委员会编《文史资料选辑(第二辑)》,上海人民出版社1979年版。
② 周启新:《上海大学始末》,中国人民政治协商会议上海市委员会文史资料工作委员会编《文史资料选辑(一九八一年第一辑)》,上海人民出版社1981年版。

与印记。

于右任以上海大学校长的名义接待爱因斯坦

1922年11月13日,著名物理学家、诺贝尔奖获得者爱因斯坦应邀赴日本访问,途经上海时,于右任参加了接待。上海著名画家王一亭在自己的寓所"梓园"宴请了爱因斯坦。席间宾主尽欢,于右任以上海大学校长的身份代表东道主致辞。张君劢用德语发表了简短的演讲。这次接待,是于右任就任校长20天以后进行的一次重要的外事接待活动。王一亭,后来应聘任上海大学校董和美术教师,张君劢任文学科主任。

第二节 教学管理与教材建设

教学管理严格

由于办学的特殊背景和性质,使得上海大学师生在参加政治活动方面所占的时间、花的精力,比起同时代的大学要多得多。但在教学管理方面,总体上还是按照《上海大学章程》的要求来进行的。无论是教师还是学生,在主观上还是将教学和学习放在很重要的位置。比如,每堂课前,教师要在课堂上点名。社会学系学生薛卓汉,有一次将他的弟弟带进课堂听课,教师何世桢通过点名,把薛卓汉的弟弟查了出来。薛卓汉为此还当场挨了何世桢的严厉批评,说他违反校规①。中国文学系学生丁玲回忆说:"我们文学系似乎比较正规,教员不大缺课,同学们也一本正经地上课。"②社会学系学生阳翰笙回忆说:在1925年的3月以后,他因病请假,"这时有两个同学李硕勋、刘照黎要到杭州去,他们想趁这个机会赶快自修把功课补一下,要不然就追不上去了。当时'上大'的课程抓得很紧,白天照样上课,你去参加工人运动,回来就得自己补功课。他们劝我一道去,我和团组织商量,他们同意我去。我们三人在三月初到了杭州,每人凑了十来元,共二三十元,买了当时所有的重要的马列的书和文学方面的书,买了两个大藤箱带到了杭州。在葛岭山庄租了三间房住下了自修补习功课。"③学生黄玠然回忆说:"在这一时期(指1926年2月到8月),如没有特别活动,学生们都认真上课,正正规规的,李季教我们《资本论》,蒋光慈教俄文,萧朴生教哲学。"④学生薛尚实在回忆中还提供了这样的细节:"课堂里有时有穿着工装蓝布褂的人来听课,据说是高年级的同学到工厂区去参加革命工作,到了上课时间来不及换衣服,就匆匆而来。"⑤大学部是如此,在中学部也同样是如此。中学部学生唐棣华在回忆中

---

① 胡允恭:《我所知道的上海大学》,胡允恭著《金陵丛谈》,人民出版社1985年版。
② 丁玲:《上海大学》,《丁玲自传》,江苏文艺出版社1996年版。
③ 阳翰笙:《回忆上海大学》,《新文学史料》1984年第2期。
④ 黄玠然:《回忆上海大学》,王家贵、蔡锡瑶编著《上海大学(1922—1927)》,上海社会科学院1986年版。
⑤ 薛尚实:《回忆上海大学》,中国人民政治协商会议上海市委员会文史资料工作委员会编《文史资料选辑(第二辑)》,上海人民出版社1979年版。

说:"我在上大附中高中读书时,一般情况下,上课是正规的,和其他普通学校一样。"①

上海大学在教学管理的严格方面,还有一点是学生上课态度的认真,勤于记笔记。社会学系学生杨之华回忆说,学生"认真地记笔记,有的同学因为参加社会工作而缺了课,总要借别人的笔记补抄"②。社会学系台湾籍学生谢雪红作为"特别生"进上海大学学习,由于本身文化基础差,"上课时,看到许多同学都在做笔记,自己羡慕得很"③。

从当年这些上海大学学生的亲身经历可以看出,上海大学在教学管理上是正规和严格的。

自编讲义与教材

上海大学在办学过程中,很重视讲义和教材的编写、刻印和出版。许多教师根据自己讲授的课程编成讲义,在学校刻印,又由学校和书局正式编校出版。当时,有些教材经出版以后,一再重印,受到读者的欢迎。有的教材至今还成为那个时代留下的经典。从这些讲义和教材的使用流传,可以看出上海大学在办学方面的特点和取得的成就。

1923年12月25日,《民国日报》刊登题为《上海大学之猛进》的报道,称:"上海大学颇以提高文化自励,半年以来,教授方面极为认真,其中由教授自编讲义者甚多。该校拟择其尤精粹的编为'上海大学丛书',预计在一年内至少可出五种。"到了第二年,即1924年2月10日,上海大学行政委员会举行第二次会议,会上决定编辑出版"上海大学丛书",成立"上海大学丛书审查会",推定邵力子、陈望道、瞿秋白、何世桢、邓中夏五人为委员,负责丛书出版的选题、编审等事务④。到了3月,上海书店就陆续出版了《社会科学讲义》1—4集。该讲义集根据上海大学社会学系的讲义整理而成,收录瞿秋白的《现代社会学》《社会哲学概论》;安体诚的《现代经济学》;施存统的《社会运动史》《社会思想史》《社会问题》等。讲义集甫一问世即受到读者欢迎,很快就销售一空,后来又重印数次。

瞿秋白编著的讲义和教材,除了收在《社会科学讲义》中的《现代社会学》《社会哲学概论》以外,还有一本《社会科学概论》。这本著作是瞿秋白在上海大学等高校于1924年7月举办的"上海夏令讲学会"上所做的演讲的文稿,当年10月,由上海书店出版。1925年1月1日,瞿秋白的同事、上海大学社会学教授施存统在《民国日报》发表题为《介绍秋白著〈社会科学概论〉》的文章,郑重地向读者作了推荐。施存统认为,瞿秋白这本著作"分量虽少,只有三万多字,可是内容非常充实,可说是中国社会科学界中空前的著作,在过去的中国社会科学书籍中,没有一本书还比它更有意义"。

---

① 唐棣华:《回忆上海大学》,王家贵、蔡锡瑶编著《上海大学(1922—1927)》,上海社会科学院出版社1986年版。
② 杨之华:《回忆秋白》,人民出版社1984年版。
③ 谢雪红口述、杨克煌笔录:《我的半生记》第六章"上海大学",杨翠华1997年印行于台北。
④ 《上海大学周刊》第一期"本校大事记",1924年5月出版。《20世纪20年代的上海大学》,上海大学出版社2014年版。

在上海大学的讲义教材中，还有一本受到读者欢迎的就是蔡和森的《社会进化史》。这是蔡和森作为社会学系教授为学生开设"社会进化史"而专门编写的。这本讲义经整理后，于1924年8月作为上海大学丛书之一，由上海民智书局出版。全书分四大部分，包括"绪论　有史以前人类演进之程序""第一篇　家族之起源与进化""第二篇　财产之起源与进化""第三篇　国家之起源与进化"。1924年11月2日，《申报》刊登了《社会进化史》的出版广告，题为《上海大学丛书之一·蔡和森先生著〈社会进化史〉·大本一厚册，定价一元》。广告称："蔡先生为上海大学社会学系教授，于社会科学研究有素。本书为其经心之作。书凡三篇：一、家族之起源与进化；二、财产之起源与进化；三、国家之起源与进化。共十余万言，论述甚详。"1925年2月2日，《民国日报》又以《上海大学丛书之一〈社会进化史〉》为题，介绍了蔡和森的《社会进化史》，称："蔡先生为上海大学社会学系教授，于社会科学研究有素，本书为其经心之作。"这本书自出版后，同样受到读者欢迎。从1924年8月出版到1929年8月，上海民智书局连续出了五版。

胡朴安是上海大学中文系的教授，也是当时的著名学者。他在上海大学中国文学系讲授"文字学"这门课。他自编的讲义《文字学ABC》，1929年8月由世界书局正式出版。

英国文学系则将孙中山的《实业计划》英文原著作为教材。孙中山的《实业计划》亦名《国际共同发展实业计划》，是孙中山关于振兴中国实业实现国民经济现代化的专著，1919年用英文写成，由朱执信、廖仲恺等译成汉语。该书反映了孙中山关于中国国民经济近代化的宏伟理想和具体规划。虽然《实业计划》为中国设计的那种经济建设的蓝图在当时并没有实现的可能，但其中包含的有关中国经济发展战略的一系列思想，却是极为珍贵的。上海大学英国文学系"散文"课程，将孙中山的《实业计划》英文原著作为教材，使学生在提高英文阅读水平的同时，学习了孙中山的经济发展战略思想。

上海大学平民学校成立后，作为学校的负责人，邓中夏会同李立三撰写了《劳动常识》，总计五章，第一章"绪言"、第二章"劳动运动的起源"由邓中夏执笔，署名"中夏"；第三章"社会主义的思潮与劳动运动"、第四章"资本主义的解剖"、第五章"资本主义的崩坏"则由李立三撰写，署名"李成"。这五章讲义于1924年5月31日起至7月19日，分五次刊登在《民国日报》副刊《平民周报》上。这份讲义，对于启发工人觉悟、提高平民学校学员对劳动问题的正确认识，起到了重要作用。

上海大学的自编讲义和出版的教材受到社会的重视和欢迎。1924年1月11日，邓中夏收到邓恩铭寄自青岛的来信，信中邓恩铭叮嘱邓中夏，上海大学的经济学与社会学的讲义出版以后，各寄一份给他①。

学生眼中的上海大学讲义

在从上海大学走进新中国的那些学生的回忆录中，不止一人讲到过上海大学的讲义

---

① 柏文熙、黄长和编：《邓恩铭遗作选》，贵州人民出版社1990年版。

对他们读书时的影响。曹雪松说:"他们与别校教授不同,讲课都是自己编讲义,不是照本宣科。"①周文在说:"上海大学的讲义印得很漂亮。"②谢雪红说:"进了上大,发了几本书,上课时又经常发讲义。"③胡允恭回忆起他在课堂上听蔡和森的课时说:"和森同志担任的主课是《社会进化史》,这份讲义,不久即整理出版了。"④薛尚实在回忆中介绍了上海大学的多种讲义,他说:"社会科学这门课的讲义,原来是用安体诚先生编的社会科学讲义,当施存统先生主讲时,他自编了一套讲义,内容有社会科学史、从第一国际到第三国际等。哲学主要是讲辩证法唯物论,由萧朴生主讲;马克思主义是按照《马克思及其生平著作和学说》一书讲解,此书以后作序出版,改名为《马克思传》;政治经济学的课本是用德国博洽德著的《通俗资本论》译本。这两门功课都是由李季主讲,这两本书也就是他编译的,由上海书店印刷发行,当时系里的同学差不多人手一册。"⑤施蛰存说自己就是通过上海大学的讲义认识了同学丁玲,他在《丁玲的"傲气"》一文中这样写道:"只有在教师发讲义的时候,把一叠讲义交给第一排的女同学,她们各取一张,然后交给背后的男同学。"也只有在这个时候,施蛰存"才又一次见到丁玲的面相,有时也打个无言的招呼"⑥。

第三节　新型的教学风气、教学方法和师生关系

教师的教学态度

在教学风气和教学方法以及师生关系方面,上海大学在当时的高校中可以说是独树一帜、别开生面的。用学生匡亚明的话来说,"上大的师资力量很强","他们既有深厚的学术功底,又有旺盛的革命朝气,讲课内容丰富,对学生要求严格,教学方法多样"⑦。

上海大学教师认真的教学态度给学生留下了深刻印象。1923年10月23日,是上海大学成立一周年的纪念日,在这天的《民国日报》副刊《觉悟》上,刊登了上海大学中国文学系学生施蛰存的文章《上海大学的精神》。当时,施蛰存入校才一个多月,他在入上海大学之前考进了教会学校之江大学。在《上海大学的精神》这篇文章中,施蛰存先讲了他在之江大学的感受:"我只觉得丝毫没有得到一点大学生的学问,也没有干过一些大学生应有的活动。我所得到的,至多只能说住过好些时的高大洋房,多记得几个英文名词罢了。"而

---

① 曹雪松:《回忆上海大学》,这是有关方面对曹雪松的访问记录稿,原件藏上海市档案馆(全宗号:D10)。
② 周文在:《回忆上海大学》,王家贵、蔡锡瑶编著《上海大学(1922—1927)》,上海社会科学院出版社1986年版。
③ 谢雪红口述、杨克煌笔录:《我的半生记》第六章"上海大学",杨翠华1997年印行于台北。
④ 胡允恭:《我所知道的上海大学》,胡允恭著《金陵丛谈》,人民出版社1985年版。
⑤ 薛尚实:《回忆上海大学》,中国人民政治协商会议上海市委员会文史资料工作委员会编《文史资料选辑(第二辑)》,上海人民出版社1979年版。
⑥ 施蛰存:《往事随想》,四川人民出版社2000年版。
⑦ 匡亚明:《我在上海大学的学习生活》,国务院学位委员会办公室编《中国社会科学家自述》,上海教育出版社1997年版。

在上海大学,给施蛰存留下深刻印象的是上海大学教授,他们"主要不是以糊口的教授,他们很热心地聚集在上海大学,将他们所研究的专长,指示给他们的学生。在别处学校里,我知道教授的面孔是冷的,而大学教授尤其应当庄严,即使这位教授生性和善,也不得不在授课的时候装几分的庄严。这样可笑态度,上海大学教授中竟一位也找不出。"社会学系学生胡允恭对学校教师治学的严谨性方面有着深刻印象。他说:"上大的教师多半是热心于教育事业的。他们对学生的要求极严。并不是只要他们懂得几句革命口号,而是要求学生有扎实的理论基础。因此,他们总是满腔热情地帮助、指导学生。指导完全理解为止。有的教师每讲完一个专题,都归纳几个重点,反复讲解。同学如有不懂,可随时提问,由教师一一解答。"①施蛰存这篇文章和胡允恭的回忆都是从总体上来肯定和赞扬上海大学教师的工作态度,落实到具体的教师身上,我们同样可找到学生的评价:中国文学系教授邵力子,为饱学之士。丁玲回忆,邵力子给学生上《书经》这门课。《书经》是一本很难懂的书,但邵力子"细致耐心,又很博学,讲解分析,力求浅显,我们听来,虽说吃力,也还是感到有趣味"②。张太雷当时身兼繁重的党务和宣传工作,但他在上海大学每星期要给学生讲两次到三次课,每次讲两个钟头。"他非常善辩,喜欢与同学讨论问题,师生间建立了争论的好风气。我们不理解的问题就提出来,请他回答。他总是用启发式的教育方法,与大家展开讨论。有时有的同学认为他的说法不对,就与他争辩。他总是和颜悦色,从不急躁和生气。有时别人讲了错误的意见,他只是笑一笑,循循善诱地指出学生看法上的错误,叫人心服口服。"③俞平伯先生每次上课,全神贯注于他的讲解,他摇头晃脑,手舞足蹈,口沫四溅④。社会学系教授萧朴生,主讲哲学课,很受学生欢迎。学生薛尚实回忆说:"他上第一课就给我印象很深。上课之前,他已经和同学们有说有笑地谈了一阵子,一打铃,他首先在黑板上写了(1)阶级与非阶级;(2)唯物与唯心;(3)功利与非功利这三个题目。题目提得新鲜,字也写得劲秀。一开讲,每个同学都很认真地做笔记。他讲完一个题目,即归纳成几个重点再重复讲一遍,并问同学们懂不懂?请同学们提问题。记得有一位女同学先发问,接着又有几个同学提问题,他就从容不迫地一一解答。"薛尚实还回忆说:"像他这样的教学方法,我还是第一次遇到,感到十分新鲜。而他的这种认真负责的精神,又使我深为敬佩。想起在别的大学上课时,教授们点名、讲课,讲完后,皮包一夹就跑的情况,完全不同。"⑤

倡导理论联系实际学风

上海大学在学风建设方面一直倡导理论联系实际。上海大学的教师,尤其是社会学

---

① 胡允恭:《我所知道的上海大学》,胡允恭著《金陵丛谈》,人民出版社1985年版。
② 丁玲:《上海大学》,《丁玲自传》,江苏文艺出版社1996年版。
③ 阳翰笙:《忆我的良师益友张太雷同志》,《回忆张太雷》,人民出版社1984年版。
④ 丁玲:《上海大学》,《丁玲自传》,江苏文艺出版社1996年版。
⑤ 薛尚实:《回忆上海大学》,中国人民政治协商会议上海市委员会文史资料工作委员会编《文史资料选辑(第二辑)》,上海人民出版社1979年版。

系的教师,在上课时十分注意理论联系实际,绝不是教条主义的满堂灌。瞿秋白讲授"社会哲学"这门课,对欧洲各种哲学流派了如指掌,尤其对黑格尔的哲学以及由黑格尔哲学到马克思主义哲学都讲得十分透彻。他讲课经常了解同学的原有程度和接受能力,而不是只顾低头看讲义、读讲义。他常引用许多古今中外的故事,深入浅出地一个一个问题讲得通俗易懂。同时,十分注意结合当时革命斗争的实际,反复分析、解释,尽力讲清每一个概念①。杨之华说,瞿秋白"讲课的习惯,是在上课之前,先把讲义发给我们,让我们预习,到讲课时,不是照着讲义念,而是在讲义的基础上补充了很多活材料。由于同学们的水平参差不齐,为了使大家都能听得懂,他引用了丰富的中外古今的故事,深入浅出地分析问题,把马克思列宁主义的理论和当前的革命斗争密切结合起来"②。哲学课是比较难上的一门课,很容易从概念到概念,云山雾罩,让学生不明就里。但是萧朴生教授在上这门课时,"内容十分丰富而又通俗易懂,解释每个概念,他都用日常生活中的事例来说明,使人易懂易记。讲完三个题目后,又复述今天讲授内容的基本精神,最后指出还要看哪些参考书,并要我们在下次上课前把要讲的问题先提出来。从此,我才知道他讲的内容所以能如此生动、中肯,是由于他能针对着同学们所提问题两相结合起来的缘故"③。

由于上海大学课堂学习注重理论联系实际,因此,要求学生在课外大量阅读参考书,将读书和讨论结合起来,和社会实际结合起来。学生薛尚实结合自己的学习生活说:"当时在上大,自觉认真读书,提出问题,讨论问题,成为一种风气。我在1926年下半年,读了李达著的《新社会学》、蔡和森著的《社会进化史》、漆树芬著的《帝国主义铁蹄下的中国》、熊得山著的《科学社会主义》、安体诚著的《社会科学十讲》。《马克思传》和《通俗资本论》也读了,还有许多小册子。"④

学生下课以后,都会按照各年级自己组织学习讨论会,由自己班级的同学主持。"开会时大家随便提问题随便谈,问生字、问名词概念、问老师讲课中的疑问也好,只要提出来,就交大家讨论、研究并作解答。有时谈谈报上看来的政治消息,有时介绍期刊中某篇文章的内容。总之,有啥谈啥,会议开得非常活跃。有时,老师也出席指导,学习会上的重要内容,整理出来,拿到墙报上去发表。"⑤

讲课生动有趣

生动有趣的授课方式是上海大学教学的又一个特点。丁玲说:"我喜欢沈雁冰先生

---

① 胡允恭:《我所知道的上海大学》,胡允恭著《金陵丛谈》,人民出版社1985年版。
② 杨之华:《回忆秋白》,人民出版社1984年版。
③ 薛尚实:《回忆上海大学》,中国人民政治协商会议上海市委员会文史资料工作委员会编《文史资料选辑(第二辑)》,上海人民出版社1979年版。
④ 薛尚实:《回忆上海大学》,中国人民政治协商会议上海市委员会文史资料工作委员会编《文史资料选辑(第二辑)》,上海人民出版社1979年版。
⑤ 薛尚实:《回忆上海大学》,中国人民政治协商会议上海市委员会文史资料工作委员会编《文史资料选辑(第二辑)》,上海人民出版社1979年版。

(茅盾)讲的《奥德赛》《伊利亚特》这些远古的异族的极为离奇又极为美丽的故事。"①蔡和森讲授的社会进化,实际上是社会发展史,"例如:他严肃认真地阐述了恩格斯的名著《劳动在从猿到人转变过程中的作用》,并且多次引证《家庭、私有制和国家的起源》(上述两书当时还没有中译本)中的有关章节,把社会进化史讲得生动活泼,深入浅出,全系同学都表示欢迎,倾注全力听讲。开始只是社会科学系的学生,稍后,其他系的学生也来旁听。不但教室人满,连窗子外面也挤满了旁听的学生。"②张太雷在上海大学任教期间,主讲政治学、政治学史和英文。他精力充沛,学识渊博,讲理论课,观点鲜明,逻辑严密,又生动活泼;讲英文课,给学生留下了深刻印象。在学生阳翰笙眼中,张太雷"很有学者风度。他英文说得流利准确,讲课文时总是想用英文讲一遍,再用中文加以解释,把英文难懂的地方向我们认真解释清楚,给学生的印象很深。太雷讲课时慢条斯理,从容不迫,毫无剑拔弩张的样子。他讲课说理透彻,观点分明,富有说服力。"③聆听过萧楚女和恽代英演讲的上海大学学生杨之华在回忆的文字中说:"恽代英同志和萧楚女同志是出色的宣传鼓动家,分析问题一针见血,讲起话来诙谐幽默,常常引起同学们的哄堂大笑。"在杨之华眼里,萧楚女以及邓中夏、瞿秋白、张太雷、恽代英"这些教师的年纪和同学们差不多,甚至比有的学生还年轻些,但他们讲课时知识渊博,在政治斗争中机智勇敢,所以他们在学生中威信很高,成为同学们学习的光辉榜样"。蒋光慈讲课神态安逸从容,语调抑扬顿挫,没有华丽的词藻和空谈,侧重深入浅出地分析问题,颇能理论联系实际。同学们都称赞蒋光慈的课讲得精彩,有人说他有才气,有人说他俄语好,有人说他很用功。后来有学生到他成都路福康里的亭子间,发现他满架子西文书籍和厚厚的讲义,书桌上堆放着许多参考书,顿时恍然大悟,知道他几乎全在这里备课编讲义,为报刊写文章或进行文学创作④。

新型而又良好的师生关系

在上海大学,师生关系融洽,既是同志又是朋友,没有严格的师道尊严。丁玲回忆,瞿秋白作为老师,几乎每天下课以后都到她们学生宿舍,"于是我们的小亭子间热闹了。他谈话的面很宽,他讲希腊、罗马,讲文艺复兴,也讲唐宋元明。他不但讲死人,而且也讲活人。他不是对小孩讲故事,对学生讲书,而是把我们当作同游者,一同游历上下古今,东南西北"⑤。据阳翰笙回忆,蒋光慈与瞿秋白、施存统经常到学生住处访谈。他们一来,学生就将他们团团围住,探讨、辩论各种问题,有时觉得他们的解答难以理解,就跟他们争辩,互不相让,气氛活跃。蒋光慈喜欢喝点酒,有时他们到附近小店买点酒、花生米、豆腐干之

---

① 丁玲:《上海大学》,《丁玲自传》,江苏文艺出版社1996年版。
② 胡允恭:《我所知道的上海大学》,胡允恭著《金陵丛谈》,人民出版社1985年版。
③ 阳翰笙:《忆我的良师益友张太雷同志》,《回忆张太雷》,人民出版社1984年版。
④ 张元隆:《上海大学与现代名人(1922—1927)》,上海大学出版社2011年版。
⑤ 丁玲:《上海大学》,《丁玲自传》,江苏文艺出版社1996年版。

类,边喝酒边谈问题,尽兴时还唱起歌来,可见师生关系之和谐①。上大的学生不仅在课堂上接受教育,而且在业余时间还能拓展新知、提高理论素养。阳翰笙在回忆张太雷时则说,张太雷"非常擅辩,喜欢与同学讨论问题,师生间建立了争论的好风气。我们不理解的问题就提出来,请他回答。他总是用启发式的教育方法,与大家展开讨论。有时有的同学认为他的说法不对,就与他争辩。他总是和颜悦色,从不急躁和生气。有时别人讲了错误的意见,他只是笑一笑,循循善诱地指出学生看法上的错误,叫人心服口服。"阳翰笙还说:张太雷和同学相处得十分融洽,"他在讲台上是我们的良师,下课后又是我们的朋友和亲密无间的同志。太雷同志工作很忙,但总是抽时间到学生中来,与大家交谈,和我们坐在一条板凳上促膝谈心,有时还到同学们的宿舍了去看望大家,我们都乐于和他接近"②。社会学系的其他学生王一知、杨之华等人也都讲到张太雷平时为人愉快活泼,毫无教师的架子,喜欢深入到学生中间,甚至到学生宿舍,与学生自由探讨,解答学生提出的问题。所以,薛尚实说:"我们的老师,不摆教授的架子,大多数和颜悦色,肯真诚待人,对我们的学习、工作和生活很关怀。下课以后,和大家坐在板凳上,促膝谈心,有时还到我们宿舍里来看看。"③

上海大学师生这种新型的关系,还表现在学校从领导到教师,都关心和支持学生的各种活动。校长于右任,经常应学生之邀,为学生自办的刊物题词,担任学生社团的名誉社长、顾问等。1924年1月1日,上海大学学生发起成立学生社团"孤星社",于右任欣然接受邀请担任名誉社长,邓中夏、瞿秋白也应邀担任社团顾问;当上海大学学生社团演说练习会成立时,恽代英应学生之邀担任指导员,他认真辅导学生提高演说水平;上海大学英国文学系成立英文辩论协会,系主任何世桢给予指导并多次亲临比赛现场,担任辩论赛裁判。学生自己组织的学习讨论会,教师也会主动到场参加并给予指导。

在上海大学,学生对教师的要求很高,这种要求,不仅在于教学态度方面,还在于教学水平的高低。教师李俊讲授的课程是"社会进化史"。他讲课的方式是按章按节,照本宣科,像给中学生上课那样,讲得干巴巴的。他讲第一次课的时候听课学生还很多,到他讲第二次课时学生数就明显减少了。后来有学生给他提意见,希望他在上课方式方面加以改进。但是李俊依然故我。有一天,不知哪位学生写了一张"请××先生自动辞职"的纸条贴在黑板上,李俊走进课堂时,看到纸条就不声不响地走了,从此他就不来上课了④。

用正确的观点教育和引导学生

教师上课和演讲,固然要生动有趣、引人入胜,但作为教师,教书育人永远是第一位

---

① 阳翰笙:《回忆上海大学》,《新文学史料》1984年第2期。
② 阳翰笙:《忆我的良师益友张太雷同志》,《回忆张太雷》,人民出版社1984年版。
③ 薛尚实:《回忆上海大学》,中国人民政治协商会议上海市委员会文史资料工作委员会编《文史资料选辑(第二辑)》,上海人民出版社1979年版。
④ 薛尚实:《回忆上海大学》,中国人民政治协商会议上海市委员会文史资料工作委员会编《文史资料选辑(第二辑)》,上海人民出版社1979年版。

的。上海大学占主流的教师,非常注意用正确的观点来教育和引导学生。上海大学学生周启新回忆说:张太雷在讲授"国内外时事问题"时,"嘱学生以唯物史观方法,观察、分析国内外形势,并要同学将沪上《大陆报》、《字林西报》、《密勒氏评论报》、《向导》周报、《醒狮》周刊、《时事新报》、《民国日报》等阅读后,提出问题,由他总结论点,在课堂时提出讨论。堂课每周一次,下午连续四小时。时学生派系不同,讨论含有争论性质,热烈时往往拖延一两小时,连夜饭也满不在乎"①。张太雷在上海大学被学生视作人生的导师和引路人。他在课堂上曾将上海大学的学生和美国哈佛大学的学生在思想和志趣上做过比较。在他眼里,"我们虽是'弄堂大学',但同学们思想新颖,情绪热烈,立志为革命作出贡献。美国以哈佛大学为最大,较我们大几百倍,但学生大都浑浑噩噩,毫无生气,只想毕业后多赚几个钱"②。安体诚在上海大学担任教授期间,除了教授"现代经济学"课程以外,还教授"社会学""科学社会主义"等课程。其中"现代经济学"具有鲜明的马克思主义观点,材料丰富,为当时学术界所重视,在讲课中,安体诚态度认真,对概念十分重视。他讲"经济"这一概念时,首先说明"经济"两字的内容,对什么是自然经济,什么是社会经济,经济与政治的关系等,都讲得一清二楚。当时听他课的学生胡允恭一开始还觉得他讲课从概念到概念,过于拘泥。后来胡允恭自己读到列宁《我们究竟拒绝什么遗产》一文时,才知道列宁对概念的重视,由此才体会到安体诚老师教学的认真和严谨③。另据上海大学附中学生周文在回忆,1925年5月,在徐家汇复旦中学礼堂举行的纪念五四运动的集会上,"'醒狮派'④的头头曾琦、左舜生在台上慷慨激昂地演说,讲'革命主要靠青年,三十岁以上的人都是不革命的'云云,发了一通议论。他们刚讲完,只见人群中一位瘦小个子,光着头,穿着青布大褂,戴着小眼镜的青年走上了讲台,这个人就是恽代英。他针对曾琦等人的谬论,进行了批驳,说:'我们青年人要和老年人团结起来革命,青年人也有不革命的,三十岁以上的也有不革命的,但大多数是要革命的',把国家主义派那种哗众取宠的讲话批得体无完肤。他的演讲,激起了会场上学生们的阵阵掌声。大家都赞成他的演说,认为很受启发教育,澄清了一些模糊的认识"⑤。

第四节 三系一科——办学成就的主要体现

在五年不到的办学时间里,上海大学虽然有过在社会科学院开设经济系、政治系、法

---

① 周启新:《上海大学始末》,中国人民政治协商会议上海市委员会文史资料工作委员会编《文史资料选辑(一九八一年第一辑)》,上海人民出版社1981年版。
② 周启新:《上海大学始末》,中国人民政治协商会议上海市委员会文史资料工作委员会编《文史资料选辑(一九八一年第一辑)》,上海人民出版社1981年版。
③ 胡允恭:《我所知道的上海大学》,胡允恭著《金陵丛谈》,人民出版社1985年版。
④ 即"国家主义派"。
⑤ 张霄腾:《中国共产党干部教育研究资料丛书(第二辑)》,中国人民大学出版社1989年版。

律系、社会学系、史学系、哲学系、心理学系、教育学系等八个系和在文艺院开设中国文学系、英国文学系、俄国文学系、德国文学系、法国文学系、绘画系、音乐系、雕刻系等八个系的计划,但在实际的办学过程中,主要开办了社会学系、中国文学系、英国文学系和美术科这三系一科,瞿秋白、陈望道、何世桢、洪野等,为这三系一科的建设和发展作出了重要贡献。

瞿秋白与社会学系

社会学系是上海大学中学生人数最多的、影响最大的一个系,首任系主任是瞿秋白。1923年6月15日,《民国日报》刊登的《上海大学概况(续)》中,公布了《上海大学暂行校则》,在第十二条中明确规定:"社会科学院分设经济、政治、法律、社会、史学、哲学、心理学、教育学八系。"于右任在《〈上海大学一览〉弁言》中也明确指出:"本校初设'文学'与'美术'两科。文科分'国学'与'英文'两组。美术科分'图音''图工'两组。并设'普通科'。十二年四月教职员全体会议,决定进行计划,并定《暂行校则》。九月秋季开学,根据《暂行校则》,改'国学组'为'中国文学系','英文组'为'英国文学系'——'美术科'仍旧——并新招'中国文学系'、'英国文学系'、'社会学系'各一班。附设之'普通科'改为'中学部'。"据此可以断定,在瞿秋白正式到上海大学任职任教前,上海大学已经准备开设社会学系了。

然而,真正使社会学系成为上海大学最有影响的专业,并使之在中国高等教育的社会学专业的教学和研究中留下重要地位的是瞿秋白,他为此立下了筚路蓝缕之功。

1923年6月下旬,瞿秋白由广州取道杭州来到上海,22日,经李大钊推荐,正式接受于右任聘请,担任上海大学教务长一职,同时兼任社会学系的系主任。作为系主任,瞿秋白不仅要负责系里的日常行政工作,他还亲自走上讲台,为学生讲课。瞿秋白讲课极受学生欢迎,瞿秋白讲课,"要照顾听课同学的不同程度和接受能力,极力讲得又通俗又明白。他在讲课中,每每把古今中外的许多事实引证起来,深入浅出地发挥着;把理论和当前实际斗争密切结合起来,反复地分析、解释着。同学们听起来都能心领神会,都很高兴听他的课。当时,听课的不只是本系的同学,还有中文系、英文系和美术系的同学,甚至别的学校爱好社会科学的同学也来校参加旁听。教室是全校比较大的一间,只要是秋白讲课的日子,总是挤得满满的"①。

作为系主任,瞿秋白很重视师资队伍的建设,他聘请了不少中国共产党的早期领导人和理论家在社会学系任教,如沈泽民、恽代英、蔡和森、施存统、董亦湘、张太雷、萧楚女、杨贤江等。这些人不仅是革命家,也是饱学之士,在社会学系,都是受到学生普遍欢迎的称职教授。在社会学系有一门课叫"生物哲学",这是瞿秋白以系主任身份亲自跑到商务印书馆,请在那里任职,在植物学、生物学方面有很深学术造诣的周建人到社会学系来开设

---

① 姚天羽:《培养革命干部的洪炉——上海大学》,《党史资料丛刊(第2辑)》,上海人民出版社1980年版。

的。他还当面对周建人说,你在商务印书馆工作是"英雄无用武之地"①。

瞿秋白对社会学系的讲义编写和教材建设很重视。社会学系开设的课程,都由教师自己编写讲义。1924年3月,上海书店陆续出版了根据上海大学社会学系的讲义整理的《社会科学讲义》1—4集,内收瞿秋白的《现代社会学》《社会哲学概论》、安体诚的《现代经济学》、施存统的《社会运动史》《社会思想史》《社会问题》等讲义。这些教师都是社会学系的名师,由他们编写的讲义整理成书的《社会科学讲义》1—4集,成为深受读者欢迎的社会科学读物。蔡和森的《社会进化史》则以"上海大学丛书"的名义在1924年8月由民智书局出版。

在社会学系,瞿秋白很注意教育学生与中国文学系和英国文学系的同学搞好关系。他经常教育社会学系的学生,要主动去团结文学系,特别是英国文学系的学生,他认为,"革命靠少数人是不行的,应该带动广大群众去干。文学系也有要求进步的同学",他要求社会学系的同学去积极帮助文学系的同学,培养发展党团员。他还告诫社会学系的学生不要轻视文学,无产阶级的文学对革命是有推动作用的,因此,他鼓励社会学系的学生去听文学系的课②。

虽然瞿秋白在1924年10月后就离开了社会学系,由施存统、李季先后继任社会学系主任一职,但是社会学系由瞿秋白制定和开创的教风、学风等,都作为传统被继承下来了。

瞿秋白在社会学系的讲义和教材等方面的成果和成就,一直深刻地影响着新中国成立后全国高校的社会学学科和专业的建设与发展。

陈望道与中国文学系

上海大学中国文学系与陈望道的名字是紧紧联系在一起的。陈望道于1923年6月正式来到上海大学任教并担任中国文学系第一任系主任,开始了他在上海大学长达近四年的执教生涯。

陈望道来到上海大学任职任教一事,当时有舆论非常关注。1923年6月14日,《民国日报》刊登《上海大学革新之猛进》的报道,称上海大学下半年已预订的教员除总务长为邓安石③、教务长为瞿秋白等外,中国文学系主任为陈望道。如果说这则报道还只是上海大学提出的关于教员聘任的设想的话,8月12日,《民国日报》《申报》同时刊登关于上海大学的报道,称:"闸北青岛路上海大学,鉴于整理旧文学、研究新文学及养成中学以上国文教师,均亟须培养专才,特创设中国文学系以应时代需要。本学期共办一、二年级两级,已聘定陈望道先生为主任,兼修修辞学、美学、语法文法等。"1924年4月印制的《上海大

---

① 周建人:《我所知道的瞿秋白同志》,《解放军报》1980年3月16日。
② 杨之华:《回忆秋白》,人民出版社1984年版。
③ 即邓中夏。

学一览》,在职员之部、教员之部、大学部选科教授三个栏目中,均有关于陈望道的介绍,这在上海大学的教授中是不多见的。

陈望道是著名的语言学家,他来上海大学中国文学系担任教授,开设语法文法学、修辞学和美学课程,还给中学部学生开设中国语法及文法、修辞学等课程。平时他很关心学生。1923年7月8日,上海大学美术科图工、图音毕业学生召开辞别会,陈望道、邵力子等应邀出席并热情发表演说。陈望道含义深刻地告诉学生:"绘画当求适于人生,与其闭门临一裸体美人,不如在田间写一裸体农民。"①1926年4月10日,上海大学中国文学系、英国文学系丙寅级学生因毕业在即,邀请教师聚餐,陈望道、田汉、李季、朱复、韩觉民等教授应邀参加并发表演说,对即将毕业离校的学生进行勉励②。上海大学学生发起组织寒假读书会,邀请陈望道到会讲演。陈望道欣然接受邀请,不仅参加读书会成立大会,还在会上发表演讲,勉励同学抓紧时间认真读书,他说:"吾人今日读书,固不应变成老顽固,然亦当谨防流为新顽固。盖读书乃作事之参考也。"③1923年和1924年,以上海大学为主,联合其他学校曾连续两年先后举办"上海暑期讲习会"和"上海夏令讲学会",陈望道都积极参加,他冒着酷暑主讲了"美学常识""修辞大意""妇女问题""美学概论"等专题,受到听众和学生欢迎。1924年7月15日、16日,《民国日报》副刊《觉悟》分两期发表了陈望道的演讲稿《美学纲要》。在上海大学,陈望道不仅在课堂上是个称职的教授,在课外也是深受学生爱戴的好老师。新中国成立后,1950年,陈望道到北京开会,当年在上海大学学习的许多学生闻讯后相约来看望老师,陈望道和学生们聚在一起共同回忆起在上海大学的往事。

陈望道是上海大学任职时间最长、工作最稳定的系主任。他工作认真,经验丰富,视野开阔,深孚众望。1924年1月24日,也就是陈望道担任系主任半年多后,《民国日报》就刊登题为《上大中国文学系近闻》的报道,称:"上海大学中文系,自十二年④年暑假后由陈望道担任主任后,颇有改进气象。所聘教员如沈雁冰、田汉、俞平伯、邵力子、叶楚伧等,对于所教功课有专门研究者。学生多能努力求学,人数已达九十人。"中国文学系后来涌现出像丁玲、施蛰存、戴望舒、孔另境、孟超等这样的作家、学者、诗人、出版家、剧作家,是与陈望道的治系思想和治系实践分不开的。

陈望道在上海大学还有一个突出的贡献就是长期参与学校的行政工作,为学校的日常管理呕心沥血。1923年8月8日,上海大学召开全体教职员会议,根据《上海大学章程》,要推定上海大学最高会议——评议会组成人员。除校长于右任为主席评议员外,陈望道与邓中夏、瞿秋白等9人当选为评议员。12日,评议会召开第一次会议。这次会议也标志着陈望道进入上海大学的管理决策层。同年12月,上海大学根据新修订的章程,

---

① 《上海大学前日之盛会》,《民国日报》1923年7月10日。
② 《上大丙寅级举行聚餐》,《民国日报》1926年4月12日。
③ 《上大寒假读书会成立会》,《民国日报》1927年1月8日。
④ 即1923年。

改"评议会"为"行政委员会"作为学校最高议事机关,陈望道仍被推选为委员。1924 年 2 月,陈望道与邵力子、瞿秋白、邓中夏、何世桢被推选为"上海大学丛书"审查委员会委员,推进上海大学的教材建设工作。1925 年 2 月 13 日,学校行政委员会召开第十八次会议,议决整理图书馆,组织图书委员会,陈望道和周越然、施存统又被推为委员。也正是在该次会议上,陈望道又担负起学校学务处学务主任的重任。2 月 15 日,学校召开行政委员会会议,决定添设新的学科,陈望道被推为教育系筹建的筹备员,同时又被推为拟议中的校刊编辑主任。1926 年 3 月 21 日,陈望道以学务主任的名义召开会议,讨论学校有关事务。会上又改选行政委员会,陈望道继续当选。到了 1927 年,陈望道还担任了学校行政委员会主席职务,成为上海大学的实际领导人。1927 年 3 月 24 日,陈望道就以上海大学行政委员会主席的身份与中学部主任侯绍裘一起,发布《上海大学暨附属中学开课招生通告》,宣布上海大学江湾新校舍全部告成,定于 4 月 1 日正式上课。一直到 1927 年 4 月 18 日上午,也就是在蒋介石发动反革命政变后于 4 月 16 日发布通缉令,通缉共产党人及"跨党分子"共 197 人,上海大学有多名教师和学生名列其中的严重时刻,上海大学仍在江湾新校区召开新校区启用以后的第一次行政委员会会议,改选临时主席,结果陈望道以最高得票当选为临时主席。他临危受命,亲赴南京为上海大学的前途请愿。在四一二反革命政变中,上海大学的多名学生被抓,陈望道不顾危险,动员一些中间派的学生去探监通消息,并想方设法营救这些被捕学生。陈望道在上海大学行政委员会主要负责人这个岗位上一直坚持到 1927 年 5 月 26 日,才"因有要事急须返里",辞去临时主席一职①,可以说为上海大学尽到了最后的努力。

陈望道从 1923 年 6 月受聘一直到 1927 年 5 月 26 日正式辞去教职返回家乡,在上海大学有长达近四年的执教生涯,成为在上海大学实际任职任教时间最长的一位重要领导人。

何世桢与英国文学系

何世桢,1918 年毕业于北京大学英文系,后与胞弟何世枚一起到美国密歇根大学研究生院法学系学习,兄弟双双获得博士学位,于 1922 年回国。1923 年秋应聘任上海大学英国文学系主任。其弟弟何世枚,于 1924 年春季到英国文学系任教授。1923 年 12 月,瞿秋白不再担任上海大学教务长,就由何世桢继任,改称学务长。与此同时,上海大学成立最高决策机构"行政委员会",何世桢以英国文学系主任的身份当选为委员,参与了上海大学的决策。

1924 年 7 月 7 日,以上海大学教授为主要演讲人的"上海夏令讲学会"举行开讲式,何世桢应邀在开讲式上发表演讲。何世桢称:"讲学会时期甚暂,诸君应抱研究态度,第一

---

① 《上海大学之重要会议》,《申报》1927 年 5 月 28 日。

须用分析方法,第二须不盲从讲师学说。讲演时应时时叩问,始有心得。"① 同时,他在夏令讲学会上主讲了"比较政治"。

作为系主任,何世桢对待工作和讲课都是极其认真负责的。为了提高学生的英语阅读水平,何世桢将孙中山于1919年用英文写成的《实业计划》作为教材,使学生在提高英文阅读水平的同时,学习孙中山的经济发展战略思想。作为留美博士,何世桢在课堂上讲课时要求甚高。据学生回忆,何世桢上课要点名,不许学生无故缺席。在课余,何世桢非常关心学生的活动,鼓励他们组织有益于学习的社团活动。英国文学系学生为了提高英语口语表达能力和水平,定期组织英语辩论赛活动,何世桢以系主任的身份参加这类活动,并应学生邀请欣然担任英语辩论赛的评判。何世桢很关心学生的学业,比如,学习成绩优秀的学生林振镛,由他保送进入东吴大学法科继续深造;在他的关心下,有的学生毕业以后赴美留学。

1924年10月以后,何世桢离开上海大学,与弟弟何世枚一起创办了持志大学并担任校长。上海大学英国文学系学生吴芬随同何世桢转学到持志大学。在行将毕业前夕,吴芬不幸于1926年6月25日病逝。何世桢"哀其志",出于对这名学生的同情和关心,破例为她颁发了持志大学文学士学位证书。

从1923年秋到上海大学任英国文学系主任,直到1924年10月以后离开,何世桢在上海大学任职任教也只有一年多的时间,但他却为上海大学英国文学系的建设和发展打下了一个很好的基础。

洪野与美术科

美术科是上海大学各专业中设置时间最长的一个科系。从1922年2月起,就在东南高等专科师范学校兴办,上海大学成立后,美术科整建制地转入上海大学,一直办到上海大学被国民党反动当局强行封闭为止。而美术科的主任,一直是由美术家洪野担任。洪野为上海大学美术科的成立、建设和壮大,作出了卓越的贡献。

洪野作为上海大学美术科主任,先后任上海大学评议会委员、上海大学行政委员会委员,参与了上海大学行政事务的决策。在1924年4月印制的《上海大学一览》的"教职员一览表"中,这样介绍洪野:"籍贯:安徽歙县;经历:上海美专西画教授、神州女学美术科主任;职务:专门部美术科主任;教授学科:西洋画、色彩学、远近学。"事实上,他在上海大学还教授素描、国画等。

作为美术科主任,洪野很重视学生的野外写生活动,曾利用学校放春假之际,组织学生"西湖写生团",让学生到杭州实习风景写生。积极参加上海美术界组织的美术展览会,支持美术科教师在有关学会举办的美术暑期学校任教。在他的领导下,上海大学美术科

---

① 《上海夏令讲学会昨行开讲式·听讲会员一百五十余人·戴季陶等三人演说》,《民国日报》1924年7月7日。

学生活动很活跃,有"上海大学美术科毕业同学会",其宗旨为"继续研究美术,增长上大精神";有"探美画会",其宗旨为"研究绘画,增进同学纯洁的艺术思想和感情"。

1923年7月,上海大学美术科图音、图工两组共有34名学生毕业,这也是上海大学成立后第一届毕业生。9日下午,上海大学举行了隆重的毕业典礼。洪野作为美术科主任主持了这次毕业典礼,校长于右任出席会议并发表会议的开幕词,李大钊也应邀出席盛会并发表演讲。会后嘉宾在洪野的陪同下参观了上海大学美术教学成就展览。展览分为油画、木炭画、水彩画三部分,并有学生手工制艺术品摆放其间。《民国日报》报道此次展览称:"颇觉满室生辉,清丽悦目。"洪野在接受记者采访时介绍说:这些展品都是上海大学成立以来学生所创作的作品,记者称"由此足见该校毕业生之猛进,不负办事人之苦心矣"①。在洪野的领导下,上海大学美术科在学生培养方面得到社会好评。1924年6月,上海大学美术科又举行新一届学生毕业典礼,洪野主持会议。6月20日,《民国日报》以《上海大学美术科毕业·举行成绩展览两日》为题作了相关报道。报道称:"上海大学开办美术科以来,成绩卓著。去年夏毕业两班,内地聘为教师者几于供不应求。自去年秋季起,该校更罗致一般有名教习,益求进步,故本届毕业学生成绩比去年尤佳。"这既是对上海大学办学的高度肯定,也是对洪野作为美术科系主任工作成绩的一种褒扬。

在上海大学美术科的毕业生中,除了从事美术创作和在上海及内地做美术教师以外,也有出国继续深造者。如来自贵州江口的杨秀涛、来自浙江青田的张弦,都为上海大学美术科第一届毕业生,先后于1923年7月和1924年3月到法国美术大学留学深造;来自安徽凤阳的孙为雨,毕业后到安徽省立第三师范暨第六中学任教员,因"学术优良,志愿深宏",被县里以公费留学的资格选送到日本留学。在艺术交流方面,洪野同样重视。1923年9月11日,洪野以上海大学美术科主任的身份,与东方艺术研究会主席周勤豪,创造社郭沫若、成仿吾、郁达夫,北京国立美专陈晓红、夏伯鸣等共同发起组织成立全国艺术学会,并发表宣言。11月,应洪野邀请,新从日本归国的东京美专毕业的王道源和日本广岛师范毕业的王国源,来到上海大学参观访问,并应邀在上海大学分别作了题为"日本美术界之状况"和"艺术的文明"的演讲。

洪野在上海大学美术科主任这个岗位上一直坚持工作到1927年5月上海大学被国民党反动派武力封闭为止。可以说,他为上海大学美术科作出了无人能替代的贡献。1929年4月,民国政府教育部在上海举办第一届全国美术展览会,洪野有数幅作品参展,其中有他用西洋画手法创作的《黄昏》。美展结束以后,洪野将《黄昏》这幅作品赠送给了深爱这幅画作的、曾经是上海大学中国文学系学生的作家施蛰存。

---

① 《上海大学毕业式志盛·美术科毕业三十四人》,《民国日报》1923年7月13日;《纪各校之毕业礼·上海大学》,《申报》1923年7月13日。

第五节　中学部与俄语专业

侯绍裘与中学部

在1925年8月之前,上海大学中学部曾先后由陈德徵、杨明轩和刘薰宇担任。其中陈德徵从1923年3月到1924年1月,任期约10个月;杨明轩从1924年1月到1925年3月,任期约14个月;刘薰宇从1925年3月到8月,任期只有短短的5个月。

杨明轩受聘任中学部主任时,《民国日报》《申报》都对他作了介绍,此前曾历任陕西省立渭北中学、第二中学教务主任及第一师范学校校长,富有教育经验,对国文、英文、数学三科都设置了专任教员。另据上海大学陕西籍学生关中哲回忆,"杨明轩任职上海大学并兼附中的主任,和瞿秋白、邓中夏等往来密切。他学识渊博,为人正直,我们在上海大学读书的陕西人都非常尊敬他,乐于和他交往"[①]。

侯绍裘是在1926年8月接任中学部主任的,他在这个岗位上一直干到1927年3月底奉命离开上海到南京任职为止,是担任上海大学中学部主任时间最长的一位教育家。

1925年3月,侯绍裘来到上海大学,被聘为中学部副主任,配合新任命的中学部主任刘薰宇工作。刘薰宇原为浙江春晖中学教员,受聘担任上海大学中学部主任时还兼任上海立达中学教员,所以管理上海大学中学部的主要任务落在副主任侯绍裘身上。对于侯绍裘任职上海大学中学部,3月2日的《申报》在《上大附中之进行》一文中有过报道和评价,称侯绍裘"系热心教育之人,曾在松江办理景贤女中,并创立松江初级中学校。兹因时局关系,景贤移沪,松江初中亦有此意,上大附中因即请彼襄理校务"。五个月以后,也就是1925年8月,侯绍裘正式被聘为上海大学中学部主任。

接棒主任一职后,侯绍裘恪尽职守,使中学部出现了新的面貌。中学部原来与大学部同属于学校行政委员会,自侯绍裘执掌以后,根据学校行政委员会开会议决,成为独立的办学单位。1925年6月6日,也就是上海大学被租界当局蛮横无理地查封以后,假小西门少年宣讲团开会,会议由校长于右任主持。会议议决组织上海大学临时委员会,来处理学校善后事宜及今后"进展计划"等。刚到上海大学工作不久的侯绍裘与施存统、韩觉民三人作为教师代表和朱义权等四位学生一起临危受命,当选为委员;7月,侯绍裘写成《整顿上海大学计划书》,委托朱季恂带到广州,呈送国民党中央执行委员会。在这篇近2 000字的计划书中,侯绍裘根据上海大学决定"自建校舍"的事情,向国民党中央提出,希望得到经费上的补助支持。国民党中央执委会第88次会议讨论了侯绍裘提出的《整顿上海大

[①] 关中哲:《与杨明轩往来的几件事》,中国民主同盟中央委员会文史委员会、中共陕西省委党史研究室编《杨明轩》,陕西人民出版社1991年版。

学计划书》,议决"当努力设法,但时间与数目应视本会经济情形为断"并及时给了侯绍裘正式回复①。五卅运动以后,各地教会学校出现勒令参加运动的学生退学事件,根据上海大学决定,收容这些退学学生。8月17日,也就是侯绍裘取代刘薰宇正式担任上海大学中学部主任以后,《民国日报》刊登有关上海大学中学部消息,称:"本期起高中设文学社会科。该附中因容纳各地教会学校学生之要求,特增设特别转学生,学额一百六十名,近日是项转学生报名者,颇为踊跃。"8月18日,《申报》刊登由上海大学中学部主任侯绍裘等署名的招生广告《上海大学暨附中招男女生》,决定"宽予收容因此次'五卅'风潮而退学之教会学校学生之议案,凡属该类学生一经证实,即予免考收录"。

1926年1月17日,中国国民党召开第二次全国代表大会,上海大学成立募捐团为上海大学自建校舍募捐,侯绍裘担任募捐团团长,向大会递交了《上海大学募捐团致代表大会书》。3月21日,上海大学在四马路倚虹楼召开会议,出席会议的有教职员60多人。会议报告了在江湾建造新校舍情况以后即选举学校行政委员会,侯绍裘当选委员,参与了学校的行政领导工作。6月26日,校长于右任致函张静江,请张静江转国民党中央执行委员会,函请中央迅催财政部将原允拨的余下的1万元补助费交侯绍裘具领回沪,以应急需。8月4日,还在《民国日报》发布《上大附中之新计划》。1927年3月24日,上海大学发布由大学行政委员会主席陈望道、中学部主任侯绍裘联合署名的《上海大学暨附属中学开课招生通告》,称本校新校舍已全部告成,刻定4月1日起正式上课。可以说,侯绍裘和陈望道在上海大学是坚持到最后时刻的两位负责人。

在侯绍裘的领导下,中学部拥有一支实力很强的教师队伍。除了大学部的各个系科教授继续在中学部兼课以外,侯绍裘上任以后续聘和新聘的教师队伍受到社会的关注和好评,如1925年8月17日的《民国日报》刊登上海大学中学部消息时称:"主任侯绍裘,对于聘请教师,极为注意,兹悉各级教员业已完全聘定,其重要者如周天僇、张作人、钟百庸、朱复、韩觉民、沈观澜、徐文台、黄鸣祥、朱义权、黄正安、高尔柏、傅君亮、张德俞、陆宗贽、张企留、丁文澜等。"1926年3月,梅电龙②也受聘到中学部任"政治经济"课程的教师,1927年2月,毕业于复旦大学的侯绍纶受聘担任高中英文教员。加之侯绍裘在任中学部副主任时学校就聘请的丰子恺、沈仲九、曹聚仁等,可以说中学部的师资队伍是很强大的。

作为中学部主任,侯绍裘很重视请名师学者到中学部演讲,开阔学生视野。1926年1月13日,中学部举办各团体联欢活动,除了讨论中学部的行政事宜以外,还特邀了大学部教授杨贤江、萧楚女作演讲。

侯绍裘在中学部,除了做好大量的行政领导工作外,也要给学生讲课。据1924年秋季进入上大附中的宋桂煌回忆,侯绍裘"年轻有为,讲课生动,关心青年,深受学生的爱戴,

---

① 台北:中国国民党中央委员会文化传播委员会党史馆汉口档案14971。
② 即梅龚彬。

成为学生运动的核心人物"①。

1926年10月28日,中学部学生王稼祥要到苏联莫斯科中山大学学习,作为中国共产党在上海大学中学部的负责人,侯绍裘找了王稼祥谈话,告诫王稼祥苏联留学的生活将会很艰苦,要王稼祥做好充分的思想准备。这次谈话,给王稼祥留下了深刻的印象,也对他今后的革命生涯产生了积极的影响。

1927年3月30日,遵照中共上级组织的决定,侯绍裘辞去在上海大学的工作,率领国民党江苏省党部人员去南京办公。

从1925年初到上海大学中学部任职任教至1927年3月离开,侯绍裘在上海大学工作达两年多的时间,是上海大学办学最后两年的核心栋梁之人,为上海大学后期办学作出了杰出的贡献。

中学部的同事和学生,对侯绍裘充满了敬意。曾任中学部教务主任的钟伯庸,在新中国成立后接受采访时曾专门介绍了侯绍裘的办校方针和作风,他说:"侯绍裘是上大附中大家所敬仰尊崇的领导,他坚强、明智、果断、勇于批评、敢于斗争。他没有吸烟、嗜酒的恶习,工作认真严谨,诗人诚恳热情,谁都愿意和他接近,觉得他平易近人而从不疾言厉色。他自奉俭约,但从不忧贫叹穷。他一辈子乐于帮助人,从不做假公济私的事。他自己一无贪图,也不吝啬。我这辈子不论在旧社会和新社会,都极少看到像他这样的人物。侯绍裘具有许多与一般人不同的特点,也反映在他的办学态度和教育人的方针上。他是南洋公学的学生,接受的是资产阶级大学教育,但是,他反对专断,痛恨独裁,憎恨依赖,颂扬自由和独立。他以这种精神来办学治校,所以一进上大附中,无论同事之间、同学之间和师生之间,谁都觉得自由舒畅。在那个时代,各校都奉行资产阶级道德礼教的教育方针,而上大则否。上大附中也看不到资产阶级道德礼教的痕迹,但教育秩序和学生生活秩序,都有一定的纪律,而不流于散漫松弛。所以上大和附中的学校风气和一般学校不同。"②钟伯庸的这段回忆,既是对侯绍裘人品、能力和工作作风一个很好的评价,更是对侯绍裘领导的上海大学中学部工作的高度肯定。对于侯绍裘的革命热情和表现,他的学生唐棣华是这样评价的:"我们的校长是侯绍裘,是共产党员。他对革命事业很积极,他总是亲自带领我们参加革命活动。"③

深孚社会声望的俄文专业

在上海大学原拟的办学规划中,关于外国语的教育,除了有英国文学系以外,还要办

---

① 宋桂煌:《上海大学琐忆》,中国人民政治协商会议上海市虹口区委员会文史资料工作委员会编《文史苑(二)》,1988年7月。
② 钟伯庸:《回忆上海大学》,王家贵、蔡锡瑶编著《上海大学(1922—1927)》,上海社会科学院出版社1986年版。
③ 唐棣华:《回忆上海大学》,王家贵、蔡锡瑶编著《上海大学(1922—1927)》,上海社会科学院出版社1986年版。

俄国文学系、德国文学系、法国文学系。后来由于种种条件的限制，除了英国文学系以外，其他几个系都没有办成。但是，俄文作为一个专业，却办成了，而且在社会上深孚声望，成为一个热门专业。在1924年4月印制的《上海大学一览》"学生一览表"中，还专设"俄文班"一表，其中登录了4名学生名单，并注明"本校学生在俄文班听讲者不录"。这说明当时就有一个专门教授俄语的班级。

俄文班的教师，有瞿秋白、蒋光慈、任弼时、卜达礼等。

瞿秋白，1917年9月考入北京俄文专修馆学习俄语，并自修英语、法语。1920年10月以北京《晨报》记者的身份赴俄国采访。1921年9月，在做记者的同时，又到莫斯科东方劳动者共产主义大学（简称"东方大学"）中国班任教，讲授俄语，担任政治理论课的翻译。《上海大学一览》"职教员一览表"中介绍瞿秋白履历时称他为"俄国莫斯科东方大学陆军学院汉文系教授"。

蒋光慈，1920年秋进入上海外国语学社学习俄语。1921年5月，赴莫斯科东方劳动者共产主义大学学习，并在共产国际于同年召开的远东各国共产党及民族革命团体第一次大表大会上担任俄语翻译。1924年初夏回国，经瞿秋白介绍，到上海大学担任教授。同年8月21日，《民国日报》《申报》刊登题为《上海大学新聘之教授》的报道，称社会学系新聘教授蒋光慈，讲授"世界史""俄文"课程。

任弼时，1920年10月来到上海，进入上海外国语学社学习俄语。1921年5月，进入莫斯科东方劳动者共产主义大学中国班学习。在东方大学，任弼时学习刻苦用功，俄语成绩特别优秀，阅读会话能力很强，无论是学习态度还是学习成绩，都受到当时正在东方大学担任俄文翻译兼助教的瞿秋白称赞。1924年夏，任弼时回国后到上海大学任教，担任俄语教师。根据学生周启新回忆，任弼时讲课富有激情，他还曾在课堂上"教唱俄文《国际歌》，歌谱虽与汉语相同，但声调似较激扬"①。

卜达礼，在《上海大学一览》的"职教员一览表"中，这样介绍其履历：大学部学科教授，俄国莫斯科东方大学毕业，教授学科为俄语，1923年秋进上海大学任教。

由于有瞿秋白、蒋光慈、任弼时和卜达礼这样一批精通俄语的教师任教，使得上海大学的俄语教学在当时的上海具有很大影响。1924年3月25日，柳亚子的儿子柳无忌曾致信父亲，提出"我想进上海大学，去读俄文系，我想研究俄文也是很有价值的，比较读些普通的英文是好得多的"②。张治中在回忆录中也讲到，他于1923年底左右从福建抵达上海，"回到上海做什么呢？决心读书。就到上海大学报名，选修一些课程，主要是学俄文。教这门课的就是有名的共产党人瞿秋白"③。可见当时上海大学的俄语教学在社会

---

① 周启新：《上海大学始末》，中国人民政治协商会议上海市委员会文史资料工作委员会编《文史资料选辑（一九八一年第一辑）》，上海人民出版社1981年版。
② 上海图书馆历史文献中心近代文献部：《柳亚子家书》，岳麓书社1997年版。
③ 中国人民政治协商会议全国委员会文史资料研究委员会：《张治中回忆录》，文史资料出版社1985年版。

上还是具有相当吸引力的,甚至可以这样说,在俄语教学方面,上海大学在当时上海高校中处于翘楚地位。

第六节 举办各类演讲活动

演讲,又称讲演、演说,是传播思想、理论、学术、知识的重要手段,也是一所学校办学水平的一个重要体现和检验指标。重视演讲,广泛开展演讲活动,是上海大学办学特色之一。

上海大学的演讲,主要包括这几个方面:一是本校教师在课堂、集会和各类活动中的演讲;二是请社会名流、著名专家学者、政治要人、外国访问学者来校演讲;三是举办演讲活动,聘请校内外专家学者作专题演讲;四是教师、学生走出校门,到社会上发表演讲。这些演讲,内容广泛,涉及政治、经济、文化、法律、教育、国计民生、外交等内容,是我们了解上海大学办学实际状况的重要方面。

本校教师在课堂、集会和各类活动中的演讲

1922年10月23日上海大学成立那一天,于右任校长就在与师生见面的大会上发表演讲。于右任说:"予自陕西回沪,极欲投身教育界,但予乃愿为小学生以研究教育,非好为人师。因予自审学力不足,诸君改组大学,前途艰巨,尤非予所能任。予二十年奔走,能得人同情者,惟不随风倒浪,但因此便不能不审慎进退,予实不敢担任校长。但诸君如此诚意,念西哲言互助之义,自动植物以至野蛮人类皆能互助,何况吾辈为有文化之人,自当尽力之所能,辅助诸君,力谋学校发展。"①于右任在演讲中很谦虚地表示自己"乃愿为小学生以研究教育",同时,坚定地表示"自当尽力之所能,辅助诸君,力谋学校发展"。陪同于右任到校的邵力子,以嘉宾身份也即席发表演讲,他作为于右任的"旧友",对于右任的人品和意志作了高度评价,同时,又对学生做出忠告,"诸君以革命精神改造学校,实可佩服",但是"诸君此次改组大学,只能视为悬一大学之目标以共赴之,万不可遽自命为大学学生。于先生谦言愿为小学生以研究教育,余望诸君亦本此精神,切切实实地多求几年学问"②。于右任和邵力子的这次演讲,可视为上海大学演讲的开篇之作,对上海大学的日后发展和师生的工作、学习都有着深刻的影响。

1923年7月1日,上海大学全体学生举行欢送会,欢送上海大学成立后的第一批毕业生——美术科图音组、图工组共34人。上海大学总务长、历史学教授邓中夏和教师代表曾伯兴、陈德徵、沈雁冰等先后在欢送会上发表了演讲。邓中夏在演讲中对艺术与革命

---

① 《上海大学欢迎校长》,《民国日报》1922年10月24日。
② 《上海大学欢迎校长》,《民国日报》1922年10月24日。

的关系发表了看法,他说:"革命之手段不一,而假艺术手段以从事革命,其收效亦大,在目下无产阶级被压迫之时,吾人尤不能不以艺术宣泄和安慰被压迫者之痛苦。"曾伯兴在演讲中说:"离却人生,便不能有艺术,尚望毕业同学在艺术上用工夫,以改善人生。"陈德徵则认为:"毕业生一出校门,便直接和社会接触。本校毕业生,对社会责任尤重大,望本校毕业生此后对于病的社会,下一番救济和安慰的工夫。又毕业生对于母校中,亦负有重大责任,望本校毕业生于救济社会之余,尽力扶助本校向上发展。"沈雁冰最后一个发表演讲,他说:"人生艺术底趋势亦有二:其一即托尔斯泰之无抵抗主义,其一即罗曼罗兰之大勇主义。吾以为在事实上和时势上看,无抵抗主义底理想,未免太高。而罗曼罗兰之大勇主义,主张由糟的一方面前进,有时似乎又不免令人失望,所以目下所急迫,还是俄罗斯阿尔支拔绥夫所提倡的对于社会痛恨而努力从事于革命的一法。"①第二天,也就是 7 月 2 日,上海大学又在宋园举行图音、图工学生毕业典礼,校长于右任出席并发表演讲。于右任高度评价了宋教仁,他说:"宋先生是一位有预备的政治家。未革命以前,遂将革命时之文告及成功后之建设计划静心预备,彼时我(于君自谓下依此)方以为迂,宋先生则曰早日准备,他日可不致有临渴掘井之苦。袁世凯、赵秉钧辈何以要暗杀宋先生呢,即以宋先生是位政治家,主张政党内阁,袁、赵辈深忌之,故下此毒手。现谋杀宋先生者(如袁世凯、赵秉钧、洪述祖等)与知宋案真相者(如黄克强、陈英士等)皆相继死去,只剩我一人。现在袁贼虽死,而袁贼化身却布满国中,国事蜩螗如故。我无能,未能有所建树,以慰国民,以报死友。及今思之,且愧且痛。诸君年富力强,其奋勉毋怠。"②

1923 年 7 月 8 日,上海大学美术科图工、图音甲组学生举行毕业辞别会,校长于右任和教职员 20 余人、学生 100 余人参加会议。在会上,于右任就"博爱"发表了训说。教师陈望道、叶楚伧、邵力子在会上先后发表演说。陈望道指出:"绘画当求适于人生,与其闭门临一裸体美人,不如在田间写一裸体农民。"叶楚伧说:"人生是社会全体之一小段,专顾小己,未免苟且偷安,凡我同学,倘不能排除阻力,达到改革之目的,为全社会造幸福,即非吾徒。"邵力子说:"诸同学须注意于开新路,如儿童画、通俗画皆可救国。"③

1925 年 3 月 12 日,孙中山在北京逝世。3 月 14 日,恽代英在上海大学作题为"孙中山先生逝世与中国"的演讲,由上海大学学生高尔柏记录,该演讲稿后来发表在《中国青年》1925 年第 71 期。3 月 28 日下午,上海大学召开追悼孙中山大会。中国文学系主任陈望道主持会议,代理校长邵力子读孙中山遗嘱。教授恽代英发表的演说,大意为"孙中山先生决不要人恭维他,是要人实行他底主义,他底伟大处,就在他底主义与党两点上";中国文学系教授叶楚伧发表的演说,大意为"孙中山先生一生为我辈最可效法者,为其精密周致之思维,故革命同志,心宜热,气宜勇,又宜有精密周致之思维,而后能成事";代理校长邵力子发表的演说,大意为"我辈为革命而求学,我辈更宜努力求学以完成革命";此外,

---

① 《上海大学毕业之盛典》,《民国日报》1923 年 7 月 3 日。
② 《上海大学毕业之盛典》,《民国日报》1923 年 7 月 3 日。
③ 《上海大学前日之盛会》,《民国日报》1923 年 7 月 10 日。

上海大学教授施存统、蒋光慈、任平正及学生丁显等也先后发表演说①。

1925年3月30日晚上7时,上海大学平民学校召开追悼孙中山大会,"首由大学部教授蒋光慈浅释三民主义的意义,并勉励学生努力团结,继续先生未竟之事业";来宾代表贺敬挥②发表演说;后由教员杨达解说"追悼孙先生之意义,及今后平民应有之责任";最后由学生徐德明发表演说,他说"我辈一闻中华民国四字,即易想起孙中山先生之功劳。惜乎先生的事业未成,竟于本月十二日弃我辈而长逝,我辈平民,今后更当团结起来,努力实行平民革命"③。

1925年4月21日起,恽代英以上海大学社会科学研究会指导员的身份,在上海大学作题为"中国民生问题"的演讲,演讲时间为每天晚上7时到9时,约一星期讲完。由会员做记录并拟整理出版④。

1925年5月2日,上海大学成立"上海大学女同学会",教师韩觉民、恽代英和来宾向警予参加大会先后发表演说。演说的主要内容为"女子应有团结力,并打破旧礼教,力争男女平等"等⑤。

1925年5月10日,上海大学在校第二院举行追悼胡景翼⑥大会,代理校长邵力子主持会议并发表演讲。在演讲中邵力子说:"本校已定加入上海各团体筹备之追悼胡公大会。今日又先单独举行,一因胡公对于本校深表同情。二因胡公足为青年学生模范,今日诸君皆思打倒强权摒除障碍,胡公幼年即有志于此,确定革命方针,且以读书与革命二者融合为一,成就今日之伟业,他在幼年时,愤强权侵略,即画鹰日而射击之,此种精神很值得我们青年效法。三因上海方面对胡公尚多误解,吾人固反对军阀,但同时亦需要有主义之革命军人,胡公实为军人之有主义而又能实行主义者。"⑦

1925年6月4日,上海大学被租界当局武力封闭解散,校长于右任闻讯后于6月5日从河南星夜赶回上海,并于第二天,即6月6日假南市西门少年宣讲团召开上海大学教职员及全体学生紧急会议,讨论学校被租界当局武力封闭后的对策。在会上,于右任发表演讲,他说:"我在河南闻上海发生惨杀学生、工人之大变故,故星夜赶回,将努力参加此次反抗运动。不特救济本校学生,且将援助市民之斗争。上大此次首先被封,正因上大反抗强暴之外人统治最勇猛。同学中切不可因学校被封而趋消极,盖吾校学生最早提出反对帝国主义及取消不平等条约之口号,遂受过激之诬。殊不知此乃国民党代表全国国民之正当要求,凡中国国民均当赞成,否则并中国人资格亦丧失矣。吾人当以此义广为宣传,使

---

① 《各界哀悼孙先生·上海大学昨日之追悼会》,《民国日报》1925年3月29日。
② 贺敬挥,女,四川开江人。中国共产党早期党员,毕业于上海南方大学。
③ 《各界哀悼孙先生·上大平民学校之追悼》,《民国日报》1925年4月1日。
④ 《上大社会科学研究会之演讲》,《民国日报》1925年4月21日。
⑤ 《上大女同学成立纪》,《民国日报》1925年5月3日。
⑥ 胡景翼,字笠僧,又作励生,陕西富平人,著名爱国将领。
⑦ 《上大追悼胡景翼》,《民国日报》1925年5月12日。

一般民众咸能努力参加运动,达到解放中国人之目的。"①

1925 年 7 月 14 日,上海大学主办出版的《上大五卅特刊》第 5 期,发表了施存统的《劳动问题》演讲的大纲。

1925 年 8 月 6 日,上海大学主办出版的《上大五卅特刊》第 7 期,发表了董亦湘的《民族革命讲演大纲》。

1925 年 10 月 21 日,李季在上海大学社会科学研究会新学期年会上发表演讲,提出:"中国人现在研究社会科学最缺乏的是一种逻辑,是一种辩证逻辑,我们应用辩论逻辑,来研究社会科学。"②

1925 年 11 月,上海大学中山主义研究会成立以后,施存统应邀在上海大学作题为"研究中山主义应取得方法"的演讲。由上海大学学生马凌山作记录。这篇演讲稿于 1926 年 4 月发表在由马凌山编、于右任题写书名、三民公司发行的《中山主义讲演集》中。

1925 年 11 月,萧楚女应上海大学中山主义研究会之邀,在上海大学作题为"中山主义与国家主义"的演讲,由上海大学学生马凌山作记录。这篇演讲稿于 1926 年 4 月发表在由马凌山编、于右任题写书名、三民公司发行的《中山主义讲演集》中。

1925 年 12 月 8 日,瞿秋白应邀在上海大学作题为"国民革命与阶级争斗"的演讲。当时瞿秋白已离开上海大学教职。演讲由上海大学学生秦邦宪③、崔小立作记录。12 月 20 日,由上海大学中山主义研究会主办的《中山主义》第 1 期,刊登了这篇演讲稿。

1925 年 12 月,恽代英在上海大学作题为"孙中山主义与戴季陶主义"的演讲,由上海大学学生秦邦宪作记录。12 月 27 日,由上海大学中山主义研究会主办的《中山主义》第 2 期,刊登了这篇演讲稿。

1926 年 1 月,瞿秋白在上海大学作"现代民族问题"系列演讲,《现代民族问题讲案》是该系列演讲的提纲④。

社会名人在上海大学的演讲

上海大学在举行重要活动如毕业典礼、校庆和政治集会时,都会邀请社会名人,或以嘉宾身份参加活动,或以学者名流身份作专题演讲。

1923 年 4 月 1 日上午,张继⑤应邀到上海大学作题为"个人与社会"的演讲,1923 年 4 月 2 日《申报》刊发《上海大学昨日之演讲记》消息,对演讲会情况作了报道。

1923 年 4 月 15 日上午,李大钊应邀到上海大学作题为"演化与进步"的演讲,1923 年

---

① 《上大校长于右任到沪》,《热血日报》1925 年 6 月 7 日。《热血日报》是中国共产党在五卅惨案发生以后创建的一份日报,也是中国共产党创办的第一份日报,由瞿秋白任主编。这份报纸 1925 年 6 月 4 日在上海创刊,6 月 27 日被迫停刊,共出版 24 期。
② 《上大社会科学研究会》,《民国日报》1925 年 10 月 23 日。
③ 即博古。
④ 《瞿秋白文集·政治理论编第三卷》,人民出版社 1989 年版。
⑤ 张继,原名溥,字溥泉,直隶沧州(今属河北)人。国民党元老。

4月16日《民国日报》刊发《上海大学昨日之演讲·李大钊讲"演化与进步"》消息,对演讲会情况作了报道。

1923年4月29日,应上海大学文学科主任张君谋之邀,汪精卫①到上海大学作题为"集权与分治"的演讲,1923年5月1日《民国日报》刊发《汪精卫君演讲记·在上海大学·题为"集权与分治"》消息,对演讲会情况作了报道。

1923年5月13日上午,受校长于右任之请,马君武②到上海大学作题为"国民生计政策"的演讲,1923年5月15日《民国日报》刊发《上海大学之演讲会·马君武博士讲"国民生计政策"》消息,对演讲会情况作了报道。

1923年7月1日,上海大学全体学生举行欢送会,欢送学校成立后的第一批毕业生——美术科图音组、图工组共34名毕业学生。曹刍③应邀在会上作了演讲,主要内容为:"艺术之趋势有二:一曰纯艺术,一曰人生艺术。纯艺术,对于个人,自然有陶冶性情之能事。但艺术之急切,其原因尚不在此,吾人必须将民众痛苦之呼声,假艺术以宣泄之。"④

1923年7月9日,上海大学举行成立后的第一次毕业典礼——美术科图工、图音学生毕业典礼。校长于右任致开会辞,教务长叶楚伧、美术科主任洪野先后介绍了毕业生的情况,教职员代表王登云、邵力子、曾伯兴先后发表演讲,总务长邓中夏报告了上海大学下半年的工作计划。国民党元老居正⑤以嘉宾的身份应邀为毕业生颁授毕业证书并发表了演讲,国民党元老田桐⑥、彭素民⑦也先后发表演讲。北京大学教授、图书馆主任李大钊在应邀发表的演讲中说:"美术勿专供贵族阶级之所赏,应将现代社会之困苦悲哀表现出来,企图社会全部之改造。""不过欲图社会之彻底改造,惟有赖于社会经济之彻底改革也。而启发及鼓舞人精改造之精神,则有待于趣味社会改造家之努力。诸君为美术科毕业生,应特别注意于此。"⑧

1923年10月21日,马君武应邀到上海大学作题为"赫凯尔一元哲学"的演讲,后又先后到校作"非农村主义""经济学史略""武力统一与道路统一"演讲⑨。

1923年冬,杨杏佛⑩应邀到校作"劳动问题"系列讲座。讲座共分五个部分,分别是绪

---

① 汪精卫,名兆铭,祖籍浙江绍兴人,1883年生于广东番禺。时为国民党主要领导人。1938年12月发表"艳电",公开投降日本,沦为汉奸。
② 马君武,原名道凝,号君武,广西桂林人。国民党元老。获德国柏林工业大学工学博士学位,曾任广西省省长。
③ 曹刍,别名守一、漱逸,江苏镇江人。曾任民革江苏省委会常务委员,江苏省第三、第四届政协委员。
④ 《上海大学毕业之盛典》,《民国日报》1923年7月3日。
⑤ 居正,字觉生,号梅川,湖北广济人。国民党元老。
⑥ 田桐,字梓琴,湖北蕲春人。国民党元老。中国近代民主革命家。
⑦ 彭素民,字自珍,江西樟树人。国民党元老。积极支持和推行"联俄、联共、扶助农工"的三大政策,成为国民党的著名左派、中国共产党的亲密朋友。
⑧ 《纪各校之毕业礼·上海大学》,《申报》1923年7月13日。
⑨ 《演讲并纪·上海大学》,《申报》1923年12月1日。
⑩ 杨杏佛,名铨,字宏甫,号杏佛,江西玉山人。近代经济管理学家,中国人权运动先驱。1933年8月18日被国民党特务暗杀。

论、妇女和儿童劳动问题、血汗制、贫乏与工资及失业问题、罢工与同盟抵制,由高尔松、高尔柏①记录。演讲稿于 1923 年 12 月至 1924 年 1 月在《民国日报》副刊《觉悟》连载,1927 年上海商务印书馆出版单行本。

1923 年 11 月 7 日,李大钊应邀到校作题为"社会主义释疑"的演讲。演讲稿于当年 11 月 13 日发表在《民国日报》副刊《觉悟》上,发表时有题记"李守常先生在上大社会问题研究会讲,陈钧、张湛明合记"。

1923 年 11 月 11 日上午,李大钊应邀到校作题为"史学概论"演讲。整个演讲分六次讲完。同年 11 月 29 日,《民国日报》副刊《觉悟》刊登了李大钊的演讲稿,题记为"李守常先生在上海大学讲演",演讲稿由张湛明记录整理。

1923 年 11 月 11 日上午,胡适②应邀到校作题为"科学与人生观"的演讲。演讲稿经整理后于当月 16 日发表在《民国日报》上。发表时题记"十一月十一日胡适之先生在上海大学演讲",还附有周白棣小记:"此稿听时匆匆记录,归后,晚间始整理出之,但又未有机会得胡先生之校正,故恐不免有错误或脱漏处,只得请阅者及讲者原谅并指正。棣记。"

1923 年 11 月,李大钊应邀到校作题为"劳动问题概论"的演讲。同年 12 月 4 日,《民国日报》副刊《觉悟》发表了演讲的第一章第二节,题为《劳动问题的祸源》。

1923 年 12 月 2 日,章太炎应邀到校作题为"中国语音统系"的演讲。12 月 3 日,《民国日报》刊发《上海大学昨日之演讲·章太炎讲演"中国语音统系"》消息,对此次演讲情况作了报道。

1924 年 3 月 14 日下午,戴季陶③应邀到校作题为"东方问题与世界问题"的演讲。1928 年广州民智书局出版发行的《中国独立运动的基点》收录了这篇演讲稿,并在标题下括注:"十三年三月十四日午后二时在上海大学的演讲。"④

1925 年 3 月 30 日晚上 7 时,上海大学平民学校召开追悼孙中山先生大会,除大学部教授蒋光慈、教员杨达、学生徐德明发表演讲外,来宾代表贺敬挥⑤发表演讲⑥。

1924 年 5 月 7 日上午,召开全体教职员和学生大会,欢送张继为上海大学新校舍建筑事赴南洋募款。汪精卫、胡汉民⑦、谢持⑧到会发表演讲⑨。

1925 年 4 月 18 日下午,杨杏佛应上海大学社会科学研究会的邀请,到上海大学第二院作题为"从社会方面观察中国政治之前途"的演讲,上海大学学生高尔柏作记录。5 月

---

① 高尔松,上海青浦人;高尔柏,高尔松之弟,时为上海大学学生。
② 胡适,字适之,祖籍安徽绩溪,生于上海。中国现代思想家、文学家、哲学家。
③ 戴季陶(1891—1949),祖籍浙江吴兴(今属湖州),生于四川广汉。国民党元老。曾任黄埔军校政治部主任、中山大学校长、国民党中央宣传部部长、考试院长等职。
④ 《中国独立运动的基点》,广州民智书局 1928 年版。
⑤ 贺敬挥,女,四川开江人。中国共产党早期党员,毕业于上海南方大学。
⑥ 《各界哀悼孙先生·上大平民学校之追悼》,《民国日报》1925 年 4 月 1 日。
⑦ 胡汉民,字展堂,广东番禺人。中国近代民主革命家,中国国民党早期领导人之一。
⑧ 谢持,四川富顺人,国民党元老。
⑨ 《上海大学》,《民国日报》1924 年 5 月 8 日。

15日、16日,《民国日报》副刊《觉悟》分两天刊登了杨杏佛的演讲稿。

1925年4月,李春涛①应社会学系主任施存统邀请,到上海大学作题为"殖民政策"的演讲。《民国日报》副刊《觉悟》先后于4月20日、23日、28日、30日,5月5日、6日、8日、9日、12日、14日、19日、26日、27日分13次刊登了这篇演讲稿。

1925年5月2日,郭沫若应邀到校作题为"文艺之社会的使命"的演讲。5月18日,《民国日报》副刊《文学》第三期,发表了这篇演讲稿,发表时题记"郭沫若讲,李伯昌、孟超合记",文末署明"五月二日"。

1925年5月10日,上海大学在校第二院举行追悼胡景翼②先生大会。代理校长邵力子主持会议。周道腴③以嘉宾的身份发表演讲,他说:"胡公以非常之人、成非常之功,半由天才,半由努力,天才难学,努力易学。胡公天资甚高,记忆力极强,读书过目成诵,与友人谈亦久而不忘,十余岁便奔走革命,实少读书机会,然史汉各书,能对答如流,作数十行之函件,数分钟便成。早年中山先生及其他友朋之谈话,至今皆尚记忆。此固出于天资,然亦由暇时手不释卷及勤作日记。胡又耐苦奋斗,与将士共甘苦。秦俗本尚武善战,从军者多读书人,重以胡爱才好士,故极团结亲爱,昔有父子兵,今之陕军则可称兄弟兵,其能以少胜多,实由于此。胡又能忍辱负重,卒集大功。吾人今日欲救国难,御外侮,皆不能无兵,青年所应注意于此。胡又极爱护教育,甫抵河南,即确定教育基金独立,豫省岁入千余万,今确定教育经费每年三百六十余万,归教育厅等独立经营,此为全国军民长官所不能办者。生平以国家与主义为前提,不治家产,尝有言曰:'现在有兵的人就要争地盘,我却不然。我是以主义为地盘,有人阻碍三民主义之进行,我便要打他。'此种精神最可为青年模范。"④

海外回国的中国学者与外国学者在上海大学的演讲

1923年11月上旬,从日本东京美专毕业的王道源和从日本广岛师范毕业的王国源应美术科洪野教授的邀请,来到上海大学参观,并分别作了题为"日本美术之状况""艺术的文明"的演讲⑤。

1925年5月11日至14日,美国著名社会学者华德博士应社会学系的邀请,来到上海大学作连续四天的系列演讲,其演讲的主要内容为:"人类行为之动机,有的是为金钱,有的为社会服务,就是为人类谋幸福,但是想达到为人类谋幸福的目的,先要除去为金钱的动机,因为这两种动机是相冲突的,前者不但障碍后者,妨害它的发展,并且减少人类的幸福,就是造成社会的不平等。为人类谋幸福这件事,要由全人类合作。想人类合作一种事

---

① 李春涛(1897—1927),广东潮州人。国民党左派。东京早稻田大学经济科毕业。1927年4月27日,被国民党反动派杀害。
② 胡景翼,字笠僧,又作励生,陕西富平人。著名爱国将领。
③ 周道腴,名震鳞,字道腴,湖南长沙人。中国近代民主革命家。
④ 《上大追悼胡景翼》,《民国日报》1925年5月12日。
⑤ 《上海大学之演讲及参观》,《申报》1923年11月10日。

情,必先使人类都立于平等地位,就是废除现在的经济制度。因为现在的经济制度,是为金钱的动机的结果,现在想废除现有的经济制度,使人类立于平等地位,先要把所有感受现在经济制度痛苦的人(被压迫阶级)联合起来,才能做到。因为现在享受经济制度特殊权利的人(压迫阶级),常常用很大的力量,维持这种制度。现在最要紧的事情,就是西方的无产阶级(被压迫阶级)应该和东方的弱小民族(被压迫阶级)联合起来,向他们(压迫阶级)进攻。"①

本校教师在校外的演讲

闸北宝通路中华公学由朱和钧创办。1922年12月1日下午,该校举行成立一周年庆祝活动。于右任以上海大学校长的名义参加活动并应邀发表演讲。在演讲中,于右任称:"教育之最要者,为授以生活上必需之智识技能。人谁不求生活,欲求生活,非具创造力不可。中华公学本此主义,得美满之效果,将来之进步,诚未可限量。"②

1923年8月,校长于右任和教授邵力子、陈望道一行三人,应浙江上虞举办的白马湖暑期讲习会的邀请,前去讲学。同月,教务长瞿秋白、总务长邓中夏两人,应江苏如皋暑期讲习会的邀请,前往讲学。③

1923年11月9日下午,高冠吾教授应南市花衣街群贤女学校的邀请,赴该校作女性问题的讲座④。

1923年7月17日到8月25日,上海举办暑期讲习会,上海大学教师应邀在讲习会上作演讲。其中有叶楚伧讲"中国小说学"、何世桢讲"全民政治"、沈雁冰讲"现代文学"、陈望道讲"美学"、邵力子讲"中国宪法史略"、何世枚讲"外交史略"、吴梦非讲"音乐大意"、董翼孙讲"家庭卫生"、乐嗣炳讲"注音字母"等。在这次暑期讲习会上,后来成为上海大学中国文学系教授的谢六逸也作了题为"新文化概要"的演讲⑤。

1924年3月8日,上海各团体假座兆丰路上海工团联合会召开追悼列宁大会。邵力子教授和施存统教授在会上发表演说⑥。

1924年5月9日,南洋大学⑦学生会组织"五九"国耻纪念会,恽代英教授应邀在会上作题为"我们要雪的岂独是'五九'?"的演讲。在演讲中,恽代英揭露国际帝国主义和军阀政治是中国进步的最大阻力,宣传孙中山的三大政策⑧,号召南洋大学的学生投入到火热的政治斗争当中来。恽代英说:"现今的中国究竟是一种什么现象?危险啊!是你们知道

---

① 《华德博士在上大演讲纪》,《民国日报》1925年5月15日。
② 《中华公学之一周纪念》,《申报》1922年12月2日。
③ 《上海大学之近况》,《民国日报》1923年8月12日。
④ 《群贤女学校之讲演会·高冠吾讲女性问题》,《申报》1923年11月10日。
⑤ 《暑期讲习会文学演讲》,《民国日报》1923年8月18日。
⑥ 《各工团昨日追悼列宁纪》,《申报》1924年3月9日。
⑦ 今上海交通大学。
⑧ 即"联俄、联共、扶助农工"。

的。真的危险呀！也是你们相信的。在这种危险的状态之中,是否只有在书本上可以求得着解决这种危险的方法？不行的,是万万不行的。你们大家走来罢！"在演讲中,恽代英还针对像南洋大学这样的理工科学校的学生忽视政治,服膺"科学救国"主张的普遍心理,提出在帝国主义和封建军阀的压制摧残下,所谓"科学救国"主张只不过是空谈。他呼吁青年学生放弃读书救国的幻想,先起来打倒帝国主义,铲除封建军阀,才能实现科学救国的愿望①。当年在现场听恽代英演讲的南洋大学学生陆定一在1982年回忆了当时的这一幕,他说恽代英在演讲中讲的道理,"这在现在已是常识,而在当年闻所未闻,顿开茅塞"。陆定一说恽代英"是我的第一个共产主义的老师"②。

1924年7月6日到8月底,由上海学生联合会发起,联合上海大学、复旦大学、南洋大学等学校,联合举办"上海夏令讲学会",会址设在西摩路上海大学。上海大学的教师应邀在讲习会上作演讲,计有：何世桢讲"全民政治""诉讼常识""比较政治"、邵力子讲"中国宪法史"、瞿秋白讲"社会科学概论""新经济政策"、董亦湘讲"人生哲学""唯物史观"、施存统讲"社会进化史""劳动问题概论"、陈望道讲"妇女问题""美学概论"、叶楚伧讲"中国外交史""中国小说学"、安体诚讲"经济思想史"、杨贤江讲"教育问题""青年问题"、邓中夏讲"中国劳工问题"、毛飞讲"消费合作"、许绍棣讲"信用合作""农业合作"、阮永钊讲"心理学概要"、周建人讲"进化问题"、韩觉民讲"科学方法论"、董翼孙讲"夏令卫生"、恽代英讲"中国政治经济状况"、沈泽民讲"世界近世史"、何世枚讲"民刑法概略"、沈雁冰讲"近代文学"、田汉讲"近代剧"等。在这期间,后来成为上海大学社会学系教授的萧楚女曾先后作过"中国农民问题"和"外交问题"演讲③。这次讲学会历时两个月,学员住宿在上海大学,租金共计两千余元,最后都由上海大学以捐助的形式结账。

1924年12月14日,松江初级中学举办演讲会,上海大学社会学系主任施存统教授应邀到该校作题为"国民会议"的演讲。在演讲中,施存统"先叙孙中山先生的言行、三民主义、五权宪法,使人信从的理由；次叙此次政变,只有孙先生所提出之'国民会议'一条与人民有利益,能救现在千疮百孔的中国；末复谓中国贫穷原因都为关税权力握在外人手内"④。

1925年3月11日下午3时,上海大学教授恽代英,应邀至位于静安寺极司非而路(今万航渡路)的景平女学,就"妇女进化"问题发表演讲。在演讲中,恽代英阐述了自古以来妇女进化的程序和男女平等的重要性,最后讲了妇女应该具有革命思想、革命精神,并要团结同志,反抗一切外界之压迫⑤。

1925年7月25日,商务印书馆同人俱乐部举行第七次公民演讲会,上海大学教授唐

---

① 《南洋周刊》第四卷第九号。
② 陆定一：《我的第一个共产主义老师》,《回忆恽代英》,人民出版社2015年。
③ 《夏令讲学会近闻·职员会议之议案·讲学科程之变更》,《民国日报》1924年7月25日。
④ 《松江·初级中学星期演讲会纪》,《申报》1924年12月19日。
⑤ 《景平女校请恽君讲学》,《申报》1925年3月12日。

鸣时应邀作了题为"维持公共秩序"的演讲。据《申报》报道,唐鸣时"相题设喻,措辞隽永,听者轩渠而易解,不觉天气之炎热也"①。

1926年7月,上海学生联合会筹设举办"夏令讲学会",上海大学教师应邀在讲学会上作如下演讲:郭任远讲"群众心理",李石岑讲"尼采哲学",杨杏佛讲"社会科学之历史与方法""中国革命史",邵元冲讲"中国劳动运动",陈望道讲"中国妇女运动",潘公展讲"最近中国之政象",韩觉民讲"政治与民众",胡愈之讲"列强之相互关系",萧朴生讲"帝国主义侵略中国之各种方式",李季讲"三个国际",张君劢讲"中国宪法运动",何世桢讲"法制精神",杨贤江讲"学生运动",沈雁冰讲"新文学",蒋光慈讲"革命文学",郑振铎讲"佛曲弹词与鼓词""研究中国文学之途径",田汉讲"戏曲与人生",黎锦晖讲"国语发音概要",戈公振讲"读报与剪报"等②。

第七节　校园文化生活

上海大学在办学过程中,由于办学经费的不足以及校址的几经搬迁,在校园文化活动的开展方面,一直受到限制和影响,如大型体育、文娱等活动无法进行和展开。但是,学校师生还是因地制宜、因陋就简地把各类校园文化活动开展得有声有色。

教职员的聚餐会

上海大学是所"弄堂大学",没有专门的会场,因此多假座酒楼饭店。在酒楼饭店聚会,并不是单纯地吃吃喝喝,其主要目的是借助这种环境和形式,来召开教职员大会。同时,通过这样的形式来加强教职员之间的人际沟通,也不能不说是上海大学教师文化方面的一个特色,对于增进教师之间的了解和感情还是具有一定作用的。

1924年3月23日上午,于右任假座大东酒楼宴请新旧职教员,并在开席前致辞、布置教学工作,随后又拍了集体照,最后入座聚餐,尽欢而散。

1926年3月22日晚上,上海大学教职员总计60余人假座四马路(今福州路)倚虹楼聚餐,主持校务工作的陈望道教授在聚餐前发表讲话,谈到这次聚餐的意义:一是进行上海大学行政委员会的改选;二是由校总务主任韩觉民向全体教职员报告江湾新校舍建设的情况,并要求教职员尽早完成为新校舍捐款认领的工作。陈望道在讲话中还强调了在酒楼聚餐的另一个重要作用,就是借这种聚餐形式加强教职员工之间的联络和沟通。他说,现在上海大学大学部和中学部教职员人数已达80多人,平时大家各忙于学校事务,很少有相互接触交流的机会。通过这次聚餐,可以增进相互了解③。

---

① 《商务书馆俱乐部演讲》,《申报》1926年7月27日。
② 《夏令讲学会全部课程》,《民国日报》《时报》1926年7月13日。
③ 《上海大学最近之聚会》,《申报》1926年3月23日。

文化娱乐与体育活动

文化娱乐与体育活动,是大学校园文化活动的重要体现。由于受场地和条件的限制,上海大学开展在这方面的活动大受影响。然而从现在所搜集到的资料上看,上海大学的文化娱乐与体育活动开展得还是相当不错的。

在上海大学的教授中,有像田汉这样在全国都算第一流的剧作家、诗人,田汉不仅在课堂上为学生讲戏剧理论课,还不时亲自登台表演。在其他一些集会和庆祝会上,几乎每一次都有教师和学生进行各种文艺表演助兴。特别对于话剧的创作和演出,显示了上海大学的水平和特色。

1923年10月23日,是上海大学成立一周年的纪念日,学校召开了隆重的庆祝大会,校长于右任与全体师生参加了大会。在于右任报告了上海大学一年来所取得的成就和马君武、汪精卫等来宾发表了演讲以后,学校由学生组织的文艺表演次第上演,其中有美术科学生组织的乐队演出民乐、西乐和魔术、拳术、钢琴独奏、舞蹈等,学生剧团还演出了自编自导的话剧《盗国记》,据10月25日《申报》的报道《〈盗国记〉新剧之表演》称,全剧十二幕,演出"颇有可观"。学生剧团还根据郭沫若的长篇新诗《女神》排演了同名话剧。在1924年、1925年的校庆大会上,都有学生的精彩表演,显示了学生艺术团的比较高的水平。1925年10月,上海大学虽然被迫迁到办学条件更差的闸北青云路师寿坊,但学生鉴于上海话剧演出的现状,认为"欲求一真纯艺术表现的剧团却百不得其一",于是成立"爱美剧团",参加者竟达50余人。在成立大会上,参加会议的名人相继发表演说,"皆略谓戏剧乃有声有色之文学,与人生、与社会均有密切之关系"①。会议通过了会章,决定了剧团排练的具体时间。剧团成立以后,专门请来学校的戏剧教授演说,给予指导,并着手排练本校中国文学系教授赵景深在《小说月报》上发表的《天鹅》,并请赵景深担任导演;又排练文学研究会丛书中的"颇富有革命精神"的《山河泪》,请中国文学系的教授田汉为导演②。11月22日星期日晚上7时,上海大学"爱的剧团"又公演了《可怜闺中月》,中国文学系学生、诗人曹雪松男扮女装,饰演女主角婉仙,学生陈怀璞饰演男主角亚夫③。1926年元旦,上海大学"爱的剧团"又在学校进行第三次公演,剧名《孔雀东南飞》,由曹雪松饰女主角兰芝,学生丁丁④也男扮女装饰其姑季香,学生陈庆瀚饰男主角焦仲卿⑤。上海大学湖南同乡会拥有当时极富盛名的剧作家、诗人田汉,他们所组织的"上大湘社",于1926年5月27日晚上6时,假西门少年宣讲团会址,举行大规模的游艺会,演出了田汉的独幕剧《获虎之

---

① 《上海大学组织爱美剧团》,《申报》1925年10月8日;《上大剧团成立会》,《申报》1925年10月11日本埠增刊。
② 《上大剧团近讯》,《申报》1925年10月18日。
③ 《艺术界消息》,《时报》1925年11月19日。
④ 即丁嘉树。
⑤ 《团体消息·上大剧团第三次公演》,《申报》1925年12月30日本埠增刊。

夜》、郭沫若的诗作《湘累》、丁西林的独幕喜剧《一只马蜂》等①。上海大学学生话剧团体和舞台演出,及拥有的指导老师如田汉、赵景深等,在当时都可说是臻于一流的。学生曹雪松后来成为一位著名的剧作家。

在体育运动方面,学校也组织了自己的队伍。有学生在回忆中提到,师生利用学校有限的空间开展篮球活动。1924年11月,上海组织"全沪华人篮球锦标赛",上海大学还组队参加,与圣约翰大学、复旦大学、沪江大学等高校同场竞技②。

成立学生社团

上海大学学生社团众多,活动频繁。既有全校性的,也有以系、科甚至年级为单位组建的社团;既有学术性的,也有娱乐性或者益智、益学的社团;既有师生共同参加的,也有学生自己组织的。总之,透过这些社团活动可以看出,上海大学在文化社团的组织、建设和活动的开展等方面,无论是在数量还是在质量方面,都是可以与其他大学媲美的。

学生会 在1923年,上海大学就有学生会组织,但当时学校还处于从东南高等专科师范学校到上海大学的过渡阶段,这个学生会组织协助学校进行一些管理工作,"对于校内一切治理颇有成效"。这年暑假,学生会又根据校长于右任的要求,推选两名委员,在假期内担任志愿者,襄助校务③。而上海大学第一届学生会的正式成立,是1924年10月以后的事了。这一年的10月13日,上海大学在校内第二院第七教室召集全体学生大会,宣告成立上海大学学生会,通过选举选出杨之华、王秋心、刘一清、王环心、郭伯和、刘华、柯柏年7人为正式执行委员;林钧、阳翰笙、窦勋伯3人为候补执行委员④。后来,上海大学学生会又多次召开年会,进行改选,在领导学生开展各种活动方面起到了重要作用。在学生会组织方面,除了有校级组织外,还有系科或年级的学生组织,比如系科一级有社会学系同学会;年级范围的有丁卯⑤级同学会、中国文学系壬戌⑥级会、丙寅⑦级之同乐会等。连中学部、平民学校也都成立了学生会。

学术社团 上海大学的学术社团在社会上具有重要影响。1923年11月成立的上海大学社会问题研究会,以"研究社会疾病,促进社会健康"为宗旨;同月成立的"三民主义研究会"则以研究孙中山提出的"三民主义"为己任;1924年1月成立的"中国孤星社",其宗旨为"研究学术,讨论问题,彻底了解人生,根本改进社会",还出版了刊物《孤星》,社员既有上海大学的,也有校外,甚至还吸收上海以外的同道参加,累计成员多达100余人;1925

---

① 《上大湘社之游艺会》,《申报》1926年5月28日本埠增刊。
② 《篮球消息》,《申报》1924年11月20日。
③ 《上海大学学生会闭会》,《民国日报》1923年7月8日。
④ 《上海大学学生会之成立》,《民国日报》1924年10月15日。
⑤ 丁卯即1927年。
⑥ 壬戌即1922年。
⑦ 丙寅即1926年。

年1月20日成立的上海大学中山主义研究会,加入者多达200余人,在成立大会上,国民党上海执行部宣传部代表刘重民、四川中法大学校长吴玉章、上海大学教授萧楚女、施存统先后发表演讲①。此外,还有上海大学社会科学研究会等。

文学与艺术社团 上海大学既有中国文学系,又有美术科,无论是文学还是艺术,在作品创作或研究方面都有一定的成就。在文学社团方面,早在东南高等专科师范学校期间,文学科王秋心、王环心兄弟两人与稽直、黄俊等就组织了"晨曦文学社",王秋心、王环心还出版了诗歌戏剧集《棠棣之花》。改制为上海大学以后,在教授沈泽民、蒋光慈等人的教育帮助下,该文学社继续从事文学创作。1923年11月,中国文学系学生李灏、施蛰存、戴望舒、叶黄叶、张豪等人发起成立"青凤文学会";同年12月,刘华、葛克信、方山、王振猷等又以研究文学为目的成立"湖波文艺研究会"。1924年2月,成立"春风文学社";同年11月,教师沈泽民、蒋光慈等又发起成立"春雷文学社",并在《民国日报》副刊出版"春雷文学专号"。在艺术社团方面,1923年10月8日,美术科学生以"研究绘画,增进同学纯洁的艺术思想和感情"为宗旨,成立"探美画会",社团分甲乙两部,甲部为中国画,乙部为西洋画。1924年6月,美术科毕业生还与上海美专同期毕业的学生共同组建"甲子艺术会"并在上海大学召开成立会议。美术科的学生还利用学校放春假,组织旅行写生团,赴杭州西湖进行风景写生实习,将美术教学与旅游实习结合起来。1924年7月,美术科的毕业生还到芜湖组织"安徽艺术会",促进当地美术事业的发展。

演说、辩论社团 在益智、益学的社团方面,上海大学重视学生在演讲、辩论方面的锻炼和提高。1924年11月,成立"上海大学演说练习会",练习方式采用"演说""辩论""讨论"三种,并请教师邵力子、恽代英、杨贤江、张太雷等为指导老师。演说除了用汉语以外,还增设英语、法语、俄语小组。并且还和各大学一起组织演说友谊比赛。英国文学系也组织"上海大学英语辩论会",每次比赛都请英国文学系主任何世桢博士担任评判②。英国文学系还成立英文文学会,旨在发扬同学互助精神,以研究英文、练习英语。

书报流通处 为方便学生购买书报,1924年4月16日,成立"上海大学书报流通处",代售国内各著名书报,其中包括社会科学、新文学、自然科学一类的书籍和刊物。中学部也成立"上大初中阅书报社",目的是"增进新智识以助学业之进步"。上海书店也在上海大学摆设书摊,销售各种社会科学和文艺书籍。

读书会 1927年1月放寒假之际,学生成立了上海大学寒假读书会,主持校务工作的陈望道专门到会发表演说,对学生利用寒假组织读书活动表示赞许和鼓励。

组织成立同乡会和同学会

同乡会和同学会是上海大学社团组织的重要组成部分。在同乡会方面,先后组织

---

① 《中山主义研究会之成立》,《申报》1925年11月21日。
② 《上海大学之英语辩论》,《民国日报》1923年12月15日。

成立了浙江同乡会、湖北同乡会、河南同学会、四川同学会、广东同学会、安徽同学会和广西同学会等,除了按照省份的范围成立同乡会或同学会以外,还有按照一个城市的范围来成立同乡会或同学会,如 1925 年 10 月成立的上海大学台州同学会,就是以浙江台州地区为范围成立的,该同学会还出版过《台州评论》。还有按地域成立的学术性社团,比如上海大学湘社,就是上海大学湖南籍学生成立的社团,湘社还在上海大学的文娱活动中演出过话剧《获虎之夜》《湘累》《一只马蜂》等。在同乡会、同学会的组建过程中,还有一些外省市旅沪的学生团体在上海大学召开筹备会或成立大会,比如 1925 年 4 月 20 日和 5 月 3 日,山东旅沪同乡会先后在上海大学召开筹备会和成立大会;还有安徽南陵旅沪同乡会、江苏涟水旅沪学友会等都在上海大学召开会议;河南青年学社分社的成立,则是由上海大学河南籍学生许逢真发起并担任通讯联络员的。上海大学学生还积极参加各地旅沪学生组织的团体,如参加了江苏武进旅沪学生会、留沪台湾学生联合会等。

上海大学的同乡会和同学会,给学生留下深刻印象。1980 年,已经 80 高龄的上海大学社会学系学生黄玠然在接受采访时还清晰地记得:"在上大读书时,浙江同乡会是上大各同乡会中一个人数最多的组织,它给我印象比较深的是,在开会时见到了许多浙江人,还有我们的许多小同乡。他们开会时讲浙江问题,分析浙江的革命形势,哪些是反动势力,哪些是革命力量。参加了这次会,使自己对浙江问题比较清楚,知道了哪些是浙江的财阀,哪些是地主阶级,从而对浙江问题比较了解。"①

成立校工团

由 30 多人组成的校役,担负着上海大学后勤等方面的管理和安全保卫工作。为了建设好这支队伍,上海大学于 1923 年 4 月 22 日召开会议,成立上海大学校工团。还制定通过了有关章程,推选了三名执行委员组成执委会,有关人员还在成立大会上发表演说②。在这次会上被选为执行委员的工役龚兆奎在新中国成立后的 1962 年 1 月 19 日还接受有关人员的采访,谈到了当年成立上海大学校工团的事情③。

成立女同学会

1925 年 5 月 2 日,成立"上海大学女同学会",丁镜娟主持会议,教师韩觉民、恽代英和来宾向警予等参加大会并先后发表演说。演说的主要内容为"女子应有团结力,并打破旧礼教,力争男女平等"等。会议选举了总务、交际、文牍、会计等委员④。

---

① 黄玠然:《回忆上海大学》,王家贵、蔡锡瑶编著《上海大学(1922—1927)》,上海社会科学院出版社 1986 年版。
② 《上海大学》,《民国日报》1923 年 4 月 23 日。
③ 龚兆奎:《回忆上海大学》,这是有关方面对龚兆奎的访问记录稿,原件藏上海市档案馆(全宗号:D10)。龚兆奎,1923 年 4 月 23 日《民国日报》刊作龚兆魁。
④ 《上大女同学成立纪》,《民国日报》1925 年 5 月 3 日。

12月2日,女同学会还在学校成立"演讲练习会",参加会议的会员加来宾多达一百余人。会议的宗旨为:"女子数千年来过非人的生活,做男子的附属品,做家庭中的奴隶。现在女子已经觉悟了,知道自己是个人,是个和男子同样的人,所以自己要团结起来,谋自身的解放;同时女子也是外受各国帝国主义的压迫,内受各系军阀的摧残,所以我们女子也应与男子同样的有起来革命、共负改造社会的责任,我们的女同学会便负有此种使命。演讲练习会为要练习口才、对外宣传的预备,出外演讲,唤醒一般未觉悟的女同胞,使得大家团结,共同起来革命。"①

第八节 上海大学的刊物

在办学过程中,上海大学师生创办了许多报纸和刊物。这些报纸和刊物,有的是在校内出版发行,有的是在社会上公开出版发行,还有的就是与《民国日报》合作编辑出版相关副刊。

校内刊物

《上海大学周刊》 上海大学校刊。1924年2月25日,上海大学行政委员会举行第三次会议,决定出版上海大学校刊,以达到"传播校内消息、教员学生共同发表研究所得"的目的。校刊为周刊,每周出版一次。会议推举陈望道为校刊编辑主任。5月4日,《上海大学周刊》正式出版。5月20日的《民国日报》、5月22日的《申报》和5月16日出版的《北京大学日刊》第1479期,都刊发了《上海大学周刊》第三期出版的消息,称校刊"材料丰富,立论精确"。《上海大学周刊》除刊登上海大学大事记外,还有时评、论著杂感和文学作品等。如在创刊号上,就有"本校大事记"、校长于右任的《上海大学一览》"弁言"、总务长邓中夏以"A.S"署名的《上大的使命》、教务长瞿秋白的《自民族主义至国际主义:五七—五四—五一》等文章。

《上大附中》 上海大学附中学生会主办的半月刊。1925年4月出版。五卅运动爆发之前,已出版三期。后因学校被租界当局武力封闭而被迫停刊,1925年10月学校迁到闸北青云路师寿坊以后复刊。《上大附中》除了刊登上大附中的消息外,亦刊登由教师和学生撰写的时评、演讲稿和论著。如在1925年10月25日出版的《上大附中》第四期上,就有教师钟伯庸的《本校最近设施的实况和此后进行的计划》、高尔柏的《辛亥革命纪念》和学生唐棣华的《女子教育与上大附中的使命》等文章;1925年11月10日出版的《上大附中》第五期上,发表了教师沈观澜的《谈谈教育》、学生淮得的《我为什么入上大附中》等文章。

---

① 《上大女同学会消息》,《民国日报》1925年12月3日。

《上大五卅特刊》 上海大学学生会在五卅运动爆发后创办的刊物。1925年6月15日正式出版。从1925年6月15日创刊,到8月26日为止,《上大五卅特刊》共出版了八期,内容除了刊登上海大学新闻、宣言以外,还包括时评、论著、演讲稿、调查报告、悼念五卅烈士的人物传略、诗歌等。在特刊上发表文章、作品的,既有老师,也有学生。第一期上发表的学生高尔柏撰写的《五卅大流血的动因》一文,以调查报告的形式公布了上海大学学生在五卅运动中被捕和伤亡同学一览表,为上海大学学生在五卅运动中的表现留下了珍贵的史料。

《上海大学三周年纪念特刊》 上海大学学生会宣传部在学校成立三周年之际出版的纪念特刊。1925年10月23日出版。在这期刊物上,学生马凌山、崔小立、吴熙、蒋抱一等分别发表了文章。其中,马凌山的《本校同学三年来的奋斗工作》一文,概述了上海大学成立三年来的奋斗历程,对于我们今天了解上海大学这一时期的历史有着重要的史料价值。

在社会上公开发行的刊物

《南语》 上海大学所办的公开发行的刊物,由中华邮政特准挂号认定为新闻纸类,定价为每册1角。现在我们能看到的仅为保存在上海图书馆1册,期数不明,标注出版日期为1925年5月20日。从这一期的目录和文章内容来看,主要是由上海大学广东琼崖(今海南省)籍学生为主编辑和撰稿的。如在这期刊物上发表文章署名"侠夫"的,即许侠夫,为社会学系学生,广东籍;署名"鹤琴"的,即黄鹤琴,为社会学系学生,广东籍;署名冯骥的,社会学系学生,广东籍。从内容来看,许侠夫的《告琼崖诸同胞》、署名"痴疑"的《邓本殷检查来信》和《来件·文昌中学学生罢课宣言》等文章,讲的也都是有关琼崖的人和事。由此可以断定,《南语》主要是上海大学广东琼崖籍学生主办的一种公开出版物。

《孤星》 上海大学学生社团孤星社主办的旬刊。孤星社成立于1924年1月,全称为"中国孤星社",其宗旨为"研究学术,讨论问题,彻底了解人生,根本改进社会",社员既有上海大学的,也有校外的,甚至还吸收上海以外的同道参加,累计成员多达100余人。《孤星》主要发表时评、论著、通讯等,还包括诗歌、散文等文艺作品。此外,还根据内容需要出"专号",如1924年6月15日出版的第十期就为"读书运动号"。中国孤星社负责人、《孤星》旬刊主编、上海大学学生安剑平曾写信给孙中山,请求孙中山为《孤星》题写刊名。1924年3月3日,孙中山致电安剑平,称《孤星》"深切时弊",勉励《孤星》继续办下去,并亲题"孤星"两字寄到安剑平处。3月25日,《孤星》旬刊从第五期开始,刊头就改换为孙中山的题字。

《新群》 上海大学陕西同乡会主办的半月刊,约于1925年1月创办出版。现在我们能看到的是1925年4月6日出版的第七期,为"纪念孙中山先生专号"。这期专号除全文刊登孙中山遗嘱外,还整理了孙中山先生年谱,发表了由上海大学陕西籍学生撰写的五篇

追悼孙中山的文章和诗歌。

《中山主义》 上海大学中山主义研究会主办的周刊。上海大学中山主义研究会成立于1925年11月19日。12月20日,《中山主义》正式出版。在《发刊辞》中提出:"我们是革命的三民主义者。我们不但是在主观上信仰三民主义,我们并且要在客观上实现三民主义。我们不但是在口头上主张三民主义,我们并且要在行动上发挥三民主义。我们认定:单单主观上信仰三民主义,口头上主张三民主义,决不是真正的三民主义者。"上海大学教授施存统、恽代英、萧楚女以及曾经担任上海大学教授的瞿秋白,都在这本刊物上发表了演讲稿,学生马凌山、秦邦宪(即博古)、崔小立为老师们的演讲作了记录和整理的工作。学生马凌山和阳翰笙也都在刊物上发表了文章。

《湘锋》 上海大学湖南同乡会组织"湘社"主办的刊物。湘社成立于1925年。同年12月,《湘锋》创刊出版。在《发刊词》中称:"是的!我们只是少数人的组织——上海大学湘籍教授和学生的组织——我们这少数人的喊声自然是太脆弱,自然是太低沉,自然是不容易令人震悸而得到回响。可是我们怎么办呢?还是不喊了吧?不!决不!我们忍不住了,我们终于是要喊的!"上海大学社会学系湖南籍教授李季的那篇著名的《马克思通俗资本论序言》就发表在《湘锋》的创刊号上。《湘锋》除了刊登理论文章外,还有时评、译作杂感、散文和诗歌等。

《台州评论》 上海大学台州同乡会主办的月刊。上海大学台州同乡会成立于1925年11月中旬。在1926年5月1日出版的第四期《我们的情形》一文中,称:"(台州同乡会)出版部所刊行的《台州评论》,内容如何,希望外界有所批评与指导。至对于经费问题,本刊因抱普遍宣传起见,对于外界一概奉送,所以印刷和寄费,除临时向外界募捐外,均由同人等分担。"在这一期上,还发表了林泽荣①的《我为什么要入上大》一文,其中说:"上大的台州同学,有很多的是从严格的学校转来的,可见他们实在不是因为程度太歪而来滥厕上大的";"上大的台州同学,一点都没有转学的念头,而且都很满意的。可见他们在未入校之前,必有精密的观察和相当的同情,绝不是偶然被人诱入的"。这对于我们更好地了解上海大学的办学情况是有帮助的。

《新晋》 上海大学山西同乡会组织的"晋社"主办的半月刊。由上海大学学生焦有功、陈怀璞、阎玉珍等发起,以研究学术、政治为宗旨,于1926年3月1日创刊。1926年4月3日《申报》以《〈新晋〉第三期将出版》为题,介绍《新晋》这本刊物"内容除于学术方面有贡献外,于晋省政治均有建论"。

与《民国日报》合作编辑出版发行文艺副刊

《文学专号》 上海大学教师蒋光慈、沈泽民和学生王环心、王秋心等人于1924年11月在上海大学成立春雷文学社,其宗旨为"想尽一点一方量,挽一挽现代中国文学界的'靡

---

① 即林淡秋。

靡之音'的潮流"。11月16日,在《民国日报》副刊《觉悟》上正式出版《文学专号》,创刊号发表了蒋光慈的《我们是些无产者》一诗,并"代文学专号宣言"。《文学专号》只出版了两期就没有再继续出下去。

《文学》 上海大学中国文学系负责编辑,为《民国日报》的文艺副刊之一,随报发行。1925年4月18日,《民国日报》刊登《上大刊行〈文学〉周刊》的消息报道了此事。消息称:"上海大学近由各级委员会议定刊行文学周刊一种,借本报副张发行,以发表创作研究文学各种问题,并介绍外国文学为宗旨。目前由该刊编辑股委员会议决每星期一出版一次,第一期准在四月二十七号出版。"《文学》自1925年4月27日创刊,到6月9日上海大学因积极参加五卅运动而被租界当局武力封闭时被迫停刊,总计出版了六期。一开始为半月刊,从第三期开始改为周刊。在第一期的《致读者》中,表达了该刊编辑出版的初衷:"在这荒寂的沙漠里,我们忍不住要发出强烈的呼喊了!热着的心胸受不住周遭的压迫而在燃烧着了!'放胆的写作;虚心的研究。'这是我们所持的态度。热情的朋友,我们取公开的态度,欢迎你们的创作和批评。"在总计六期的《文学》中,发表有小说、诗歌、散文、文学评论、小品文、文学研究、译作、诗话等。郭沫若于1925年5月2日应邀到上海大学作题为"文艺之社会的使命"的演讲的文稿,经上海大学学生李伯昌、孟超合记整理后,就发表在5月18日出版的第三期上。

出版小册子

《圣诞节的敬礼》 上海大学附中非基督教同盟会编辑出版的一本反对基督教言论的小册子。非基督教运动是由中国知识界于1922年至1927年发动的反对帝国主义文化侵略的斗争运动,上海大学和上海大学附中都先后成立了非基督教同盟。《圣诞节的敬礼》于1925年12月25日出版,其封面题有"献给十字架下的朋友们"。在这本小册子中,署名"准得"的《我们的微意》一文,介绍了为什么要出这本小册子:"历史和事实告诉我们,基督教是帝国主义侵略弱小民族的工具,基督教会是统治阶级压迫被统治阶级的太上衙门!教会学校是帝国主义者文化侵略大本营,中国的基督教徒是什么一切都卖给了洋大人而自甘为洋奴的刽子手。"在这本小册子中,刊登了《中国人与基督教》《为什么要反对基督教、帝国主义的走狗——胡适之》《非基督教运动与妇女解放运动》等文章。在最后,全文刊登了《上大附中非基同盟宣言》。

附表一 上海大学社团一览

社团名称	成立时间	主要成员	社团类型
社会问题研究会	1923年11月	柯柏年、唐公宪、黄仁、刘一清、徐恒耀	学术社团
三民主义研究会	1923年11月		学术社团

续 表

社团名称	成立时间	主要成员	社团类型
中国孤星社	1924年1月	安剑平、张庆孚、糜文浩、马凌山、蒋抱一、施锡其、王耘庄、吴希璘、孔庆波、严朴、薛成章、严保滋	学术社团
中山研究会	1925年1月20日	张效昇、高尔柏、马凌山、崔小立、江士祥、吴稽、胡警红	学术社团
社会科学研究会		高尔柏、武思茂、李宇超、詹至圣、汤有光	学术社团
青凤文学会	1923年11月	李灏、施蛰存、戴望舒、叶黄叶、张豪	文学社团
湖波文艺研究会	1923年12月	刘华、葛克信、方山、王振猷	文学社团
春风文学社	1924年2月		文学社团
春雷文学社	1924年11月	蒋光慈、沈泽民、王环心、王秋心	文学社团
探美画会	1923年10月8日		艺术社团
甲子艺术会	1924年6月		艺术社团
演说练习会	1924年11月	方卓君、王环心、袁耘雪、陈铁庵、陈德圻、陈铁厂、王振猷、瞿景白、段穈松、于翔青、贺威圣、李养人	演说社团
英语辩论会		王竟成、陈毅夫、孔庆波、施锡其、李福棠、陈元丰	辩论社团
书报流通处	1924年4月16日		
读书会	1927年1月		

（制表人：洪佳惠）

第二编

上海大学是一所爱国的大学

第一章
上海大学的反帝反军阀斗争

第一节 上海大学从成立伊始就亮出了反帝反军阀的大旗

反帝反军阀是中国人民普遍的愿望和要求

20世纪20年代初期,风雨如晦。1911年10月10日,武昌城头枪声一响,以孙中山为代表的革命党人发动了震惊世界的辛亥革命,推翻了清朝政府,结束了在中国延续几千年的君主专制制度。辛亥革命极大地促进了中华民族的思想解放,传播了民主共和的理念,打开了中国进步潮流的闸门,撼动了反动统治秩序的根基,在中华大地上建立起亚洲第一个共和制国家,以巨大的震撼力和深刻的影响力推动了中国社会的变革,为实现中华民族伟大复兴探索了道路。近代以来中国发生的深刻社会变革由此拉开了序幕。

历史发展总是螺旋式上升、波浪式前进的。由于历史进程和社会条件的制约,由于没有找到解决中国前途命运问题的正确道路和领导力量,辛亥革命没有改变旧中国半殖民地半封建的社会性质和中国人民的悲惨境遇,没有完成实现民族独立、人民解放的历史任务。一方面,欧美帝国主义列强大肆对中国进行掠夺,它们在中国既互相争夺又互相勾结。中国在政治上和经济上进一步为帝国主义列强所控制,中国人民直接感受到来自列强的巨大压力,激起了反帝情绪的普遍高涨。另一方面,在帝国主义列强的操纵下,军阀割据和军阀混战成为中国国内生活中的突出现象。大量的军队卷入内战,军费的激增,使人民担负的各种苛捐杂税达到难以承受的地步。国家处于四分五裂的状态,在连年处于战乱中的省份,人民连生命财产的起码保障也无法得到。反对帝国主义列强、反对封建军阀,成为灾难深重的中国人民普遍的愿望和要求。在这样的时代背景下诞生的上海大学,从一开始就亮出了反帝反军阀的大旗,使学校成为一所爱国的大学。

上海大学不在北洋政府教育部注册登记

上海大学1922年10月23日宣告成立之时,中国的合法政府是北京的北洋政府。北

洋政府是指中华民国前期以袁世凯为首的晚清北洋军阀在政治格局中占主导地位的中央政府,以1923年10月6日袁世凯当选为中华民国首任正式大总统后形成的。执政的时间为1912年到1928年。上海大学成立之时,正值以曹锟、吴佩孚为代表的直系军阀联合奉系打败皖系,控制北京政府之际。当时名义上的总统是黎元洪,教育部总长为汤尔和①。上海大学从成立伊始,就采取了同北洋政府不合作的态度,它从没有在北洋政府的教育部立案注册登记,而是听命于在广州的国民党中央。学校悬挂的也不是代表北洋政府的五色旗,而是国民党的青天白日旗。这充分体现了这所学校的政治立场。上海大学颁发的毕业证书,上端中间为国民党党旗和孙中山像。正如上海大学学生程永言所言:"'上大'是在五色国旗下诞生的,但从未使用五色旗,所用的是国民党党徽和蓝底白字的校旗,以示与其他大学的区别,而反对当时的反动统治。"②正因为如此,上海大学在办学经费方面,是得不到北洋政府资助的。1924年12月,上海大学学生会开会,作出一个决议:"促学校从速立案并力争退回庚子赔款作本校经费。"③但事实上上海大学不可能得到由北洋政府支拨的任何款项。

1925年7月,北洋政府曾有一笔一千零三十万元的款项用于中国各大学分配。教育部召开会议讨论分配方案,按原规定,这笔款项全数分配给各国立大学,各私立大学则不得分配。后上海大学、北京文法大学、郁文大学、中央大学、务本女子大学等15所学校联合力争要求分得这笔金款。7月30日,经北洋政府内阁讨论,接受财政部、教育部提议,决定上海大同、汉口明德、武昌中华三所私立大学各分配1万元,其原因是这三所大学都曾在教育部立案。而包括上海大学在内的私立大学,由于不曾在教育部立案,因此不在这笔款项的分配名单中④。对于上海大学不在北洋政府教育部注册登记,也就是不服从北洋政府教育部领导管辖,北洋政府认为泥鳅翻不了大浪,因此不屑一顾⑤。

校长于右任、代理校长邵力子都是真诚的爱国者

之所以说上海大学是一所爱国的大学,是与校长于右任、代理校长邵力子有着密切关系的。于右任和邵力子,不仅是称职的、受人尊敬的校长、代理校长,更是真诚的爱国者。

于右任自幼得拜名师,受到严格的中国传统文化训练和教育,打下了国学和书法的坚实基础。他不但在老师那里学到了文化知识,还在老师进步思想的影响下,立志反清救国。1900年,21岁的于右任在陕西兴平县任教师时,作了34首咏古诗,后来集册发行,人们争相传诵。其中有"女权滥用千秋戒,香粉不应再误人"句,尖锐讥讽慈禧太后,后遭清

---

① 汤尔和,浙江杭州人。1922年后历任北洋政府教育部总长、内务部总长、财政部总长,1937年抗日战争爆发以后投靠日本,沦为汉奸。
② 程永言:《回忆上海大学》,《党史资料丛刊(第2辑)》,上海人民出版社1980年版。
③ 《上海大学学生会》,《民国日报》1924年12月24日。
④ 《阁议私立三大学各给金款一万元》,《申报》1925年7月3日。
⑤ 胡允恭:《我所知道的上海大学》,胡允恭著《金陵丛谈》,人民出版社1985年版。

廷通缉而只身潜往上海。因得到上海震旦公学校长、爱国学者马相伯的赞赏，遂入震旦公学学习。1905年，协助马相伯参与复旦公学的筹办，1906年又创办了中国公学。1906年东去日本，在东京会见了孙中山，由此加入同盟会，跟随孙中山从事革命活动。后回上海，先后创办了《神州日报》《民呼日报》《民吁日报》《民立报》等报纸，揭露清政府卖国罪行，宣传爱国思想，公开鼓吹革命。武昌起义后，孙中山回国，访问了民立报社，为于右任题赠"博爱"二字。孙中山任大总统，于右任任交通部次长，立志改革。我国沪宁铁路行驶夜车，为于右任所创行，惠及民众。袁世凯称帝时，于右任积极组织讨袁斗争，于1918年任靖国军总司令，领导陕西革命力量，沉重打击了北洋政府驻陕势力，赢得"书生司令"的赞誉。于右任领导的靖国军，是北方唯一响应孙中山所领导的护法之役的军事组织，于右任以一介书生身份，以一隅之地，独抗北洋军阀八省之众，坚撑危局，历时四年，不能不说是一个奇迹。即使在这样经年苦战之际，于右任还在陕西努力筹款，撙节军费，兴办学校，兴修水利，造福桑梓，赢得渭北人民对他的感念。

靖国之役失败以后，于右任辗转回上海。四年掌兵的经历，使他感念良多。他写信给正在北京大学求学的女婿屈武说："我此次来沪，对政治上行动完全放弃……我今日主义，不在抱怨而在克己。每日自己必用一番提省自己功夫，校正自己从前之误，并使同志知利用无知识之队伍革命，成功则自己先受其害，不成功则自己亦先受害。我之在陕，中山在粤，是一大教训。"① 于右任在信中提出的"利用无知识队伍来革命，成与不成自己先受其害"观点，是他担任靖国军司令所得的一个重要教训和体会，因此，他"极欲投身教育界"②，萌生了"以兵救国，实志士仁人不得已而为之；以学救人，效虽迟而功则远"的思想③。1922年10月10日，是辛亥革命11周年的纪念日，于右任在《民国日报》上发表了题为《教育改进的要义》的文章，提出"教育固然是立国的命脉，但误用时，也是亡国灭种的祸根"，主张普及一种符合时代进步要求的教育。他曾提出："欲建设新民国，当先建设新教育，欲建设新教育，当自小学教育始。"④ 于右任的这篇文章和他的教育思想，无疑给读者尤其给那些进步青年留下了深刻的印象。这也是东南高等专科师范学校将新校长的目标定在于右任身上的重要原因之一。尽管于右任再三谦称自己不懂教育，是个"愿为小学生以研究教育"，而实际上他的学力、经历和人品，足以当得起上海大学校长一职。从以往的经历和就任上海大学校长后所做的工作可以看出，于右任不仅是一个很负责、很称职的校长，更是一个真诚的爱国校长。

邵力子，1905年到上海震旦公学求学时，就结识了同学于右任。由于震旦公学受到法国天主教势力控制，邵力子和于右任便领导学生罢课，后由校长马相伯带领学生愤然离开震旦，在吴淞另建复旦公学。邵力子在复旦公学边工作边学习。1906年10月，到日本

---

① 朱凯：《于右任传》，陕西人民出版社2015年版。
② 《上海大学欢迎校长》，《民国日报》1922年10月24日。
③ 于右任：《〈上海大学一览〉弁言》，《上海大学一览》，1924年印制。
④ 于右任：《〈上海大学一览〉弁言》，《上海大学一览》，1924年印制。

留学,学新闻学,并在日本加入中国同盟会。1907年春回国,与于右任一起创办《神州日报》,宣传反清思想。从1909年5月到1913年,与于右任一起先后创办《民呼日报》《民吁日报》《民立报》,宣传革命思想,倡导国民独立精神。其间虽先后遭当局查封,但他和于右任一起,坚持通过办报来进行革命宣传活动。1910年创刊的《民立报》还一度成为同盟会的联络机关。1913年《民立报》停刊后,邵力子便到复旦公学任国文教员。后复旦公学改名复旦大学,邵力子担任了中文系主任。

1916年1月,邵力子与叶楚伧在上海创办《民国日报》,任经理兼编本埠新闻。这一年11月20日,在《民国日报》"要闻版"头条编发《突如其来之俄国大政变》,这是中国最早报道俄国十月革命的消息。1919年五四运动爆发后,即在5月6日的《民国日报》刊载北京五四游行示威的"本社专电",并于当天清晨持报到复旦大学,鼓动学生在上海开展反帝爱国运动。6月16日,将《民国日报》第八版《救国余闻》改名《觉悟》,自任主笔。从此,《觉悟》成为上海宣传革命和马克思列宁主义理论和思想的一个重要阵地。

1920年5月,邵力子与陈独秀、李达、李汉俊、施存统、沈玄庐、陈望道、戴季陶等人在上海发起建立马克思主义研究会。11月,参加中国共产党,为中国共产党发起组织成员。由于邵力子此前已加入国民党,经组织批准,成为一名跨党的共产党员。中国共产党成立以后,邵力子还在党创办的平民女校任教,后来成为上海大学学生的丁玲、王剑虹、王一知等在平民女校读书时就是邵力子的学生。

1922年10月,东南高等专科师范学校因校政腐败闹起学潮,热望由于右任来担任校长,作为于右任的莫逆之交,又有同样反帝爱国思想的邵力子,帮助学生对于右任就任上海大学校长作了说服工作。后来,于右任到广州、北京另有公干,邵力子受重托担任了上海大学代理校长。从邵力子以往的经历和他担任上海大学代理校长的工作成就来看,他和于右任一样,不但是一个称职的代理校长,也是一个真诚的爱国者。

正因为于右任、邵力子这两位最主要的领导者是当时深为社会所仰望和敬重的革命者和爱国者,所以上海大学成立以后,秉承反帝反封建的思想和意志,成为当时著名的爱国大学,就一点也不奇怪了。

用先烈的爱国事迹与革命精神来教育和影响学生

1923年7月,美术科图音组、图工组两班共有34名学生毕业,这是上海大学成立以来的第一批毕业生,为此,学校极为重视。除开展欢送会、聚餐会、辞别会、教师演说、美术作品展览和毕业典礼等活动以外,学校还精心组织了一次特别的活动,即由校长于右任带领全体毕业生到宋园举行瞻仰宋教仁墓。上海大学校址在闸北青岛路,宋园则在青岛路西南面十几里路以外的共和路上。上海大学之所以作出这样的安排,其目的就是要对毕业生进行一次革命和爱国的教育。

宋教仁,中国民主革命的先行者,中华民国临时政府的农林部总长,国民党的主要筹建人。生于1882年,字遁初,号渔夫,湖南桃源人。1904年,与黄兴、刘揆一等在长沙创立"华兴会",策动起义未成,流亡日本。1905年参加发起中国同盟会,任《民报》撰述。1911年初回上海,任《民立报》主笔,以"渔父"笔名撰写大量宣传革命的文章。旋与谭人凤等组织同盟会中部总会,决定以长江流域为中心发动革命。武昌起义后积极促成上海、江苏、浙江等地起义和筹建临时政府。1912年,任南京临时政府法制院院长,组织拟制宪法草案《中华民国临时政府组织法》。参与南北议和。临时政府北迁,任农林总长。8月,改组同盟会为国民党,任代理理事长。宋教仁希望在将来的国会选举中国民党能争取多数席位,在安徽、上海、浙江、江苏等地到处演说,极力鼓吹成立政党内阁,以制约袁世凯。在长江流域刮起一股"宋教仁旋风"。袁世凯及其走狗们为此坐立不安,想方设法拉拢他,宋教仁潜回常德桃源力拒之。1913年3月,中华民国第一届国会选举基本结束,在宋教仁的主持经营下,国民党在国会选举中取得多数席位,为此,宋教仁欲循欧洲"内阁制"惯例,以党首身份北上组阁。3月20日22时45分,踌躇满志的宋教仁在上海火车站即将登上火车之际,被袁世凯指使赵秉钧派人刺死,年仅31岁。宋教仁为民主共和国捐躯后,举国恸悼。孙中山为他撰写挽联"为宪法流血公真第一人"。宋教仁的鲜血唤醒了革命党人,发动了二次革命,很快袁世凯就在全国人民的唾骂声中灭亡了。

2018年4月10日,《人民日报》在"为了民族复兴·英雄烈士谱"专栏上,刊登了新华社记者写的《为国捐躯——宋教仁》一文,对宋教仁革命和爱国的一生作了高度评价。宋教仁一生坚守的民主宪政,是反对专制统治的有力武器。他的理想虽然没有实现,但他的宪政思想和献身精神,在中华民族追求民主的斗争史上,写下了浓墨重彩的一笔。

1923年7月1日上午,美术科全体毕业生来到宋公园(今闸北公园),齐集在宋教仁墓前。于右任面对他的老友也是战友的宋教仁墓冢和遗像,向全体毕业生发表了演讲。他说:"袁世凯、赵秉钧辈何以要暗杀宋先生呢,即以宋先生是位政治家,主张政党内阁,袁、赵辈深忌之,故下此毒手。""现在袁贼虽死,而袁贼化身却布满国中,国事蜩螗如故。我无能,未能有所建树,以慰国民,以报死友。及今思之,且愧且痛。诸君年富力强,其奋勉毋怠。"①于右任的这番演讲,使学生深为感动,可以说是对这些即将走上社会的青年学子一次极为深刻的爱国和革命的教育。

1925年5月10日,在上海大学召开的追悼胡景翼大会,也同样是对学生进行爱国和革命的教育。

胡景翼,著名爱国将领,杰出的民主主义战士。字笠僧,又作励生,陕西富平人。1910年加入中国同盟会,辛亥革命时期在耀县组织起义,失败后流亡到日本,入振武预备学堂学习军事。经于右任、井勿幕的介绍,进入孙中山在日本举办的"浩然庐学社"学习,这成了胡景翼革命生涯中一个新的转折点。1915年,护国战争时期奉派回国。1917年,护法战争期间加入于右任在陕西组织的靖国军,任第四路司令。1924年10月第二次直奉战

---

① 《上海大学毕业之盛典》,《民国日报》1923年7月3日。

争期间,暗与冯玉祥、孙岳联合发动北京政变,消灭了吴佩孚,迫使曹锟下台,把溥仪赶出了皇宫,为中国的旧民主主义革命写下了光辉的一页。后又与冯玉祥、孙岳联合组织国民军,任副司令兼第二军军长。11月,任河南军务督办。胡景翼认为,对付反动军阀,必须贯彻孙中山联俄、联共、扶助工农的三大政策。在任时,对中国共产党的活动也多有回护。他邀请李大钊到河南,共商革命大计,为国共在河南的合作奠定了基础。同李大钊的会面,使胡景翼思想上受到一次深刻的洗礼。然而正当他接受了李大钊的教诲、欲有新的作为时,天不假年,竟于1925年4月因旧病复发在开封逝世,年仅34岁。

胡景翼的逝世使全国震惊,北京、西安、开封、郑州等地都举行了隆重的悼念活动。1925年5月10日,上海大学在第二院举行追悼胡景翼大会,参加会议的有300多人。代理校长邵力子主持的大会。邵力子在致辞中说本校已决定参加上海各团体正在筹备的追悼胡景翼的大会,今天为什么还要在校内单独举行这个追悼会呢?"一因胡公对于本校深表同情,二因胡公足为青年学生模范。今日诸君皆思打倒强权,屏除障碍,胡公幼年即有志于此,确定革命方针,且以读书与革命二者溶合为一,成就今日之伟业。他在幼年时,愤强权侵略,即画鹰日而射击之,此种精神很值得我们青年效法。三因上海方面对胡公尚多误解,吾人固反对军阀,但同时亦需要有主义之革命军人,胡公实为军人之有主义,而又能实行主义者。"来宾周道腴①应邀发表演讲,称胡景翼"以非常之人,成非常之功,半由天才,半由努力","天资甚高,记忆力极强,读书过目成诵","暇时手不释卷及勤作日记","又耐苦奋斗,与将士共甘苦","爱才好士","忍辱负重","又极爱护教育,甫抵河南,即确定教育基金独立","生平以国家与主义为前提,不治家产。尝有言曰:现在有兵的人就要争地盘,我却不然,我是以主义为地盘,有人阻碍三民主义之进行,我便要打他。此种精神最可为青年模范"②。

第二节　上海大学的反对帝国主义的斗争

参加"国民对日外交游行"

第一次世界大战期间,日本强迫北京政府签订"二十一条"。第一次世界大战结束后,日本继承了德国在山东的一切权益,包括租借旅顺、大连等地至1923年3月26日期满。1923年3月9日,北京政府向日本政府提出废除"二十一条"的外交牒文,遭到日本政府的无理拒绝。日本政府的强硬与霸道,激起了全国人民的极大愤慨。3月25日,上海举行"国民对日外交游行大会",明确提出"不承认二十一条约""收回旅顺大连主权"的口号,并表示在未达目的之前,全国对日经济绝交。共计有200多个团体、1万余人参加了大

---

① 周道腴,名震鳞,字道腴,湖南长沙人。中国近代民主革命家。
② 《上大追悼胡景翼》,《民国日报》1925年5月12日。

会,5万余人参加了示威游行。上海大学参加了这次大会和游行①。

四川同乡会为日轮"德阳丸"事件发抗议通电

1924年11月19日,日轮"德阳丸"无视重庆当局的禁令,搭载奸商携带劣币到重庆太平门码头。重庆军警督察处得到密报,派谍查员上船检查,查出劣币小洋两箱和两袋。船主起先百般抵赖,后在事实面前抵赖不过,竟恼羞成怒,指使船员将六名谍查员推下江中,导致其中四人身亡,并打伤其他人员。军警督察处闻讯,立即派兵将该轮船主石川熊藏、大副北神林造等人和劣币押回督察处。日本驻重庆领事得讯后,蛮横地向重庆当局抗议,诬蔑重庆军警督察处谍查员上船检查是侵犯日本主权,又称未通知日领署而擅行捕人违背了国际公法,要求重庆当局处办中国肇事者,退还被扣押劣币。重庆当局竟然全盘答应了日本这种强盗式无理要求。

重庆当局这种奴颜婢膝的外交行为,立即激起了广大群众的义愤。重庆各界在中国共产党的领导下,组织了"重庆外交后援会",提出"日本领事向中国国家道歉""受伤落水之谍查兵六人应由日清公司给与相当之损害赔偿"等六项要求,开展了反对日本侵略者和投降外交的斗争。上海大学四川同学会于1925年1月10日,在《民国日报》上发表通电,提出"日轮德阳丸在重庆贩卖伪币,凶殴我国公役二人,重伤四人,落水身死,损我国威,辱我团体,国民陨泣地有声,含血喷天天为赤。于九死一生中,起而自救,誓以死力争国权、振国威,必得在外交上之完全胜利而后已。"通电还指出:"帝国主义与军阀必狼狈为奸,相互勾结以为用,国内军阀一日不铲除,国外帝国主义者之根株一日不绝,我四万万同胞将被压迫剥削膏尽血完而枯槁死矣。"

学生会为南京惨案发表通电

1925年5月30日,上海五卅惨案发生后,南京英商和记洋行的工人于6月5日举行罢工斗争,抗议英帝国主义的暴行,声援上海人民的五卅反帝爱国斗争。6月16日,和记洋行工会宣告成立,工会向厂方提出严惩五卅惨案凶手,承认和记工会,改善生活待遇等13项复工条件。经与英商谈判,英商被迫答应了工人提出的大部分条件。7月7日,持续42天的大罢工取得了胜利。但是后来和记洋行厂方失信毁约,拒不履行原来已经答应的条件,还借口原料缺乏,宣布停工。7月31日,愤怒的工人包围了厂方的办公楼,向厂方提出抗议。而英商将早就实现密谋好的英国海军陆战队40余人荷枪实弹开进了工厂,并向工人开枪射击,当场打死打伤工人数十名,还逮捕了工人百余名,制造了"南京惨案"。

8月4日,上海大学学生会向全国发出通电。通电指出:"南京是中国领土,下关是中国警察管理区域,一切治安责任,自有中国警察担负,绝对不许任何国水兵上陆干涉。英

---

① 《国民对日游行大会纪·游行时情形》,《申报》1923年3月26日。

人此种暴动,本会认为是损害中国主权、蔑视中国警察职权、紊乱中国地方秩序,情形与汉粤等案同一重大,英国应负侮蔑中国主权之责任,务望全国一致力争。"①

反对日本御用机关发起召开"全亚细亚会议"

1926年,由北京亚细亚民族大同盟和东京全亚细亚协会所发起的"全亚细亚会议"将于8月1日在日本长崎召开。而这个会议的两个发起者所谓"北京亚细亚民族大同盟"和"东京全亚细亚协会",原本就是日本的御用机关。因此,这次会议完全是日本帝国主义在捣鬼,有着不可告人的目的。对此,上海大学学生会在7月29日发表宣言,明确反对这个由日本帝国主义一手操纵的所谓"全亚细亚会议"。宣言说:日本"所标榜的目的,是谋全亚细亚民族之共存共荣,我们知道发起这次会议的两个机关,都是日本御用的机关,自然这次会议完全是日本弄的鬼。原来自五卅以后,那时日本感觉到屠杀的失策,便变更方略而发起所谓亚细亚民族大会,但没有成功。荏苒至今,便有所谓全亚细亚民族大会在长崎开幕。(中略)现在我们且问,日本是不是肯让高丽、琉球的民族自决呢?是不是肯放弃在中国的既得权利呢?"宣言最后说:日本"实际上对于高丽、琉球、中国仍将压迫,复口头提倡亲善,谁能相信?"②

陈阿堂被日本水手殴打致死事件

1926年8月的一天,日本万里丸水手喝醉了酒,要人力车夫陈阿堂拉他到上海十六铺码头。到达后,日本水手不付车费,陈阿堂向他讨要车费,日本水手竟然恼羞成怒,动手殴打陈阿堂,以致陈阿堂被打成重伤不治身亡。事件发生后,引起上海各团体和人士的极大义愤。8月15日,上海大学非基督教同盟发表宣言:"五卅惨案,周年甫过,而陈阿堂又以遭日水手殴毙闻矣,乃各团体奔走呼号,吾国官厅尚未提出抗议,弁髦民命,丧失国权,惟望各界同胞,一致奋起,督促政府严重交涉,务获惩凶恤死并取消日本领事裁判权及其他不平等条约。"③8月17日,上海大学四川同学会发表宣言:"此案发生,迄已旬余,死者家境赤贫,老少数口,嗷嗷待哺,伤心惨目,至矣极矣。本会除通告全国同胞外,犹冀沪上各界志士,连袂偕起,群策群力,力促交涉。"④上海大学暑期平民学校学生会也于25日为陈阿堂事件发表宣言:"五卅惨案,犹有余痛,而陈案之悲耗又闻矣。凡我同胞,为死者雪冤,为生者图存,希共同奋斗,誓死力争。敝会愿为后盾。"⑤28日,上海各团体和各界组成的陈阿堂案演讲团,到华界和租界两地街头发表讲演。上海大学学生在先施公司南货部门前演讲时,历述陈阿堂被日本水手无理殴打致死的经过。讲到痛心之处,不禁声泪俱

---

① 《上海大学学生会通电》,《申报》1925年8月4日。
② 《上大学生会之宣言》,《民国日报》1926年7月29日。
③ 《陈阿堂案昨日消息·上海大学非基同盟宣言》,《申报》1926年8月16日。
④ 《陈阿堂案昨讯·上大川同学会宣言》,《申报》1926年8月18日。
⑤ 《陈阿堂案昨日消息·上大暑期平民学校学生宣言》,《申报》1926年8月26日。

下,旁观者莫不黯然痛心。结果上海大学学生谢佑民等四人,遭租界巡捕捕去,送往老闸捕房关押①。在各界人士的共同努力下,日本长崎法庭最终判肇事的日本水手有期徒刑三年,并给予陈阿堂家属以经济赔偿。

反对英国借款资助奉系军阀

1926年11月,报载英帝国主义通过英国商人,借款资助奉系军阀500万英镑。上海大学学生会致电英国驻北京公使。电文指出,中国两年内乱,其原因之一就是各个帝国主义国家通过借款方式资助国内军阀。现在英国又欲资助奉系军阀500万英镑,东南财赋之区"又将饱受奉系军阀之荼毒"。电文称:"敝会闻之,不胜愤慨,兹代表全体同学,特提出严重抗议,并否认此项债务。"②同时,上海大学学生会又致电北洋政府外交总长顾维钧,要求顾维钧"以民意为重,以国家为重",拒绝在这笔借款的文件上签字③。

为"宁案"敦促国民政府向英美提出严重抗议

1927年3月24日,北伐军攻入南京。当时南京城内曾有劫案并波及外国驻宁领馆、洋行和外人住宅,还有毙伤外领、外侨之事发生。美国、英国停泊在下关江面的军舰以此为由,借"保护侨民"之名,向下关及南京城内发炮,毙伤中国军民多人,损毁公私房屋、各种设施、家什、器具等无算。这一事件,史称"南京事件"或"宁案"。1927年3月29日,上海大学为"宁案"发表宣言:"连日报载英美军舰发炮轰击,被杀华人甚众,凡我国人,应一致奋起,敦促国民政府,提出严重抗议。"④

参加反英大同盟会

1927年4月3日下午1时左右,上海各界各团体在南市西门少年宣讲团召开反英大同盟代表大会,上海大学等170个团体总计400余人参加了大会。上海大学学生、上海市学联主席刘荣简主持会议。会议通过了"定期对英总同盟罢工案",务期达到反英目的。会议决定成立"对英经济绝交委员会",并选举了上海大学、上海总工会、各路商总两会、上海学生联合会、国民党上海特别市党部、二十六军政治部等11个团体为委员。会议还作出决定,"警告日本,不得用阴柔政策,扰乱中国"。会议最后推举上海大学等21个团体,为"反英大同盟会"执行委员⑤。

---

① 《雷雨声中之讲演》,《申报》1926年8月29日。
② 《反对英商借款之纷起·上海大学学生会电》,《民国日报》1926年11月27日。
③ 《反对英商借款之纷起·上海大学学生会电》,《申报》1926年11月27日。
④ 《各界对于宁案之表示·上海大学》,《申报》1927年3月29日。
⑤ 《反英大同盟会昨日成立》,《申报》1927年4月8日。

第三节　上海大学积极参加非基督教运动，反对帝国主义的文化侵略

非基督教运动在全国的开展

非基督教运动，是20世纪20年代由中国社会主义青年团发起的反对帝国主义利用宗教进行文化侵略的群众运动。1922年初，世界基督教学生同盟①准备当年4月在北京清华学校召开第十一次大会，消息传出后，3月10日，中国社会主义青年团在上海发起组织非基督教学生同盟，发表宣言，通电全国表示反对。15日，团机关刊物《先驱》刊出"非基督教学生同盟号"，登载该同盟宣言、通电和章程等；20日，北京一些学校学生、教职员和各界人士也组织非宗教大同盟，发表宣言和通电，出版《非宗教论》论文集等，将活动扩展到社会各阶层。广州、南京、汉口、长沙、天津、成都、杭州等地相继成立类似组织。5月10日，"非宗教大同盟"在北京大学召开成立大会，大会选举李大钊、胡鄂公、彭邦栋、邓中夏、黄日葵等15人为干事。其他许多地方也举行了反基督教集会。不久这一运动便逐渐停止。

1924年国共合作实现以后，随着全国各地废除不平等条约运动的兴起，非基督教运动又趋高涨并迅速发展为全国规模，南京、苏州、宁波、杭州、绍兴、广州、长沙、青岛、武汉、河南、太原、西安、重庆以及日本等地都先后组织了非基督教同盟。

1924年7月，"少年中国学会"提出"反对丧失民族性的教会教育"的主张。8月，全国学生联合会第六次代表大会决定开展收回教育权运动。10月，全国教育联合会通过了"教育实行与宗教分离"和取缔"外国人在国内办理教育事业"的决议案。中国共产党和社会主义青年团积极领导了这次收回教育权的运动。1925年1月，中国共产主义青年团第三次全国代表大会后成立的中央委员会专门设立了非基督教部，并编印刊物《非基督教运动》，具体领导和组织这场斗争。运动中，教会学校的广大爱国学生民族觉悟空前提高，大批学生愤然退出教会学校，一些教徒退出教会。在各地学生运动的压力下，1925年北京军阀政府曾三次颁布取缔教会学校的命令，颁布"外人捐资设立学校请求办法"，规定：外人捐资设立学校应取得教育行政部门的认可；学校名称冠以"私立"字样；学校校长须为中国人；学校董事会中国人应占名额之过半；学校不得传布宗教；学校课程须遵教育部所定标准等。

非基督教运动运动的深入开展，扩大了中国共产党和中国共产主义青年团组织的政治影响，使广大爱国青年受到了马克思主义的教育，提高了对帝国主义的认识，更加认清了基督教会对华进行文化侵略的本质。

---

① 1895年成立的国际性学生宗教组织。

积极参加非基督教运动

1924年8月,"非基督教同盟"在上海召开成立大会,有100多人出席会议。会议通过了《非基督教同盟简章》,确定宗旨为:"秉爱国之热忱,具科学的精神,以积极的手段,反对基督教及其所办一切事业。"①大会推举唐公宪、李春蕃②、高尔柏、张秋人、徐恒耀五人为执行委员。8月2日,召开了委员会第一次会议,决定了委员分工,由唐公宪任执行主席,徐恒耀负责文字记录等书记工作,李春蕃、高尔柏负责宣传工作,张秋人负责图书资料工作。会议还决定在《民国日报》副刊上出版《非基督教特刊》,两周出版一次。8月12日,又召开第二次执行委员会议,决定凡是投寄文稿,一律"由上海西摩路上海大学李春蕃转"③。8月19日,《民国日报》副刊《觉悟》发表了《非基督教大同盟宣言》。值得注意的是,在非基督教同盟5名执行委员中,张秋人是上海大学社会学系教授,李春蕃是上海大学社会学系学生,高尔柏是上海大学中学部训导主任。李春蕃还是《非基督教特刊》双周刊的主要编辑和负责人,上海大学另一名学生刘披云也参加了编辑工作。可见,在"非基督教同盟"这个全市性的非基组织中,上海大学所处的地位和具有的重要影响。9月,李春蕃还随堂哥李春涛到北京,参加了北京"反对基督教同盟"成立大会。杜国庠、李春涛被推举为会长,李春蕃等6名来自上海、北京的大学生则担任会员。1925年2月,张秋人又成为"非基督教大同盟"的主要领导人。张秋人在《中国青年》和《民国日报》副刊《觉悟》等杂志报纸上发表多篇文章,揭露批判帝国主义利用宗教进行文化侵略的罪行。张秋人还多次以"非基督教大同盟"的名义到宁波、绍兴等地进行反帝宣传,帮助当地建立反基督教的组织。在五卅运动中,张秋人在党的统一领导下,把以反对帝国主义宗教文化侵略为主要目标的"非基督教运动"引导到全民族反对帝国主义侵略的更广泛的斗争领域中去。

1924年12月25日下午,非基督教同盟在复旦中学召开反对基督教演讲大会,上海大学教授董亦湘、施存统和北京大学教授张松年、国民会议促成会委员刘清扬女士在大会上发表了演讲④。同日,浙江宁波在县学明伦堂召开非基督教促成会成立大会,上海大学派出学生代表干翔青等4人,专程来到宁波参加大会。会后,举行游行活动,当街发表非基督教的演说,并分发传单⑤。

成立非基督教同盟会组织

1925年9月新学期开学以后,上海大学中学部根据上海大学决定,大量接受由全国各地转来的被教会学校开除的学生。这些学生到了上海大学中学部学习以后,继续参加

---

① 《非基督教同盟简章》,《民国日报》副刊《觉悟》1924年8月19日。
② 即柯柏年。
③ 《20世纪20年代的上海大学(下册)》"大事记",上海大学出版社2014年版。
④ 《非基督教同盟明日开演讲会·下午二时在复旦中学》,《申报》1924年12月24日。
⑤ 《非基督教促成会之成立》,《申报》1924年12月27日。

反对帝国主义奴化教育的活动。10月,许多同学联名发起成立"非基督教同盟"征求会,同学们积极响应。28日,上海大学中学部"非基督教同盟"正式成立。会议通过了简章,选出由5人组成的执行委员会①。同年11月6日,上海大学非基督教同盟会正式成立。参加成立大会的有350多人,大会由学生饶漱石主持。饶漱石向与会者介绍了上海大学非基督教同盟的宗旨,学生梁郁华介绍了会议筹备的经过,大会通过了《上海大学非基督教同盟章程》和《上海大学非基督教同盟宣言》,饶漱石、韩光汉、赵全权、刘汉清、孙金镜5人当选为上海大学非基督教同盟会执行委员,上海大学教授高语罕、恽代英、杨贤江、萧楚女等先后发表了讲演②。1926年12月15日,上海大学非基督教同盟召开大会,进行改选,到会的会员有200多人。张昔蒙、刘晓浦、池盼秋、丁显、陈铮、吴瑛、彭进修等当选为委员。会议决定继续开展非基督教运动,还决定与上海非基总同盟联合开展各项运动③。17日,新选出的上海大学非基督教大同盟执行委员会召开会议,决定发表非基宣言,号召全体学生参加非基运动、投身非基的宣传活动,决定22日在上海大学召开非基督教大会并请上海非基总同盟派代表出席大会,发表讲演④。19日,上海大学陕西同乡会召开全体会议,决定在会刊《新群》半月刊上出一期非基督教特刊,并印宣言传单一万余份,分发上海及陕西各地⑤。几天后,上海大学非基督教同盟又召开会议,参加者连会员、来宾达600余人,会上报告了开展"非基督教活动周"的工作计划,并由代表依次发表演讲⑥。

用各种形式进行非基督教活动

上海大学在非基督教运动中,除了建立起非基督教组织、召开大会、发表演讲等以外,还采用各种形式深入到教堂等场所进行非基宣传活动。许多学生按计划分别到上海各个教堂,利用星期天上午做礼拜时和晚上基督徒查经活动时,在教堂门口作简单演讲,散发传单。有的还参加做礼拜,假作学唱赞美诗并与教友交朋友。与教友熟悉以后,就向他们宣传帝国主义从事文化侵略的道理⑦。据学生高尔柏回忆,他就和几个同学到四川路青年会作过这样的宣传演讲活动。为了宣传无神论、反对帝国主义的文化侵略,上海大学学生在教师的帮助下,还去钻研费尔巴哈等著的哲学书。

1925年11月10日,上海大学中学部学生会主办的半月刊《上大附中》发表了署名"淮得"的文章《我为什么入上大附中——告老同学》。文章阐述了作者进上海大学附属中学的三个理由:一是"为研究社会科学而来",二是"为学得活动能力而来",三是"为反对

---

① 《上大附中》,《民国日报》1925年10月30日;《上大附中非基督教同盟成立会》,《申报》1925年10月31日。
② 《上大非基督教同盟会成立》,《民国日报》1925年11月8日。
③ 《上大非基同盟之改组》,《民国日报》1926年12月17日。
④ 《上大非基运动之进行》,《民国日报》1926年12月18日。
⑤ 《上大陕同乡会开会》,《民国日报》1926年12月20日。
⑥ 《上大非基大同盟第三次大会》,《民国日报》1926年12月25日。
⑦ 薛尚实:《回忆上海大学》,中国人民政治协商会议上海市委员会文史资料工作委员会编《文史资料选辑(第二辑)》,上海人民出版社1979年版。

基督教徒而来的"。作者说："我一向在洋大人的基督教的学校里读书,并且是受了引诱入了教,做了个完全的基督教徒的一个人。在两年前,我好像才有点觉得我入教时的盲目性和无意思,也曾痛悔自己的不该。但这时我不过是只痛悔自己当初的盲从,哪会知道基督教的真实面具呢？直到我读了生理学、心理学、西洋史；课外又看了进化论、中国近百年史,我才晓得基督教的经典和教义完全是与科学相冲突的,以及它在中古的欧西和最近的中国做的种种惨无人道的罪恶了！到了这时,我一面切实地忏悔,一面就与基督教断绝关系,站在反对基督教的地位上来。唯其如此,我下了决心和老同学们一致的闹了风潮,脱离了掉系着我五年多的毒链。现在我入了上大附中,是要加入反基督教的大本营,继续我反基督教的工作。我相信这样,我们才可实地和基督教宣战,连根打倒它在中国的所有势力及其侵略我国文化的政策。"作者在这篇文章里,用自己五年前盲目进入基督教,继而又认清基督教的经典和教义完全是与科学相冲突,最终走向非基督教行列的过程现身说法。值得注意的是,作者将自己进入上大附中,看作是"加入反基督教的大本营,继续我反基督教的工作",这也说明上海大学在非基督教运动中的地位和影响①。

出版非基督教小册子《圣诞节的敬礼》

上海大学在非基督教活动中,在舆论宣传方面除了参加在《民国日报》副刊编辑出版《非基督教特刊》以外,还撰写了大量非基督教的文章,并出版非基小册子。1925年12月25日,上海大学中学部的非基督教同盟编辑出版了《圣诞节的敬礼》。在这本小册子的封面上题有"献给十字架下的朋友们"。

《圣诞节的敬礼》共收有六篇文章。第一篇是署名"淮得"的《我们底微意》。文章尖锐地指出："他们这般狼心狗肺的洋大人和恭顺贴服的基督徒们所造下来的种种罪孽,我们该要计算一下子吧！他们借帝国主义和军阀来压迫摧残我们,对外订了不平等条约,对内丧失自由权,我们也要废除和恢复吧；为了他们,我们中国日渐危险,民不聊生；为了他们,我们中国人遍身鳞伤,而又缚着重重锁链不能动弹一下,这是他们所赐给我们的,我们也该记得清楚罢！他们口口声声说的平等、博爱,我们现在认识透了,看明白了！他们再也不能假冒伪善欺骗我们,正好像他们耶稣责骂法利赛人的一样了！历史和事实告许我们,基督教是帝国主义侵略弱小民族的工具,基都教会是统治阶级压迫被统治阶级的太上衙门！教会学校是帝国主义者文化侵略大本营,中国的基督徒是什么一切都卖给了洋大人而自甘为洋奴的刽子手。"文章最后号召："全国的国民起来同做非基督教的工作,干民族解放的运动。"这篇文章说是"微意",实际上明确阐述了编辑出版这本小册子的本意就是要揭露帝国主义借基督教等宗教的传播进行文化侵略的本质。

署名"吕全真"的《为什么要反对基督教》一文,在第一段中提出："统治阶级对于被征服者的压迫和帝国主义者对于弱小民族的侵略,有几个不同的方式：第一是政治的,对内

---

① 《上大附中》原件藏中共"一大"会址纪念馆。

有法律、警察,对外有海陆军等工具。其次是经济的,资本家利用剥削工人汗血的工银劳动制度及种种不平等商约为其侵略的工具。再其次便是文化的。许多人崇信的基督教,便是统治阶级压迫被征服者和帝国主义者侵略弱小民族的一种最狠毒的工具。政治的和经济的侵略是一般人都感觉到的,关于后者的文化侵略虽然非基督教运动已传遍国内,但仍有学多人在那里崇拜耶稣基督的'博爱''和平''自由'等等骗人的口头禅,故不能不将基督教的害处更说一下。"在这段表述中,作者将非基督教视作是与帝国主义对中国进行侵略的政治侵略、经济侵略并列的文化侵略,这是一种很有见地的观点。文章在阐述了基督教给中国带来的害处以后提出:"我们要求世界革命及中国国民革命之早日成功,不能不积极地做反基督教运动,防止基督教势力的发展,毁灭基督教生命的存在。我们看基督教势力所在的地方,便是帝国主义势力所到达地方。耶稣基督'自由''博爱''和平'的假面具所遮掩着的便是'专制''残忍''暴力''毒狠'青面獠牙吃人的魔鬼。"文章最后呼吁:"全世界被压迫的劳苦群众!你们要求得真正的'自由''平等',便应该立即起来反对基督教!"

署名"苍珍"的《帝国主义的走狗——胡适之》一文,针对胡适在教会学校中西女塾①的演讲中关于"在现在的中国应当竭力地提倡西方文化;但是现在中国有一般少老头子,借了个什么非基督教的名义,来反对文化侵略;……中国如果没有文化侵略,中国的文化就不能进步,……我敢大胆地欢迎文化侵略。……"的说法,指出胡适"他反对我们反对他的主人!帝国主义者的文化侵略,先把我们所反对的文化侵略误解了,他弄的一般盲目的、脑筋简单的青年,听了他的片面的宣传!受他的蒙蔽。这么宣传的法子大概是从牧师那里学来的吧!"文章尖锐地指出:"帝国主义在中国兴学校、设教会、办青年会、医院和各种所谓慈善机关向中国传教,其实就是麻醉中国人,消磨中国人的爱国心,制造帝国主义者的顺民。"文章列举了五卅时圣约翰大学校方禁止学生组织学生会、禁止学生参加爱国运动并且侮辱中国的国旗,五卅惨案发生后上海的基督教徒说"南京路巡捕开枪是维持秩序的"以及上海、广州的教会学校当局不准学生组织学生会、不准参加中国人民反帝爱国运动等一系列事实后,反问:"这不是文化侵略是什么!"文章说:"我们明明是反对帝国主义在中国借传基督教的名义,实行他们的麻醉中国人心、缓和中国民族解放的毒辣手段的文化侵略,何尝是不欢迎西洋的物质文明呢!?"明确将帝国主义借传基督教名义对中国进行文化侵略和欢迎西方文明截然分开,表达了非基督教运动并非是拒绝和反对西方文明,从而有力地驳斥了胡适对非基督教运动的攻击和污蔑。

这本小册子的最后,刊登了《上大附中非基同盟宣言》。《上大附中非基同盟宣言》列出了上海大学附中反对"现代的基督教"的四大理由,最后发出号召说:"学生们!青年们!工人们!我们姑不论因为少数农民杀了几个不法的洋教士而国家曾受赔款、割地等等的痛史,我们也不问现在基督教在中国干的是什么勾当;我们只知道已经到了半

---

① 今上海市第三女子中学。

殖民地地位的中国,只有从事反抗帝国主义以达民族解放,才是生路,所以陷入于迷梦天国而消磨我们反抗性的基督教,不能不认为仇敌。有志和觉悟的学生们！青年们！工人们！时机迫了,我们应该起来组织非基督教同盟,从事反基督教运动,救出我们应负救国的人来。"

《圣诞节的敬礼》虽然只是一本薄薄的小册子,但内涵却深刻丰富,把非基督教的原因、理由和目的阐述得清清楚楚。这充分体现了上海大学学生在思想理论、宗教问题以及在道理撰述传播方面所达到的值得称许的高度。

第四节　上海大学反对军阀的斗争

反对北洋政府教育总长彭允彝的倒行逆施

1922年11月,北京政府接受湖南军阀赵恒惕的举荐,任命彭允彝①为教育总长。彭允彝上任后,附和北洋政府,逮捕北京大学进步教授,以"整饬学风"为名摧残教育,又干涉司法。北京大学校长蔡元培于1923年1月17日,向总统黎元洪提交辞呈。在辞呈中说:"元培目击时艰,痛心于政治清明之无望,不忍为同流合污之苟安；尤不忍于此种教育当局之下,支持教育残局,以招国人与天良之谴责。惟有奉身而退,以谢教育界及国人。"第二天,蔡元培又公开发布启事称:"不能与主张干涉司法独立、蹂躏人权之教育当局再生关系。"蔡元培的"挂冠"而去,引发了一场以北京大学学生为主力的声势浩大的"驱彭挽蔡"运动。这场斗争的实质是反对军阀、保障人民民主权利。1月18日,北京大学召开全体学生大会,会上通过"驱逐彭允彝,挽留蔡校长"等决议。19日,北大、法专、工专、医专等校学生1000多人,高举写有"驱逐教育界败类彭允彝""保障人权"等口号的旗帜,到众议院门前请愿,结果遭致学生多人被军警打伤。这次事件后来发展为学界乃至整个知识界要求政治民主、教育独立的斗争。

2月26日,上海大学寒假留校学生等致函北京学生联合会总会,对北京学生"驱彭挽蔡"、反对军阀的斗争表示声援,称:"彭允彝乃一无耻政客,逢迎军阀,攫得教长一席,已为全国唾骂,尤复倒行逆施,破坏司法,蹂躏人权,逼走校长,压制学子,置四百兆同胞之人格于不顾。此而可忍,孰不可忍？"函件提出对付办法三条:"(一) 各省学生联合会,应一致表示力请政府罢斥彭允彝；(二) 全国各学校暂与北京教育部脱离关系；(三) 北京政府执迷不悟,国民当本五四精神,群起自决。"此函最后表示:"凡此实为国民人格所关,我等不敏,愿为诸君后盾。"②

---

① 彭允彝,湖南湘潭人。早年就读长沙明德学堂师范科。留学于日本早稻田大学政治经济科。曾参加孙中山领导的护法运动。1921年任北京政府教育总长。1923年附和北京政府,逮捕北京大学进步教授,引起风潮,酿成惨案,受到舆论的严厉抨击。

② 《上海大学生严厉对彭》,《民国日报》1923年2月27日。

参加"五九"国耻纪念日活动

1915年5月9日,中华民国大总统袁世凯被迫接受日本提出的对华"二十一条"以后,举国哗然。条约签订以后,全国教育联合会决定,各学校每年以5月9日为"国耻纪念日"①举行纪念,借此警励国人毋忘此日,誓雪国耻。

1923年5月9日,上海大学成立后遇到的第一个"国耻纪念日",学生们怀着对北京政府丧权辱国行为的强烈不满和对日本帝国主义的同仇敌忾之义愤,积极投身到这个纪念活动。5月6日,上海学生会在南洋大学(今上海交通大学)召开会议,上海大学的学生代表与南洋大学、沪江大学、南方大学远东商专、暨南商科、东吴法科等学校的学生代表一起出席了会议。会议决定印发"五九"特刊,加入市民大会,组织分区宣传团,由各团分发传单,并用快邮代电致各国公使请主持公理。5月8日晚上,上海大学学生会召开会议,议决在5月9日这一天,举行"五九"纪念活动,内容包括游行、散发传单和街头演讲。5月9日上午10时,上海大学学生走出校门,上街游行。游行队伍由青岛路、青阳桥,经过东宝兴路、宝山路、北火车站、王家旱桥,到天通庵,沿途发表演讲,号召市民勿忘国耻。上海大学学生的演讲,语极沉痛,使市民听了为之动容而泪下②。

1925年5月9日晚上7时,上海大学平民学校在校内举行"五九"国耻纪念会。到会有全体教师、学生和来宾300多人,来宾、教职员和学生相继登台发表演说③。

反对曹锟贿选

1923年6月,直系军阀首领曹锟④指使其党羽采用各种办法将总统黎元洪逼出北京,又以五千银元一票收买国会议员,被选为"大总统",世称"贿选总统"。曹锟贿选居然成功,全国上下一片哗然。孙中山以大元帅的名义下令讨伐曹锟,通缉贿选议员;浙江督军卢永祥通电不承认曹锟当选;云南省长唐继尧也宣布否认贿选结果。全国各地反对曹锟当选的电报如雪片一般飞来。

1923年10月6日,上海大学学生250余人,针对曹锟贿选举行示威游行。游行队伍于下午2时整队出发,经青阳桥、宝山路、共和路、大统路、会馆路、大通路等处。沿途呼喊"国贼曹锟僭窃大位,国人当群起攻之"等口号。游行到火车站和主要街口,学生向市民发表演讲,分发传单,呼吁共同声讨曹锟贿选窃国罪行。10月9日,上海大学学生会又向全

---

① 因日本在1915年5月7日向中国发出最后通牒,要求中国接受"二十一条",因此中国商界通常以5月7日为国耻日。
② 《学生会昨日开会·议决印发〈五九特刊〉》,《申报》1923年5月7日;《上海大学九五大游行》,《申报》1923年5月9日;《五九纪念日之上海·各学校·上海大学》,《申报》1923年5月10日。
③ 《各方纪念国耻之续讯·上大平校》,《申报》1925年5月11日。
④ 曹锟,直系军阀首领。字仲珊,天津人。天津武备学堂毕业。后投靠袁世凯,曾任北洋军阀第三师师长、直隶督军兼省长、川粤湘赣四省巡阅使。1919年被推为直系军阀首领,任直鲁豫三省巡阅使。在1922年第一次直奉战争中打败奉系军阀张作霖后,控制北方政局。次年逼总统黎元洪下台,又以五千银元一票收买国会议员,被选为"大总统",世称"贿选总统"。

国发出反对曹锟贿选的通电。通电称："北洋军阀曹锟、吴佩孚辈,丧权辱国,屠杀人民,凡有血气,早应奋兴,誓不两立。今者,曹、吴诸大民贼,恶焰更张,竟在光天化日之下,公行贿赂,盗买总统,攫取政权。是而可忍,孰不可忍!中华民国,主权在民,若我国民,睹此横暴反动之政局,尚不急起图救,势非使全国糜烂,尽受军阀之残暴宰割而不止。吾人分属国民,在理在势,均难坐视,故敢不自量力,奋臂高呼:誓与军阀曹、吴辈决一死战!极端反对曹、吴辈以武力金钱盗劫总统之一切卑劣行为!"通电呼吁:"时机急矣,已非吾辈酣睡之时,应速奋醒,将吾商工农学各界,一致团结于国民革命共同旗帜之下,与军阀作战。"通电还特别指出:"尤有进者,北洋军阀曹、吴辈之所以能攫取政权,祸国殃民,皆有列强之扶植。最近列强之铁路共管,增驻军舰,军队之主张,更足以亡我中国,为共管中国之先声。吾人不欲中华民国成为独立民主之国家则已,若欲使中华民国为独立民主国家,非对军阀一致攻击,根本铲除其势力不可。"这篇通电,情绪激昂,字字铿锵有力,充分表达了上海大学师生反对帝国主义,反对反动军阀的强烈爱国思想,也充分显示了他们无惧无畏的爱国行为①。

1923年10月23日上海大学成立一周年的纪念日,学校召开庆祝大会。会后,学生演出了话剧《盗国记》②,通过艺术形式对曹锟贿选窃国表示批判和声讨。

1924年11月22日,上海大学学生社团中国孤星社上孙中山先生意见书中还提出"惩办曹锟及贿选议员"③。

反对马联甲、倪道烺、孙传芳、刘镇华、邓本殷等地方反动军阀

上海大学师生反对军阀,不仅把矛头对准在北京执政的曹锟之流,对地方反动军阀的倒行逆施同样进行声讨和批判,对他们进行斗争。

马联甲④是安徽军阀,1922年任安徽督军,同年底兼署安徽省省长。在任上摧残教育,殴辱教员,被指为祸患安徽的元凶。1924年1月5日,上海大学联合上海南洋大学、圣约翰大学、东南商科大学、暨南商科大学、复旦大学、大同大学等高校的安徽学生,由上海大学学生王赤华起草,向全国发表通电,谴责马联甲"摧残教育":"既攫督权,复盗民政,亲承伪命,仇视皖人。莅任之初,即行缩减六二加增之教育经费,恢复民八原案,扬言改组,实事摧残。继则指令各县知事威迫学生家属,侦骑密布,罗织青年,以致省立各校相继解散,优秀学生接踵逃亡,是其暴戾恣睢,非使全皖教育陷于沦胥之境而不已。同人等远在沪滨,心关桑梓,对于马联甲久已不共戴天,今其祸皖行为,益变本加厉,亡省之痛,迫切燃眉,凡属皖人,遑论坐视,爰揭其祸皖罪状,泣吁于诸乡先生之前。"⑤

---

① 《上海大学反对贿选电》,《民国日报》1923年10月9日。
② 又名《曹锟盗国》。
③ 《孤星社对时局之主张》,《民国日报》1924年11月23日。
④ 马联甲,字少甫,江苏东海人。民国成立后,驻军安徽。二次革命时随张勋、倪嗣冲南下镇压讨袁军。1918年任皖南镇守使、第一混成旅旅长;1922年任安徽军务督理;年底兼署安徽省省长。
⑤ 《本埠各大学皖籍学生之通电·宣布马联甲摧残教育》,《申报》1924年1月6日。

在安徽的军阀,除了马联甲外,还有倪道烺①。倪道烺是皖西军阀倪嗣冲的侄子。1924年7月倪嗣冲病死,倪道烺转投直系军阀,曾用搜刮来的数十万银元助曹锟贿选。曹锟下台以后,又积极攀附北洋政府临时执政段祺瑞,被任为安徽特派员。倪道烺衔命返回蚌埠,召集其叔叔倪嗣冲旧部,踌躇满志,一心想主政安徽。消息传开,反对的舆论高涨。1924年11月19日,上海大学安徽籍学生谢硕、刘一仍、王弼、孙君谋、王步文、濮德治等,联合圣约翰大学、大同大学、法政大学、东华大学等安徽籍学生,发出通电,坚决反对倪道烺主政安徽。通电指出,安徽军阀马联甲在1921年任安庆卫戍司令、于6月2日制造安徽"六·二"惨案时,杀人主凶就是倪道烺,现在倪道烺却"乘时取利,辇金京津,竟谋长皖,闻将成熟,令人骇痛。道烺与马(联甲),罪恶均等,而猾贼凶狠,或且过之"。通电呼吁:"皖人救皖,宜速置倪、马于典刑,防止恶势力之反动,使八皖再不至陷于民八②前民贼宰割之局。"③

1925年3月18日,上海大学安徽籍学生王立权、陶淮、王弼、王绍虞在《申报》上发表了致北洋政府司法总长章士钊公开电。电文指出,安徽军阀倪道烺确系安徽"六·二"惨案杀人主凶,并早经江西高审地检两厅讯实在案。现在不但逍遥法外,还通过各种手段多方运动,将案子移到北京,企图打消通缉,东山再起。倪道烺诡计被揭穿后,司法部却"断章取义,节外生枝",还要罗陷揭发者。电文批评司法部称:"司法者视杀人正犯如儿戏,摈国法若敝屣,缘情罔法,若此之甚,将何以振法纪而惩来者?"电文要求章士钊将倪道烺"立即票拘归案,以平公愤而维国法"。

1924年江浙战争爆发,北洋直系军阀孙传芳以闽浙联军总司令名义,出兵援助江苏的直系齐燮元,击败皖系卢永祥,任闽浙巡阅使兼浙江军务督理。11月26日,上海大学浙江同乡会发出通电,反对军阀孙传芳④主政浙江。通电称:"此次江浙战争,我们浙江牺牲了无数生命财产,结果却只增加吾浙人民压迫宰割之苦痛,吾民所愿的自由与幸福一点也没得到。我们经了这一次重大之教训,应根本觉悟,军阀存在一天,我们绝对得不到自由与幸福,生命财产绝对得不到保障。军阀的利益完全与人民的相反,有军阀无人民,有人民无军阀。"通电号召说:"浙人若不甘长受军阀的压迫,便应快快团结起来,以人民自己的力量来推翻军阀,不许任何军阀在浙江存在。"通电最后说:"我们要靠人民自己的力量,只有人民自己的力量是真实的力量,才能替人民谋利益,我们现在最要反对宰割浙江的孙

---

① 倪道烺,字炳文,安徽阜阳人。皖系军阀。抗战时期,叛国投敌,沦为汉奸。抗战胜利后,被国民政府逮捕,关押在南京老虎桥监狱。南京解放前夕,被移押上海提篮桥监狱。新中国成立后,于1951年5月被蚌埠市军管会押解回蚌,6月14日被执行枪决。
② 即民国八年,即1919年。
③ 《旅沪皖学生反对倪道烺长皖电》,《申报》1924年11月20日。
④ 孙传芳,北洋直系军阀。字馨远,山东济南人。民国成立后,历任北洋军营长、团长、旅长。1921年任长江上游警备总司令兼第二师师长。1923年率部入闽,任福建军务督理。1924年江浙战争爆发后,以闽浙联军总司令名义,出兵援助江苏的直系齐燮元,击败皖系卢永祥,任闽浙巡阅使兼浙江军务督理。1925年又起兵驱逐苏皖等地奉系势力,组成浙闽苏赣皖五省联军,自任总司令,成为直系军阀中最有实力的首领。1926年9月阻挡北伐军入赣,亲赴九江督战,被击溃北逃,投靠张作霖,任安国军副司令。1927年2月组织兵力阻止北伐并镇压上海工人第二次武装起义。同年8月纠集残部渡江南犯,在南京龙潭被击败,逃往东北,后迁居天津。1935年被为父报仇的施剑翘刺死。

传芳,而孙一面解散浙军,一面表示拥段,以冀永保宰割人民的局面,这是我们浙江人民的极大危机。我们应该赶快想法自救,赶快团结起来,与全国被压迫人民一同奋斗,务期达到目的,恢复我们的自由与幸福。"①

陕西军阀刘镇华②本为"镇嵩军首领",后任陕西省长、陕西督军。在主政陕西期间,勒民种烟,横征暴敛,纵兵殃民,摧残教育,使陕西人民痛苦不堪。陕西人民发动了声势浩大的持续不断的驱刘运动。1924 年 9 月 11 日,《民国日报》刊登"旅沪豫晋秦陇四省协会通电"四则,吹捧陕西军阀刘镇华为"辛亥元勋","功过'淮阴③佐汉,汾阳④兴唐'"。第二天,即 9 月 12 日,上海大学西北省区籍学生李秉乾、冯文彦、武思茂、康屏周、关中哲、范文道、焦启恺、何尚志等 30 余人,投函《民国日报》,揭露所谓"旅沪豫晋秦陇四省协会通电"四则为"假名发电,违逆群情,显属奸顽,非我族类"。函件指出:"当此举国讨贼之际,吾人唯有团结国民,一致作国民革命,根本推翻军阀制度,而彼等则乞怜于反革命之督军师长、旅长、镇守使等。况此辈军阀方忠直系,尚在打倒之列,求贼攻贼,何竟愚蠢。苟非别有用心,何致如斯失体。"函件最后要求《民国日报》"主持大义,责望心殷,愿乞篇余,赐之更正"。9 月 13 日,《民国日报》全文刊登了上海大学这份来函,体现了上海大学西北学子对刘镇华这样的反动军阀同仇敌忾之情。

邓本殷⑤为琼崖地方军阀,一度为海南岛"土皇帝"。1925 年 5 月 20 日,上海大学所办刊物《南语》刊登上海大学琼崖籍学生许侠夫的文章《告琼崖同胞》,文章劈头就提出:"快联合起来!反抗邓本殷。"文章说"琼崖今日的政象,用一句简单的话表现出来,就是邓本殷压迫琼崖人民,吞噬琼崖人民。"文章列举了邓本殷在琼崖"勒饷派捐""烟赌遍地""纵兵殃民""滥发纸币"等种种罪行后,发出号召:"琼崖诸同胞呀!今日的形势有邓本殷必无琼崖人,有琼崖人必无邓本殷,邓本殷正用凶恶的手段,屠杀琼崖人,我们琼崖人还是联合起来反抗邓本殷呢?还是莫不相关坐而待毙呢?"许侠夫在文章的最后表示:"我敢大声说:处这水深火热之中,反抗要死,不反抗也要死,一样要死,与其不反抗而死,宁不如起来反抗给邓逆枪毙,倒还爽快十倍。其实,我们有这样奋斗的精神,邓逆虽然凶恶,决没有力量把我们个个枪毙,最后胜利,当属我们。"⑥

声援和支持全国各地学生反军阀斗争

北洋军阀当道期间,在全国各地都有学生为反对北京政府和地方军阀的反动统治而

---

① 《浙籍学生反对孙传芳》,《民国日报》1924 年 11 月 27 日。
② 刘镇华,本名刘茂业,河南巩义人。1906 年加入中国同盟会,从事反清活动。民国成立以后,任"镇嵩军"首领。后任陕西省省长、陕西督军。1929 年中原大战爆发后,以考察为名,前往日本、德国游历。1933 年 5 月任安徽省主席,1937 年 5 月被免去省长之职。1949 年逃往台湾。
③ 指汉初名将淮阴侯韩信。
④ 指唐代名将郭子仪,因平定安史之乱被封为汾阳王。
⑤ 邓本殷,广东防城县茅岭乡大陶村客家人(今属广西),曾任广东警卫军营长、援闽粤军第四支队司令、粤军第四独立旅旅长、琼崖善后处处长、八属联军总指挥、琼崖护军使、八属善后督办等。其盘踞琼崖前后达四年之久,所部军纪极坏,苛捐杂税层出不穷,致哀鸿遍地,民不聊生。
⑥ 《20 世纪 20 年代的上海大学(下册)》,上海大学出版社 2014 年版。

激起的斗争和运动。上海大学的师生一直关注这些斗争并积极声援,支持反帝反军阀的斗争。

1924年春,在保定的直隶女二师爆发了驱逐反动校长燕士奇的斗争。直隶女二师是封建社会中创办最早的女校之一,燕士奇到校后实行高压统治,反对并取消了白话文课,下令解散学生组织、停止各种进步活动。校方还以维持秩序为名,野蛮殴打学生。愤怒的学生忍无可忍,夺了校印,将燕士奇撵出了学校。学潮爆发后,学校成立了女二师学生自治会并先后两次向京津沪各大报发出了学潮的宣言,列举了燕士奇的六条罪状,引起社会各界强烈反响。4月3日,上海大学全体女生为声援保定女二师的斗争,连续发出三通文电。第一通文电致保定女二师学生,称:"诸君为女子教育前途,誓死奋斗,同人愿为后盾。"第二通文电致直隶教育厅,称:"保定女师校长殴辱女生,摧残教育,酿成风潮。贵厅职事所在,务请速允女生要求,撤换校长,否则全国女学界将继起力争,誓去学界蟊贼。"文电警告直隶教育厅:"风潮扩大,贵厅亦不能不分任其咎也。"第三通文电是致社会各界,称:"请看这次保定女师的风潮,那流着堪诅咒的毒血的人,占着指导地位的校长及教员们,竟会率领工役殴打学生,蛮横的暴动,公然从二十世纪的女学校里的校长和教职员们做出,这是多可耻的事,这算女师一处的不幸吗?恐怕全人类都溅着了那耻辱的毒汁了,并且这岂止关系着保定女师底前途吗?恐怕我们女界教育大受影响呢!"文电最后呼吁:"切迫地希望女界奋起狂呼作助,成保定女师奋斗成功的雄狮,并恳挚地请求各界,一致赞助救援,那实是女子的万幸了。"①保定女师风潮传到上海之初,上海其他女校并没有多大反响,独有上海大学发出强烈的支持呼声。后来,在上海大学的带动下,其他女校的同学也急起呼应,用各种形式进行声援,也引起社会各界关心妇女问题,关心女子教育问题。保定女二师学潮斗争坚持月余,面对反动当局的威胁、恫吓和经济封锁,女二师学生团结一心,坚持斗争,最后在社会舆论的强大压力下,直隶省政府为尽快平息学潮,罢免了燕士奇的校长职务,恢复了被无理开除的六名学生的学籍,历时40余天的女二师学潮斗争,获得了最后的胜利。

1924年5月,南京河海工程学校学生石愈白发布"五一"传单,被当局拘押,到5月17日尚未释放。上海大学学生会发出通电,对石愈白表示声援。通电称:"河海工程学生石愈白,因发布'五一'传单,被警厅拘押半月,备受虐待,至今未放。民国约法,人民皆有言论之自由,石君发布传单,本为人民应有之权利,万望各界一致主持正义,起而援助石君,争回自由。"②

1926年3月,日本挑起大沽口事件,联合英国、美国等八国公使向北洋政府下达撤除津沽防线等要求的最后通牒,激起中国人民的强烈愤慨。为抗议帝国主义者的霸道行径,北京各界群众1万余人于3月18日在天安门前举行"反对八国通牒国民示威大会"。大

---

① 《上海大学女生援助保定女师·发出文电三件》,《申报》1924年4月4日。
② 《上海大学援助宁学生》,《民国日报》1924年5月18日。

会通电全国一致反对八国通牒、驱逐八国公使、废除一切不平等条约等八项议案。会后，与会民众举行示威游行，队伍游行至铁狮子胡同段祺瑞政府门前要求与政府交涉，但无人接见。游行队伍群情激奋，高呼"打倒帝国主义""打倒丧权辱国的政府"等口号。荷枪实弹的政府卫队突然进入游行队伍向群众开枪射击，造成47人遇难、近200人受伤的"三一八"惨案。消息传出，举国震惊。3月19日，上海大学中学部决定停课半日并召开大会，向"三一八"死难者致哀。中学部训导主任高尔柏向大会报告了北京流血事件的经过，激起与会人员极大的义愤①。3月25日，上海各界成立"京案后援会"，上海大学参加了这个后援会并被推定为执行委员。当天，上海大学又参加了游行和演讲活动，抗议北京当局制造血案。还深入厂区、街市，散发传单，作演讲活动。26日上午，"上海各界京案后援会"召开执行委员会，上海大学学生余泽鸿被推选为大会主席。会议决定27日举行追悼会，为北京"三一八"死难者致哀。上海大学等400余团体参加了追悼会。

1926年底至1927年初，孙传芳在南京，毕庶澄在上海，对人民施以法西斯压迫，引起了人民群众的强烈不满。上海大学学生在这一斗争中走在前列，勇敢地与军阀作斗争。有一次在上海大学附近的青云广场召开群众大会，会后举行游行示威。军阀事先得到情报，便把马路给封锁了，前排士兵紧握上了刺刀的长枪，如临大敌。上海大学学生在杨之华等学生领袖的带领下硬冲了过去。还有一次，上海学生联合会布置全市学生散发反对军阀的传单。上海大学同学全体出发，在上海各个区散发传单。军阀下令把散发传单的人统统逮捕，由各区警察局解至龙华的警备司令部。对被捕学生，上海大学请沪上著名律师出面，积极开展营救工作②。

在1926年下半年驱逐军阀孙传芳的部属李宝章的运动中，上海大学也起到战斗先锋的作用③。

录取各地被军阀迫害的学生

在反对军阀的斗争中，各地的学生领袖大多都遭到军阀势力的迫害，有的因遭到当局的通缉而失学流亡，上海大学便用各种方式来吸纳收留这些学生领袖来校学习。如：安徽芜湖的学生领袖曹渊，因积极领导参加芜湖地区的学生运动，反对当局迫害学生，领导学潮向当局提出驱逐校长、校监，被开除学籍，后被上海大学接纳为旁听生并从上海大学考入黄埔军校，后成长为北伐名将，牺牲在武昌城下。安徽安庆的学生领袖许继慎，在安徽"六二"惨案发生后，积极投身揭露、抗议军阀倪道烺、马联甲镇压学生罪恶行径的运动，1923年在安庆参加领导学生痛打贿选省议员的行动而遭到军阀当局通缉，失学后来到上

---

① 《上大附中开会》，《民国日报》1926年3月21日。
② 高尔柏：《回忆上海大学》，王家贵、蔡锡瑶编著《上海大学（1922—1927）》，上海社会科学院出版社1986年版。
③ 汪令吾：《国共合作创办的上海大学》，上海市政协文史资料委员会编《上海文史资料存稿汇编（第9辑）》，上海古籍出版社2001年版。

海并进入上海大学社会学系旁听。他和曹渊一样,从上海大学考入黄埔军校一期,成为叶挺独立团麾下的名将。王步文与许继慎同是安徽安庆地区的学生领袖,1923年10月,与许继慎一起,反对曹锟贿选、痛打吹捧曹锟的"议员"遭到当局通缉而流亡上海,后上书孙中山要求进上海大学学习,在孙中山的批示交办下,上海大学接收他入学。与王步文一样,安徽另一名学生皮言智,也是由于受到军阀当局通缉后致信上海国民党中央而进入上海大学学习的①。

第五节 代理校长邵力子被控案是上海大学反帝爱国斗争的重要组成部分

1923年12月,上海大学校长于右任奉孙中山之命,赴广州参加国民党工作,由邵力子担任代理校长一职。从这年的12月起至1925年5月赴广州黄埔军校任职,邵力子以代理校长的身份实际主持上海大学的工作有一年半左右的时间。在这期间发生的邵力子被租界当局控告的事件,成为当时上海高等教育界引人注目的一桩新闻。

邵力子被控案的缘起

邵力子被控案发生之时,上海大学的校舍已经从闸北青岛路搬迁到在英国租界范围内的西摩路(今陕西北路)。1924年12月初,英国租界总巡捕房得到密报,称共产党机关报《向导》周刊在上海大学内刊印发行。8日,捕房派密探潜入上海大学书报流通处,购买了第92期的《向导》。第二天,租界当局就发出搜查证,派出中西探子七八人,到上海大学搜查,到讲义处拿走讲义数纸,又到书报流通处取走文艺科学类书籍和刚出版的杂志以及有"社会"两字的书籍多种。在校园里,又找了学生询问《向导》出售的情况。学生回答说《向导》都是由广州丁卜书报社寄来的,每期30份。到了17日,也就是租界当局派探子进上海大学搜查以后的第八天,租界当局给上海大学代理校长邵力子送来传票,引人瞩目的邵力子被控案正式进入司法程序。

邵力子被控案第一次开审,控方所控"仇洋"案由就被注销②

12月19日上午,邵力子被控案正式开庭会讯。邵力子及上海大学聘请的律师克威任辩方律师,上海大学多名学生参加旁听。控方租界当局搜查上海大学、传唤上海大学代理校长邵力子所开案由为上海大学"于十二月八日出售《向导》报,内含仇洋词句,犯刑律第一百二十七条,又不将主笔姓名刊明报纸,违犯报律第八条"。对于控方所提案由,克威

---

① 台北:中国国民党中央委员会文化传播委员会党史馆五部档案15896、汉口档案14974。
② 《上大代理校长被控案开审记·第一节仇洋已注销,余展期三礼拜再讯》,《民国日报》1924年12月20日;《邵力子被控案开审记·第一节仇洋注销,余展期三礼拜再讯》,《申报》1924年12月20日。

律师一一进行反驳。他首先抗议捕房所引用之刑律第一百二十七条，提出该条文为"私与外国开战者处一等至三等有期徒刑"，与本案情节全然不合。克威律师又提出，虽然本条英文译本为"With out Authority Hostile Against Foreigners"，其中"Hostile"亦可作"仇视外人"解，但"本廨为中国公堂，自应以中文为主"。同时他又提出，控方引英国法律，说明此等情罪等于谋叛国家，于本案万不适用，请求将控案注销。在场的英国驻上海副领事当场询问了捕房代表梅脱兰①律师后，中西会审官立即宣布控方"所控第一节犯刑律第一百二十七条应即注销"。接着，克威律师又提出，《向导》的刊印和发行，都与他的当事人邵力子完全无涉，所以控方提出的"违犯报律第八条亦当然不成立"。捕房律师梅脱兰则声称"捕房所控尚有违犯报律第十条及藏有多数有害于中华民国之报刊"等。克威律师即"以案情尚待详细研究"为由，申请案子延期再审。结果中西会审官做出决定，将案子展期三周后再开庭会讯。

邵力子被控案复审，案子被撤销②

1925年1月9日上午，上海大学代理校长邵力子被控案开庭复审。邵力子及上海大学所聘律师克威辩称："捕房律师根据之报纸条例，查已于民国五年七月十六日奉大总统令废止，所控当然不能成立，应请注销。"并将司法部编印之司法例规内所列废止法令一览表呈案请察。克威律师还说，他的当事人邵力子，为社会上有信用与名誉之人，倘公堂尚有怀疑，可请当堂垂询。捕房律师梅脱兰称，查1919年5月间有人犯同样之案，公堂将其惩办六个月，期满逐出租界，虽大总统命令已将该报纸条例取消，亦可根据民国未成立之前条例办理。双方律师庭辩结束以后，中西会审官经过磋商后作出宣判，称：经查，所谓报纸条例已于1916年7月16日正式废止，所以应将本案正式撤销。最后，克威律师又向公堂提出，请谕知捕房，将在上海大学所检查带回的所有书报一律发还。就此，上海大学代理校长邵力子被控案正式撤销。

邵力子在《民国日报》《申报》刊登启事③

1925年1月11日，邵力子分别在《民国日报》《申报》刊登启事。启事称："鄙人此次被控，已奉会审公廨讯明取消，其理由为原控引用新刑律第一百廿七条错误，及报纸条例已于五年七月奉大总统令废止，此足征公庭尊重言论自由，鄙人极为钦佩。惟关于出售《向导》周报之事实的真相，当庭未及陈述，报载又甚简略，恐各界误会，不得不再说明梗概。鄙人从未发售《向导》周报，上海大学尤非《向导》发行机关。此次捕房据人报告，饬探在校内书报流通处购得九十二期《向导》一份，遂据以控诉。惟书报流通处系学生自动的

---

① 一译"梅脱伦"。
② 《上大代理校长控案完全注销》，《民国日报》1925年1月10日；《邵力子被控案撤销》，《申报》1925年1月10日。
③ 《邵力子启事》，《民国日报》1925年1月11日；《邵力子来函》，《申报》1925年1月11日。

组织,借以便利同学间之购阅。凡近时出版之新文艺新思潮书报,大致略备,半向各大书店批购,半由各出版人托为寄售。《向导》亦系由广州寄来每期三十份,托为代售而已。真相如此。鄙人实与《向导》周报完全无关,未敢掠美(某报谓鄙人组织《向导》报,尤误),特此据实声明。"邵力子的这一启事很重要。《向导》周报为中共中央机关报,是中国共产党创立以来第一份公开发行的刊物,由蔡和森任主编。上海大学教授瞿秋白、彭述之等都任编委并为刊物撰稿。《向导》周报的政治性、思想性、斗争性和艺术性都很强,早就引起租界当局的密切注意。邵力子作为中国共产党发起组织成员,一名跨党的中国共产党党员不会不知道《向导》周报出版和发行的背景和真实情况。尽管租界当局已在上海大学书报流通处购得《向导》第 92 期,但邵力子作为上海大学代理校长,他必须保护上海大学,不让租界当局找到任何不利于上海大学办学的借口,因此,在被控案注销以后,他及时在《民国日报》《申报》上发表启事,撇清自己与《向导》周报的关系,也就撇清了上海大学与《向导》周报的关系。

邵力子第二次被租界巡捕房提起控诉①

1925 年 1 月 9 日,邵力子被控案经过会审公廨审讯,当堂宣布被控案撤销。然而,租界巡捕房并不甘心邵力子一案就此了结。捕房又以邵力子"有碍租界治安"为案由,第二次对邵力子进行控诉。2 月 6 日,邵力子被巡捕房第二次控诉"有碍租界治安"一案,进行复讯。捕房代表梅脱兰律师称,本案请求两事:一是将在上海大学及在该校寄宿舍与在慕尔鸣路 307 号教员寓所所抄获之书籍充公销毁;二是将被告邵力子驱逐出租界。梅脱兰针对第一次对邵力子控案庭辩时辩方提出的报纸条例已废止的问题,辩称"查报纸条例虽已废止,而出版法实仍有效。此项书籍实违反出版法,且于租界治安有关"。

梅脱兰律师提到的"请将在上海大学及在该校寄宿舍与在慕尔鸣路 307 号教员寓所所抄获之书籍充公销毁",是指租界工部局警务处对上海大学和师生宿舍进行公开搜查这件事。上海大学自 1924 年 2 月正式迁到西摩路校址以后,在办学中的爱国和革命行为,早就引起租界当局的恐慌和注意。1924 年 12 月,租界工部局《警务处日报》刊文称:"最近几个月来,中国布尔什维克之活动有显著之复活,颇堪注意。这些过激分子的总机关设在西摩路一三二号上海大学内,彼等在该处出版排外之报纸——《向导》;贮藏社会主义之书籍以供出售,如《中国青年》《前锋》。该大学之大部分教授均系公开的共产党人,彼等正逐渐引导学生走向该政治信仰。教授中计有邵仲辉,又名邵力子,《民国日报》编辑,彼系共产党人已几年了;社会学系教授瞿秋白,瞿系中国布尔什维克领袖之密切友人;施存统,于 1921 年因共产党活动在日本被驱逐出境。其地位较低之教授而为《向导》写稿的则有:蒋光赤、张太雷、刘含初。"②9 日,在租界当局授意下,工部局警务处及静安寺巡捕房包探,

---

① 《邵力子控案辨论终结》,《民国日报》1925 年 2 月 7 日。
② 上海公共租界工部局《警务处日报》1924 年 12 月 2 日,上海社会科学院历史研究所编《五卅运动史料(第一卷)》,上海人民出版社 1981 年版。

突然对上海大学和师生宿舍,包括慕尔鸣路(今茂名路)彬兴里306号瞿秋白的住所进行了公开搜查,搜去"排外性质书籍三百册","社会主义性质之俄文书籍三百四十本"。这样,作为上海大学代理校长的邵力子,就被巡捕房以"有碍租界治安"为案由遭到控告。

在捕房律师梅脱兰讲完以后,邵力子的律师克威起来反驳道:"出版法亦袁世凯所私定,以便其帝制自为者,未经国会通过,不能成为法律,民国法律,全须由国会通过,实与英国相同。"接着,"梅脱兰律师将查获书籍择呈公堂查阅,或印有列宁等像片,或系列宁著作,或主张共产学说,或反对基督教,皆指为过激党书籍。又向西探长祁文司诘询搜查情形,谓在该校及教员寓所共查获书籍二百余本,事先曾遣翻译至该校购得《向导》等五种,搜查时该校学生颇激怒,毁骂捕房华人为洋奴,为猪类,又欲拦阻我等带书出外约历一小时。该校代理校长曾查明为邵力子"。

克威又反驳说:"学校学生所有书籍,无故将其查抄,自难怪激起学生不平,并向该西探长诘询查抄时见上海大学有无印机,答称无有。次由捕房翻译顾来清作证,曾至上海大学书报流通处,以一元购得《向导》《前锋》及《共产党》《礼拜六》等五种,惟并非在邵力子手中所买。大学校学生有研究学术之自由,任何书籍皆得取为研究资料,此等书籍,无非供研究之用。如因此获咎,则凡政治家或法律家之书籍,皆甚危险,且被告并非贩售此等书籍者,尤与彼无关。"

最后由中英会审官向邵力子询问上海大学的组织情况,邵力子回答说,上海大学系一所私立学校,开办两年,校长一直为于右任。于右任曾任陕西长官,现正在北京,也正预备将上海大学在教育部立案。邵力子说自己为代理校长,凡学校聘任教授,筹划经费等事情,一律由他本人负责。结果经中西会审官员讨论商量,决定将控案延到下周五,也就是2月13日宣布判决结果。

邵力子第二次被控案作出判决①

1925年2月13日上午,邵力子第二次被租界巡捕房控告案重新开庭,听候宣判。邵力子在律师克威的陪同下来到会审公堂。会审官向邵力子简单地进行质询后,进行宣判。宣判的结果,一是向邵力子提出,公堂对共产主义学说颇不赞成,邵力子可交一千元保,而上海大学要保证以后不宣传关于共产主义思想和理论的书籍;二是关于控方提出请将邵力子逐出租界一说,宣判称"本公堂姑念被告居住租界二十余年,应免置议";三是宣布将所抄获各书一并销毁。这样,邵力子第二次被租界巡捕房控告案就结束了。

邵力子致淞沪警厅长书②

1925年3月,上海《时事新报》刊登了淞沪警察厅厅长的训令,称根据督察长呈报上

---

① 《邵力子被控案已判决》,《民国日报》《申报》1925年2月14日。
② 《邵力子致淞沪警厅长书》,《申报》1925年3月25日。

海共产党的活动情况,内称"西摩路上海大学校长邵力子(字仲辉)总秘书为一组"。邵力子于24日即写下《致淞沪警厅长书》,并发表在第二天,也就是25日的《申报》上。在这封致淞沪警察厅长的公开信中,邵力子一开始就说,《时事新报》刊登淞沪警察厅厅长的训令,"阅之不胜诧异。报纸所载时或未确,鄙人未敢确信贵厅果有此训令。惟既与鄙人有关,尤涉及上海大学,不得不据实声明,仰求察照"。邵力子又说:"上海大学校长为于右任先生,鄙人仅于去年十一月下旬受托代理,因于先生尚未回沪,迄今未能卸职。然在此代理期间,绝不知校内有所谓共产党之组织。二月初奉公共会审公廨堂谕,禁止共产计划及宣传共产,即经录谕布告全校,迄今犹张贴壁间。至鄙人自身更敢誓言无担任共产党总秘书之事。"邵力子又说:"窃思清季及洪宪时代,侦探每任意指人为革党乱党,其动机即非倾陷异己,亦系轻信传闻,而结果皆足以促进社会之不安。今世尊重自由,在君主立宪之英国,共产党亦能公开组织且为选举活动,凡人非触犯刑章,皆不能遽被捕禁。我国政体共和,约法尤规定人民有集会自由之权,鄙人果为共产党员,本亦不必讳言,惟实不愿受莫须有之诬指,伏冀厅长本尊重法治、扶植民权之精神,勿轻信侦探之报告,郑重处理,则感德者非独鄙人已也。"这封信一方面反驳了警察厅长训令中对自己为共产党"总秘书"的指控,"自身更敢誓言无担任共产党总秘书之事",并说"二月初奉公共会审公廨堂谕,禁止共产计划及宣传共产,即经录谕布告全校,迄今犹张贴壁间";另一方面又称"窃思清季及洪宪时代,侦探每任意指人为革党乱党,其动机即非倾陷异己,亦系轻信传闻,而结果皆足以促进社会之不安",软中带硬。最后又直言:"今世尊重自由,在君主立宪之英国,共产党亦能公开组织且为选举活动,凡人非触犯刑章,皆不能遽被捕禁。我国政体共和,约法尤规定人民有集会自由之权。"从正面阐述了自己的观点,所谈可谓有理有节。

邵力子第三次遭巡捕房控告案①

邵力子第一次、第二次被租界巡捕房控告,结果都不了了之,但是租界当局并不甘心就此罢休。1925年2月,上海的日本纱厂发生了工人罢工事件,邵力子以《民国日报》编辑的身份,在"言论"栏中写了《日厂工潮的解决谈》。结果,这篇文章为邵力子带来了第三次被公共租界工部局刑事总稽查处所控告案情。

3月25日下午,邵力子在律师克威的陪同下,到租界会审公廨第二刑庭应讯。连同邵力子一起作为被告应讯的还有《商报》主笔陈布雷、《中华新报》主笔张近吾。公共租界工部局刑事总稽查处控告邵力子等三家报馆的案由为"于二月二十号登载扰乱治安文词,并不将该三报之主笔、发行者、印刷人名姓及住址登载报上等情"。捕房代表梅脱兰律师在控词中称:邵力子"在租界著论,扰乱治安,故此种过激党人,不应使其住于租界,并不应予以保护。假使过激主义成功,则富者将转而为贫"。梅脱兰又称,2月20日,邵力子等人在《民国日报》等三家报纸"论纱厂罢工事,内列有数项要求。此种要求,非工人所要

---

① 《三报馆被控案续讯纪》,《申报》1925年3月26日。

求,系过激党人激动工人之举,言词甚烈。谓东洋资本家待工人如牛马,末并谓中国将亡,同胞速起自救,此语乃最足激动人心者"。

克威律师辩称:"所控三案,性质相同。今捕房律师对于邵案格外注意,竟欲将其逐出租界,并提及英马副领事所判之案。查当时马领事对于捕房请求将邵逐出租界驳回不准,如捕房欲提起逐出租界一层,则应于传票内载明。既未载明此节,今日只能审传票内所载之控案,而逐出租界一层,既经马领事判决不准,今不应再提。"

在堂讯中,租界探长煞拉文提出,前往民国日报馆传邵力子时,调查该报馆之账簿内有数项收入之款来历不明。经查得该报馆与上海大学有关。对此,邵力子应讯道:自己"本为《民国日报》经理,而主笔则系叶楚伧。控告时,叶已赴京,由我代理。现在叶已回沪,仍为主笔。我每晚六时进馆,至二时始出。日间担任复旦、大夏两学校教职。罢工风潮起自二月十号,至二十五号平息。罢工期内,我于二十四、五、六等日,在商界总联合会参加调和,结果,工人全体上工。二十号我著论文一篇,主张中日两国商会出而调停。工人曾寄来一信,内附泣告书,请求我们登载,故编辑人遂为之刊登,照来稿并未加添一字。我所主张之调和方法,商会亦表赞成,如王一亭等均由我相邀加入调和者。至于罢工系何人鼓励,我殊不知,而其罢工原因,当系待遇不好所致。捕房所指账内来历不明之款,系国民党之广东总部汇来津贴之款,并无过激党或苏联政府之贴款。共产主义书籍,我尝看过,以现在中国不能实行此种制度,故不赞成。我见某日报所记罢工之内容,殊非真相。"关于在民国日报馆账内和上海大学有关的款项,陪审的日本副领事田岛要邵力子讲明款项如何从广东寄来,有何证明。邵力子回答说款项系从广东银行汇来,有单据可查。对此,国民党上海执行部可予以证明。结果,这项控案审讯了很长时间,会审公堂决定择期继续审理。

邵力子第三次被控案继续审讯①

1925年4月4日上午,公共租界工部局刑事稽查处,控告《民国日报》主笔邵力子、《商报》主笔陈布雷、《中华新报》主笔张竞吾登载扰乱文词,并不将主笔、发行者、印刷人之名姓、住址登载报上一案,又开庭续审。租界探长煞拉文称,星期三往上海大学调查,见贴有邵力子之通告,禁止学生阅共产书籍。陪审之日副领事田岛君,复将《民国日报》账簿今年收入各款逐一向邵力子诘问,邵力子一一声明来历,并将汇款证据呈案请核。

克威律师针对控方对邵力子的控告辩称:"捕房控告邵力子登载扰乱治安文词,违犯出版法第一条一节,此应由主笔负责,而邵系经理。况登载之后,未几工人上工,实无扰乱治安之意。且捕房所译泣告同胞书,未译全文。再邵所著评论,主张由商会调停一段,亦未译出,捕房亦不能证明邵有附和罢工等事。至于发布工人之意见,主笔向不负责,不但

---

① 《三报馆被控案续审纪》,《申报》1925年4月5日。

中国报纸如此,即东西洋报纸亦然。又控邵违犯出版法第三条不将主笔等姓名登载报上一节,查最有名之《申报》《新闻报》等,均未将主笔人等之姓名登报,捕房何故只提出此三家?邵曾证明如登出姓名,则主笔甚为危险。窃意新、申各报或亦系根据此项理由,不将姓名登载。又控邵扰乱治安,并以警察厅指邵抱共产主义。但邵当即去函声明,邵尝言彼昔确曾研究共产问题,嗣因中国不适用此制,故已不赞成。今邵已将其报馆之账簿呈堂,证明款项来历。《民国日报》为国民党机关报,即中国政府承认之报,当不致违犯中国法律。假使其不登泣告同胞书,不发表由商会调停之主张,恐商会未必出而调停工潮。敝律师尝于外报阅见所登孙文发表之意见,确有共产意义、排外思想,不闻捕房干涉。须知国民党分两派,一派确赞成共产,上海大学或有几个小孩赞成共产,其经费大概由赞成之一派补助。然邵实不赞成,故捕房所提之证据,皆不足以定邵之罪。至被告等所登文词,堂上若以为有咎,各被告愿向道歉。"捕房代表梅脱兰律师虽然感到理屈词穷,但还是坚持要求"将邵逐出租界,因其系共产党主脑,捕房不应保护"。但最后,会审公廨还是决定将邵力子一案展期再核查审理。实际上此案最终草草了事,成了一个无头案。

邵力子被租界当局控告案,从1924年12月9日开庭审理,连续三次被控,到1925年4月4日最后一次堂讯,前后持续了四个月的时间,其实质是租界当局欲借邵力子案来打击上海大学的爱国与革命活动。在这四个月中,邵力子秉承爱国护校的立场、精神和良知,既坚持底线和原则、以威武不屈的精神和中外主审官周旋,同时又以自己的经验和智慧,从最大程度上保护学校、保护教师。比如他在校园里张贴通告,"禁止学生阅共产书籍",被租界探长煞拉文在上海大学校园调查时访得,成为有利于邵力子的呈堂证据。邵力子在任上海大学代理校长的全过程中,一直有着中国共产党党员的身份。中国共产党在上海大学的一切革命活动,他不会不知道,但他以自己的原则和经验,在三次被控案中涉难履险,折冲公堂,不但使自己化险为夷,也保护了上海大学。可以说,邵力子三次被控案,是上海大学反帝爱国斗争的重要组成部分。

第六节　上海大学支持和声援北伐战争

上海大学学生孔另境在一篇回忆文章中讲过这样一段话:"在国民革命军的北伐战役中,'上大'学生是成千上百地参加在里边的,虽然大半是担任着非军事的工作,可是他们在部队里和人民间所起的作用实在是很大的,当时有'武黄埔,文上大'之誉。"①孔另境说上海大学学生是"成千上百地参加"北伐战争,这在记忆上也许有些不确,但如果说上海大学的学生积极投身北伐战争,这是符合事实的。

---

① 孔另境:《旧事新谈——怀念革命的摇篮上海大学》,《我的记忆——孔另境散文选》,上海文艺出版社1987年版。

北伐军节节胜利逼近上海

北伐战争，又称"第一次国内革命战争""大革命"，是在国共合作形势下组织、发动和领导的一场反帝反封建的革命战争。在中国共产党的帮助下，孙中山于1924年召开有共产党人参加的国民党第一次全国代表大会，确定联俄、联共、扶助农工的政策，改组国民党，实现第一次国共合作，在广州黄埔创办中国国民党陆军军官学校，即黄埔军校，组织革命军队。1925年，国民革命军举行东征、南征，肃清广东境内的军阀势力，统一广东革命根据地。当时军阀吴佩孚的军队约20万人，集中于湘鄂豫冀一带；军阀孙传芳的军队约20万人，盘踞赣闽皖浙苏一带。1926年7月1日，广东革命政府发表《北伐宣言》，国民革命军八个军约10万人分三路从广东出师北伐。第一路三个军进攻湘、鄂，以共产党为骨干的第四军叶挺独立团任先遣队，在打汀泗桥、贺胜桥两役中，击溃吴佩孚主力，10月10日攻克武昌。第二路三个军进攻江西，11月占领南昌、九江，歼灭孙传芳的主力。第三路一个军向闽、浙进军，1926年12月和1927年2月，先后占领福建、浙江两省，逼近上海。在北伐过程中，广大工农群众和学生积极配合，用各种方式支援和迎接北伐军的到来。

直接参加北伐战争

上海大学师生积极踊跃地参加北伐战争，投身到声援支持北伐军的行列中。

中国文学系教授高冠吾，1924年到广州，任孙中山大本营咨议、广州江防司令部参谋长兼代司令，后任国民革命军第十军副军长参加北伐；中学部教师梅电龙，1926年底参加北伐，任第四十军第十二师政治部主任；社会学系教授郭沫若，1926年参加北伐，任国民革命军总政治部副主任；教授张厉生，1926年底参加北伐，任北伐军第十军政治部秘书。

社会学系学生薛卓汉，1925年9月接受党组织安排赴广州参加由彭湃主办的第五期农民运动讲习所学习，1926年参加北伐并在这一年担任毛泽东的秘书。社会学系学生曹蕴真，1926年12月参加北伐。社会学系学生杨达，1926年遵照党组织的决定赴黄埔军校工作，不久参加北伐。社会学系学生陈明，1926年7月受党组织派遣赴广州参加北伐，在东路总指挥部政治部负责宣传工作并兼任情报股股长。社会学系学生何挺颖，1926年夏奉党组织之命任国民革命军第八师团指导员并参加了北伐战争。社会学系学生胡允恭，1925年受党组织指派赴广州担任《革命青年军人联合会》周刊主编，1926年4月奉中共两广区委军委调令任国民革命军第四军十二师三十五团政治指导员，后随军北伐。1926年10月国民革命军北伐攻占武昌，社会学系学生李硕勋受党的指派，奔赴武昌，担任国民革命军第四军第二十五师政治部主任。中国文学系学生孔另境，1926年春到广州参加国民革命，在国民党中央宣传部任职，北伐开始后在武汉前敌总指挥部任宣传科科长。社会学系学生蒋如琮，1927年1月参加北伐军，任北伐军东路总指挥部宣传科科长。中国文学系学生徐石麟，1924年5月进入黄埔军校学习，为第一期学员，参加北伐战争，任国民革命军第四军第十师第二十八团某营营长。英国文学系学生邱清泉，1924年7月进入黄埔

军校学习,为第二期学员,参加北伐。社会学系学生徐梦秋,1925 年 8 月赴广州任国民革命军第一师政治部主任。英国文学系学生佘埃生,赴广州参加北伐并加入中国共产党。学生吴维中,在上海大学加入中国共产党,之后奉命进入黄埔军校学习,为第四期学员,参加北伐。学生陈兴霖,参加北伐,任国民革命军第二十四师政治部主任。社会学系学生郭毅,1926 年 9 月考入北伐军前敌总指挥部政治训练班,结业后加入北伐军,任三十六军下属一个师的政治部宣传干事。社会学系学生罗化千,参加北伐,在国民革命军总政治部从事宣传工作。经济学系学生李炳祥,由于能说一口流利的英语和汉语,1925 年被派往苏驻华使馆及冯玉祥部工作,1926 年参加北伐,后赴汉口任苏联顾问鲍罗廷英文翻译。美术科学生、毕业留校后担任书记员及平民学校教师的程永言,应国民革命军第三十三军军长、也是上海大学董事的柏文蔚之召,南下参加北伐军,任旅长职。中国文学系毕业生黄让之,参加北伐,在由邓演达领导的国民革命军总政部宣传科任股长。

声援北伐军

随着北伐军在前线节节胜利,上海大学中学部学生会致电广州国民党中央执行委员会国民政府,对北伐军取得的胜利表示祝贺,称"我军北伐,节节胜利","消息飞来,不胜忭跃。吴贼①军队既已崩溃,希我同志继续前进,扫清一切反革命派,速召集国民会议,解决国是,实现总理遗嘱,是所厚望"②。上海大学非基督教同盟也向北伐军发出贺捷电:"义师北伐以讨逆吴,救人民于水深火热之中,挽国权于一发千钧之际。方今武汉克复,吴逆逃亡,捷电传来,曷胜欣慰。惟冀乘此时机,努力前进,扫除一切反动军阀,底定中原,实践孙先生遗嘱。"③

在北伐军一路凯歌抵达武汉时,上海的军阀反动势力就向市民群众造谣,对北伐军污蔑,向北伐军泼脏水,并强令上海的各电影院在银幕上播放此类反动宣传口号。上海大学作出决定,对这类反动宣传予以坚决反击。学生们到电影院,在电影放映完观众准备退场时,一面散发传单,一面将事先包好的锅底黑灰撒向银幕。学生薛尚实在回忆录中就讲到他与同学们曾在华德路的万国电影院内进行这类警告活动的④。

1926 年,北伐军白崇禧部抵达杭州,上海大学教授杨贤江率领由学生、工人组成的代表队,从海路经宁波到杭州,与白崇禧联系。中国文学系学生戴邦定参加了这个代表队,并且直接向白崇禧介绍了上海工人群众迎接北伐军的准备工作情况⑤。为了配合北伐军进攻上海,并为维持北伐军攻占上海后的地方行政,成立了"东南军政委员会",由国民党人纽永健为主任委员,委员有杨杏佛、杨贤江、梅电龙、侯绍裘等,这四名委员都在上海大

---

① 指吴佩孚。
② 《赞助革命军电文》,《民国日报》1926 年 9 月 16 日。
③ 《上大非基同盟贺捷电》,《民国日报》1926 年 9 月 18 日。
④ 薛尚实:《回忆上海大学》,中国人民政治协商会议上海市委员会文史资料工作委员会编《文史资料选辑(第二辑)》,上海人民出版社 1979 年版。
⑤ 戴邦定:《回忆上海大学》,原件藏上海市档案馆。

学担任教职。

四次到兵营慰劳北伐军

1927年3月,北伐军抵达上海,23日上午,上海大学派出陈望道、刘大白两位教授,率领学生,携带定制的纪念蛋糕,来到龙华慰劳北伐军。国民革命军前敌总指挥参谋会见了陈望道、刘大白一行,"相晤之下,甚为欢洽"。当天下午,上海大学又派出冯三昧、钟伯庸两位教师率领学生,携带水果,到北伐军龙华驻地进行第二次慰劳活动。冯三昧、钟伯庸到北伐驻军地虽然时间已经很晚,但还是与出面接待的驻军副官作了友好交谈。24日,上海大学联合景贤女中,在上海大学校内召开欢迎北伐军的大会。会后,上海大学又派出慰问团,携带定制的纪念手帕和食品,来到驻扎在共和路的北伐军第一师司令部慰劳。由师长亲自出见,态度庄重,话意恳挚。上海大学慰问团的代表陈望道、李春鏵即席发表了欢迎北伐军的演说。这次慰问活动持续了一个多小时才结束。25日下午,上海大学又派出学生慰问团,联合景贤女中,携带牛肉饼干及纪念手帕等慰劳物品,来到龙华,向北伐军表达欢迎和慰问之情①。从3月23日上午到25日下午,短短两天,上海大学共派出四批由教师和学生组成的慰问团,前往北伐军驻地进行慰问,还在24日召开了欢迎北伐军的大会。这些充分表达了上海大学对北伐战争的支持和反对帝国主义、封建军阀的爱国热忱。

---

① 《民众慰劳北伐军·上海大学》,《申报》1927年3月27日。

第二章
拥护孙中山的政治主张,深切哀悼孙中山的不幸逝世

20世纪20年代的上海大学,是在中国共产党和中国国民党酝酿合作的大背景下成立的,经历了大革命的全过程。正因为如此,在回顾这所特殊高等学府办学历史的时候,不能不介绍国共合作的推动者孙中山在上海大学创建和办学过程中所具有的历史功绩,以及在上海大学师生中所享有的崇高威望和所产生的深刻影响。

第一节 上海大学成立后,孙中山在各方面对上海大学进行支持

上海大学成立之时,正是北京北洋政府执政时期,而上海大学从成立一开始就没有在北洋政府教育部备案。虽然在整个办学过程中,中国共产党起着主导作用,但在当时国共合作的背景下,学校在行政隶属关系上,还是接受广州国民党中央领导。而国民党中央从一开始,也将上海大学看作是为国民党培养干部和人才的学校。因此,孙中山在各方面对上海大学进行了支持。

亲任上海大学董事和名誉校董

1923年8月12日,上海大学评议会召开会议,决定组成校董会,拟请孙中山为名誉校董,蔡元培、汪精卫、李石曾、张继、马玉山、张静江、马君武等二十余人为校董,限9月1日以前与各校董接洽妥当,限9月20日以前成立校董会。虽然,从报章上并没有看到孙中山任上海大学董事和名誉校董的公开报道,但是从国民党留下的档案来看,有着"上大之创办既经请命于总理,总理且亲任该校之董事长,本党先进诸公多曾担任校董、讲授"这样的记载[①]。

---

① 1936年3月3日于右任关于《追认上海大学学生学籍与国立大学同等待遇案》,台北中国国民党中央委员会文化传播委员会党史馆会议档案国民党中央执行委员会常务会议5.3.8.32。

在办学经费上予以支持

国民党在广州建立国民政府,本身在财政方面并不是很宽裕,但是为了办好上海大学,在1924年1月召开的国民党第一次代表大会上作出了一个决定:每月补贴上海大学洋一千元。这对于国民党中央来说,并不是一个小数目。而这样的决定,显然是经过国民党中央常委会慎重讨论的,是得到国民党总理孙中山亲自审定和批准的。

支持上海大学学生社团

《孤星》旬刊是上海大学学生社团"中国孤星社"主办的一个进步刊物。上海大学学生、社团负责人、《孤星》旬刊主编安剑平,曾写信给孙中山,请求孙中山为《孤星》题写刊名。1924年3月3日,孙中山致电安剑平,称《孤星》刊物"深切时弊,应本此旨广为宣传,以□□吾党之主张,而尽言论之职责"。并亲题"孤星"两字寄到安剑平处。孙中山的函电和亲笔题字,给了中国孤星社全体社员和上海大学师生以极大鼓舞。3月25日,《孤星》旬刊从第5期起,刊头就改换成孙中山的题字①。

支持因反对军阀而失学的进步学生进入上海大学读书

1923年10月,安徽学生王步文为了反对直系军阀曹锟贿选"总统",与省学联其他负责人一起,动员安庆各界举行声讨大会,并于会后组织了游行示威,又痛打了吹捧曹锟的"议员"何雯、张伯衍,事后即遭到当局通缉。在党组织的帮助下,王步文潜至上海。在这期间,他致函在广州的国民党中央,请求进入上海大学学习。不料此事竟惊动了孙中山,他就王步文要求进入上海大学学习之事作了批示。根据孙中山的批示,国民党中央执行委员会中青部部长邹鲁致函国民党上海执行部,称:"顷由总理交下安徽学生联合会代表王步文等函一件。该生等以反对国贼、惩戒议员致被当道驱逐,流离上海,不能回该省原校就学,又无力转学他校,请求转致上海大学,破格免费收录。为此请贵执行部调查实况,酌量办理。"②后来王步文如愿进了上海大学。1930年,中共决定正式成立安徽省委,王步文被任命为省委书记,从而成为中共安徽省委第一任书记。1931年4月6日,由于叛徒告密,在芜湖主持省委工作会议时不幸被捕而英勇就义。另一名学生皮言智,也是由孙中山过问下进入上海大学学习的。安徽学生皮言智和谢嗣蘷、王同荣三人因在安徽安庆和王步文等一起参加反对曹锟贿选"总统"和痛打吹捧曹锟的"议员"事遭军阀当局通缉流亡失学,于1924年10月29日上书孙中山,请求"援王步文等先例,恳请总理垂念生等续学问题,准饬上海大学予以免费,并许以正式生插入社会学系二年级肄业,预储学识,以待报国"。这封信经孙中山发下,国民党中央执行委员会第五十八次会议讨论决定,由廖仲恺、

---

① 《孙中山集外集》,上海人民出版社1990年版。
② 台北:中国国民党中央委员会文化传播委员会党史馆五部档案15896。

邹鲁代表国民党中央执行委员会致函上海大学校长于右任"查照办理",从而解决了皮言智等进入上海大学学习的问题①。

支持学生的反帝爱国运动,反对国民党右派

1924年10月10日,在上海北河南路(今河南北路)的天后宫,举行纪念辛亥革命13周年国民大会。当时,在国共合作的大好形势下,已经出现国民党右派破坏国共合作的暗流。这次大会,实际上被国民党右派分子喻育之、童理璋等把持着。上海大学学生黄仁、林钧、何秉彝、郭伯和、王秋心、王环心等前来参加会议。在会上,他们支持全国学生会总代表郭寿华的发言,不料喻育之、童理璋等竟纠集流氓打手,制造事端,对黄仁等进行围攻殴打,并将黄仁推下七尺高台,致使黄仁不治身亡,酿成对国共合作产生消极影响的"黄仁事件"。13日,国民党上海第一区党部等致电孙中山,谴责国民党右派制造惨案。23日,孙中山将信发下,提出在国民党中常委第五十七次会议讨论此事。31日,国民党中央执行委员会廖仲恺、汪精卫致函上海执行部,传达孙中山指示,惩办"黄仁事件"祸首喻育之等,悼恤伤毙同志,并函吴稚晖、戴季陶查照办理,请将处理意见上报国民党中央②。

第二节 敬仰拥戴孙中山

上海大学广大师生对孙中山一直充满着敬仰和爱戴之情,学习和宣传孙中山的思想,坚决拥护孙中山提出的各项政策。

将孙中山的《实业计划》英文原著作为教材

孙中山的《实业计划》亦名《国际共同发展实业计划》,是孙中山关于振兴中国实业实现国民经济近代化的专著,1919年用英文写成,由朱执信、廖仲恺等译成汉语。该书反映了孙中山关于中国国民经济近代化的宏伟理想和具体规划。虽然《实业计划》为中国设计的那种经济建设的宏伟蓝图,在当时没有实现的可能,但书中所包含的有关中国经济发展战略的一系列思想,却是极为珍贵的。上海大学英国文学系"散文"课程,将孙中山的《实业计划》英文原著作为教材,使学生在提高英文阅读水平的同时,学习了孙中山的经济发展战略思想。

成立研究会宣传三民主义

三民主义是孙中山所倡导的民主革命纲领,是其民主思想的精髓和高度概括。孙中

---

① 台北:中国国民党中央委员会文化传播委员会党史馆五汉口档案14974。
② 台北:中国国民党中央委员会文化传播委员会党史馆汉口档案12205.2、16702。

山设想通过三民主义的实施能够"人能尽其才,地能尽其利,物能尽其用,货能畅其流",进而实现国富民强、天下为公的大同社会。1923年11月,也就是上海大学成立一周年以后,上海大学学生成立"三民主义研究会",会员达90余人。1925年3月12日,孙中山在北京病逝,4月24日,上海大学教师和学生恽代英、杨贤江、董亦湘、施存统、侯绍裘、张秋人、沈雁冰、沈泽民、沈观澜、何味辛、张琴秋、黄正厂、朱义权等20人发起成立"孙中山主义研究会",并于12月20日正式出版了《中山主义》周刊。周刊以"研究三民主义""发挥三民主义""实现三民主义"为宗旨,批判"戴季陶主义"和"国家主义派"等反动学说。瞿秋白、恽代英、萧楚女、施存统、阳翰笙、马凌山等都在刊物上发表了文章,这本刊物成为上海大学宣传孙中山革命的三民主义的一个重要阵地。

第三节 欢迎孙中山北上,积极支持孙中山提出的召开国民会议的主张

北京发生政变

1924年10月23日,冯玉祥率部在北京发动政变,史称"北京政变",也称"首都革命"。这一年9月,第二次直奉战争爆发,直系冯玉祥被任命为"讨逆军"第三军总司令,出古北口迎战奉军。10月23日,冯玉祥率部返回北京,包围了总统府,迫使直系控制的北京政府下令停战并解除吴佩孚的职务,监禁总统曹锟,宣布成立"国民军"。政变后,冯玉祥授意摄政内阁通过了《修正清室优待条件》,废除帝号,清室迁出紫禁城,驱逐溥仪出宫。当天,冯玉祥等通电陈述建国大纲五条:一是建设清廉政府;二是用人以贤能为准;三是对内实行亲民政治;四是对外讲信修睦;五是信赏必罚,财政公开。25日,冯玉祥、胡景翼、孙岳等在北苑召开军事会议,公推冯玉祥为国民军总司令兼第一军军长;胡景翼、孙岳为副司令分别兼第二军、第三军军长。

政变成功以后,冯玉祥主张立刻电请孙中山北上主持大计,孙岳提出应同时请段祺瑞出山。26日,冯玉祥、胡景翼、孙岳联名致电孙中山,邀请孙中山北上"共商国是"。电称:"辛亥革命未竟全功,致令先生政策无由施展……此后一切建设大计仍希先生指示。万望速驾北来,俾亲教诲是祷!"冯玉祥还专派马伯援南下赴粤迎接孙中山。孙中山接电后,即复电冯玉祥,称:"义旗聿举,大憝肃清,诸兄功在国家,同深庆幸,建设大计,亟应决定,拟即日北上,与诸兄晤商。"孙中山接到电邀时,在广东韶关。10月30日,孙中山由韶关抵广州,准备北上事宜。

孙中山发表《北上宣言》,提出召集国民会议主张

1924年11月10日,孙中山在广州以中国国民党总理的名义发表《北上宣言》,重申反对帝国主义和军阀的主张,称"北伐之目的,不仅在推倒军阀,尤在推倒军阀所赖以生存

之帝国主义",提出:"第一步使武力与国民相结合;第二步使武力为国民之武力。"对于时局,"主张召集国民会议,以谋中国之统一与建设"。而在国民会议召集之前,主张先召集预备会议,预备会议由下列团体之代表组织之:"(一)现代实业团体;(二)商会;(三)教育会;(四)大学;(五)各省学生联合会;(六)工会;(七)农会;(八)共同反对曹、吴之各军;(九)政党。"

11日,孙中山出席广州各界欢送会。在会上,孙中山发表了《北上之意义与希望》的演讲。13日,孙中山携夫人宋庆龄等乘"永丰"舰起程北上。14日,在香港港口外转登"春洋丸"轮船前往上海。25日,孙中山在日本神户出席东京、大阪、神户各埠国民党人联合举行的欢迎会,并发表演说,希望早日实现和平统一的主张,指出:"不过要以后真是和平统一,还是要军阀绝种;要军阀绝种,便要打破军阀来作恶的帝国主义;要打破帝国主义,必须废除中外一切不平等的条约。我这次到北京去的任务,就是要废除中外不平等的条约。"孙中山的演说,充分表达了他反对帝国主义,反对封建军阀,废除中外不平等条约的主张和决心。

孙中山的主张,得到了海内外各界的积极响应。26日,上海筹备欢迎孙中山的27公团代表53人集会通过组织国民会议促成会,以拥护孙中山的主张,并推定筹备委员7人,成立筹备会。是日,全国学生联合总会通电号召全国学生拥护孙中山召集预备会议和国民会议的主张,并表示将在国民会议中提出废除不平等条约、实行废督裁兵及确定教育基金不得挪作军政费用等要求。上海大学立即响应全国学生联合总会的号召,以极大的爱国热情投身到欢迎孙中山和支持孙中山提出的召开国民会议主张的行列中。

上海大学师生欢迎孙中山一行抵达上海

1924年11月11日,上海大学学生会联合中华民国学生总会、上海市民协会、上海反帝国主义大同盟、非基督教同盟会、上海市民对外协会等19个团体,在《民国日报》上发表致上海各公团启事,称:"据广州通讯,孙中山先生于本月十三日起程来沪,拟北上参与和平会议,凡我各公团素仰中山先生之主义者皆宜表示欢迎,敝公团等爱组织欢迎筹备处,各公团愿加入筹备者,请来函或驾临西大兴路南永兴里全国学生总会接洽可也。"15日下午,上海各团体联合会又召开会议,讨论上海组织欢迎孙中山一行事宜,到会的公团达60多个共90余人。上海大学学生会出席了会议,并与旅沪广东自治会、工团联合会、上海店员联合会、学生总会等5个团体共同被推选为负责通讯联络工作。

11月17日,孙中山一行所乘船只抵达上海吴淞口外,上海大学校长、国民党人于右任和其他国民党要员李烈钧、居正、戴季陶、石青阳、杨庶堪、宋子文、叶楚伧等搭乘小火轮前往迎接。上午9时25分,孙中山一行转乘"褒尔登"号火轮在上海外滩法租界码头登岸。上海大学师生和各界各团体代表共2 000多人到码头迎接。上海大学教授、国民党上海执行部的叶楚伧带领全体欢迎者高呼"孙总理万岁""中国国民党万岁""中华民族解放万岁"等口号。孙中山一行登岸后,即乘汽车到法租界莫利爱路(今香山路)29号寓所休息。上海大学的欢迎热情不减,欢迎队伍经由码头走向孙中山寓所,一路上高呼"打倒帝国主义""中华民族解放万岁"等口号,结果遭到法租界巡捕阻挠并将上海大学的校旗强行取走。孙中山闻知此事后,甚为愤慨,说"在中国领土,中国人民有一自由,帝国主义者不得干涉",即叫人打电话进行交涉。法国代理驻沪领事即向孙中山致歉,表示巡捕房这样做,"纯系出于保护诚意,幸勿误会",并让巡捕房将上海大学校旗送回①。当天参加这一活动的上海大学学生何秉彝在11月27日给父亲的信中说:"据人言,此为中国人在上海租界里向外人示威运动之第一次。要知:租界里时不轻易许人游行,高呼的。但不得游行者,亦游行了,不得高呼者,亦高呼了,而外人全不敢加以干涉,可见中国民气之盛,外人亦略存有二分畏惧之心也。"

11月18日,上海大学学生会、上海大学平民学校、上海大学中国孤星社、上海大学浙江同乡会以及中华民国学生联合会等56个公团,在《民国日报》上联名发表文章《欢迎孙中山先生》。文章称:"中国国民欢迎革命首领孙中山先生!这次政变及一切战争都是军阀内部的崩坏,曹、吴虽然暂时倒了,继曹、吴而起的人还多着呢,他们总是争权夺利,没有真心解决'国是'!谁都知道军阀明中暗中受帝国主义的指使,我们平民决不能靠这些军阀及帝国主义解决什么国是。我们唯一的希望,只有我们革命首领孙中山先生!孙中山先生北伐时便主张:一、废除一切不平等条约。二、尽倒帝国主义傀儡的军阀。孙中山先生这次北上,必定要提出这样的政纲——真正代表全国国民利益的政见,和他们只称爱和平的军阀力争。如其达不到目的,我们平民必然一致赞助孙中山先生彻底革命。"

11月20日上午10时,上海大学教师何世桢、何葆仁、许绍棣、陈德徵、学生汪钺、吴芬以及汤宗威、应龄宫、邵禹襄、费公侠等共50多位国民党党员,到孙中山寓所拜谒孙中山,对孙中山一行莅沪表示欢迎。孙中山接见了何世桢一行。在欢迎会上,何世桢、何葆仁以及汤宗威、应龄宫等相继作了发言②。

积极支持孙中山提出的召开国民会议的主张

自从孙中山1924年11月10日在广州发表《北上宣言》,对时局提出"召集国民会议,以谋中国之统一与建设"的主张以后,立即得到全国各界爱国进步的人士和团体的积极响应。上海大学用各种方式,全力响应和支持孙中山的这一政治主张。

11月23日,全国学生联合会和上海大学学生会、上海大学平民学校、上海大学春雷文学研究社、上海大学中国孤星社、上海大学浙江同乡会等62个团体,发表通电,对孙中山召开国民会议共商国是的主张表示赞助。通电称,对于孙中山的"诉诸国民之公意,要求国民之自决,主张召集全国国民会议,解决国是"的主张,"循诵再四,认此主张确为救济

---

① 程永言:《回忆上海大学》,《党史资料丛刊(第2辑)》,上海人民出版社1980年版;《孙中山抵沪纪·欢迎者甚众赴津期仍未定》,《申报》1924年11月18日;《上海大学校旗送回》,《民国日报》1924年11月23日。
② 《青年党员欢迎孙总理》,《民国日报》1924年11月21日。

中国之良药,希全国各公团一致赞助,中国幸甚"①。

11月28日,上海大学学生会在《民国日报》的"国民会议专栏"上发表通电,表示对于孙中山主张召集国民大会绝对赞成。通电称:"我们在这十三年来的糜烂局面中饱尝了军阀混战私斗的滋味,备受了帝国主义剥削欺凌的苦痛。""中山先生已于日前过沪赴京,并以国民党总理名义发表堂堂正正的对于时局的宣言,主张召集国民会议,以解决内受军阀外受帝国主义宰割压迫的混乱时局。我们读了孙中山先生的时局宣言,就明了他主张的国民会议的用意是在真诚为国民谋福利,他在宣言里恳挚的向我们国民宣布他的主张。"通电提出:"我们为我们国民本身的利益,应当追随孙中山先生之后,促成此次国民会议,我们愿以全副的力量作孙中山先生的后盾,实现代表国民利益的孙中山先生的时局宣言,我们更希望上海各学校以至全国各学校、各公团一致起来拥护孙中山先生的主张,自解倒悬于此独一无二的绝好机会。"通电最后号召:"各学校的同学们,全国的同胞们,我们自救的机会到了,我们不可单靠赤手空拳的孙中山先生,我们要使国民大会实现,要在这次国民大会中收回我们的利权,恢复我们的自由,永远断绝军阀的专横和帝国主义的掠夺,我们必须联合起来一致声援我们的先锋孙中山先生,促成国民大会。谁破坏此次国民大会,就是我们的仇敌,我们就应一致向他猛攻。时机不可复失,快起来,作孙中山先生的后盾,实现真正的国民会议。"②

当天下午,上海大学代理校长邵力子在学校召开全体教职员、学生大会,专题讨论孙中山对时局的主张。大会一致赞成孙中山提出的先召集"现代实业团体"等九团体参加的预备会议,产生国民会议的建议。大会决定议决发表上海大学宣言,并推选出由代理校长邵力子,教师彭述之、施存统、张太雷、韩觉民,学生刘华、林钧等7人组成的代表,与国内各个大学进行联络沟通,讨论如何促进"九团体预备会议"的产生。12月3日,《民国日报》发表了上海大学主张召集"九团体预备会议"、产生国民会议的宣言。宣言劈头就指出:"中国近年生产日蹙,商业停滞,社会经济破产,人民失业日众,以致兵灾匪祸,无处无之。资本家无投资之地所,劳动者无生活之工资,此谁之赐?帝国主义之侵掠与国内军阀之战争有以致之也。"宣言继而说:"为发展中国的国民经济与建设民治主义的政治,势非人民结合起来,用革命的手段将中国祸源之帝国主义与军阀铲除不可,然而此种国民革命之成功,决非一早一夕可以达到,欲达到此目的必经由种种之步骤。"接着,宣言表示:"近自曹、吴失败,中国政局有转机与下落之两种可能,人民经过此次战争之极大痛苦后,亦稍有干预政治之觉悟,但乏行动之指南针。中国革命领袖孙中山先生于此次离粤时对时局发表宣言,主张召集国民会议,并由九团体之预备会议来决定产生国民会议之方法,以为人民解决国事之第一步宣言出后,一时受各界人士之赞同,即段祺瑞等亦表示有召集国民会议之意。惟国民会议须真能代表民意时方能解决国事。"宣言最后说:"本校已于十一月

---

① 《六十二团体拥护孙中山主张电》,《民国日报》《申报》1924年11月24日。
② 《国民会议专栏·上海大学学生拥护中山先生主张》,《民国日报》1924年11月28日。

二十八日下午一时开教职员及学生全体会议,通过赞成中山先生之意见,并发表宣言号召国人一致拥护,以促成国民会议并解决中国问题,庶国民经济能发展,人民自由得保障,不胜待命之至。"①

12月24日,《民国日报》刊登了《上海大学四川同学会通电》:"江、浙称兵,奉、直继起,帝国主义者之野心正炽,国内军阀之迷梦方酣,吾民于此水深火热中,正宜奋起,联合国民以自救,孙中山先生者建国元勋、革命领袖,提倡国民会议,召集全国国民代表,共谋解决时局之方策,伟烈鸿猷,乘时利器,负气含生之伦,莫不踊跃奋发,同人等愿竭全力,追随孙先生后,并郑重声明反对段氏分赃割地之善后会议,以期促成真正人民团体所组织之国民会议。愿同胞大家一致联合,为孙先生后盾,以与军阀和帝国主义者一决雌雄。"

发起组织"上海国民会议促成会"

1924年12月1日,《民国日报》刊登了全国学生总会等27个团体为筹组"国民会议促成会"而致上海各公团的公开信,信中提出"拟集合各种人民团体,群策群力,以督促临时执政政府求国民会议之得实现"。公开信表示"沪上人民团体凡赞同此旨者,请即加入,无任欢迎"。上海大学学生会、上海大学浙江同乡会、上海大学平民学校都是"国民会议促成会"的发起者。

12月7日下午,上海国民会议促成会筹备处召开大会,上海大学、法政大学、同文书院、中华海员工会、电气工业联合会、上海民治协进会、旅沪广东自治会等92个公团总计127人参加了会议,会议推选了8名筹备委员,其中包括上海大学代理校长邵力子和学生林钧、郭伯和三人②。

上海国民会议促成会成立以后,加入的团体非常踊跃。12月22日,上海大学福建同学会去函,要求加入上海国民会议促成会。信函称:"民国肇造,祸乱无已,政治之舞台屡变,民间之创痛愈深,推原究始,虽由于外来之侵略、军阀之攘夺,而民众之放弃责任,亦有以致之。吾人处此,尤宜乘机奋起,收回政权,庶冀民治精神之实现。中山先生此次所主张之国民团体会议,诚为欲达目的者所必经之门径。敝会同人谊因切于爱乡,志尤殷殷救国,爰特函请加入贵会,俾得一致进行,以尽国民职责。"③12月27日,上海大学山东同乡会去函,要求加入上海国民会议促成会。信函称:"北京政变,国事纷扰,救国之方,非孙中山先生之国民会议不可。"上海大学山东同乡会的组成,目的就是:"催促山东各地早起拥护中山先生之主张,俾国民会议早日实现。"④

上海国民会议促成会成立以后,为了使一般国民明白什么是国民会议,决定请上海大

---

① 《上海大学主张国民会议宣言·注重预备会议》,《民国日报》1924年12月3日。
② 《上海国民会议促成会筹备会纪》,《申报》1924年12月8日。
③ 《上海国民会议促成会消息·各团体加入之踊跃》,《民国日报》1924年12月23日。
④ 《上海国民会议促成会之发展》,《民国日报》1924年12月27日。

学学生杨之华、张琴秋以及孙庸武等 10 余人,分赴上海各个区的平民学校进行演讲,解释国民会议的意义和成立国民会议促成会的重要性①。

12 月 28 日下午,上海国民会议促成会召开会议,上海大学代理校长邵力子主持了会议。会议决定派出宣传员,赴各地进行国民会议的宣讲。上海大学教师董亦湘以及糜文溶到无锡宣讲;学生王绍虞到安徽六合宣讲;学生林钧到南汇、川沙宣讲。会议还决定编辑小册子,详细解释召开国民会议的意义和国民所要求的国民会议,要求在 10 天内先出第一册,由邵力子负责编辑②。

积极参加争取女界参与国民会议的活动

孙中山提出"召开国民会议以商国是"的建议,受到全国各界的积极响应。上海的妇女界随即提出,召集国民会议是全体国民的大事,妇女界决不能缺席,有参加的必要,因此,有 10 多个妇女团体联名发出倡议,组织"上海女界国民会议促进会",在全国起到领头和表率作用。12 月 8 日,在上海大学召开了"上海女界国民会议促进会"筹备会。上海大学女生团和上海大学平民学校、大夏大学女生团、群治大学女生团、上海妇女运动委员会、南方大学女生团、景平女学学生会、商务印书馆总务处文通科女职员、东方艺术研究社女社员、东方艺术专门学校女生团等 21 个团体代表参加了会议。会议推选了上海大学女学生钟复光、杨之华以及向警予、刘清扬、李一纯、朱剑霞、李剑秋等 18 人为委员。会议还决定向全国妇女团体、女学校发出通电,促进各地一致发起组织同样团体,来达到全国妇女界的大团结③。

上海女界国民会议促进会成立以后,领导各界妇女做了许多工作。1925 年 2 月 5 日,又在上海大学召开代表会议,共有 50 多人参加了会议。在会上,向警予报告了促进会成立一个多月来所做的工作,会议决定派代表赴北京组织全国国民会议促成会联合会,上海大学学生钟复光与刘清扬、李剑秋 3 人为赴京代表④。

3 月 1 日,上海女界国民会议促成会暨上海各女校各妇女团体在上海大学召开上海各妇女团体代表联席会议。上海大学女子部、上海大学平民学校、中国女子体操学校等 10 多个团体代表参加了会议。向警予主持会议。会议鉴于北京段祺瑞政府所发表的"国民会议条例草案"第十四条及第四十八条规定,妇女不得有选举及被选举权,决定奋起抗争。会议认为,段祺瑞执政所公布的"国民会议条例草案"完全无视妇女的权益,这是对妇女人格与权利的蔑视,会议号召妇女界同胞应该急起力争,要求修正条例,加入国民会议,为二万万女同胞争回人格和权利⑤。

---

① 《上海国民会议促成会之昨讯》,《申报》1924 年 12 月 27 日。
② 《上海国民会议促成会消息》,《申报》1924 年 12 月 29 日。
③ 《女界筹备参与国民会议》,《申报》1924 年 12 月 9 日。
④ 《女界国民会议促成会纪》,《申报》1925 年 2 月 7 日。
⑤ 《上海女界联席会纪》,《申报》1925 年 3 月 2 日。

3月8日下午,上海妇女界又在上海大学召开联席会议。上海妇女运动委员会代表向警予、张惠如和上海大学女生团、上海大学平民学校女职员、群治大学、南方大学、大夏大学、杨树浦平民学校等20个团体的代表参加了会议。上海大学学生王一知、张琴秋代表上海女界国民促成会出席了大会。会议决定成立演讲股,张琴秋、王一知都被推选为演讲员。会议还决定立即通电各省女界促成会、各妇女团体、各女校及各校女生立即行动起来,群起而力争①。

3月10日,上海大学女生团、上海大学平民学校全体女教员和中国妇女协会、中国国民党执行部妇女部、上海女界国民会议促成会、上海女权运动同盟会、上海妇女运动委员会、上海女子参政协进会等41个团体又为"国民会议条例草案"第十四条及第四十八条规定,妇女不得有选举及被选举权而在《民国日报》上刊登启事,决定在3月15日召开会议,筹备召开"上海女国民大会"②。

与南洋大学等一起发起请全上海学生讨论国民会议

1924年12月24日,《申报》刊登《上海学生界发起学生代表大会·南洋大学、上海大学等发起请全上海学生讨论国民会议》消息,称:"上海学生界自五四以来殊为消沉,此次国民会议运动开始以后,各界同声响应,独学生界尚无一致的具体表示。今已由七个著名学校之学生会联名发起,召集各校学生代表大会,五四之精神殆将复见于今日欤。"这则消息所称上海"七个著名学校"为南洋大学、上海大学、法政大学、南方大学、大夏大学、同文书院、中华职业学校。这七所学校联名发起召开上海各校学生代表大会并在报上发表启事如下:"国事湍激,全国鼎沸,国民会议迫在眉睫,救国救民,谁肯后人?乃我素为国人注目之上海学生界,自此次江浙战起,直至今日,既少通告表示,又无宣言主张,更未集会讨论。如此消沉,殊属可怪。我上海全体学生果皆甘心堕落而至于此极乎?抑为极少数之怠惰分子私心操纵所使然耶?学生能绝国人,国人何贵学生?同人等痛国是之混乱,愤士气之消沉,际此时艰,终难缄默。爰集合各校,联名发起,召集上海各校学生代表大会,一面对于时局发表具体主张,一面对于上海学生联合会本身切实整顿,扩充实力。事关重要,谅荷同情,务期贵校选派代表两人出席,以利进行。"③

教授施存统发表文章《新年的第一件工作 努力促成国民会议》

1925年1月1日,是新一年的开始,上海大学教授施存统在《民国日报》副刊《觉悟》上发表文章,题目是《新年的第一件工作 努力促成国民会议》。文章说:"去年一年当中,帝国主义国内军阀加于人民的压迫虽然依旧而且加重,然而人民的觉悟和反抗,亦显然已

---

① 《上海女界联席会议记·筹备上海女国民大会》,《申报》1925年3月9日。
② 《上海女国民大会筹备会启事》,《民国日报》1925年3月11日。
③ 《上海学生界发起学生代表大会·南洋大学、上海大学等发起请全上海学生讨论国民会议》,《申报》1924年12月24日。

经增进,'反对帝国主义及其工具军阀'这一个革命的口号,已将多数被压迫民众鼓舞起来了,国民革命的怒潮已涌现于全国了。"文章总结说:"自从国民党改组发表宣言,高揭反对帝国主义反对军阀的大旗以来,全国被压迫的民众顿时得了思想的和行动的指针,一致认国民革命为救济目前中国的唯一道路。'五一'、'五四'、'五五'、'五七'、'五九',诸纪念日的热烈的国民运动,'九七'的反帝国主义大运动,以及最近的国民会议运动,都是我中华民族不甘奴服的表现,都是解放运动中的好气象,亦是去年一年努力的成绩。"文章强调了当下主要工作是"国民会议运动",认为:"去年这一些的运动,我们今年都要继续下去的,一直达到我们最后的目的为止,可是在我们的目前,尤其要注意国民会议运动,一致努力促成国民会议的实现,这是我们政治奋斗必由的道路,亦是此刻千载一时的良机。"文章最后分析说:"国民会议如果开得成功,能够很顺利地解决对外对内的许多重大的政治经济问题,那当然是再好没有;即使开不成功,不能解决各种困难的问题,民众亦可以得到两种效果:一是将自己锻炼成一支强大的劲旅,获得未来胜利的保障,一是彻底暴露帝国主义与军阀的罪恶,总之绝无妥协迁就之余地。所以只要我们努力宣传国民会议,努力做促成国民会议的运动,无论国民会议开得成功与否,都是于国民解放有利益的,都是接近国民解放的第一步。"

第四节　沉痛悼念孙中山不幸逝世

致电校长于右任代为转达对孙中山病情的关心忧念

孙中山在接受冯玉祥、胡景翼、孙岳等爱国将领联名邀请电到北京"共商国是的"时候,已经沉疴在身,但他不顾自己安危,还是坚持北上。1924年12月31日下午,孙中山抵达北京,受到北京各界200余团体总计约3万人的热烈欢迎。孙中山的随从人员向欢迎者散发了事先准备的宣言书,重申"特来与诸君救国的"。当天在北京饭店下榻。1925年1月26日,孙中山在北京协和医院确诊患肝癌并做了手术,手术后孙中山一直在协和医院接受进一步治疗。消息传出,大家极为悲伤。2月6日,上海大学全体教职员学生怀着对孙中山的敬仰和关心之情,致电恰在北京的上海大学校长于右任,请于校长代为转达上海大学全体师生员工对孙中山的忧念关心之情。电文称:"北京于右任校长均鉴:创造中华民国之孙中山先生久病未痊,凡属中华人民莫不忧念。本校负养成建国人才之重任,尤渴望此革命领袖战退病魔,早复健康,完成其领导人民建国之目的。敬请公就近晋谒,代达同人企祷之忱。"①这一电文,充分反映了上海大学师生对孙中山的拥戴和敬仰之情,也显示了孙中山和上海大学的密切关系。

---

① 《上海大学慰问中山·致于右任电》,《申报》1925年2月8日。

参加孙中山悼念活动，向国民党中央发唁电

1925年3月12日，孙中山在北京逝世，举国悲悼，上海大学师生也沉浸在极度的悲痛之中，他们用各种方式表达对孙中山的悼念和怀念之情。

13日，上海大学宣布为沉痛悼念孙中山，全校休课一天，教师韩觉民、沈泽民、施存统、邵力子、邓中夏、恽代英等参加了为孙中山治丧守灵活动。学校还派出代表到孙中山寓所进行吊唁，参加吊唁的，除以上海大学校部的名义以外，还有上海大学的各个社团，其中包括上海大学中国孤星社、上海大学平民学校、上海大学演说练习会、上海大学浙江同乡会、上海大学陕西同乡会、上海大学春雷文艺社、上海大学山东同乡会、上海大学琼崖新青年社、上海大学四川同学会、上海大学社会科学研究会、上海大学山东同乡会等①。

上海大学还向国民党中央执行委员会发去了唁电："惊闻中山先生逝世，全校痛悼失此导师，尚望贵党秉承遗志，领导民众继续奋斗，以求民族解放之实现。"上海大学四川同学会也致唁电给国民党中央执行委员会："国民革命尚未成功，领袖遽尔丧失，云山北望，涕泪沾襟，尚望贵党秉孙公之遗志，以竟三民主义之全功。"②

3月20日下午，上海各公团举行会议，讨论成立"追悼孙中山先生大会"筹备会，全国学生总会、上海大学、法政大学、大夏大学等120余团体总计150余人参加了会议，上海大学教师韩觉民主持会议、学生韩肇唐担任会议记录③。22日上午，上海追悼孙中山先生大会筹备会又召开会议，上海大学教师韩觉民主持了会议。会议决定成立总务股，由韩觉民任主任，上海大学的教师邵力子、学生朱义权等为成员；成立文书股，上海大学学生刘稻薪、郭肇唐等为成员；成立宣传股，上海大学学生李炳祥、贺威圣及俞秀松等为成员；成立庶务股，上海大学学生李敬泰等为成员④。

3月23日下午，国民党上海市第四区党部各区分部代表在上海大学召开"追悼总理筹备会"，上海大学学生朱义权主持会议。会议推定了8名筹备委员，其中朱义权、林钧、张晓柳、郭伯和、李炳祥、黄昌炜等6人为上海大学的学生，会议决定3月29日在上海大学举行孙中山先生追悼会⑤。

4月12日，上海各界在西门外公共体育场举行追悼孙中山先生大会，参加者有400多团体，人数达十万之众。上海大学的师生代表参加了追悼大会。宋庆龄、孙科和宋庆龄的母亲等孙中山家属出席了追悼大会。宋庆龄一行4月11日从南京坐专车抵达上海，上

---

① 《孙中山逝世之哀悼·各界之哀悼》，《申报》1925年3月14日；《孙中山逝世之哀悼（二）》，《申报》1925年3月15日；《孙中山逝世之哀悼（三）》，《申报》1925年3月16日；《孙中山逝世之哀悼（四）》，《申报》1925年3月17日。
② 《各界哀悼孙先生各方面唁电汇录》，《民国日报》1925年3月17日。
③ 《孙中山逝世之哀悼（八）·各团体筹备追悼之会议》，《申报》1925年3月21日。
④ 《孙中山逝世之哀悼（十）·各团体追悼大会之筹备会》，《申报》1925年3月23日。
⑤ 《孙中山逝世之哀悼（十一）·国民党区分部之追悼》，《申报》1925年3月24日。

海大学参加了到火车站迎接宋庆龄一行的活动①。

4月13日,国民党上海执行部在新舞台举行追悼孙中山大会,各区党部区分部党员6 000余人参加了追悼会。宋庆龄、孙科等参加了追悼会。上海大学的师生代表也参加了大会。上海大学教授恽代英在会上读了孙中山的遗嘱并发表了演说。恽代英在演说中称:"先生虽死,而先生的精神,仍继续力挽同胞,使得前进。同志仰体此意,仍应格外努力。"②

上海大学的师生对孙中山的追悼和怀念,一直持续不断。1926年3月12日,上海举行有10余万人参加的纪念孙中山逝世一周年大会,上海大学打着校旗,参加了这一大会。1927年3月12日下午5时,尽管大雨滂沱,道路泥泞,闸北工商学团体在上海大学附近的青云路广场上举行孙中山逝世二周年纪念大会,上海大学及上海大学中学部等10多所学校参加了大会③。

上海大学和上海大学平民学校分别举行追悼孙中山大会

1925年3月28日下午,上海大学举行追悼孙中山大会,参加者达1 000余人。中文系主任陈望道主持了追悼会,代理校长邵力子读了孙中山的遗嘱,教师和学生代表恽代英、叶楚伧、邵力子、施存统、蒋光慈、任平正、丁显先后发表演说。恽代英在演说中称:"孙先生决不要人恭维他,是要人实行他的主义,他的伟大处,就在他的主义与党两点上。"叶楚伧在演说中称:"孙先生一生为我辈最可效法者,为其精密周致之思维,故革命同志,心宜热,气宜勇,又宜有精密周致之思维,而后能成事。"邵力子在演说中称:"我辈为革命而求学,我辈更宜努力求学以完成革命。"④

3月30日晚上,上海大学平民学校举行孙中山追悼大会,到会学生及教职员300余人,总务主任朱义权主持大会,学生于学成读祭文。大学部教授蒋光慈发表演说,浅释了"三民主义"的意义,并勉学生努力团结,继续孙中山未竟之事业。继由来宾贺敬挥发表演说,称"目前帝国主义与军阀尚未消灭,而孙中山先生遽尔逝世,实我中国之不幸,亦即世界之不幸也。我辈此后更当奋励,以达自由平等之目的"。教员杨达在演说中阐述了追悼孙中山的意义及今后平民应有的责任。学生徐德明演说称:"我辈一闻中华民国四字,即易想起孙先生之功劳。惜乎先生的事业未成,竟于本月十二日弃我辈而长逝,我辈平民,今后更当团结起来,努力实行平民革命。"⑤

发表悼念文章和悼念诗作

上海大学师生在悼念孙中山的过程中,还在报章上发表了悼念文章和悼念诗作。

---

① 《孙中山夫人与孙哲生昨晚抵沪》,《申报》1925年4月12日;《昨日全埠市民之追悼孙中山大会·到者达十万人左右》,《申报》1925年4月13日。
② 《国民党员追悼孙中山记·在新舞台举行到六千余人》,《申报》1925年4月14日。
③ 《昨日孙中山二周纪念详情·各地团体之纪念》,《申报》1927年3月13日。
④ 《上海大学追悼大会》,《民国日报》1925年3月29日。
⑤ 《各界哀悼孙先生·上大平民学校之追悼》,《民国日报》1925年4月1日。

1925年3月13日,教授施存统在《民国日报》副刊《觉悟》上发表题为《悼孙中山先生》的文章。文章说:"中山先生指导中国被压迫民众走解放的道路,创造革命的三民主义作民众行路的南针,建立革命的国民党作民众团结的基础,大胆地勇敢地指斥中国民众的仇敌——外国帝国主义和国内军阀而与之宣战,务期达到国家独立民族解放自由平等的目的而后已。"文章还说:"我们哀痛中山先生,哀痛民众失了自己的领袖;所以我们格外觉着自己责任的重大,自己努力的重要。中山先生虽然死了,中山先生的精神和事业是要我们继续下去的!"

3月16日,社会学系学生何秉彝在《民国日报》副刊《觉悟》上发表《孙先生不死!》的悼念文章。文章说:孙中山先生"是始终为国民革命而奋斗的先进,中国民族解放运动的导师;他那四十年的革命历史,数十年如一日的革命奋斗精神,无不是为着民众的痛苦而兴奋,代表民众底利益而努力。乃革命尚未成功,即弃我们而长逝,从今后我们被压迫人们失了这伟大的领袖,怎得不万分悲恸呵!""可是,孙先生的形骸虽死,孙先生的精神还未死,孙先生的个人虽死,孙先生的群众还没有死。"孙中山先生"自始即是反对帝国主义的人","自始即是根本反对封建制度——消灭满清政府,反对与封建阶级勾结的妥协派"。孙中山先生"最近在广州对海关问题和商团事件所发表之宣言,及去年十一月过上海时与新闻记者之谈话,及最近根本主张废除一切不平等条约与军阀制度及主张国民会议之宣言,都是为被压迫民族的解放,代表民众底利益与一切反动势力相奋斗底明白的表现"。文章最后号召"全国被压迫的同胞们,赶快团结起来,继续孙先生未了之遗志而努力!"

4月10日,何秉彝又在《民国日报》副刊《觉悟》上发表题为《我们怎样追悼中山先生》的文章。文章说:"我们追悼中山先生,不应像那少妇亡夫样的泪洒悲怀,如孤儿失母般的哀号痛哭;我们此后,只有更一致地坚固团结起来,一肩担任了中山先生未了的工作;更要振作精神,格外加倍努力:向一切反动势力进攻,使革命早日成就。"

3月16日,中国文学系学生、诗人孟超,在《民国日报》副刊《觉悟》上发表题为《悼国民革命导师孙中山先生》的长诗。诗中写道:

呜呜的狂风怒号,
死灭的丧钟乱敲。
阴惨惨的魔窟途中,
执红灯的先锋蓦然遽倒!
海为他喷起了白沫,
山为他呼出了哀歌;
凄风苦雨的午夜,
嚣腾的霹雳把晴朗的世界震破!
聚集在机器作房的工徒,
四野里挥汗如雨的农夫,

　　我们失却了前途的导师,

　　泪眼儿空对着紫金山的墓凄楚!

　　他欲扫除了跳梁的魔鬼,

　　他欲洗濯尽疮痍上的血淤;

　　四十年来艰辛的建筑,

　　华炎的神州中已将有洁花的蓓蕾喷吐。

　　去年西伯利亚的荒郊,

　　曾有巨烈的彗星殒去;

　　谁知昆仑山下漫漫的长原,

　　阴雨绵的春夜,又有巍峨的长城堕陷!

　　星星的妖火会再重燃而燎原。

　　素幕上将又有懞幢的鬼影扰乱。

　　"撒旦"铸无量数生铁的铐铐,

　　骄傲的重要坐在山巅长笑!

　　同志们哟,且勿灰心,

　　我们俱是新离慈母之怀的雏鸟,

　　我们都是挣扎在泥途的旅伴;

　　请拭干了泪滴,追随着故步,战! 战!

　　孟超在诗作的最后,特地注明"三月十三天雨时哭于上海大学",表明了他创作这首悼念作品时的悲痛之情。

《新群》半月刊出版"纪念孙中山先生专号"

　　1925年4月6日,上海大学陕西同学会主办的《新群》半月刊第七期出版"纪念孙中山先生专号"。其中除刊登孙中山遗嘱以外,发表了5篇悼念孙中山的文章和诗歌。

　　社会学系学生关中哲在题为《追悼中山先生》一文中说:"我们处在这样的帝国主义与军阀狼狈为奸的高压之下,真是饱尝其苦而不堪其苦了,真是生路已临穷途了。所幸有反抗这两种势力最有力的孙先生,所幸有唤醒民众来消灭此势力的孙先生做领导。""国人们! 孙先生一生只是为我们民众的利益,现在他死去了,我们已失去了依据,革命的责任已负在我们的肩上而不容推辞了,我们更应为着我们自己的利益奋斗。"社会学系学生何尚志在题为《中山先生之死》一文中讲到孙中山与帝国主义:"帝国主义是要中国永久作为他们的销售剩余商品的市场以苟延其残喘,假使中国独立起来,中国的产业发达起来,没有销售外货的余地,马上就能制帝国主义的死命,所以它们与中国的军阀勾结起来,拼命地破坏中国的产业,摧残中国的革命势力。中山先生是国民革命的导师,因此帝国主义者视先生为眼中钉,时时在那里千方百计地想陷害先生";"军阀是与帝国主义相依为命的,他们专以帮助帝国主义剥削工农民众为能事,中山先生毫不客气地把他们的黑幕向民众揭破,自然是他们怨恨的,他看见国民起来拥护孙先生的主张,知道自己的寿命将终,于是大显其反动的神通。"这篇文章明确指出孙中山的一生是反对帝国主义反对军阀的一生。中学部学生于至谦在题为《我们为什么追悼中山先生》一文中说:孙中山先生"四十年来的革命工作,都是领导我们被压迫的弱小民族来打倒我们的公敌。释去我们的痛苦";"先生只身单影,不辞劳苦奔走的革命,不惜身家性命,努力与军阀和帝国主义奋斗";"我们谨遵先生的遗嘱,继续先生的事业,实现他的主义,认清我们的公敌,打倒帝国主义和军阀"。

发表悼念诗歌的分别是中国文学系学生王友直和张镇西。王友直在悼诗《悼孙中山先生》中写道:"同志哟同志! 徒悲伤无用,揩干眼泪,挺起胸膛,直向敌人杀去,莫在道上彷徨! 我们抱守着我们领袖的遗嘱,我们联合世界上以平等待我之民族。""我们唱着'废除一切不平等的条约'的口号,荡尽国际间一切帝国主义!""我们的领袖不死,我们的领袖精神永存! 与我们暂别的,是我们领袖的躯壳,常伴我们的,是我们领袖奋斗不挠的精神!"张镇西在悼诗《哭中山先生》中写道:"苦呵! 尽量地苦呵! 要苦得喜马拉雅山动摇,太平洋起波,帝国主义的魄散,军阀的胆落,要在眼泪未干的时候,完成先生未竟的工作。"

在这本专号的最后,刊登了社会学系学生马凌山编的《孙中山年谱》。在年谱正文的前言中马凌山写道:"为民族为国家奋斗四十年如一日的孙中山先生,他竟与世长辞了,这是我们中国民众何等的不幸呵! 他现在虽然逝世了,但是他一生的事业,都是和我们个个人有很密切的关系,我们个个人都应该明白他的事业,不但明白了之后就算了事,并且要进一步去完成他的事业,广大他的事业,然后我们才能不负先生'革命尚未成功,同志仍须努力'的遗训。"

发起成立"孙中山主义研究会"

1925年4月24日,上海大学教师和学生恽代英、杨贤江、董亦湘、施存统、侯绍裘、张秋人、高尔柏、唐纯茵、沈观澜、朱义权、黄正厂、何味辛、李炳祥、沈泽民、张琴秋、沈雁冰、王志渊、李锦蓉、李炳仪及高尔松等20人,在《民国日报》副刊《觉悟》上发表题为《发起成立孙中山主义研究会征求同志》的启事。启事全文如下:

> 我们生在世界上,谁不愿意在太平底下享幸福? 可是现在的和平已被帝国主义铁骑所蹂躏,因而人民的幸福,早被特权阶级所侵占。四年的欧战,扫荡了西欧劳动者所造的文明;几百万劳动者底血,只换得了造成第二次大战的凡尔赛和约。现在西方被兵的乡村,还布满着兵烟;流离的老小,还是四方飘浪着;而东方底战鼓,又已越敲越响了。虽然现在表面是一个和平局面,可是我们底劳动者,一方面要弥补过去大战的损失,一方面又要担负未来大战的准备;全世界的被压迫者,反而更苦了! 因此,全世界的被压迫者也渐渐觉醒,只有大家联合起来,然后可以得著一个和平世界,享著幸福。

在全世界被压迫者中间,半殖民地的中国,早已形成了各国帝国主义的角逐场所。他们各自底代理人——军阀,现在已经使中国人民没有一年不在兵火中过那悲惨的命运。可是由代理人互争的结局,必然的,一定发生第二次世界大战。所以中国国民革命,不但有关中国和平,更是世界和平的关键。

现在,帝国主义者底互相冲夺的战鼓声音,与我们被压迫者底互相联合的进攻口号相应,战争与苦痛,是否即将被和平与幸福所消除。我们要眼睁着鹿死谁手。

孙中山先生,是中国国民革命的领袖,为国民革命,奔走了四十年,以四十年之经验所造成的种种计划主张,当然可作我们进行中国国民革命以达世界和平的路径。因此,我们愿集合同情于中国和平与世界和平者共同协力掘发此四十年结晶的经验所示的坦途,俾我们可以一直前进。

我们现定的办法,只是分为"孙文学说"(行易知难)、"发展实业计划"、"三民主义"、"组织"四部分,每人研究,至多可认两部。其他的一切关于研究的方法,尚待得有若干同志后,再行集议。

我们底通信处暂定上海英租界西摩路上海大学附属中学黄正厂。

上海大学的师生,用对孙中山思想的研究这种方式来纪念和宣传这位革命先行者。

第五节　积极进行将上海大学改名为中山大学的活动

学生会提议改上海大学为中山大学

在追悼和纪念孙中山的过程中,上海大学还有一个引人注目的举措,就是提议将上海大学改名为中山大学。1925年3月17日晚上7时,学生会在学校第二院召开全体大会,陶同杰主持了会议。会议讨论关于悼念孙中山的各项活动。会上陶同杰提议,为了永久地纪念孙中山,将上海大学改名为中山大学。与会者大多数同学都表示赞成,并决定向上海大学行政委员会提出此项请求。会后,即起草了改上海大学为中山大学的意见书①。意见书称:

中山先生缔造中华民国,为东方被压迫民族求解放之导师,盘根错节中四十年如一日,富贵不能淫,贫贱不能移,威武不能屈,其人格之伟大,不仅为一代之元良,亦且为万世之师表。孰料昊天不吊,竟降鞠凶,噩耗传来,举国震惊。惟吾人既尽衷于前,尤不可不纪念于后。庶先生不死,其道长存。溯吾上海大学建设以来,首先标以宣传

---

① 《孙中山逝世之哀悼(五)》,《申报》1925年3月18日。

民治主义、养成建国人材为宗旨,远追既往,近鉴来今,在国内大学中,以吾校与中山先生关系最深,故昨日本校全体同学大会议决,拟向本校教务行政会议建议改上海大学为中山大学,崇德报功,用意至深。但同人等对于此次议案认为尚有补充意见之必要。考中山先生,身为国父,功在国家,在政府方面,不应仅以仪葬之隆崇,作饰终之酬报,尤应设法将先生学术思想永远保存,甚至更从而光大发扬,务使余芬永在,万古常新,方符隆崇之至意。故同人意见,应呈请北京执政府明令改本校为国立中山大学,既彰国家酬报之隆,更显追怀先烈之深。至于进行方法,应即组织上大筹备进行国立中山大学委员会,急速进行外,并责成本校学生会即日电北京于校长,及本校前讲师汪精卫先生,以及刻下因公滞京之本校同学刘一清、钟复光二君,就近向执政府要求,借达目的。

3月19日晚上7时,上海大学学生会召开全体同学大会,专题讨论上海大学改名为中山大学问题,确定进行的办法和手续。会议决定成立"上大筹备进行国立中山大学委员会",又决定直接向国民党广东政府提出请求,改上海大学为国立中山大学。会议还提议在上海大学各系添设三民主义讲座,及增设政治、经济、教育三个系。会议决定在3月25日召开追悼孙中山大会,当天出版特刊,印发中山先生遗像,请名人与各系主任及中学部主任演讲,并通知国民党上海执行部派人参加。

会后,上海大学学生会即致电在北京的上海大学校长于右任,汇报了学生会召开学生大会所作出的决定,希望得到于右任校长的支持。电文如下:

北京铁狮子胡同于右任校长鉴:
  本校学生为永远纪念中山先生起见,一致请求向广东政府将本校改为国立中山大学,特设三民主义讲座,并添设与三民有关之政治、经济、教育三系。除向行政委员会建议外,特电请即予许可,尤望能于本校三月二十五日追悼会前示复。
                   上海大学学生会叩号①

国民党中央赞同将上海大学改名为中山大学

上海大学学生会提出将上海大学改名为中山大学的提议一经披露,即得到国民党上海执行部第四区第四分部的支持,认为"此举纪念中山先生最为适当"。3月19日,《民国日报》刊登了国民党上海执行部第四区第四分部致国民党中央执行委员会电,称:"总理逝世,痛悼万分,一致议决请求将上海大学改为中山大学,并特设三民主义讲座,由中央派专

---

① 《上大改名称之进行》,《民国日报》1925年3月21日。

员讲授,以示永远纪念及继续遗志之意,万望准予通过,商于校长决定施行。"①

4月2日,上海大学学生会致函国民党广州大本营代理大元帅胡汉民,提出上海大学改名为国立中山大学的请求。信函称:"兹恳者,本届敝会第一次全体大会,曾议决向革命政府请求,将敝校改名为国立中山大学,用志孙公之盛名伟业于弗谖,并添设政治、经济、教育三系,以孙公学说为研究之对象。此外更设三民主义讲座,请中央执行委员会派员主讲,为全校必修科目,在全体同学以为非如此不足以纪念孙公。故一致主张,誓达目的。曾一度电商北京于校长,当蒙复电赞同,并谓已电致中央执行委员会征求同意云云。敝会以先生曾任本校讲席,且对于此永远纪念孙公之诚意,必能格外赞助。兹特肃函上达,敬乞大力主持一切,俾此议得成事实,则此后敝校同学顾名思义,定能益加奋勉,以期毋负孙公四十年来奔走呼号之苦心。而敝校且成为国内唯一宣扬孙公精神与主义之学府矣。尚恳先生于短时期内赐以满意之答复。"

胡汉民接到上海大学学生会信函后,即在国民党中央执行委员第七十五次会议上,讨论了上海大学提出的改上海大学为中山大学的提议,并决定"俟有切实改革计划然后实行"。4月12日,国民党中央廖仲恺以国民党中央执行委员会的名义致函上海大学学生会,称:

径复者:

案准胡展堂②同志转来贵会请将上海大学改名为国立中山大学,并增设政治、经济、教育三系,以垂孙中山先生永久之纪念等由函一件,当即提出本会第七十五次会议,决议改名为中山大学,俟有切实改革计划然后实行等因准函前由,相应录案。函复贵会,查照为荷。

此复
上海大学学生会

中央执行委员会
廖仲恺③

上海大学学生会接到国民党中央执行委员会复函后,于4月27日举行执行委员会会议,由陶同杰主持会议,并报告了国民党中央执行委员会回函的内容,会议决定再函请中央执行委员会从速派员会同本校校务行政委员会及本会协议一切,以期改校事早日实现④。

---

① 《纪念孙先生之意见·中山大学已在进行》,《民国日报》1925年3月19日。
② 即胡汉民。
③ 《上海大学改名中山大学 俟有切实改革计划然后实行》,《民国日报》1925年4月27日。
④ 《上大学生会委员会》,《民国日报》1925年4月28日。

上海大学改名为国立中山大学这一愿望最终没有实现

关于为永久纪念孙中山、将上海大学改名为中山大学之事,在上海大学激起了很大反响。有的学生还在家信中向父母兄弟报告了此事。1925年3月13日,社会学系学生何秉彝在给父亲的信中说:"中国历史上的第一个伟人、国民革命的导师、被压迫民族的父亲孙中山先生,不幸已经于三月十二日午前九点二十分钟在北京行辕与世永别了。噩耗传来,全国震动,世界悲伤。苟非丧心病狂,无不为之哀悼而流泪,哭导师之遽失了。此地各机关、各团体、各学校正从事开大规模之追悼会。北京的中山公园、南京的秀山公园、杭州的湖滨公园皆有提议改名为中山公园,以致纪念之意;且更有人主张改南京为中山城者。上海大学也有改名为中山大学,特设三民主义讲座之决议,更有建议直改为国立中山大学者,均在进行之中。"[1]4月30日,何秉彝在给父亲的信中又说道:"上海大学已由民党[2]中央执行委员会批准改名为中山大学了。待有切实的计划后即实行改名。此事成后,学校又必有一番起色了。"[3]

由于种种原因,上海大学改名为国立中山大学这一愿望,最终并没有实现。1926年7月17日,广州国民政府下令正式将国立广东大学改校名为国立中山大学,中山大学也成为广东的最高学府。然而,从上海大学学生会提议将上海大学改名为中山大学这一全过程,可以充分体现出上海大学对伟大的革命先行者孙中山的无比敬仰和怀念之情。

---

[1] 中共彭州市委党史研究室:《那些年的青春与热血——何秉彝、何秉钧书信论文选》,中国文史出版社2015年版。
[2] 即国民党。
[3] 中共彭州市委党史研究室:《那些年的青春与热血——何秉彝、何秉钧书信论文选》,中国文史出版社2015年版。

第三编

上海大学是一所革命的大学

第一章
中国共产党在和国民党共同创办的上海大学中占有主导地位

上海大学是在中国共产党与国民党酝酿合作的大背景下面世的,是中国国民党和中国共产党为"养成建国人才,促进文化事业"而共同举办的一所新型学校。从其五年不到的办学过程中可以看到,上海大学实际上是中国共产党在早期发展时期建立并直接参与管理的一所为中国共产党培养干部和人才的新型学校,从1923年4月以邓中夏等共产党人进入上海大学为起点和标志,中国共产党在上海大学中占有主导地位,为这所学校的建设和发展起到不可替代的作用。

第一节 中国共产党参与了上海大学的筹建决策并直接参加学校高层的管理实践

中国共产党对上海大学校长的人选给出了建议

上海大学的成立得因于东南高等专科师范学校的学潮。这所学校因校政腐败而被改组定名为上海大学。关于学校的负责人,组织学潮的学生领袖们曾拟定陈独秀、章太炎、于右任三人。当时这三人都是在政界、学界深孚人望的名人。最后决定由于右任来担任上海大学校长,中共中央也参与了遴选和给出了建议,沈雁冰在他的回忆录中记下了这段珍贵的史料。他说:关于学校改组后新校长的人选,"这时学生中有与党有联系的,就来找党,要党来接办这学校。但中央考虑,还是请国民党出面办这学校于学校的发展有利,且筹款也方便些,就告诉原东南高等师范闹风潮的学生,应由他们派代表请于右任出来担任校长"①。沈雁冰是中国共产党早期党员,后来又到上海大学担任教授,他这段回忆应该是有根据的。然而,"学生中有与党有联系的"这个学生究竟是谁?他并没有明说。按照目前所能看到的史料,这位与党有联系的学生最有可能的应该是嵇直。在东南高等专

---
① 茅盾:《我走过的道路(上)》,人民文学出版社1981年版。

科师范学校的学生中,只有他当时和共产党有联系,并且参与了学校罢课风潮的领导工作。嵇直在东南高等专科师范学校带头组织学生成立学生会,要求学校改组时,已经在张秋人的直接领导下。张秋人作为共产党员,本和陈独秀、施存统、沈雁冰、沈泽民、邵力子等共产党员熟悉,嵇直完全可以通过他来找到共产党,并带回党中央关于请于右任担任校长的建议和指示。实际上,嵇直在完成东南高等专科师范学校改组成上海大学的准备工作以后,就奉组织之命到上海南方大学读书,担任团支部书记并开展工人运动。所以,他在东南高等专科师范学校领导学生闹学潮,严格地说,是党团组织领导的一项革命工作,即使和共产党组织有联系,也完全是处在秘密状态之中的。这与程永言自发组织的"十人团",要求赶走原来的校长、改组学校、选择新的校长,并不在一条线上。因此,关于东南高等专科师范学校的闹学潮改组为上海大学并请于右任担任校长等,在嵇直和程永言所留下的回忆中并没有任何交集。

1922年10月23日,上海大学成立之时,正是国共两党酝酿合作时期。当时,国民党已在南方拥有和北京的北洋政府对抗的政府,是一个公开进行政治活动的政党。而中国共产党则处于秘密状态,不能以组织的名义公开活动。然而,从沈雁冰、嵇直等人的回忆,完全可以断定,中国共产党从上海大学成立一开始,就参与了上海大学校长的遴选并给出了自己的建议。

中国共产党早期主要领导人直接参与了上海大学的办学实践

在上海大学办学过程中,中国共产党的几位主要领导人陈独秀、李大钊、毛泽东等以不同方式直接参与了上海大学的办学实践。

陈望道是中国共产党发起组织成员,同时又是很有名望的学者。上海大学成立以后,诚聘陈望道到上海大学任教并请他担任中国文学系主任。正当陈望道在踌躇不决是否到上海大学任职任教之时,接到陈独秀写给他的一张条子,署名"知名",上写:"上大请你组织,你要什么同志请开出来,请你负责。"①当时的陈望道虽然已与陈独秀意见不合并已脱离了党组织,但对于身为中国共产党中央执行委员会委员长陈独秀代表组织的委派,陈望道还是以严肃认真的态度接受了,他不仅来到上海大学任教、担任中国文学系主任,而且成为在上海大学任职任教时间最长的一位重要领导人。1924年10月10日,国民党右派在上海北河南路(今河南北路)天后宫制造了"黄仁事件",上海大学学生黄仁被国民党右派雇佣来的流氓殴打致死。陈独秀即在《向导》第87期"国民党右派残杀黄仁案"专栏上,以笔名"独秀"发表题为《这是右派的行动吗,还是反革命?》的文章,为黄仁之死严厉谴责国民党右派破坏国共合作的倒行逆施的反革命行径。陈独秀本人究竟有没有到过上海大学?有的学生在回忆中说于右任曾邀请陈独秀担任上海大学董事,陈独秀有共产党组织

---

① 邓明以:《陈望道传》,复旦大学出版社2005年版。

的重任在身,自然不可能来①。有的学生回忆说:中国共产党"中央很多负责人都在上大兼课,只有陈独秀不去"②。有的学生回忆陈独秀曾到上海大学做过讲座③。英国文学系主任周越然,1913年1月时就与陈独秀在安庆相识。他在写于1943年的《我所知道的陈独秀》一文中称:他久未同陈独秀通信,直到陈独秀在上海"'指导'社运,与我所担任系长的上海大学发生关系时,我始与他通信,通电话"④。文中明确讲到陈独秀与上海大学"发生关系",加之这一段时期陈独秀表弟濮德治正在上海大学英国文学系学习,不排除陈独秀到过上海大学,在上海大学与周越然见过面的可能性。

1923年4月,李大钊来到上海,上海大学校长于右任与李大钊会晤之时,向李大钊求计如何来办好这所大学。李大钊当即向于右任推荐了中国共产党人邓中夏、瞿秋白等到上海大学任职任教。不久,邓中夏、瞿秋白就根据党的安排,先后来到上海大学,除担任教授外,还分别担任了总务长和教务长这两个重要的领导职务。瞿秋白还担任了上海大学宣传和传播马克思列宁主义最主要阵地的社会学系主任。李大钊于1923年4月到11月,先后五次来到上海大学发表演讲,题目分别是"演化与进步"(1923年4月15日)、"美术应将现代社会之困苦悲哀表现出来"(1923年7月9日)、"社会主义释疑"(1923年11月7日)、"史学概论"(1923年11月)、"劳动问题概论"(1923年11月),直接向上海大学师生宣传马克思主义理论和历史唯物主义观点,给上海大学师生留下了深刻印象。

1924年1月,国民党一大的召开标志着国共合作的正式形成。随后,成立了国民党上海执行部。3月20日,国民党上海执行部召开第四次执行委员会会议,毛泽东出席会议并作记录。这次会议的一个重要议题,就是讨论国民党在上海大学设立"现代政治班"问题⑤。这是我们今天能看到的毛泽东和上海大学之间关系的最早也是最直接的记载。从1925年五卅惨案爆发、上海大学在西摩路⑥的校舍被英国海军陆战队和租界当局侵占以后,上海大学就开始在江湾筹建新校舍,并且上书国民党中央执委会,请求得到国民党中央在经费上的资助。1925年9月3日,国民党中执委开会议决,补助上海大学新校舍建筑费两万元。但直到第二年的4月,这笔资助款还未拨下。1926年4月10日,上海大学致函在国民党中央工作的林伯渠、毛泽东、恽代英三人,请他们出面敦促国民党中央执委会将资助款"克日汇来"。4月12日,国民党中央执委会秘书处由杨匏安、林伯渠(两人皆为共产党员)出面致函上海大学校长于右任,称:"已令催财政部如前筹拨,即希查照,并

---

① 王秋心:《我在上海大学的生活片段》,中共江苏省委党史资料征集委员会、江苏省档案局编《江苏革命史料选辑》1983年第6期。
② 刘锡吾:《有关上海大学的情况》,黄美真、石源华、张云合编《上海大学史料》,复旦大学出版社1984年版。
③ 浩人:《张开元与〈上海大学志〉》,政协淮阴市委员会文史资料委员会编《别梦依稀——淮阴文史资料第八辑》,1989年10月。
④ 周越然:《六十回忆》,北方文艺出版社2019年版。
⑤ 中共中央文献研究室:《毛泽东年谱(上卷)》,中央文献出版社2013年版。
⑥ 今陕西北路。

转知等由。"①这也说明上海大学和林伯渠、毛泽东、恽代英这三位著名的共产党人有着不同寻常的关系和对他们的信任。1926年5月7日,国民党中央执委会常务委员会召开第二十六次会议,毛泽东出席会议。在会上,秘书处提出上海大学要求按照国民党一大提出的经常费按月支领案。结果会议决定:"命令财政部,关于上海大学补助费案,无论财政如何困难,务须依照第一次全国代表大会决议,每月津贴千元;在财政部未给领以前,暂由中央宣传费项下挪借。"5月12日,国民党中央执委会常务委员会就由林伯渠、杨匏安出面致函上海大学告知这一结果②。而当时担任国民党中央宣传部代部长的正是毛泽东。因此可以说,无论在争取上海大学新校区建筑补助款方面还是在经常性补助款方面,毛泽东都起到了一定的推动作用。

第二节 中国共产党人直接领导了学校的管理工作

校部管理层主要由中国共产党人所掌握

上海大学的校部管理层,主要由校长、代理校长、总务长、教务长组成。其中,除校长于右任以外,代理校长邵力子是上海中国共产党早期组织成员,中国共产党早期党员(直到1926年代表国民党出任国民政府驻苏联代表才正式退出中国共产党),他于1925年离开上海大学到黄埔军校任职,在上海大学担任代理校长达两年多的时间;总务长(包括后来改名校务长、总务主任)邓中夏、刘含初、韩觉民都是共产党员;教务长(包括后来改名学务长)一职,从上海大学成立到被封闭,除了国民党的叶楚伧和何世桢担任过九个月和十个月以外,先后由共产党人瞿秋白以及中国共产党发起组织成员陈望道担任,其中瞿秋白担任了六个月,陈望道则整整担任了两年之久。从1925年5月到1927年5月,陈望道担任代理校务主任,实际主持上海大学行政领导也同样有两年之久,虽然陈望道在上海大学工作期间已在组织上脱离中国共产党,但他内心深处并没有离开中国共产党。可见,上海大学行政领导大权主要掌握在中国共产党人之手。

各系、科、部行政领导大多为共产党员

上海大学的系、科、部等由社会学系、中国文学系、英国文学系、美术科和中学部组成。其中除英国文学系、美术科外,社会学系的历届系主任瞿秋白、施存统、李季等都是共产党员;中国文学系从1923年8月到1927年5月,系主任一直由陈望道担任。中学部主任一职,除陈德徵、杨明轩、刘薰宇三位先后担任过外,从1925年8月到1927年4月,一直由

---

① 台北中国国民党中央委员会文化传播委员会"党史馆"汉口档案7516.1、7514.4,《20世纪20年代的上海大学》,上海大学出版社2014年版。
② 台北中国国民党中央委员会文化传播委员会"党史馆"汉口档案7519.2,《20世纪20年代的上海大学》,上海大学出版社2014年版。

共产党员侯绍裘担任。而杨明轩担任中学部主任期间，虽然还不是共产党员，但他却是进步教师，与瞿秋白、邓中夏关系密切，还曾暗中通知已上了反动当局"黑名单"的社会学系学生、社会主义青年团团员关中哲离开上海并给他买好船票，杨明轩后来也加入了中国共产党。

根据社会学系学生刘锡吾的回忆，称："上大的系主任都是由中央决定的，如瞿秋白走后，中央决定施存统去担任系主任，但学生反对，反映到陈独秀那里。陈说：'这是中央决定的。'"[①]1926年7月，共青团上海大学特别支部在一份工作报告中，曾讨论过社会学系的系主任问题，称"一、二、三年级之会，为主任问题（李季与李汉俊）曾作过宣传——挽留李季作主任"[②]。这说明，在上海大学系主任的任用上，共青团组织也有相当的发言权。

第三节　中国共产党人是上海大学教师的中坚力量

中国共产党早期党员为教师的中坚力量

在1923年4月之前，上海大学教师主要来源于东南高等专科师范学校的留用教师，如美术科主任洪野和以张君谋、陈德徵、叶楚伧等为代表的"积学热心之士"。自从1923年4月邓中夏、瞿秋白到上海大学任职任教以后，大批中国共产党早期党员根据党的安排，先后来到上海大学任教，成为社会学系、中国文学系以及中学部教师的中坚力量。人员包括邓中夏、瞿秋白、蔡和森、张太雷、恽代英、萧楚女、邵力子、沈雁冰、沈泽民、李汉俊、施存统、蒋光慈、任弼时、刘含初、侯绍裘、李季、安体诚、董亦湘、萧朴生、杨贤江、张秋人、彭述之、郑超麟、周水平等。

特别要指出的是，中国共产党发起组织成员陈独秀、李汉俊、邵力子、沈玄庐、陈望道、俞秀松、施存统、李达、杨明斋、袁振英、沈雁冰、林伯渠、李启汉、李中、沈泽民等15人中，后在上海大学担任过教授的就有李汉俊、邵力子、陈望道、施存统、李达、沈雁冰、沈泽民7人，所占比例为46.6%；出席中国共产党第一次全国代表大会的13名代表中，则有李达、李汉俊2人担任过上海大学教授。

由此可以看出，上海大学虽然为国共两党合作所建，但中国共产党从上海大学一开始筹建就参与决策，并担负了主要的授课任务和实际的管理责任。

国民党方面也承认上海大学的主导力量为共产党

中国共产党和中国国民党合作创办的上海大学，后来共产党成为学校的主导力量，连校长于右任及其所代表的国民党方面都承认这个现实。上海大学于1927年5月被国民

---

① 刘锡吾：《有关上海大学的情况》，黄美真、石源华、张云编《上海大学史料》，复旦大学出版社1984年版。
② 中央档案馆、上海市档案馆：《上海革命历史文件汇集（青年团上海地委文件）一九二二年七月——一九二七年一月》，1987年9月印刷。

党当局封闭以后,学生星散,大批学生离校后由于没有相应毕业文凭,"有欲升学而不能升学者,有欲服务不得服务者,且有既升学或服务而又退学去职者。全国高等考试,而我①毕业同学即投考资格亦不能取得"②。1936年3月,上海大学校长于右任以提案委员的身份,向国民党中央执行委员会提出关于《追认上海大学学生学籍与国立大学同等待遇》的提案中所言"中间虽经共党之窃据",虽然是对中国共产党的污蔑和歪曲的说法,但也从反面证明,上海大学虽然为中国共产党和中国国民党共同创建,但在办学的实践过程中,其主导力量是中国共产党。

---

① 指上海大学。
② 于右任:《追认上海大学学生学籍与国立大学同等待遇提案》,台北:中国国民党中央委员会文化传播委员会党史馆会议档案国民党中央执行委员会常务会议 5.3.8.32。

第二章
上海大学党团组织的建设和发展

上海大学集合了一批中国共产党发起组织成员和党的领导人,他们积极地在优秀学生中发展党员,因此,上海大学的党员人数在全市党员尤其是在学生党员中占有较大比重。在上海地方党委的基层组织系统中,上海大学党组织以第一党小组、独立支部等形式接受领导,是中国共产党在上海最活跃的基层组织之一,是中国共产党早期革命的坚强堡垒。

第一节 上海大学的中国共产党组织

上海大学的中国共产党组织是自1923年4月邓中夏等共产党人来校以后建立起来的。随着党员队伍的不断扩大,根据中共中央有关会议和文件精神,根据中共上海地方党组织的决定,先后经历了"组""支部""独立支部"等变化与发展。

第一组——上海大学组

1922年7月中国共产党第二次全国代表大会通过的《中国共产党章程》,在"组织"一章中明确规定"各农村各工厂各铁路各矿山各兵营各学校等机关及附近,凡有党员三人至五人均得成立一组,每组公推一人为组长,隶属地方支部",并规定"各组组织,为本党组织系统,训练党员及党员活动之基本单位,凡党员皆必须加入"。

1923年6月召开的中国共产党第三次全国代表大会把党的基层组织改为小组,人数调整为五人至十人。

1923年7月9日晚,中共上海地方兼区执行委员会举行第一次会议,决定"将居住相近的同志重新分组,每组设组长一人"。当时全市党员共53名,除了因离开上海、被捕和驻地不明的暂不编组外,编入小组的党员共计43人,共编为五个组:上海大学为第一组,商务印书馆为第二组,西门为第三组,虹口为第四组,吴淞为第五

组①。第一组的上海大学组共有党员11人,组长为林蒸,组员为严信民、许德良、瞿秋白、张春木②、黄让之、彭雪梅、施存统、王一知、贺昌、邓中夏。其中瞿秋白、施存统、邓中夏为上海大学教授,严信民、黄让之、王一知、贺昌为上海大学学生。可以说,严信民、黄让之、王一知、贺昌是上海大学党组织中最早的一批学生党员,其中严信民、王一知都是在1922年加入中国共产党的。

从1923年7月到11月间,上海地方的党员流动性比较大,作为第一组的上海大学组,无论是组长还是组员,人员都在不断地发生变化。1923年8月12日晚,中共上海地方兼区执行委员会举行第七次会议,讨论了党的小组改组问题,决定将全市党员重新编为四个组,第一组依然为上海大学组,组长为许德良,组员为瞿秋白、张春木③、严信民、黄让之、张特立④、邓中夏、施存统、王一知、邵力子,共计10人。在这次会议的记录稿上还特别注明林伯渠、刘宜之、赵醒侬、欧阳笛渔、茅延桢、雷晋生、张铭世、高保民、周耕庐、李启汉等18位党员,"或请病假,或离沪,或回家未到,或在狱,或不知住处,未编组"⑤。

1923年9月12日,中共上海地方兼区执行委员会举行第十二次会议,会议讨论了党员"重新分组"的问题,会议称"上海同志来去无定,兹委员会详细调查在沪(长期留沪者)确数,改定各小组",上海大学为第一组,组长为施存统,组员为瞿秋白、邓中夏、严信民、黄让之、施存统、王一知、邵力子、张人亚、刘拜农、向警予,共计10人。

1923年9月27日,中共上海地方兼区执委会召开第15次会议,讨论国民运动问题、改编小组及整顿纪律问题。会议决定重新划分党小组,将所有党员31人编成4个组,上海大学组为第一组,组长王一知,组员有瞿秋白、邓中夏、施存统、向警予、卜士畸、许德良、徐白民、恽代英、黄让之等9人⑥。

1923年11月15日,中共上海地方兼区执行委员会举行会议,会议讨论了党员编组的问题,第一组依然是上海大学组,组长为陈比南,组员为瞿秋白、邓中夏、施存统、王一知、其雄、黄让之。11月22日,中共上海地方兼区执行委员会开会审查并通过由第一组上海大学组提出的发展上海大学7名学生张景曾、龙康庄⑦、薛卓汉、王逸常、徐梦秋、许乃昌、刘剑华⑧为中国共产党候补党员。这7名候补党员都编入第一组,这样,第一组上海大学组的党员为14人,组长依然是陈比南⑨。

---

① 吴淞组在会议记录稿上注明"暂缺",实际上尚未有党员编入。见中央档案馆、上海市档案馆:《上海革命历史文件汇集》,1989年10月。

② 即张太雷。

③ 即张太雷。

④ 即张国焘。

⑤ 《中共上海兼区执行委员会会议记录》,原件藏上海市档案馆,编号6-5-006。

⑥ 中央档案馆、上海市档案馆:《上海革命历史文件汇集(上海区委会议记录)一九二三年七月——九二六年三月》,1989年10月。

⑦ 即龙大道。

⑧ 即刘华。

⑨ 黄志荣:《关于一九二三年至一九二七年上海大学党组织的发展情况》,《党史资料丛刊(第2辑)》,上海人民出版社1982年版。

1924年1月13日下午,中共上海地方兼区执行委员会召开会议,会议讨论了党员编组的问题,决定第一组的组长为刘华,组员为:邓中夏、瞿秋白、施存统、王一知、张其雄、黄让之、陈比南、张景曾、龙康庄①、薛卓汉、王逸常、徐梦秋、许乃昌、向警予、许德良、林蒸,共计17人。其中的张其雄为湖北广济人,1922年经董必武、李汉俊介绍加入中国共产党,进上海大学社会学系不久,与严信民、王一知一样,都是上海大学学生中最早加入中国共产党的。

上海大学党的支部

1925年1月在上海召开的中国共产党第四次全国代表大会,首次明确提出无产阶级在民主革命运动中的领导权问题。为保证无产阶级领导权的取得和实现,大会通过的《对于组织问题的议决案》指出"组织问题为吾党生存发展的重要问题",要求在全国范围内建立发展党的组织,并将组织建设的重点转移到支部建设上来,强调"我们党的基本组织,应是以产业和机关为单位的支部组织",规定"三人以上即可组织支部"。这是在党的历史上第一次将党的支部规定为党的基层单位。2月,中共上海地方委员会根据中国共产党第四次全国代表大会关于基层组织建设的规定,决定以原来的直辖小组为基础组建党支部,上海大学根据中共上海地方委员会的决定成立了党的支部。8月,为便于指导辖区内的支部开展工作,上海区委根据支部的集散情况和人数多寡组建了五个支部联合干事会,简称"支联"。据1925年9月27日的《上海区委组织报告》的第五部分"支部数目"记载,上海总计有党的支部65个,包括杨树浦支联9个,引翔港支联12个,浦东支联6个,小沙渡支联15个,曹家渡支联8个,工部局、电车、邮务、海员、铁路、金银业、商务印书馆、印刷、店联、上大、同文、通讯社、沪南、洗衣、俄馆各1个②。

1925年12月,上海区委做了一份"上海区委关于基层组织情况调查表",其中的"北部组织调查表"记载,支部数共15个,列在第一的就是上海大学支部,共分成三个组,支部书记为高尔柏,负责组织工作的为韩觉民、沈观澜,负责宣传工作的为施存统、钟复光。三个组的组长分别为施存统、韩觉民、高尔柏③。从这张表中可以看出,至晚到1925年12月,上海大学的基层组织还是称支部,支部下设三个组,既负责大学部党的工作,又同时负责中学部党的工作。

直属上海区委领导的上海大学独立支部

1925年8月以后,为了应对基层党的支部日渐增多而带来的管理难题,中共中央要

---

① 即龙大道。
② 中央档案馆、上海市档案馆:《上海革命历史文件汇集(中共上海区委文件)一九二五年——一九二六年》,1986年4月。
③ 中央档案馆、上海市档案馆:《上海革命历史文件汇集(中共上海区委宣传部组织部等文件)一九二五年八月——一九二六年四月》,1986年4月。

求各地党组织在大的工业区或农村集合邻近的若干支部组成"部委员会"①,来"管理本区域内各支部工作"②。10月间,上海区委将各支联改组为部委,新增加闸北、南市两个部委。上海大学党支部则隶属于闸北部委③。后来,上海区委还作出建立独立支部的决定,直属区委领导,其职能与部委基本相同。1926年3月9日,中共上海区委主席团召开会议,会议讨论了上海大学问题,决定上海大学支部直接接受上海区委指挥。中共上海大学支部自此次会议后,成为直属上海区委领导的独立支部④。"独立支部"也称"特别支部"或"特支",这种说法不仅在留下的档案里有,在师生的回忆中也都有这样的表述。

《上海区委组织系统、组织关系表及负责人、活动分子名单(一九二六年四月)》中的"组织系统表",记录了当时上海区委领导的部委和独立支部名单,称"上大独支,六一人",即当时上海大学的党员人数为61人;在"上海地方各独支书记名单"中,有"上大书记高尔柏";在"上海地方活动分子名单""(3)独支"名单中,有李硕勋、高尔柏等人。另一份《上海区委组织部各项统计表(一九二六年四月)》显示,上海区委领导的"地委""部委""独立支部"中,都下辖若干支部,在"沪区所属地委、部委、独支、支部数量"这一栏中,上海大学独立支部的支部数量为"1",并注明"本身",即上海大学独立支部下面不再另设支部,与上海大学独立支部类似的总计有"学总"等11个独立支部⑤。

关于上海大学独立支部的活动情况,从目前留下的档案来看,有1926年8月13日的《上大独支组织部最近两周工作报告》,8月20日的《上大独支组织部一周工作报告》,8月27日的《上大独支组织部一周工作报告》,9月10日的《上大独支组织部两周工作报告》,9月24日的《上大独支组织部一周工作报告》,10月8日的《上大独支组织部两周工作报告》等六份文件⑥,这对于我们了解中共上海大学独立支部乃至了解上海大学党组织活动情况等都是珍贵的第一手史料。

师生回忆中的上海大学党的组织

关于上海大学独立支部书记为高尔柏,除了见诸党史档案记录外,在高尔柏本人及上海大学学生的回忆中都曾谈到。如高尔柏说:"校内建有一个党支部,支部是由区委(管上

---

① 简称"部委"。
② 中共中央文献研究室、中央档案馆:《建党以来重要文献选编(一九二一——一九四九)第二册》,中央文献出版社2011年版。
③ 中共上海市委组织部等:《中国共产党上海市组织史资料(1920.8—1987.10)》,上海人民出版社1991年版。
④ 中央档案馆、上海市档案馆:《上海革命历史文件汇集(上海区委会议记录)一九二三年七月——一九二六年三月》,1989年10月。
⑤ 中央档案馆、上海市档案馆:《上海革命历史文件汇集(中共上海区委文件)一九二五年——一九二六年》,1986年4月。
⑥ 中央档案馆、上海市档案馆:《上海革命历史文件汇集(上海区委各部委文件)一九二五年——一九二七年》,1987年6月。

海、江苏等地区)直接领导。约在1926年到1927年春,我曾担任支部书记,由区委书记罗亦农直接领导。"[1]黄旭初说:"五卅运动后,我回到上海大学。……学校里的党支部直属中共浙江区委,委员有高尔柏、李季、施存统三人,高尔柏任支部书记。"[2]刘披云说:1925年下半年,"党的特支书记先是阳翰笙,然后是康生"[3]。阳翰笙回忆说:"'上大'是个特别支部(特支),直属地委,也有团的组织。我1925年转党。前后任支部书记的有韩觉民(代替邓中夏做教务长)、郭伯和(也是四川人,是烈士)、高尔柏和我。"[4]阳翰笙还说:"那时我是上海大学的党支部书记,干了几个月就调我到闸北区委任书记了。在闸北区委干了几个月,党又调我去广东。"[5]党伯弧说:"当时上大党支部书记是杨振铎(山西人),副书记是党伯弧,是由上海市委指派的,后来杨振铎同志因工作调走,支部召开学校全体党员大会,由市委提名党伯弧接任书记职务,市委书记罗亦农同志参加大会并在会上讲了话。这是党组织处于秘密活动时期的上大支部一次党员大会。"[6]

从以上回忆内容看,关于担任上海大学独立支部书记[7]一职,高尔柏和黄旭初的回忆是符合实际的。刘披云说:1925年下半年,"党的特支书记是阳翰笙,然后是康生";阳翰笙说:"'上大'是个特别支部(特支),直属地委",还说前后任支部书记的有韩觉民、高尔柏和他自己。这里说的"特支书记""特别支部",都应为"支部"之误。至于刘披云、阳翰笙、党伯弧的回忆中讲到的高尔柏、阳翰笙、康生、韩觉民、郭伯和、党伯弧所担任的上海大学党支部书记,都是指在1925年2月至12月间成立的"中共上海大学支部"的书记,而非于1926年以后成立的直属上海区委的"中共上海大学独立支部"的书记。

上海大学党组织的组织建设

上海大学党组织自建立以后,对自身的组织建设一直很重视,主要体现在发展党员等方面。

发展党员,是上海大学党组织在组织建设方面一个重要的工作和迫切的任务。1923年11月,上海大学党的小组经过考察,决定吸收张景曾、龙大道、薛卓汉、王逸常、徐梦秋、许乃昌、刘华等七名学生为中共候补党员。11月22日,中共上海地方兼区执行委员会经

---

[1] 高尔柏:《回忆上海大学》,王家贵、蔡锡瑶编著《上海大学(1922—1927)》,上海社会科学院出版社1986年版。
[2] 黄旭初:《我在上海大学的一段经历》,黄美真、石源华、张云编《上海大学史料》,复旦大学出版社1984年版。
[3] 刘披云:《回忆上海大学》,王家贵、蔡锡瑶编著《上海大学(1922—1927)》,上海社会科学院出版社1986年版。
[4] 阳翰笙:《回忆上海大学》,《新文学史料》1984年第2期。
[5] 《阳翰笙同志谈二十年代的上海大学》,《社会》1984年第3期。
[6] 党伯弧:《大革命时期陕籍青年在上海大学》,中国人民政治协商会议陕西省西安市委员会文史资料研究委员会编《西安文史资料(第4辑)》,1983年6月(内部发行)。
[7] 也称"特别支部""特支"。

过认真审查,通过了上海大学党的小组提出的建议,批准张景曾等七人为中国共产党候补党员。这是我们现在能看到的关于上海大学党的小组发展党员的最早档案记录①。1925年5月22日,中共上海地方委员会举行会议,审查并通过了上海大学党支部提出了吸收上海大学学生杨有为、何成湘的建议,批准杨有为、何成湘为中国共产党预备党员②。

关于发展党员的条件,据高尔柏回忆,主要是看"是否坚决反对旧社会,为革命奋斗到底;是否遵守党的纪律,服从组织,严守秘密。至于家庭成分等方面,那是不大考虑的"③。但另一名学生胡允恭则在回忆中说,当时上海大学发展党员,主要看其家庭出身,看其对反帝反封建斗争的政治态度,看其学习态度和执行任务的情况,看其能否遵守纪律,如果上述几方面比较好的就加入社会主义青年团,入团后经过一段时间的考察,表现比较好,即转为共产党员,没有候补期。入党时要宣誓,初期还发一本红皮的党证,后觉得不妥,又取消了④。

另外,吸收党员除了由党支部直接考察培养以外,还有从青年团中选拔的。由党组织先在青年团员中确定具体的发展对象,再请团组织负责考虑介绍⑤。

进步青年或青年团员入党,都要履行严格的手续,首先要求入党者要提出申请,再要经过党组织的考察、谈话,要有入党介绍人,通过党的小组会议或支部大会的审批,再进行入党宣誓等。杨之华于1924年1月考入社会学系,同年加入中国共产党。她在回忆录中详细叙述了自己入党的过程,可以让我们了解当年上海大学吸收发展青年学生入党的基本流程。杨之华先是向上海大学的党组织和她的联系人向警予提出入党要求,向组织递交入党申请书。党组织看了以后,指定向警予同杨之华谈话。在向警予找杨之华谈话之前,瞿秋白先找杨之华进行谈话,瞿秋白对杨之华说:"你要求入党的申请书,支部和我都看过了。因为我最近很忙,组织上要向警予同志与你面谈,但我也想找时间同你谈谈。"接着,瞿秋白从学习马克思列宁主义理论与实际工作相结合等方面对杨之华提出了要求。一个星期以后,向警予和瞿秋白代表党组织一起同杨之华进行谈话,明确要求杨之华介绍自己的入党动机。听完杨之华的叙述,瞿秋白分析了杨之华的思想认识,阐明了党的性质和组织原则,要求杨之华"必须在阶级斗争的风浪中经得起种种考验",并表示自己愿意介绍她加入中国共产党。向警予则以拥抱的方式对杨之华表示祝贺。几天以后,上海大学党支部正式开会通过了接收杨之华入党的决定,上海大学两名教授、共产党员瞿秋白、施

---

① 黄志荣:《关于一九二三年至一九二七年上海大学党组织的发展情况》,《党史资料丛刊(第2辑)》,上海人民出版社1982年版。
② 黄志荣:《关于一九二三年至一九二七年上海大学党组织的发展情况》,《党史资料丛刊(第2辑)》,上海人民出版社1982年版。
③ 高尔柏:《回忆上海大学》,王家贵、蔡锡瑶编著《上海大学(1922—1927)》,上海社会科学院出版社1986年版。
④ 胡允恭:《我所知道的上海大学》,胡允恭著《金陵丛谈》,人民出版社1985年版。
⑤ 高尔柏:《回忆上海大学》,王家贵、蔡锡瑶编著《上海大学(1922—1927)》,上海社会科学院出版社1986年版。

存统担任了杨之华的入党介绍人。①

在当时的时代和所处的环境之下,上海大学党组织发展新党员的任务很重,时间很紧迫,并不一定都能像吸收杨之华那样从容走完所有的必要流程。如中学部的周文在,在五卅运动以后加入中国共产党,他没有加入过共青团,直接被吸收入党。入党以后被周天僇找去谈话,同时被找去谈话的有好几个人,是一次集体谈话②。但总的来看,上海大学党组织在党员的吸收和发展方面是严格根据党章的要求,严肃认真地履行各项手续。被批准入党以后,还要面对党旗进行入党宣誓,由于上海大学的党组织是处于秘密状态之下,有时必须因陋就简。羊牧之曾回忆过自己被批准入党后是如何进行入党宣誓的:"有一次晚上在教室开会,高尔柏从口袋里拿出一块红手帕,往墙上一贴,代表党旗,我们几个人就举手宣誓了。"③条件虽然简陋,但在手续上很庄重完整,对新党员的教育激励作用并不会因此而减弱。

上海大学党组织的思想建设

上海大学党组织的思想建设主要体现在党员的组织生活方面。上海大学的党组织在组织结构上虽然先后经过"组""支部""独立支部"的发展变化,党员人数也在不断增加,但组织生活主要还是以小组为单位。上海大学自1925年2月以后建立党支部,下面分成几个党小组。党小组的划分主要根据党员所属的不同部门、学系而定。比如有大学部和中学部的区分,有教职员和学生党小组的区分。1925年进入上海大学学习的刘锡吾,就担任过教职员党小组组长,小组成员包括瞿秋白、施存统、李季、恽代英、萧楚女、彭述之等④。杨尚昆报考上海大学是在1926年5月的下旬,由于"入学考试期已经过了,只能作为试读生,但党的关系却就编入上大特别支部的小组,参加一些社会活动,党小组长是康生(赵容)"⑤。中学部党员分为两个小组,侯绍裘、沈观澜⑥都担任过组长⑦。沈志远说:"我是1925年春夏才进去的……,在上大仅一年半。……当时我刚入党,仅在附中一个党小组过组织生活。大学部的党团组织生活我不参加。"⑧可见大学部和中学部的党员过组织生活分属不同的小组,有着严格的区分。

但上海大学党小组的划分也不是固定不变的,遇到特殊情况,也会做些变通。比如会

---

① 杨之华:《回忆秋白》,人民出版社1984年版。
② 周文在:《回忆上海大学》,王家贵、蔡锡瑶编著《上海大学(1922—1927)》,上海社会科学院出版社1986年版。
③ 羊牧之:《回忆上海大学》,王家贵、蔡锡瑶编著《上海大学(1922—1927)》,上海社会科学院出版社1986年版。
④ 刘锡吾:《有关上海大学的情况》,黄美真、石源华、张云编《上海大学史料》,复旦大学出版社1984年版。
⑤ 杨尚昆:《杨尚昆回忆录》,中央文献出版社2001年版。
⑥ 即沈志远。
⑦ 黄旭初:《我在上海大学的一段经历》,黄美真、石源华、张云编《上海大学史料》,复旦大学出版社1984年版。
⑧ 沈志远:《回忆上海大学的组织情况》,这是1957年8月1日有关方面对沈志远的访问记录稿,原件藏上海市档案馆(全宗号:D10)。

将政治觉悟较高的划在一组。秦邦宪①入党后就曾划在政治觉悟较高的那一组,使他得到较多的帮助,进步也更快了②。

上海大学党的组织生活要求严格,内容丰富。据较长时间担任党组织负责人的高尔柏回忆:"党员的组织生活内容是丰富的,一般有:学习革命理论,学习国内外时事,学习党的政策,布置革命工作,讨论学校工作,讨论发展对象等,以及其他有关的事。那时学习革命理论的书籍,主要是陈望道译的《共产党宣言》和布哈林的《共产主义ABC》,以及其他由区委指定的资料。支部和小组每次开会,总要布置革命工作,特别是在历次运动中,要派出好多同学去检查日货,而时间又来不及仔细讨论,就只好由支部决定,请学生会出面组织同学去工作。当然在组织中,党团员都是负主要责任,带头向前的。"③党的小组开会"主要是阅读中央指定党员应读的书刊上的文章"④。杨尚昆在回忆自己参加上海大学党的组织生活时说:"上海大学,党的组织生活很严格。每逢星期六都要开一次党小组会,由组长讲形势,每个党员都要汇报自己在这个星期读了什么书,有什么缺点,检查小资产阶级习气、是不是无产阶级化了、在斗争中是否勇敢等。那个时候倒是受了点训练,要保守秘密,要绝对服从党的组织。"⑤由于上海大学党组织在组织生活方面要求严格,活动内容丰富,从而保证了党员在思想建设方面的有效性。在上海大学的学生党员中,绝大多数都是表现比较好的,但也有少数党员不合格。在1926年10月8日的《上大独支组织部两周工作报告》中称:"最近统计,本独支所属同学共一百零五人,两周间共增加二十六人,其中十二人由他处转来者,十四人系由中学新介绍者。减少五人,二人系因违犯纪律开除,二人因过于幼稚转回中学训练,一人转往他处。"⑥这是说在上海大学独立支部,有两名党员因犯纪律而被开除,还有两名党员则因"过于幼稚"而退回中学部进行学习锻炼提高。

第二节 上海大学的青年团组织

1922年5月,在中国共产党的领导下,中国社会主义青年团第一次全国代表大会在广州召开。大会通过《中国社会主义青年团纲领》《中国社会主义青年团章程》及各项决议

---

① 即博古。
② 高尔柏:《回忆上海大学》,王家贵、蔡锡瑶编著《上海大学(1922—1927)》,上海社会科学院出版社 1986 年版。
③ 高尔柏:《回忆上海大学》,王家贵、蔡锡瑶编著《上海大学(1922—1927)》,上海社会科学院出版社 1986 年版。
④ 黄旭初:《我在上海大学的一段经历》,黄美真、石源华、张云编《上海大学史料》,复旦大学出版社 1984 年版。
⑤ 杨尚昆:《杨尚昆回忆录》,中央文献出版社 2001 年版。
⑥ 中央档案馆、上海市档案馆:《上海革命历史文件汇集(上海区委各部委文件)一九二五年——一九二七年》,1987 年 6 月。

案。由此,中国社会主义青年团正式宣告成立。这是中国共产党创建初期成立的先进青年组织。5月10日晚上,大会选出了施存统、高君宇、张太雷、蔡和森、俞秀松五人为青年团中央执行委员会委员,施存统被推选为书记。中国社会主义青年团第一次全国代表大会的召开,使中国社会主义青年团实现了思想上、组织上的完全统一,成为在政治纲领和奋斗目标上与中国共产党保持一致的全国性的先进青年组织。

早在1920年8月22日,上海社会主义青年团就正式成立,书记俞秀松,机关设在霞飞路①渔阳里6号,这是全国最早成立的团组织。中国社会主义青年团第一次全国代表大会召开以后,上海团组织改组为中国社会主义青年团上海地方执行委员会。1925年1月,在团的第三次全国代表大会上,决定将中国社会主义青年团改名为中国共产主义青年团,中国社会主义青年团上海地方执行委员会就改组为中国共产主义青年团上海地方执行委员会。1926年4月,成立中国共产主义青年团江浙区执行委员会,直接领导共青团上海地委的工作。1927年5月,中国共产主义青年团第四次全国代表大会后,成立共青团江苏省委,领导上海地区团组织。

青年团上海大学支部

上海大学的青年团组织,和党组织一样,是从邓中夏、瞿秋白到上海大学任职任教以后才建立起来的。据史料《团上海地委报告第六号——一九二三年十一、十二两个月的活动情况》记载,至迟到1923年11月之前,上海大学就建立了中国社会主义青年团支部,共有团员49名;另据史料《团上海地委报告第三号——关于五月份代表大会情形》记载,至迟到1924年5月,上海大学团支部成为青年团上海地委领导下的第一支部,共有团员77人,共分成13个小组;而1925年8月18日《团上海地委的工作报告——关于组织、训练等情况》这份文件称:"现各支部人数都很少,只有上海大学支部分成二小组。"②上海大学团支部的小组由原来的13个锐减为2个,是由于五卅运动以后,西摩路校舍被租界当局武力封闭,学校被迫在南市租用临时校舍,学生又放暑假,因此,团上海地委的这份报告的统计数字是符合实际的。到了9月,上海大学又在闸北青云路师寿坊租用民房,设立新的校舍,重整旗鼓,青年团的人数又骤增。据《团上海地委学生部工作报告——关于一九二五年三月至九月的学生运动情况》这份文件记载:"上海大学,此支部现达一百二十人,占学生全数四分之一。民校有三百人以上,占学生全数四分之三弱。"③该份文件还记载,"上大附中:有同志数人,未另设支部(附上大支部)",附中团员都参加大学部团支部的活动。

---

① 今淮海中路。
② 中央档案馆、上海市档案馆:《上海革命历史文件汇集(青年团上海地委文件)一九二二年七月——一九二七年一月》,1986年8月。
③ 中央档案馆、上海市档案馆:《上海革命历史文件汇集(青年团上海地委文件)一九二二年七月——一九二七年一月》,1986年8月。

共青团上海大学特别支部

1925年11月,经共青团上海地委的批准,共青团上海大学特别支部成立,由欧阳继修①任支部书记。在1925年11月的《团上海地委组织部十一月份工作报告》中,关于"部委"的设立,有这样一段文字说明:"上地②分部计划,系自十月底规定,曾经呈明中央核准,于本月间,次第成立。部委员以范围之大小,三人至五人不等。各部之任委员职者,大都以前有工作经验的支联干事或在支部内富有活动能力的同志。上地计分九部,各部指挥若干支部(均照地方所指定而指挥之),惟上大支部因情形不同,故不划归闸北部指挥而直〔属〕地方指挥之。"③这段文字清楚地表明,上海大学团支部,与部委平级,直属团上海地委领导,成为"特别支部"。在后来的团地委文件的相关统计表中,都称上海大学的团组织为"上大特支"。

1926年1月,根据党的指示,阳翰笙离开上海大学赴广州,在黄埔军校担任政治教官和国民革命军政治部秘书,共青团上海大学特别支部的书记,先后由马英、陈怀朴担任④。担任过共青团上海大学特别支部书记的还有吴熙、刘披云、杨振铎等⑤。担任过共青团上海大学特别支部委员的还有刘锡吾,任组织委员;阎永增,宣传委员;廖苏华,任妇女委员等⑥。关中哲也担任过上海大学团支部书记⑦。

在青年团体中担任党团书记

在上海各大学、中学,都建有各种进步青年团体。根据中共上海区委和团地委的决定,上海各青年团体总党团书记由上海大学学生贺昌担任,贺昌同时担任着团上海地委书记。同时每个青年团体都要配党团书记,总数为50个,其中上海大学所建立的青年团体或青年团体所在地在本市大学中的数量是最多的,有26个,占列入统计名单的一半以上。在这些青年团体中,上海大学团支部都安排了学生党团员担任党团书记,计有:覃泽汉,国民革命青年团;赵振麟,济难分会;胡醒灵,少年社(中学部);秦治安,非基同盟(中学部);孟超,山东青年社;曹趾仁,陕西同乡会;吉国桢,共进社;易宗邦,河

---

① 即阳翰笙。
② 指团上海地委。下同。
③ 中央档案馆、上海市档案馆:《上海革命历史文件汇集(青年团上海地委文件)一九二二年七月——一九二七年一月》,1986年8月。
④ 中央档案馆、上海市档案馆:《上海革命历史文件汇集(青年团上海地委文件)一九二二年七月——一九二七年一月》,1986年8月。
⑤ 高尔柏:《回忆上海大学》,刘披云:《回忆上海大学》,王家贵、蔡锡瑶编著《上海大学(1922—1927)》,上海社会科学院出版社1986年版;上海市青年运动史研究会、共青团上海市青运史研究室编《上海学生运动史》,学林出版社1995年版。
⑥ 刘披云:《回忆上海大学》,王家贵、蔡锡瑶编著《上海大学(1922—1927)》,上海社会科学院出版社1986年版。
⑦ 关中哲:《与杨明轩往来的几件事》,中国民主同盟中央委员会文史委员会、中共陕西省委党史研究室编《杨明轩》,陕西人民出版社1991年版。

南青年协社;吉国桢,陕西旅沪各团体联合会;阎毓珍,晋社;王栗一,寿县上大同学会;何挺颖,彩仪社;何挺颖,仪中旅沪学生会;何挺颖,陕西青年社;陈荫农,上大济难会;高孟松,涪陵旅沪学会;黎本益,非基同盟(大学部);刘端州,两广青年社;王鸿卢,四川同乡会;董国希,上大女同学会;阎毓珍:上大艺术社;余世堪,上大浙江同乡会;余世堪,宁波旅沪学生会;萧同华,四川青年社;赵体贤,上大合作社;胡醒灵,上大少年社(大学部)。

上海大学青年团的组织建设与思想建设

上海大学青年团组织建设的主要工作是发展进步青年加入青年团组织。上海大学学生在他们的回忆录中也讲到过自己在学校入团的经过,如孙仲宇说:"我在上大时期还没有入党,才入团。团的上大特支书记是欧阳继修(现名阳翰笙)。"①而对自己在上海大学入团经过回忆叙述最详细而又生动的是新中国成立以后先后两次担任南京大学党委书记兼校长的匡亚明,他在自述中这样写道:

> 1926年9月下旬的一个晚上,突然一个素不相识的女同学敲我宿舍的门,操着浓重的湖南口音很严肃地问:"哪一位是匡世(匡世是我当时的学名)?"我很惊讶地站起来作答:"我就是。"从对方的神情看,似乎有很重要的事。随后她说:"请出来一下,我有事跟你谈。"我带着一种突兀的心情默默地跟她一道走到屋外路旁的僻静处站定。她以郑重的口吻轻轻对我说:"我通知你,你已被组织批准为共青团员(CY),明天下午三时十分请你到恒裕里门牌××号楼下开会。"接着她说了声"再见"就走了。我既兴奋又镇定地望着她的背影消失在茫茫夜色中。我返回宿舍,心潮起伏,坐立不安。
>
> 当时,有一位同学叫蔡泰,江西人,是社会学系学生。到上大一个月来我们相处很好,多次相互交换过关于革命理想、中国前途、青年出路等问题的看法,谈得比较融洽。当晚发生的事我几次想和他谈,但终因不知他的政治身份未敢透露。在人生关键时刻,我躺在床上辗转反侧,不能入寐。
>
> 在第二天下午的会议上我才惊奇地得悉,我入团介绍人中有一个就是我同房的蔡泰,另一个是他的同学罗霖。这时我才深深体会到在白色恐怖下,作为一个党团员,对于执行保密纪律需要何等严肃认真的态度。在会上我还得悉,同时我也被接纳入党,但因我年轻,做团的工作更合适,暂留团内。
>
> 11月初,我们的团支部书记杨振铎找我谈话。认为我虽然入团不久,但组织上了解我以前的情况,特别是来上海后,无论在学习上工作上都很好,因工作需要,

---

① 孙仲宇:《关于上海大学的一些资料》,这是有关方面对孙仲宇的访问记录稿,原件藏上海市档案馆,档号D10-1-60。

根据党、团支部的建议,江浙区委批准,派我到引翔港团部委任书记兼党的引翔港部委委员。①

从匡亚明的回忆中可以看到,上海大学团组织对发展进步青年入团是既积极又严格慎重的。作为匡亚明的入团介绍人,与匡亚明同住一个宿舍,受团组织的委托,一直在帮助匡亚明、考察匡亚明。入团审批会严肃认真庄重,会后团支部书记杨振铎又找匡亚明谈话,布置新的工作,可见团组织在组织建设方面是做得比较好的。匡亚明于1926年9月下旬被批准加入中国共产主义青年团的同时,还被接纳为中国共产党党员,由于年轻,组织上认为他做团的工作更合适,组织关系还是留在共青团内,说明当时的青年团员加入中国共产党后并不一定要离开青年团组织,也可根据团员的年龄和工作的需要具有党团双重组织关系。

在思想建设方面,主要是过好组织生活。团上海地委在1924年1月《团上海地委报告第六号——一九二三年十一、十二两个月的活动情况》的报告中称:"上海大学——该支部共有四十九人,一切活动,尚有精神,每二礼拜开会一次,不曾间断。"②学生张琴秋在回忆中说,上海大学的党团组织很活跃,每周开一次小组会,主要是讨论宣传教育工作③。团组织有时则和党组织一起过组织生活④。在五卅以后,活动更多了,团的活动也更明显了⑤。

附表一 上海大学党支部书记一览

时　间	姓　名	职　务
1925年2月至12月	高尔柏	上海大学支部书记
	阳翰笙	上海大学支部书记
	康　生	上海大学支部书记
	韩觉民	上海大学支部书记
	郭伯和	上海大学支部书记
	杨振铎	上海大学支部书记

---

① 国务院学位委员会办公室编:《中国社会科学家自述》,上海教育出版社1997年版。
② 中央档案馆、上海市档案馆:《上海革命历史文件汇集(青年团上海地委文件)一九二二年七月——一九二七年一月》,1986年8月。
③ 张琴秋:《关于上海大学的回忆》,王家贵、蔡锡瑶编著《上海大学(1922—1927)》,上海社会科学院出版社1986年版。
④ 羊牧之:《回忆上海大学》,王家贵、蔡锡瑶编著《上海大学(1922—1927)》,上海社会科学院出版社1986年版。
⑤ 戴介民:《回忆上海大学》,这是有关方面对戴介民的访问记录稿,原件藏上海市档案馆(全宗号:D10)。

续 表

时 间	姓 名	职 务
1925年2月至12月	党伯弧	上海大学支部书记
1926年后	高尔柏	上海大学独立支部书记

(制表人:洪佳惠)

附表二 上海大学学生任职青年团书记情况一览

姓 名	团体名称	姓 名	团体名称
覃泽汉	国民革命青年团	何挺颖	陕西青年社
赵振麟	济难分会	陈荫农	上大济难会
胡醒灵	少年社	高孟松	涪陵旅沪学会
秦治安	非基同盟	黎本益	非基同盟
孟 超	山东青年社	刘端州	两广青年社
曹趾仁	陕西同乡会	王鸿卢	四川同乡会
吉国桢	共进社	董国希	上大女同学会
易宗邦	河南青年协社	阎毓珍	上大艺术社
吉国桢	陕西旅沪各团体联合会	余世堪	上大浙江同乡会
阎毓珍	晋社	余世堪	宁波旅沪学生会
王栗一	寿县上大同学会	萧同华	四川青年社
何挺颖	彩仪社	赵体贤	上大合作社
何挺颖	仪中旅沪学生会	胡醒灵	上大少年社

(制表人:洪佳惠)

附表三 上海大学师生在历届青年团代表大会任职情况一览

代表大会届次	人物姓名	团内职务
中国社会主义青年团第一次全国代表大会(1922年5月5—10日)	施存统(方国昌)	团中央执行委员会委员,团中央第一任书记
	张太雷(张椿年)	团中央执行委员会委员
	蔡和森	团中央执行委员会委员

续 表

代表大会届次	人物姓名	团内职务
中国社会主义青年团第一次全国代表大会（1922年5月5—10日）	邓中夏（邓仲澥）	
	张秋人	团中央执行委员会候补委员
中国社会主义青年团第二次全国代表大会（1923年8月20—25日）	邓中夏（邓仲澥）	团中央执行委员会委员，青年团临时中央局委员长
	瞿秋白	
	施存统（方国昌）	团中央执行委员会委员
	恽代英	团中央执行委员会候补委员、宣传部部长
	张秋人	团中央执行委员会候补委员
	张太雷（张椿年）	
中国社会主义青年团第三次全国代表大会（1925年1月26日—30日）	张太雷（张椿年）	作为宣传与出版委员会成员、无党青年运动委员会成员，当选为中央执行委员会委员，团三届三中全会上当选为团中央总书记，兼任妇女部主任和会计
	任弼时	作为大会主席团成员之一、教育训练问题委员会成员、经济斗争委员会成员，当选为中央执行委员会委员，团三届三中全会上当选为组织部主任
	恽代英	作为大会主席团成员之一、宣传与出版委员会成员，当选为中央执行委员会委员，团三届三中全会上当选为宣传部主任、学生部主任
	贺昌	作为教育训练问题委员会成员之一，当选为中央执行委员会委员，和张太雷、恽代英、任弼时、张秋人一起组成团中央局，兼任工农部主任
	张秋人	团中央执行委员，团中央局成员之一
	张伯简	作为大会秘书、组织问题委员会成员、无党青年运动委员会成员，当选为团中央候补委员，并代理团中央工农部主任，也曾在中央宣传部工作
	彭述之	作为中共中央代表参加，也是无党青年运动委员会成员
	陈独秀	作为特请列席人参加大会

续 表

代表大会届次	人物姓名	团内职务
中国社会主义青年团第三次全国代表大会（1925年1月26日—30日）	邓中夏（邓仲澥）	无党青年运动委员会成员
	郭伯和	检查会计委员会成员
	何秉彝	作为大会记录员参加大会
中国共产主义青年团第四次全国代表大会（1927年5月10日—16日）	蔡和森	大会中代表中共中央致辞
	任弼时	主持闭幕式并在大会当选为团中央书记，中央执行委员会成员之一
	吴振鹏	中央委员、中央局成员并任团中央宣传部、学运部部长
	贺昌	新一届中央执行委员会成员
中国共产主义青年团第五次全国代表大会（1928年7月12日—16日）	蔡和森	作为中共代表团成员参加大会
	瞿秋白	作为中共代表团成员参加大会
	关向应（关致祥）	团中央总书记，新一届委员会成员，在共青团中央组织部工作过
	顾作霖	新一届中央执行委员会成员
	吴振鹏	新一届中央执行委员会成员
	秦邦宪（博古）	新一届中央执行委员会成员

（制表人：共青团上海大学委员会）

第三章
上海大学是中国共产党早期传播宣传马克思列宁主义的重要阵地

上海大学集合了一批中国共产党早期党员、马克思主义理论家，他们在上海大学任职任教期间，充分利用课堂、党的刊物、讲习班和各种集会，通过讲课、讲座、演讲、出版讲义、编辑刊物、发表文章等各种形式，结合中国革命实际，传播、宣传和普及马克思列宁主义，对中国共产党早期马克思列宁主义的学习和普及起到了重要作用，在社会上产生了广泛而又深远的影响。

第一节 通过课堂讲台公开讲授、传播和宣传马克思列宁主义

上海大学的社会学是一个以马克思主义为理论基础和理论指导的学科

上海大学是中国继沪江大学、厦门大学、燕京大学后较早设立社会学系的一所高校。现代社会学界公认社会学有两大源头，一为孔德为代表的西方实用主义社会学；另一个源头就是以马克思、恩格斯为代表的马克思主义的社会学。沪江大学等高校开设的社会学系服膺的是孔德系的社会学，而上海大学的社会学系则是以马克思主义为理论基础和理论指导，来教育学生与武装学生的，从而使社会学系成为中国共产党早期发展阶段一个宣传、学习、传播马克思列宁主义的重要阵地。

上海大学社会学系的课程，分首要课目、次要课目和选授课目。在首要课目中，有"社会学""社会问题""社会进化史""社会主义史""经济史""政治学"以及在选授课目中的"社会哲学""人类学""生物进化论"等，这些课程实际上都贯穿着马克思主义哲学、马克思主义政治经济学和科学社会主义。瞿秋白、蔡和森、张太雷、恽代英、施存统、董亦湘、安体诚、萧楚女、李季、萧朴生、彭述之等教授，在课堂上上课时，都熟练地运用马克思主义的历史唯物论和辩证唯物论，用生动的语言和鲜活的实例，从宏观到微观，从历史到现实，向学生讲授专业的同时，传播和宣传马克思的基本理论、基本知识和方法论。同时，在课堂上

毫不回避地向学生讲解诸如阶级争斗、社会主义、共产主义、资本主义、帝国主义等概念，使学生受到了启蒙和教育。

社会学系学生阳翰笙在进上海大学之前，就已经懂得一点马克思列宁主义，也具有一定的革命思想，进入上海大学社会学系以后，又系统而完整地听了瞿秋白、蔡和森、邓中夏、张太雷、安体诚、施存统、恽代英、任弼时、蒋光慈等中国共产党领导人和马克思主义者所讲的课程，对马克思列宁主义理论的认识和掌握非昔日可比。对此，他在半个多世纪以后回忆起在上海大学学习情况时说："在社会学系，从马列主义哲学、政治经济学、社会发展史，一直到工人运动、青年运动、帝国主义侵略中国史等等，都是以马列主义为中心进行系统的教育。因此我到了'上大'才知道，以前读过一些马列主义的书，看来都是一知半解、似懂非懂的，实际上就是不懂。到了'上大'觉得一切都非常新鲜，许多理论和道理是闻所未闻的，所以就拼命地学习、研究。"①另一位社会学系学生姚天羽在回忆中谈道："当时许多著名的学者和思想家都被聘请来担任各系的教职。特别是社会学系的开办，使同学们感到了极大的兴趣。马克思、恩格斯、列宁的学说，什么'社会主义'、'共产主义'咧。什么'资本主义'、'帝国主义'咧，什么'阶级斗争'、'无产阶级专政'咧，什么'剩余价值'、'资本积累'咧……一系列的新东西、新道理，充满在这一学系的讲义和教师的讲授中。同志们管它叫做'新的革命理论'，学习情绪异常高涨。"②还有一位社会学系学生吴云在回忆录中说："当时，全国的大学，还没有一个以系统传播马克思主义理论为教学任务的系科，更没有一个系从系主任起到教员，集中了那么多的共产党员的教育家、理论家讲课，唯有上大的社会学系是如此。在上大社会学系执教的有中国共产党的著名领导人、杰出的理论家、宣传家，他们在上大的理论教育，对党的理论建设起到了重要作用，促进了党的思想建设，提高了党员的理论水平，推动了将马列主义理论和中国革命实践相结合的研究和探索。"③阳翰笙、姚天羽、吴云的这些回忆和评价是比较准确和客观的，真实地反映了上海大学社会学系在讲授与传播马克思列宁主义方面的作用和功绩，也代表了当时在社会学系学习马克思列宁主义的进步青年的体会和想法。

瞿秋白主讲的"社会学""社会哲学"

瞿秋白是社会学系第一任系主任。他除了全面负责社会学系的行政工作外，还要亲自上讲台给学生上课。他主讲的课程为"社会学""社会哲学"。在讲授"社会哲学"这门课时，他对欧洲各种哲学流派了如指掌，尤其对黑格尔的哲学以及由黑格尔哲学到马克思主义哲学都讲解得十分透彻④。在讲课中，瞿秋白非常注重马克思主义基本原理的教育，以马克思主义的科学理论来教育学生、武装学生，同时他又非常注意照顾听课学生的基础和

---

① 阳翰笙：《回忆上海大学》，《新文学史料》1984年第2期。
② 姚天羽：《培养革命干部的洪炉》，《党史资料丛刊（第2辑）》，上海人民出版社1980年版。
③ 吴云：《无悔的奋斗——吴云回忆录》，大众文艺出版社2010年版。
④ 胡允恭：《我所知道的上海大学》，胡允恭著《金陵丛谈》，人民出版社1985年版。

接受能力的差异,极力将马克思主义的基本理论讲得既通俗又明白。他旁征博引,将古今中外的许多事实与讲义中的要点结合在一起,深入浅出地发挥着;把理论和当前实际斗争密切结合起来,反复地分析、解释着,使学生能心领神会,都很高兴听他的课。当时,听课的不只是社会学系学生,还有中国文学系、英国文学系和美术科的学生,甚至别的学校爱好社会科学的学生也来上海大学参加旁听,再大的教室也总是挤得满满的①。

在讲课中,瞿秋白还专门讲解了《共产党宣言》,他采用的是由陈望道翻译的版本,他对学生要求极其严格,要求每位学生都能熟背《共产党宣言》。这对于学生学习和领会《共产党宣言》是极有帮助的。当年在课堂上受教于瞿秋白的学生,在新中国成立后都能背出《共产党宣言》中的一些句子②。

蔡和森讲授"社会进化史"

蔡和森在社会学系讲授的课程是"社会进化史"。他讲的社会进化史,实际上就是社会发展史。蔡和森对马克思列宁主义钻研极深,尤其对恩格斯的名著《劳动在从猿到人转变过程中的作用》《家庭、私有制和国家的起源》都曾潜心研读,因此在讲"社会进化史"时,观点正确,深入浅出,生动活泼,很受学生欢迎。据社会学系学生胡允恭、杨之华回忆介绍,蔡和森在讲课中严肃认真地阐述了恩格斯的名著《劳动在从猿到人转变过程中的作用》,并且多次引证《家庭、私有制和国家的起源》(上述两书当时还没有中译本)中的有关章节,把社会进化史讲得生动活泼,深入浅出,全系同学都表示欢迎,倾注全力听讲,开始只是社会学系的学生,稍后,其他系的学生也来旁听,不但教室人满,连窗子外面也挤满了旁听的学生③。

张太雷主讲"政治学""政治学史"

张太雷在社会学系主讲"政治学""政治学史"。在这一期间,张太雷作为《民国日报》主笔、社论委员会委员,经常为这张报纸撰稿。在列宁逝世一周年前夕,为了纪念列宁,他赶译了列宁的《国家与革命》第一章,以《马克思主义政治学》为题,在1924年11月26日至29日的《民国日报》副刊《觉悟》上连载。

张太雷还讲授"国内外时事问题",他要求学生以唯物史观方法,来观察、分析国内外形势。他让学生将当时上海出版的《大陆报》《字林西报》《密勒氏评论报》《时事新报》《醒狮》周刊及《向导》周报等阅读后,提出问题,在课堂上讨论,最后由他总结点评,并提出自己的观点。这样的课程每周一次,一下午连续上四个小时。张太雷要求学生阅读的这些

---

① 姚天羽:《培养革命干部的洪炉——上海大学》,《党史资料丛刊(第2辑)》,上海人民出版社1980年版;胡允恭:《我所知道的上海大学》,胡允恭著《金陵丛谈》,人民出版社1985年版。
② 胡允恭:《我所知道的上海大学》,胡允恭著《金陵丛谈》,人民出版社1985年版。
③ 胡允恭:《我所知道的上海大学》,胡允恭著《金陵丛谈》,人民出版社1985年版;杨之华:《回忆秋白》,人民出版社1984年版。

报刊,其中《大陆报》系中美双方合办的英文日报;《字林西报》系英国人在中国出版的一张英文日报;《密勒氏评论报》为美国人办的英文周报;《时事新报》是一份与中国资产阶级右翼党团关系密切的私营报纸;《醒狮》周刊是一份由中国国家主义青年团主办,鼓吹国家主义、维护军阀统治的刊物;《向导》周报则是中国共产党中央委员会的机关报。这些报刊,代表着不同的阶层和党派,有着不同的政治倾向和观点。加之听课的学生除了社会学系以外,还有其他学系,政治倾向和派系也不尽相同,因此,每次讨论都很激烈,都要拖堂,有时要延迟下课达一两个小时,但即使耽误晚饭也满不在乎①。张太雷实际上就是要用这种方式,引导学生学会用唯物辩证法的观点看待时事、看待政治。追求进步的学生通过这样的课程,思想认识也有了提高,逐步确立了辩证唯物主义认识论。

恽代英主讲"国内政治""国际问题""现代政治"

恽代英在上海大学讲的课程为"国内政治""国际问题",其中"国内政治"是社会学系、中国文学系和英国文学系学生的必修课,每周一次。1924年春,上海大学开设"现代政治"课程,由恽代英和汪精卫、胡汉民三人轮流讲课。恽代英在讲课中深刻分析了帝国主义侵略中国,必然要和中国的买办阶级和封建军阀勾结,因此反帝反封建是一个问题的两个侧面。他针对胡汉民在讲课中所说的三民主义包括了共产主义、除了民生主义外不需要共产主义的错误说法,明确提出了共产党人赞成三民主义但这不是革命的最终目标,尽管中国的民族资产阶级主体是革命的,但他们的革命有局限性,随着革命继续深入,侵犯了他们的利益,他们就会起来反对,所以依靠他们是不可能把革命进行到底的。恽代英观点鲜明,论证充分,逻辑严密,说理透彻,有力地批驳了胡汉民的观点,让学生对这个问题有了正确的认识②。恽代英讲"现代政治"这门课,是用马克思主义立场、观点和方法来分析当代的社会和政治,观点鲜明,论证充分,逻辑严密,说理透彻,很受学生好评。不久,胡汉民、汪精卫离沪去广州,"现代政治"就由恽代英一人主讲。同瞿秋白、蔡和森等一样,每当恽代英上课时,除了社会学系的学生以外,中国文学系等其他系的学生也都争相到教室听课,学生"总坐满了教室,总有人不得不在教室门上听讲"③。

施存统主讲"社会思想史""社会运动史""社会问题"

施存统作为社会学系的教授,开设的课程有"社会思想史""社会问题""社会运动史"等。在讲授"社会思想史"这门课时,他明确提出,社会思想包含三种对社会发生的思想,其中第一种就是马克思所主张的改造社会的思想。在讲"社会运动史"这门课的时候,他依据马克思主义的唯物史观,尤其是马克思的阶级斗争学说,把社会运动定义为"凡一切

---

① 周启新:《上海大学始末》,中国人民政治协商会议上海市委员会文史资料工作委员会编《文史资料选辑(一九八一年第一辑)》,上海人民出版社1981年版。
② 胡允恭:《我所知道的上海大学》,胡允恭著《金陵丛谈》,人民出版社1985年版。
③ 戴介民:《回忆上海大学》,这是有关方面对戴介民的访问记录稿,原件藏上海市档案馆(全宗号:D10)。

被压迫阶级对于压迫阶级的反抗或争斗都叫作社会运动",社会运动史"就是阶级斗争史",社会运动史的任务,就是"叙说阶级斗争历史的经过及其发生的原因"。他认为,"资本主义已经替我们造成消灭阶级及阶级斗争的物质的条件了。无阶级、无阶级斗争的谐和一致的社会不久就会在我们人类社会中实现了"。他主讲的"社会问题"课程,同样贯穿着马克思主义的观点。比如他强调,现代社会问题,"是资本主义的社会组织下面必然发生的事实和问题。资本主义发达到一定的程度,现代社会问题就自然而然地随着发生了"。对于社会问题的解决与救治,他提出了"改良"和"革命"的区别:"应急的、渐进的、妥协的方法",是"改良";社会主义则是用"根本的、激进的、彻底的方法","代以完全新的社会组织";再明确讲,社会主义就是"否认现存私有财产制度而主张根本改造"①。施存统还在上海大学讲授过"社会科学"这门课,内容包括社会科学史、从第一国际到第三国际等,介绍了马克思列宁主义在国际上的传播与实践历史②。阳翰笙在回忆中说:"施存统讲社会问题,工人、农民、妇女、青年等问题,从马列主义观点来讲。"③

安体诚主讲"现代经济学"

安体诚在上海大学担任教授期间,除了主讲"现代经济学"课程以外,还讲授"社会学""科学社会主义"等课程。其中"现代经济学"具有鲜明的马克思主义观点,材料丰富,为当时学术界所重视。在讲课中,安体诚态度认真,对概念十分重视。他讲"经济"这一概念,首先说明"经济"两字的内容,对什么是自然经济、什么是社会经济、经济与政治的关系等,都讲得一清二楚。当时听他课的学生胡允恭一开始还觉得他讲课从概念到概念,过于拘泥。后来胡允恭自己在读到列宁《我们究竟拒绝什么遗产》一文时,才知道列宁对概念的重视,由此才体会到安体诚教学态度的认真和严谨④。

李季主讲"马克思主义"和"政治经济学"

李季在上海大学主讲的课程是"马克思主义"和"政治经济学"。他讲授的"马克思主义"课程,是按照《马克思及其生平著作和学说》一书讲解,此书以后作序出版,改名为《马克思传》。"政治经济学"课程的课本是用德国博洽德所著的《通俗资本论》译本。这两本书都是由李季自己编译、由上海书店印刷发行的,当时系里的学生差不多人手一册⑤。李季在给学生讲"社会主义史"这门课时,曾给学生讲过自己"拟著述《马克思恩格斯传》,内

---

① 《上海大学(1922—1927)教材:施存统〈社会运动史〉〈社会思想史〉〈社会问题〉》,上海大学 2021 年版。
② 薛尚实:《回忆上海大学》,中国人民政治协商会议上海市委员会文史资料工作委员会编《文史资料选辑(第二辑)》,上海人民出版社 1979 年版。
③ 阳翰笙:《回忆上海大学》,《新文学史料》1984 年第 2 期。
④ 胡允恭:《我所知道的上海大学》,胡允恭著《金陵丛谈》,人民出版社 1985 年版。
⑤ 薛尚实:《回忆上海大学》,中国人民政治协商会议上海市委员会文史资料工作委员会编《文史资料选辑(第二辑)》,上海人民出版社 1979 年版。

容包括两人的生平、著作、学说及其批判等,预计四百万言"①。李季是社会学系继瞿秋白、施存统以后的第三任系主任,对马克思主义的理论和社会主义运动史的研究有很深的造诣。英国著名的社会主义者柯卡普传播马克思主义的经典著作《社会主义史》就是由李季翻译、于1920年10月出版的。中国文学系学生、新中国成立后曾两度担任南京大学校长的匡亚明在回忆中说上海大学师资力量强,"允许学生跨系选修。我就曾在社会学系旁听过李季的'资本论浅说'课,收获很大"②。

邓中夏、萧朴生、彭述之、郑超麟的讲课

邓中夏是最早到上海大学任教任职的中国共产党早期党员和早期领导人,他作为上海大学的总务长,虽然主要负责学校的行政工作,但作为上海大学教授,他主讲"伦理学""公民学"等课程。他和学生在一起的时候,也会给大家讲德国卡尔·李卜克内西和罗莎·卢森堡等共产党人为革命斗争英勇献身的故事,激励和教育学生,传播和宣传马克思主义③。

萧朴生主讲"哲学"课程,他在讲解哲学概念"阶级与非阶级""唯物与唯心""功利与非功利"的同时,用通俗易懂的语言,很好地讲授普及了马克思主义哲学的基本原理,受到学生的欢迎④。

彭述之和郑超麟,都主讲"社会学"课程,学生周启新回忆,彭述之和郑超麟"曾先后代瞿秋白讲课,因系短期性质,并不作系统讲授,只是采摘《新青年》等杂志论文,宣扬唯物论及唯物史观,嘱学生提出问题,随时讲解"⑤,在传播马克思主义理论方面给学生留下深刻印象。

第二节 通过讲座和演讲传播和宣传马克思列宁主义

上海大学的讲座演讲活动,既是学校教学的有机组成部分,又是校园文化的重要体现。上海大学的讲座演讲层次高、范围广,既有本校教师在校内的演讲,又有社会名流、专家学者、政治要人应邀到校的演讲。在这些讲座演讲中最能体现上海大学亮点和特色的,

---

① 周启新:《上海大学始末》,中国人民政治协商会议上海市委员会文史资料工作委员会编《文史资料选辑(一九八一年第一辑)》,上海人民出版社1981年版。
② 匡亚明:《我在上海大学的学习生活》,国务院学位委员会办公室编《中国社会科学家自述》,上海教育出版社1997年版。
③ 杨之华:《回忆秋白》,人民出版社1984年版。
④ 薛尚实:《回忆上海大学》,中国人民政治协商会议上海市委员会文史资料工作委员会编《文史资料选辑(第二辑)》,上海人民出版社1979年版。
⑤ 周启新:《上海大学始末》,中国人民政治协商会议上海市委员会文史资料工作委员会编《文史资料选辑(一九八一年第一辑)》,上海人民出版社1981年版。

就是一大批中国共产党的早期党员、早期领导人、早期的理论家,通过各种讲座演讲,在更大范围内传播、宣传和普及马克思列宁主义。

李大钊在上海大学所作的演讲

李大钊是中国无产阶级革命家,中国最早的马克思主义者,中国共产党的创始人和早期领导人。他不但向上海大学校长于右任推荐了共产党人邓中夏、瞿秋白到上海大学任职任教,而且自己也于1924年8月接受上海大学的聘请,担任经济学系的系主任。李大钊曾于1923年4月15日至1923年11月,前后五次以学者、来宾的身份到上海大学发表演讲,是中国共产党人、中国共产党早期领导人中最早到上海大学通过演讲,来进行马克思理论的传播和普及活动的。

第一次演讲 1923年4月15日,李大钊应邀到上海大学作题为"演化与进步"的演讲①。在演讲中,李大钊说:"演化是天然的公例,而进步却靠人去做的。我们立足在演化论和进步论上。我们便会像马克斯②一样的创造一种经济的历史观了。我们知道这种经济的历史观系进步的历史观。我们做人当沿着这种进步的历史观,快快乐乐地去创造未来的黄金时代。黄金时代不是在我们背后的,是在前面迎着我们。人类是有进步的,不是循环而无进步的。"

第二次演讲 1923年7月9日下午,李大钊应邀参加上海大学美术科图音、图工两组毕业典礼并发表演讲③。在演讲中李大钊说:"美术勿专供贵族阶级之所赏,应将现代社会之困苦悲哀表现出来,企图社会全部之改造。社会改造家大分为三派:一为理想派,以人道主义为徽识,如托尔斯泰便是代表;一为科学派,以社会经济改造为目的,如马克斯便是代表;一为趣味派,以精神改造为归宿,如拉斯琴便为代表。第一派至今已证明其徒为空想,试验失败,姑置勿言,第二派与第三派乃相需为用,庶可使社会改造易为完成。一般谓马克斯派绝对屏弃精神方面,实乃误会。不过欲图社会之彻底改造,惟有赖于社会经济之彻底改革也。而启发及鼓舞人精改造之精神,则有待于趣味社会改造家之努力。诸君为美术科毕业生,应特别注意此。"在这次演讲中,李大钊阐述了马克思主义"美术勿专供贵族阶级之所赏,应将现代社会之困苦悲哀表现出来,企图社会全部之改造"的美术观。同时他提出以马克思为代表的社会改造家,是"以社会经济改造为目的"的"科学派",有别于以托尔斯泰为代表的"理想派"和以拉斯琴为代表的"趣味派"。李大钊还特别强调,认为马克思为代表的"科学派""绝对屏弃精神方面,实乃误会",在社会改造中,社会经济改造和精神改造这两方面应该是"相需为用"。李大钊的这一演讲,对于上海大学美术科第一届毕业生日后走上社会从事艺术教育和艺术创作,是有着重要的指导意义和作用的。

---

① 《上海大学昨日之演讲·李大钊讲〈演化与进步〉》,《民国日报》1923年4月16日。
② 今译作马克思。下同。
③ 《纪各校之毕业礼·上海大学》,《申报》1923年7月13日。

第三次演讲 1923年11月7日,李大钊应上海大学社会问题研究会的邀请到上海大学作题为"社会主义释疑"的演讲①。当天正值俄国十月革命胜利6周年的纪念日,又是上海大学社会问题研究会成立的日子。在演讲中,李大钊针对社会上许多人对"社会主义"的不了解、不明白,甚至有怀疑这个问题,而做了"释疑"。他认为这种怀疑"实在是社会主义进行上之极大障碍,现在所要说的,就是要解释这几种怀疑"。李大钊主要从三个方面解释了对"社会主义"的怀疑:

一是"社会上有些人,以为在社会主义制度之下,是穷苦的,不是享福的,因此他起来反对社会主义"。李大钊说:"在资本制度之下,我们永远不会享福,不会安逸;能够安逸幸福的,惟独那少数的资本家。资本主义制度能使社会破产,使经济恐慌和贫乏,能使大多数的人民变为劳动无产阶级,而供奉那少数的资本家。社会上到了大多数是穷的,而那少数的富人也就不能永久保有他的富了。"而"社会主义就是应运而生的起来改造这样社会,而实现一个社会主义的社会。社会主义是使生产品为有计划的增殖,为极公平的分配,要整理生产的方法。这样一来,能够使我们人人都能安逸享福,过那一种很好的精神和物质的生活。照这样看来,社会主义是要富的,不是要穷的,是整理生产的,不是破坏生产的。"

二是"有些人以为社会主义制度成立之后,人民就要发生怠工的现象,因此他说社会主义制度是不能施行"。李大钊提出:"在社会主义制度底下做工,是很愉快的,很舒服的,并不像现在资本主义制度下的工作,非常劳苦,同那牛马一样,得不到一点人生的乐趣。"他说英国文艺复兴时期空想社会主义者托马斯·莫尔在《乌托邦》一书中由于"目睹资本主义制度底下的劳动者的生活状况,是那样黑暗",所以描写了一种理想的社会。李大钊指出:"一般人以为工作是苦事,亦是拿现在生活下的眼光,去观察那将来的社会。其实社会主义实行后的社会的劳动,已和现在的社会的劳动不同了。"在这一部分的演讲中,李大钊还针对英国作家、工艺美术家、空想社会主义者威廉·莫里斯主张的社会主义"是一种美感的社会主义"这个观点,认为"现在有一班艺术家很怀疑社会主义实行后,社会必然愈趋平凡化,在平凡化的社会里必不能望艺术的发达,其实在资本主义下,那种恶俗的气氛,商贾的倾向,亦何能容艺术的发展呢?又何能表现纯正的美呢?那么我们想发表艺术的美,更不能不去推翻现代的资本制度,去建设那社会主义制度的了。不过实行社会主义的时候,要注意保存艺术的个性发展的机会就是了"。这是李大钊再次在演讲中阐述了马克思主义的艺术观、美学观。

三是"又有一班人,以为在社会主义制度底下是不自由的"。李大钊提出"经济上的自由,才是真的自由"这一观点。他揭示:"现在资本主义制度的底下,哪里有劳动者的自由,只有少数的资本家的自由,高楼、大厦、汽车、马车全为他们所占据,我们如牛马的劳苦终身,而衣食住反得不着适当的供养。"李大钊最后提出:"我们想得到真的自由、极平等的自

---

① 本次演讲稿发表在1923年11月13日《民国日报》副刊《觉悟》上,发表时有题记"李守常先生在上大社会问题研究会讲,陈钧、张湛明合记"。

由,更该实现那'社会主义的制度',而打倒现在的'资本主义的制度'。"

李大钊对于"社会主义"的三个方面"释疑",阐述了"社会主义制度"和"资本主义制度"的区别,介绍了"社会主义制度"在各方面所具有的优越性,既是宣传了马克思主义,也是捍卫了马克思主义。

第四次演讲 1923年11月11日起,李大钊应邀到上海大学作题为"史学概论"的六次演讲①。这次演讲,是李大钊面对上海大学众多的文科学生所阐述的马克思主义的历史观。在演讲中,李大钊认为不管是中国的《史记》《汉书》《三国志》《资治通鉴》,还是西洋的《罗马史》《希腊史》,都是"研究历史的材料,而不是历史",而"历史是有生命的、活动的、进步的;不是死的、固定的"。他说:"吾人研究有生命的历史,有时需靠记录中的材料。但要知道这些陈编故纸以外,有有生命的历史,比如研究列宁,列宁是个活人,是有生命的。研究他,必须参考关于列宁的书籍。但不能说关于列宁的书籍,便是列宁。"

关于历史学的发展,李大钊认为,历史学是起源于记录,发生事件而记录起来,这是史学的起源。但是,"从前历史的内容,主要部分是政治、外交,而活动的事迹,完全拿贵族当中心"。李大钊认为,英国历史学家弗里曼所说的"过去的政治就是历史,历史就是政治",是"把政治和历史认成一个,不会分离","这样解释历史,未免失之狭隘"。李大钊进而提出:"历史是有生命的,是全人类的生活。人类生活的全体,不单是政治,此外还有经济的、伦理的、宗教的、美术的种种生活。"而只有"到了马克思,才把历史真正意义发明出来。我们可以从他的唯物史观的学说里看出。他把人类生活,作成一个整个的解释,这生活的整个便是文化。"李大钊进一步阐述马克思主义的历史观说:"生物学当然是研究生物的,植物学当然是研究植物的,人类历史也当然是研究人类的生活,生活的全体——文化的了。但文化是整个的,不可分离。"他说,马克思主义认为"文化是以经济作基础","有了这样的经济关系,才会产生这样的政治、宗教、伦理、美术等等的生活。假如经济一有变动,那些政治、宗教等等生活也随着变动了。假使有新的经济关系发生,那政治、宗教等等生活也跟着从新建筑了"。

在演讲中,李大钊又提出了"什么是历史学家的任务"这一命题。他先是引用古希腊历史学家希罗多德提出来的历史学家"应当整理记录,寻出真确的事实;应当解释记录,寻出那些事实间的理法"这两个任务,然后明确地说:"历史家的任务,是在故书篓中,于整理上,要找出真确的事实;于理解上,要找出真理。"接着,在列举了中外历史学家对于历史典籍和考古材料的解释和运用及史学观念上存在的问题后,提出:"记录是研究历史的材料;历史是整个的、有生命的、进步的东西,不是固定的、死得东西;历史学虽是发源于记录,而记录决不是历史。发明历史的真义的是马克思,指出吾人研究历史的任务的是希罗陀

---

① 1923年11月10日《民国日报》刊登《上海大学特别讲座广告》:"明日上午请李大钊先生讲史学概论。"同日的另一篇报道《上海大学之近况》称:"李大钊讲题为'史学概论'六次讲完。"演讲稿发表在1923年11月29日《民国日报》副刊《觉悟》上,发表时有题记"李守常先生在上海大学讲演",由张湛明笔记。

德①"。最后,李大钊以"我们研究历史的任务是:一、整理事实,寻找它的真确的证据;二、理解事实,寻出它的进步的真理"来结束了自己的演讲。这篇演讲,旁征博引,纵向谈上下五千年,横向引中西大量事实,生动而又深刻地阐述了马克思主义的史学观和历史学家的任务,真是振聋发聩,醍醐灌顶。李大钊的这篇演讲,后来在《民国日报》副刊《觉悟》上发表,因此,它不仅对在现场听演讲的上海大学师生,对于社会上的广大读者,都有着重要的引领作用。

第五次演讲 1923年11月,李大钊在上海大学作了题为"劳动问题概论"的演讲。12月4日,《民国日报》副刊《觉悟》发表了这次演讲中的第一章第二节《劳动问题的祸源》。在这一节中,李大钊从"工银制度""资本调度""工厂制度""社会上少数人的统治权"等四个方面阐述了劳动问题的祸源。

关于"工银制度",李大钊在演讲中称:"工银制度就是卖买劳力,资本家是买主,劳动者是卖主;工银是价格,劳力是商品。""所以在工银制度下的劳动者,简直不如牛马!牛马有了疾病,主人还要设法去医治的,因为牛马是主人财产的一部分,失去了牛马,就是失去了他财产的一部分;但是对于劳动者呢,一些没有什么顾惜的,合则留,不合则去,随你有什么病,什么患难,和他是没有关系的。劳动者的价值,真是牛马都不如呀!"关于"资本调度",李大钊说:"二十世纪的文明,是从资本制度产生出来的,它的有益于社会,固是很大;可是照现在看来,它的罪过于功了,我们再也用不着它了。""社会,横的方面有许多阶级,纵的方面有许多职业;现在的资本,不是在全社会手里,而在少数的高阶级的某种职业的资本家手里罢了;所以我们也不能不反对的。为了资本集中于少数人手里,就成了利害截然的劳资两阶级的仇疾,酿成现在很难解决的劳动问题。"关于"工厂制度",李大钊指出"工厂制度实有特别的罪恶的"。他从童工和女工角度,从工厂安全、卫生问题危及工人生命角度,从工人失业角度,从资本家制定的严苛工厂规则角度等四个方面,详细地阐明了自己的观点。关于"社会上少数人的统治权",李大钊认为:"商业渐渐地发达了,资本家操纵社会经济权,同时,一切的政权也被他们少数人握住了,因为政治是跟从经济状况而变更的,政权只是有经济权者所执的。"他还提出:"在资本制度下面的劳动问题所以成为世界上难解决的问题,就是为了资本家有政治上的势力的缘故。"

在这篇演讲中,李大钊用大量生动的实例,详尽地阐述了在劳动问题上存在的弊病,揭示了产生这些弊病的根源,实际上是传播和介绍了马克思主义的劳动观、经济观。

瞿秋白在上海大学所作的演讲

1925年12月8日,瞿秋白在上海大学作题为"国民革命与阶级争斗"的演讲。由于受到租界当局的通缉,瞿秋白在1924年底辞去了上海大学的教职,转入地下进行革命和斗争。五卅运动以后,上海大学从租界的西摩路迁到闸北青云路师寿坊,建立起临时校

---

① 今译"希罗多德",古希腊历史学家。

舍。租界当局对瞿秋白的通缉也没有那么紧了,于是,瞿秋白仍然不时地到上海大学参加党的会议、指导工作和应邀发表演讲。

在这篇演讲中,瞿秋白通过介绍孙中山提出的三民主义——民族主义、民权主义、民生主义,阐述了马克思列宁主义的阶级斗争思想和理论。

在讲到"民族主义"时,瞿秋白说:"我们要知道现在是资本主义发展到最后阶段的帝国主义的时代,中国的一切经济、政治的状况没有不受国际影响的,所以我们反对帝国主义,不期然而然地要反对世上一切的资产阶级。"现在世界上发生的战争,"是被压迫者和横暴者的战争,是公理与强权的战争"。瞿秋白提出,现在所进行的国民革命,"是站在全民众的观点上去反抗外国资本主义,而国民革命第一个目标——民族主义——就是代表全中国的民众与外国资本主义去实行阶级斗争"。

在讲到"民权主义"时,瞿秋白说:我们反对军阀政治,是"因为军阀不肯给我们政权,所以我们要反对军阀,试问这是不是阶级争斗?当然是的,因为军阀、官僚、买办阶级、商团都一样的要摧毁我们爱国运动。若果说我们要抛弃争斗,那就是抛弃民权。比如以工会法的事体来说:广州已争到了可以获得工人自己的利益,而上海、汉口、天津等处还在争斗之中。一般大资本家、工厂主、大地主压迫工农阶级,我们就非去实行阶级争斗不可。若说这是共产党过激派的话,那我们就要问广州国民党政府之下,究竟能不能允许工会的存在?许不许罢工的自由?若允许的,是不是允许阶级争斗?若是不允许的,岂不是违反民权?所以国民革命第二个目标也就是阶级争斗"。

在讲到"民生主义"时,瞿秋白说:"民生主义的二大纲要是平均地权,节制资本。这更明显更纯粹是一个阶级争斗了。"瞿秋白接着说:"孙中山先生说:资本主义之下,一定有阶级争斗,这争斗若要消灭,除非实行新共产主义。虽然孙中山先生也曾说中国患在贫而不患不均,但这是一方面的话,我们要消除阶级争斗,就要实现民生主义。若说中国没有不均,孙中山又何必提倡平均呢?我们深一层说:国民党平均地权,节制资本,是代表哪一阶级利益的?当然是代表农工阶级的,那般资本家、大地主要平均他们的地权,节制他们的资本,他们肯不肯?他们一定要反对国民党,那就要发生阶级争斗。在这方面看来,国民党只有反对资本家、大地主及一切特殊阶级,只有替农工阶级去实行阶级争斗,才能实现民生主义。所以国民革命第三个目标,本身就是阶级争斗。"在演讲中,瞿秋白联系辛亥革命、五四运动、二七大罢工一直到五卅运动,"中间经过广州商团之役,沙面的罢工,上海、汉口、青岛等处的罢工运动",指出这些"都是阶级争斗的表现。这种表现是不是破坏国民革命?绝对不是的"。瞿秋白进而提出:"近来工人都明了己所处的地位,农工也有好几处,同大地主争斗。这许多阶级争斗在辛亥革命是没有的,现在有了。在种种阶级争斗中明白了他们自己与帝国主义者、买办阶级、军阀、官僚、大地主相对的利害关系,使国民革命中工农阶级成为重要基础。所以中国革命党真正要实现三民主义,非领导他们去实行阶级争斗不可。在实际上看起来:阶级争斗不但不破坏国民革命,而且使国民革命发展。在理论上我们如果反对阶级争斗,就无异抛弃三民主义,而又反国民革命,除非是以国民革命作口头禅的政客才会说不要阶级争斗。"

瞿秋白的这次演讲,当时由上海大学学生秦邦宪①、崔小立记录,整理后于1925年12月20日发表在上海大学中山主义研究会主办的《中山主义周刊》第一期上,这无疑对上海大学的师生都产生了重要影响。

此外,瞿秋白还在上海大学作过"现代民族问题"的演讲。从留下来的演讲提纲可以看出,瞿秋白在演讲中讲解了帝国主义前的民族问题、帝国主义时代的民族问题、无产阶级革命时代的民族问题等,阐述了马克思主义的民族观。

恽代英、施存统、董亦湘、李季在上海大学所作的演讲

1924年5月5日,上海大学召开纪念马克思诞辰107周年大会,恽代英应邀在会上发表演讲②。

1925年7月14日,由上海大学学生会编辑出版的《上大五卅特刊》第五期,发表了施存统的演讲稿《劳动问题演讲大纲》。这份大纲共有绪言、资本主义与劳动问题、解决劳动问题的思想及方法、工厂法、劳动保险、工会、劳动政党、结论等八个部分。在"劳动政党"部分称:"一、政党底意义——代表阶级利益实行政治斗争的自由的政治结合。二、并以夺取政权为目的的政治结合。三、劳动政党底二形态——社会民主党与共产党——第二国际与第三国际。四、真正的劳动政党——共产党——共产党底组织原则、组织形态、战斗方略及其与工会之关系。"在"结论"部分称:"劳动阶级解放与全人类解放——民族革命与社会革命——劳动问题的消灭。"这份大纲明确提出了"真正的劳动政党——共产党——共产党底组织原则、组织形态、战斗方略及其与工会之关系",又得出了"劳动阶级解放与全人类解放——民族革命与社会革命——劳动问题的消灭"这样的结论,这都是阐述了马克思主义关于劳动和劳动问题的学说。

1925年8月6日,由上海大学学生会编辑出版的《上大五卅特刊》第七期,发表了董亦湘的演讲稿《民族革命演讲大纲》。大纲分发端、历史上之过去的民族斗争、资本帝国主义之向外发展、殖民地民族解放运动、民族运动之中心势力、民族革命与世界革命等六个部分。在大纲中称:"民族关系与阶级关系之不易明了——历史上之种种蒙蔽——解决困难之必要条件。"又称:"阶级的构成,由于经济上之利害相反即一方面有剥削者,一方面有被剥削者——经济上利害相反便不能不冲突——承认社会上有阶级的存在,便不得不承认有阶级的斗争——历史上一切革命都是一阶级斗争——民族革命实际便是一阶级斗争,即被压迫民族之各阶级都为了自阶级的利益反抗帝国主义的资产阶级——联合战线的各阶级的阶级冲突之绝对不可避免,可以过去的事实证明之——资产阶级的阶级意识之分外显露——空想的使各阶级联合战线——科学的使各阶级联合战线之可能。"认为:

---

① 即博古。
② 李良明、钟德涛主编:《恽代英年谱》,华中师范大学出版社2008年版。

"革命是一件最吃紧的工作——必要有勇敢的先锋队，才能领导到最革命的路上去——必要有誓不反顾地督战队才能逼上战线——无产阶级特有的任务。"这也是对马克思主义民族革命思想的阐发。

1925年10月21日，上海大学社会科学研究会召开新学期年会，李季应邀在年会上发表演讲。他在演讲中说："中国人现在研究社会科学最缺乏的是一种逻辑，是一种辩证逻辑，我们应用辩证逻辑来研究社会科学。"①辩证逻辑产生于形式逻辑之后。19世纪初黑格尔第一次建立了唯心主义的辩证逻辑体系。科学的辩证逻辑的产生，则是在马克思主义哲学产生之后。辩证逻辑是人类思维的历史发展到自觉的辩证思维阶段的产物，是现代理论思维的工具。李季是马克思主义的理论专家，他在演说中提出"我们应用辩证逻辑来研究社会科学"，是指应该用马克思主义的科学的辩证逻辑来研究社会科学。

上海大学教授在上海夏令讲学会上的演讲

1924年7月6日到8月底，由上海学生联合会发起，联合上海大学、复旦大学、南洋大学等学校，联合举办"上海夏令讲学会"，会址设在西摩路上海大学。在上海大学担任教授的共产党人瞿秋白作了题为"社会科学概论""新经济政策"的演讲；董亦湘作了题为"人生哲学""唯物史观"的演讲；施存统作了题为"社会进化史""劳动问题概论"的演讲；安体诚作了题为"经济思想史"的演讲；杨贤江作了题为"教育问题""青年问题"的演讲；邓中夏作了题为"中国劳工问题"的演讲；韩觉民作了题为"科学方法论"的演讲；恽代英作了题为"中国政治经济状况"的演讲；沈泽民作了题为"世界近世史"的演讲；沈雁冰作了题为"近代文学"的演讲；后来成为上海大学社会学系教授的共产党人萧楚女也在这次夏令讲学会上先后作了题为"中国农民问题"和"外交问题"的演讲②。李春蕃③原为沪江大学社会学系的学生，在上海大学教授、共产党员张秋人的影响下，李春蕃接触和研究了马克思列宁主义。他曾将列宁的《帝国主义论》英文版的前六章译成中文，发表在《民国日报》副刊《觉悟》上。后来因张秋人之邀，在夏令讲学会作了题为"帝国主义"的演讲。演讲结束以后，就正式转入上海大学社会学系学习。李春蕃也是这次夏令讲学会所聘讲师中唯一的一名在读的大学生。夏令讲学会历时两个月，讲题有30余个，讲师23名。其中，由在上海大学担任教授的共产党人再加上后来成为上海大学教授的萧楚女、成为上海大学学生的李春蕃，共有12人。这一系列讲座，从不同角度阐述了马克思列宁主义理论，在更大范围内传播宣传和普及了马克思列宁主义。

---

① 《上大社会科学研究会》，《民国日报》1925年10月23日。
② 《夏令讲学会近闻·职员会议之议案·讲学科程之变更》，《民国日报》1924年7月25日。
③ 即柯柏年。

第三节　在党团中央刊物和《民国日报》以及自办刊物上宣传马克思列宁主义

上海大学的教授在党团中央机关刊物担任主编、编辑和主要撰稿者

中国共产党成立以后，很重视马克思主义理论的宣传和普及，先后创办了多种中共中央的理论性机关刊物。其中《向导》周刊是中共中央创办的第一份机关报，于 1922 年 9 月创刊于上海。先后由蔡和森、彭述之和瞿秋白任主编。1923 年 6 月，中国共产党第三次全国代表大会以后，决定将于 1922 年 7 月休刊的《新青年》改组为中共中央的理论性机关刊物，由瞿秋白任主编，为季刊。1925 年 4 月，中国共产党第四次全国代表大会决定改《新青年》为月刊，由彭述之、罗亦农先后任主编。《前锋》是中共中央另一份机关刊物，于 1923 年 7 月 1 日在广州创刊，由瞿秋白主编。1923 年 10 月 20 日，中国社会主义青年团机关刊物《中国青年》在上海创刊，由恽代英任主编。

瞿秋白、彭述之、恽代英等都是在上海大学任职任教期间担任这些刊物主编的，并和上海大学的其他教授、共产党人邓中夏、蔡和森、张太雷、施存统、安体诚、萧楚女、郑超麟等一起，成为这些党中央、团中央机关刊物的编辑和主要撰稿者。

1924 年 9 月 25 日，团中央又决定任弼时、邓中夏、恽代英、张秋人、林育南、张伯简、何味辛等为编辑员，负责向团中央主办的《中国青年》《平民之友》和《团刊》供稿。任弼时在教学和工作之余，接连为《中国青年》写了《"社会主义青年团"是什么》《苏俄与青年》《列宁主义的要义》《马克思主义概略》《李卜克内西》《列宁与十月革命》《苏俄政治经济状况》《联合战线问题》《怎样青年群众化》《国民党第二次大会的结果》等文章，为《新青年》翻译了列宁的《中国的战争》一文。这些文章和译稿，宣传了马克思列宁主义，介绍了苏俄的革命和建设成就，也谈了青年团建设方面的一些问题。

上海大学的这些教授，有的还担负着重要的行政职务，虽然教学与工作都很忙，但作为中国共产党早期的马克思主义理论家，都没有停下自己手中的笔，他们在这些刊物上发表了大量论文和译述，致力于介绍和宣传马克思列宁主义，同时运用马克思主义的基本原理，分析和研究中国社会状况和阶级关系，探讨和总结中国革命的根本问题，对于广大先进青年和知识分子了解和接受马克思列宁主义，进而确立革命立场，信仰马克思列宁主义、信仰共产主义起到了重要作用，成为广大青年的知心朋友和革命引路人。

在《民国日报》副刊《觉悟》上编辑发表宣传马克思列宁主义的译文和介绍文章

《民国日报》创刊于 1926 年 1 月 22 日，本为中华革命党机关报。1924 年 1 月中国国民党第一次全国代表大会后，这张报纸成为国民党中央机关报。《民国日报》副刊《觉悟》长期由邵力子主编。

邵力子是中国共产党早期组织的创建者,中国共产党的早期党员。从 1922 年 10 月 23 日起,先后担任上海大学中国文学系教授、代理校长,直到 1925 年 6 月才正式离开上海大学。在这期间,他一直担任着《民国日报》副刊《觉悟》主编,也一直保留着中国共产党党员的身份。在邵力子的支持和安排下,《觉悟》刊登了大量翻译和撰写的宣传马克思列宁主义的译文、介绍文章,如施存统译布哈林的《无政府主义和科学的共产主义》(1923 年 5 月连载,发表时署名光亮)、张太雷译列宁的《马克思政治学》①(1924 年 11 月连载),丽英译恩格斯的《空想的及科学的社会主义》(1925 年 2 月连载),李春蕃译列宁的《农税底意义》(1924 年 2 月连载)、《帝国主义》(1924 年 5 月连载)、《帝国主义概论》(1924 年 10 月连载)。1925 年 8 月,已经转到上海大学社会学系学习的李春蕃,将他在《民国日报》副刊《觉悟》上连载的列宁《帝国主义》前六章译文,以《帝国主义浅说》的书名正式出版,上海大学教授沈泽民为这本书做了校定工作。

1923 年 11 月 7 日为俄国革命 6 周年纪念日,邵力子根据中共上海地委兼区委第二十次会议决定,于当天刊登"纪念十月革命专刊",陈独秀、刘仁静、施存统、沈雁冰一起接受任务,撰文在《民国日报》副刊《觉悟》上的纪念专号上发表。1924 年 2 月 21 日列宁逝世,《觉悟》27 日即刊登《列宁与孙中山》一文,以纪念列宁。《觉悟》还以显著的位置和篇幅,刊登了李大钊、陈独秀、瞿秋白、李达、李汉俊、恽代英、沈雁冰、沈泽民、施存统、萧楚女、向警予、包惠僧、刘仁静、张闻天、张太雷、方志敏、蒋光慈、任弼时、杨贤江、罗章龙、陈毅等大批共产党人的革命文章,其中,李大钊、瞿秋白、李达、李汉俊、张太雷、恽代英、沈雁冰、沈泽民、施存统、萧楚女、蒋光慈、任弼时、杨贤江等都在上海大学担任过教授。可以说,包括邵力子在内,上海大学的教授、共产党人是利用《民国日报》副刊《觉悟》来宣传普及马克思列宁主义的主要担当者,他们所发表的这些译文和文章,对于向社会上一般读者宣传和普及马克思列宁主义起到了其他报刊绝对起不到的作用。邵力子作为《民国日报》主笔和《觉悟》的主编,刊发和发表了那么多宣传马克思列宁主义思想和进步革命的文章,正如他自己所说:"那时党组织给我的任务,我都做了。"②

在上海大学自办刊物上刊登宣传马克思列宁主义的文章

上海大学有不少自办的刊物,上海大学的教师和学生,利用这些自办刊物,宣传和介绍马克思列宁主义。其中,最有代表性的是社会学系教授李季发表在《湘锋》上的《马克思通俗资本论序言》。

《湘锋》是上海大学湖南同乡会"湘社"主办的一个刊物,于 1925 年 12 月创办出版。作为湖南人,李季对这本刊物的出版表现出极大的支持。因此,在《湘锋》创刊出版时,李季发表了他那篇著名的《马克思通俗资本论序言》,并特意标明"一九二五年十二月,序于

---

① 即《国家与革命》。
② 全国政协文史和学习委员会:《回忆邵力子》,中国文史出版社 2016 年版。

上海大学"。《马克思通俗资本论》的作者是德国学者博洽德。博洽德以治马克思主义学说著称,他曾潜心研究《资本论》30年之久。1919年出版了《马克思通俗资本论》,立即风靡全球,被译成英、俄、法、日等文字出版发行。李季的译本是据1922年出版的第四版的德文原本译出。在这篇序言中,李季批评了胡适、马寅初、陶孟和、谢瀛洲等对马克思学说的歪曲和种种讹误糊涂观点,介绍了博洽德的《马克思通俗资本论》的主要内容,称"博氏所编纂的《资本论》则含有三卷中最重要的学说,其中文字有百分之九十以上是出自马克思自己的手笔,博氏的任务只是用些承接的文字,将马氏的作品结合起来,或是将马氏艰深的文句,使之通俗化。因此,我们一读此书,即真正读了马克思资本论的简明本,这是本书比其他任何类似著作的价值独高的地方"①。无疑,李季在上海大学传播马克思主义方面是作出一定贡献的。

出版以马克思主义为指导的讲义和教材,在上海乃至全国产生重要影响

中国共产党早期党员在上海大学任教过程中,编写了大量讲义,其中很大一部分结合专业课宣传了马克思列宁主义。这些讲义都以不同的方式出版发行,如蔡和森的《社会进化史》,就以"上海大学丛书之一"的名义于1924年8月由民智书局出版。这本讲义是我国运用马克思列宁主义阐述社会发展的奠基之作。直到蔡和森离开上海大学到莫斯科中山大学学习去以后,仍为上海大学"社会进化史"这门课的教材。瞿秋白的《社会科学概论》,本是1924年他在"上海夏令讲学会"所作演讲的讲稿,经过整理于1924年由上海书店出版单行本。这也是一本传播马克思主义的重要著作。1924年3月,上海书店陆续出版《社会科学讲义》1—4集,其中收有上海大学教授瞿秋白的《现代社会学》《社会哲学概论》、安体诚的《现代经济学》、施存统的《社会运动史》《社会思想史》《社会问题》等讲义。这些教材和讲义,是中国共产党早期领导人给上海大学留下的宝贵遗产。既是学习社会学、社会哲学的教材,也是马克思主义理论的启蒙读物,在社会上产生了很大影响。在当时的报刊上,对这些著作、教材、讲义作过多次介绍,也多次印刷发行。当时远在山东青岛的邓恩铭(党的一大代表),还专门写信给上海大学教务长邓中夏,询问"上大经济与社会学讲义即出否?请别忘了各寄一份来!"②

上海大学是学生接受马克思主义哺育的摇篮

上海大学通过课堂、讲座、刊物和教材讲义,从各方面传授、宣传和普及马克思列宁主义,使绝大多数的学生思想上受到马克思主义理论的深刻洗礼和教育,他们中的许多人正是在听了一大批以瞿秋白为代表的红色教授的课程,学习了马克思主义的基本原理之后,确立了共产主义理想,坚定了革命信仰,加入了中国共产党的队伍,走上终身革命的道路。

---

① 《20世纪20年代的上海大学》,上海大学出版社2014年版。
② 邓恩铭:《致邓中夏的信》,柏文熙、黄长和编《邓恩铭遗作选》,贵州人民出版社1990年版。

新中国成立后在上海担任同济大学党委书记、校长的薛尚实,曾在回忆中说自己在上海大学学马克思主义理论可以说是如饥似渴。他在1926年的下半年,就读了李达的《新社会学》、蔡和森的《社会进化史》、漆树芬的《帝国主义铁蹄下的中国》、熊得山的《科学社会主义》、安体诚的《社会科学十讲》,还有《马克思传》《通俗资本论》等①。社会学系的学生、后来成为无产阶级革命战士的著名剧作家、社会活动家阳翰笙回忆说:"我到了'上大'才知道,以前读过一些马列主义的书,看来都是一知半解、似懂非懂的,实际上就是不懂。到了'上大',觉得一切都非常新鲜,许多理论和道理是闻所未闻的,所以就拼命地学习、研究。"②2004年4月在北京逝世、终年103岁的百岁老人黄玠然,在上海大学学习的时间虽然只有半年,但给他在马克思列宁主义理论和政治思想这两个方面的提高起到了重要作用。黄玠然在进入上海大学学习之前,已经参加了一些进步、革命的活动,但是,他自己回想起他和张崇文,一个是出身小地主家庭,一个是出身官僚家庭,"我们当时参加革命,只凭一股革命的热情,没有真正的阶级立场。在上大社会学系学习了马列主义理论,才树立了阶级观点的基础,反对那个剥削阶级家庭"。黄玠然还说:"当时参加革命的青年学生,大都是资产阶级和小资产阶级家庭出身,为什么斗争那么坚决呢? 就是因为树立了阶级斗争的观点,分清了敌我。上大能培养出这么多的革命骨干,这个教育是一个决定的因素。"因此,黄玠然明确地表示:"仅从我自己来说,阶级观念和阶级斗争的观点是在上大确立的。"③在进入上海大学学习的当年,黄玠然就和张崇文一起加入了中国共产党。

学生中的马克思主义理论家

上海大学社会学系是一个培养马克思主义者的摇篮。在这个系里,涌现出像马凌山、秦邦宪、贺昌、李硕勋、崔小立、余泽鸿、高尔柏等一批具有较高马克思主义理论修养的学生。

马凌山,1924年初进入上海大学社会学系学习。在上海大学期间,以马克思主义的观点在不同的杂志上写了大量文章,宣传革命思想,表达反对帝国主义及其走狗军阀势力的主张,如《金制度下的读书运动》《"作战的步骤"究竟应该怎样?——驳斥丁文江,并质胡适之》《"五卅"运动与废除一切不平等条约》《国人须注意口蜜腹剑的帝国主义》《"赤化"与"软化"》《暴动与反抗》《国民应注意帝国主义的走狗——买办阶级》《孙文主义学会的反动性》等。这些文章,立场坚定,观点鲜明,语言犀利,对于帝国主义、反动军阀作了无情的揭露,对上海大学师生在反帝反军阀斗争中的无畏无惧、冲锋在前的表现和为真理而抗争而牺牲的英勇事迹进行了赞扬和宣传,对中国民主革命先驱孙中山的丰功伟绩进行了歌

---

① 薛尚实:《回忆上海大学》,中国人民政治协商会议上海市委员会文史资料工作委员会编《文史资料选辑(第二辑)》,上海人民出版社1979年版。
② 阳翰笙:《回忆上海大学》,《新文学史料》1984年第2期。
③ 《黄玠然同志的回忆》,王家贵、蔡锡瑶编著《上海大学(1922—1927)》,上海社会科学院出版社1986年版。

颂,对反动的孙文主义学会进行了无情鞭笞。

秦邦宪,1925年9月进入上海大学社会学系学习。同年10月就被批准加入中国共产党。在上海大学期间,他一直没有间断过在《无锡评论》等刊物上发表评论,如《选举活剧中邑中舆论界》《杨千里先生来锡后之感想——官僚果能铲除绅阀么?》《吃人礼教下之"杀子理论"》《为加薪运动敬告全邑小学教师》《奇哉,投笔从戎之怪剧》等。

贺昌,1923年9月根据党组织的安排到上海团中央工作并进入上海大学学习。在上海大学学习和工作期间,为《中国青年》撰写了《中国共产主义青年团五年来的奋斗》《青年学生与职工运动》等一系列文章,从理论上阐述了青年运动与工农运动相结合的重大意义。

李硕勋,1923年进入上海大学社会学系学习。在上海大学期间,他针对中国青年党曾琦、李璜在《醒狮周报》上宣传国家主义,与中国共产党争夺青年的行径,撰文批判"醒狮派"的种种谬论,如《〈狮子周报〉一再攻击全国学生总会的真面目》《今年"五四"之中国政治状况与中国学生的责任》等,并在《中国学生》上发表了大量的"时事述评",引导同学们关心时事并正确认识和分析时事。

崔小立,1924年春进入上海大学社会学系。在上海大学期间,他发表了《我们应当怎样运用五卅事件?》《五卅运动的各方面》《上大三周纪念的意义与我们今后应负的责任》。五卅运动后,在《血潮日刊》上,先后发表了《减价售现的拍卖》《上海总商会是什么东西》《斥帝国主义者走狗的言论》等文章。

余泽鸿,1924年6月进入上海大学社会学系学习。五卅惨案爆发以后,他在由萧楚女主编的《上海工商学联合会日报》的创刊号上,发表《交涉停顿后国民应有的觉悟》一文。在担任《上海学生》周刊主编时,发表了《戒严令与外交》《纪念我们的领袖——孙中山》等数十篇文章。他还在《学生军组织之必要》一文中提出:"准备实力的武装革命,迫在目前。大多数的工人、农民、商人和学生,异口同声地高呼着'组织人民自卫军'。""彻底的革命,必须民众武装起来,与我们的敌人短兵相接。"

高尔柏,1924年9月进入上海大学社会学系学习,同年加入中国共产党。五卅惨案爆发以后,在《上大五卅特刊》上发表《五卅大流血的动因》长文。在文章的最后,高尔柏说:"这次事变的产生,表面上虽系几个英国巡捕的横暴所造成,但仔细的考察便知道这是中国人直接反抗帝国主义的大奋斗。因此这次的流血,比单纯的反抗国内政府的黄花岗之役、五四运动更要伟大而有意义。"①

作为学生中学习和掌握马克思列宁主义的佼佼者,他们还为瞿秋白、恽代英、萧楚女等中国共产党早期杰出的马克思主义理论家在上海大学的演讲担任记录和文字整理的工作。例如:1925年12月8日,瞿秋白在上海大学作题为"国民革命与阶级争斗"的演讲,是由秦邦宪、崔小立记录整理的;1925年3月14日,恽代英在上海大学作题为"孙中山逝

---

① 《20世纪20年代的上海大学》,上海大学出版社2014年版。

世与中国"的演讲,是由高尔柏记录整理的;1925年12月,恽代英在上海大学作题为"孙中山主义与戴季陶主义"的演讲,是由秦邦宪记录整理的;1925年11月,萧楚女在上海大学作题为"中山主义与国家主义"的演讲,是由马凌山记录整理的。这些学生,通过为老师的演讲做记录整理工作,又进一步学习了老师们在马克思列宁主义理论学习和研究方面所具有的独特的视野和方法论。

第四章
播撒革命火种，创建各地党团的基层组织

上海大学党组织，在中共中央和上海地方党组织的领导下，不仅成为中国共产党早期发展阶段的一个坚强堡垒，而且还根据上级党组织的要求，在全国各地的一些地区积极传播马克思主义思想，播撒革命火种，直接参与和帮助这些地区创建了中国共产党和青年团的基层组织，为各地党团建设和革命事业作出了不可磨灭的贡献。

上海大学党组织参与各地创建中国共产党和青年团基层组织以及其他革命团体，主要是指由上海大学的党员教师根据党组织的安排，学生党员则利用寒暑假期间直接回家乡开展活动，或者由上海地方党组织和上海大学党组织根据需要直接派出。从目前所能掌握的资料来看，由上海大学党组织参与创建的各地中国共产党和青年团基层组织以及其他革命团体的数量有二十多个（师生在离开上海大学后参与各地党团组织和革命根据地的创建并不包括在其中），地域包括安徽、浙江、江苏、广东、福建、江西、河南、陕西等省份。这些党团组织的建立，在当地都具有筚路蓝缕的开创之功，对这些省区马克思列宁主义的扩大传播、党组织的建设、革命力量的壮大、革命根据地的建设都具有引领和推动作用。星星之火，可以燎原。由上海大学党组织参与创建的各地中国共产党和青年团基层组织以及其他革命团体，正是在中国共产党早期发展阶段点燃的星星之火。上海大学党组织的这一历史功绩，是应该永远被载入中国革命红色史册的。

第一节 上海大学党组织参与创建各地党团基层组织的原因

1923年4月以后，上海大学在中共上海地方组织的领导下建立了党的基层组织。上海大学党组织建立伊始，就开始参与全国各地的党团创建工作，地域包括安徽、浙江、江西、福建、江苏、广东、陕西、河南等省份。这在中共党史和中国高等教育史上是绝无仅有的。这种情况的出现，是与上海大学办学的实际以及当时的革命背景和革命需要紧密相连的。

中国共产党自我建设和发展的需要

中国共产党建党初期,其基层组织的名称经历了组、小组到独立支部的变化。党诞生伊始,党的组织只设立中央和地方两级组织,之后随着各地党员人数的增加,建立党的基层组织便提上了日程。1922年7月,中国共产党第二次全国代表大会通过了《中国共产党章程》,按照党章第四条的规定,党的组织系统分为中央执行委员会、区执行委员会、地方支部和组四个层次。1923年6月,中国共产党第三次全国代表大会通过的《中国共产党第一次修正章程》,又把党的基层组织由组改为小组。1925年1月,中国共产党第四次全国代表大会为适应日益发展的革命形势,巩固党的基础,并有利于扩大党的力量,对党章作了进一步的修改,将党的基层组织由小组改为支部。这在党的基层建设中具有里程碑的意义。中国共产党第四次全国代表大会通过的《对于组织问题之议决案》中还指出:"在尚未有我们组织的其他工业区及大都市,如东三省、河南、重庆、九江、芜湖、福州等地均应努力开始筹建党的组织。"可见,在全国各地开展党的基层组织的创建活动,是中国共产党自身建设和发展的需要和必然要求。

领导各地创建党团基层组织是在上海大学任教的党的领导人的主要革命工作之一

在上海大学任教的中国共产党早期领导人如邓中夏、瞿秋白、张太雷、蔡和森、恽代英、任弼时、施存统等都是职业革命家,他们分别在中国共产党和青年团的中央和地方组织中担任重要职务,因此,领导上海以及全国各地的马克思列宁主义思想的传播,领导各地创建中国共产党和青年团基层组织以及其他革命团体,是他们革命工作的重要组成部分。

邓中夏受聘担任上海大学总务长,是受中共组织的派遣,是党的工作的一部分。即使在上海大学工作最繁忙的时期,他依然为党的事业奔波忙碌。1923年春,邓中夏担任中共上海地方兼区执行委员会委员长,负责上海、浙江和江苏党的工作。6月,中国共产党第三次全国代表大会在广州举行,邓中夏被选为候补中央执行委员会委员,还被任命为"中华全国总工会筹备委员会"主任委员。8月20日,中国社会主义青年团第二次全国代表大会在南京召开,大会选举邓中夏任委员长。10月,他参与创办了《中国青年》杂志。在上海兼区委会议上,他和王荷波被推选为负责松江、无锡两地党组织的建立与发展的特派员,并于1923年7月下旬与王荷波赴无锡、松江两地发展党的地下组织。

瞿秋白在中国共产党第三次全国代表大会上当选为中央委员。1923年7月1日,中国共产党机关刊物《前锋》月刊创刊,由瞿秋白担任主编。10月25日,瞿秋白又担任中共上海地方兼区委执委会委员。1924年底,在离开上海大学到党中央工作后,瞿秋白还参加上海大学党组织的会议并指导工作。

蔡和森在中国共产党第三次全国代表大会上与陈独秀、毛泽东、谭平山、罗章龙五人组成中央局,并与毛泽东、罗章龙三人留在中央机关处理中央具体事务。

张太雷在 1925 年 1 月召开的中国社会主义青年团第三次全国代表大会上当选为改名后的中国共产主义青年团中央书记。

恽代英在 1923 年当选为中国社会主义青年团中央执行委员,任宣传部主任兼学生部主任,还担任《中国青年》主编。

任弼时在 1924 年 9 月先后担任社会主义青年团上海区委委员和江浙皖区委委员,团的三大以后,又担任团中央执行委员会委员、组织部主任。

施存统在 1922 年 1 月中国社会主义青年团第一次全国代表大会上当选为团中央书记,1923 年 8 月因病辞去团中央书记职务后进上海大学任教授,9 月被中共上海地委兼区委任命为党的第一组,即上海大学组组长,1924 年 1 月,又当选为上海地委兼区委执委会委员,参与了中共上海兼区委的领导工作。

上海大学中的一大批学生党员是由邓中夏、瞿秋白等直接培养发展的

在全国一些地区最早点燃革命火种、创建当地党团基层组织的上海大学学生,大多数都是在由邓中夏、瞿秋白、恽代英等直接教育下成长起来的,有的还是由他们直接介绍加入中国共产党。如安徽籍的社会学系学生薛卓汉、徐梦秋、王逸常三人,就是在邓中夏、瞿秋白、施存统所在的中共上海大学小组接受培养而被发展入党的;来自安徽寿县的社会学系学生胡允恭,来自安徽凤台地区的社会学系学生吴云、吴霆和英国文学系学生吴震,来自台湾台北的社会学系学生翁泽生等,都是由瞿秋白介绍入党;来自江西永修的中国文学系学生王环心、王秋心,是由瞿秋白、恽代英介绍入党的。

上海大学学生在邓中夏、瞿秋白、恽代英等这些兼具党组织负责人、上海大学教师双重身份的革命者领导下,成为各地革命火种的点燃者。

上海大学理论联系实际办学理念的充分体现

上海大学办学的一个鲜明特色就是理论联系实际。这种理论联系实际一方面体现在课堂讲课方面,深入浅出,把马克思列宁主义的理论和当前的革命斗争密切结合起来;另一方面,就是课堂学习和教育教学服从党的革命需要。学校号召学生利用暑假回到自己的家乡进行革命宣传活动,通过深入工农群众,在帮助各地建立党团组织的实践中来提高自己的能力,来坚定自己的革命信仰。假期结束后再回到学校继续学习。当然,学生利用寒暑假回到自己的家乡去点燃革命火种,难免会与正常的学习安排发生冲突,一旦这种情况出现,往往是学业和教学服从党的革命需要。

第二节　在全国各地创建的党的基层组织

在安徽地区创建的党的基层组织

中共安徽寿县小甸集特别支部　安徽农村建立的第一个党的基层组织,直接受党中央的领导,其创建者是上海大学学生曹蕴真、薛卓汉、徐梦秋、王逸常等。曹蕴真、薛卓汉、徐梦秋等都是安徽寿县人,王逸常则是安徽六安人。1923年秋,曹蕴真和薛卓汉、徐梦秋、王逸常等都考进上海大学社会学系学习,曹蕴真于1922年春在上海加入中国共产党。薛卓汉、徐梦秋、王逸常三人是在上海大学加入中国共产党的。1923年寒假,根据上海大学党组织的安排,曹蕴真、薛卓汉、徐梦秋、王逸常等一行回到寿县开展革命活动,并在这一年冬天,在小甸集小甸小学成立了中共安徽寿县小甸集特别支部,由曹蕴真任特支书记。小甸集特支的建立,使寿县地区的革命活动有了一个强有力的领导核心,对安徽省农村革命运动的发展起到了引领和推动作用。

中共安庆支部　在柯庆施的筹划下,由上海大学学生濮德治和王步文协助建立起来的。柯庆施,又名柯怪君,安徽歙县人,1922年加入中国共产党。濮德治,又名濮清泉,安徽安庆人,陈独秀表弟,1923年前后进入上海大学英国文学系学习,由中国社会主义青年团转入中国共产党。1923年12月,柯庆施根据陈独秀的指示,就在安庆的濮德治的家中建立中国共产党安庆支部,会议推选柯庆施为支部书记、濮德治负责宣传工作。这个党支部是中国共产党在安徽最早成立的城市支部,直属党中央领导①。

中共淮上中学补习社支部　由上海大学学生胡允恭、吴云、吴震等创建。胡允恭又名胡萍舟,安徽寿县人②;吴云、吴震为同胞兄弟,安徽凤台人。胡允恭和吴云、吴震都是1923年进入上海大学学习,并由瞿秋白介绍加入中国共产党。1924年暑假,胡允恭、吴云、吴震受上海大学党组织派遣,返回故乡寿凤③地区,秘密进行党团组织的创建工作。他们在寿县尚奠寺南曹家岗小郢孜办起了"淮上中学补习社",以此为掩护,来宣传马列主义。补习社招收了寿县、凤台两个县共40多名失学青年,除了对青年进行文化教学以外,还按照他们在上海大学所学的,开设了"社会进化史""政治常识""唯物史观浅说"等课程,组织学生学习《共产党宣言》,进行马克思列宁主义的教育。在办学过程中,还秘密成立了"皖北青年社"(即青年团组织),发展了一批有觉悟的青年参加了"皖北青年社"。在各方面条件成熟以后,正式建立了中共淮上中学补习社支部,由胡允恭任书记,直属中共中央领导。

---

①　濮清泉:《忆陈独秀与安徽党团的建立》,欧阳淞、曲青山主编《红色往事——党史人物忆党史(第一册)》,济南出版社2012年版。
②　他生于寿县杨庙乡,今属长丰。
③　寿县、凤台。

中共高皇特别支部 由上海大学学生程锡简创建。程锡简,安徽凤台人。1922年考入上海大学,1923年加入中国共产党。1924年,根据党的指示,回到家乡,创建了中共高皇特别支部并任支部书记。

中共六安特别支部 安徽六安地区最早建立的党组织,主要创建者是上海大学学生王绍虞。王绍虞,安徽六安人,1923年进入上海大学学习,不久加入中国社会主义青年团。1924年1月,根据组织安排,王绍虞利用寒假回到家乡六安,联络进步青年周范文、胡苏明等发起并组织了一个进步团体"六安青年励进会",团结和吸收当地青年学生在六安西门外紫竹林小庙集会,一起学习研究马克思主义,探索革命真理。王绍虞在六安的活动受到上海大学党组织的关注和好评,寒假结束回到学校后,王绍虞被党组织吸收为党员。1925年寒假,受党组织派遣,王绍虞再次回到六安,受命组建六安的共产党组织。他同从芜湖、杭州、上海等地回来的共产党员、共青团员王亦良、王立权、蔡邦瑜、刘大蒙、徐为浚等一起,在六安以开设"青年实业社"为掩护,成立中共六安特别支部,由王绍虞担任支部书记,直属党中央领导。

中共南陵县特别支部 主要创建者之一是上海大学学生俞昌准。俞昌准,安徽南陵人,1925年7月进入上海大学中学部学习。1926年由共青团员转为共产党员。同年夏天,上海大学党组织决定送俞昌准赴苏联学习,俞昌准却向党组织表示,愿意回到自己家乡南陵去开展农民运动,创建党的组织。党组织经过慎重考虑,同意了俞昌准的请求。8月,俞昌准回到南陵,在城关联络进步青年,建立"反帝非基大同盟",开展宣传工作,揭露帝国主义利用宗教进行文化侵略的罪行。11月25日,中共南陵特别支部成立,直属中共中央领导。由他的堂兄俞昌时任书记,俞昌准任宣传委员兼秘书。中共南陵特支的成立,为南陵人民的革命斗争打开了新局面。1927年春天,俞昌准担任中共芜湖特支书记。

中共阜阳临时支部 创建者之一是上海大学学生周传业。周传业,安徽阜阳人,1924年加入中国共产党,1925年春考入上海大学社会学系。暑假期间,与哥哥周传鼎回到家乡,与在阜阳城开设"淮颍书局"为掩护的共产党员张子珍取得联系,建立中共阜阳党小组。返校以后,周传业和周传鼎、董橙君、吕鼎才及阜阳籍学生李象贤,在恽代英的帮助下,于1926年4月15日组成进步团体"四维社",编辑出版《阜阳青年》半月刊,宣传革命道理。1926年暑假,周传业再次回到阜阳进行党组织的创建活动。12月,中共阜阳临时支部成立,隶属中共上海区委领导,联络点就设在周传业家中,周传业为支部负责人。

天长地区最早的革命火种 火种的点燃者是上海大学学生黄让之。黄让之,安徽天长人,1923年考进上海大学,同年加入中国共产党,与邓中夏、瞿秋白、施存统等同在一个党小组过组织生活。黄让之是安徽皖东地区第一位共产党员。1924年暑假,黄让之相约了另一位在外读书的同乡陶振誉回到天长。他们带回了大量的革命书刊,在铜城镇开设了一间图书室,利用这个图书室来宣传马克思列宁主义。黄让之还成立了"励志会",可以说在家乡点燃了天长地区最早的革命火种。黄让之的革命活动为后来天长党组织的建立奠定了基础。

潜山、岳西地区的革命火种 火种的点燃者是上海大学学生王步文。王步文，安徽岳西人，1923年加入中国共产党，1924年春天进入上海大学社会学系学习。同年冬，根据上海大学党组织的指示，回到安庆，与蔡晓舟等一起恢复安徽省学生联合会，组织中国青年救国会，并主持起草该会章程草案。随后，他受党的委派，回到家乡衙前，先后发展王效亭、柳文杰、储余等同志入党，为以后潜山、岳西地区的革命斗争播下了火种。

在浙江地区创建的党的基层组织

中共宁波小组 由上海大学教师张秋人创建。张秋人，浙江诸暨人，1922年加入中国共产党，1923年5月到上海大学任教。1924年1月，张秋人在上海介绍周天僇、汪维恒、杨眉山、许汉诚加入共产党。不久，汪维恒去台州地区活动，周天僇、杨眉山、许汉诚三人组成宁波小组，组长周天僇。宁波小组属上海地方兼区委领导，4月直属中央领导，1925年1月，改为宁波支部。

中共象山支部 由上海大学学生贺威圣主持创建。贺威圣，浙江象山人，1924年春进入上海大学社会学系学习，同年加入中国共产党。这学年寒假，根据上海大学党组织的安排，贺威圣来到象山从事党的建设活动，发展了王家谟、杨永清等青年加入共产党。1925年1月23日，受党的指示，贺威圣主持了象山县第一个中国共产党支部成立大会，由杨永清担任支部书记。

中共临海县特别支部 由上海大学学生张崇文领导创建。张崇文，浙江临海人。1926年3月考进上海大学社会学系。10月，由同在上海大学学习的哥哥张崇德和戴邦定介绍加入中国共产党。11月，上海大学党组织根据中共上海区委①关于"浙江之湖州、萧山、台州、海门、处州等地，当于最短期内发展我们的组织"的指示，决定提前放寒假，要求党员学生利用假期到各自家乡建立组织、发展党员，开展革命活动，迎接北伐军的到来。张崇文受此重任，回到家乡临海。此时分别在上海震旦大学、广州中山大学学习的共产党员张伯炘、陈赓平也根据党组织指示返回家乡临海。张崇文、张伯炘、陈赓平三人经过一段时间的筹划酝酿，于12月在张崇文岳父杨哲商家成立了中共临海县特别支部，张崇文任书记，张伯炘、陈赓平为委员，并与上海大学党组织发生联系。特别支部成立后，在城关工人中发展了朱月升、施玉镯、许仲仁等为第一批党员。中共临海县特别支部在组织上受上海区委领导，是当时浙江地区在上海中共组织的领导下最早建立的13个中共组织之一②。

在江苏地区创建的党的基层组织

中共横山桥支部 由上海大学学生包焕赓创建。包焕赓，江苏常州人，1925年进入

---

① 又称"江浙区委"。
② 王荣福主编：《新民主主义革命时期临海党史图志》，浙江大学出版社2011年版。

上海大学学习，同年加入中国共产党。1925年寒假，接受上海大学党组织委派，回到家乡进行党组织的创建活动。包焕赓和朱云峰一起接办私立横山桥小学，发起成立校友会，作为开展革命活动的一个秘密联络点。1926年2月，包焕赓与王玉如、朱云峰等党员在横山桥东街包焕赓家开的包合兴南货店二楼客厅里，秘密召开会议，庄重宣告成立中共横山桥支部。会议选举包焕赓为支部书记。中共横山桥支部是常州地区最早建立的党支部，为常州地区党组织的进一步建设发展奠定了基础。

中共常熟特别支部 由上海大学学生周文在与曾培洪①共同创建。周文在，江苏常熟人，1925年2月进入上海大学中学部学习，同年12月加入中国共产党。1926年初，根据党组织的决定，回家乡常熟开展工作，与曾培洪一起建立了中共常熟特别支部，受中共江浙区委书记罗亦农直接领导。

江阴顾山镇佃户合作自救会 由上海大学教师周水平创建。周水平，原名周侃，字刚直，江苏江阴人。1923年到上海大学任教，1925年春加入中国共产党。1925年7月，奉党组织之命，回到家乡江阴县顾山镇组织佃户合作自救会，并公布佃户合作自救会章程与宗旨。在周水平的领导下，当地3 000多名贫苦农民报名参加了自救会。周水平成为江苏地区农民运动的先驱。1926年1月17日，周水平被军阀孙传芳以"宣传赤化、鼓吹共产"的罪名杀害于江阴城。11月25日，正在广州从事农民运动讲习所工作的毛泽东，以"润之"的笔名，在中国共产党的刊物《向导》周报第179期上，发表题为《江浙农民的痛苦及其反抗运动》一文。文章说周水平遇害后："当周水平灵柩回到顾山安置在他家里时，农民们每日成群地到他灵前磕头。他们说：'周先生是为我们死的，我们要给他报仇！'"毛泽东通过农民的心声，对上海大学教师周水平这位为农民的利益而献出生命的革命烈士作出了高度的评价。

在广东地区创建的党的基层组织

琼崖革命同志大联盟和中共琼崖地方委员会 由上海大学学生王文明领导创建。王文明，海南琼海人。1922年秋加入中国共产党。1924年秋进入上海大学社会学系学习，并与同样来自海南岛的同学陈垂斌、黄昌炜等人一起，在上海大学创办《琼崖新青年》。1925年1月，在上海大学党组织的安排下，赴广州担任"琼崖革命同志大联盟"领导工作。1926年6月，在海口主持召开中国共产党琼崖第一次代表大会，成立了中共琼崖地方委员会，当选为书记。1927年党的"八七会议"以后，王文明领导打响了琼崖暴动的第一枪。1928年8月12日琼崖苏维埃政府宣告成立，王文明当选为苏维埃政府主席。王文明是海南岛地区党组织和革命根据地的创始人。

中共邓仲支部 由上海大学学生陈垂斌、郭儒灏等创建。陈垂斌，海南乐东黎族自治

---

① 即李强，江苏常州人，曾到上海大学听过讲演，1925年7月加入中国共产党，新中国成立后任国家外贸部部长。

县人;郭儒灏,海南琼海人。陈垂斌和郭儒灏都是在1924年进入上海大学社会学系学习的,他俩一起在1925年加入中国共产党。1926年1月,上海党组织派陈垂斌、郭儒灏回广东工作。3月,他们在澄迈中学,与澄迈中学教务主任、共产党员王业熹一起,以学校为阵地,秘密开展党团活动,在进步学生和青年中发展党员。6月,在澄迈中学正式成立中共邓仲支部①,陈垂斌任支部书记,王业熹、郭儒灏等为支部委员。中共邓仲支部是澄迈县第一个党支部。

在福建地区创建的党的基层组织

漳州第一个党支部 由上海大学学生翁泽生领导创建。翁泽生,祖籍福建厦门,生于台湾台北。1925年初进入上海大学社会学系学习,同年7月,由瞿秋白介绍加入中国共产党。1926年11月初,在北伐军进入福建前后,与同是上海大学学生、台湾籍的谢志坚、庄泗川等,接受中共江浙区委指派,在上海大学党组织的安排下,以回乡宣传队的名义,来到漳州、厦门等地开展革命活动。在漳州,翁泽生等以二师为中心,发动青年学生和工农群众,掀起了轰轰烈烈的"非基督教"运动。他秘密开展党、团活动,成立漳州第一个团支部。1927年1月,又领导成立了漳州第一个党支部,翁泽生任支部书记。

宁德党的活动与农民运动 宁德地区的党的秘密活动是由上海大学学生蔡威与北京大学学生郑长璋等人共同开展的。蔡威,原名蔡泽鏛,福建宁德人。1925年进入上海大学学习,1926年加入中国共产党;郑长璋,福建宁德人,1921年进入北京大学学习,1926年加入中国共产党。1926年11月,蔡威和郑长璋分别接受党组织的指示,回家乡开展建党工作。蔡威临行之前,中共上海大学独立支部书记高尔柏代表党组织找他谈了话。蔡威和郑长璋回到家乡宁德,以筹组国民党地方党部等为掩护,从事农民运动,秘密开展党的工作。后来蔡威成为红军无线电通信与技术侦察工作的创始人之一。1936年随红四方面军参加长征,病逝于长征途中。

在江西地区创建的党的基层组织

中共吉安小组和中共吉安特别支部 由上海大学学生曾延生、罗石冰等人创建。曾延生和罗石冰,都是江西吉安人。他们于1924年进入上海大学社会学系学习,同年加入中国共产党。在上海大学读书期间,曾延生和罗石冰就经常将《向导》周报和《中国青年》《新青年》《资本论入门》等革命进步书刊寄回家乡,向吉安地区传播马克思主义和革命思想。1925年6月中旬,曾延生根据党组织决定,以上海工商界宣传代表身份来到南昌,向各界人士陈述帝国主义制造五卅惨案的真相。宣讲任务完成以后,又直接来到家乡吉安,实地指导建立和发展吉安的革命组织,先后帮助建立了米业、烟业、香业、染布、染纸、竹木

---

① 取谐音"澄中"。

业等行业工会。7月,正值上海大学放暑假,曾延生就利用假期,深入吉安农村,以办国音补习班为名,秘密组织建立进步团体"觉群社",为吉安正式建立党组织创造了条件。10月,曾延生回到上海大学继续参加学习,并被党组织任命为共青团上海地委引翔港部委书记、中共引翔港部委宣传委员。1926年1月,为了加强江西地区党的领导工作,罗石冰受中共中央指派到江西巡视工作。罗石冰在曾延生工作的基础上,于26日领导建立了中共吉安小组,隶属中共南昌支部,这是吉安地区第一个党的基层组织。2月春节期间,罗石冰又在吉安县塘东第九小学发展了胡庭铨、郭士俊、刘秀启、郭家庆、罗万等五人为中共党员,建立了中共延福支部。这是吉安农村第一个党支部。3月间,罗石冰又领导组建了中共吉安特别支部,隶属江西地委。

在河南地区创建的党的基层组织

中共南阳支部 由上海大学学生杨士颖领导创建。杨士颖,河南南阳人。1924年前后进入上海大学英国文学系学习,在学习期间加入中国共产党。1926年5月,根据党组织的安排,与毕业于上海大学的学生、中共党员刘友三、朱冠州一起在南阳城南刘宋营村创建南阳第一个基层党组织中共南阳支部,由刘友山任支部书记,杨士颖和朱冠洲、刘实中任委员。中共南阳支部是中国共产党在河南南阳地区第一个基层组织①。

在山东地区创建的党的基层组织

中共沂水县支部 由李清漪组织创建。李清漪,山东沂水人。1923年考入上海大学中国文学系,后转入社会系学习,1924年加入中国共产党。1926年,受党组织派遣,随上海大学校长于右任北上,做国民军孙岳、邓宝珊部的工作,促其策应北伐。由于积劳成疾,经党组织批准,回原籍沂水休养。在休养期间,李清漪创办《农民小报》,并办起了平民学校,在当地农村传播马克思主义,向农民宣传革命道理并发展党员。李清漪是马克思主义在沂水最早传播者,沂水县党组织创建人之一。

第三节 在全国各地创建的青年团基层组织

在安徽地区创建的青年团基层组织

共青团安庆特支 由上海大学学生薛卓汉、徐梦秋创建。1925年5月,受党中央陈独秀派遣,薛卓汉、徐梦秋两人自上海大学到安庆,创建了中国共产主义青年团安庆特别支部,由徐梦秋任特支书记。

---

① 中共南阳市宛城区委党史研究室:《中国共产党南阳历史(第一卷)》,中共党史出版社1998年版。

在浙江地区创建的青年团基层组织

社会主义青年团宁波地方委员会 由上海大学教授、共产党人张秋人创建。1923年下半年,根据党组织的安排,张秋人来到宁波从事建团活动。1924年春,建立了社会主义青年团宁波支部。7月13日,团宁波支部扩建为团宁波地委,隶属团江浙皖区兼上海地方执行委员会领导。1925年2月,属团中央领导,更名为共产主义青年团宁波地委。

在江西地区创建的青年团基层组织

社会主义青年团永新支部 由上海大学学生王环心等人创建。1924年12月,根据上海大学党组织的指示,王环心利用寒假回到家乡,吸收了永新进步青年团体"永新改造团"成员曾去非、王弼、淦克鹤等人入团,成立了社会主义青年团永新支部,隶属南昌团地委。

在陕西地区创建的青年团基层组织

渭南赤水青年团支部 由上海大学学生武止戈和王尚德一起创建。武止戈,陕西渭南人,1923年初,经刘天章介绍加入中国共产党。1924年初,在党组织的安排下,进入上海大学英国文学系学习。这年暑假,受党的指示,来到陕西,佐助王尚德创建社会主义青年团在陕西渭南地区的第一个基层组织——渭南赤水青年团支部。

西安社会主义青年团支部 由上海大学学生武止戈与魏野畴一起创建。1924年暑假,根据党组织的指示,武止戈来到陕西,先是佐助王尚德创建渭南赤水青年团支部,接着又与正在西安成德中学以教书为掩护的共产党员魏野畴取得联系,建立了社会主义青年团在陕西西安地区的第一个基层组织——西安社会主义青年团支部,受团中央直接领导。

三原社会主义青年团特别支部 1924年8月,正在上海大学社会学系读书的陕西三原籍的学生、共产党员李秉乾根据党团组织的决定,利用暑假回家乡发展团的组织。在李秉乾的工作下,张仲实和三原十几位青年加入了青年团,并成立了青年团三原特别支部,张仲实任特支干事。渭北学生联合会成立,张仲实被推选为主席,成为渭北学生运动领袖。

附表一 上海大学党组织参与创建各地党团基层组织情况一览

地 区	创建的党团基层组织名称	参与创建的上海大学师生名单
安徽地区	中共安徽寿县小甸集特别支部	曹蕴真、薛卓汉、徐梦秋、王逸常等
	中共安庆支部	柯庆施、濮德治、王步文
	中共淮上中学补习社支部	胡允恭、吴 云、吴震等

续 表

地　区	创建的党团基层组织名称	参与创建的上海大学师生名单
安徽地区	中共高皇特别支部	程锡简
	中共六安特别支部	王绍虞
	中共南陵县特别支部	俞昌准
	中共阜阳临时支部	周传业
	天长地区	黄让之
	潜山、岳西地区	王步文
浙江地区	中共宁波小组	张秋人
	中共象山支部	贺威圣
	中共临海县特别支部	张崇文
江苏地区	中共横山桥支部	包焕赓
	中共常熟特别支部	周文在、曾培洪
	江阴顾山镇佃户合作自救会	周水平
广东地区	琼崖革命同志大联盟 中共琼崖地方委员会	王文明
	中共邓仲支部	陈垂斌、郭儒灏
福建地区	漳州第一个党支部	翁泽生
江西地区	中共吉安小组 中共吉安特别支部	曾延生、罗石冰
河南地区	中共南阳支部	杨士颖
山东地区	中共沂水县支部	李清漪

（制表人：洪佳惠）

附表二　上海大学党组织参与创建各地青年团基层组织情况一览

地　区	创建的青年团基层组织名称	参与创建的上海大学师生名单
安徽地区	共青团安庆特支	薛卓汉、徐梦秋
浙江地区	社会主义青年团宁波地方委员会	张秋人

续 表

地 区	创建的青年团基层组织名称	参与创建的上海大学师生名单
江西地区	社会主义青年团永新支部	王环心
陕西地区	渭南赤水团支部	武止戈、王尚德
	西安社会主义青年团支部	武止戈、魏野畴
	三原社会主义青年团特别支部	李秉乾

（制表人：洪佳惠）

第五章
投身轰轰烈烈的革命斗争和输送师生到苏联学习

在办学的同时,上海大学的党组织领导党员教师和学生以及追求进步的师生,几乎参加了中国共产党早期开展的所有革命工作和活动。

第一节 在党团各级岗位上任职,领导革命斗争

在中国共产党早期发展阶段,党中央和中共上海地方组织领导着工人运动、学生运动、妇女解放运动、济难运动及其他革命斗争,需要大批具有文化知识和马列主义思想与理论修养,又经过斗争考验的共产党员、青年团员充实到各级岗位上担任负责人,在党中央和上海地方党组织统一领导下来开展革命斗争。

在党中央任职和工作

瞿秋白是1923年6月下旬应聘到上海大学任教务长和社会学系主任的,此前在同月12日至20日,在广州召开的中国共产党第三次全国代表大会上当选为中央委员、候补中央执行委员;邓中夏是1923年4月应聘到上海大学任总务长兼历史学教授的,此前在1922年7月中国共产党第二次全国代表大会上当选为中央执行委员会委员,到上海大学任职以后,又在中国共产党第三次全国代表大会上当选为中央委员、候补中央执行委员。1924年5月,任中共中央工会运动委员会书记。党的中央领导机关原驻广州,1923年9月迁回上海。

彭述之是1924年8月后任上海大学社会学系教授的,在1925年1月召开的中国共产党第四次全国代表大会上当选为中央执行委员会委员、中央局委员,并任中央宣传部主任。

刘华是上海大学中学部的学生,1925年1月,在中国共产党第四次全国代表大会上,通过了关于职工运动的决定,为了加强工人运动的领导,决定成立中共中央职工运动委员

会,由张国焘、李立三、刘少奇、项英和刘华等组成。

黄玠然是1926年2月进上海大学的,同年8月,根据党组织的安排,到中共中央宣传部,在彭述之领导下做具体工作。

在团中央任职和工作

施存统是1923年秋进入上海大学任教授的。此前在1922年1月召开的中国社会主义青年团第一次全国代表大会上当选为团中央书记,到1923年8月中国社会主义青年团第二次全国代表大会召开以后卸任。而在这次团的全国代表大会上,已在上海大学任职的邓中夏当选为团中央执行委员,并任临时中央局委员长,担负起领导全国青年团工作的重任。

张太雷是1924年8月到上海大学任教的,任弼时也在这一年夏天到上海大学任教。1925年1月26日至30日,在中国社会主义青年团第三次全国代表大会上,决定将中国社会主义青年团的名称改为中国共产主义青年团。张太雷和任弼时都当选为团中央执行委员会委员,并同为团中央局成员。张太雷任团中央总书记,任弼时任组织部主任。大会选出张太雷、任弼时、恽代英、贺昌、张秋人等九人为中央执行委员会委员,由张太雷、任弼时、恽代英、贺昌、张秋人五人组成中央局,张太雷任总书记,任弼时任组织部主任。

张秋人是1923年5月到上海大学任教的,恽代英是同年7月到上海大学任教的。在中国社会主义青年团第三次全国代表大会上,张秋人、恽代英都当选为中央执行委员会委员,并成为中央局成员。

贺昌是1923年9月进入上海大学学习的。在中国社会主义青年团第三次全国代表大会上当选为中央执行委员会委员,并与张太雷、恽代英、任弼时、张秋人一起组成团中央局,兼任工农部主任。

萧楚女是1925年5月到上海大学任教的,当时正担任着共青团中央委员。

在中共上海地方组织任职和工作

1923年7月8日,邓中夏在中共上海地委兼区委会议上被选为执行委员,在9日举行的兼区委第一次会议上,邓中夏任委员长,负责上海、浙江和江苏党的工作。

沈雁冰是1923年5月到上海大学任教的,同年7月8日,在中共上海地委兼区委会议上当选为执行委员,在9日举行的兼区委第一次会议上,任国民运动委员。1926年4月又任中共上海区委国民运动委员会主任。

杨贤江于1924年1月13日在中共上海市委兼区委员会会议上当选为候补委员。

1925年8月15日,中共中央决定将中共上海地方委员会改组为"中共上海区执行委员会",简称"上海区委",又称"江浙区委",管辖上海、江苏、浙江等地的党组织。中央指定庄文恭、何量澄、顾顺章、尹宽、郑超麟、何晋亮①、李成②七人为正式委员,尹宽任区委书记兼宣传部主任。尹宽曾在上海大学任教,郑超麟则是在1924年9月任上海大学社会学系教授。

1927年2月9日,中共上海区委举行全体会议,会上提出区委改选名单,王亚璋名列正式委员。

在上海大学的学生中,王亚璋曾任中共上海区委委员,余泽鸿、刘尊一为候补委员,韩步先任秘书长;钟复光、杨之华、陈比难、丁郁、刘尊一先后担任过上海地方党委的妇女运动委员会书记、主任;余泽鸿任上海地方党委的学生运动委员会主任;王弼任济难委员会主任;黄正厂③任中共上海区委地方政治委员会主任。

1926年12月6日,上海工商学联合会正式恢复,并改名为上海特别市民公会。同日,中共上海区委特别市民公会党团召开会议,上海大学学生林钧被任命为市民公会党团书记,汪寿华等13人为党团成员。

1927年1月,中共上海区委召开全体委员会议,上海大学学生顾作霖、龙大道被任命为新的中共上海区委职工运动委员会委员。

1927年2月22日,中共上海区委发出特别紧急通告称:"上海市民临时革命委员会于今早12时正式成立。"委员11人,其中包括上海大学学生刘荣简④。

在中共上海部委一级担任书记

1926年4月,为了应对基层党的支部日渐增多而带来的管理难题,中共上海区委根据中共中央的要求,在上海设立了党的"部委制"和与之平级的"独立支部",直属上海区委领导。前后共形成杨树浦、引翔港、浦东、小沙渡、曹家渡、闸北、南市、法租界、沪东、沪中等部委。上海大学有一批学生党员被任命为党的部委书记,计有:

郭伯和:小沙渡部委书记;

阳翰笙:闸北部委书记;

龙大道:曹家渡部委书记;

顾作霖:中共沪东部委书记;

康生:沪中、闸北、沪西、沪东部委书记;

苏爱吾:杨树浦部委书记。⑤

在上海地方团委和团部委任职

1924年6月23日,中国社会主义青年团江浙皖区兼上海地方执行委员会成立,上海

---

① 即汪寿华。
② 即李立三。
③ 读作"庵"。
④ 即刘披云。
⑤ 刘披云:《回忆上海大学》,王家贵、蔡锡瑶编著《上海大学(1922—1927)》,上海社会科学院出版社1986年版。

大学教师任弼时、张秋人、沈泽民任执行委员,其中张秋人负责秘书工作、沈泽民负责宣传工作。1925年10月上旬,共青团中央局成员贺昌兼任共青团上海地委书记;1926年4月,又任共青团江浙区委书记。1925年初,上海大学学生何秉彝任共青团上海地委组织主任。1925年5月,上海大学学生刘峻山任共青团上海地委学运部部长;8月,任共青团上海地方执行委员会委员、组织部主任;1926年冬,又任共青团江浙区委秘书长。1926年11月底,上海大学学生顾作霖任共青团江浙区委委员、组织部部长。

与中共地方党委一样,团上海地委也在上海设立了"部委制"。上海大学有一批学生担任团部委书记,计有:

刘披云:共青团南市部委书记;

贺威圣:共青团闸北部委书记;

匡亚明:共青团引翔港部委书记,共青团沪东部委书记,共青团沪西部委书记,共青团闸北部委书记;

李硕勋:共青团南市部委书记;

顾作霖:共青团杨树浦部委书记;

曾延生:共青团引翔港部委书记;

刘披云:共青团法南区部委书记;

孙仲宇:共青团杨树浦部委书记。

秦代宁:共青团浦东区委书记。①

在工会系统任职

1923年6月,邓中夏在中国共产党第三次全国代表大会上被任命为"中华全国总工会筹备委员会"主任委员。

1925年5月31日晚上,上海开会宣告公开上海总工会组织,由李立三任委员长,上海大学学生刘华任副委员长。

第二节 深入到工人居住区举办工人夜校,开展工人运动

到工人中去

中国共产党成立后,从中央到地方的各级组织都以主要精力从事工人运动。中国共产党作为工人阶级的先锋队,其全部活动都是为工人阶级和人民群众谋利益的,是为他们

---

① 孙仲宇:《关于上海大学的一些资料》,这是有关方面对孙仲宇的访问记录稿,原件藏上海市档案馆,档号 D10-1-60。

的解放事业服务的,因此敢于相信和依靠群众。在中国共产党第一次全国代表大会上通过的《中国共产党第一个决议》中提出:"本党的基本任务是成立产业工会。凡有一个以上产业部门的地方,均应组织工会;在没有大工业而只有一两个工厂的地方,可成立比较适于当地条件的工厂工会。""党应在工会里灌输阶级斗争的精神。党应警惕,不要使工会成为其他党派的傀儡。"这个决议还在"工人学校"一节中提出:"因工人学校是组织产业工会过程中的一个阶段,所以在一切产业部门均应成立这种学校。"还指出:"工人学校应逐渐变成工人政党的中心机构,否则,这种学校就无需存在,可加以解散或改组。""学校的基本方针是提高工人的觉悟,使他们认识到成立工会的必要。"[①]中国共产党第二次全国代表大会指出:"我们既然是为无产群众奋斗的政党,我们便要'到群众中去',要组成一个大的'群众党'。""(一)党的一切运动都必须深入到广大的群众里面去。(二)党的内部必须有适应于革命的组织与训练。"并且"我们的活动必须是不离开群众的。"[②]在中国共产党中央和上海地方组织的发动和领导下,上海大学的师生踊跃到工人中去,他们深入到工人集中居住的区域,办工人夜校和工友俱乐部,启发和提高工人的阶级觉悟,并直接参与了领导工人罢工的斗争。

办工人夜校

当时工人夜校的称呼有多种,有叫"平民学校"的,有叫"贫民夜校"的,也有叫"工人补习学校"的。上海大学的党组织,根据工人贫民集中居住的区域,致力于在沪西、沪东、浦东等地举办工人夜校。上海大学学生、共产党员刘华、杨之华、张琴秋、阳翰笙、何秉彝、钟复光、顾作霖、何挺颖、羊牧之等在邓中夏的直接领导下,都怀着满腔热情投身到工人中去。上海大学教授高语罕,也到工人夜校给工人上过课[③]。

历史上的沪西区域,大体包括今普陀、静安、长宁、徐汇等区的一部分。据统计,在20世纪20年代,上海近80万名工人中有20余万名为纺织工人,而全市58家纺织厂有近20家设在沪西小沙渡一带。因此,小沙渡成为上海大学师生在沪西举办工人夜校的主要区域。在邓中夏的领导下,上海大学学生刘华、杨之华、阳翰笙等,成为沪西工人夜校中受工人学员欢迎的老师,其中,刘华在男工学员中威望最高,杨之华则在女工学员中威望最高。曾经在沪西工人夜校给工人上课的阳翰笙回忆说[④],自己在上课时,开始并不受工人欢迎,一方面自己讲的是四川话,另一方面讲解的内容有些"教条",工人听不懂,或者说不喜欢听。杨之华就直截了当地批评阳翰笙:"这不是给大学讲课,是给工人讲课,大学那一套

[①] 中共中央党史研究室、中央档案馆:《中国共产党第一次全国代表大会档案文献选编》,中共党史出版社2015年版。
[②] 中共中央党史研究室、中央档案馆:《中国共产党第二次全国代表大会档案文献选编》,中共党史出版社2014年版。
[③] 羊牧之:《回忆上海大学》,王家贵、蔡锡瑶编著《上海大学(1922—1927)》,上海社会科学院出版社1986年版。
[④] 阳翰笙:《回忆上海大学》,《新文学史料》1984年第2期。

怎么行?"她告诉阳翰笙,要讲工人的生活,把理论和工人的实际生活结合起来,工人就会感到亲切,容易理解。刘华虽然也是四川人,但他讲课却深受工人欢迎。刘华对阳翰笙说,和工人上课一定要深入浅出,反复讲,不能急躁。要使工人感到你是他们的朋友,好像亲人一样,他们才接近你,有了问题才跟你说。沪西工人夜校是当时办得比较好的一个工人学校,培养了顾正红等一批工人党员。

杨树浦地区是上海沪东的工人集中区域。上海大学学生张琴秋、杨之华以及曾延生在那里办的工人夜校卓有成就。1924年,张琴秋、杨之华受党组织的派遣,同湖南转来的共产党员蔡林蒸①等人一起来到沪东筹办工人夜校。同年6月,在平凉路韬朋路②惟兴里900号创办了杨树浦平民学校,由张琴秋任校长。杨树浦平民学校是中国共产党在沪东地区最早创办的一所面向工人的学校。杨树浦平民学校的校务工作计划,是教师和学生干部一起商讨制定的。学校分为男工和女工两部,张琴秋兼管女工部,蔡林蒸负责男工部,共有学员150名,大多是各纱厂的工人。为适应工人上下班时间,学校安排早晚两次上课,早晨7—9点夜班工人上课,晚上7—9点日班工人上课。老师力求从文化启蒙入手,由浅入深,从实际出发,边教文化,边传播马克思主义真理,工人学员一听就懂。在杨树浦工人居住区域,杨之华还担任党创办的民智平民学校负责人,她经常给工人上课,传授知识,启发工人觉悟,有时还为工人演唱《国际歌》。她用通俗的语言、生动的事例为学员讲解,很受工人的欢迎。在党组织的领导下和老师的启发教育下,工人学员的思想觉悟不断提高。学校就在学生中发展党团员,为沪东地区党团组织的发展壮大创造条件。据张琴秋回忆:"我们办这种学校的目的,是为了发展党团员,扩大我们的力量,进行革命宣传,扩大党的政治影响,同时也帮助工人群众提高文化。……上课主要是利用晚上的时间,白天我们就到工人家里谈谈,了解一些情况。当时我们确实在夜校学生中发展了党员,如朱阿毛、施小妹等。经常到校的学生有二三百人,其中党员就有三四十个,团员就更多了。"③后来成为陈赓妻子、1939年牺牲于抗日战场上的王根英烈士,参加过平民学校的学习,并由张琴秋介绍加入了中国社会主义青年团。1924年9月,平民学校第一期学生举行毕业典礼,上海大学教授沈泽民以中共上海地方兼区委委员的身份参加了毕业典礼并发表演说。

浦东烂泥渡路处在黄浦江东岸的陆家嘴地区,也是工人、贫民集中区域。上海的党组织在这一带办起了工人夜校。上海大学学生顾作霖、杨之华等,根据党组织安排,在当地党组织的帮助下,在烂泥渡路典当弄的一间平房里开办了一所平民学校。学员有50多人,分别来自码头、铁厂、烟厂、造纸厂、纱厂等。顾作霖、杨之华等一起为工人上课。顾作

---

① 蔡林蒸(1889—1925),原名麓仙,字润民,号泽庶,湖南双峰人。蔡和森胞兄。1922年,到上海从事工人运动。1923年,加入中国共产党,并改名为林蒸。1923年7月9日,中共上海地方兼区执行委员会决定将全市党员编为五个组,蔡林蒸被编在第一组上海大学组并任组长。

② 今通北路。

③ 张琴秋:《关于上海大学的回忆》,黄美真、石源华、张云编《上海大学史料》,复旦大学出版社1984年版。

霖上课通俗易懂,用工人的语言来讲解革命道理。如在宣传反基督教时,他对工人们说:帝国主义给我吃过迷魂药,要我们听上帝的话,人家打你的左脸,你还要给他打右脸,人家脱了你的外衣,你要连内衣也脱给他,你要忍受才能上天国。这些浅显易懂的话,有力地戳穿了那些骗人的鬼话。再如他给工人讲工作"三八制"的道理说:工人不能像时钟一样不休息。在讲到工人团结起来斗争才能出头翻身这个道理时,就用一根筷子容易断、一把筷子折不断来做比喻,说明团结才有力量。据听过顾作霖讲课的工人杨龙英回忆:"顾作霖给工人上课时,工人很喜欢听,常探问他什么时候能来上课。"①

在办工人夜校的过程中使自己的思想得到升华

作为知识分子,刘华、张琴秋、杨之华、阳翰笙、顾作霖、何挺颖等从和工人接触开始,就注意与工人打成一片。他们一到学校就脱去长衫、旗袍,换上粗布衣衫。还经常到工厂和工人、学员一起上班,有时还到工人居住区走门串户,与工人们促膝谈心了解工人们的家庭情况,动员工人上夜校读书学文化。

阳翰笙在沪西小沙渡工人夜校工作了好几个月,一直到1925年"二月罢工"胜利以后才离开。他与工人的感情很深,交了一些工人朋友,他说:"后来女工也不怕我们了,把我们当成先生和朋友看待。"②阳翰笙还说,他白天在上海大学听老师讲理论,晚上到工人夜校中讲课,"理论联系实际,知识分子与工农相结合,我尝到了这个甜头,不仅是我们教育工人,工人也教育了我们,这就把我们讲堂上的理论具体化了,受到很大教益,不像以前光讲书本的教条,而是有血有肉,亲见亲闻"③。在工人夜校的这一段经历对阳翰笙日后的成长很有帮助,也对他后来的电影剧本、话剧和小说的创作起到了一定的作用。

由于上课主要是利用晚上的时间,白天张琴秋就到工人家里访贫问苦,了解工人生活的实际情况。这对于张琴秋了解中国社会底层的现状,进一步提高自己的政治意识是有极大帮助的。张琴秋曾对她的好友陈学昭谈到过自己在平民学校工作的感受,她说:"她们的苦,是如我们的一天没有黄包车钱的着急的苦所能梦想得到的么?!在这些时候,我开始满足,我觉得我再也不能吝啬我微小的力量了,我应当的是牺牲。在那里,见到了世界的全体,发现了人类最伟大的力量、向上心和革命精神。"④从上海大学和自己的家到杨树浦,路很远,工作很辛苦。当有人劝告张琴秋注意身体健康时,张琴秋回答说:"疲倦,疲倦,可是我也乐意,这样我的心才安。"⑤

在工人夜校工作和锻炼的经历,使顾作霖的思想认识有了提高,革命的立场也更加坚

---

① 杨龙英:《回忆上海大学》,这是有关方面对杨龙英的访问记录稿,原件藏上海市档案馆(全宗号:D10)。
② 阳翰笙:《回忆上海大学》,《新文学史料》1984年第2期。
③ 阳翰笙:《回忆上海大学》,《新文学史料》1984年第2期。
④ 谢燕:《张琴秋的一生》,中国纺织出版社1994年版。
⑤ 谢燕:《张琴秋的一生》,中国纺织出版社1994年版。

定。1925年冬天,他加入了中国共产主义青年团,第二年,也就是1926年初,他正式被批准转为中国共产党党员。

何挺颖是在1926年初根据党组织的安排,来到一个工人夜校担任工作。在工作中,他广泛接触工人群众,逐步了解了处于社会底层的工人群众的生活状况和思想感情。何挺颖将自己对工人群众的这种认识和感情,写进了题为《赠陆阿毛》这首诗里:"我不过仅仅教你认识了几个字,你却教我懂得了不少的事。我照着书本给你讲'阶级斗争',你的行动却讲得多么有色有声。在过去无产阶级对于我只是一个概念,今天啊!我才认识了你们这一伙英雄好汉。你们是天生的革命战士,我多荣幸做了你们的同志。"①

薛尚实的回忆

薛尚实是1926年秋季进上海大学学习的。当时,上海大学已经迁到闸北青云路上。他在回忆中讲到了上海大学办工人夜校的一些情况:

> 高年级同学多数在校外担任工作,有的参加上海市学联、全国学联,有的参加济难会工作。至于到各工厂区去组织平民夜校、工人夜校进行革命宣传教育的人就更多了。他们工作忙时,就不能经常按课程表上的规定来上课,但当他们回校时,仍坚持补课,认真学习。
>
> 办夜校,除了在学校附近和宝山路一带举办外,还有许多同学到浦东、沪东、沪西一带去办。有的利用现成的中小学课堂,有的到工厂附近租房子来办。
>
> 张西孟同学当过工人夜校教员,据他说,对工人们上课之先,重要的是消除隔阂,建立良好的关系。可以先提启发的问题,让他们先随便谈谈。例如问:世上什么人最苦?什么人最多?什么人最有本事?为什么还要受剥削、受压迫?应该怎样起来反抗压迫?等等。这样谈了,就能打破彼此之间的隔阂,逐步达到教育的目的。
>
> 通过办工人夜校,上大学生和工人之间建立了良好的关系,当上海工人三次武装起义之后,同学们和各个产业工会的联系更加强了。记得那时候市总工会工人纠察队的总指挥部设在宝山路商务印书馆工人俱乐部(即东方图书馆楼下),我们曾进去参观,当谈到我们是上大学生时,工人同志都表示热烈欢迎。②

办工友俱乐部

1924年夏,在邓中夏、李立三等人的领导下,党组织在小沙渡工人居住区域举办工人夜校的基础上,决定成立沪西工人俱乐部。俱乐部的宗旨是"联络感情,交换知识,互相扶

---

① 林道喜著:《井岗元戎何挺颖》,中国社会出版社2007年版。
② 薛尚实:《回忆上海大学》,中国人民政治协商会议上海市委员会文史资料工作委员会编《文史资料选辑(第二辑)》,上海人民出版社1979年版。

助,共谋幸福"。活动内容和方式包括学习文化、举办演讲、组织游艺、教唱歌曲等。俱乐部成立以后,项英、邓中夏、李立三、瞿秋白、蔡和森、杨开慧、向警予、恽代英等都到俱乐部发表过演讲。俱乐部刚成立时,由项英担任主任,不久,项英调走,上海大学学生刘华就成为俱乐部的主要负责人。

在俱乐部,刘华工作主动深入、积极负责,和工人们打成一片,从早到晚和工人们在一起,教他们识字学文化,给他们讲革命道理,帮助他们解决问题,深受工人们的爱戴。在党组织的领导下,在邓中夏、李立三、项英等领导同志的具体指导下,通过上海大学学生刘华、杨之华等的辛勤工作,使沪西工友俱乐部成为党联系和教育工人群众的一个重要窗口。俱乐部培养出的孙良惠等沪西工运领袖和顾正红、陶静轩等革命英烈,也为中共小沙渡小组及中共沪西支部的建立打下了基础。

领导"二月罢工"

1925年1月,党的第四次代表大会讨论并通过了关于职工运动的决议案,为了加强工人运动的组织领导,决定成立中共中央职工委员会,由张国焘、李立三、刘少奇、项英、刘华等组成。而刘华当时并没有脱离他上海大学学生的身份。

1925年2月9日爆发的震惊中外的上海"二月罢工",是上海工人在中国共产党的领导下第一次举起反帝国主义的大旗而发动的工人运动。1925年2月2日,上海内外棉八厂发生了日本领班毒打一个女童的事件。当工人们向日本资本家提出抗议时又遭无理开除,日本资本家并勾结外国巡捕房抓走了六名工人代表。中共中央和中共上海地委决定抓住这个事件发动全市日本纱厂工人举行罢工。由李立三、邓中夏组成罢工委员会来统一领导,刘华则是这次罢工运动的前沿总指挥之一。

上海大学学生张琴秋根据罢工指挥部的指示,到工人居住区找到了被日本领班毒打的女童,向她表示了慰问,并鼓励她起来大胆揭发控诉日本资本家的罪行。上海大学另一名学生阳翰笙在刘华的领导下,深入到工人家里,说明罢工的意义,书写标语散发传单。

2月9日,大罢工正式开始,一万多名工人在潭子湾空地上举行抗议集会,白布大旗上写"反对东洋人打人"。上海大学学生、罢工前沿总指挥之一的刘华主持会议,向大家介绍了领导这次大罢工的领导人李立三、邓中夏,还介绍了他在上海大学的同学杨之华和张琴秋,受到工人的欢迎。李立三、邓中夏和杨之华还在集会上发表了演讲。在罢工斗争中,刘华始终和工人战斗在一起。他受命担任谈判代表,与日本资本家进行了针锋相对而又有理有节的斗争,最终赢得了这次罢工斗争的全面胜利。刘华在罢工斗争中表现出来的能力和无畏勇敢的精神,受到邓中夏、瞿秋白等既是他的领导,又是他的老师的充分肯定。

"二月罢工"是上海工人在中国共产党的领导下第一次举起反帝国主义的大旗而发动的工人运动。对亲身参加了这次工人运动的张琴秋来说,留下了深刻的印象,接受了一次革命教育。后来在延安,张琴秋在向中国女子大学的学员讲授"工人阶级的历史使命"一

课时,回忆说:"我目睹了这一伟大斗争的全过程。工人阶级不畏强暴,不讲价钱,响应党的号召,与外国资本家斗争的革命气概,深深地感动了我,教育了我,使我认识到工人阶级只要团结起来,在共产党的领导下,就能战胜一切强大的敌人。"①

第三节　参加学生运动

在全国与上海学联任职

上海大学的学生,除了在中国共产党和青年团任主要领导职务以外,在全国学联和上海学联也都担任了重要职务。

1924年8月4日至18日,中华全国学生联合会第六次代表大会在上海复旦中学礼堂举行,上海大学学生刘一清当选为第六届全国学生联合总会委员长,也就是全国学生会主席。1925年6月26日至7月6日,中华全国学生联合会第七次代表大会在上海小西门少年宣讲团团部召开,上海大学学生李硕勋当选为第七届中华全国学生联合总会委员长。1926年7月23日至31日,中华全国学生总会第八次代表大会在广州广东大学召开,上海大学学生刘披云当选为第八届中华全国学生联合总会委员长②,李硕勋主持了这次大会并被中共中央任命为全国学生联合总会党团书记,上海大学另一名学生何成湘在这一届代表大会上被选为全国学联执行委员会委员兼秘书长,又任党团组织领导成员。上海大学学生刘峻山在1926年1月以后,任中华全国学生总会执行委员会常务委员兼宣传部部长。

在上海学联方面,上海大学学生余泽鸿曾任上海地方党委的学生运动委员会主任、上海学生联合会党团书记,上海大学学生高尔柏在1925年任上海学生联合会宣传部部长,刘峻山在1925年6月任上海学生联合会宣传部副部长、8月任上海学生联合会党团书记。

重新出版《中国学生》

《中国学生》半月刊,是中华全国学生联合会总会的机关刊物,创刊于1924年。由于经费缺乏,加上军阀当局的阻挠,这本刊物只出版了五期就被迫停刊了。李硕勋主持全国学联工作以后,通过召开总会执行委员会会议,决定重新出版《中国学生》,并且增加篇幅,改半月刊为周刊,以进一步指导和推动全国学生运动的发展。在李硕勋的积极倡导和推动下,《中国学生》创刊号以全新的面貌于1925年9月1日在上海正式出版和公开发行。这本刊物发表了大量关于学生运动的论文,揭露帝国主义压迫中国人民的种种罪行,探讨反对帝国主义和军阀统治的理论和实践,还刊载全国各地学生会的活动消息和全国学生

---

① 谢燕:《张琴秋的一生》,中国纺织出版社1994年版。
② 刘披云:《回忆上海大学》,王家贵、蔡锡瑶编著《上海大学(1922—1927)》,上海社会科学院出版社1986年版;张崇文:《李硕勋同志和全国第七次学生代表大会》,中共广东省委党史研究委员会编《李硕勋》,广东高等教育出版社1986年版。

联合总会的通告。作为全国学生联合总会会长、全国学生联合总会党团书记，李硕勋在《中国学生》周刊上发表了大量文章，如1926年5月1日出版的《中国学生》周刊第25期上，他以"硕埙"的笔名发表《今年"五四"之中国政治状况与中国学生的责任》一文，号召青年"不要因为反动势力的复来而退缩消极，我们更要认清我们的责任，防止敌人的挑拨离间，统一、坚固我们的团结，重振'五四'的精神，更努力奋勇地领导大多数被压迫民众集中于国民革命旗帜之下，再接再厉地与帝国主义及其工具斗争，以获取我中华民族之独立与自由。"此外，李硕勋还在《中国学生》上发表了大量的"时事述评"，来引导学生关心时事和正确认识和分析时事。

推动建立上海学生军

李硕勋在中华全国学生联合会第七次代表大会召开时，就在会上提出，鉴于中国的同胞惨遭帝国主义杀戮，青年学生、爱国志士无端被军阀武装逮捕和殴打的现实，建议建立全国学生军。这一建议在会上获得一致通过。会后，李硕勋和总会执委会一起，制定了《全国学生军组织大纲》，刊载于《中国学生》上。为了使学生军的建立顺利进行，李硕勋积极在上海进行试点。不久，上海学生军正式建立，隶属于全国学生联合总会军事委员会，由李硕勋担任委员会的委员长。在总会和李硕勋的领导下，全国各地也先后建立学生军。上海大学也同时建立起一支学生军，并在上海工人第三次武装起义中起到了先锋作用。

担任《上海学生》周刊主编

五卅运动以后，上海学联出版《血潮》三日刊，以后改为《上海学生》周刊，上海大学学生余泽鸿受命担任主编，刘披云参加了编辑工作。余泽鸿以"因心"的笔名发表了许多文章。其中他在《学生军组织之必要》一文中提出："准备实力的武装革命，迫在目前。大多数的工人、农民、商人和学生，异口同声地高呼着'组织人民自卫军'。""彻底的革命，必须民众武装起来，与我们的敌人短兵相接。"余泽鸿的这些文章，对于唤起广大学生和工人等民众团结在一起进行斗争，都起到了教育和鼓舞作用。

第四节 参加妇女解放运动和其他革命运动

在党的妇女工作岗位上任职

中国共产党成立以后，一贯重视妇女解放运动。1922年7月召开的中国共产党第二次全国代表大会上作出的《妇女运动决议案》指出："妇女解放是要伴着劳动解放进行的，只有无产阶级获得了政权，妇女们才能得到真正的解放。"为妇女运动指明了方向。无产阶级革命家、中国早期妇女运动领导人之一的向警予，是中共中央第一任妇女部部长、中央妇女运动委员会书记、中央妇女工作委员会委员长。她具体领导了妇女运动，贯彻执行

中共中央的妇女运动方针政策。向警予虽然不是上海大学教师,但她党的组织关系一度编在上海大学组,并经常到上海大学参加会议,上海大学学生杨之华、张琴秋、钟复光、王一知等都直接在她的领导下从事妇女工作,她们在向警予的帮助和培养下成长为当时妇女运动的骨干。

1923年9月27日,中共上海地委兼区委召开第十五次会议传达了中央关于国民运动"包括一切运动者;一切运动皆属国民运动范围内事"的指示,改组了国民运动委员会,统一管理工人、农民、商人、学生、妇女各方面的运动。上海大学教授沈雁冰和向警予一起专任妇女方面的工作。

1925年1月,杨之华在中国共产党第四次全国代表大会上当选为中央妇女部委员,同年10月接替向警予任中共中央妇女部代部长兼任中共上海地委妇女部部长,当选为上海各界妇女联合会主任。

1925年8月以后,钟复光任中共上海区委妇女委员会书记,从事妇女运动的领导工作。

在上海地方党委担任妇女运动委员会书记、主任的还有陈比难、丁郁、刘尊一,她们三人都是上海大学的学生。

深入到女工和大学女学生中间开展工作,投身上海妇女运动

在党组织的领导下和向警予的直接带领下,上海大学女学生杨之华、张琴秋、钟复光、王一知等经常深入到上海各个大学女生团以及小沙渡、杨树浦、浦东烂泥渡路等工人居住区、工人俱乐部、工人夜校等地进行宣传联络工作,并与女子参政会、女权运动联盟、妇女节制会等团体交往。1924年12月21日,上海女界国民会议促成会在宁波同乡会召开成立大会,在会上向警予说明了该会的宗旨,会议选举了由17人组成的委员会,张琴秋、钟复光等上海大学学生当选为委员。当月28日,上海女界国民会议促成会推选执委会,杨之华、张琴秋、钟复光都成为执委会成员,在向警予的领导下开展妇女工作。1925年2月2日,日商内外棉八厂工人因日本领班毒打女童工,开除男工而罢工。2月9日,杨之华、张琴秋和沈雁冰的夫人孔德沚、叶圣陶的夫人胡墨林等受中共上海地委的委派,到沪西工友俱乐部开展女工工作。

五卅惨案的发生,激起了全国人民的愤怒,上海举行了罢工、罢课、罢市的"三罢"斗争,反帝斗争掀起了前所未有的高潮。上海女界国民会议促成会为了适应斗争形势的需要,谋求被压迫民族的独立和妇女自身的解放,表示中华民族团结一致反抗帝国主义的精神,感到有必要将广大妇女组织起来。在党的领导下,1925年6月5日,上海各界妇女联合会在勤业女子师范学校正式成立。上海大学女同学会等团体和代表共80多人参加了大会,向警予和宋庆龄都出席了会议,上海大学学生钟复光主持会议。钟复光在致开会词中说:"本团体一方面援助血案,一方面为妇女群众谋福利,故将成为永久团体。"杨之华被选为主任,张琴秋等当选为委员。上海各界妇女联合会成为动员上海各界妇女支援五卅罢工运动的核心。张琴秋还和向警予一起创作了短剧《顾正红之死》,以上海各界妇女联合会的名义在街头演出,收到很好的宣传效果。

参与领导上海妇女运动

1925年10月,杨之华任中共中央妇女部代部长兼任中共上海地委妇女部部长,肩负起上海妇女运动和妇女工作的领导重担。1926年3月8日,上海各界妇女在西门中华路举行纪念大会,钟复光主持了会议,杨之华在会上发表了演说。大会通过了妇女总要求,内容包括妇女参加市民代表大会、各界团体凡包括妇女的应选相当数目的女代表;市政府应有妇女当选,市政府应颁布保护女工、童工之法律等。大会还通过《告全国妇女宣言》《告世界妇女书》。大会还议决:统一上海妇女运动,组织上海各妇女团体联合会;各妇女团体一律参加市民大会,并推选代表参加市民代表大会,参与取得上海政权的斗争;召集上海妇女群众大会等①。郭沫若、施存统也在这次会上发表了演说。1925年12月30日,在杨之华等的努力下,《中国妇女》旬刊正式创刊出版。这是中国共产党中央妇女部所领导的上海各界妇女联合会的机关刊物。刊物初为旬刊,从1926年7月的第18期起改为月刊。杨之华、贺敬挥为编委,沈雁冰、陈望道等任顾问。杨之华在这本刊物上发表了有关妇女运动理论的文章,对妇女运动的开展起到了指导作用。

在党的领导下,通过上海妇女运动的锻炼,上海大学学生杨之华、张琴秋、钟复光、王一知、陈比难、丁郁、刘尊一等,成长为上海妇女运动的领袖和骨干。

在中国济难会中任职

中国济难会是中国共产党领导的联络社会知名人士的一个群众性救济组织,是一个"以救济一切解放运动之被难者并发扬世界被压迫民众团结精神",为了营救被捕的革命者并筹款救济他们的家属而决定成立的组织。五卅惨案发生后,中国共产党积极开展活动,救济遭受迫害者。1925年9月,中共中央召开扩大会议,提出《救济问题决议案》,规定了救济组织的任务和性质。9月20日,中国济难会在上海召开第一次筹备会,到会30余人,上海大学教授、总务主任、共产党员韩觉民被推选为主席。会议通过了由杨杏佛等50人签名的《中国济难会发起宣告》和组织章程,选举了筹委会正式委员和候补委员,其中上海大学教师和学生有恽代英、沈雁冰、杨贤江、郭沫若、韩觉民、陈望道、林钧、孙仲宇等。9月30日,筹备委员会召开会议,决定韩觉民、陈望道为总务。10月25日,中国济难会在上海召开代表大会,到会团体代表和个人80余人。会议决定将筹备委员会改为全国总会临时委员会,并通过发展会员、国际联络、募集经费等八项决议案。11月,出版机关刊物《济难》月刊、《光明》半月刊、《济难画报》。江西、广州、长沙、天津、北京等地先后成立了省总会。在1926年4月留下的一份《上海区委组织系统、组织关系表及负责人、活动分子名单》中,在"各种委员会书记名单及各校团书记名单"栏中,记有:"济难会校团书记萧朴生";在"上海地方活动分子名单"栏中,记有"济难会:萧朴生、王弼",其中萧朴生,是上

---

① 荒砂、孟燕堃主编:《上海妇女志》,上海社会科学院出版社2000年版。

海大学教授,王弼则是上海大学学生。① 可见,"济难会"一直是在中国共产党上海地方组织的领导下,而担任领导的都是上海大学师生。

第五节　参加上海工人武装起义,经受血与火的斗争考验

上海工人武装起义,是上海工人阶级在中国共产党的领导下,为配合北伐战争,推翻北洋政府而举行的武装起义。从 1926 年秋至 1927 年春,中共中央和上海区委发动和组织上海工人,连续举行了三次武装起义。上海大学的师生员工,在党组织的领导下,参加了这三次武装起义。

参加第一次上海工人武装起义

1926 年 7 月,国民革命军开始北伐。8 月,根据中共中央军委指示,中共上海区委成立军事委员会,准备对北洋军阀孙传芳部做瓦解工作和扰乱其后方等工作。9 月初,上海区委决定进行武装起义的准备工作,并决定组织 2 000 人的工人纠察队。10 月 11 日,中共中央批准了上海区委准备起义的决定。上海大学师生根据党组织的安排参加了这次起义,任务是在起义开始之后到前线开展宣传演讲活动。

为了充分发挥学生在武装起义中的作用,中共上海区委决定成立学生委员会,由余泽鸿、郭子民、刘振铎、刘披云、王心远、杨振铎、黄逸峰、蒋寿田等八人组成,上海大学学生、共产党员余泽鸿担任主任。在八个委员中,除了余泽鸿以外,刘披云、杨振铎也是上海大学学生、党团干部。10 月 24 日一早,上海大学学生宣传队就赶到了预定地点,准备参加起义。然而,这次起义由于准备工作做得不充分,很快就失败了。在这次起义中,工人领袖陶静轩、奚佐尧被捕牺牲,上海大学学生、共青团浦东区委书记秦代宁也遭当局逮捕②。刚刚从四川重庆到上海大学报到的共产党员杨尚昆,也根据组织的安排到南市参加训练工人自卫队的工作。他在回忆录中记下了参加这次起义的感受:"北伐军向九江、南昌进军时,上海工人准备发动武装起义。党组织指派我去参加训练工人自卫队的工作,地点在南市的一个仓库里,因为仓库里平时没有人。我的任务是向工人自卫队讲武装起义的意义和目的。另一位从黄埔军校学习回来的同志讲武器使用和战术动作。我们虽然互不相识,但都为着同一个目标奋斗。训练工作从 10 月中开始。24 日,指挥部下达动员令。这次起义没有成功,原因是时机早了一点,组织准备不充分,国民党方面的负责人钮永建原

---

① 中央档案馆、上海市档案馆:《上海革命历史文件汇集(中共上海区委宣传部组织部等文件)一九二五年八月——一九二六年四月》,1986 年 4 月。

② 孙仲宇:《关于上海大学的一些资料》,这是有关方面对孙仲宇的访问记录稿,原件藏上海市档案馆,档号 D10-1-60。

定拉出 1 000 多人,结果只到了百把人,大家说他是'卖空买空';资产阶级的负责人害怕工人起来,又临阵退缩;工人自卫队的组织和训练也不够好,原计划有 1 000 多人,结果到了 300 多人,而且武器不到位,到手的还有一部分不能用。陈独秀因此说,这次是'军事投机'。上海区委书记罗亦农说:这是暴动的第一幕,因为我们幼稚而没有成功;最大的教训是过高估计了资产阶级的力量,他们终究不能做革命的主力军;下一次暴动,一定要建立在工人阶级自己力量的基础上。"①

参加第二次上海工人武装起义

1927 年 2 月,上海工人阶级举行了第二次武装起义。在第一次工人武装起义失败后,中共上海区委即组织对上海工人纠察队进行军事政治训练,准备在形势发展需要时再度举行起义。2 月 18 日,北伐军第七军一部进入浙江杭州,其先头部队已到达上海附近的嘉兴。在这种形势下,上海工人阶级决定再次进行武装起义。上海大学的学生在这次起义中仍然是开展演讲宣传工作。亲身参加这次起义的上海大学学生、共产党员许德良回忆说:"记得第二次武装起义,我们到宝山路一带演讲。当火车开过时,我们就在铁路北面(虬江路一带)高呼口号、发传单、演讲,因为这一边军警较少。火车路南面则岗哨林立,一个警察一个兵。火车在运行时,军警过不来,等火车过完,军警追来时,我们也都分散跑了。"②对第二次武装起义,中共上海区委虽然制定了一个计划,但是如同第一次武装起义一样,计划不够严密,准备得又不充分,起义开始后,各方面失去配合,使工人武装陷入孤军奋战的境地,起义很快就遭到镇压。在这次起义中,工人、学生牺牲 40 多人,被捕 300 多人。其中上海大学也有好几名学生被捕杀。③

参加第三次上海工人武装起义

1927 年 3 月,上海工人阶级举行了第三次武装起义。中国共产党从上海工人第一、第二次起义失败中吸取教训,总结经验,决定组织更大规模的第三次武装起义。1927 年 2 月 23 日,中共中央和中共上海区委召开联席会议,在这次会上,为加强第三次起义的组织领导,成立了特别委员会,由陈独秀、罗亦农、赵世炎、汪寿华、尹宽、彭述之、周恩来、肖子璋八人组成,陈独秀负总责;又成立了特别军委,由周恩来、顾顺章、颜昌颐、赵世炎、钟汝梅、王一飞六人组成,周恩来任书记。3 月 20 日,北伐军东路军白崇禧部占领上海附近的龙华,起义时机成熟。21 日早晨,中央决定举行上海总同盟罢工和第三次武装起义。中午 12 时,起义战斗正式打响。上海工人纠察队和成千上万的工人、学生参加了战斗,对各

---

① 杨尚昆:《杨尚昆回忆录》,中央文献出版社 2001 年版。
② 许德良:《回忆上海大学》,王家贵、蔡锡瑶编著《上海大学(1922—1927)》,上海社会科学院出版社 1986 年版。
③ 孙仲宇:《关于上海大学的一些资料》,这是有关方面对孙仲宇的访问记录稿,原件藏上海市档案馆,档号 D10‐1‐60。

警察署和兵营展开攻击。在奉鲁联军据守的闸北地区,战斗尤为激烈。经过30个小时的战斗,到22日下午6时,解放了整个上海,上海工人第三次武装起义获得成功。这次胜利显示了中国工人阶级空前的战斗力和组织力,在中国工人武装斗争史上写下光辉的一页,也是世界工人阶级武装起义史上光辉范例之一。

上海大学师生在党组织的统一部署和指挥下,参加了上海工人第三次武装起义。广大师生有的参加了武装起义的部署会议,有的参加了宣传活动,有的直接冲在武装斗争的第一线,在血与火的斗争中经受的考验,书写了上海大学革命斗争史上光辉的篇章。

1927年2月,中共上海区委举行全体会议,任命上海大学学生、共产党员余泽鸿为学生运动委员会主任。3月,负责训练上海学生军,协助周恩来、赵世炎、罗亦农等组织上海工人第三次武装起义。上海大学学生、团干部刘披云参加了起义之前的秘密部署会议,聆听了这次起义的特别军委书记周恩来同志关于起义的部署报告;在正式起义前夕,虽然北伐军东路军白崇禧部已开到莘庄,但部队突然驻守那里不再前进。上海大学学生、共产党员余泽鸿、林钧、王景云等代表起义指挥部到莘庄找了白崇禧,要求他发兵到上海市中心,结果薛岳率部先进入上海①。3月20日下午,上海大学教授杨贤江根据中共上海区委的指示,到上海大学向上海大学党团组织传达了上海区委的指示,严格挑选了40余名党团员与先进青年学生,组成了一支学生军。起义战斗打响后,上海大学许多学生不但负责宣传、演讲的任务,而且还帮助工人纠察队搬砖头、修筑工事。上海大学学生顾作霖作为团干部指挥团员参加战斗,他还在交通已经阻断的情况下,在南市、虹口、闸北等几个区来回步行,传达领导有关起义的指示。

更值得一提的是上海大学学生虽然都是文弱书生,但都冒着生命危险,拿起枪杆子,冲锋陷阵,参加了实际武装斗争。当时在整个上海,军阀势力最顽固的是闸北地区的奉鲁联军指挥的部队。闸北地区可以说是这次武装起义最难啃的一块硬骨头,而北站、东方图书馆和天通庵车站这三处又是敌人盘踞和防守最严密的咽喉要地。上海大学学生、共产党员郭伯和作为闸北地区武装起义的指挥者之一,在周恩来领导下率领闸北工人纠察队和上海大学学生军,向敌人展开了猛烈的进攻。战斗从21日中午12时打响,一直持续到下午4时左右,最后一举攻下五区警察署。在战斗中,郭伯和孤身冲入一个警察分署,勇敢地缴了敌人的枪。接着,又在郭伯和的带领下,工人纠察队和上海大学学生军继续苦战,到22日中午歼灭了天通庵车站的守敌。在21日下午战斗最激烈的时候,闸北起义指挥部接到情报,有一列火车载着500多名军阀部队的官兵,由吴淞开往上海市区,来增援北火车站的敌军。指挥部立即派铁路工人和学生到天通庵车站去拆毁铁路。上海大学学生孟超去割断了电线,切断了敌人的通讯联络;上海大学学生和大夏大学学生、工人一起拆毁铁轨,阻止军车前来。傍晚,军车开到天通庵车站附近出轨倾倒,埋伏在附近的工人纠察队和学生军立即向敌人开火。到22日早晨,敌军挂白旗投降。起义部队最终拿下了

---

① 刘披云:《回忆上海大学》,王家贵、蔡锡瑶编著《上海大学(1922—1927)》,上海社会科学院出版社1986年版。

闸北地区所有的据点,保证了上海工人第三次武装起义的全线胜利。在虹口一带负责起义指挥的上海大学学生、共产党员何洛,虽然当时所拥有的武器很少,但他坚决贯彻起义指挥部指示,行动果敢迅速,带头率领队伍向敌人冲击,分头包围各警察署,结果虹口地区的警察枪支全部被搜缴,起义工人拿了他们的枪支到宝山路、天通庵车站、北火车站一带继续参加围攻顽抗的敌军。上海大学学生、共产党员阎灵初在宝山路一个铁工厂里,随起义部队攻打对面商务印书馆的东方图书馆。这是一座西式建筑,里面驻守着奉鲁军。双方相持,直至第二天下午才告结束。阎灵初的手指,因扳枪机的时间长了,竟变成乌黑的了。上海大学学生、共产党员林钧在南市地区参与了起义的指挥工作。上海大学学生杨振铎担任少先队总指挥,在闸北指挥少先队同反动军警搏斗。

3月26日,《民国日报》刊登题为《上大学生之革命运动》的报道,称:"本埠上海大学学生,此次于闸北宝山路、虬江路及东横浜路一带,与各工团合攻奉、鲁军,以及在五区收缴枪械及虬江路冲锋者,有龙树藩、郭伯和、张书德等10余人。而北火车站方面,亦有该校学生加入前线作战。"这从一个侧面记录了郭伯和等上海大学学生在上海工人第三次武装起义闸北战役中的浴血战斗的真实场景。

参加上海工人三次武装起义的其他师生

参加上海工人三次武装起义的上海大学师生,除了以上提到的一些人以外,存于记录和回忆中的还有许多人,如上海大学中学部主任侯绍裘,曾召集过会议来布置中学部师生参加上海工人武装起义的事宜;1926年任上海总工会宣传部主任的上海大学教授何味辛,1927年参加了上海工人三次武装起义,后又任市民通讯社主任;上海大学中国文学系教授冯三昧参加了上海第一次工人武装起义;负责上海大学总务工作的教师许德良,先后参加了上海第二、第三次工人武装起义;上海大学学生秦邦宪①参加了上海第一次工人武装起义的准备工作;上海大学学生张崇德,参加了上海第一、第二次和第三次工人武装起义。以外,参加上海工人武装起义的学生还有艾纪武、刘济生、谢佐民、王伯协、尚莘友、尚志清、王质生、王步文、贾南坡、党维蓉等。

在上海工人三次武装起义中,还有着上海大学女学生的身影,如社会学系学生、共产党员沈方中、葛琴等,她们同男同学站在一起,积极投身到起义的战斗中去。

第六节 输送师生到莫斯科东方大学和莫斯科中山大学学习

上海大学自1923年4月成立中国共产党基层组织以后,在党的领导下,不断有师生

---

① 即博古。

根据党组织的安排,在任教和学习期间,被送到苏俄去学习,其中也包括本人向党组织提出申请、经过党组织批准而到苏俄去学习的。学习主要集中在莫斯科东方大学和莫斯科中山大学。

到莫斯科东方大学学习的上海大学师生

莫斯科东方大学是莫斯科东方劳动者共产主义大学的简称,是苏俄为培养本国东方民族和亚洲一些国家的革命干部而创办的一所政治学校,1921年正式成立,斯大林为名誉校长。就在这一年夏,刘少奇、任弼时等一批中国学生陆续进入该校学习,编成中国班。课程以"政治经济学""唯物史观""阶级斗争史"为主。瞿秋白还曾在中国班主讲过"俄文""政治经济学""唯物辩证法"等课程。1923年后,部分从中国赴法国勤工俭学的学生转入该校学习。

上海大学学生中最早由党组织同意并派到莫斯科东方大学学习的时间为1924年1月,严信民和张景曾是最早从上海大学到莫斯科东方大学去学习的学员。1924年8月到9月之间,上海大学又有许乃昌、龙大道两名学生被派到莫斯科东方大学学习。1924年的冬天,关向应和糜文浩这两位上海大学学生又踏上赴莫斯科东方大学学习的漫长路程。到了1925年12月,又有社会学系的两名学生谢雪红、林木顺被送到莫斯科东方大学学习。张仲实是上海大学师生中最晚一批到莫斯科东方大学学习的,他于1926年10月进入莫斯科东方大学,1928年经组织决定转入莫斯科中山大学学习。

到莫斯科中山大学学习的上海大学师生

莫斯科中山大学是孙中山中国劳动者大学的简称,是苏联为纪念孙中山和为中国培养从事国民革命的人才于1925年9月在莫斯科成立的。这所学校招收的对象为国共两党党员,学制两年。课程主要有"俄语""哲学""政治经济学""历史""列宁主义""军事学""党的建设、苏维埃建设和工人运动"等,强调理论和实践并重,培养学员既具备群众工作的能力,又具备军事指挥的才干。校长先后由拉狄克、米夫、威格尔担任。

莫斯科中山大学成立以后,很快成为上海大学教师赴苏联参加学习的一所主要的学校。教授蔡和森、董亦湘于1925年10月赴莫斯科中山大学学习,中学部教师沈志远于1926年12月赴莫斯科中山大学学习。

上海大学学生中到莫斯科中山大学学习的有陶淮、张琴秋、李秉乾、郭肇唐、方运炽、李锦蓉、王稼祥、秦邦宪、杨尚昆、王友直、罗世文、于秀芝、林登岳、崔小立、何尚志、吉国桢、武止戈、邹均、陈伯达、姜余麟、孙宗桓、张崇德等。中学部学生顾红玫也被派到苏联学习。①

---

① 高尔柏:《回忆上海大学》,钟伯庸:《回忆上海大学》,王家贵、蔡锡瑶编著《上海大学(1922—1927)》,上海社会科学院出版社1986年版。

上海大学师生赴苏学习都是由党组织统一安排的

上海大学师生到莫斯科东方大学和莫斯科中山大学学习,与一般大学通常意义上的教师、学生出国留学并不一样,它是中国共产党领导的革命活动的一个重要方面,是为中国革命的长远斗争培养人才,因此,绝大多数赴莫斯科学习的师生,都是经过中共中央、上海地方党组织和上海大学党组织的考察、推荐和批准才得以成行的。

严信民是1924年1月赴莫斯科东方大学学习的。根据现存档案记载,1923年11月1日,中共上海地委兼区委召开第二十次会议,其中议决的第二项内容为"严信民自费赴俄留学,请本委员会转呈中央请求批准",会议经过研究通过了这一议程①。由此可见,严信民赴莫斯科东方大学学习,是经过中共上海地方兼区委讨论后批准的。许乃昌到莫斯科东方大学学习,则是由中共中央负责人陈独秀介绍的。1925年10月,蔡和森、董亦湘、张琴秋、陶淮等到莫斯科中山大学去学习,总计派出的学员多达103名,其中中国共产党党员24名、中国共产主义青年团团员67名、中国共产党党员兼中国共产主义青年团团员12名。为此,中共中央总书记陈独秀于1925年10月28日专门给"中共莫斯科区委"写了一封信,在信中,陈独秀介绍了这103名学员的政治身份,提出"他们到达莫斯科后应加入区委"。陈独秀在信中说:"旅行期间,中央指定以下同志为领导人:俞秀松同志(临时委员会书记)、胡彦彬同志、刘铭勋同志、朱务善同志和张琴秋同志。这些同志将在中山大学学习,同你们编在一个区委。中山大学要成立支部。我们指定下列同志为中山大学学生中的领导人:俞秀松、张琴秋、朱务善、刘铭勋、陶淮、董亦湘、李沛泽、郑子瑜共计8人。你们还要指定两人,所以共计10人,他们将领导学生工作。"②陈独秀信中提到的董亦湘是上海大学教授,张琴秋、陶淮则是上海大学的学生。

谢雪红和林木顺,都是台湾人,于1925年9月进入上海大学。11月,就接到党组织的通知,要到莫斯科东方大学学习。根据谢雪红的回忆,1925年11月,共产党员黄中美③向谢雪红和林木顺宣布中共中央的指示:"党命令你们赴苏联莫斯科东方大学学习,党派你们赴苏学习是为了培养干部,考虑将来帮助台湾的同志在台建党。"④

在上海大学的党组织中,负责推荐选拔学生到莫斯科去学习的是侯绍裘⑤。因此,当王稼祥被批准要离开上海到莫斯科中山大学学习的时候,行前,侯绍裘代表党组织找王稼祥谈话,征询王稼祥本人的意见,并告诉王稼祥苏联留学的生活将会很艰苦,要做好充分

---

① 《20世纪20年代的上海大学》,上海大学出版社2014年版。
② 《陈独秀给中共莫斯科区委的信》,中共中央党史研究室第一研究部译《联共(布)、共产国际与中国国民革命运动(1920—1925)》,北京图书馆出版社1997年版。
③ 黄中美(1902—1980),浙江临安(今杭州临安区)人,1924年加入中国共产党。新中国成立后在上海任中学教师,1980年病逝。
④ 谢雪红口述、杨克煌笔录:《我的半生记》第六章"上海大学",杨翠华1997年印行于台北。
⑤ 高尔柏:《回忆上海大学》,王家贵、蔡锡瑶编著《上海大学(1922—1927)》,上海社会科学院出版社1986年版。

的思想准备。这次谈话,给王稼祥留下了深刻的印象,也对他今后的革命生涯产生了积极的影响。上海大学教授、共产党员沈泽民,既是张琴秋的老师,又是张琴秋的丈夫。张琴秋被批准赴莫斯科中山大学学习时,沈泽民并没有同行。但是到第二年,也就是1926年的春天,沈泽民随由刘少奇率领的中国职工代表团赴莫斯科出席国际职工大会。根据中共中央安排,沈泽民会后就留在莫斯科中山大学学习,与妻子张琴秋同为中山大学的学员。

1925年7月进入上海大学中学部学习后加入中国共产主义青年团的俞昌准,在1926年转为中国共产党党员,同年夏天,党组织决定派俞昌准赴苏联学习,俞昌准向党组织提出,愿意回到家乡南陵开展农民运动和党组织建设工作。党组织批准了俞昌准的要求。可见,赴莫斯科学习与否,都要得到党组织的批准。

附表一 上海大学师生在党团各级岗位上任职情况一览

岗 位	姓 名	任 职 情 况
党中央	瞿秋白	在中国共产党第三次全国代表大会上当选为中央委员、候补中央执行委员
	邓中夏	在中国共产党第二次全国代表大会上当选为中央执行委员会委员;在中国共产党第三次全国代表大会上当选为中央委员、候补中央执行委员;中共中央工会运动委员会书记
	彭述之	在中国共产党第四次全国代表大会上当选为中央执行委员会委员、中央局委员,并任中央宣传部主任
	刘 华	中共中央职工运动委员会委员
	黄玠然	在中共中央宣传部工作
团中央	施存统	在中国社会主义青年团第一次全国代表大会上当选为团中央书记
	邓中夏	在中国社会主义青年团第一次全国代表大会上当选为团中央执行委员,并任"临时中央局"委员长
	张太雷	在青年团第三次全国代表大会上当选为团中央执行委员会委员、团中央局成员,任团中央总书记
	任弼时	在青年团第三次全国代表大会上当选为团中央执行委员会委员、团中央局成员,任组织部主任
	张秋人	在青年团第三次全国代表大会上当选为中央执行委员会委员、中央局成员
	恽代英	在青年团第三次全国代表大会上当选为中央执行委员会委员、中央局成员
	贺 昌	在青年团第三次全国代表大会上当选为中央执行委员会委员

续表

岗 位	姓 名	任 职 情 况
团中央	萧楚女	在青年团第三次全国代表大会上当选为共青团中央委员
中共上海地方党委	邓中夏	中共上海地委兼区委会议上被选为执行委员
	沈雁冰	在中共上海地委兼区委会议上被选为执行委员；任国民运动委员、中共上海区委国民运动委员会主任
	杨贤江	在中共上海市委兼区委员会会议上当选为候补委员
	尹　宽	中共上海区委委员
	郑超麟	中共上海区委委员
	王亚璋	中共上海区委委员
	余泽鸿	中共上海区委候补委员、上海地方党委的学生运动委员会主任
	刘尊一	中共上海区委候补委员，上海地方党委妇女运动委员会书记、主任
	韩步先	中共上海区委秘书长
	钟复光	上海地方党委妇女运动委员会书记、主任
	杨之华	上海地方党委妇女运动委员会书记、主任
	陈比难	上海地方党委妇女运动委员会书记、主任
	丁　郁	上海地方党委妇女运动委员会书记、主任
	王　弼	济难委员会主任
	黄正厂	中共上海区委地方政治委员会主任
	林　钧	上海特别市民公会党团书记
	顾作霖	中共上海区委职工运动委员会委员
	龙大道	中共上海区委职工运动委员会委员
	刘荣简	上海市民临时革命委员会委员
中共上海部委	郭伯和	小沙渡部委书记
	阳翰笙	闸北部委书记
	龙大道	曹家渡部委书记
	顾作霖	中共沪东部委书记

续 表

岗　位	姓　名	任　职　情　况
中共上海部委	康　生	沪中部委书记
	苏爱吾	杨树浦部委书记
	郭伯和	小沙渡部委书记
上海地方团委和团部委	任弼时	中国社会主义青年团江浙皖区兼上海地方执行委员会委员
	张秋人	中国社会主义青年团江浙皖区兼上海地方执行委员会委员
	沈泽民	中国社会主义青年团江浙皖区兼上海地方执行委员会委员
	贺　昌	共青团中央局成员兼共青团上海地委书记、共青团江浙区委书记
	何秉彝	共青团上海地委组织主任
	刘峻山	共青团上海地委任学运部部长、组织部主任，共青团江浙区委秘书长
	顾作霖	共青团江浙区委委员、组织部部长
工会系统	邓中夏	在中国共产党第三次全国代表大会上被任命为中华全国总工会筹备委员会主任委员
	刘　华	上海总工会副委员长

（制表人：洪佳惠）

附表二　上海大学师生赴苏俄学习情况一览

学　校　名　称	上海大学师生姓名
莫斯科东方大学	严信民、张景曾、许乃昌、龙大道、关向应、糜文浩、谢雪红、林木顺、张仲实
莫斯科中山大学	蔡和森、董亦湘、沈志远、陶　淮、张琴秋、李秉乾、郭肇唐、方运炽、李锦蓉、王稼祥、秦邦宪、杨尚昆、王友直、罗世文、于秀芝、林登岳、崔小立、何尚志、吉国桢、武止戈、邹　均、陈伯达

（制表人：洪佳惠）

第六章
五卅运动的策源地和五卅运动的先锋与主力

五卅运动是中国共产党领导中国人民反对帝国主义的革命运动。这一运动打击了帝国主义势力，大大提高了中国人民的觉悟，揭开了大革命高潮的序幕。上海大学师生在中国共产党的领导下，积极投身这场轰轰烈烈的运动，担当了运动的先锋和主力。

第一节 五卅运动爆发的导火线

顾正红被日商枪杀

顾正红被日商枪击身亡是五卅运动爆发的导火线。

顾正红，生于1905年，江苏阜宁小顾庄（今属滨海）人。1922年逃荒来到上海后进入日商内外棉九厂当了一名扫地工，后由于反抗厂里的"拿摩温"①，被厂方开除。几经周折，又进入日商内外棉七厂当工人。1924年，中国共产党为了加强对上海工人运动的领导，把沪西工人区列为工作重点，办起了工人夜校和沪西工友俱乐部。上海大学师生邓中夏、恽代英、刘华、杨之华、阳翰笙等在党组织的领导和具体安排下，参加了工人夜校和工友俱乐部的筹建，他们在这里给工人上课和工作。顾正红参加了工人夜校，后来又参加了沪西工友俱乐部。在工人夜校和沪西工友俱乐部，他通过学习，思想觉悟有了很大提高，成为工友俱乐部的积极分子，1925年2月，在由上海大学学生刘华直接领导下的"二月罢工"中，顾正红参加了工人纠察队和"打厂队"。通过这次斗争考验，顾正红加入了中国共产党。5月，日商公然撕毁在"二月罢工"时与工人达成的协议，以关闭工厂、开除罢工工人相威胁。14日，日本厂主突然宣布开除内外棉十二厂工人代表多人，当工人去质问厂方时，遭到殴打，其中5人被打伤，还有5人被送往工部局巡捕房。当天全体夜班工人为反对开除工人，开始怠工。15日清晨，上海大学学生、沪西工人俱乐部负责人刘华召集会议，提出日本资本家很有可能以十二厂停工无原料为借口，迫使七厂工人停工，因此，刘华

---

① Number one 音译，即工头。

要求七厂工人坚持上工,不要上日本资本家的当。如刘华所料,日本资本家果然以原料不足要求工人回家。当天下午5时,顾正红带领工人与厂方进行交涉,结果遭到日商职员川村枪击和刺刀猛刺。同时遭到日商职员和打手枪击受伤的工人多达十余人。17日,顾正红伤重身亡。这位年仅20岁的工人阶级的优秀儿子、共产党员为工人阶级的利益献出了宝贵的生命。

抬着烈士的遗体游行

上海日商纱厂日籍职员悍然枪杀工人顾正红、打伤工人十余人的罪行,激起全市工人、学生和市民的极大愤怒。刘华很快将顾正红之死的情况向党组织作了汇报,中共上海地委立即派李立三赴小沙渡了解情况。当晚,中共上海地委作了如下决议:控告日本资本家打死工人;发表新闻和宣言;以不扩大罢工为宗旨,要求群众团体进行援助,形成一个反对日本帝国主义的运动。同时内外棉纱厂工会发表宣言,控诉日人暴行,提出惩办凶手、承认工会有代表工人之权等八项要求。16日,沪西工友俱乐部召开各日商纱厂工人代表会议,讨论对罢工工人、特别是死伤者的援助办法,刘华主持了会议。会议同时决定,成立罢工委员会,由刘华、孙良惠、张佐臣任总主任。当天,中共中央发出关于援助上海日商内外棉纱厂罢工工人第32号通告。

18日上午,工人们抬着顾正红遗体游行。上海大学的学生参加了这次游行。上海大学女学生王一知在回忆中说:"我是随着抬尸游行队伍中的一个。我们当时高喊着'打倒帝国主义!日寇滚出中国去!''为顾正红烈士报仇!为受剥削压迫致残的中国工人报仇!'的口号,激动万分。"①当时许多人泪随声下,边喊边哭。当日下午,在潭子湾顾正红烈士的灵柩前,举行了追悼顾正红烈士大会,到会的工人、学生有四千多人。刘华手持一面写着"中国人惨遭日人残杀"九个字的旗帜,领着大家高呼:"坚持到底!""不达目的死不上工!"工人和学生们在顾正红烈士灵柩前轮流演讲,缅怀先烈。

公祭顾正红烈士大会

中国共产党为了宣传顾正红惨案真相,扩大政治影响,动员各阶层人民进行反帝斗争,于5月24日,在沪西工友俱乐部附近的潭子湾荒场上举行公祭顾正红烈士大会。有一万多人参加了大会。刘华任大会总指挥,孙良惠为主席。讲台上顾正红遗像两边,悬挂着刘华写的挽联:"先生虽死,精神不死;凶手犹在,公理何在?"遗像上的横额是"工人先锋"。刘华致悼词,恽代英、向警予、项英、杨之华和各界代表等先后发表演说。刘华在演说中指出:"打死一个有十个,倒下十个有一百个。火,是扑不灭的!"鼓励工人和广大群众继承烈士遗志继续斗争。

---

① 中共上海市委党史研究室:《上海党史资料 第一编 建党和大革命时期》,上海书店出版社2018年版。

上海大学学生张琴秋一身纺织女工打扮在会场忙碌着,并接待了前来参加追悼大会的上海大学教授沈泽民、郑超麟和党的领导人王若飞同志。张琴秋的表现给当时在中共中央机关工作的郑超麟留下了深刻印象,他说:"她在这种场合,显然得到罢工工人的充分信赖。"①

上海大学、文治大学学生被捕案

文治大学位于内外棉厂不远。顾正红被日商野蛮枪杀以后,文治大学发起了为工人募捐行动。5月21日,文治大学学生谢玉树、施文定在参加募捐的过程中在东京路被巡捕房拘押;24日,上海大学学生朱义权、韩步先、江锦维、赵振寰在到潭子湾参加顾正红烈士公祭大会的途中,路过宜昌路、戈登路②时,又突遭租界捕房拘捕。租界当局把他们送到普陀捕房,与其他被捕学生关押在一起,25日,进行了审讯。在审讯中,租界公廨代表梅脱兰律师称朱义权等四人未得到租界工部局允许结队游行,并称这四人游行与日商纱厂罢工事有关。朱义权等则辩称,他们是为了自己的同胞顾正红被人枪杀身死而去参加公祭大会路过租界被捕的。庭审官员最后称"此案有日商关系,遂下谕云,应否交保,候礼拜六解案复核"③。这里提到的"礼拜六"即5月30日。也就是说,要在5月30日轮到日本人在会审公廨当班的那一天才审讯被捕学生。并严厉禁止探望和送食品给被捕关押的学生,甚至连衣服都不让送进去。伙食极其恶劣,每日仅给砂米相杂的冷饭,还不给吃饱,监内"日须点名二十次,以杖数人,如驱猪羊。起立稍慢,鞭挞随之。东方稍白,即将冷水冲入室内,且不顾室中人是否起身,致使囚者身上的衣服常常是湿淋淋的。水冲入后,又须拖水门汀,否则即施行毒打"④。在被押解途中,学生"手上镣铐、坐铁丝网囚车,英捕则荷枪押解,一若解大盗者"。消息传出,帝国主义的这种野蛮行径,激起广大上海工人、学生的极大愤怒。25日,上海学生联合会召开常务委员会会议,商讨募捐救济罢工工人和援助上海大学被捕学生。27日,恽代英在同德医学专科学校,召集上海大学、大夏大学、文治大学等校的32名学生代表开会。会上通过了印发传单和宣言,揭露帝国主义之暴行;募款救济工人;营救上海大学被捕学生等三项决议。对于第三项决议,提出如果到5月30日被捕学生还没有恢复自由,则应该采取措施,设法营救⑤。中共一大会址纪念馆收藏着一份当时针对着顾正红被枪杀、上海大学、文治大学学生被捕而发出的一份传单的原件。这份传单表达了上海人民对帝国主义野蛮行径的无比愤慨之情。传单称:

> 日本人把我们的同胞顾正红无理枪杀了,凡是中国国民自然个个要起来表示哀

---

① 谢燕:《张琴秋的一生》,中国纺织出版社1994年版。
② 今江宁路。
③ 《学生被捕案候日领堂期审讯》,《申报》1925年5月26日。
④ 梅电龙:《上海英日帝国主义者屠杀同胞之经过》,1925年上海工商学联合会印行。
⑤ 李良明、钟德涛主编:《恽代英年谱》,华中师范大学出版社2006年版。

悼和加以实力的援助,同时要激烈地反对日本人的!但是帝国主义者是互相勾结的,相互依靠的,这种反抗他们中间一个的举动,自然不许可的。他们的巡捕房,当然对于这种直接间接的反抗日本帝国主义者的举动要一律禁止了!因此要募捐去接济,免得工人失败的文治大学学生二人和去公祭顾正红而路过租界的上海大学学生四人都被捕房捉去了关在牢狱里了!同胞们!我们救济同胞的被杀是不应该吗?我们援助同胞的被辱是不应该吗?我们是独立国家的人民,我们有一切自由权,但是现在呢?一切都被外国人剥夺了!探望是不许的,送饭是不能的,衣服是不可换的,棉被是不准盖的!学生何罪?要受此恶毒无理、无衣无食的虐待?!同胞们,我们要明白,这些学生被捕,不单是学生的事,这是帝国主义者向中国人民的示威运动!帝国主义者要中国人民的永久屈服!!帝国主义者表示给中国人民看,要是反对他就要坐牢狱!!!同胞们,我们愿意受他们的压迫吗?我们是他们的奴隶吗?起来!起来!!大家要起来反抗!!!

第二节　震惊中外的"五卅惨案"

中共中央发出进一步发动群众开展反对帝国主义的政治斗争的号召

1925年5月28日,租界当局宣布要在上海增加码头捐,实行交易所注册等,直接损害了中国工商业者的利益。当天晚上,中共中央和中共上海地委举行联席会议,陈独秀、瞿秋白、彭述之、蔡和森、恽代英、李立三等参加了会议。会议讨论通过了《扩大反帝运动和组织"五卅"大示威游行》的决议,提出了把工人阶级的经济斗争转变为反帝政治斗争的主张,决定以反对帝国主义屠杀中国工人为中心口号,进一步发动群众开展反对帝国主义的政治斗争。会议决定:一是分头向各校负责人谈话;二是派学生和工人代表同到学校宣传;三是印发传单揭露帝国主义侵略中国罪行;四是组织学生于5月30日租界会审公堂审判被捕的上海大学、文治大学学生的当天下午在租界进行演讲示威,抗议帝国主义屠杀中国人民的暴行,把运动推向高潮。

29日,上海学联负责人、学生代表与工人代表纷赴各校演讲动员。各校学生踊跃报名参加30日的演讲队。上海大学成立了"上大被捕学生后援会",组织了有60人参加的宣传演讲队和13个决死队,计180多人,作为演讲示威的先锋,由上海大学教授、中学部主任、共产党员侯绍裘担任总指挥。刘华还赶到南洋大学学生会,在全体学生大会上作了动员报告。

29日晚上,上海学联各校代表在南市召开会议。会上对30日的示威和演讲行动作了具体安排,并对各校学生演讲行动所分担的马路地段作了明确规定,其中从云南路到马霍路①,由上海大学、上海大学附属中学、大夏大学担任。

---

① 今黄陂北路。

到南京路演讲示威

5月30日,在上海大学教授恽代英为首的上海学联的指挥下,各校学生3 000余人在上海公共租界主要街道散发传单、发表演讲,揭露日人枪杀中国工人顾正红的真相,抗议帝国主义逮捕工人、学生的暴行。上海大学师生成为这次运动的中坚力量,有400多名学生组织了38个演讲组,在决死队的带领下,打着"学生演讲团"的旗帜,在公共租界南京路新世界附近进行演讲。这时传来消息,说上海大学被捕学生除江锦维具结开释以外,其余朱义权、韩步先、赵振寰等三人在会审公廨的审讯中被判令各交100元保,并还要进行进一步审讯。这使参加演讲示威的广大学生愤怒异常,大家决定再到交涉署请愿。

30日中午,老闸捕房开始以"扰乱治安"为名,拘捕演讲学生10余名。学生们本着"一人被捕,全队同往"的精神,100多人涌入捕房,在捕房里高呼"打倒帝国主义""援助罢工工人"等口号。巡捕房害怕事态扩大,就只好将学生释放了。

午后1时左右,学生演讲队从四面八方涌向南京路,在南京路上,每隔几家商店就有一组学生在演讲,诉说顾正红惨遭日商职员杀害的经过,并分析租界当局增加码头捐案、印刷附律案、交易所注册案等四个提案的反动性质。市民驻足听学生演讲,动容泣下,气愤异常,许多群众自动加入演讲的行列,南京路形成了各个阶层人民共同反对帝国主义的滚滚洪流。

喋血南京路

在"打倒帝国主义""反对越界筑路""实行经济绝交""反对印刷附律""反对码头捐""抵制日货"等阵阵口号声中,巡捕房开始大肆捕人,仅南京路老闸捕房一处即拘捕学生100多人。这样,更加激起学生和市民的无比愤慨,他们聚集在老闸捕房门前,高呼"打倒帝国主义"的口号,要求释放被捕学生。为了营救被拘捕的学生,演讲示威指挥部把分散在各处的演讲队结集到老闸捕房。老闸捕房门前"群众云集,水泄不通","口号雄壮,声震屋瓦,传单飘飞,满蔽天日"①。英国巡捕头子爱活生②召集一班印捕和一班华捕共22人,在巡捕房门前列队摆开。共青团上海地委组织主任、示威演讲指挥总部联络员、上海大学学生、共产党员何秉彝站在示威群众的最前列。他向大家宣布:现在我们到"新衙门"③去营救被关押的同学。于是,在一片"到新衙门去"的呼喊声中,学生刚要向浙江路移动,丧心病狂的英捕头爱活生悍然下令向手无寸铁的学生开枪。一时间南京路血肉横飞,结果13人殉难,数十人受重伤。又有数十人被逮捕。何秉彝被击中肺部,身受重伤,倒在血泊中。但他依然强忍疼痛,口中连呼"打倒帝国主义!中华民族解放万岁!"等口号。第二天,也就是31日,何秉彝在上海仁济医院因抢救无效,不治身亡,年仅23岁。同时中弹的

---

① 上海社会科学院历史研究所:《五卅运动史料(第一卷)》,上海人民出版社1981年版。
② 又译"爱伏生"。
③ 即会审公廨。

还有共青团员、同济大学学生会执行委员尹景伊,于当天晚上7时逝世,年仅21岁。南洋大学附中华侨学生陈虞钦,在中弹同学纷纷倒下时仍然毫无惧色,高呼口号,腹部中弹,当场身亡,年仅16岁。英商华洋德律风电话公司接线生唐良生身中两枪,于当晚8时不治而死,年仅22岁。其余五卅烈士还包括陈兆长、朱和尚、谈金福、邬金华、石松盛、陈兴发、王纪福、姚顺庆、徐落逢等。另外还有数十人身受重伤,还有数十人被逮捕。这就是震惊中外的"五卅惨案"。

上海大学校长于右任就五卅惨案在北京发表讲话

1925年6月3日,正在北京公干的上海大学校长于右任就上海发生的五卅惨案对媒体发表讲话。他说:"上海则租界捕房对于请愿之学生,竟开枪轰击,死伤十余人。时非戒严,案非军事,来者为徒手学生,目的为请愿释囚。以其动机论,学生扶助工人,亦为人类互助应有之事,无罪可言;以其手段论,则游行请愿,固不能加害于捕房,试问租界捕房,准何理由,据何权限,有何必要,而能开枪杀人乎?"于右任呼吁:"上海此案,蹂躏人道,为世界稀有之暴举,是以我国民必须诉诸世界舆论,求彻底之申雪,想凡主持正义之各国人,亦必能同情于我也。"①

会审公廨上的斗争

在五卅惨案中,被租界当局抓捕的学生有近200多人。其中因捕房人满而被即时释放者有130多人,31日被拘捕而即时释放者有60余人。上海大学除朱义权、韩步先、赵振寰、江锦维四人于5月24日因前往参加顾正红烈士追悼大会在租界被捕,5月30日备现金百元保出,到6月15日须再审以外,有30多名学生分别于5月30日、31日两天在南京路演讲时被捕,拘于老闸捕房。其中瞿景白、杨恩泽、王宁春三人,捕房"以其态度激昂,顾拘禁旬余,未准保释,旋以扰乱租界治安罪被控于会审公堂"。而瞿景白则以租界会审公堂为战场,与租界当局作斗争。

瞿景白是瞿秋白的三弟,1923年秋天考进上海大学社会学系。1924年加入中国共产党。五卅反帝爱国运动爆发以后,瞿景白满怀革命热情投入到这场运动。他勇敢地走在学生游行示威队伍的最前列,带头呼喊口号。当时的《申报》报道老闸捕房外国捕头爱活生的证词称:"瞿景白一名,系于未开枪前六分钟在贵州路逮捕,因其在途专以鼓动风潮为事,实为此种首领。"从外国捕头的口中,可以知道瞿景白面对荷枪实弹的外国巡捕,依然勇敢向前。正因为如此,他才被租界当局的巡捕逮捕。被捕以后,瞿景白依然与英国巡捕作坚决抗争。据瞿景白同学丁敬先回忆,她和瞿景白等人被巡捕抓进老闸捕房以后,被英国巡捕头子狠狠地推了一掌,幸亏被一个姓黄的同学拉住,才没有扑倒在铁栏上,"这时瞿景白同学也抢步到了铁栏口,他愤怒地举起双拳面对着英国巡捕头子高喊'打倒野蛮的英

---

① 《于右任论"五卅"案》,《民国日报》1925年6月6日。

帝国主义者'。喊声未完,那万恶的英国巡捕头子对准瞿景白同学的口鼻狠狠地就是一拳,立刻鲜红的血就从瞿景白同学鼻孔、口角直淌了出来。但瞿景白同学更加握紧、踊起身子,用劲地高呼'打倒凶恶的刽子手帝国主义……'"①在关押期间,瞿景白还带领学生们高唱"打倒列强除军阀"的革命歌曲。这一排唱完那一排再唱,日夜不息,闹得捕房毫无办法②。

从1925年6月2日起,上海公共租界会审公廨开始对被拘押学生进行审理。11日上午9时半,公共租界会审公廨对五卅惨案被捕人员进行第三次审讯。负责审讯的为正会审官关炯之、会审官美国副领事雅克博。在审讯瞿景白时,发生了雅克博、关炯之与瞿景白之间的一番有趣的对话:被告瞿景白上堂以后,会审官美国副领事雅克博问:"'尔仅才弱冠,已研究社会学,四书五经曾否读过。'答:'已经读过。'问:'孔子曰三十而立,四十而不惑一章,尔服膺其言否?'答:'此为二千年以前学说,今不适用矣。'合座大笑,美领亦莞尔而言,本领事与关正会审官犹服膺孔子之学。关君亦询以'四书内少之时一章,血气方刚,戒之在斗,尔知之乎?'答:'我并不来斗。'关君再问:'以中国现状而论,尔以为宜建设乎,抑破坏乎?'答:'我主张破坏旧的,同时建设新的。'关领谓:'治世如治病,譬如人病重,先当设法医治使愈,不能令其死后另成为少年,斯则所谓急进者矣。中外感情素恰,因尔等急进举动,以致感情大坏,几欲酿成宣战之势。'"③这番对话有趣就有趣在两位会审官员美国副领事雅克博和关炯之在审讯五卅惨案被捕人员时,不谈外国巡捕开枪射杀中国学生和市民,也不谈随便拘拿学生之事,却饶有兴致地同被告瞿景白咬文嚼字,大掉其书袋。瞿景白作为五卅惨案中冲锋在前的一名斗士,面对两个颠顶迂腐审官,巧妙地用语言和他们斗智回旋,并有理有节地回应了他们的问题,明确表示自己"主张破坏旧的,同时建设新的",将公共租界会审公廨严肃的会审现场变作一个"合座大笑"的场所。在会审公廨接受审讯的除瞿景白以外,上海大学的学生梁郁华、蔡鸿立、王宇春、黄儒京等也都接受了审讯,他们在公堂上都坦露自己到南京路发表演讲,就是因为日商枪杀中国工人而感到义愤,要把真相告诉中国同胞,其余一概不知。他们在公堂上的回答既义正辞严,又符合事实,充分体现了学生的爱国热忱和正义感。面对学生这样的回答,会审官员无可奈何。

在强大的社会舆论压力下,最后,会审公廨被迫宣布将所有被拘之人"一律具结开释,保洋发还",释放了被捕学生。在学生走出捕房之时,广场中排着两队英帝国主义的陆战队士兵,每一个士兵手中的步枪都装上了雪亮的刺刀,他们举起枪,交叉着刀尖,组成一条狭长的胡同,要被捕学生从这条胡同下通过。面对着这个阵势,瞿景白"一手拎起长衫的下摆,就大踏步当先领头向刀枪丛中走进去。一走进里面他就高声地喊:'打倒凶暴的英帝国主义!'"等到大家跟随瞿景白走出"刀枪胡同",再"看看瞿景白同学,他正气昂昂地回

---

① 上海市政协文史资料委员会:《上海文史资料存稿汇编·政治军事》,上海古籍出版社2001年版。
② 羊牧之:《回忆上海大学》,王家贵、蔡锡瑶编著《上海大学(1922—1927)》,上海社会科学院出版社1986年版。
③ 《南京路惨案之昨讯·被告一律具结开释》,《申报》1925年6月12日。

转身来,握着拳头,对着那些英国兵示威"①。关于瞿景白在五卅运动中的表现,在上海大学的同学中留下了深刻影响。除了前面引用的女同学丁敬先的回忆以外,另一名同学姚天羽也在回忆录中介绍了瞿景白。姚天羽回忆说:"还有一位同学瞿景白,他是瞿秋白的小弟弟,年才二十岁,是个共产党员。在五卅斗争中,他领头喊口号,鼓励同学们前进:'同学们,前进呵!''同学们!勇敢些,前进呵!'像一只勇猛的海燕,飞翔在同学们中间,帝国主义巡捕把它逮捕了。后来在法庭受审时,瞿景白脸不变色,作了义正辞严的答辩。他那坚决有力的言词,使帝国主义者和他的走狗们感到惊惧不已。"②

第三节 参加中国共产党领导的"三罢"斗争

上海总工会成立,刘华任副委员长

五卅大屠杀,更激起了中国人民的强烈愤慨。惨案发生的当天晚上,中共中央召开紧急会议,研究形势,制定斗争策略。到会的有陈独秀、蔡和森、李立三、恽代英、王一飞、罗亦农、张国焘等。在会上,李立三汇报了工人情况,恽代英汇报了国民党上海执行部的情况。会议决定把斗争扩大到各阶层中去,结成反帝统一战线,领导开展工人罢工、学生罢课、商人罢市的"三罢"斗争,坚决反抗帝国主义的大屠杀。会议决定成立行动委员会来具体领导这次斗争。31日晚上,又召开各总工会联席会议,在会上宣告成立上海总工会,由李立三任委员长,上海大学学生、共产党员刘华任副委员长,刘少奇任总务科主任,会址设在宝山路宝山里2号。邓中夏在《中国职工运动简史》中写道:"于是光芒万丈的明星——上海总工会便于当晚出现了。"

中国共产党领导"三罢"斗争

在中国共产党发出进行"三罢"斗争的号召后,各个阶层立即行动起来。5月31日下午3时许,学生、工人、中小商人数千人涌向上海总商会集会、演说,一致要求罢市,并推向警予、沈泽民、郭尘侠等向总商会要求赞助罢市。上海总商会迫于群众压力,统一下令总罢市。上海总工会立即发表宣言和告全体工友书,号召:"从6月2日起,上海全埠各业工友,全体一致罢工!""报仇雪耻,反对残暴杀人的外国强盗!""工友们!起来呀!罢工呀!"从6月2日总罢工开始,到18日罢工工人数达20余万人。自6月1日起,5万多名学生举行了罢课,绝大部分商人罢市,公共租界的华捕也半数以上实行罢岗。6月7日,中国共产党领导成立了上海反帝运动的领导机关工商学联合会。11日,在该会的主持下,举行了有20万人参加的市民大会,通过了向帝国主义交涉的惩办凶手,取消领事裁判权,废

---

① 上海市政协文史资料委员会:《上海文史资料存稿汇编·政治军事》,上海古籍出版社2001年版。
② 姚天羽:《培养革命干部的洪炉——上海大学》,《党史资料丛刊(第2辑)》,上海人民出版社1980年版。

除英、日对中国的一切不平等条约等17项条件,表现了中国人民坚决反帝的革命精神。北京、南京、汉口、广州等近五百个城镇居民,纷起举行游行示威、罢工、罢课、罢市以及通电、捐款等表示坚决支持,形成全国规模的反帝高潮,并得到国际工人阶级的支援。在帝国主义和买办资产阶级的威胁利诱下,6月26日,上海总商会和各马路商界总联合会单独宣布停止罢市。工人则继续坚持罢工达三个多月,于9月初陆续复工。这一运动,打击了帝国主义势力,大大提高了中国人民的觉悟,揭开了大革命高潮的序幕。

上海大学师生积极参加"三罢"斗争

在工人罢工、学生罢课、商人罢市的"三罢"斗争中,工人罢工、学生罢课闻风而动,商人罢市却表现得迟缓一些。31日,上海市总商会和各马路商界总联合会开会讨论是否罢市问题,意见纷纭,相持不决。各马路商界总联合会是中小商人的组织,同情并赞同罢市;市总商会是大资产阶级的组织,虽因自身利害关系反对工部局的四提案,但要公开反抗帝国主义,却从一开始就表现得犹豫观望。下午3时,学生、工人、中小商人数千人在市总商会集会,召开市民大会。上海学联负责人、上海大学学生、共产党员林钧主持会议,各团体代表上台演讲,群情激昂,一致要求总商会下令全市商店罢市。上海大学教授、共产党员沈泽民和中共妇女运动领袖向警予被推选为代表,与总商会交涉,要求总商会立即下令罢市。总商会会长虞洽卿事先躲避,副会长方椒伯只要求北京执政府进行严重交涉,根本不提罢市。大家对总商会的态度极不满意。五卅烈士家属30多人来到会场,请求申雪。在向警予的领导下,包括上海大学在内的大批女学生把住总商会大门,人员只准进不准出。在群众的强烈要求下,一直到晚上7时,总商会终于签发了总罢市命令,使罢工、罢课、罢市"三罢"斗争局面得以实现。

6月1日,全市大中学校5万多名学生开始总罢课。上海学联为了加强对总罢课的领导,贯彻中共中央有关五卅运动的指示,于6月1日举行紧急代表大会,通过学联的组织章程,选举产生新的执行委员会。上海大学多名学生被选为执行委员会委员,参与了上海总罢课的领导工作。上海大学学生、共产党员李硕勋、阳翰笙和何成湘等根据团中央负责人、曾经担任过上海大学教授的任弼时的要求和安排,接受党组织的派遣,来到全国学联和上海学联工作。6月3日,上海大学学生会在《民国日报》《申报》上刊登向全国各学校各团体暨各界人士发出的罢课通电,通电称:"万急!五月三十日,上海各校学生在南京路一带演讲,意在引起国人注意,并无越轨行动,不料巡捕开枪轰击,惨毙多人,受伤及被捕者不计其数。本校同学何秉彝,亦被枪死。前昨两日,工商人士及学生续遭惨毙者,为数益多。本校亦于六月一日起实行罢课,誓达惩凶雪耻之目的。还望全国各界一致响应,实所至盼。特此电闻。"罢课开始后,上海大学"即组有临时委员会分股办事,校内秩序甚佳"。而且自罢课开始,"该校全体一致蔬食,节省膳费,并臂缠黑纱,表示哀悼"①。在罢

---

① 《五卅运动·各界合作之会议情形·上海大学》,《民国日报》1925年6月4日。

课的过程中,上海大学的学生和其他各个学校的学生一起,走上街头发表演讲,劝导商人坚持罢市。为了结合运动实践不断提高青年学生的政治觉悟,培养积极分子,坚持总罢课,上海学联于7月22日至8月23日在法政大学第三院举办夏令演讲会,上海大学教授杨杏佛、杨贤江、沈雁冰、萧楚女、恽代英、蔡和森、彭述之、施存统、陈望道、董亦湘等在演讲会上作了演讲。

上海大学参加总罢工,除了开展募捐活动、协助各级工会进行演讲活动和深入到工人中间开展工作以外,还有一个重要的方面就是上海大学教授中在商务印书馆任职的人员直接领导和参与了商务印书馆的罢工运动。商务印书馆编译所成立了由在上海大学任教的共产党员沈雁冰、杨贤江、董亦湘等领导的党团组织,由沈雁冰具体负责。在党组织的领导下,商务印书馆职工的罢工运动取得胜利。

第四节 为五卅惨案中的何秉彝等烈士治丧

成立"何秉彝烈士治丧委员会"和发表《告全国同胞书》

上海大学学生何秉彝在五卅惨案中遭枪击,于1925年5月31日不治身亡以后,上海大学学生会、上海大学四川同乡会等五个团体,于6月1日在上海大学第二院召开联席会议,成立了"何秉彝烈士治丧委员会",分总务、庶务、交际、文书、募捐五股,分头进行治丧准备工作,并致电何秉彝在四川的家属。6月3日,上海大学四川同学会发出《为烈士何秉彝君惨遭英人枪杀泣告全国同胞书》,将五卅惨案真相公之于众。《告全国同胞书》指出:"此次'五卅'运动及烈士何君等之死难,在国民革命上之意义与价值,尤应有明白之了解。同人等以为第一须知帝国主义之野心险毒,至此露骨表现了无讳饰,国人至少当有警醒,急起直追。第二须知被压迫民族与帝国主义有不能并立之势,终须连根□除,始获有平等、自由可言。第三须知时至今日,吾人与帝国主义之对抗已迫于短兵相接、存亡一线之危机,万无再容因循坐视,任被宰割,自取覆亡。吾人继此之应有工作,则为收回租界,取消领事裁判权,反对协定关税制,以及打破一切特权。易词言之,即取消一切不平等条约,反对政治、经济、文化之侵略。若此而不能实现,则我国真将沦为殖民地、保护国,永无自主之一日。呜呼国人!帝国主义之铁骑已践吾土而入吾室矣,沉沉酣梦,何时可醒?其速协力同心,为自身生存而奋斗,为国家存亡而牺牲!同人等痛何君之惨死,情急义愤,至希我爱国同胞,继起努力。"①

上海各界举行何秉彝等五卅烈士追悼大会

为了表示对何秉彝等五卅烈士的哀悼和怀念,上海各界人士为何秉彝等举行了公祭

---

① 原件藏于中共"一大"会址纪念馆。

和追悼大会,同时展出了何秉彝等烈士的事迹、遗照和遗物等。上海大学学生会在会上致悼词。悼词称:"我们敬爱的救国烈士何秉彝同学呀!你如今是回去长眠在故乡了!你的救国热血,流在南京路上,渗入国民心里";"我们含着满腔热泪送过来你;回头来,要找着你我的仇人算账。亲爱的同胞呀!莫让我们的救国烈士之血白流,我们要找着我们的仇人帝国主义算账。起来,起来,大家起来!我们的烈士已长眠在地下,我们的仇人还耀武于国内。和我们仇人帝国主义拼命呀!他是杀灭中国爱国男儿的敌人呀!"①在悼念会以后,与会者群情悲愤,高呼"农工兵商联合起来""继续五卅烈士革命精神""打倒英日帝国主义""打倒一切帝国主义""打倒张作霖,打倒吴佩孚,打倒一切军阀,打倒反革命派""废除一切不平等条约""组织统一的国民政府""中华民族解放万岁,中华民族解放万万岁"等口号。一时声震天地,如同雷鸣。

6月17日,四川成都学生联合会召开紧急会议,介绍了何秉彝在上海五卅惨案中的英勇表现和惨遭英国巡捕枪杀的经过。1926年1月19日,何秉彝烈士遗体通过水路运回四川家乡安葬。

何秉彝是上海大学优秀的学生,是上海大学优秀的共产党员

1983年10月31日,中华人民共和国民政部批准何秉彝为革命烈士,并向家属颁发了"革命烈士证明书";何秉彝家乡彭州建造了"秉彝亭",里面安放了何秉彝汉白玉雕像。现在,秉彝亭是彭州重要的党史教育基地。

何秉彝是上海大学在校学生中,继黄仁以后,第二位为反帝斗争而英勇献身的革命烈士,他从1924年7月入学,到五卅运动为革命英勇献身,在上海大学学习的时间总共不到一年,但谁都不能否定,何秉彝是上海大学优秀的学生,是上海大学优秀的共产党员,是大革命时期革命青年的楷模,永远值得我们学习和缅怀。

第五节 向全国全世界宣传五卅惨案真相

参加中国共产党第一张日报《热血日报》的创办和编辑工作

自五卅惨案发生以后,由于受到当局的压制,上海各报都不能据实报道事实真相,也不准刊载反帝运动的消息,工部局还出版了制造谣言、挑拨工商团结的《诚言》报。在这样的情形下,中共中央决定出版《热血日报》,来说明五卅惨案的真相,及时传播中共中央的指示精神,及时报道上海和全国人民反帝斗争的消息,揭露帝国主义的血腥罪行和军阀政府的卖国行径,同时批评党内外对帝国主义实行退让妥协的谬论。这是中国共产党成立以来第一张日报,中共中央决定由瞿秋白任主编,并调来当时在中共中央宣传部、《民国日

---

① 原件藏于中共"一大"会址纪念馆。

报》工作,同时又都是上海大学教授的郑超麟、沈泽民、何味辛一起组成编辑委员会。上海大学另一位教师、在中共中央宣传部工作的张伯简则负责报纸的发行工作。这张报纸从6月4日创刊,到6月27日被当局封闭停刊,共出版了24期。在这张报纸上,瞿秋白写了包括社论、专论和短篇评论的数十篇文章,差不多每期刊出两篇。沈泽民的主要任务虽然是做好《热血日报》的编辑工作,但他还是在短短的20多天中,在这张报纸上发表了10篇文章,这些文章尖锐泼辣,既长于说理,又极富战斗力,很好地配合了主编瞿秋白的工作。作为编辑委员会委员的郑超麟、何味辛,也同样在《热血日报》的编辑出版工作中为党的宣传事业作出了自己的贡献。

在瞿秋白的领导下,《热血日报》在极其困难的条件下,用旗帜鲜明、内容充实的新闻报道,揭露帝国主义的血腥罪行和军阀政府的卖国行径,为扩大五卅运动的影响、掀起大革命高潮发挥了重要作用。这张充满革命性、战斗性的报纸当然为反动当局所不容,报纸出版了24期以后即遭到封禁,但是《热血日报》在中国的红色报刊史上却留下了永不褪色的光辉一页。

刻印传单宣传五卅惨案真相

中国共产党为了扩大对五卅运动的宣传,向各界说明五卅惨案真相,除了办《热血日报》以外,还发动上海的工人和学生印制和发放张贴传单。在党的一大会址纪念馆中还收藏着一件国家一级文物——五卅时期刻传单用的钢板。这是五卅运动期间,上海大学学生朱有才在沪西潭子湾后面太阳桥附近的一处秘密机关内,使用的刻印传单的钢板。一直到1925年7月以后,朱有才才离开这个地方,并把这块钢板交给了一个叫刘贵宝的保管。在新中国成立后的1959年5月,刘贵宝将这块钢板捐献给国家。现在这块钢板为一大会址纪念馆藏的国家一级文物,它见证了当年上海大学学生是怎么在中国共产党的领导下宣传五卅惨案真相的。

参加《公理日报》的编辑工作

《公理日报》是由上海大学教授郑振铎、沈雁冰以及社会知名人士叶圣陶、胡愈之等人以上海学术团体对外联合会名义创办的,于1925年6月3日创刊,编辑部就设在宝山路宝兴里9号郑振铎的家中,并由郑振铎担负起这张报纸的主要编辑工作,沈雁冰参加了这张报纸的编辑工作。《公理日报》的办报宗旨是:"发表我们万忍不住的谈话,以唤醒多数的在睡梦中的国人。"《公理日报》在五卅运动中发挥了积极作用,揭露英、日帝国主义制造五卅惨案的真相,抗议帝国主义的暴行,积极声援上海工、商、学各阶层爱国群众的反帝斗争。由于受到租界当局威胁,加之经费上的原因,于6月24日被迫停刊,共出22期。这张报纸虽然存世的时间很短,但在中国的革命史和新闻报业史上,都留下了重要的一笔。其中,上海大学教授郑振铎、沈雁冰在其中所起到的作用无疑是不能低估的。

参加《上海学生周刊》《上海工商学联合会日报》的编辑工作

针对租界当局出版的《诚言》报对五卅运动竭尽诬蔑歪曲之能事,上海学联于6月4日出版了《血潮日刊》,来与《诚言》校报作针锋相对的斗争,报道学生参加五卅运动的情况。到了7月27日,这张报纸遭到淞沪警察厅查禁。后上海学联又出版《上海学生周刊》,继续报道学生参加五卅运动的爱国行为,抨击帝国主义对中国人民犯下的种种罪行,揭露军阀当局的倒行逆施。1925年9月,共青团上海地委改组,上海大学学生余泽鸿任地委委员兼学生运动委员会书记,他还担任了《上海学生周刊》的主编。余泽鸿在五卅惨案发生之后,就在由萧楚女主编的《上海工商学联合会日报》创刊号上,发表《交涉停顿后国民应有的觉悟》一文,其中说:"所以现在我们应觉悟起来,开始与英日帝国主义拼个你死我活,实行国民绝交。"在担任《上海学生周刊》主编后,他又编发了大量的文章,同时自己又执笔发表了《戒严令与外交》等数十篇文章,在其中的《学生军组织之必要》一文中提出:"准备实力的武装革命,迫在目前。大多数的工人、农民、商人和学生,异口同声地高呼着'组织人民自卫军'。""彻底的革命,必须民众武装起来,与我们的敌人短兵相接。"余泽鸿写的这些文章,对唤起民众、团结斗争都起到了教育和鼓舞作用。后来成为上海大学中学部教员的梅电龙在《上海工商学联合会日报》上发表题为《上海英日帝国主义者屠杀同胞惨剧之经过》的长篇报道,全面深刻地揭露了英日帝国主义的暴行。在这篇报道中,梅电龙充分肯定了上海大学学生在五卅运动中的表现和作用,称:"五卅运动以上海大学学生为最努力,而此次牺牲亦以上大为最大,被拘者达百数十人。"①

发起成立上海教职员救国同志会

在中国共产党的领导下,上海大学的教师也投入五卅这场轰轰烈烈的反帝爱国运动。1925年5月30日,沈雁冰和夫人孔德沚,随上海大学学生杨之华一起,跟着上海大学的学生宣传队,参加了示威游行。在示威游行的过程中,上海大学学生何秉彝、同济大学学生易洲贤、南洋大学附中学生陈虞钦等十几人被英国巡捕枪杀倒在血泊里的惨案给了沈雁冰极大的震惊。但他没有萎缩后退,第二天,也就是31日,他与夫人孔德沚又冒着危险跻身于游行队伍。后来他在《暴风雨——五月三十一日》中记下了当时的感受。6月2日,由上海大学教职员发起,上海大学、上海法政大学、复旦大学、暨南大学、南洋大学、文治大学等35所学校在西门江苏省教育会召开各校教职员联合会,讨论五卅惨案。会上上海大学代表韩觉民报告了会议召集的经过,提出组织上海各学校教职员联合会的建议。6月4日下午,由上海大学教师沈雁冰、韩觉民、侯绍裘、周越然、杨贤江、董亦湘、刘薰宇等带头,联合其他高校知名教授总计30余人,发起成立上海教职员救国同志会并发表宣言。6月6日,沈雁冰、杨贤江、侯绍裘发表谈话,批评江苏省教育会所发起的上海各学校教职

---

① 上海市档案馆:《五卅运动(第一辑)》,上海人民出版社1991年版。

员联合会专就补救学潮善后着想,且以学校为单位,认为这种主张太浅、范围太狭,因而发起教职员救国同志会,以教职员个人为单位,从事救国运动,并通过章程,决定联络全国教职员一致行动,与官厅交涉五卅善后事件。6月9日,上海教职员救国同志会临时执行部作出决定,由沈雁冰、沈联璧负责起草宣言,宣言于15日刊登于上海《民国日报》上。上海教职员救国同志会当时还组织了讲演团,除应邀赴各学校团体讲演外,自6月16日起,借中华职业学校举行讲演会,沈雁冰的讲演题目是"'五卅'事件的外交背景"。

出版《上大五卅特刊》

五卅运动爆发以后,上海大学学生会于6月15日创办了《上大五卅特刊》,校长于右任为特刊题写了刊名。在创刊号的《发刊词》的最后,明确表达了《上大五卅特刊》出版的宗旨:"现在我们发行这个特刊之要义不外下列三点:(一)我们以同学研究与活动之所为,说明五卅运动正确之意义,并纠正一部分国人之谬误观念。(二)我们要以五卅运动中同学之努力与贡献报告给社会。(三)我们要以同学此次参加五卅运动之史实留为母校永久的纪念并以勉励将来。"从1925年6月15日创刊,到8月26日为止,《上大五卅特刊》共出版了八期,内容除了刊登上海大学新闻、宣言以外,还包括时评、论著、演讲稿、调查报告、悼念五卅烈士的人物传略、诗歌等。在特刊上发表文章、作品的,既有老师,也有学生。第一期上发表的学生高尔柏撰写的《五卅大流血的动因》一文,以调查报告的形式公布了上海大学学生在五卅运动中被捕和伤亡同学一览表,为上海大学学生在五卅运动中的表现留下了珍贵的史料。1925年6月17日,也就是《上大五卅特刊》正式出版的第三天,《民国日报》副刊《觉悟》就发表署名"示羊"、写于6月15日的《介绍〈上大五卅特刊〉》一文,文章称:"因这次南京路之惨剧应时而产生的刊物,不知多少,然而真能以科学方法来讨论的,却又不多见;大半都是就事论事,注重主观的观察,所以议论纷纷,找不着一个共同点,找不着一个正确的答复。现在上海大学的同学,编有一种《上大五卅特刊》,每三日出版一次,第一期已于本日出版。它是根据社会科学的原理,解释'五卅'运动之真正的意义,说明'五卅'运动客观上之必然的原因与结果;同时也是将他们平素所学对于社会的一点贡献。离开民族运动的观点,而要求这次运动的解答,将永远不知道究竟。这刊件也就根据了这点而立论的,避去了外交的和法律的空谈,因为这不是弱小民族所可享受的权利。我以为这个刊物的确能纠正一般错误的见解,所以特为介绍,爱阅者可向西门方斜路东安里上海大学学生会宣传股函索。"这些文章说理透彻,具有极强的针对性,对于阐明五卅惨案的真相,宣传五卅运动的必要性、正当性,起到很好的正本清源的作用,成为一个向社会向全国乃至向世界宣传五卅运动的重要窗口和阵地。

赴全国各地宣讲,说明五卅惨案真相

根据中共中央把反帝运动推向全国的指示要求,1925年6月7日,根据党组织的统一安排,由全国学联出面,组织学生到全国各地去宣传五卅运动、说明五卅惨案的真相,发动反帝运动。宣传路线共分八条：一为沪宁线，由复旦大学、东吴法科和东亚医大的学生代表组成；二为南洋线，由暨南大学和复旦大学的学生代表组成；三为沪杭甬线，由中法工专、宏伟女校、上海大学附属中学的学生代表组成；四为闽广线，由自治学院、大同大学和法政大学的学生代表组成；五为京津线，由同文书院、南洋大学、大夏大学和商科大学的同学代表组成；六为京汉线，由神州女校、圣约翰大学和南洋大学学生代表组成；七为长江线，由上海大学、群治大学和南洋中学的学生代表组成；八为西北线，由同济大学、东亚体专和东吴二中的学生代表组成[①]。上海大学学生朱义权以上海大学附属中学代表的身份参加了沪杭甬线的宣讲，上海大学女学生钟复光则以上海大学代表的身份到长江流域线路的城市中去演讲。当时各校选出的代表大多是男学生，女学生很少，钟复光作为为数不多的一名女学生，与南洋中学的曾克家、群治大学的王德林，带着各种宣传品准备出发之前，向警予找钟复光谈话，要她一路上在宣传五卅惨案真相的同时，还要把上海妇女界情况向外地作宣传。钟复光一行先后到了南京、芜湖、安庆、九江、武汉、长沙、宜昌、沙市、重庆等大中城市演讲。她每到一个地方，就组织当地的学生会和妇女界召开大会，自己则在大会上进行演讲。由于演讲过多，过于激动，以至痰中带血。一直到 8 月初，历经两个月的时间，才完成任务回到学校。这是钟复光在上海大学求学和从事革命活动的一段值得自豪的高光经历。钟复光回到上海以后，被中共上海区委指定担任妇女委员会书记，从事妇女运动的领导工作[②]。

到全国各地宣传五卅运动的上海大学学生，除了钟复光、朱义权以外，还有山东诸城籍学生李宇超、孟超、康生、于达，他们一起赴济南宣传上海反帝斗争形势，继之回到诸城，组织成立五卅惨案后援会，直到 1926 年才回到上海大学[③]。上海大学台北籍的学生翁泽生、洪朝宗则经过学校党组织批准，回到台北，向工人、学生介绍五卅运动的情况，声援上海人民的反帝斗争。

第六节　上海大学被租界当局以武力封闭

上海大学被租界当局用武力封闭解散

1925 年 6 月 4 日，租界当局调来全副武装的各国海军陆战队，占领上海大学，动用武力将上海大学封闭解散。此前，6 月 2 日，上海公共租界工部局总办鲁和给各处通令，称："1925 年 6 月 1 日布告已宣布紧急状态，自即日起任命万国商团司令 W.F.L. 戈登上校为

[①] 上海市青运史研究会、共青团上海市委青运史研究室：《上海学生运动史》，学林出版社 1995 年版。
[②] 钟复光：《我在五卅斗争中的宣传活动》，上海市总工会、上海工人运动史料委员会《五卅运动六十周年纪念集》，1985 年版。
[③] 李晓光：《怀念父亲李宇超》，《炎黄春秋》2007 年第 9 期。

租界保卫团司令,直至解除紧急状态。"①6月4日,戈登以上海公共租界保卫团司令官的身份致函工部局警务处,称:"今晨须将西摩路②132号上海大学安顿海军陆战队。应于上午10时前所有学生离开该校,要足以安置100名水兵的住宿,请给予安排。本月2日晚该校学生袭击了商团团员,故对他们进行搜查武器。"③从上海公共租界工部局档案可见,在戈登于6月4日致工部局警务处函件中有署名"马丁"的"旁批",称:"上述任务已于9时半按时执行。西摩路边的大楼和宿舍区的学生都已离开,并搬走了他们的行李等物。大楼的两处现由美国水兵站岗。没有搜到武器,但抄到大量布尔什维克的革命宣传品。"④

这一天上午8时20分,位于西摩路132号的上海大学校舍,突然进来华探一人、外国巡捕三人,进校后四处探查一遍后即离去。过了大约20分钟以后,突然有十余辆军车开到上海大学,从车上跳下100余名荷枪实弹的武装人员,将学校包围,并分出一半人员手持枪械木棍,蛮横地闯入校内。当时学校正在上课,这些武装人员不由分说,野蛮地将教师、学生和职员赶出办公室和教室,并任意对学生进行全身搜索。又到位于时应里等处的学生宿舍进行搜查,还押着一部分学生到爱文义路、慕尔鸣路、卡德路等各人寄宿处,施以同样检查。在搜查中,这些外国军人遇物即毁,将学生私人物品随意扔弃,校园一时狼藉满地,连居民家都不能幸免。又限学生在10分钟之内离校。到上午11时,巡捕离去,海军陆战队则占据了整个上海大学,并宣布将上海大学封闭解散。5日、6日,海军陆战队又强占大夏大学、文治大学、同德医学院等高校。

公共租界当局调动英国、美国海军陆战队占领上海大学、解散上海大学,不是偶然的,这是租界当局认定上海大学在五卅运动中一直充任先锋和主力。1925年6月5日,即上海大学被海军陆战队武力封闭的第二天,日本驻沪总领事矢田七太郎致电日本外务大臣币原喜重郎,称:"事件发生以来⑤,几名举动可疑之苏联人,或被逮捕,或被驱逐。巡捕搜查了早就被视为共产党系之上海大学,没收了大量传单,该大学之校舍今后将归警备队使用。"在这份电文中,矢田还报告了驻守上海公共租界的各国海军陆战队的兵力:英国450名,意大利210名,美国200名,日本59名⑥。6月9日,矢田七太郎又致电币原喜重郎,称:"此次事件⑦,工部局露骨表明坚决以武力弹压,断不饶赦之态度(如封锁被认为煽动根据地之上海大学及其他二校,充作陆战队之宿舍及其一例)。"⑧上海大学被强行以武力封闭,租界当局擅将上海大学解散,是帝国主义企图以武力镇压五卅反帝浪潮的重要组成

---

① 上海市总工会、上海工人运动史料委员会编:《五四运动六十周年纪念集》,1985年印。
② 今陕西北路。
③ 上海市总工会、上海工人运动史料委员会编:《五四运动六十周年纪念集》,1985年印。
④ 上海市总工会、上海工人运动史料委员会编:《五四运动六十周年纪念集》,1985年印。
⑤ 指五卅惨案。
⑥ 王敏、徐未晚主编:《上海大学(1922—1927)与五卅运动外文史料选辑》,上海大学出版社2021年版。
⑦ 指五卅惨案。
⑧ 王敏、徐未晚主编:《上海大学(1922—1927)与五卅运动外文史料选辑》,上海大学出版社2021年版。

部分。但正如《热血日报》在6月5日发出的报道所说:"据深知内幕者言,盖为彼辈预定之计划,以为如此,便能扑灭风潮,实在愚不可及。"①

上海大学发表通电和宣言抗议帝国主义以武力占领和解散学校

在租界当局以武力封闭上海大学的当天,上海大学学生会就向全国各界发出通电,向租界当局提出严重抗议。通电称:"今晨四日九时,英捕率同大队商团暨海军荷枪实弹,包围敝校,大肆搜索,并将同学箱笼铺盖,抛弃门外,勒逼同学于十分钟内一律出校,不许逗留,因之学校暨学生均受绝大损失。似此凶暴无理之行为,横施于吾国领土之内,实为吾民族之奇耻大辱。除向交涉员报告,请其提出严重抗议并要求赔偿损失外,谨希全国同胞,一致奋起。临电不胜痛愤之至。"②

6月7日,上海大学以全体教职员学生的名义发表宣言,宣言称:"五月三十日南京路捕房借端枪杀学生十余人的事件,为上海有租界以来未有的惨剧,即使以后各日事实上不再有每日惨杀多人的行为,也够使我们对于英租界的毒辣手段十分地寒心了。不料连日的惨杀,他们还以为未足,必要进而调动兵队。兵队到了,他们借端搜查,便又占领了国人创办的学校。"宣言在详述了学校被搜查占领的经过后,向租界当局质问:"我们不解英租界的此举,究属何意? 还是南京路惨杀,还觉不足以威吓学界、侮辱学界,因此进而占领学校呢? 抑以为罢市、罢工并不足论,而所谓强权者却又就是公理,因此调兵来和罢市、罢工者挑衅,强占学校作驻军的呢?"宣言又说:"本大学此次除了和其他各校取一致的行动,尽平均的微力之外,自惭并未有何特殊的贡献;以前本大学也除主张学术独立、思想自由,不为官学式地限制,自由正当的研究之外,自惭也并无如何的特异。即所搜去的书报,也系中、俄、法、德、英、日各国公然发行的印刷品,决不足为传播特殊主义的证据。前次所下判决只怵于淫威,不得不忍受了,何知英、日淫威,有加无已,我们到此,那堪再忍!"宣言最后说:"本大学现已到了转换忍受态度为奋斗态度的时候了,对于中外特行郑重申明:凡本大学以前所受的搜查判决,全系特势压伏反乎实情。本大学所主张的打倒帝国主义,完全基于自由思想结果、民族图存的必需,并非受任何特殊主义的影响。本大学永远认强权不就是公理,凡为学术思想起见,无论如何的淫威来压迫自由,如何的黑暗侵袭独立,断然师生合作一起,努力与抗,决不退让。特此宣告。"③

6月5日,上海市民公学等十团体为声援上海大学抗议学校被租界当局封闭解散,向全国发出通电:"北京段执政、外交部沈总长、南京郑省长、卢宣抚使、浙江孙传芳先生、上海交涉署、总商会暨全国各界钧鉴:上海南京路惨杀同胞,连日屡见。噩耗传来,全埠震惊。捕房此次事变,归咎于学生之游行演讲。姑就其说而论,则连日学生已不复至租界演讲,何以市民之流血者,仍迭有所闻? 杨树浦之事,其尤甚也。今上海大学之学生,安居校

---

① 《各国海军占领上海大学》,《热血日报》1925年6月5日。
② 《捕房武装解放学校·上海大学由海军把守》,《民国日报》1925年6月6日。
③ 《武装解散学校讯·上大全体宣言》,《民国日报》1925年6月8日。

内,未尝在外,且以武力解散闻矣! 诸公若不急谋对付,严重交涉,则亡国之祸,即在目前! 临电悲泣,心血如焚。"①

上海大学召开紧急会议作出重要决定,并在南市西门迅速成立临时校舍和办公点

租界当局动用武力封闭上海大学,企图解散上海大学。上海大学师生同仇敌忾,团结一致,决心坚持办校,与帝国主义抗争到底。6月5日,上海大学教职员在南市西门召开紧急会议,并邀请了2名学生代表出席会议。中国文学系主任陈望道主持了会议。会议作出几项重要决议:一是发表宣言,揭露租界当局武力封闭占领上海大学的经过,并责成陈望道、施存统来起草宣言;二是发出公函,给北洋政府派出的交涉员,责成季忠琢、韩阳初起草;三是立即租赁房屋,来安顿学生;四是立即对外交涉,要求赔偿学校的一切损失并向学校道歉。会议还决定在6月6日下午,假小西门少年宣讲团召开上海大学全体教职员、学生大会,来讨论上海大学被封闭和重建学校的一切重要事宜。② 此外,学校还作出了要求交涉署向租界当局提出抗议,迅速撤军,恢复学校的决定,并请上海大学常年法律顾问立即向租界当局捕房提出诘问等。

上海大学被武力占领后,住宿学生一时无处安身。上海大学立即组织安排学生分投戚朋友处借住栖身。其中还有一部分学生则被上海大学校长于右任的夫人黄纫艾女士接到自己家中,于夫人还自己掏钱二百元,用以安顿学生。这些学生虽在于右任校长家中"席地而居",颇为艰苦,但大家都从于夫人的关怀中得到温暖。当天,于夫人还致电丈夫于右任,促其立即回沪,来领导和维持上海大学大计③。

当天下午,上海大学在同胞的大力支援和帮助下,分别在南市沪军营亚东医科大学和南市西门方浜桥勤业女子师范学校建立临时办公点,并发出通告以告知教职员和学生④。紧接着,在社会的大力支持下,上海大学很快就在南市西门方斜路东安里租定18号、29号等房屋为临时校舍,并于6月8日在报上发出通告,称:"本大学现已租定西门方斜路新东安里临时校舍,凡关本大学事件,均请直向本处接洽。"⑤并称上海大学"所有教职员办事处及学生办事处统已迁入十八号,其余房屋即居住男女寄宿生。"还介绍说西门艺术师范学校也伸出援手,答应腾出一部分房屋暂让上海大学学生居住⑥。上海大学学生会也发出启事:"本会现已迁入西门方斜路东安里十八号办事,所有以前暂假之沪军营亚东医校临时办事处即日取消,各同学暨各界如有投寄函件或接洽事务,请直来本处可也。"⑦为

---

① 《上海十团体为上海大学解散通电》,《民国日报》1925年6月6日。
② 《本埠学界昨日情况·上海大学被封后之会议》,《申报》1925年6月6日。
③ 《昨日学界方面之形势·上海大学》,《申报》1925年6月7日。
④ 《上海大学通告》,《民国日报》《申报》1925年6月5日。
⑤ 《上大已租定临时校舍》,《民国日报》1925年6月8日。
⑥ 《上海大学已租定临时校舍》,《申报》1925年6月8日。
⑦ 《上海大学学生会启事》,《民国日报》1925年6月8日。

了通知到学校的每一位学生,学生会还组织调查股作精密调查,并登报告诉学生:"吾校不幸,横遭解散。数日以来,报到同学虽已不少,然尚有不知下落者多人。现在本会调查股已着手精密调查,深恐耳目未周,传闻不一,容特登报通告:本吾同学,务请速来本会报到,并填写调查表。其已经回家或因事他往者,亦望赶紧来函通知,毋任盼幸。本会地址:上海西门方斜路东安里十八号。"①对于那些一时无处投宿,回家乡的同学,学生会还发专电通知,促回家乡同学及时回校②。从6月4日上海大学突遭搜查封闭,到另觅校舍重建学校、恢复教学秩序,前后只有短短两天时间,这充分显示了上海大学师生不惧帝国主义淫威、与帝国主义斗争到底的决心和信心。

校长于右任自豫回沪主持大计

上海大学横遭公共租界当局武力摧残封闭之时,校长于右任正在河南开封公干,闻讯后日夜兼程,于6月5日赶回上海。在自己寓所,于右任接受了记者的采访,称:"予在河南时即闻上海五卅事件,一到上海,即闻上海大学被封。上海大学前曾屡被租界当局搜查,皆无所得,租界当局之所以独与上海大学为难者,大致不外嫉妒中国国民运动之发展,及正当学术团体之兴盛。此次上海五卅事起,全国一致反抗帝国主义者之侵略暴行,租界当局即以过激为借口,诬陷全国民众并诬陷上海大学。据学生报告,当外兵闯入搜查,在学生寝室搜查衣服、包裹时,手颤不已,盖疑中有炸弹也。偶见书中马克思相片之插图即恨如刺骨,及搜查无所得,则误认讲义、教科书为煽动文字而满载而去。然日本报纸登出情形则谓查出证据,是盖因工部局西人不知华文,日人略能阅读为人翻译,见有陈独秀、施存统等名字,即指为共产党证据。据前日报载,尚有英国共产党在英国开大会之消息,即令真属共产党,在英国尚能公开,而在中国则用此名义到处污蔑,英租界当局其何以自解?"于右任最后对记者说:"国人对于此次风潮,最低度而亦最重要之要求,在获得工人、学生及各团体有在租界发言、行动及宣传之各种自由,若此始足表示中国人尚有几分主人之权,决非道歉、惩凶等空言办法所能了结。"③

6月6日,上海大学假西门少年宣讲团召开紧急大会,学校全体教职员和学生都参加了大会。于右任主持大会并发表演讲。他在演讲中说:"我在河南闻上海发生惨杀学生工人之大事变,故星夜赶回,将努力参加此次反抗运动。不特救济本校学生,且将援助市民之斗争。上大此次首先被封,正因上大反抗强暴之外人统治最勇猛。同学中切不可因学校被封而趋消极,盖吾校学生实最早提出反对帝国主义及取消不平等条约之口号,遂受过激之诬。殊不知此乃国民党代表全国国民之正当要求,凡中国国民均当赞成,否则并中国人之资格,亦丧失矣。吾人当以此义广为宣传,使一般民众咸能努力参加运动,达到解放

---

① 《上海大学各系班同学钧鉴》,《民国日报》1925年6月8日。
② 《上海大学近讯》,《热血日报》1925年6月27日。
③ 《于右任论五卅事件·非空言办法了》,《民国日报》1925年6月9日。

中国人之目的云云。"①于右任还表示："本校此次虽遭解散,然并不以兹灰心,除讨论善后事宜外,且将从事于进展计划。"②于右任演讲以后,总务长韩觉民向全校师生员工介绍了学校被搜场封闭的经过,学生代表贺威圣叙述了被外国海军陆战队蹂躏的经过。会议决定组织成立"上海大学临时委员会",公推教师施存统、韩觉民、侯绍裘三人和学生秦治安、韩步先、朱义权、贺威圣四人总计七人组成。会议决定住宿学生一律由学校代觅膳宿场所③。大会决定发表宣言,给交涉署向外国和租界当局交涉。大会号召全体学生留在上海,决心重整旗鼓进一步办好上海大学④。

会议当天,于右任以上海大学校长的名义致函刚到任的外交部江苏省特派交涉员许沅。函件称:"本月四日上午九时许,突来中西巡捕暨武装英国兵士一大队,约六七十人,将敝校包围,旋入校内,强迫全校员生聚集校内空场,高举两臂,不许稍动。当时事起仓猝,校内人士莫明其故,偶询来意,辄遭凶殴。后由英兵向各人身畔逐一检搜,一无所得。复至校内各处,及校外宿舍,搜查殆遍。更由英兵持枪挟令职员学生,将行李箱笼,搬至空地翻查良久,亦未获有任何违禁物件。旋兵捕均举枪作射击状,迫令校中寄宿员生百余人于十分钟内一律出校,不许复入。衣服用品则狼藉地上,未及检携。当时曾目击便服者多人,携去衣服书籍甚多,是否探捕,不得而知。敝校损失,当不在少。后又捕去职员韩阳初一人,拘留六小时之久,复行释出。此当日经过之实情也。因思此次五月三十日之风潮,敝校学生只与沪上各校同出于爱国心切,和平讲演,以期唤醒国民。始终严守秩序,绝无越轨行为。不意捕房妄施摧残,酿成公愤。此事尚在交涉之中,乃捕房犹不悔祸,顽强到底,复迁怒本校,任意搜检,逮捕职员,殴辱学生,并强占校舍。身体居住之自由,横加侵犯,置公理法律于不顾,实属无理已极。用请执事迅向领团交涉,转饬捕房,立将驻兵撤退,赔偿一切损失,并向敝校道歉,以张公理而维主权,是所至祷。再敝校损失,究有若干,候英兵退出后,始能详查续陈,合并声明。专此即请外交部江苏交涉使许台鉴。"⑤

6月7日上午,上海大学学生会临时委员会假西门农坛小学校召开第一次会议,会议决定出版《上大五卅特刊》,每三天出版一期,由委员会聘请教师或同学担任编辑⑥。6月11日下午2时,上海各界在公共体育场开国民大会,上海大学学生200余人参加大会。上海大学学生会发出通告,要求全体参加会议的同学一律在当天下午1时"齐集西门方斜路东安里本校领取旗帜、传单,整队前往,以表示我校虽被解散而精神仍极焕发"⑦。《申报》在报道此次会议时称:"各界在公共体育场开国民大会,上海大学学生二百余人,于一

---

① 《上大校长于右任到沪》,《热血日报》1925年6月7日。
② 《上海大学集议善后》,《民国日报》1925年6月7日。
③ 《上海大学集议善后》,《民国日报》《申报》1925年6月7日。
④ 《上大校长于右任到沪》,《热血日报》1925年6月7日。
⑤ 《租界学校被干涉讯·于右任函报解散上大情形》,《申报》1925年6月7日。
⑥ 《上大学生紧要会议》,《热血日报》1925年6月9日。
⑦ 《上海大学学生会通告》,《民国日报》1925年6月12日。

时许即行到会。游行时,沿途散发传单宣言,其激昂勇奋之精神,较前尤为焕发云。"①

第七节 "北有五四的北大,南有五卅的上大"

1936年9月,上海大学学生张士韵在《中国民族运动史的上海大学》一文中提出:"北有五四的北大,南有五卅的上大"②;上海大学学生周启新,在他的回忆录《上海大学始末》中说,在上海大学立校之时,社会上曾将上海大学在五卅运动中的作用和北京大学在五四运动中的作用相提并论,称为"北有五四时期的北大,南有五卅时期的上大"③。揆诸上海大学在五卅时期的种种表现和起到的作用,这种说法是符合实际的。

上海大学师生参与了五卅运动的决策和指挥

上海大学师生在五卅运动中,分别担任中国共产党、共青团、工会、妇女团体的领导工作,参与了五卅运动的决策和指挥。

在党的领导方面,瞿秋白、邓中夏、任弼时、蔡和森、恽代英等都是五卅运动的领导人,同时在中国共产党内又都担任着一定的领导职务。瞿秋白在1925年1月召开的中国共产党第四次全国代表大会上,继续当选为中央委员,并被选为中央局成员。1924年5月邓中夏出席在上海举行的中共中央执行委员会扩大会议,会议决定在中央农工部内设立中央工会运动委员会,邓中夏被任命为书记。1925年1月,在中国共产党第四次全国代表大会上,被任命为中央职工运动委员会秘书长;5月,又被党中央任命为中华全国总工会党团书记。在五卅运动爆发时,虽然瞿秋白、邓中夏都已先后离开上海大学,但由于他们熟悉和了解上海大学,因而并不妨碍他们以党的领导身份来实际指挥上海大学师生投身五卅运动。蔡和森在中国共产党第四次全国代表大会上继续当选为中央委员,又和陈独秀、毛泽东、谭平山、罗章龙等五人组成中央局,并与毛泽东、罗章龙三人留在中央机关处理中央具体事务。他是率先在党中央会议上提出"要把工人的经济斗争与目前正在蓬勃发展的反帝斗争汇合起来",主张5月30日在租界组织大规模的反帝示威游行,党中央采纳了他的意见。

在团的领导方面,在1925年1月召开的中国社会主义青年团第三次全国代表大会上,上海大学教师张太雷当选为团中央总书记;上海大学另外三名教师任弼时、恽代英、张秋人当选为团中央执行委员,任弼时任组织部主任,恽代英任宣传部主任;上海大学学生贺昌在这次会议上当选为团中央执行委员,并任工农部主任。

---

① 《被封后之上大学生》,《申报》1925年6月12日。
② 《上海大学留沪同学会成立大会特刊》,原件藏中共"一大"会址纪念馆。
③ 周启新:《上海大学始末》,中国人民政治协商会议上海市委员会文史资料工作委员会编《文史资料选辑(一九八一年第一辑)》,上海人民出版社1981年版。

在工人运动的组织方面，上海大学学生刘华在中国共产党第四次全国代表大会上被任命为由五人组成的中共中央职工委员会委员，又先后担任上海总工会副委员长、代理委员长。

在学生运动方面，在1924年8月召开的全国学联第六次全国代表大会上上海大学学生刘一清当选为主席；在1925年6月召开的全国学联第七次全国代表大会上，李硕勋被选为主席。刘一清、李硕勋都是上海学联的主要负责人。另外，上海大学学生何成湘、阳翰笙、刘披云、余泽鸿、刘峻山等，也都在全国学联和上海学联担任重要职务。

在妇女运动方面，在1925年1月召开的中国共产党第四次全国代表大会上上海大学学生杨之华当选为中央妇女部委员；同年6月，杨之华担任上海各界妇女联合会主任，10月接替向警予任中共中央妇女部代部长并兼任中共上海地委妇女部部长。

在五卅运动中充当主力和先锋

1925年5月30日，在这场大规模的反帝示威游行中，上海大学的师生充当了主力和先锋，有400多名学生组织了38个演讲组，成为上海各高校中参加示威游行和参加演讲人数最多的学校。在老闸捕房要求释放被捕学生，上海大学学生何秉彝一直冲在最前列，也成为第一个被英国巡捕枪击的爱国学生。当英国巡捕用枪对准他、逼他后退时，他很坚决，说不把被捕学生交出来，绝不后退①。

在参加示威游行之前，上海大学组织了通讯队、救护队和敢死队。上海大学女学生丁郁和黄胤都参加了敢死队。丁郁做好了牺牲的准备，在29日写下了绝命书："我死了，请告诉我妈妈一声。"第二天将绝命书放在床上就出发了。在南京路的老闸捕房斜对面，丁郁和黄胤向商店借了一张长凳就开始发表演讲，讲日寇侵我领土、杀我同胞、屠杀顾正红烈士等，听讲的市民越围越多，都愤怒异常。"英国巡捕出来干涉，我们两人和敌人争辩，结果蛮横的敌人把我们逮捕了。我们是最早被捕的一批。"②在整个五卅运动中，公共租界巡捕房抓捕了大批学生，上海大学又是被捕学生人数最多的一个学校。在拘押期间，不管是在监狱里还是在会审公廨上，上海大学学生都带头和帝国主义斗争，表现出中国学生坚决反对帝国主义的爱国精神和气节。

阳翰笙在回忆中说："'五卅'运动时几乎全校师生员工都参加了"，这是符合历史事实的。像沈雁冰、陈望道、郑振铎、杨贤江、董亦湘、周越然、沈联璧、刘薰宇、韩觉民等一批著名教授不但参加游行示威，还带头签名发起成立上海教职员救国同志会。在运动高潮中，创办《热血日报》《公理日报》《血潮》《上海学生》等报刊，向世界说明五卅惨案和五卅运动真相又是上海大学师生担当主要的编辑和供稿者；在全国学联要求到全国去宣传五卅运动时，上海大学学生又冲在前面，除了按照全国学联制定的路线以外，还主动到山东、浙江、台湾等省的城市去宣传。上海大学学生、原在杭州法政学校读书的张崇文在回忆中

---

① 阳翰笙：《回忆上海大学》，《新文学史料》1984年第2期。
② 丁郁：《五卅时期上海大学点滴》，中共上海市委党史研究室编《上海党史资料汇编（第一编）》，上海书店出版社2018年版。

说:"一九二五年五卅运动爆发,上海大学的同学到杭州报告五卅惨案经过,报告人对帝国主义的血泪控诉,点燃了法政学校同学的反帝怒火,成立了五卅后援会,黄玠然担任主席,我被选为工作人员。"①

上海大学教师梅电龙②在 1925 年 7 月写成的《上海英日帝国主义者屠杀同胞之经过》小册子中说:"五卅运动以上海大学学生为最努力,而此次牺牲亦以上大为最大,被拘者达百数十人,大英帝国主义视之乃如眼中钉,久思除去。"③这可以说是五卅运动的亲历者对上海大学在五卅运动中的表现和作用作出的最早的客观评价之一。

录取王稼祥等大批因参加五卅运动而被学校当局开除的学生

五卅惨案,激起了全国人民对帝国主义残杀中国人的这种野蛮行径的无比仇恨,五卅运动的浪潮席卷了全国,各地的许多学校都参加了反帝爱国运动。地方当局不但不支持学生的爱国热情,还指使各学校当局将参加五卅运动的学生开除,或勒令退学,造成许多青年人失学。那些被开除的各地失学青年,或用个人名义,或用离校团名义,给上海大学来函,要求免试转学到上海大学。其中江苏南通、安徽南陵等处中学被迫离校学生竟多达一二百人,安徽学生运动领袖王稼祥也名列被开除学生名单之中。1925 年 7 月 21 日,上海大学附属中学在《民国日报》刊登"紧急通告",称:"本校对于此辈横遭压迫之爱国青年表深切之同情。业经召集校务委员会议决,扩充学额,并定有特别转学章程,可函向闸北中兴路德润坊八号本校临时办公处或老靶子路福生路第二代用女中索取。"8 月 12 日,已迁入闸北青云里师寿坊校舍的上海大学附属中学又在《申报》上刊登收受转学生通告,称"本校为应南通英化、南陵乐育等学校为爱国运动被迫离校学生之请,议决扩充名额"。8 月 18 日,由上海大学校长于右任和社会学系主任施存统、中国文学系主任陈望道、英国文学系主任周越然、中学部主任侯绍裘共同署名,在《申报》上发表上海大学允许"特别转学"的通告,提出:"本校行政委员会已通过上海学生联合会请求宽予收容此次'五卅'风潮而退学之教会学校学生之议案,凡属该类学生,一经证实,即予免考收录。"这一举措,是对全国学生参加五卅运动的有力声援和支持,许多失学学生来到上海,进入上海大学附属中学学习。其中,王稼祥于 8 月底来到上海,进入上海大学附属中学高中三年级继续他的学业。

"'五卅运动'的策源地"

从上海大学走进新中国的教师和学生,对于当年他们在上海大学时亲身参加过的五卅运动,记忆犹新。他们在回忆中都谈到了自己的感想。"北有五四时期的北大,南有五

---

① 张崇文:《回忆上海大学》,王家贵、蔡锡瑶编著《上海大学(1922—1927)》,上海社会科学院出版社 1986 年版。
② 即梅龚彬。
③ 上海市总工会、上海工人运动史料委员会编:《五卅运动六十周年纪念集》,1985 年印。

卅时期的上大"是上海大学学生周启新在回忆录中写下的当时社会对上海大学的评价①。周启新还说,后来上海大学准备自建校舍组织募捐委员会,劝募经费,"当时因上大同学在五卅运动中表现突出,遐迩闻名,募捐易于着手"。这也说明上海大学在五卅运动中的表现在社会上具有的影响力。当时在上海大学担任教授的陈望道在他的回忆录中用了一句很准确的话来总结,称上海大学是"'五卅运动'的策源地"②。

由于在五卅运动中的表现突出,使得上海大学的校名经常出现在英国伦敦的《泰晤士报》上,英国首相张伯伦经常发表讲话诬蔑上海大学。1926年,国际上曾成立了一个由荷兰、英国等组成的关于五卅惨案"沪案重审三国委员会",英国委员戈兰在一份报告中称:"有学校名上海大学者,学生及讲师闻于此事尤为活动,该校校舍曾经两次搜查获有辩护。布尔雪维主义③之书籍多种,于此应诉者,关系五卅案件之人,被逮送究于会审公廨者,其中十八人皆系上海大学学生也。"④可见上海大学在五卅运动中的影响真如周启新所说,"声震中外,进而成为全国反帝民族运动的中心"⑤。

1933年1月出版的《上海周报·教育史料》第6期刊登署名"章章"写的文章《上海两个著名的党化学校·上海大学与大陆大学之回忆》,讲到五卅运动,称:"五卅惨案,表面上固是上海八十万劳苦同胞直接向帝国主义者进攻的一幕,实际上能站在最前线的工作同志,可敬可爱的上大学生,确有不可磨灭的助力。上大是中国唯一接受党的熏陶的学校,绝非其他各大学们所可比拟的。他们亲见上海各帝国主义的狰狞面目,正是书本理论与实际工作的试验机会。所以首先为国捐躯死于南京路的何秉彝,是上大的学生。领导各队到租界上演讲的多数队长,是上大的学生。捕房拘押援助罢工的大部分人员,亦是上大的学生。五卅时代的上大,上大的影响五卅,中国虽大,实为有目共睹的事实。记者在本刊《上海学生运动小史》一文中,曾经说过'上大是爆发五卅的策动地',读者们看到此篇的叙述,当可证明是千真万确,绝不是有意为上大来捧场。"⑥

上海大学学生张士韵在写于1936年的《中国民族运动史的上海大学》一文中,讲到上海大学在五卅运动的中表现的一段话,很具有代表性。他说:"由学生领导的伟大的民族运动有二:北有五四的北大,南有五卅的上大,而后者尤能使民族运动深刻化,直接掀动从事生产的大众的反帝狂澜,成为我民族运动史上最光荣的一页,于世界于中国永远不可磨灭,使凶残的帝国主义者和统治军阀认识我民族的不屈不挠的面目,知道民众是不可用愚民政策来欺骗,也不可用鞭炮政策来恐吓的。"⑦

---

① 周启新:《上海大学始末》,中国人民政治协商会议上海市委员会文史资料工作委员会编《文史资料选辑(一九八一年第一辑)》,上海人民出版社1981年版。
② 邓明以:《陈望道传》,复旦大学出版社2005年版。
③ 今译为"布尔什维主义"。
④ 《沪案重查三国委员报告全文·英国委员戈兰之报告》,《申报》1926年2月19日。
⑤ 周启新:《上海大学始末》,中国人民政治协商会议上海市委员会文史资料工作委员会编《文史资料选辑(一九八一年第一辑)》,上海人民出版社1981年版。
⑥ 《20世纪20年代的上海大学(下卷)》,上海大学出版社2014年版。
⑦ 《上海大学留沪同学会成立大会特刊》,原件藏中共"一大"会址纪念馆。

1949年6月14日上海大学学生孔另境在《大公报》上发表题为《旧事新谈——怀念革命的摇篮上海大学》的文章中谈到五卅运动时称:"我们知道,领导这次伟大反帝民族斗争的是中国共产党,正确的勇敢的执行中共政策的是当时革命的上海大学学生。凡是参加过当日如火如荼的这一运动的人们,总不会忘记当时'上大'学生的英勇姿态的,第一个牺牲在老闸捕房门口的是'上大'的学生何秉彝,后来发动上海各大学学生参加这运动的也是他们,到各工厂去组织群众的又是他们,当时领导上海工商学联合会,主持人民外交的也是'上大'学生。'上大'学生无疑是那次民族斗争中的先锋队。"① 上海大学学生中最早的一批共产党员王一知在她的回忆文章中这样写道:"在'五卅'运动中,'上大'的学生起了很大的作用。'上大'的学生很多都参加了或者领导了各厂的工人罢工,还有学生罢课和市民罢市等工作。著名的工运领袖刘华过去就是'上大'的学生。秋白、中夏那都是'上大'的领导人,'上大'对培养党的干部和宣传组织工运都起了很大的作用。"② 可以说,"北有五四的北大,南有五卅的上大"这句话,是对上海大学在五卅运动中的地位和作用作了符合实际的评价。

---

① 孔另境:《旧事新谈——怀念革命的摇篮上海大学》,《我的记忆——孔另境散文选》,上海文艺出版社1987年版。
② 王一知:《回忆平民女校上海大学及早期妇女运动等情况》,中共"一大"会址纪念馆、上海革命历史博物馆筹备处编《上海革命史资料与研究(第4辑)》,上海古籍出版社2004年版。

第七章
贯彻和维护党的统一战线方针，与国民党右派作坚决斗争

1922年7月16日至23日，中国共产党第二次全国代表大会在上海南成都路辅德里625号召开，大会除通过《中国共产党第二次全国代表大会宣言》和第一部《中国共产党章程》外，还通过了《关于"民主的联合战线"决议案》。《关于"民主的联合战线"决议案》是中国共产党关于统一战线的第一个专门文件，在党的统一战线发展史上具有开创性的重要地位和意义。同年8月，中共中央在杭州西湖召开了特别会议。会议经过充分讨论，决定在孙中山改组国民党，使其成为资产阶级、小资产阶级和无产阶级的民主革命统一战线组织条件下，共产党员以个人名义加入国民党。西湖会议后，陈独秀、李大钊、张太雷、张国焘、蔡和森等先后以个人名义加入了国民党，从而为建立第一次国共合作从组织上作了准备。而于1922年10月23日成立的上海大学，在1923年4月以后成立中国共产党在上海大学的基层组织以后，就一直致力于贯彻和维护党的统一战线方针，搞好国共合作，并坚决和国民党右派势力作坚决而又不懈的斗争，为党的统一战线作出了努力和贡献。

第一节 参加国民党上海执行部和国民党上海大学区分部的工作

国民党上海执行部成立

1924年1月20日在广州召开的中国国民党第一次全国代表大会，标志着国民党改组的完成和第一次国共合作正式形成。这是中国共产党实践民族革命纲领和民主联合战线政策的重大胜利，也是孙中山晚年推进中国革命的一大历史功绩。实行国共合作，既是国共两党反对帝国主义和封建军阀的共同需要，也是两党各自发展的需要。

1月31日至2月6日，中国国民党一届一中全会在广州召开，会议决定广州为国民党中央执行委员会所在地，另在上海、北京、汉口、哈尔滨、四川等地设立中央执行委员会执行部。国民党上海执行部统辖江苏、浙江、安徽、江西和上海四省一市的党务，委任中央执

委胡汉民、汪精卫、叶楚伧、于右任、张静江,候补执委毛泽东、邵元冲、沈定一、茅祖权、瞿秋白驻上海执行部;国民党中央监委张继、吴稚晖、谢持也同时驻上海执行部。

2月25日,国民党上海执行部召开第一次执行委员会议,议决通过执行部秘书处及各部职员名单:(一)秘书处常务委员胡汉民、叶楚伧、汪精卫。文书科主任邵元冲(邵未到任前,由毛泽东代理)。另设书记、干事、录事、会计、庶务等部门人员。(二)组织部部长胡汉民,秘书毛泽东,组织部指导干事为罗章龙等。(三)宣传部部长汪精卫,秘书恽代英,宣传指导干事为施存统、沈泽民。(四)工农部部长于右任,秘书邵力子,调查干事及录事分别为邓中夏和刘伯伦、王荷波等。(五)青年妇女部部长叶楚伧,秘书何世桢,助理向警予等。(六)调查部部长茅祖权,秘书孙镜等。会议决定1924年3月1日,国民党上海执行部正式对外办公,办公地点在环龙路44号①。

在以上名单中,当时已经在上海大学担任职务和教授的有上海大学校长于右任,总务长邓中夏,学务长兼英国文学系主任何世桢,社会学系主任瞿秋白,社会学系教授施存统、恽代英、沈泽民,中国文学系教授邵力子。胡汉民、汪精卫在1924年2月到7月,与恽代英一起在上海大学主讲全校共选课"现代政治"课程。

参加纪念孙中山在广东就任非常大总统三周年活动

1924年5月5日,国民党上海执行部在上海法租界莫里爱路(今香山路)29号孙中山寓所,举行纪念孙中山在广东就任非常大总统三周年庆祝集会。这次集会共有国民党上海执行部和各区党部代表300余人出席。胡汉民以国民党上海执行部常委委员兼组织部部长的身份主持了集会。在共产党方面,出席集会的有毛泽东、恽代英、邓中夏、向警予、王荷波、沈泽民、罗龙章、邵力子等;在国民党方面,出席集会的有胡汉民、汪精卫、张继、谢持、叶楚伧等。其中的恽代英、邓中夏、沈泽民、邵力子、胡汉民、汪精卫、叶楚伧等都在上海大学任职任教。集会出席者在孙中山寓所前还合影留念。

参加国民党上海大学区分部工作

国民党在上海大学的基层组织活动,从上海大学成立以后就开始了。1923年4月21日,是星期六。这天下午2时30分,中国国民党交际部举行招待教育界茶话会,上海大学英文组学生应邀参加活动,在签到簿上签名的学生有15人,其中也包括来自湖南慈利的以半工半读形式在大学部任义务书记,后来先后参加北伐、南昌起义、白色起义并加入中国共产党的佘埃生烈士②。在国民党上海执行部成立之前,国民党在上海大学成立有负责基层党务的筹备组织,在1923年11月之前,一直由上海大学中学部主任兼图书室主任陈德徵担任筹备主任。陈德徵离开上海大学以后,上海大学教师、国民党员周颂西于11

---

① 今南昌路180号。
② 台北:中国国民党中央委员会文化传播委员会党史馆一般档案415.142,《20世纪20年代的上海大学》,上海大学出版社2014年版。

月12日致函国民党中央总务部部长、当时在国民党上海执行部指导党务工作的彭素民等,荐举上海大学教师、国民党员曾伯兴"继任陈德徵等筹备上海大学党务"①。1923年3月以后,上海大学成立了国民党基层组织"中国国民党上海大学区分部",上海大学教师曾伯兴、周颂西、冯子恭、冯壮恭担任执行委员会委员,周颂西担任书记。上海大学教师和学生中的中国共产党党员根据党的决定,以个人身份加入国民党,参加了国民党上海大学区分部的组织活动。1924年4月,国民党上海执行部设立青年部并组织青年委员会,上海大学和复旦大学、南洋大学、同济大学等20余所学校共推出委员40多名,分任出版、演讲、联络、平民教育运动、合作运动等工作。

国民党上海执行部在上海大学的其他组织建设工作

国民党第一次全国代表大会通过的《中国国民党总章》规定:国民党以全国代表大会、地方代表大会、地方党员大会为各该党部之高级机关;其基层组织为"区分部",设区分部执行委员;区分部之上为全区党员大会或代表大会,选举产生全区执行委员会,组成"区党部"。1924年3月11日,中共上海地方兼区执委会召开会议,讨论国民党上海执行部的有关问题,出席会议的毛泽东报告了国民党上海执行部的工作情况。会议决定将上海大学、中华书局、同孚路瑞兴里、北火车站、邮局五区分部,归入国民党上海执行部第四区党部。上海大学作为国民党的一个基层组织,被划分为"第四区四分部",即"上海大学区分部"②。1925年5月4日,上海大学中学部成立国民党基层组织,被定为"第四区第二十二分部",上海大学中学部教师沈观澜、高尔柏和学生秦治安当选为执行委员③。1925年5月18日成立的上海大学平民学校国民党基层组织,则被批准定为"第四区第二十四分部"④。

国民党上海执行部还专门研究讨论了上海大学课程的问题。1924年3月20日,国民党上海执行部召开第四次执行委员会会议,毛泽东出席会议并作记录,会议讨论在上海大学设立"现代政治班"问题,召集区党部、区分部执行委员解释国民党宣言及章程问题⑤。

国民党上海执行部宣传部向国民党中央提出在上海大学附设师范部

1925年7月15日,国民党执行部致函国民党中央执行委员会,提出要在上海大学附设师范部的建议。在建议函中说:"本部同志,因欲养成能负本党宣传责任之小学教师,以

---

① 台北:中国国民党中央委员会文化传播委员会党史馆环龙路档案09689,《20世纪20年代的上海大学》,上海大学出版社2014年版。
② 《上海四区党部石克士致胡汉民函》,台北:中国国民党中央委员会文化传播委员会党史馆环龙路档案09947,《20世纪20年代的上海大学》,上海大学出版社2014年版。
③ 《国民党又成立两分部》,《民国日报》1925年5月5日。
④ 《国民党区分部消息》,《民国日报》1925年月5月21日。
⑤ 中共中央文献研究室:《毛泽东年谱(一八九三——一九四九 上卷)》,中央文献出版社2002年版。

便其散布到乡村中从事宣传,故决议恳请中央酌量津贴在上海大学附设师范部。"在这份函中,提出上海大学附设师范部的办法:一是"只收本党同志,不取学费,但膳宿费自备";二是"招收学生以十六七岁以上的为限。程度大约如初级中学",但所开设的课程包括"关于小学教授各科之丰富的知识""关于小学教育方面之知识""关于乡村社会各方面之知识""关于改造中国的政治经济之知识""关于本党主义的知识"等五个方面;三是"修业期定为三年,名额五十人,每周授课三十四小时"。关于开办经费,函件提出"每月需洋三百元,另开办费五百元,请均由中央核准拨给"。① 虽然,"上海大学附设师范部"最后并没有办成,此事也不了了之,但是从中也可看出当时国共两党对小学教育和对上海大学办学的重视。

第二节　致力于平民教育工作

国民党上海执行部成立平民教育委员会

平民教育是第一次国共合作时期共产党和国民党共同致力开展的一项运动。1924年3月6日,国民党上海执行部召开第二次执行委员会议,毛泽东、瞿秋白、于右任、胡汉民、叶楚伧等出席。会议决定组织平民教育运动委员会大力开展平民教育,要求全体同志都参加此项工作。会上汪精卫、叶楚伧、邓中夏、于右任、孙镜、何世桢、恽代英、毛泽东等九人被推举为平民教育委员会委员。经委员讨论,孙镜、邓中夏、毛泽东三人为常务委员,负责平民教育的实际工作。

上海大学成立平民学校

1924年4月1日,上海大学召开"平民教育大会",会议由总务长邓中夏主持。邓中夏阐述了会议的宗旨和提倡平民教育的重要性。担任学校义务书记的程永言报告了参加全国平民教育运动大会的情况。会议决定开办上海大学平民学校。会议通过了上海大学平民学校组织大纲,公举卜世畸、程永言、马建民、刘华、郭镃、杨国辅、朱义权、王秋心等八人为上海大学平民学校执行委员。

4月15日晚上7时,上海大学平民学校举行开学典礼,有280名工人学生参加,100多名来宾和家属也参加了大会。邓中夏以上海大学总务长的身份出席了会议。会议由平民学校主任卜世畸主持并致辞。卜世畸介绍了上海大学平民学校开办的缘起。负责平民学校总务工作的朱义权报告了学校筹备经过。邵力子、刘华、曹斌等在成立大会上发表了演说。

---

① 台北:中国国民党中央委员会文化传播委员会党史馆汉口档案 7508.2,《20世纪20年代的上海大学》,上海大学出版社 2014 年版。

16日,上海大学平民学校举行教务会议。邓中夏作为上海大学负责此项工作的领导主持会议,但恰与国民党上海执行部平民教育委员会常务会议在时间上发生冲突,作为常委的邓中夏写信给另外两个常委毛泽东、孙镜,称:"弟因要参与上大平民学校教务会议,故不能到今日之常务会,特请刘伯伦兄为代表。"①可见他对上海大学平民学校的重视。

为了搞好平民学校的教学和管理,上海大学平民学校委员会制定并通过了一系列的有关章则,其中包括《上海大学平民学校组织大纲》《上海大学平民学校考察成绩之类别及标准》《上海大学平民学校对于学生之奖励及惩戒条例》等。

上海大学平民学校师资队伍、课程设置、学生来源和教材

在国民党的党史馆档案中,至今还保留着《上海大学平民学校现任教员一览》《上海大学平民学校教务部教员分配一览》《上海大学平民学校委员职责分配表》《上海大学平民学校全体教职员一览》等档案。在《上海大学平民学校现任教员一览》中,有任中和、吴霆、张惠如、王启元、徐梦周、林应时、吴芬、梁昌亨、张琴秋、涂竹筼、杨之华、黄之彦、赵冶人、刘华、王赤、章松如、谢得琬、刘念祖、朱孝祖、戴邦定等,其中吴霆、徐梦周、张琴秋、杨之华、刘华等都是共产党员,刘华担任教务部主任,张琴秋担任二级四班的班主任。平民学校还在各班设立"指导员"一职,杨之华、薛卓汉、薛卓江等共产党员都担任不同班级的指导员。课程有国文、国语、算学、英文、唱歌、习字、识字、谈话等。学生按年龄分成童年班和成年班。童年班和成年班又各分"未识字者"和"已识字者"。成年学生为社会底层的各种职业者。

上海大学平民夜校不收学费,连课本和文具都是由学校提供。上海大学平民学校使用的教材,根据学生来源和原来的教育程度,采用的是《半日学校读本》《平民千字课》《中华平民读本》《中华新学制英文课本》等。而上海大学总务长邓中夏作为上海大学平民学校的领导,不仅做好大量的行政工作,还亲自动手为平民学校编写教材。《民国日报》副刊《平民周报》从1924年5月31日第12号起,分期发表了邓中夏和工人运动领导人李立三为上海大学平民学校编写的通俗读物《劳动常识》,内容包括"绪言""劳动运动的起源""社会主义的思潮与劳动运动""资本主义的解剖""资本主义的崩坏"等五章。

上海大学校工龚兆奎,1962年1月曾在接受有关人员采访时介绍过上海大学平民学校的情况,他说:"上大办的平民夜校,在西摩路敦裕里上大附中课堂内,报名上课的有三十余人,校工有十多人轮流上课,其余的是小烟纸店的伙计、小贩、洗衣作的、娘姨,弄堂里的老百姓也有几个。上课总是在晚上,每周上三次,课本是油印的,边认字边讲道理,讲资产阶级、无产阶级,工人为什么要受压迫受痛苦,帝国主义在租界上欺负人,讲过三民主义,也讲过共产主义,上课的先生都是社会学系的大学生,如刘一清、程永言等常来。到师寿坊也办了夜校,报名的有百来人,有小船上的,有粪箕工人,有小贩小工,也有娘姨,来读

---

① 冯资荣、何培香:《邓中夏年谱》,中国文史出版社2014年版。

书的一概免费。在大学部课堂里上课,墙上挂有马克思、孙中山的像,讲课的还是社会学系的学生,讲苏联革命成功,工人当了家,讲马克思、列宁领导革命,全世界穷人都要翻身;讲大家要民主,要当主人,工人要团结起来,不要吵闹,不要打相打,以后要男女平等,做八小时工作,租界要收回,要打倒帝国主义。"①

上海大学平民学校举行毕业典礼和坚持办学的努力

1924年6月21日晚上7时,上海大学平民学校举行第一届学生毕业仪式,参加的学生达200多人。教职员参加者也要有30多人。朱义权主持了这个毕业仪式。朱义权介绍了平民学校这一届学生从4月15日开学到今天毕业的学习过程。冯兰馨女士作为嘉宾为学生颁发了结业证书。教员代表张琴秋为学生发了奖品。来宾代表、教员代表和学生代表都先后发表演说。学校还在200多名学生中评选出优秀学生36人。这次学生的毕业仪式的举行,体现了上海大学在国民党上海执行部的领导下,在平民教育方面作出的成就。

上海大学平民学校在1925年、1926年继续办理下去。1925年3月24日《民国日报》在《上大平民夜校继续开办》的报道中称:"西摩路上海大学附设平民夜校,已于本月二十日开学,二十一日正式上课,报名学生异常踊跃,每晚有数十名之多云。"1925年5月3日《申报》在《上大平民校消息》报道中则称:"西摩路上海大学附设平民学校,本学期继续开办以来,学生达三百五十名","各科教员三十余人。其教材只初级国语用《平民千字课》,余均由各教员自己编选讲义,油印发给。"到了1926年,虽然上海大学校址迁到了条件艰苦的闸北青云路师寿坊,但平民学校依然坚持办了下去。1926年4月26日《申报》在《学校消息·上海大学》的报道中称:"闸北青云路上海大学附设平民学校昨晚行开学礼,到学生三百余人。"可见,参加学习的学生依然踊跃。后来上海大学平民学校校长、共产党员卜世畸离开上海大学赴黄埔军校任代理政治部主任,就由上海大学英国文学系学生、共产党员张庆孚、林钧继任平民学校主任一职。

重视对平民学校学员的思想教育

平民教育虽然是由国共两党共同致力进行的一项工作,也是中国共产党执行统一战线方针政策的重要体现。由于上海大学平民学校的领导和主要教员都是共产党员,因此,在平民学校的日常管理和学习中很重视对学员进行必要的思想教育。1924年11月7日,是苏俄十月革命纪念日,上海大学平民学校在当天晚上7时,召开大会,庆祝苏俄十月革命胜利7周年。参加庆祝活动的人数多达五六百人。会议由平民学校主任、大学部社会学系学生、共产党员林钧主持,报告了会议召开的宗旨目的。大学部学生王华芬、李春

---

① 龚兆奎:《回忆上海大学》,这是有关方面对龚兆奎的访问记录稿,原件藏上海市档案馆,档号:D10-1-52。

蕃①、刘一清发表了演说,又请了大学部教授、共产党员蒋光慈介绍了十月革命以后苏俄社会的发展现状。会议结束前,会场高呼"中国国民革命万岁!""俄国十月革命万岁!""世界劳动革命万岁!"等口号。给平民学校的学生上了一堂生动的思想政治课。1925年5月1日,是五一国际劳动节,上海大学平民学校专门请教员编选五一教材,为学生详细介绍五一国际劳动节的来历。5月2日晚上7时,上海大学平民学校又举行五一国际劳动节纪念大会,到会者除学员以外,还有许多学员家属,总计"约达五百余人,座中拥挤不堪"。朱义权主持会议,并介绍了开会宗旨和五一国际劳动节的意义。大学部教授、共产党员恽代英、侯绍裘以及大学部学生、共产党员林钧、丁显等相继发表演说。中共中央女工部部长、大学部教授蔡和森的夫人向警予也出席会议,并应邀发表演说。这些演说"辞意警辟,听者均颇感动"。在老师的带领下,学员还高呼"工作八小时""教育八小时""休息八小时"等口号②。由于上海大学平民学校办得持久和有声有色,引起了公共租界工部局警务局的警觉和注意,1926年11月3日《警务日报》专门刊登《开办闸北青云路平民义务学校》报道,称:"上海大学学生在闸北青云路该大学内办了一所平民义务学校。"

第三节 追悼列宁逝世和共同建立上海特别市临时政府

1924年1月21日,无产阶级革命家、政治家、理论家、思想家列宁在莫斯科逝世。当时,正值中国国民党第一次全国代表大会召开期间。孙中山闻讯以后,立即赶到大会会场,即席发表演说,并向苏俄代表表示哀悼。又为列宁逝世休会三日,致哀③。2月25日,在国民党上海执行部第一次执委会上,议决"联合各团体筹备列宁追悼会,委派邵力子、孙铁人④为筹备代表,定筹备费为100元"⑤。

参加国民党上海执行部举行的追悼列宁大会

1924年3月9日,国民党上海执行部及所属分部、中共上海地方组织、社会主义青年团、学生总会、上海印刷工会等30余团体300余人在小西门少年宣讲团内联合举行追悼列宁大会,胡汉民、叶楚伧、邵力子、瞿秋白、邓中夏相继发表演说。

同日,《民国日报》刊登了"上海追悼列宁大会特刊",第一篇就是瞿秋白写的《历史的

---

① 即柯柏年。
② 《上大平民校消息》,《申报》1925年5月3日。
③ 高晓星:《中国国民党历次代表大会和部分重要会议简况(上)》,中国人民政治协商会议全国委员会文史资料委员会《文史资料选辑》编辑部编:《文史资料选辑(第18辑)》,中国文史出版社1989年版。
④ 即孙镜。
⑤ 台北:中国国民党中央委员会文化传播委员会党史馆:《上海执行部第一次会议记录》,会999.2/5.1。

工具——列宁》。据沈雁冰回忆,该特刊"由我们供稿,还要出版纪念册,除我们撰文外,也请沈玄庐撰文"①,特刊还同时发表了施存统、董亦湘、恽代英等共产党人的文章。

3月13日,国民党上海执行部举行第三次会议,提出"追悼列宁问题",议决"印传单三千份,在《民国日报》出一特刊,推定张溥泉同志为追悼会主席,叶楚伧、邵力子、瞿秋白、邓中夏、胡汉民为演说员"②。

瞿秋白提议出版《列宁文集》

1924年4月3日,在国民党上海执行部会上,瞿秋白提议编撰《列宁文集》。4月5日,瞿秋白致信廖仲恺、谭平山,称:"关于主义之阐明,西欧学说中,最足以做参考的莫如列宁,不过我自己不能在广州又不能兼任其他的译著——因为上海大学的事亦很重要,所以我提议或由广州直接委定'列宁文集编译委员会',我在上海拟任总校订之责;或在上海执行部之下设这种的委员会。"这封信还提出"编辑费由中央担任""印刷归民智书局(印刷费归他担任)"。4月14日,在孙中山亲自主持的中央执行委员会第二十一次会议上,通过了瞿秋白的提案③。

邵力子、施存统在上海各工团追悼列宁大会上发表演说

1924年3月8日下午,上海各工团在兆丰路上海工团联合会召开追悼列宁大会。到者有全国工商界救亡大会等20余工团以及来宾百余人。首推徐锡麟主席。谓我们之所以追悼列宁,因为列宁是为无产阶级谋幸福而牺牲之人,故我工界不可不表示哀悼之意。次由谢作舟报告列宁史略。上海大学教授邵力子、施存统先后发表演说。邵力子在演说中说,列宁自甘辛苦,替多数人民谋幸福,并非牺牲人民自谋利益者所可比④。

参与成立上海特别市临时市政府

1927年3月22日,在上海工人第三次武装起义成功以后,成立上海特别市临时市政府,由上海市民代表会议选出的19人任市政府委员,其中包括上海大学教师、共产党员侯绍裘和学生、共产党员林钧、何洛,林钧还兼任市政府秘书长,受命主持市政府的日常工作。当天下午,林钧以市政府委员兼秘书长的身份主持了上海市民欢迎北伐军大会。3月28日,中共上海区委召开会议,决定成立上海市特别市临时政府党团干事会,林钧和罗亦农、丁晓先组成了干事会。4月7日,上海临时市民代表大会召开第五次大会,上海共有800多职业团体代表3000多人出席了大会,林钧以临时市政府委员、市政府秘书长的身份向大会作了报告。

---

① 茅盾:《我走过的道路(上)》,人民文学出版社1981年版,第213页。
② 台北:中国国民党中央委员会文化传播委员会党史馆:《上海执行部第三次会议记录》,会999.2/5.3。
③ 台北:中国国民党中央委员会文化传播委员会党史馆:《中国国民党第二十一次中执会会议记录》。
④ 《各工团昨日追悼列宁纪》,《申报》1924年3月9日。

国民党为配合北伐军进攻上海,并为维持北伐军攻占上海以后的地方行政,设立了一个"东南军政委员会",高尔柏和侯绍裘、杨贤江等上海大学师生被委任为委员。

第四节 "文有上大,武有黄埔"

上海大学与黄埔军校是"革命之左右手"

1922年10月成立的上海大学和1924年6月成立的黄埔军校,是由中国共产党和中国国民党共同创办的两所学校。这两所学校一文一武,为国共两党培养了大批政治和军事人才与干部,在当时具有很大的影响,因此,在社会上赢得了"文有上大,武有黄埔"①"武有黄埔,文有上大"②"武黄埔,文上大"③等赞誉。由于这两所学校为当时的轰轰烈烈大革命都作出了杰出贡献,"故时人对于上大与黄埔曾有革命之左右手之称"④。而"文有上大,武有黄埔"这句话,同时又说明上海大学与黄埔军校之间,实际上有着你中有我、我中有你的千丝万缕的关系,也是中国共产党贯彻党的统一战线方针政策的一个重要体现。

黄埔军校的建立

黄埔军校全称"中国国民党陆军军官学校",因校址在广州黄埔长洲岛,故称黄埔军校。孙中山在他的革命实践中,曾因没有自己的革命武装,依靠旧军阀的军队进行革命斗争而屡受挫折与失败,使他越来越清楚地认识到建立一支革命军队的重要性。1924年1月,在国民党第一次全国代表大会上,孙中山提出以黄埔旧有的广东陆军学校与广东海军学校原址作校址,筹办中国国民党陆军军官学校,并下令成立"陆军军官学校筹备委员会"。经过三个多月时间的筹备,1924年5月5日,黄埔军校正式开学。黄埔军校的招生,因当时全国除广州以外的绝大部分地区都处于军阀统治之下而不易公开进行,因而考生多由出席国民党一大的各省代表回籍后秘密选拔。中共中央曾几次指示各地党组织选派共产党员和青年团员,并动员进步青年前去报名。

上海大学是黄埔军校的秘密报名招生与考试点

1924年2月28日,国民党上海执行部召开第一次各部联席会议,商讨黄埔军校军官招生接洽事宜。29日,考生开始报名,上海大学为秘密报名点之一。到3月10日,报名

---

① 高尔柏:《回忆上海大学及其他》,中共上海市委党史研究室编《上海党史资料汇编(第一编)》,上海书店出版社2018年版;胡允恭:《我所知道的上海大学》,胡允恭著《金陵丛谈》,人民出版社1985年版。
② 杨尚昆:《杨尚昆回忆录》,中央文献出版社2001年版。
③ 孔另境:《旧事新谈——怀念革命的摇篮上海大学》,《我的记忆——孔另境散文选》,上海文艺出版社1987年版。
④ 浩人:《张开元与〈上海大学志〉》,政协淮阴市委员会文史资料委员会编《别梦依稀——淮阴文史资料第八辑》,1989年10月。

第七章　贯彻和维护党的统一战线方针，与国民党右派作坚决斗争

截止,共有186人报名。3月12日下午1时,国民党上海执行部在上海大学举行了黄埔军校新生录取的考试①,应考者有173人,有10多人虽报了名但未来参加考试。上海大学教授施存统、陈望道、恽代英等担任考试的监考工作。这次在上海大学的考试,用于香烟点心的费用为2.37元,用于车马费用为4.6元②。上海大学校长于右任、中国文学系教授叶楚伧及谢持、邓演达、戴季陶等五人负责考试阅卷工作。

3月13日,国民党上海执行部召开第三次执行委员会议,毛泽东、瞿秋白、汪精卫、叶楚伧、茅祖权、胡汉民等出席。这次会议专门对在上海的黄埔军校招生事宜进行解释和部署。内容包括:招生名额,最大限度录取150名,最低限度则为120名;名额在各个省份的调剂,由于右任、叶楚伧、谢持、邓演达、戴季陶五人在阅卷时酌量分配;在3月底之前安排补考一次,补考主任和补考地点都由执行部决定;补考名额限50名到80名,对于不录取者根据实际情形酌情处理;所有录取者赴广州复试的路费由林焕廷负责办理,电催广州急汇复试学生200余人路费7 000元③。

3月14日,考试成绩揭晓。实际录取130人,由国民党上海执行部统一安排发放有关证件和赴广州参加复试的路费。同时执行部又布置了补考事宜。3月20日,补考报名截止,报名补考的考生共计264人。3月23日,上海执行部又在中华路勤业女子师范学校举行补考。

关于上海大学作为黄埔军校的报名点和考试场所,并不限在第一期。据学生张开元回忆:"黄埔军校第一期在沪招生,即系本校教职员为之主持,且假本校为考试地点。"④上海大学另一名学生孙仲宇回忆说:"上大对黄埔军校的招生工作是积极协助的。1925年下半年在青云路校内曾帮助黄埔军校秘密招生。应征的各地青年都是通过一定的组织手续介绍报考而后送到广州区。"⑤这一年8月,瞿秋白还曾动员高语罕介绍找到他的同乡羊牧之去报考黄埔军校。只是后来羊牧之放弃了这个想法,考进了上海大学社会学系学习⑥。

上海大学校长于右任参加了黄埔军校学生的招生与录取工作

黄埔军校在上海的招生与录取工作,得到上海大学校长于右任的大力支持。上海大学不但作为黄埔军校的报名点和考试场所,于右任自己又亲任考卷的阅卷人。上海大学学生王逸常、张其雄、刘仲言、杨觉玉等,都是由于右任推荐经考试合格后进入黄埔军校第

---

① 《小专电》,《时报》1924年3月24日。
② 《上海执行部三月份决算录》,台北:中国国民党中央委员会文化传播委员会党史馆汉7691。
③ 《中央执行委员会会议记录》,台北:中国国民党中央委员会文化传播委员会党史馆汉4937.1。
④ 浩人:《张开元与〈上海大学志〉》,政协淮阴市委员会文史资料委员会编《别梦依稀——淮阴文史资料第八辑》,1989年10月。
⑤ 孙仲宇:《关于上海大学的一些资料》,这是有关方面对孙仲宇的访问记录稿,原件藏上海市档案馆,档号D10-1-60。
⑥ 羊牧之:《霜痕小集》,《党史资料丛刊(第3辑)》,上海人民出版社1981年版。

一期学习的。在黄埔军校第一期的学生中,还有郑子明、周凤岐两人,当年从陕西渭北千里迢迢赶到上海来参加考试,到上海后一时无处寄宿,于右任就安排他们住在自己寓所,热情招待了这两位青年学子。郑子明后来还回忆起这段经历,说:"于先生和我们促膝相谈。记得先生讲道:'今南北对峙,北洋派系斗争激烈,似有新的分裂。南方各军阀表面拥护孙先生①,实际内心各怀鬼胎……孙先生拟组建自己的军队,苏俄大力支持,先创办军官学校,训练干部。年初国民党第一次代表大会进行了改组,制订了联俄、联共、扶助农工三大政策,并重新解释了三民主义。'还讲到孙先生之新三民主义,北方人知之甚少,应大力宣传。方今之时,惟唤起民众至为重要。侃侃之谈,使我们茅塞顿开。先生忧国爱民之情,溢于言表。"②郑子明、周凤岐在上海通过考试以后,于右任又给邓演达写了介绍信,并各送郑、周路费30元,让他们搭火轮船取道香港赴广州。在上海的黄埔军校招生工作已经完成以后,又有陕籍学生杜聿明、关麟征、张耀明等30余人赶到上海,找到于右任住所请求帮助。据有关人士回忆,当时于右任不忍心让这些青年失望,于是决定以自己个人的名义介绍他们直接去黄埔。为了使事情成功,作为书法家的于右任当着杜聿明等人的面,撰写了一副对联,"请学生们带给黄埔军校的校长蒋介石"。于右任说:"我写的这副对联,暗含着两条革命口号。上联'登高望远海',指打倒帝国主义;下联'立马定中原',指打倒卖国军阀。你们一路上可要小心带好。这就是你们进黄埔的入学介绍书。"后来蒋介石读了这副对联,竟非常高兴,认为这副对联恰好说中了自己的雄心,当即吩咐勤务兵张挂起来,而且要挂在自己办公室内最显眼的位置上。后来蒋介石当面交代黄埔军校专门负责录取新生的人说:"于先生送来的学生全部收下!"③这也成就了杜聿明、关麟征、张耀明等后来成为中国军队中的抗日名将。1926年,于右任在北京,还介绍爱国青年郑自毅投考黄埔军校,在郑自毅向他告别时,他还特书赠"革命尚未成功,同志仍须努力"的条幅以示勉励④。

黄埔军校第一期学员、中华人民共和国元帅徐向前在回忆中也讲到于右任说:"孙中山要推进国民革命,当时特别重视吸收北方的学生。陕西的考生在广州总考试中,有些是不合格的,但靠于右任的保荐,也都录取了。"⑤

来自上海大学的黄埔军校历届学员

上海大学学生张开元在回忆中说过这样一段话:"本校学生因而投笔从戎转入该校者为数甚多。计第一期至第六期,无届无之,尤以一至四期为独多。"⑥细数黄埔军校历届学

---

① 指孙中山。
② 郑子明:《黄埔军校回忆》,中国人民政治协商会议陕西省高陵县委员会文史资料研究委员会编《高陵县文史资料汇编(第1辑)》,1984年内部印行。
③ 朱凯著:《无悔担当——于右任传》,陕西人民出版社2015年版。
④ 朱凯著:《无悔担当——于右任传》,陕西人民出版社2015年版。
⑤ 徐向前著:《徐向前回忆录》,解放军出版社2007年版。
⑥ 浩人:《张开元与〈上海大学志〉》,政协淮阴市委员会文史资料委员会编《别梦依稀——淮阴文史资料第八辑》,1989年10月。

员中来自上海大学在校学生者,可以断定张开元的说法是符合事实的。

第一期学员中有上海大学学生许继慎、曹渊、杨溥泉、曹蕴真、徐石麟、王逸常、徐梦秋、袁恕之、张其雄、覃恩等人;第二期学员中有上海大学学生蔡鸿猷、邱清泉等人;第三期学员中有上海大学学生程锡简、吴震等人;第四期学员中有上海大学学生季步高、李逸民、胡睦修、张曙云、吴维中等人;第六期学员中有上海大学学生周文在、周大根等。还有一些上海大学学生如向浒、徐鹏翥、皮言智等,属于黄埔军校哪一期不详。

关于上海大学学生参加黄埔军校学习,除了学生自己报名以外,上海大学的中国共产党组织和青年团组织都会参与人员的挑选推荐。1926 年 7 月,在一份共青团《上海大学特别支部工作报告》中谈到"团内分子的变动",称"入黄埔及农民运动讲习所各一人"①。

来自上海大学的黄埔军校教员

在黄埔军校的教师队伍中,有一批来自上海大学的教师和学生。其中有张治中,1923 年进入上海大学学习,1924 年初离开上海大学赴广州,任黄埔军校教官、学生队总队长;戴季陶,上海大学经济学系教授,为黄埔军校第一任政治部主任;卜世畸,1924 年 4 月离开上海大学赴广州任黄埔军校校长蒋介石俄文翻译、代理黄埔军校政治部主任;邵元冲,1924 年 9 月赴广州任黄埔军校政治教官兼代理政治部主任等职;邵力子,1925 年 1 月离开上海大学赴广州任黄埔军校秘书长、政治部主任;高语罕,1925 年任上海大学教授,1926 年赴广州任黄埔军校政治教官兼入伍生部党代表、共产党黄埔军校党团书记;张秋人,1926 年 3 月离开上海大学,奉命到广州,先在毛泽东主持的第六期农民运动讲习所任教员,后调到黄埔军校任政治教官;恽代英,1926 年 5 月赴广州任黄埔军校政治教官,1927 年 1 月,到武汉主持中央军事政治学校工作,任政治总教官;萧楚女多次应邀到黄埔军校发表演说,在毛泽东主持的第六期农民运动讲习所担任专职教员,1926 年底任黄埔军校教官;任卓宣,1926 年底任上海大学社会学系教授,后任黄埔军校政治教官;阳翰笙,上海大学社会学系学生,1926 年 1 月赴广州任黄埔军校政治教官、中共黄埔军校入伍生部总支书记;罗髫渔,1923 年考入上海大学社会学系学习,1926 年赴广州任黄埔军校政治教官;杨达,1925 年初到上海大学社会学系学习,1926 年到黄埔军校工作;张庆孚,1923 年前后进入上海大学英国文学系学习,1926 年 8 月经恽代英介绍到黄埔军校担任政治教官。另外,上海大学学生柯柏年②,1925 年 8 月应广东澄海中学校长杜国庠的邀请赴澄海中学任教,1925 年 11 月应周恩来邀请到黄埔军校潮州分校讲课;梁伯隆,1924 年秋从他学习的上海震旦大学赴黄埔军校任职,1925 年春因病回沪继续在震旦大学学习,五卅运动后转入上海大学社会学系三年级学习。上海大学的另外三位教授瞿秋白、李达、郭沫若也都担任过黄埔军校的政治教官。

---

① 中央档案馆、上海市档案馆:《上海革命历史文件汇集(青年团上海地委文件)一九二二年七月——一九二七年一月》,1986 年 8 月。
② 即李春蕃。

值得一提的是,1926年5月,陕西地区党团组织的创建人之一的王尚德遭直系军阀刘镇华通缉,潜至上海,通过上海大学学生、共产党员吉国桢与党组织接上关系,然后给原上海大学教授、已在黄埔军校任政治总教官的恽代英去信,由恽代英介绍赴广州在黄埔军校政治部宣传科任科员①。

第五节 "黄仁事件"是国共合作出现裂痕的标志

国民党第一次全国代表大会的召开,标志着国共两党第一次合作的正式建立,这是中国革命史上的一件大事,它增强了革命力量,推动了全国人民和国民党内的先进分子反对帝国主义、封建军阀的革命斗争,加速了中国革命的进程,成为革命高潮的起点。但是,从国共合作一开始,在国民党内部,就有一股右派势力反对与中国共产党合作。后来,随着革命运动的不断高涨,全国已处在革命和反革命大决战的前夜,帝国主义和地主买办阶级更加紧了反共反人民的活动,统一战线内部的阶级斗争也日益尖锐。1924年10月10日在上海发生的"黄仁事件",成为第一次国共合作出现裂痕的标志。而国民党右派和共产党之间的摩擦和斗争,也必然反映到上海大学内部。

国民党上海大学区分部分成甲乙两派

国民党上海执行部在上海的基层组织,划分为七个大区,即第一区党部为闸北、第二区党部为南市、第三区党部为法租界、第四区党部为公共租界、第五区党部为虹口、第六区党部为淞沪线、第七区党部为浦东。上海大学作为国民党上海执行部的一个区分部,在1924年3月11日之前,属于第一区第一分部,即闸北区党部。3月11日以后,随着上海大学搬迁到西摩路,则被划分到属于公共租界的第四区第四分部。国民党在上海大学内成立基层组织时,是由国民党员周颂西、曾伯兴、冯子恭等人负责筹备并任负责人。然而国民党上海大学区分部成立不久,内部就分成甲、乙两派,即以共产党人施存统、瞿秋白等为代表的甲派和以国民党人周颂西为代表的乙派。在1924年上半年,国民党中央总务部部长、当时代表国民党上海执行部到上海大学指导党务工作的彭素民,在一天晚上到上海大学参加党务会议时,亲眼看到了国民党上海大学区分部内部出现的矛盾和对立,他在致国民党上海执行部函中称:"素民闻该校本有甲、乙两派,昨晚到者皆甲派中人,而乙派则不过一二人在场,发反对言论有谓'请仍由原上大分部筹备人组成者(指周颂西等)',此言颇可注意。因该两派前因举分部长,曾发生极大风潮。前日举代表,又开发生争执。今湖北会馆据第一区执行委员三人,一为上大者(即施存统),余二人乃为商务书馆者。而上大

---

① 董建中、张守宪、梁星亮:《王尚德》,胡华主编《中共党史人物传(第11卷)》,陕西人民出版社1983年版。

之施君又属甲派,故乙派甚不满意。"①从彭素民这份函件中可以看出,在国民党上海大学区分部中,以共产党人施存统为代表的甲派和以国民党人周颂西为代表的乙派之间的斗争已公开化,而且,乙派无论在国民党组织内部还是在国民党员中,威信都没有甲派高,这也可以看出国共两党在上海大学内部出现裂痕的端倪。

1924年上半年,孙中山请来的苏俄顾问鲍罗廷,在国民党上海执行部曾找过上海大学教授、国民党上海执行部的叶楚伧谈过一次话,鲍罗廷问到了上海国共合作的情况,叶楚伧以"中国式的客套"对鲍罗廷说"在国民党内部没有任何分歧"。事实上,当时在国民党内部的右派早已开始准备反共反俄。国民党上海大学区分部书记周颂西,作为上海大学英国文学系的教员,在教学生用英文作文时,出的题目竟然是"苏俄是国民党的敌人,因为它和北京政府签订了协议",当场就有共产党员的学生向他提出质疑,周颂西回答说广州的《民国日报》就是这样写的。以上是瞿秋白在1924年6月20日给鲍罗廷的信中所写到的,瞿秋白在信中还说:"总之,在上海国民党(右派)中,这种看法很普遍。"②

杨之华、王一知等致函国民党上海执行部对国民党上海大学区分部工作提出意见

1924年10月左右,上海大学学生杨之华、王一知、吴霆等23名学生,以"上大国民党党员"的身份致函国民党上海执行部,对国民党上海大学区分部工作提出意见。函件称:"中国国民党上海大学区分部从去年开过一次大会以来,除了几个热心同志介绍几个新同志入党外,不但没有干过什么工作,就是例有的两星期一次常会也没有开过一次。至于干事会,更是他们几个干事私人谈笑的场所,到底干了些什么勾当,局外人虽无从而知,但以他们这样不负责任的人,也绝不会干出什么令人可钦佩的事来,这是谁也可以断定的。"这份函件还说:"现在我们学校开学已将一月了,他们仍没有动作;上星期我们聚了十几个同志署名出了一张布告:'上大区分部执行委员诸先生:本校开学已三星期了,诸同志俱已到齐,例有的常会,何以至今未开一次?致本党应讨论的俱党务,概未进行!请于连日内召集大会,否则,明白答复!'布告贴了几天,他们仍是不采。不得已,我们又去人当面要求他们召集大会,他们不是说执行委员未到齐,就是你推我我推你的敷衍。致平民学校,至今未办一所;新同志想入党,没地方去填誓约书;其他关于党的工作和活动,更是不容谈了!"③

这份函件,有几个值得注意的方面:一是署名为"上大国民党员",也就是说署名的23位学生,都是国民党党员;二是其中杨之华、王一知、刘一清、许乃昌、王弼、许侠夫、陈垂斌、吴霆、吴震等都是中国共产党党员;三是他们致函国民党上海执行部对国民党上海大

---

① 台北:中国国民党中央委员会文化传播委员会党史馆环龙路档案09931。
② 《瞿秋白自传》,江苏文艺出版社1996年版。
③ 台北:中国国民党中央委员会文化传播委员会党史馆环龙路档案09947。

学区分部提出批评,是着眼于区分部负责人的工作态度和工作作风,要求他们改变懒散敷衍的不负责任的工作状态,体现出他们想全力搞好国民党上海大学区分部工作的初衷。这是符合当时上海大学国共合作的实际情况的。

瞿秋白要求社会学系的学生主动团结中国文学系和英国文学系的学生

在上海大学,最主要的三个系是社会学系、中国文学系和英国文学系。而社会学系是以瞿秋白、邓中夏等为代表的中国共产党人直接领导的①,是当时追求革命和进步的青年学子最向往的一个系,系主任是瞿秋白。在瞿秋白的领导下,社会学系很快成为上海大学学生最多的一个系,也是上海大学影响最大的一个系。在瞿秋白等中国共产党早期领导人的教育和影响下,社会学系的许多学生走上了革命道路,参加了中国共产党。在当时的上海大学,中国文学系在政治上被看作是不左不右的中间派,而英国文学系的系主任是何世桢,当时是国民党右派的代表,在政治观点上与以瞿秋白为系主任的社会学系经常会发生抵牾和冲突,导致两个系学生之间会发生冲突,甚至互相诋毁。当时,"社会学系的看不起文学系,特别是英文学系的同学,说他们是贵族、少爷、书呆子;而后者反唇相讥,说前者是'挂名学生''空头革命家'"②。

关于在上海大学内左派学生与右派学生之间的矛盾对立,社会学系学生刘峻山在回忆中曾这样讲过:"当时学校内国民党左右派的斗争很激烈,开会常常吵起来,甚至要打,还有人拿出手枪来恐吓别人,把手枪摆在桌上示威;左派也毫不畏惧,人多势大,抓起课桌活动板作武器,相持对抗。张一涵、丁丁是国民党右派,张一涵就是拿手枪的。"③

关于上海大学内部左右派的对立,瞿秋白作为党的领导人,在了解情况以后,站在贯彻和维护中国共产党的统一战线方针和政策的立场和角度,对社会学系的一些学生提出了批评和告诫。他教育和要求社会学系的学生,要主动去团结中国文学系,特别是英国文学系的学生。他对社会学系的学生说:"你们该首先打破成见,不要自以为进步而看不起人家,而应该主动去团结人家。"瞿秋白还告诉学生,"革命靠少数人是不行的,应该带动广大群众去干。文学系也有要求进步的同学"。他要求社会学系的同学去积极帮助中国文学系和英国文学系的同学,培养发展党团员。他还告诫社会学系的学生不要轻视文学,他说:"在阶级社会里,文学有阶级性的,学文学的人应该有革命的立场,不能脱离政治。""无产阶级的文学对革命是有推动作用的。"④因此,他鼓励社会学系的学生去听文学系的课。经过瞿秋白和社会学系其他共产党领导人的教育,社会学系的学生主动去团结中国文学

---

① 丁玲:《我所认识的瞿秋白同志》,《丁玲自传》,江苏文艺出版社1996年版。
② 杨之华:《回忆秋白》,人民出版社1984年版。
③ 刘峻山:《回忆上海大学》,王家贵、蔡锡瑶编著《上海大学(1922—1927)》,上海社会科学院出版社1986年版。
④ 杨之华:《回忆秋白》,人民出版社1984年版。

系、英国文学系的同学,一起参加座谈会和联欢会,中国文学系、英国文学系的同学参加社会活动甚至革命工作的人也多了起来,中国共产党和青年团在这两个系也发展了不少党团员。

黄仁在天后宫"双十惨案"中被殴打致死

1924年10月10日,上海各界在北河南路(今河南北路)天后宫举行纪念辛亥革命13周年国民大会。当时,在国共合作的大形势下,已经出现国民党右派破坏国共合作的暗流,这次国民大会,其筹备领导权实际上是被国民党右派分子喻育之、童理璋等把持的。在大会召开之前,中共上海大学组织在听汇报时就明确指出,出席会议的代表要密切注意国民党右派的活动,随时准备揭穿他们的阴谋,团结群众和他们进行针锋相对的斗争。黄仁、何秉彝、林钧、郭伯和、王环心、王秋心、杨之华、刘一清、洪野鹤、刘稻薪等人作为上海大学代表出席了这次会议。在会议开始前,黄仁等散发了"打倒一切帝国主义,打倒一切军阀"的传单。在会上,全国学生会总代表郭寿华在演讲中说到"我们应当推翻一切军阀、一切帝国主义"时,下面爆发出热烈的掌声,不料遭到国民党右派喻育之、童理璋的阻挠,并加以"扰乱会场"的罪名。黄仁与同学郭伯和当即上主席台与童理璋评理,表示支持郭寿华的演讲。随即遭大批冲上来的流氓围攻殴打,黄仁被推下7尺高台,倒在石板地上,当即昏迷。林钧、郭伯和、王环心、王秋心、何秉彝等也都不同程度地受伤,酿成了"双十"惨案。

在黄仁被殴受伤以后,杨之华和同学一起将黄仁送到宝隆医院救治。当晚,杨之华又根据党组织的指示,留在医院看护黄仁。午夜,瞿秋白来到医院看望黄仁时,黄仁已进入弥留状态。瞿秋白对悲愤不已的杨之华说:"不要气,只要记。"使杨之华对国民党右派的反革命嘴脸有了新的认识。12日凌晨,黄仁终于不治身亡,年仅20岁。黄仁是上海大学学生中在国共合作时期最早为革命牺牲的共产党员、革命青年。他在上海大学学习的时间虽然不长,却在上海大学革命史上留下了永不磨灭的一页。

"黄仁事件"在社会上激起巨大反响

黄仁在纪念辛亥革命13周年国民大会上被国民党右派唆使流氓推下高台受伤并不治身亡这一事件在社会上激起巨大反响。10月11日,即事发的第二天,上海大学学生会就致电国民党中央,向全国各阶层发出《上海大学学生横被帝国主义与军阀走狗摧残的通电》。通电指出:"在国民大会之中,不仅有少数军阀与帝国主义者的走狗,而且还有国民党的党员。并且在会场上指挥最出力的所谓国民党党员,反而阻止学生的爱国演讲。"12日,《民国日报》刊登题为《双十节天后宫之惨剧·上大黄仁君已因伤毙命》的报道;13日,国民党上海执行委员会举行第十六次执行委员会议,讨论了关于国民党右派制造的黄仁事件。会议主席、上海大学校长于右任报告了黄仁事件的经过。会议讨论了关于处理黄仁事件的具体条件和要求。瞿秋白在会上提出了两项提案,即国民党上海执行部应就黄

仁事件发表宣言案和宣言的宣传方法案。经过共产党人和国民党左派的斗争,以及社会舆论的压力,国民党上海执行部决定抚恤黄仁烈士,并开除喻育之、童理璋的国民党党籍,初步打击了国民党右派的嚣张势力。①

同一天,上海大学教授叶楚伧在《民国日报》上发表题为《悼黄仁同志》的文章;14日,《民国日报》刊登《中国国民党上海执行部对于上海双十节国民大会流血事件之宣言》,指出:"当时负有会场秩序责任及未能拥护宣传主义者之国民党员,本党固认为不忠于党;至于阻止宣传主义及参加或指使凶殴之人,则不论为党员与否,本执行部敢以国民党名义,正式宣告其为国民之公敌,凡我国民,其速而讨之!"10月20日,中国国民党中央执行委员会代表邵元冲、汪精卫、邹鲁致函国民党上海执行部,责成上海执行部将黄仁之死事件和上海大学学生洪野鹤、何秉彝、王环心、王秋心、刘一清、黄仁、刘稻薪、林钧、郭伯和等及学生总会代表郭寿华等在天后宫会场遭童理璋、何世桢、喻育之指使流氓殴打重伤等情"查明见复,以凭办理"②。

中国共产党对"黄仁事件"迅速表态

"黄仁事件"发生后,中国共产党领导人迅速作出反应。陈独秀在《向导周报》第87期上发表《这是右派的行动吗,还是反革命?》一文,文章尖锐指出:"一个党的左右派分化,不但是应有的现象,而且或者是进步的现象。不过近来国民党中所谓右派的反动行为,说他是右派实在还是太恭维了,实在只是反革命的帝国主义及军阀之走狗。"邓中夏在《中国青年》第50期上发表题为《黄仁同志之死》的文章,谴责国民党右派"一方面勾结军阀,一方面依附帝国主义,厉行种种违反宣言政纲的行动";18日,恽代英发表声明,抗议国民党右派制造的血案。在这次斗争中,林钧被打成重伤送宝隆医院救治。上海大学教授、共产党员施存统专程到医院探望林钧,并将和林钧对话记录整理成文,以《林钧被打之报告(存统笔记)》为题,发表在《向导》周报第87期上。施统存指出:"这一次的所谓'上海国民大会',到底是一个什么东西?我们应该认识童理璋等背后帝国主义及军阀之势力!""应该认识这是中国法西斯帝运动之发端。"

上海大学举行"黄仁烈士追悼大会"

10月26日下午1时,"黄仁烈士追悼大会"在上海大学举行,上海大学等30余团体参加了追悼会。上海大学教授陈望道任大会主席,上海大学四川同乡会致诔文。学生何秉彝以同学和同乡的身份在会上介绍了黄仁的简历和参加反对军阀反对帝国主义的爱国斗争英勇事迹。教授瞿秋白、恽代英以及沈玄庐等人先后发表演说。当天,《民国日报》副刊《觉悟》出版《黄仁纪念号》专刊,发表了黄仁的同学、共产党员郭伯和的长诗《哭黄仁同

---

① 现代上海研究中心:《现代上海研究论丛(第7辑)》,上海书店出版社2010年版。
② 台北:中国国民党中央委员会文化传播委员会党史馆汉口档案11888.2。

志》,诗中说:"我将为你高呼而狂号,我将为你哀则悲啼,我将为你完成你未完成的革命工作,我们从此更热烈更奋勉,我们要大家站在革命的前线,先我们而死的黄仁同志啊,请你给我们些刺戟,我们踏着你的血迹上前!我为正义而牺牲的朋友哟,我祝你光荣的死,成为猛烈的导火线,使革命的炸弹早日在赤日光中飞迸!"28日,《民国日报》刊登了《黄仁烈士传》。何秉彝还在中共中央机关报《向导》周报上发表了《哭黄仁烈士》诗四首。诗中写道:"我的爱友黄仁呀!你死了;作革命之先锋,为青年的模范而死了,我只有将泪珠儿尽洒,眼帘而揉烂!不,尽我这残生,继你的素志,为革命而战!"从诗句中可以看出,作为黄仁的同学、同乡与战友,何秉彝除了对黄仁之死表达无比悲愤之情以外,更是代表上海大学的学生喊出了决意继承烈士"素志","为革命而战"的心声。

"黄仁事件"是共产党和国民党右派在上海大学内分道扬镳的标志性事件

1924年10月10日发生的"黄仁事件"不是偶然的,是国民党右派向共产党和国民党左派蓄意挑衅与发难的体现。两个月之前,即8月2日,国民党右派喻育之、曾贯五两人,曾在国民党上海执行部无理取闹,要求致电广州国民党中央"分共",并且殴打了跨党党员邵力子。而当时主持执行部工作的叶楚伧对此却采取了骑墙态度。共产党员邓中夏、毛泽东、恽代英等即致信孙中山,控告叶楚伧"主持不力,迹近纵容",要求严惩喻育之、曾贯五,严肃党纪,旗帜鲜明地表明了中国共产党在统一战线中的正确立场和态度。而在"黄仁事件"中,共产党人同样旗帜鲜明地站在中国共产党革命统一战线的正确立场上,和国民党右派分子作了坚决的斗争。

在"黄仁事件"发生时,国民党员、上海大学英国文学系主任何世桢也在主席台上。眼看着自己的学生被流氓殴打、黄仁被推下高台身负重伤,何世桢竟无动于衷,表现出他这时完全是和喻育之、童理璋等国民党右派站在一起的。"黄仁事件"以后,何世桢又在上海大学纠集英国文学系的几个学生,反对以瞿秋白为代表的国民党左派,并且公开称瞿秋白是"上海共产党首领"①。何世桢还要挟校方,声称要罢教。在这场斗争中,作为上海大学校长、国民党元老于右任,态度鲜明地站在以瞿秋白为代表的左派一面。早在1924年1月,于右任就在《东方杂志》第2卷第1号(二十周年纪念号)上发表题为《国民党与社会党》的文章,认为两党"合则两益,离则两损",并提出"社会党②乃吾国新起为政治活动之党,吾闻其党多青年有主张,能奋斗之,吾不能不有厚望于彼等",表现了他拥护孙中山联"联俄、联共、扶助农工"三大政策,支持和拥护国共合作的态度。"黄仁事件"发生后,他在当月13日召开的国民党上海执行委员会第十六次会议上,坚决主张开除童理璋、喻育之两个人的国民党党籍。作为校长,面对何世桢及英国文学系几个英文教员的"罢教"威胁,他明确宣布:如果何世桢和那几个英语教员继续罢教,他就另请别人来教③。在这次事件

---

① 《瞿秋白自传》,江苏文艺出版社1996年版。
② 指中国共产党。
③ 《瞿秋白自传》,江苏文艺出版社1996年版。

以后,何世桢依然顽固地坚持他国民党右派的立场,公然违背孙中山"联俄、联共、扶助农工"三大政策,反对与共产党合作。不久,他就和弟弟何世枚及一些教员,离开上海大学,另外去创办了持志大学。而通过这次事件,瞿秋白也被租界当局盯上,上了公共租界巡捕房的"黑名单",他不得不离开上海大学。12月9日,上海公共租界巡捕房搜抄瞿秋白住所,瞿秋白便转入地下继续坚持革命斗争。

为了保持上海大学英国文学系教学的正常进行,邓中夏委托沈雁冰代为说项,由代理校长邵力子出面,聘请在商务印书馆工作的英文大家周越然前来担任英国文学系主任。对于周越然代替何世桢到上海大学英国文学系担任系主任,社会舆论也给予了关注。12月31日,《民国日报》刊登题为《上海大学英国文学系得人》的报道,称周越然"编撰有英文书籍三十余种,皆极风行一时,最得青年学子之敬仰,故该校自聘定周君后,学生异常欢忭,联袂往谒,表示欢迎"。在北京公干的于右任校长,于30日致电周越然,对周越然出任上海大学英国文学系主任表示欢迎和感谢。

第六节 旗帜鲜明地与"戴季陶主义""国家主义派"作斗争

在国共合作期间,在国民党内部,一直存在着右派势力坚持反对孙中山的三大政策,反对中国共产党,破坏统一战线。其中既有老右派分子邹鲁、谢持、张继、林森等人的"西山会议派",也有为以蒋介石为头子的新右派集团张目的"戴季陶主义"。同时,还有鼓吹国家主义、反对共产主义的"国家主义派"。上海大学的师生为贯彻和维护中国共产党的统一战线路线,旗帜鲜明地与"戴季陶主义""国家主义派"进行了坚决的斗争。

戴季陶和"戴季陶主义"

戴季陶,名传贤,字季陶,原籍浙江湖州,生于四川广汉。早年留学日本,参加中国同盟会。辛亥革命后追随孙中山。1924年8月,被上海大学聘为经济学系教授。在孙中山提出"联俄、联共、扶助农工"三大政策后,戴季陶和一些国民党右派一样,内心虽然不赞成,但不敢公开站出来同孙中山相对立,相反,还以左派的面貌出现。他在"西山会议"以前,曾在国民党办的《建设》杂志上,大讲《资本论》。在上海大学对学生讲如何研究《资本论》时还说,如果要读《资本论》,就得把马克思写《资本论》时所看过的许许多多前人的著作全部读一遍,才能真正读懂①。等到孙中山逝世以后,他的右派面目就彻底暴露出来了。

---

① 柯柏年:《回忆上海大学》,王家贵、蔡锡瑶编著《上海大学(1922—1927)》,上海社会科学院出版社1986年版。

1925年，戴季陶发表了《国民革命与中国国民党》《孙文主义之哲学基础》等文章，鼓吹所谓"戴季陶主义"。他提出要把反对阶级斗争作为国民党的"最高原则"，歪曲孙中山学说的革命内容，称三民主义是"完全渊源于中国正统思想的中庸之道"，孙中山的哲学基础是"继承尧舜以至孔孟而中绝的仁义道德的思想"，只有这种三民主义才符合"国家民族利益"，而共产主义不适合中国国情，污蔑中国共产党"争得一个唯物史观，打破了一个国民革命"。他鼓吹所谓团体的"排拒性"和"独占性"的谬论，反对国共合作，反对共产党员加入国民党，主张"单纯国民党运动"，企图把共产党人从统一战线中赶出去。"戴季陶主义"的出笼，就是妄想从思想上、政治上和组织上控制、打击无产阶级和中国共产党，使国民党成为资产阶级右派反革命的工具，为蒋介石发动反革命政变制造舆论。

对"戴季陶主义"的批判

1924年10月以后，瞿秋白由于受到租界当局的通缉而被迫离开上海大学，转入地下斗争。1925年9月上海大学在闸北青云路师寿坊重新设立新的校舍以后，租界当局对瞿秋白的通缉追捕有所放松，瞿秋白仍不时到上海大学参加开会和作演讲。1925年12月8日，瞿秋白来到上海大学作了题为"国民革命与阶级争斗"的演讲，由上海大学学生秦邦宪①、崔小立担任记录。这篇演讲针对戴季陶歪曲孙中山的三民主义、否定阶级斗争的谬论进行批驳。瞿秋白说，孙中山在国民党第一次全国代表大会上提出的国民革命三大目标，都和阶级斗争密切相连：国民革命第一个目标民族主义，"就是代表全中国的民众与外国资本主义去实行阶级斗争"；第二个目标民权主义，是要"反对军阀政治，是要用全国人民的力量，造成真正能代表人民利益的民主政治；但这并不是党纲（指国民党一大通过的党纲）上写了一条就算了事的，一定要从实际上争斗的"。瞿秋白说："一般大资本家、工厂主、大地主压迫工农阶级，我们就非去实行阶级争斗不可。若说这是共产党过激派的话，那我们就要问广州国民党政府之下，究竟能不能允许工会的存在？许不许罢工的自由？若允许的，是不是阶级争斗？若是不允许，岂不是违反民权？所以国民革命第二个目标也就是阶级争斗。"第三个目标民生主义，是要"平均地权，节制资本。这更明显更纯粹是一个阶级争斗了"。"国民党只有反对资本家、大地主及一切特殊阶级，只有替农工阶级去实行阶级争斗，才能实现民生主义。所以国民革命第三个目标，本身就是阶级争斗。"针对戴季陶所说的反对阶级斗争会"诱发资本家、地主的仁爱"这一谬论，瞿秋白说，国民党"若以反对阶级争斗开除共产党，那共产党一出外去宣传国民党反对阶级争斗的主张，抹杀农工的利益，国民党哪里还有工农阶级的存在？国民党还有什么力量？所以为国民革命计，尤其为国民党前途计，不得不对右派反动分子宣战"。在这篇演讲的最后，瞿秋白说："总之，我们要研究三民主义，要实现三民主义，就应当去实行阶级争斗；使全国的被压迫阶级联合起来，国民革命才可以成功。对于党中的右派，我们就不能不取革命的行动，

---

① 即博古。

施以严厉的攻击。因为国民革命而反对阶级争斗,自己不但不是国民党员,而且是帝国主义的工具。我们希望每个中山主义者,真正的国民党党员,去实行阶级争斗而发展国民革命!"

上海大学教授、共产党员萧楚女,针对戴季陶所著的《国民革命与中国国民党》的反动理论,以马克思列宁主义的观点,深刻剖析了戴季陶所散布的种种谬论,提出,推动中国革命运动的动力是阶级斗争,而不是戴季陶声称的什么"仁"。在文章中,萧楚女明确主张加强国共合作,反对分裂革命的统一战线,指出中国共产党加入国民党后,积极做打倒帝国主义和封建军阀、扩大国民革命的工作,共产党并没有借国民党名义来推行共产主义。文章清晰地阐明了中国共产党的革命主张,帮助国民党中有糊涂观点的人进一步认识了戴季陶和所谓"戴季陶主义"的反动面目。9月1日,萧楚女又发表了《戴季陶拥护掠夺弱小民族的国际资本帝国主义》一文,进一步揭露"戴季陶主义"的反动本质,扩大了对"戴季陶主义"斗争的成果。

1925年9月,针对"戴季陶主义"出笼,上海大学教授恽代英发表了《读〈孙文主义之哲学之基础〉》的文章进行驳斥。同年12月18日,恽代英在《申报》刊载启事,严正指出国民党西山会议派在上海设立国民党伪"中央委员会"是非法的。12月27日,上海大学《中山主义》第二期出版,恽代英在上面发表了在上海大学的演讲稿《孙中山主义与戴季陶主义》,严厉批判戴季陶的右派言论。

1925年8月23日,国民党江苏省党部正式在上海成立,根据中共党组织的安排,上海大学中学部主任、共产党员侯绍裘参加了国民党江苏省党部的工作,并与柳亚子、朱季恂一起担任常委。10月1日,侯绍裘又被中共上海区委任命为国民党江苏省党部中共党团书记。侯绍裘革命立场坚定,忠于党的事业,坚持党的统一战线方针政策,真诚地团结国民党左派,坚持孙中山的"联俄、联共、扶助农工"三大政策。同时,坚持原则,敢于与国民党右派作坚决斗争。针对国民党右派戴季陶全面反对三大政策的反动小册子出笼下发一事,以及戴季陶种种的右派言论、破坏国共合作的反动行为,侯绍裘、柳亚子等领导的国民党江苏省党部,向广州国民党中央控告和揭露戴季陶的反动行径。国民党中央执行委员会讨论了江苏省党部的控告,向全国各级党部发出通告,指出"这是戴季陶个人的意见,并未经中央签订"。江苏省党部接到通告,迅即通知各地党部,取缔戴季陶的反动小册子,并组织批驳。

"青年党"与"国家主义派"

上海大学师生在中国共产党的领导下,在维护和贯彻党的统一战线方针政策、批判"戴季陶主义"的同时,对"国家主义派"也进行了坚决斗争,对"国家主义派"的种种谬论进行批判。

"国家主义派"形成于青年党。青年党全称为"中国青年党",1923年在法国成立,主要发起人为曾琦、李璜等,其成员是地主、资本家、军阀、政客及依附于他们的知识分子。

1924年曾琦回国,与左舜生、陈启天等创刊《醒狮周报》,故"国家主义派"又称"醒狮派",左舜生担任《醒狮周报》总经理,还一度到上海大学社会学系任教授。"国家主义派"打着"民族至上""国家至上"的幌子,政治上投靠帝国主义和军阀,鼓吹国家主义,反对共产主义,反对中国共产党和苏俄。勾结封建军阀,支持国民党右派,反对国共合作,把矛头指向中国共产党和孙中山,指向苏俄和共产国际,从事破坏革命的活动,反对各界人民的革命斗争。

对"国家主义派"的批判

在上海大学附属中学学生周文在的回忆录中,曾记载了上海大学师生和"国家主义派"斗争的故事。1925年5月,在徐家汇复旦中学礼堂举行的纪念五四运动的集会上,"'醒狮派'的头头曾琦、左舜生在台上慷慨激昂地演说,讲'革命主要靠青年,三十岁以上的人都是不革命的'云云,发了一通议论。他们刚讲完,只见人群中一位瘦小个子,光着头,穿着青布大褂,戴着小眼镜的青年走上了讲台,这个人就是恽代英。他针对曾琦等人的谬论,进行了批驳,说:'我们青年人要和老年人团结起来革命,青年人也有不革命的,三十岁以上的也有不革命的,但大多数是要革命的',把国家主义派那种哗众取宠的讲话批得体无完肤。他的演讲,激起了会场上学生们的阵阵掌声。大家都赞成他的演说,认为很受启发教育,澄清了一些模糊的认识"①。

上海大学教授萧楚女,在与"戴季陶主义"论战的同时,又同"国家主义派"进行斗争。1925年11月,上海大学中山主义研究会成立,萧楚女在上海大学作题为"中山主义与国家主义"的演讲,由上海大学学生马凌山作记录。在演讲的一开始,萧楚女就尖锐指出:"一切的国家主义,都是资产阶级保护自己阶级利益的一种政策,中国的国家主义者——醒狮派、孤军派等——自然也不会是例外。因为他们都是小资产阶级智识阶级,没有固定的经济基础,很容易被统治阶级所利用;他的思想是政治上落后的群众心理之反映,不明白民族革命运动的真意义,就以错误的思想来解释这个运动;并且时时以错误的观念摇动一部分落后的群众。这样一来,国家主义在客观上自然会变成资产阶级有力的工具,资产阶级利用这个工具,就可以紊乱无产阶级的觉悟,和缓阶级斗争的高潮,以保持他们的地位。所以国家主义者非难中山主义,反对国民党,攻击共产党,这并算不得是什么奇特的事,因为他们与中山主义、国民党、共产党的意志截然不同,根本就立于反对的地位。"这开门见山的一大段话,一下子将"国家主义派"的反动嘴脸给刻画出来了。这篇演讲,还对"国家主义"作了深入分析,得出的结论是:"国家主义是这样的一个东西:他出发的理由,是反世界的,复古的,反物质生活的,侵略的;他的口号是笼统的;方法是不正当不一致的;目的只是单纯的富国强兵,论点是专反对共产主义,不说明自己的主张;他完全是资产阶

---

① 周文在:《上海大学的学习和活动》,黄美真、石源华、张云编《上海大学史料》,复旦大学出版社1984年版。

级的态度,想把中国造成一个帝国主义的国家。"①1925年10月,萧楚女又写成《显微镜下的醒狮派》一书,作为中国青年社丛书第六种发行,对国家主义派在《醒狮周报》第一期到第五十期所散布的各种反动观点逐一进行批驳,使党内外更多的人认清国家主义派的反动嘴脸,成功地宣传了中国共产党的主张,捍卫了马克思列宁主义。

上海大学学生李硕勋,不但是学生、工人运动的杰出组织者、领导者,也是杰出的青年理论家。他在紧张的读书、工作之余,写了大量的文章,宣传党的理论和方针,批判和驳斥国民党右派和国家主义派的种种谬论。针对中国青年党曾琦、李璜在《醒狮周报》上宣传国家主义,与中国共产党争夺青年的行径,李硕勋在恽代英、萧楚女等上海大学教授、中共早期杰出理论家的指导下,撰文批判"醒狮派"的种种谬论。1926年5月22日出版的《中国学生》周刊第28期,就刊登了李硕勋以"硕埙"的笔名发表的《〈狮子周报〉一再攻击全国学生总会的真面目》,指出"醒狮派"不惜用卑鄙的手腕要想全国学生都信仰国家主义,"然而全国多数同学都知道,凡真爱国的,不必都相信国家主义,而像'狮子'牌的国家主义并不是真爱国的,且将为真正爱国主义者所不齿!"

第七节　上海大学永久校舍的建成是党的统一战线的重要成果

1925年6月4日,上海大学自被英国、美国等帝国主义海军陆战队武装封闭,校舍被强据为陆战队的兵营,但是上海大学全体师生并没有被帝国主义租界当局的武力吓倒。他们在经过南市地区短暂的过渡以后,从9月新学期开学,就重新回到闸北青云路师寿坊另租民房作为校舍,顽强坚持办学,并在全校上下立志重创辉煌的同时,积极筹款,在国共两党的共同努力下,终于在短时期内在江湾兴建了一所永久性的校舍,体现了国共合作和中国共产党统一战线的一个重要成果。

成立新校舍建筑募捐委员会

关于上海大学新校舍建筑的校址,原来就有在闸北宋园建设的计划,并且已做过先期的勘察和建筑图纸的设计,上海大学决定还是按原计划在闸北宋园自建校舍,并立即着手积极进行。随即成立了"校舍建筑委员会"和"校舍建筑募捐委员会"。1925年6月14日,也就是上海大学西摩路校舍被公共租界当局武力封闭10天以后,上海大学学生会在南西门勤业女子师范学校召开学生大会,会议决定推派学生加入上海大学校舍建筑募捐委员会,募捐的数额为12万元。经商量决定,要求学生每人负责募得20元,其中募得百元以上给予特别纪念品;又根据上海大学在各省的同学人数多寡,推举队长一人或多名,

---

① 马凌山:《中山主义演讲集》,三民公司1926年版。

来负责募捐督促工作;全校学生在暑假期间一律不离开上海,自即日起自往上海大学办事处领取捐册开始募捐①。而"上海大学校舍建筑募捐委员会"对教职员的募捐额则作出规定为每人募捐 100 元②。

新校舍建筑募捐初战告捷

上海大学成立新校舍建筑募捐委员会的消息一经披露,在社会各界引起一定关注和反响,募捐势头顺利。有一位具名"自平子"的人,亲自到上海大学学生会,捐洋 100 元。学生会一再询问他的真实姓名,他坚决不肯回答而离去③。校长于右任则答应在一个月内捐出 2 万元,并赴各地募集巨款汇沪④。7 月 1 日下午,上海大学在辣斐德路(今复兴中路)上海艺术师范大学开全体大会,经过讨论,决定全体教师将 6 月、7 月两个月的薪水减扣,来捐给学校。减扣幅度由教师自己认定,减扣 1 成到 10 成都可以。结果当场有多位教师表态自愿减扣 10 成的薪水,也就是将 6 月、7 月的薪水全部捐出⑤。7 月 5 日,上海大学建筑校舍募捐委员会在《民国日报》《申报》上同时刊登声明,称:"本会现定于七月五日开始募集校舍建筑经费,经募捐款者一律持有本会制定之四联捐册,捐款均由上海银行代收。特此声明。"12 日,又在《民国日报》上刊登"通告",称:"本校捐册早已印就,现已开始募捐。凡在上海之各学生务须从速到本校临时办事处领取为要。"7 月 27 日,也就是募捐工作开始 20 多天后,《申报》刊登了题为《上海大学建募新校舍成绩极佳》的报道,称:"上海大学建筑校舍进行极速,该校募捐委员会报告,近日该校一部分教职员学生继续缴往上海银行之捐款多超过该校原定教职员每人募捐百元、学生每人募捐二十元之标准。"其中有个叫高伯定的学生,个人募得现款 2 500 元,从天津汇到上海,并表示还在继续努力募捐⑥。远在东北的黑龙江省通过省教育厅向各教育机关募捐,共募得大洋 520 余元转汇到上海大学⑦。上海大学校舍募捐工作可谓是"初战告捷"。

组成募捐团到广州开展募捐活动

1926 年 1 月 1 日,国民党第二次全国代表大会在广州召开。上海大学成立了以邓中夏、邵力子为名誉团长,以高语罕、侯绍裘为团长的"上海大学建筑校舍募捐团",于 1 月 3 日抵达广州,开展自建校舍的募捐工作。募捐团向国民党"二大"发出了"致代表大会书"。书称:"广东可说是革命策源地大本营,而上海大学好比是派在帝国主义及军阀的虎穴奋

---

① 《上海大学学生开会·筹款建筑新校舍》,《民国日报》1925 年 6 月 15 日;《上海大学》,《民国日报》1925 年 7 月 4 日。
② 《上海大学建募新校舍成绩极佳》,《申报》1925 年 7 月 27 日。
③ 《上海大学消息》,《申报》1925 年 6 月 15 日。
④ 《上海大学学生开会·筹款建筑新校舍》,《民国日报》1925 年 6 月 15 日;《上海大学学生全体会议》,《热血日报》1925 年 6 月 15 日。
⑤ 《上大教职员自动减薪》,《民国日报》1925 年 7 月 2 日。
⑥ 《各学校消息汇志·上海大学》,《民国日报》1925 年 8 月 25 日。
⑦ 《上大校舍募捐委员会新讯》,《民国日报》1926 年 3 月 21 日。

斗的先锋队";"然而本校这样的奋斗,天然的成了帝国主义与军阀的仇敌,因此本校在那里实在是艰难困苦,经济上既困难万分,而尤其是校舍无着,使得经济上多受无谓之损失,工作上亦多不方便,生活的劳苦,是我们革命的人所能够忍受的,然而甚至于不能维持健康以多尽力于革命事业,则亦于效率上减损不少,至于欲求发展,则无自建校舍,更难谈到,而房屋所有者或且相率不允出借亦许可能,则维持都难了。如此本校自建校舍之举,已一日不可缓,故已议定募捐办法,兹特派同人等来粤募捐,适逢代表大会开会期,本团敢向代表诸君请求三事:(一)请各代表慷慨解囊,以资集腋成裘。(二)请各代表回去时为吹嘘劝募,尤其是要请求海外诸代表帮助,因为海外同志是以踊跃捐资扶助革命事业著名的。(三)请各代表回去后,努力介绍本校于各处,使同志或同情者能够接踵入本校求学,多多造就革命人才。"①

在广州期间,上海大学建筑校舍募捐团积极开展募捐活动。1月12日,募捐团在广东大学招待广东各界团体。出席招待会的各团体一致议决,成立了"援助上海大学建筑校舍募捐团委员会",并发表宣言,制定募捐方案向各界劝募②。又举行招待会,招待"统一广东各界代表大会"代表,进行劝募工作。为此,1月23日,统一广东各界代表大会向国民党中央青年部呈函,称:"我各界前承上海大学建筑校舍募捐团开会招待,并报告该校三年来在东南方面奋斗之经过。各代表听得报告之后,深信上海大学确是我们革命军中一支有力的先锋队,确是真能实行孙中山先生主义,以领导群众从事打倒帝国主义、打倒军阀的工作,确是值得我们革命的广州各团体的援助。"因此,函称"各界代表遂一致议决,组织'援助上海大学建筑校舍募捐团委员会'"③。上海大学建筑校舍募捐团在广州劝募期间,募捐团成员、上海大学女学生丁郁还来到黄埔军校,直接向正在黄埔军校工作的周恩来募捐④。这也是上海大学建筑校舍募捐团在广东募捐过程中的一段佳话。

先后七次致函国民党中央执行委员会要求拨款补助永久校舍建筑

1925年6月18日,上海大学以校长于右任的名义致函国民党中央执行委员会,正式就上海大学自建永久校舍事要求国民党中央在建筑经费上予以资助⑤。1925年8月22日,于右任又第二次致函国民党中央执行委员会,再次提出拨款资助上海大学建筑永久校舍的请求⑥。1925年9月3日,国民党中央执行委员会第107次会议研究讨论了上海大学校长于右任的来函,决定以国民党中央名义拨款2万元,补助上海大学用于自建校舍建筑,并"催财政委员会提前办理立案"。9月8日,邹鲁、林森代表国民党中央致函于右任,

---

① 《中国国民党第二次全国代表大会日刊》1926年1月17日。
② 台北:中国国民党中央委员会文化传播委员会党史馆汉口档案7513.1。
③ 台北:中国国民党中央委员会文化传播委员会党史馆五部档案3705。
④ 丁郁:《五卅时期上海大学点滴》,中共上海市委党史研究室编《上海党史资料汇编(第一编)》,上海书店出版社2018年版。
⑤ 台北:中国国民党中央委员会文化传播委员会党史馆汉口档案7507.1。
⑥ 台北:中国国民党中央委员会文化传播委员会党史馆汉口档案7510.1。

把这个决定通知了上海大学①。由于国民党中央本身的财政拮据,所以答应给上海大学的 2 万元补助费迟迟没有拨付到账,于是上海大学又于 1925 年 10 月 12 日、1926 年 3 月 22 日、1926 年 4 月 8 日、1926 年 4 月 10 日、1926 年 4 月 24 日先后五次致函国民党中央执行委员会,请求从快拨付 2 万元校舍建筑补助费。其中 1926 年 4 月 10 日发出的信函,是直接写给当时在国民党中央工作的共产党员林伯渠、毛泽东、恽代英三人的,请他们代为说项,帮助催拨这笔补助款②。最终,出于对上海大学的重视,国民党中央还是克服了自身财政拮据的困难,分两期,每期拨付 1 万元,将 2 万元校舍补助费如数交给上海大学。

国民党中央最终拨付给上海大学校舍建筑补助费 2 万元是国共合作的一项具体成果

1926 年 4 月 24 日,上海大学在第七次呈送国民党中央执行委员会的公函中,曾向国民党中央提出了三方面的经费资助请求:一是校舍建筑费 2 万元;二是恢复每月补助办学经常费 1 000 元;三是特准给予一次补助计银 1 万元③。从这份函件可以看出,上海大学不仅在校舍建筑经费方面严重不足,即使在日常的办学经费方面,也已陷入左支右绌的困境。后来,无论从国民党中央执行委员会还是国民党中央政治委员会给上海大学、国民党上海执行部的回函来看,国民党中央对上海大学校舍补助费和办学经费短缺的问题还是很重视的。应该说,当时国民党中央也并不具备一次性补助上海大学校舍建筑费 2 万元和日常办学经费 1 000 元的财政支出能力,但最终还是将 2 万元的校舍补助费如数交给上海大学。其他费用没有财力拨付,也在回函中一一说明。

关于上海大学请求国民党中央帮助补助校舍建筑费 2 万元一事,从上海大学 1925 年 6 月 18 日递呈第一份公函起,到 1926 年 9 月 13 日国民党中央执行委员会秘书处复上海大学函,再到 10 月 27 日上海大学总务主任韩觉民正式收到第二笔款 1 万元,前后经过一年加四个多月的时间。其间函件往来不断,不但涉及国民党中央的最高层,而且还涉及中国共产党在国民党机关工作的毛泽东、林伯渠、恽代英、杨匏安、谭平山等。在国共合作的大背景下,国共双方领导人都一致支持克服困难,如数向上海大学拨付校舍建筑费。虽然好事多磨,但这笔款子最终的成功拨付,可以看作是国共两党坚持国共合作统一战线的一项具体成果。

永久校舍的建成和投入使用

上海大学在成立之初,就有自建永久校舍的计划,并将校址选在闸北宋教仁墓所在的宋园。1925 年 9 月,上海大学在闸北青云路师寿坊建立临时校舍坚持办学以后,又着手

---

① 台北:中国国民党中央委员会文化传播委员会党史馆汉口档案 7510.2。
② 台北:中国国民党中央委员会文化传播委员会党史馆汉口档案 7516.1。
③ 台北:中国国民党中央委员会文化传播委员会党史馆汉口档案 7515.3。

进行永久校址的工作,校址依然定在闸北宋园。后来,由于种种原因,最终放弃了在宋园建筑校舍的既定计划。

1926年3月,上海大学在江湾乡西面购得校基一方,计30余亩土地。3月23日,发出《上海大学为在江湾购买校基通告》①。4月8日,正式交换钱契。经过招投标,由久泰营造厂中标负责营造。8月1日,上海大学自建永久校舍正式动工建设②。12月底,校舍正式建成,这是一座钢筋水泥结构的现代化建筑,建筑中央有钟楼一座,两面是办公楼和教室。

1927年3月24日,上海大学行政委员会主席陈望道、中学部主任侯绍裘联合在《民国日报》《申报》刊登通告,"刻定四月一日起正式上课"。这样,从1922年10月23日上海大学成立之初,就擘画的自建永久校址的愿景终于实现了。上海大学永久校舍从擘画到建成的过程,也是上海大学的中国共产党人和中国国民党左派在国共合作和统一战线的旗帜下勠力同心办学的一个见证。

上海大学从1922年10月23日成立,到1927年5月被蒋介石反动当局封闭,经历了第一次国共合作的全过程,也经历了中国共产党早期统一战线的提出、第一次国共合作取得的成就和遭受的挫折。上海大学在中国共产党的领导下,在党的统一战线方面作出了自己的努力和贡献,为中国共产党早期统一战线史册留下值得永远记取的一页。1939年3月4日,毛泽东出席中共中央书记处会议,会议讨论陕北公学和职工学校的方针。毛泽东在发言中指出:陕北公学是统一战线性质的学校,像过去的上海大学③。这是毛泽东对上海大学在统一战线方面所作的一个高度评价。

---

① 《上海大学为在江湾购买校基通告》,《民国日报》《申报》1926年3月23日。
② 《上大附中之新计划》,《民国日报》1926年8月4日。
③ 中共中央文献研究室:《毛泽东年谱(一八九三——一九四九 中卷)》,中央文献出版社2002年版。

第八章
风雨如晦,鸡鸣不已

"风雨如晦,鸡鸣不已",出自《诗经·郑风·风雨》,可译作"在一个风雨交加、天色昏暗的早晨,雄鸡啼叫不止"。原诗本是一首爱情诗,但几千年以来,这句话被后人反复引用,表达面对黑暗动荡的乱世,挺身而出,不屈不挠,坚持斗争,以待破晓日出。上海大学从诞生到被反动当局封闭,其间正是帝国主义和封建军阀肆虐跋扈的"风雨如晦"的黑暗时期,但是在中国共产党的正确领导下,以共产党人为主导的上海大学,"鸡鸣不已",与帝国主义、封建军阀及国民党右派势力作不屈不挠的坚决斗争,谱写了一曲"红色学府"的壮歌。

第一节 中国共产党和党领导的青年团组织在上海大学始终处于秘密状态

中国共产党领导上海大学的活动多以国民党和学生组织名义出面

上海大学成立以后,国民党和共产党先后在上海大学建立了自己的基层组织。国民党的基层组织是伴随着上海大学成立就建立的,于右任作为上海大学校长,又是国民党中央执行委员会委员,就任校长之初,就委托英语教员、国民党党员周颂西在上海大学建立国民党组织,并和曾伯兴、叶楚伧等负责国民党党员的发展工作。中国共产党在上海大学建立自己的基层组织,则是1923年4月以后的事了。当时的国民党就是公开的一个政党,所以其建立的组织、所从事的活动也都是公开的。现在,我们从《民国日报》《申报》等报刊上,依然可以查到国民党在上海大学活动的相关报道。而中国共产党在诞生之初,就处于秘密状态。上海大学建立中国共产党的基层组织以后,也一直保持地下秘密的状态。在当时国共合作的大背景下,共产党在上海大学领导的许多革命斗争、布置的工作和安排的活动,主要是通过学生会等群众团体以及公开的国民党组织来进行。这一点,从上海大学学生留下的回忆文章中可以看到。

上海大学学生、共产党员戴介民说:"上大建校后,校内就有左右派斗争,进行破坏;左

派人数多,有地下党组织领导,如朱义权、高尔柏等,他们是以国民党的名义出面的。"①上海大学中学部学生周文在回忆说:"学校所有活动都是以国民党和学生会组织出面进行,常常见到国民党区分部和学生会两张布告贴在一起。如办平民夜校是用的国民党名义,而各种社团活动,支援工人罢工进行募捐,则是由学生会组织。但是,不论是国民党出面组织还是学生会出面组织,都是由共产党决定的。当时共产党没有公开,国民党的负责人都是跨党的共产党员,学生会负责人更不必说都是共产党员或共青团员和积极分子。比如平民夜校主要是朱义权和林钧负责,他们是共产党员又是国民党员,公开的身份就是国民党员。"②邓中夏在上海大学任职任教期间,既是上海大学的领导,又是党团的领导人,"当时学生中刘华、王秋心、王环心、朱义权等又是学生斗争的领导人。朱义权负责与国民党联系,邓中夏并不出面,但他是策划者"③。恽代英在上海大学任教期间,是青年团中央宣传部部长,同时又是国民党上海执行部宣传部的秘书、上海大学教授,他是利用后两个身份进行公开活动的④。

上海大学的许多活动都是由学生会、同乡会等学生群众组织出面,但这种学生组织的主要负责人是由党组织研究决定的。戴介民在回忆到他参加的"台州同学会"时说:同学会"这种组织是在党领导下进行活动的,同学会主席的确定,是党组织预先经过研究指定的并且派有我们的地下党员参加,如浙江台州同学会,主席是张崇文,就是党指定的,我当时也是这个组织的委员"⑤。

党的组织活动都是秘密进行

中国共产党在上海大学的组织活动很活跃,但都是秘密进行的。上海大学学生、曾担任过党的支部书记的党伯弧回忆说:"中共上海大学的基层组织是党支部。支部以下按党员人数分编成若干小组,组设组长。支部与组是单线联系,各组之间,不发生横的联系。"⑥可见组织纪律之严密。党组织开会,既要经常进行,又要保证安全。上海大学中学部训导主任、上海大学独立支部书记高尔柏在回忆中说:党的"小组开会则选在比较安全的地方,如各人住室或是僻静的教室或办公室,有时也去附近的宋公园内。总之,以安全为主。开会时派人放哨,特别市区委常借上海大学教室或其他房间开会,在此情况下,支

---

① 戴介民:《回忆上海大学》,这是有关方面对戴介民的访问记录稿,原件藏上海市档案馆,档号:D10-1-58。
② 周文在:《回忆上海大学》,王家贵、蔡锡瑶编著《上海大学(1922—1927)》,上海社会科学院出版社1986年版。
③ 戴介民:《回忆上海大学》,这是有关方面对戴介民的访问记录稿,原件藏上海市档案馆,档号:D10-1-58。
④ 钟复光:《回忆上海大学》,王家贵、蔡锡瑶编著《上海大学(1922—1927)》,上海社会科学院出版社1986年版。
⑤ 戴介民:《回忆上海大学》,这是有关方面对戴介民的访问记录稿,原件藏上海市档案馆,档号:D10-1-58。
⑥ 党伯弧:《大革命时期陕籍青年在上海大学》,《西安文史资料(第4辑)》1983年6月(内部发行)。

部就派一定数量的党团员去放哨,务使不出事故。当时反动军阀对上海大学极为注意,我们就不得不严加防范以保障安全。"①阳翰笙说:"'上大'是党办的大学,党一直在领导这所大学。当时党的组织不公开,有的活动是半公开的,右派知道一些情况,但知道得不多。"②

上海大学学生羊牧之的入党宣誓是由高尔柏主持的,是利用晚上安排在教室中秘密进行的。他在回忆上海大学的党团组织生活时说:"学校中共产党员和青年团员是在一起过组织生活的,每学期次数不多,而且总是在晚上,因当时上海由军阀孙传芳统治,共产党和青年团都处于秘密状态。"③

青年团的组织活动也同样处于秘密状态

青年团组织,在1925年之前称为中国社会主义青年团,1925年以后改称为中国共产主义青年团。上海大学的青年团组织不管是在哪个时期,都始终在中国共产党的领导之下,严格坚持在秘密状态下开展活动。

上海大学社会学系学生匡亚明,曾在自传中讲到他在上海大学加入青年团组织的经过。当时匡亚明同宿舍的、又同是社会学系的同学蔡泰关系很好,他俩经常在一起交流对于革命理想、中国前途、青年出路等问题的看法。当组织上秘密通知匡亚明于第二天参加入团审批会的当天晚上,匡亚明躺在床上辗转反侧,不能入寐,他真想将此事告诉蔡泰,但终因不知蔡泰的政治身份而未敢透露。起码到第二天开会时,匡亚明得知自己的入团介绍人之一竟是蔡泰时,"才深深体会到在白色恐怖下,作为一个党团员,对于执行保密纪律需要何等严肃认真的态度"④。

当时青年团组织对保密纪律抓得很严。1925年11月,上海大学学生、共青团员郭肇唐根据党组织的决定,到莫斯科中山大学去学习。临出发时,"竟将团体刊物、通告等文件,裹成一束,任意抛弃,幸被同学拾得,不至秘密外扬",为此共青团上海地委作出了给予郭肇唐留团察看的处分。由于郭肇唐已经到了莫斯科中山大学学习,上海大学学生、共产党员、共青团上海地委书记贺昌,上海大学学生、共产党员、共青团上海地委组织部部长刘峻山,为此事专门给团中央写信,要求将共青团上海地委给予郭肇唐"留团察看"的处分决定转告莫斯科中山大学的团组织⑤。可见,当时团组织对于保密纪律是何等的重视。

---

① 高尔柏:《回忆上海大学》,王家贵、蔡锡瑶编著《上海大学(1922—1927)》,上海社会科学院出版社1986年版。
② 阳翰笙:《回忆上海大学》,《新文学史料》1984年第2期。
③ 羊牧之:《回忆上海大学》,王家贵、蔡锡瑶编著《上海大学(1922—1927)》,上海社会科学院出版社1986年版。
④ 匡亚明:《我在上海大学的学习生活》,国务院学位委员会办公室编《中国社会科学家自述》,上海教育出版社1997年版。
⑤ 中央档案馆、上海市档案馆:《上海革命历史文件汇集(青年团上海地委文件)一九二二年七月——九二七年一月》,1986年8月。

上海大学党团组织活动使用的秘密代号

为了保证党团工作秘密进行的安全可靠,从中央到上海地方,再具体到上海大学内部,都有一整套秘密代号。

根据现有的档案、记录和回忆,上海大学党团组织在工作中使用的代号包括:

C. P. :中国共产党组织

C. Y. :青年团组织

大学:中国共产党组织

中学:青年团组织

大学生:中共党员

中学生:青年团员

总店:党中央

分店:中国共产党地方组织

曾延:团中央

迪委:中共地委

枢蔚:中共区委

普蔚:中共部委

笃志:中共独立支部

进医院:被捕

病故:被杀

伤风感冒:案情不大

要动手术:案情较大

请来结账:要上级组织派人

民校:国民党

上校:国民党

中校:共产党

下校:青年团

当豹韦元晖:党报委员会

第二节 上海大学党组织的活动受到帝国主义和封建军阀的密切监视

公共租界工部局早就盯上了上海大学

作为一所革命的大学,中国共产党人在上海大学的运行和发展方面,实际上是占据着主导地位。虽然中国共产党在上海大学的活动都是处于秘密状态之中,但实际上早就被公共租界工部局盯上了。

1924年12月2日,公共租界工部局的《警务日报》就发出题为《上海大学瞿秋白等活动》的消息,称:"最近几个月来,中国布尔什维克之活动有显著之复活,颇堪注意。这些过激分子的总机关设在西摩路一三二号上海大学内,彼等在该处出版排外之报纸——《向导》,贮藏社会主义之书籍以供出售,如《中国青年》《前锋》,该大学大部分教授均系公开的共产党人,彼等正逐渐引导学生走向该政治信仰。教授中计有:邵仲辉,又名邵力子,《民国日报》编辑,彼系共产党人已几年了;社会学系教授瞿秋白,瞿系中国布尔什维克领袖之密切友人;施存统,于一九二一年因共产党活动在日本被驱逐出境。其他地位较低之教授而为《向导》写稿的则有蒋光慈、张太雷、刘含初。以上三人与施存统同住于慕尔鸣路①彬兴里二〇七号。"②1924年12月9日,工部局警务处及静安寺捕房包探曾在租界当局的授意下到上海大学及慕尔鸣路③307号搜查,搜查后在给租界当局的报告中称:在上海大学"发现的证据却明显地说明了该校约三百个学生的大部分是共产党的信徒。他们所受的训练,无疑地是企图使他们成为有智力的共产主义宣传家"④。

5月21日,公共租界工部局的《警务日报》刊发上海大学学生、共产党员陶同杰在一次工人集会上发表演讲的消息,称"上海大学共党学生陶同杰向群众发表了夸夸其谈的长篇演讲","他号召全体工人团结成一个坚强整体,为提高他们的共同利益而忘我工作"⑤。5月28日,《警务日报》又发消息称:"来自二十所学校的三十二名学生于五月二十七日下午四时半在麦根路二十二号同德医学院开会,讨论如何反对工部局新近提出的关于印刷附律和增加码头捐等提案。会议由上海大学教师共党分子恽代英主持。"⑥在公共租界工部局总办处的档案中,还有一份上海日本商业所主席田边致工部局总董费信惇的函件。函件称:"径启者,余谨代表日本商业会议所函告一项重大之罢工事件,该罢工目前几乎流行于所有此间之日商纱厂。此事已引起本会议所之特别注意。目前这一运动的性质已经不是一个普通的工潮,并非仅对日本雇主而发者。……其目的是在中国广泛的反对外国争斗和资本主义。那些煽动分子和狂热分子煽动罢工的经费则由本市一所大学校供给⑦。这所大学被认为是俄国布尔什维克的宣传机关。因此,公众的感觉甚为不安。"⑧

---

① 今茂名北路。
② 黄美真、石源华、张云:《上海大学史料》,复旦大学出版社1984年版。
③ 今茂名北路。
④ 上海公共租界工部局警务处《警务日报》1924年12月,黄美真、石源华、张云编:《上海大学史料》,复旦大学出版社1984年版。
⑤ 王敏、徐未晚主编:《上海大学(1922—1927)与五卅运动外文史料选辑》,上海大学出版社2021年版。
⑥ 王敏、徐未晚主编:《上海大学(1922—1927)与五卅运动外文史料选辑》,上海大学出版社2021年版。
⑦ 这里所指的"一所大学校"为"上海大学"。
⑧ 黄美真、石源华、张云编:《上海大学史料》,复旦大学出版社1984年版。

日本驻沪总领事馆密切注意上海大学

日本的大报《读卖新闻》《朝日新闻》经常报道上海大学,他们提醒北洋政府不能仅看形式,而且要看上海大学的实际内容。瞿秋白、蔡和森等人都曾在苏联留过学,他们是马列主义的忠实信徒。这些人完全能够左右青年,引导他们向社会主义迈进。他们还预言:"上海大学将来不独是中国共产主义的摇篮和温床,而且是东亚各国共产主义的摇篮和温床。"①他们在报刊上制造散布反动煽动性的消息,说一般人看不起中国上海大学,那是十分错误的。这所简陋的大学,将是东方共产主义的宣传所、共产党诞生的摇篮,在这所大学里,将会涌出"洪水"、跳出"猛兽"等②。

在1925年由上海大学学生、共产党员刘华具体领导的对日商的"二月罢工"期间,日本驻沪总领事矢田七太郎多次致密电给日本外务大臣币原喜重郎,密报称,领导中国工人罢工的"煽动者最初是上海大学(《民国日报》主笔邵力子为其校长)及南方大学教授和学生等陈独秀系之赤化分子"③。而同一个时期,英国报纸《星期日泰晤士报》又在其社论中说:"所谓的学生来自所谓的上海大学,一张布尔什维主义的温床,以煽动仇恨的火焰为其能事。"矢田七太郎同样将《星期日泰晤士报》社论对上海大学的评论密告给币原喜重郎④。

军阀当局密切监视上海大学

在帝国主义对上海大学的中国共产党密切监视的同时,反动军阀当局同样出于对共产主义的仇恨和恐惧,对上海大学进行监视。在1926年10月8日中共上海大学独立支部组织部的一份工作报告中说:"最近上大形势异常严重,每日有侦探十余人在弄堂逡巡,并闻有孙传芳所派侦探在上大读书,故特约中学组织侦察队一队以便侦察。"⑤这份报告披露,孙传芳的军阀当局不但派出侦探在外对上海大学逡巡监视,而且还派员混进学生队伍充当"学奸"。

刘华上了帝国主义和反动军阀势力的"黑名单"

刘华这位工人阶级的儿子、上海大学中学部的学生,以他反帝反军阀的坚定立场和杰出表现,引起帝国主义和发动军阀的极端仇恨,上了他们的"黑名单"。

1925年在刘华领导工人举行"二月罢工"期间,公共租界工部局警务处的《警务日报》

---

① 胡允恭:《我所知道的上海大学》,胡允恭著《金陵丛谈》,人民出版社1985年版。
② 胡允恭:《创办上海大学和传播马克思主义——蔡和森同志革命斗争的一件大事》,《回忆蔡和森》,人民出版社1980年版。
③ 王敏、徐未晚:《上海大学(1922—1927)与五卅运动外文史料选辑》,上海大学出版社2021年版。
④ 王敏、徐未晚:《上海大学(1922—1927)与五卅运动外文史料选辑》,上海大学出版社2021年版。
⑤ 中央档案馆、上海市档案馆:《上海革命历史文件汇集(上海区委各部委文件)一九二五年——一九二七年》,1987年6月。

就不断地收集报道刘华的行踪。仅从 3 月份一个月的检索,就可看到对刘华的追踪报道是多么地密集。如:3 月 2 日,称"大约有七百名工人群众于三月一日下午三时三十分在闸北潭子湾炳江茶楼前面的一块空地上举行集会,其中有妇女六十人。大会由一个叫刘华的学生主持。他号召工人们为自己的利益团结起来成立大型工会。刘在结束演讲时,要求与会者为最近罢工调解人欢呼三次。按这次罢工是以工人们取得胜利而结束的。刘的这一要求受到了大叫大嚷的响应";3 月 5 日,称"约有二十名日商纱厂工人代表于三月四日下午七时在闸北潭子湾炳江茶楼举行非正式会议,继续进行工会的筹组工作。具有共产主义倾向的煽动分子刘华也在其中";3 月 14 日,称"三月十三日上午九时,沪西工会会员刘华同另外四个人在闸北三德里四十号开会。刘在会上指出,日华纱厂还未答复他三月十二号的信。会议决定再发一信";3 月 16 日,称"大约有三十人于三月十四日上午八时聚集在闸北三德里四十号门外,其中大多数是纱厂工人。那个与上海大学有关系的沪西工会会员刘华给他们每人发了二角钱,并要他们到会审公廨去欢迎估计能在那天早晨获释的犯人。这些工人当即照办离去","为了向被释人员表示祝贺,沪西工会于当晚八时至九时在三德里四十号举行了欢迎会,大约有三十人参加,但只有刘华一人在会上讲了话。刘叙述了那些为了罢工而遭逮捕的人所忍受的痛苦,并说举行此欢迎会是祝贺他们获得了自由"。"刘华于三月十五日下午三时至四时五十分在三德里四十号召开了纱厂工人代表大会,大约有一百多人参加";3 月 17 日,称"戈登路①捕房于三月十六日上午九时三十分又释放二名犯人。这二名犯人摆渡过河后即去闸北三德里沪西工会。工会负责人刘华买了两块钱的炮仗燃放以示庆祝";3 月 19 日,称"三月十八日下午七时,刘华在闸北三德里四十号召开会议,大约有三十名男工和七名女工参加","闸北潭子湾工友俱乐部已任命以下职员:秘书:刘华,共党分子";3 月 21 日,称"三月二十日上午八时,日华纱厂翻译张某带了二十七名女工和五名男工前去闸北三德里四十号沪西工会,当时纱厂工人代表为吸收工会会员之事正在那里开会。刘华在演讲中强调工人之间加强团结互助的必要性。他说,只有这样,才能使工人不受外人侮辱";3 月 27 日,称"三月二十六日上午十一时半,闸北潭子湾警察署的一名警官前去该地区的工友俱乐部。俱乐部秘书刘华向他递交了一份俱乐部章程和俱乐部会员名单。如果警察署对这些文件进行审查的结果表明成立俱乐部的目的是要扩大共产主义宣传,则中国警察当局很可能予以查封"②。

同样,日本情报机构也密切注意刘华动向。1925 年 5 月 29 日,日本驻沪总领事矢田七太郎致密电日本外务大臣币原喜重郎,称:"直接煽动上海和青岛之同盟罢工的,是国民党系左倾分子和被共产党感化的青年等,据本领事馆警察获取之谍报显示,他们的幕后是苏联有组织的援助,以此为前提,报告各种各样的活动情况。"③这份密电点了刘华的名。

---

① 今江宁路。
② 上海市档案馆:《五卅运动(第二辑)》,上海人民出版社 1991 年版。
③ 王敏、徐未晚:《上海大学(1922—1927)与五卅运动外文史料选辑》,上海大学出版社 2021 年版。原件藏日本外务省外交史料馆,档案号:5—1467,第 0252—0254。

6月29日,矢田七太郎在致币原喜重郎的电文中称:"关于贵电第九六号:以李立三为代表、刘华为副代表之工会系以共产主义为基础",其中表现之一就是"刘华等之机关杂志《中国工人》之论调,例如五月一日发行之五一纪念特刊中,载有刘华论文,号召在第三国际旗帜下,统一工人,掀起打倒资本主义之革命。该刊为露骨宣传共产主义之杂志。"①

6月1日,上海"三罢"斗争如火如荼地开展起来。6月22日,公共租界工部局警务处《警务日报》刊登报道称:"罢工运动中最著名最活跃的华人领袖林钧、刘一清、李立三、刘华(沪西工会的组织人)、刘贯之(沪西工会秘书长在沪西工会所举行的多次会议中,此人是个重要人物)、孙良惠(著名共产党人,工部局警务处正在通缉此人)。"

第三节　上海大学被以蒋介石为代表的新军阀武力封闭

上海大学教育教学秩序重新进入了正常轨道

1927年3月24日,上海大学行政委员会主席陈望道、中学部主任侯绍裘联合在《民国日报》《申报》刊登通告,"刻定四月一日起正式上课"。25日,上海大学行政委员会发布公告,宣布江湾新校舍已全部落成。这样,上海大学的教育教学秩序重新进入了正常轨道。

3月30日,上海大学中学部主任、国民党江苏省党部常委、中共国民党江苏省党部党团书记侯绍裘,根据中共党组织的安排,率领国民党江苏省党部人员去南京办公,正式离开上海大学,由张作人代理上海大学中学部主任。4月14日,上海大学在江湾校舍召开教职员学生联席会议,400余名教职员、学生参加了会议。会议通过了二十余件提案。学校国立运动委员会、膳食委员会、学生会执行委员会在会上作了报告,学校报告了学校学务、校务进行情况,并介绍了今后发展的计划。

4月18日,上海大学在江湾校舍召开改选后的行政委员会第一次会议。陈望道、谢六逸、李春錡、金耀光、冯三昧、刘大白、周由廑等参加。会议选举陈望道为行政委员会临时主席。会议通过向南京、汉口双方请愿上海大学国立案,并决定由陈望道率队赴南京、汉口向国民党当局开展请愿活动。在陈望道赴南京、汉口请愿期间,由刘大白暂行代理学校校务主任兼临时主席。

上海大学被国民党军警查封

1927年5月3日,这对上海大学来说,是一个让全体师生永远难以忘怀的悲愤的一

---

① 王敏、徐未晚主编:《上海大学(1922—1927)与五卅运动外文史料选辑》,上海大学出版社2021年版。原件见日本外务省档案显微胶卷第564卷1047—1052页。

天。这一天下午,一大批来自龙华司令部的武装兵士,将上海大学包围,学校进出口都架起机枪,一时气氛森严。学校所有男女学生都被赶到第一教室集中,由带队指挥官训话。称奉总司令部命令,限所有学生即刻离校,否则恐有危险。当天晚上,所有学生挤睡在第一教室,第二天,除被捕学生以外,其余都各自离校。学校遂遭查封①。并张贴出布告,称:"查上海大学为破坏国民党反动分子之巢穴,业经查获有据,兹特派员前往查封,除饬令该校先行全部解散,听候查办外,合将查封该校缘由布告,俾众周知。此布。"②5月4日,国民党军白崇禧部,荷枪实弹,开进了上海大学,将一个全新的、上课才一个多月的好端端的大学校园,变成了一座军营。这天上午9时,中共上海区委召开各部委书记会议,通报了上海大学被新军阀白崇禧部强行占领的消息。会议记录称:"上大有军队去,说是抄军械,结果把学生所有的财务都抢去了,学生已星散。"

1927年5月6日,《大公报》刊登消息,称:"国闻五日上午十一时上海电,上海大学被封,学生驱逐。"其标题意味深长——《上海大学·不容与国民党》。

师生回忆上海大学横遭国民党军警查封

上海大学教授、在江湾校区办学的实际负责人陈望道,在谈到蒋介石反动四一二反革命政变时说:"'四·一二'时期,我的印象最深,到了4月12日,一夜之间'左'的学生差不多被捉光了。学校此时已开不起来,我们就动员一些中间的学生去探监通消息,还动员了一些与右派有关系的学生去找叶楚伧等人,希望他们出来活动一下,设法营救被捕学生,但他们都不见了,躲起来了,为的是怕有人去找他们。"③

上海大学学生程永言回忆说:"正因为'上大'有着光荣的革命传统,蒋介石在背叛革命时,也没有放过'上大'。一九二七年四月十二日,国民党白崇禧部乘'上大'师生不备,突然进驻'上大'江湾新校址,所有留校学生非逮捕即遭杀害,六年以来聚起来的公私财物丝毫也未取出。仅'上大'印信,由一个公务员秘密设法拿了出来。死伤人数究竟多少,是无法查询的了。"④

上海大学学生薛尚实,则亲身经历了上海大学被国民党军警武力封闭的这一幕。他在回忆录中是这样说的:"四一二反革命事变之后,帝国主义和国民党反动派都说:'上大是赤色大本营,是煽动工潮、破坏社会秩序的指挥机关。'蒋介石特指令当时的淞沪警备司令杨虎和陈群进行'查办'。记得在一九二七年的四月份⑤,有一天下午一时,我们正在三楼开学习讨论会,突然望见从江湾镇开来一支穿灰布军装的队伍,以急行军的姿态向上大奔来。学校领导人立即发出紧急通知,全校师生赶快离校,我们一队首先向后门麦田里奔

---

① 《江湾上海大学查封·学生一律出校》,《时报》1927年5月5日。
② 《上海大学查封后之布告》,《时报》1927年5月6日。
③ 邓明以:《陈望道传》,复旦大学出版社2005年版。
④ 程永言:《回忆上海大学》,《党史资料丛刊(第2辑)》,上海人民出版社1980年版。
⑤ 应该是5月。

跑,分散到乡间去躲避。我们想知道个究竟,不久再绕道到江湾镇上去侦察,看到蒋匪军仍源源不绝向上大的路上前进。他们全副武装,分做三个梯队前进,想突然包围,冲进学校来收拾我们,可是我们已经大部分撤走了。只有极少数同学午睡未醒,和几位工友被他们抓到了,关在一个小房间里,不许走动。同时下令搜查,把校部办公室、庶务科、学生宿舍翻得极乱。士兵们查不出什么危险品,顺手将同学的钟、表、衣物、被服、书籍、热水瓶等等,一包包用步枪杆充扁担,扛到江湾镇上的当铺去典当换钱。"①

第四节　为有牺牲多壮志,敢叫日月换新天

中国共产党在上海大学领导的革命斗争,引起帝国主义和军阀势力的仇视和害怕,他们对上海大学不仅仅停留在侦探监视、造谣诽谤方面,还采取种种手段对上海大学的共产党人进行通缉追捕和关押杀害。

瞿秋白是上海大学第一个被通缉的共产党人

1924年10月10日,"黄仁事件"爆发,在上海大学内部,左派革命力量和右派反动势力的矛盾和对抗公开化。上海大学社会学系主任、共产党人瞿秋白和上海大学英国文学系主任、国民党右派代表之一何世桢双双离开了上海大学。但是,公共租界当局并没有因为瞿秋白的离开而放松对上海大学的监控。他们借口上海大学销售"过激书刊",而对上海大学进行了非法搜查,进而又派出包探搜查了瞿秋白位于慕尔鸣路(今茂名北路)彬兴里306号的住所。但他们没有找到瞿秋白,就把瞿秋白家中的《新青年》《向导》等书刊和瞿秋白第一次到苏俄省吃俭用而买来的许多俄文书籍搜索一空,付之一炬。随后又发出通缉令对瞿秋白进行通缉。瞿秋白根据党的指示,不得不转入地下继续领导革命斗争②。瞿秋白是上海大学被帝国主义通缉的第一个共产党人。直到1925年1月下旬,这种通缉才稍稍放松。这一年的1月26日,瞿秋白在致鲍罗廷的信中说:"在上海好像已经不追捕我了。我将暂时完全转入地下,为我们党的机关做工作。"③

上海大学学生、上海总工会副委员长刘华被害案

上海大学学生、共产党人、上海工人运动领袖刘华,在担任工人夜校教师的过程中,在任沪西工友俱乐部秘书的时候,在任"二月罢工"第一线指挥的时候,在五卅运动血与火的

---

① 薛尚实:《回忆上海大学》,中国人民政治协商会议上海市委员会文史资料工作委员会编《文史资料选辑(第二辑)》,上海人民出版社1979年版。
② 杨之华:《回忆秋白》,人民出版社1984年版。
③《瞿秋白给鲍罗廷的信(1925年1月26日)》,中共中央党史研究室第一研究部译《联共(布)、共产国际与中国国民革命运动(1920—1925)》,北京图书馆出版社1997年版。

磨炼之中,所表现出来的聪明才智、勇敢无畏和杰出的领导才能,赢得了广大工人的拥护和尊重,深深得到上海大学同学的钦佩和赞扬,同时也得到他的老师和政治上的引路人、中国共产党领导人邓中夏、瞿秋白、恽代英等人以及与他并肩战斗的李立三、项英等人的充分肯定。因此,在五卅惨案发生的当天晚上,中共中央召开紧急会议,就指定由李立三、刘华等组成五卅运动罢工委员会来直接领导斗争。5月31日晚上,在上海的党组织开会宣告公开上海总工会组织,由李立三担任委员长、刘华担任副委员长。为了加强各工厂区的领导,会议决定在工人集中的区域成立总工会办事处,其中小沙渡为第四办事处,由刘华兼任办事处主任。在党的领导下,刘华和他的战友、同志一起,始终走在斗争前列,在血与火的生死考验中,以上海大学学生的身份,成为全上海工人运动的领袖。在五卅运动期间,他收到家信,得知老家遭土匪洗劫,弟弟被杀,父亲遭绑架,母亲身受重伤,祖母病危,希望他能回家看看。面对家国之间的两难取舍,刘华毅然复信:"国家衰弱,强邻欺负,神圣劳工,辄为鱼肉,我亦民族,我亦劳动分子,身负重任,何以家为?须知有国方有家也。"①刘华非不孝也,非不顾家也,实乃此时家国难以两全,只能舍家为国。如今捧读刘华此信,仍让人唏嘘和感动不已。

刘华的舍身为国,和帝国主义及北洋军阀作不屈不挠斗争,被国内外反动势力视作眼中钉。在英、日帝国主义的指使下,敌人终于对刘华下手了。9月18日,奉系军阀上海戒严司令邢士廉封闭了上海总工会,并发布通缉令:"淞沪戒严司令部以四川人刘华迭在闸北非法集会,激动人心,扰乱治安,故特通令所属军警,一体查办捉拿,并恐避匿租界,爰知照捕房协缉。"②英、日等驻沪领事,答应给军阀100万元,要他们秘密逮捕并杀害刘华。刘华此时已担任上海总工会代理委员长,他不为受通缉所惧,依然继续秘密领导着上海工人进行斗争。11月29日,由于叛徒告密,刘华在途经公共租界时,被英捕房密探抓捕。12月2日,被引渡到淞沪戒严司令部。

刘华被捕后,党组织多方营救,上海总工会向控制上海的军阀孙传芳发出抗议书,要求马上释放刘华。日商纱厂工人多次举行罢工,在所提条件中都有强烈要求释放刘华这一条。上海的工人和学生,特别是沪西的工人群众,出于对刘华的热爱,还准备举行游行示威,以迫使敌人释放刘华。刘华在狱中知道这一情况后,带出口信,力阻工人们不要为他一个人造成不必要的更大的牺牲。面对敌人的严刑拷打和十万巨款的利诱,刘华始终坚贞不屈,表现出一个共产党员的崇高气节。由于刘华是四川人,上海大学学生四川同乡会张效翼、陈伯华等曾要求淞沪戒严司令部同意保释刘华,但遭到拒绝③。

12月17日晚,上海总商会欢迎取代奉系军阀邢士廉统治上海的直系军阀孙传芳,在宴会上,在座的日本商团头目和英国驻沪副领事一起向孙传芳进言:"刘华是中国劳工运动的领袖,上海屡次罢工皆为其煽动,如不重办,上海的秩序十分危险。"上海总商会会长

---

① 胡华:《中共党史人物传(第7卷)》,陕西人民出版社1983年版。
② 沈以行、姜沛南、郑庆声:《上海工人运动史》,辽宁人民出版社1991年版。
③ 《呈请保释刘华之不准》,《申报》1925年12月10日。

虞洽卿也向军阀孙传芳进言:"上海商界甚望司令惩一儆百。"孙传芳秉承帝国主义和买办资产阶级的意志,当场叫副官打电话给戒严司令严春阳,着令将刘华"秘密枪决,灭尸不宣"①。年仅 26 岁的刘华,于当天深夜被秘密杀害于上海高昌庙。

第二天,英国在上海办的《字林西报》不顾孙传芳"秘密枪决,灭尸不宣"的口令,抢先刊登了刘华被杀害的消息,以此来夸耀帝国主义者唆使走狗在中国行凶的"功绩",企图"惩一儆百",恐吓上海的工人阶级。

刘华被害以后,群情激愤。几十万上海工人悲愤交加,臂缠黑纱,哀悼刘华。12 月 20 日,上海总工会通电全国,称刘华是"我们最亲爱最勇敢的领袖",号召"工友们一致起来,……踏着我们领袖的血,继续奋斗!"12 月 21 日,上海大学教授、著名作家、诗人,也是刘华的老师、战友蒋光慈,怀着悲愤的心情,写下题为《在黑夜里——致刘华同志之灵》的悼诗,诗中控诉了帝国主义和反动军阀的暴行,赞颂刘华是伟大的战士、不幸者的代表、成千上万被帝国主义资本家奴役的工人的"一个光明的柱石",还称颂刘华是"上帝的叛徒,黑暗的劲敌",在"领着数万被压迫者寻找解放的路,努力为自由、人权、正义而奋斗"中表现了"伟大的身手",坚信"黑夜总有黎明的时候"。蒋光慈的这首长诗后来发表在《洪水》第 2 卷第 3 期上。12 月 22 日,中共上海区委发出追悼刘华烈士的通告,称"刘华是真正的革命领袖"。12 月 30 日,中共中央机关报《向导》周报在头条用醒目标题刊出《悼刘华同志》,称刘华是为"真能保护工人利益,真能拥护中华民族利益的一位战士",是"真正的共产党员"。

2018 年 4 月 23 日的《人民日报》在《为了民族复兴·英雄历史谱》专栏上,刊登了新华社记者吴文诩题为《五卅运动领袖刘华:舍生取义为劳工》的文章,高度评价这位从上海大学走出来的烈士短暂而又光辉的一生。

军阀当局对上海大学革命进步学生的追捕

1925 年 9 月以后,上海大学离开的公共租界地域,在华界闸北青云路师寿坊建立起临时校舍,但是反动当局变本加厉地对上海大学进行迫害。1926 年初,上海大学学生周文在根据党组织的决定,到中共引翔港部委担任宣传委员,主要工作是办好工人夜校。在党组织的领导下,开展纪念五卅运动一周年活动,组织工人进行反帝爱国宣传工作。周文在在组织引翔港工人参加游行时,被敌人侦缉到手中所拿的标语传单为引翔港工人夜校所发,周文在因此而被捕。关押两周后敌人问不出结果就将周文在释放。引翔港部委书记、上海大学学生曾延生立即通知周文在,组织上认为他已暴露,不能继续在引翔港工作。这样,周文在在党的安排下,秘密回到家乡常州,继续开展革命工作②。

上海大学社会学系学生关中哲,由于在上海大学党组织的领导下从事革命活动,被反

---

① 胡华:《中共党史人物传(第 7 卷)》,陕西人民出版社 1983 年版。
② 周文在:《回忆上海大学》,王家贵、蔡锡瑶编著《上海大学(1922—1927)》,上海社会科学院出版社 1986 年版。

动当局盯上。一天深夜,中学部主任杨明轩突然来到关中哲住处,对他说:"反动派要下毒手了,你赶快离开上海!"说着就把一张船票交给了他,要他第二天就走。当时关中哲担心老师安全,就"问起他怎么办的时候,他说:'你先走,不要管我!'"① 关中哲就这样提前离开了上海大学,回到家乡陕西继续从事革命活动。1926年10月,重庆二师的女学生李伯钊根据党组织安排到上海大学来读书,但她到上海后没有进上海大学学习,而是被党组织先安排到浦东工人夜校当教员,结果被捕,最后被党组织营救出狱,秘密送到苏联莫斯科东方大学学习②。中国共产党四川地区的领导人吴玉章,到上海从事革命统一战线工作。为了躲开军阀孙传芳的密探侦缉,就躲到法租界一家医院装病。刚奉党组织之命由重庆到上海大学社会学系学习的共产党员杨尚昆,临时受命担任了吴玉章的"秘密交通员"并出色地完成了掩护和护送吴玉章的革命任务③。1926年10月6日,淞沪警察厅奉联军总司令部"对国民党上海特别市党部为赤化张目,从严查究"的密令,将在国民党上海特别市党部工作的上海大学学生秦邦宪以及他的同事30余人逮捕,旋经法巡捕房审讯后才释放。

周水平被军阀孙传芳抓捕处死

1926年1月21日,《申报》刊登了一篇题为《周侃被杀后之种种》的报道,称上海大学教员周侃被江阴县以宣传赤化及过激主义罪处死。报道还说:"周于临刑时又慷慨演说,谓系为平民争自由而流血,虽死犹荣云云。"周侃,即周水平,是上海大学教师中最早为革命事业而献身的英雄烈士。

周水平,又名刚直,江苏江阴人。1917年秋负笈东洋,留学东京高等体育学校。1920年学成回国后接受上海大学校长于右任聘请,在上海大学担任体育教员。1925年春天,周水平加入了中国共产党。7月,受党组织委派,来到江阴,组织江阴、无锡、常熟三县边区佃农开展减租斗争,向劳苦大众宣传马克思主义思想。在他的宣传教育和发动组织下,当地农民运动迅速开展起来。据1926年1月21日《申报》报道,称:"有现任上海大学教员之周侃,以业主虐待佃户视同奴隶深感不平,遂组织佃户自救团,其宗旨在提高农民生计、促进农民智识,要求业主体恤佃户减轻租籽。一时应者甚众,周亦到处演说,农民多数入会。"从这篇报道可以看出,周水平在当地农民中极有威信,当地农民在他的教育下,思想觉悟有了很大提高,纷纷跟随他向地主开展减租斗争。周水平也因此成为江苏地区农民运动的先驱。

周水平领导的这场农民运动,引起当地地主士绅的惊慌和仇视,江阴、无锡、常熟三个县的地方豪绅33人以周水平"宣传赤化、鼓吹共产"的罪名联名向省里控告,结果江阴县署根据省里的命令于1925年11月18日将周水平拘捕。在狱中,周水平依然坚持自己的

---

① 关中哲:《与杨明轩往来的几件事》,中国民主同盟中央委员会文史委员会、中共陕西省委党史研究室编《杨明轩》,陕西人民出版社1991年版。
② 杨尚昆:《杨尚昆回忆录》,中央文献出版社2001年版。
③ 杨尚昆:《杨尚昆回忆录》,中央文献出版社2001年版。

理想和信念,毫不屈服。最终军阀孙传芳以周水平"迹近宣传过激主义与治安有关,即令依照军法办理",江阴县署根据孙传芳密令,于1926年1月17日凌晨,将周水平杀害于刑场。周水平为农民伸张正义而遭到军阀、反动当局的杀戮,在社会和国共两党内都引起了极大反响。中国济难会临时全国总会向全国发出《为要求全体会员宣传军阀残害江阴农民运动领袖周水平罪状的通告》。中国共产党早期杰出领导人,同为上海大学教授的张太雷,在《人民周刊》第一期上发表题为《孙传芳又杀了一位革命先锋周侃》的文章,抨击孙传芳摧残革命志士的罪恶行径,共产党员、上海大学中学部主任侯绍裘也撰长文悼念周水平。1926年11月25日,正在广州从事农民运动讲习所工作的毛泽东,以"润之"的笔名在中国共产党的刊物《向导》周报第179期上发表题为《江浙农民的痛苦及其反抗运动》一文①,在文章中,毛泽东高度评价了周水平这位为农民的利益而献出生命的革命烈士。周水平遇害一年后,北伐军攻抵江阴,中国共产党江阴独立支部为周水平烈士平反昭雪,查封了迫害周水平的33名土豪劣绅的房屋、财产,并在文庙隆重召开周水平烈士追悼大会。在周水平的影响下和中共党组织的教育和考验下,周水平的未婚妻夏静波以及周水平的两个弟弟周全平、周侗相继加入了共产党,走上了和周水平同样的革命道路。1933年,周水平烈士墓建成,国民党元老、上海大学校长于右任亲自为周水平题写了墓碑。

贺威圣不屈而死

贺威圣,字刚峰,浙江象山人。1924年春进入上海大学社会学系学习,同年在上海大学加入中国共产党。1925年到1926年3月,一直担任共青团闸北部委书记职务。1926年6月,被中共上海区委任命为中共杭州地委书记。在北伐军进攻浙江前夕,贺威圣成功地说服了当时浙江省省长夏超公开与反动军阀孙传芳决裂,反正独立,使浙江地区反对军阀的斗争达到了一个新高潮。10月,夏超兵败,孙传芳军进占杭州,大肆搜捕和镇压进步人士,使浙江地区陷入一片白色恐怖之中。贺威圣不畏艰险,随即带领党组织转入地下坚持秘密斗争。11月3日,贺威圣被敌探侦知,不幸被捕。在狱中,贺威圣受尽酷刑折磨,不屈不挠。1926年11月12日,贺威圣英勇就义于刑场,年仅25岁。贺威圣是中国共产党在浙江第一个在对敌斗争中牺牲的领导人,也是上海大继黄仁、何秉彝、刘华、周水平以后第六位为革命而捐躯的革命烈士。北伐军打下江浙沪地区以后,国民党上海市党部、浙江省党部和象山县党部,联合在象山丹城中山公园兴建了"贺刚峰烈士纪念塔"。中华人民共和国成立以后,贺威圣被追认为革命烈士。

侯绍裘死在蒋介石的屠刀之下

侯绍裘,上海松江人。1923年秋天,在邓中夏、王荷波的教育和发展下加入中国共产党。1925年2月,受聘担任上海大学中学部主任。1925年8月,国民党江苏省党部正式

---

① 中共中央文献研究室:《毛泽东年谱(一八九三——一九四九 上卷)》,中央文献出版社2002年版。

在上海成立,根据中共党组织的安排,侯绍裘参加了国民党江苏省党部的工作并担任常委。10月1日,被中共上海区委任命为国民党江苏省党部中共党团书记。1927年3月30日,遵照中共上级组织的决定,侯绍裘率领国民党江苏省党部人员去南京办公。临出发之前,他已经预感到以蒋介石为代表的新军阀会叛变革命,于是他对即将随他一起赴南京的上海大学附中教务主任钟伯庸、训导主任高尔柏说:"这次去南京,不能一无准备,我们随时会碰到不测的变化,刀子会随时搁在我们的头颅上。"钟伯庸说:"这是一句何等悲壮的预言啊!"[1]这是侯绍裘作为一名革命家政治敏锐性的表现。4月12日,蒋介石在南京发动反革命政变,侯绍裘被秘密逮捕。在狱中,敌人对侯绍裘软硬兼施,威胁利诱,蒋介石还提出以江苏省政府主席一职来换取侯绍裘的投降。但侯绍裘大义凛然,坚贞不屈,严词拒绝,表现了共产党人的高贵品质和崇高的革命气节。在南京市档案馆里,有一份材料,记载着侯绍裘在被害前讲的几句话:"我无一言,我就是这样对得起国家了,你们要我卖国,我不干。"4月15日,无计可施的敌人终于对侯绍裘下毒手。南京卫戍司令兼公安局局长温剑刚亲手用刀将侯绍裘杀死,并将侯绍裘的尸体砍成数段,塞在一麻袋中,偷偷抛进秦淮河里。侯绍裘遇难时年仅31岁。1928年,中共中央刊物《布尔什维克》载文深切悼念侯绍裘烈士。新中国成立后,南京雨花台烈士陵园纪念馆第一位展出的革命先烈就是侯绍裘。

为有牺牲多壮志,敢叫日月换新天

1927年1月,上海人道互济会整理出了10名烈士传略,其中上海大学共有黄仁、何秉彝、刘华、贺威圣等四名烈士在列。实际上,从1922年10月23日起到1927年4月12日蒋介石发动反革命政变、武力封闭上海大学为止,在上海大学短短的四年半的办学时间里,上海大学共有六名烈士先后为革命献出了生命。他们是黄仁、何秉彝、刘华、周水平、贺威圣、侯绍裘。其中,黄仁死于国民党右派之手;何秉彝死于帝国主义的枪口之下;刘华、周水平和贺威圣都先后倒在反动封建军阀孙传芳的屠刀之下;侯绍裘则被背叛革命的新军阀蒋介石杀害,为党的统一战线而流尽最后一滴血。1927年4月12日,蒋介石发动反革命政变,19日,南京国民党中央发布通缉令,通缉共产党人及"跨党分子"197人。据不完全统计,其中在上海大学任教和学习过的教师和学生就有27人之多,他们分别是:恽代英、高语罕、邓中夏、蔡和森、彭述之、侯绍裘、沈雁冰、瞿秋白、施存统、林钧、何洛、李硕勋、高尔柏、朱义权、刘荣简[2]、杨贤江、杨之华、余泽鸿、萧楚女、黄胤(女)、唐公宪、郭沫若、王亚璋(女)、龙大道、李春涛、张秋人、刘一清等。

四一二反革命政变以后,大批共产党员、共青团员倒在血泊之中。后来,中国共产党高举革命大旗,继续领导中国人民进行斗争,先后经历了土地革命战争、抗日战争和解放

---

[1] 钟伯庸:《回忆上海大学》,王家贵、蔡锡瑶编著《上海大学(1922—1927)》,上海社会科学院出版社1986年版。

[2] 即刘拔云。

战争,终于在1949年10月1日建立了新中国。从上海大学成立到新中国的建立,根据不完全的统计,从上海大学走出来的英雄烈士不少于89位。

为有牺牲多壮志,敢叫日月换新天。从上海大学走出来的英雄烈士以及从上海大学走进新中国的革命者、建设者,他们的名字将永远镌刻在上海大学这部红色校史上。

第五节　上海大学在中国共产党早期发展中的地位和作用

上海大学从1922年10月23日成立,到1927年5月被国民党当局武力封闭,经历了国共合作和大革命的全过程,在中国共产党早期发展史上有着特殊的地位。

是中国共产党早期发展阶段的一所干部学校

上海大学是中国国民党与中国共产党合作创办的一所高等学府。其办学经费来源除了学费、社会募捐以外,很重要的一方面来自国民党方面,这是毋庸置疑的事实。然而在具体的办学实践过程中,由于中国共产党人实际上掌握了办学的主要部门领导权,加之校长于右任、副校长邵力子对中国共产党人的包容和支持,上海大学在办学过程中越到后来越向有利于中国共产党方向倾斜。虽然国民党称"上海大学为本党育才之最高学府",但他们也不得不承认这样一所学校被"共党窃据"[①]。整个办学始末,上海大学为共产党方面培养的人才要比国民党方面多得多。

是中国共产党早期领导人和优秀党员的蓄水池和中转站

在中国共产党的早期发展史上,邓中夏、瞿秋白、蔡和森、张太雷、恽代英、任弼时、萧楚女等都是有着重要地位的领导人和理论家,他们根据党的安排,来到上海大学任职任教。但也都以上海大学为依托,从事着党的工作,在一段时期,上海大学成为中国共产党干部人才的蓄水池,党可以根据工作需要随时派进和调出。同时,上海大学还是党接受干部和输送干部的一个重要中转站。任弼时从苏联留学回来,就是先到上海大学任教,并从此再走上新的工作岗位。邓中夏、瞿秋白、蔡和森、张太雷、恽代英、萧楚女等,则是在上海大学任职的岗位上,根据党的安排,接受新的工作使命。到苏联去留学的人员如蔡和森、杨尚昆、王稼祥、秦邦宪[②]等,都是由上海大学这一渠道派出。王稼祥出发前还专门接受上海大学中学部主任、共产党员侯绍裘的谈话。

[①]《追认上海大学学生学籍与国立大学同等待遇案》,台北:中国国民党文化传播委员会党史馆:会议档案(国民党中央执行委员会常务会议)5.3.8.32233。

[②] 即博古。

为宣传马克思列宁主义作出无可替代的贡献

上海大学宣传普及马克思列宁主义,有着本身的优势,可以利用讲坛、讲义、演讲等公开地、合法地、系统地宣传讲解马克思列宁主义、宣传历史唯物主义。也正是利用这样的优势,为中国革命培养了一大批马克思列宁主义者。这些在上海大学接受马克思列宁主义熏陶和系统学习的共产党员、革命者,又带着革命使命和任务,到全国各地继续宣传普及马克思列宁主义,可以说,上海大学是中国共产党早期发展时期最重要的马克思列宁主义传播基地。

为中国共产党、中国革命汇集和培养了大批优秀人才

上海大学一方面通过教师队伍,汇集了当时社会上各方面有影响的人才来担任教师,其中包括大批中国共产党党员;另一方面,通过不同时段的教育培养,为革命培养出杰出人才。他们中有一批人才在中国共产党早期发展过程中和在以后的革命斗争中献出了宝贵生命,其中目前可以统计入册的从上海大学走出来的英雄烈士就多达89位,这在中国高等教育史上所有的大学中是绝无仅有的。还有一大批人才经过血与火的考验,走进新中国,成为党和国家、人民军队以及各个行业的领导人,为党和国家作出新的贡献。

上海大学从创立至今,已经整整100年了。随着岁月的流逝,更让我们来者,对上海大学在中国共产党早期发展中所具有的地位、产生的作用以及对后来产生的影响,有了更深刻、更清晰的认识,从而对上海大学办学精神的传承有了新的自觉和使命感。

附表　上海大学英烈一览

人　物	籍　贯	身份或职务	牺牲时间
黄　仁	四川富顺	社会学系学生	1924年10月10日
何秉彝	四川彭州	社会学系学生	1925年5月31日
刘　华	四川宜宾	中学部学生	1925年12月17日
周水平	江苏江阴	中学部体育教员	1926年1月17日
曹　渊	安徽寿县	旁听生	1926年9月5日
贺威圣	浙江象山	社会学系学生	1926年11月12日
张应春	江苏吴江	学生	1927年4月10日后
侯绍裘	上海松江	中学部副主任	1927年4月15日
何　洛	重庆涪陵	社会学系学生	1927年

续 表

人 物	籍 贯	身份或职务	牺牲时间
萧楚女	湖北武汉	社会学系教师	1927年4月22日
安体诚	河北唐山	社会学系教师	1927年5月
糜文浩	江苏无锡	社会学系学生	1927年5月11日
李清漪	山东沂水	中国文学系学生	1927年5月23日
郭伯和	四川南溪	学生	1927年7月31日
刘含初	陕西黄陵	校务长	1927年8月15日
贾南坡	浙江金华	学生	1927年8月27日
杨溥泉	安徽六安	旁听生	1927年9月
曹蕴真	安徽寿县	社会学系学生	1927年10月
龚际飞	湖南双峰	英国文学系学生	1927年10月
张太雷	江苏常州	社会学系教师	1927年12月12日
李汉俊	湖北潜江	社会学系教师	1927年12月17日
王环心	江西永修	中国文学系学生	1927年12月27日
许侠夫	广东文昌	社会学系学生	1927年12月
黄昌炜	海南琼海	学生	1928年1月1日
杨 达	四川彭州	社会学系学生	1928年2月1日后
张秋人	浙江诸暨	社会学系教师	1928年的2月8日
曾延生	江西吉安	社会学系学生	1928年4月4日
季步高	浙江龙泉	中国文学系学生	1928年冬
刘家聚	江西永新	中学部学生	1928年7月
沙文求	浙江宁波	社会学系学生	1928年8月
蔡鸿猷	浙江缙云	学生	1928年10月
俞昌准	安徽南陵	中学部学生	1928年12月16日
赵祚传	云南大姚	学生	1929年3月
何挺颖	陕西南郑	社会学系学生	1929年1月24日

286

续　表

人物	籍贯	身份或职务	牺牲时间
瞿景白	江苏常州	社会学系学生	不详
周传业	安徽阜阳	社会学系学生	1929年10月29日
周传鼎	安徽阜阳	社会学系学生	1929年10月1日
梁伯隆	四川江安	社会学系学生	1930年10月31日
阎灵初	陕西洋县	学生	1930年10月1日
邹　均	陕西富平	社会学系学生	1930年秋
张崇德	浙江临海	英国文学系学生	不详
师集贤	陕西合阳	美术科学生	1930年9月
何尚志	陕西铜川	中国文学系学生	1931年
龙大道	贵州锦屏	学生	1931年2月7日
罗石冰	江西吉安	社会学系学生	1931年2月7日
刘晓浦	山东沂水	学生	1931年4月5日
刘一梦	山东沂水	学生	1931年4月5日
党维蓉	陕西富平	社会学系学生	1931年4月5日
恽代英	江苏武进	社会学系教师	1931年4月29日
王步文	安徽岳西	社会学系学生	1931年5月31日
杨贤江	浙江慈溪	中国文学系教师	1931年8月9日
蒋光慈	安徽六安	社会学系教师	1931年8月31日
李硕勋	四川高县	社会学系学生	1931年9月5日
杨士颖	河南南阳	英国文学系学生	1931年秋
许继慎	安徽六安	旁听生	1931年11月
薛卓汉	安徽寿县	社会学系学生	1931年冬
方运炽	安徽寿县	学生	1932年9月
吉国桢	陕西华县	社会学系学生	1932年8月22日
佘埃生	湖南慈利	英国文学系学生	1932年

续 表

人 物	籍 贯	身份或职务	牺牲时间
王仲芳	广东乐会	学生	1932年
沈方中	浙江长兴	社会学系学生	1932年12月
汪佑春	江西上饶	学生	1933年
杨振铎	山西芮城	社会学系学生	1933年
孟芳洲	陕西洛川	社会学系学生	1933年4月
吴振鹏	安徽怀宁	社会学系学生	1933年6月
陈垂斌	广东三亚	社会学系学生	1933年3月
邓中夏	湖南宜章	总务长	1933年9月21日
武止戈	陕西渭南	英国文学系学生	1933年10月13日
沈泽民	浙江桐乡	中国文学系教师	1933年11月20日
顾作霖	上海嘉定	社会学系学生	1934年5月28日
黄让之	安徽天长	中国文学系学生	1934年10月
陈式纯	浙江苍南	学生	1935年2月
贺 昌	山西柳林	学生	1935年3月10日
瞿秋白	江苏常州	社会学系教师	1935年6月18日
余泽鸿	四川长宁	社会学系学生	1935年12月中旬
蔡 威	福建宁德	学生	1936年9月22日
李得钊	浙江永嘉	社会学系学生	1936年
尚辛友	陕西洋县	学生	1937年
吴维中	江苏武进	学生	1937年
周大根	上海南汇	社会学系学生	1938年12月16日
翁泽生	福建厦门	学生	1939年3月19日
董亦湘	江苏常州	社会学系教师	1939年5月29日
蒲克敏	陕西蒲城	社会学系学生	1939年10月1日
崔小立	浙江宁波	社会学系学生	1941年8月1日

续 表

人　物	籍　贯	身份或职务	牺牲时间
陈　明	福建龙岩	社会学系学生	1941年11月
林　钧	上海川沙	社会学系学生	1944年5月9日
秦邦宪	江苏无锡	社会学系学生	1946年4月8日
关向应	辽宁金州	社会学系学生	1946年7月21日
罗世文	四川威远	社会学系学生	1946年8月18日

（制表人：洪佳惠）

第四编

上海大学人物志

第一章
上海大学董事会董事、教职员传略

第一节 董事会董事传略

名誉校董

孙中山(1866—1925),中国近代伟大的民主革命家。名文,号逸仙,在日本化名中山樵,后遂以中山名。广东香山(今中山)人。1923年8月,应上海大学评议会之邀,担任上海大学名誉校董。曾两次作出批示,指示上海大学接受因参加反对军阀和贿选而遭到军阀当局通缉的爱国学生进入上海大学。1924年3月,应上海大学学生社团孤星社请求,为《孤星》旬刊题写刊名。1924年11月,应冯玉祥之邀北上讨论国是,提出"召开国民会议和废除不平等条约"两大号召,同帝国主义和北洋军阀段祺瑞、张作霖等作斗争。1925年3月12日在北京去世。

校董[①]

柏文蔚(1876—1947),字烈武,安徽寿县人。1905年,加入中国同盟会。武昌起义时到秣陵关联络第九镇新军攻南京。南京光复后任革命军第一军军长兼北伐联军总指挥。1912年,任安徽都督兼民政长。1913年7月,参加讨袁,失败后赴日本、南洋。1917年回国,任鄂西靖国军总司令等职。1923年8月,应上海大学评议会之邀,任上海大学校董。1930年后,历任国民政府委员、国民党中央执行委员等职。1947年在上海去世。

蔡元培(1868—1940),中国民主革命家、教育家。字鹤卿,号孑民,浙江绍兴人。1917年,任北京大学校长,提倡"思想自由""兼容并包"的办学方针。1923年8月,应上海大学评议会之邀,任上海大学校董。1927年,任国民政府大学院院长,后改任中央研究院院

[①] 以下董事会名录分别见《上海大学开第一次评议会》(《申报》1923年8月13日)、《上海大学首次评议会》(《民国日报》1923年8月13日);浩人:《张开元与〈上海大学志〉》,政协淮阴市委员会文史资料委员编《别梦依稀——淮阴文史资料第八辑》,1989年10月、台湾档案《上海大学概况》、汪令吾《国共合作创办的上海大学》(上海市政协文史资料委员会编《上海文史资料存稿汇编(第9辑)》(上海古籍出版社2001年版)。

长。九一八事变后,主张抗日。又与宋庆龄、鲁迅等组织中国民权保障同盟。1940年在香港去世。

简照南(1870—1923),广东广州人。与其弟简玉阶共同创立南洋兄弟烟草公司。曾任上海总商会会董、上海华侨联合会董事等职。1923年8月,应上海大学评议会之邀,任上海大学校董。同年10月28日在上海去世。

李石曾(1881—1973),河北高阳人。1920年在北京创办中法大学;同年,在法国建立里昂中法大学。1923年8月,应上海大学评议会之邀,任上海大学校董。1924年,在国民党第一次全国代表大会上当选中央监察委员。1928年,任故宫博物院理事长。1949年,移居海外;1956年,定居台湾。

马君武(1881—1940),祖籍湖北蒲圻,生于广西桂林。中国近代获得德国工学博士第一人。曾任孙中山革命政府秘书长、广西省省长,北洋政府司法总长、教育总长。1923年5月13日,在上海大学作"国计民生政策"的演讲;同年8月,应上海大学评议会之邀,任上海大学校董。历任大夏大学、北京工业大学、广西大学校长。抗日战争期间,任国防最高委员会参议、国民参政会参议员。

马素(1883—1931),字素吾,广东广州人。早年肄业于香港约瑟学院。1911年,任孙中山秘书。辛亥革命时,与陈士英一同进攻江南机器局。1912年,任南京临时政府秘书处外交组组长、《民国西报》总编辑。1926年,赴英美等国,任中国国民党美洲总支部长。1923年8月,应上海大学评议会之邀,任上海大学校董。1927年,任北京军政府国务院参议。1931年在北平去世。

马玉山(1878—1929),广东香山(今中山)人。早年经商,在菲律宾创立马玉山糖果饼干公司。1911年后回国,在香港创设糖果公司。后又设一制造糖姜及装置糖姜之玻璃器皿厂。其后在广州、上海等地设有马玉山糖果饼干公司,分行遍及北京、天津等地及南洋。1923年8月,应上海大学评议会之邀,任上海大学校董。

孙科(1891—1973),字哲生,广东香山(中山)人。孙中山之子。美国加利福尼亚大学、哥伦比亚大学毕业。曾任广州非常国会及外交部秘书、英文《广州时报》副主编、广州市长。1923年8月,应上海大学评议会之邀,任上海大学校董。后历任武汉国民政府常委、代理广东省省长、交通部部长、国民党中央执行委员会常委。1927年起,历任国民政府建设部部长、财政部部长、铁道部部长、考试院副院长、行政院院长、立法院院长、国民政府副主席。1949年后赴法国、美国,1964年到台湾。曾任"总统府"高级咨议、考试院院长。

王一亭(1867—1938),名震,号梅花馆主,50岁后署白龙山人,浙江湖州人。早年经营海运,后为日清公司总代理。业余习书画,初在上海怡春堂裱画店当学徒,拜任伯年入室弟子徐小仓为师,得到任伯年的悉心指教。曾任上海大学校董、美术科国画教授。46岁后,拜吴昌硕为师,是继吴昌硕之后海上画派的代表人物之一。1937年日军侵占上海后,坚持不就伪职。

章炳麟(1869—1936),中国民主革命家、思想家,号太炎,浙江余杭人。1923 年 8 月,应上海大学评议会之邀,任上海大学校董。1906 年,加入中国同盟会,主编《民报》。1913 年宋教仁被刺后,参加讨袁,为袁世凯禁锢,袁死后获释。1917 年,参加护法军政府,任秘书长。1923 年 8 月,应上海大学评议会之邀,任上海大学校董;同年 12 月 2 日在上海大学作"中国语音统系"的演讲。1935 年,在苏州主持章氏国学讲习会。

张继(1882—1947),原名溥,字溥泉,直隶沧州(今属河北)人。日本早稻田大学毕业。1905 年,加入中国同盟会。辛亥革命后任同盟会交际部主任、第一届国会参议院议长。1923 年 4 月 1 日,在上海大学作"个人与社会"的演讲;同年 8 月,应上海大学评议会之邀,任上海大学校董。1924 年,反对孙中山联俄、联共、扶助农工的政策,与谢持等提出"弹劾共产党案"。1925 年起,积极支持、参与西山会议派的反共活动。1927 年后,任国民政府司法院副院长、立法院院长、国史馆馆长等职。1947 年 12 月在南京去世。

张静江(1876—1950),浙江湖州人。出身巨商。早年在巴黎创办《新世纪》周报,鼓吹无政府主义。1907 年,加入中国同盟会。1923 年 8 月,应上海大学评议会之邀,任上海大学校董。1925 年起,任广东国民政府常委、国民党中央执行委员会代理主席、中央政治会议浙江分会主席、国民政府建设委员会委员长、浙江省政府主席。1930 年后,寓居上海,经办实业。抗日战争期间,赴瑞士、美国。1950 年在巴黎去世。

邹鲁(1885—1954),广东大埔人。早年加入中国同盟会。辛亥革命后,任广东银钱局总办。1913 年,留学日本。1917 年起,任护法军政府财政部次长、两广盐运使、广东省财政厅厅长、国民党青年部部长。1923 年 8 月,应上海大学评议会之邀,任上海大学校董。曾多次为上海大学自建校舍拨款资助问题代表国民党中央执行委员会致函上海大学。1925 年,与林森、谢持等组成西山会议派。1930 年,一度与冯玉祥、阎锡山等联合反对蒋介石。后任中山大学校长、国民党中央执委会常委、国防最高委员会常委。1949 年去台湾后,任"总统府"资政。

第二节 教 职 员

安体诚(1896—1927),字存斋,笔名存真,河北唐山人。1918 年,赴日本东京帝国大学经济学部留学。1921 年回国,任教于天津法政专门学校。1922 年,加入中国共产党。1923 年,任浙江法政专门学校政治经济系教员、中共杭州支部书记。1924 年春,任上海大学现代经济学、社会学、科学社会主义等课程教授。其《现代经济学》讲义由中国共产党创办的上海书店出版。1925 年夏,离开上海大学到西安从事兵运工作。1926 年夏,任黄埔军校政治教官。1927 年 5 月在上海龙华就义。

卜世畸(1902—1964),又名道明、士奇、士琦、士畸,湖南益阳人。1918 年,毕业于长沙船山中学。后到上海外国语学社学习。1920 年底,加入中国社会主义青年团。1921 年

秋,赴莫斯科东方大学学习;同年,加入中国共产党。1922年冬回国,任上海大学俄文教员。1924年4月,任上海大学平民学校主任;同月赴广州,任黄埔军校俄文翻译。1925年春,代理黄埔军校政治部主任。1926年秋,随邵力子出使苏联,任翻译。后任莫斯科中山大学、列宁学院政治经济学讲师。1930年回国。1964年5月在台北去世。

蔡和森(1895—1931),中国无产阶级革命家,中国共产党早期领导人。又名仙,字润寰,号泽膺,湖南双峰人。1913年秋,就读于湖南省立第一师范学校。1915年夏,转入湖南高等师范学校,其间与毛泽东一起组织进步团体新民学会,创办《湘江评论》,参加五四运动。1919年12月,赴法国勤工俭学。1921年,与周恩来、赵世炎等筹组中国共产党旅欧早期组织,是法国支部的创始人之一;同年回国,12月加入中国共产党。1922年起,任中共中央机关报《向导》周报主编,撰写大量论著,宣传党的路线、方针和政策。1923年秋,任上海大学社会学系社会进化史课程教授。1924年8月,其所编讲义《社会进化史》由民智书局列入"上海大学丛书"出版。1925年,参加领导五卅运动;同年,赴苏联出席共产国际第五届执委会第六次扩大会议,会后任中共驻共产国际代表。1927年回国,任中共中央秘书长。八七会议后,任中共中央北方局委员、宣传部部长、中共中央宣传部部长。是中共第二届中央执行委员会委员,第三、第四届中央局委员,第五、第六届中央政治局常委。1928年底,作为中共驻共产国际代表团成员派驻莫斯科。1931年回国后,任中共两广省委书记;同年6月在香港被捕,8月在广州就义。

蔡慕晖(1901—1964),女,名希真,号葵,浙江东阳人。陈望道夫人。1926年,毕业于南京金陵女子大学。1927年,任上海大学教授。1930年,与陈望道结婚。新中国成立前,曾多次出席世界女青年协会代表大会,当选世界基督教女青年协会理事。新中国成立后,任上海震旦大学外语系代理系主任,复旦大学外语系教授、工会副主席,为上海市政协委员、上海市妇联执行委员、全国文联代表、中国民主同盟上海市委委员。

曹聚仁(1900—1972),中国记者、作家。字挺岫,浙江兰溪人。毕业于浙江省立第一师范学校。1922年到上海,创办沧笙公学,后任教于爱国女中、暨南大学、复旦大学等。1925年3月,任上海大学中学部教员。九一八事变后,任上海抗日救亡协会理事。抗日战争全面爆发后,任战地记者,曾报道淞沪抗战、台儿庄大捷。1950年赴香港,任新加坡《南洋商报》驻港特派记者。50年代后期,主办《循环日报》《正午报》等报纸。1972年在澳门病逝。著作有《中国学术思想史随笔》《万里行记》《现代中国通鉴》等。

陈抱一(1893—1945),中国画家。广东新会人。1921年,毕业于日本东京上野美术学校。曾任神州女子学校艺术科、上海图画美术院教授。1923年前后,任上海大学美术科西洋画、木炭画等课程教授。1925年,创办中华艺术大学。后到上海艺术专科学校任教。1945年7月在上海去世。

陈德徵(1893—1951),字待秋,浙江浦江人。以勤工俭学就读于之江大学化学系。1923年春,任上海大学中学科主任;同年5月,兼任图书室主任;同年8月7日,在《民国日报》副刊《觉悟》发表《发展中的上海大学中学部》;同年8月8日,当选上海大学最高决策机构评议会评议员。1926 年,任上海《民国日报》主编。1928 年 5 月,当选上海各界反对日军暴行委员会主席兼宣传委员会主任。1929 年 4 月,任上海特别市教育局局长。1951 年在上海去世。

陈灜一(1892—1953),一作甘簃,字藻青,号颖川生,别属睇向斋主人、谈所欲谈斋主人、听天由命生、旁观客等,江西黎川人。在张学良幕中参与机要多年。曾任上海大学中国文学系国文名著选课程教授。九一八事变后,到上海创办《青鹤》杂志。1948 年赴台湾。1953 年在台北病逝。著作有《向斋随笔》《睇向斋闻见录》《睇向斋秘录》《怀远录》《历史人物观》《甘簃诗文集》《辛亥和义之秘史》《甘簃随笔》等。

陈望道(1891—1977),中国教育家、语言学家,《共产党宣言》首个中文全译本翻译者。原名参一,又名融,字任重,浙江义乌人。毕业于日本中央大学法科。1920 年,参加《新青年》编辑工作。为中国共产党发起组织成员。中国共产党成立后,任中共上海地方委员会第一任书记。1923 年退党;同年 6 月,任上海大学中国文学系主任、教授,讲授语法文法学、修辞学、美学等课程;同年 8 月 8 日,当选上海大学最高决策机构评议会评议员。1925 年 2 月,兼任上海大学学务主任。1927 年,任上海大学行政委员会主席,主持学校工作。后到复旦大学任教。抗日战争胜利后,任上海华东地区高校教授联合会主任。新中国成立后,任华东军政委员会文教委员会副主任兼文化部部长、复旦大学校长、华东行政委员会高教局局长。为中国科学院哲学社会科学部委员、全国政协常委、中国民主同盟中央副主席兼上海市主任委员。1957 年,经毛泽东特别批示重新加入中国共产党。1977 年在上海去世。著作有《修辞学发凡》《陈望道文集》等。

戴季陶(1891—1949),初名良弼,后名传贤,浙江湖州人。早年留学日本,加入中国同盟会。辛亥革命后追随孙中山,参加二次革命和护法战争。1920 年夏,曾参加筹建上海共产主义小组,后退出。1924 年 3 月 14 日,在上海大学作题为"东方问题与世界问题"的演讲。1924 年 8 月,任上海大学经济学系教授。后任黄埔军校政治部主任、国立中山大学校长、国民党中央宣传部部长、国民政府考试院院长等。1949 年 2 月在广州自杀身亡。

邓中夏(1894—1933),中国无产阶级革命家,中国早期工人运动领导人。原名隆勃,字仲澥,湖南宜章人。1917 年,就读于北京大学。五四运动期间是北京学联的领导人之一。1920 年,参加北京的中国共产党早期组织。1921 年初,创办长辛店劳动补习学校、出版进步刊物《劳动者》。1922 年 5 月,任中国劳动组合书记部主任,参加领导长辛店铁路工人、开滦煤矿工人和京汉铁路工人大罢工。1923 年 4 月,任上海大学总务长、教授;同年 8 月 8 日,当选上海大学最高决策机构评议会评议员。在上海大学任职任教期间,任中共上海地方兼区执行委员会委员长。1924 年秋,辞去上海大学教职。1927 年 8 月起,任中共江苏省委书记、广东省委代理书记。1928 年,赴莫斯科出席赤色职工国际第四次代表大会,后任中华全国总工会驻赤色职工国际代表。1930 年 7 月回国,后任中共湘鄂西特委书记、中国工农红军第二和第三军团政治委员兼前敌委员会书记、中央革命军事委员会委员。是中共第二、第五届中央委员,第三、第六届中央候补委员,八七会议上当选中共

中央临时政治局候补委员。1933年5月在上海被国民党当局逮捕,9月21日在南京雨花台就义。遗著有《中国职工运动简史》,有《邓中夏文集》行世。

狄侃(1893—1967),江苏溧阳人。五四运动期间,当选上海全国学生联合会会长。1923年3月,任孙中山大本营秘书;同年8月前后,任上海大学中学部法学通论、万国公法、中国现行法等课程教员。1967年在溧阳病逝。

董亦湘(1896—1939),字椿寿,又名衡,谱名彦标,江苏常州人。自幼进私塾。19岁时在当地任塾师。1918年到上海,任商务印书馆助理编辑,工作之余大量阅读进步革命书刊,自学英语、俄语。1922年,由沈雁冰介绍正式加入中国共产党。1923年7月,任中共上海地方兼区委第二组即商务印书馆组组长;同年9月27日,任中共商务印书馆支部书记。同一时期,先后介绍陈云、张闻天、孙冶方等加入中国共产党。1924年7月后,任上海大学社会学系社会发展史等课程教授。1925年10月,赴莫斯科中山大学学习,其间受王明的打击和迫害。1933年,调至苏联远东哈巴罗夫斯克工作。1937年苏联清党,被捕入狱。1939年5月在狱中病逝。1959年1月,苏联中央军事检察院和远东军事法庭发出通知和证明,对其作出"以无罪结案""恢复声誉"的结论。1984年5月,中共中央组织部发出通知,为其平反昭雪,恢复名誉。1987年3月,经国家民政部批准,被认定为革命烈士。

方光焘(1898—1964),中国语言学家、文学家。原名曙先,浙江衢州人。1924年,毕业于日本东京高等师范学校;同年8月,任上海大学中国文学系教授。1929年赴法国里昂大学攻读语言学研究生,1931年辍学回国参加抗日活动。新中国成立后,任南京大学中文系主任、教授,江苏省文化局局长、省文联主席。为中国科学院哲学社会科学部委员。1956年3月,加入中国共产党。1964年在南京病逝。有《方光焘语言学论文集》行世。

丰子恺(1898—1975),中国画家、文学家、美术和音乐教育家。浙江桐乡人。1914年,进入浙江省立第一师范学校学习,受教于李叔同、夏丏尊。1919年,与吴梦非、刘质平等一起创办上海艺术师范学校。1921年春,赴日本东京留学,学习音乐和绘画,回国后在上海艺术专科师范学校任教。1925年起,以"子恺漫画"为标题,在《文学周报》连载画作,这是中国有"漫画"名称的开始。1925年3月,任上海大学中学部艺术、乐理等课程教员。1926年,在上海艺术大学任教。1942年,在国立艺术专科学校任教。新中国成立后,任中国画院院长、中国美术家协会上海分会主席、上海文学艺术界联合会副主席等,为全国政协委员。有《丰子恺漫画》行世。

冯三昧(1899—1969),原名水鑫,又名颐,字伯年,浙江义乌人。1917年,赴东京早稻田大学文学系留学。1927年4月前,在上海大学任教。曾参加上海工人第一次武装起义。四一二反革命政变后,曾从事中国共产党地下组织的保卫工作。新中国成立后,任上海市土产公司秘书科长、华东局财经委员会秘书,后到金华中学、义乌中学等校任教。1957年,当选义乌县政协常委。

冯子恭(1895—1967),又名延梓,字孟寅,湖北咸丰人。1915年赴英国伦敦大学预科留学,1916年转入香港大学,毕业后获文学士、理学士学位。1921年,任孙中山秘书;同年3月20日,孙中山在广东省教育会系统讲演"五权宪法",冯子恭任笔录。1922年前后冯子恭节译《资本论》,后刊登于广州《晨报》。1923年,任上海大学中国文学系英文等课程教授;同年8月8日,当选上海大学最高决策机构评议会评议员。1925年,任国民政府外交部特派广西交涉员公署外交科长。曾创办《农工日报》,任社长兼总编辑。1957年5月,任咸丰县副县长。1967年1月在咸丰病逝。

傅东华(1893—1971),又名则黄,浙江金华人。1912年,上海南洋公学毕业后任中华书局编译员,后到北京师范大学任教。1924年春,任上海大学中国文学系诗歌原理课程教授。1929年后,任复旦大学中文系教授。1937年,参与斯诺《红星照耀中国》(又名《西行漫记》)的翻译出版工作。1943年后,在上海从事翻译及语言文字研究。新中国成立后,任中华书局《辞海》编辑所编审。

傅彦长(1892—1961),原名硕家,江苏武进人。毕业于上海南洋公学。先后留学日本、美国,回国后任私立上海专科师范学校乐理教员、江苏第三中学英文教师。后到上海大学美术科任乐学等课程教授。曾任《音乐界》杂志主编,参与发起"民族主义文学"社团,编辑杂志《前锋月刊》。

高尔柏(1901—1986),字咏薇,笔名郭真,上海青浦人。1922年,毕业于南洋公学中院。1924年9月,以特别生资格进入上海大学社会学系二年级学习;同年,加入中国共产党。1925年3月,任上海大学中学部教员;同年8月,任训育主任、社会科主任。1926年2月,任中共上海大学独立支部书记。1927年4月,与侯绍裘一起赴南京,任国民党江苏省执行部委员、宣传部代部长,后兼任秘书长。四一二反革命政变后,因受国民党通缉去日本,与党组织失去联系。1929年秘密回国,从事翻译、出版和中学教学工作。新中国成立后,任高等教育部第二处副处长。1986年10月在桂林病逝。

高冠吾(1892—1953),上海崇明人。毕业于保定军官学校。1923年8月,任上海大学中国文学系文字学等课程教授。1924年,任孙中山大本营咨议、广州江防司令部参谋长兼代司令。后任国民革命军第10军副军长,参加北伐。1938年3月,投敌参加伪中华民国维新政府。1940年3月,投靠汪伪国民政府。1953年在济南病逝。

高觉敷(1896—1993),中国心理学家。又名卓,浙江温州人。1916年,考入北京高等师范学校英文部。1918年被选送香港大学教育系学习,1923年获文学士学位。1926年4月前后,任上海大学英国文学系、中国文学系教授。后任四川大学、中山大学、复旦大学、金陵大学教授。新中国成立后,任南京师范学院教授、副院长。1993年2月在南京病逝。

戈公振(1890—1935),中国新闻记者、新闻学者。名绍发,号公振,江苏东台人。1908年,就读于东台高等学堂。1912年起,先后在《东台日报》《时报》《申报》工作。1927年3月,以上海大学教授和《时报》记者身份访问英国。1933年,访问苏联。1935年在上海病逝。有著作《中国报学史》《从东北到庶联》和译著《新闻学撮要》等。

顾均正(1902—1980),浙江嘉兴人。中学毕业后任小学教员,坚持自学英语。1923

年,任商务印书馆编译所编辑。1925年6月,任《公理日报》编辑。1926年,任上海大学中国文学系世界儿童文学等课程教授。1928年,到开明书店工作,任《中学生》杂志主编。1934年起,创作大量科普作品,并翻译大量外国科学文艺读物。新中国成立后,任中国青年出版社副社长兼副总编辑。为北京市第五届政协副主席。1980年12月在北京病逝。

郭沫若(1892—1978),中国作家、诗人、历史学家、考古学家、古文字学家、社会活动家。原名开贞,笔名鼎堂等,四川乐山人。1914年初,赴日本学医,后从事文艺运动。1918年开始新诗创作,1921年组织文学团体"创造社",接受马克思主义思想并倡导革命文学。1925年5月2日,在上海大学作题为"文艺之社会的使命"的演讲,同期任上海大学社会学系社会学、政治史等课程教授。1926年参加北伐,任国民革命军总政治部副主任。1927年,参加南昌起义;同年8月,加入中国共产党。1928年,旅居日本,从事中国古代史和甲骨文、金文研究。1930年,加入中国左翼作家联盟。抗日战争全面爆发后回国,任国民政府军事委员会政治部第三厅厅长,从事抗日救亡运动。1949年北平解放后,当选全国文联主席。新中国成立后,任政务院副总理兼文化教育委员会主任、中国科学院院长兼哲学社会科学部主任,为第一至第五届全国人大常委会副委员长,第一、第二、第三、第五届全国政协副主席,中共第九至第十一届中央委员。1978年6月在北京病逝。有《郭沫若全集》行世。

郭任远(1898—1970),中国心理学家。广东潮阳人。1916年,考入复旦大学。1918年赴美国加利福尼亚伯克利大学学习心理学专业,1921年毕业。1923年,在美国加州大学完成博士学业回国,任复旦大学心理学教授、副校长,创办心理学系。1923年秋,任上海大学选科教授,讲授心理学课程。1933年,任浙江大学校长。1946年定居香港。1970年在香港病逝。

韩觉民(生卒年不详),湖北黄安人。毕业于北京大学,为北京大学北大援助唐山学生干事会干事、学生联合会五四纪念会大会主席。1923年秋,任上海大学中学部代数、几何、算数等学科教员。1925年2月,任上海大学总务主任;同年10月,任济难会全国总会临时执委会主任。1927年,任北伐军总政治部秘书。1935—1936年,任上海浦东中学校长。

何葆仁(1895—1978),又名保仁,福建漳州人。先后就读于南京暨南学堂、上海复旦公学,后进入复旦大学中文系学习。五四运动时期,先后任上海学生联合会会长、全国学生联合会副会长。1920年赴美国伊利诺大学留学,获政治学博士学位。1924年回国,任上海大学英国文学系法学通论、哲学史等课程教授。1925年,任新加坡华侨中学校长。1941年后回国,在重庆任职。1945年,重返新加坡经商。1978年1月在新加坡病逝。

何明斋(1884—?),原名孝元,浙江海宁人。浙江第一师范学校毕业,师从李叔同、姜丹书、经亨颐等。1914年7月,任商务印书馆编译所编辑。1924年4月之前,在上海大学美术科任教,教授手工等课程。同时,兼任上海美术专科学校教授,教授手工、工艺实习、色彩学、图案、透视学等课程。另编有《新时代音乐教科书》等音乐教材。

何世枚(1896—1975),字朴枕,安徽望江人。1921 年,东吴大学法学院毕业后赴美国密歇根大学留学并获法学博士学位。1924 年春,任上海大学英国文学系议会法、论理、小说、散文等课程教授;同年 10 月后,随何世桢一起离开上海大学,创办持志大学并任副校长兼教务长。抗日战争胜利后,在上海从事律师工作。1975 年在扬州病逝。

何世桢(1895—1972),安徽望江人。何世枚胞兄。1918 年,毕业于北京大学英文系。后赴美国密西根大学留学并获法学博士学位。1922 年回国。1923 年秋,任上海大学英国文学系主任,教授英文演说等课程。1923 年 12 月,任上海大学学务长并继续兼英国文学系主任。1924 年 10 月后,离开上海大学,秉持祖父遗志创办持志大学并任校长。抗日战争胜利后,在上海从事律师工作。1972 年 10 月在上海病逝。

何味辛(1903—1986),原名王鍼生,幼年从外祖父姓何,名福良,笔名慧心、味辛,后改名何公超,上海松江人。1920 年,到商务印书馆文书股工作。1924 年,任上海《民国日报》副刊《杭育》编辑。1925 年,加入中国共产党。同期到上海大学任教。五卅惨案后,任中国共产党出版的第一张日报《热血日报》编辑。四一二反革命政变后,与党失去联系。1944 年,与人合创《儿童世界》并任主编。1949 年,与党组织恢复联系。新中国成立后,任少年儿童出版社副总编辑。为上海市政协委员。1986 年 8 月病逝。著作有童话集《快乐鸟》《丑小鸭》《小金鱼》等。

洪野(1886—1932),又名禹仇,安徽歙县人。1922 年 2 月任东南高等专科师范学校美术科主任,后转入上海大学任美术科主任,教授西洋画、色彩学、国画、素描等课程。1923 年 8 月 8 日,当选上海大学最高决策机构评议会评议员。1927 年 5 月,上海大学被国民党当局武力封闭后离校到上海其他艺术学校任教,后到松江县立中学任美术教师。为潘玉良启蒙老师。1932 年在松江病逝。

侯绍纶(1901—?),字砚圃。1924 年,毕业于复旦大学商科。1925 年,任苏州乐益女中英文教员,为苏星足球队队员。1927 年,任上海大学中学部教员。1932 年,与原上海大学中学部教员陈贵三等人重建由侯绍裘、朱季恂等人创办的新松江社。后任江苏省立上海中学英文教员、上海工务局专员。1949 年 5 月 25 日,受赵祖康委派,在上海市政府负责与旧政府各局处联络协调以便解放军的接收工作。新中国成立后,任上海中学语文教师。为民革上海市委常委、副秘书长、顾问,上海市政协委员。参与校订《汽车驾驶法》《模范英汉辞典》。

侯绍裘(1896—1927),字墨樵,上海松江人。1918 年,考入上海南洋公学,后因参加进步活动被勒令退学。1923 年秋,加入中国共产党。1925 年 2 月,任上海大学中学部副主任;同年 5 月 28 日,任上海大学市民演讲团总指挥;同年 7 月,向国民党中央执行委员会呈《整顿上海大学计划书》;同年 8 月,任上海大学中学部主任。1926 年 1 月,中国国民党召开第二次全国代表大会期间,由侯绍裘担任团长的上海大学自建校舍募捐团向大会递交《上海大学募捐团致代表大会书》;同年 8 月 4 日,在《民国日报》发布《上大附中之新计划》。1927 年 3 月参加上海工人第三次武装起义的组织工作,3 月 12 日当选上海市临

时政府委员;同年 4 月,根据党组织安排,辞去上海大学工作,率国民党江苏省党部机关到南京办公,4 月 15 日被国民党当局杀害。

胡汉民(1879—1936),原名衍鸿,字展堂,广东番禺人。1902 年,赴日本法政大学留学。1905 年,加入中国同盟会,任《民报》主编。1924 年 2 月,任上海大学现代政治课程教授。曾任南京国民党中央政治会议主席、立法院院长。1936 年 5 月在广州病逝。

胡寄尘(1886—1938),字怀琛,安徽泾县人。胡朴安胞弟。1922 年,任上海东南高等专科师范学校国文教员,后转入上海大学任教。1932 年,任上海通志馆编辑。1938 年 1 月在上海病逝。著作有《中国文学史概要》《中国文学通评》等。

胡朴安(1878—1947),中国语言文字学家。字仲民,号朴庵,安徽泾县人。辛亥革命前,在《民立报》工作。长于《说文解字》和训诂学。1924 年春,任上海大学中国文学系文字学等课程教授。后任上海通志馆馆长、上海市文献委员会主任。著作有《文字学 ABC》《中国文字学史》等。

季忠琢(生卒年不详),字璞成,江苏如皋人。早年毕业于北京大学法学系。1925 年 3 月,任上海大学中学部教员。1926 年,参加创办上海法政大学并任教授。新中国成立后,因反革命罪被如皋人民政府镇压。

蒋光慈(1901—1931),中国作家。原名如恒,又名侠僧、侠生、光赤,安徽六安人。1920 年秋,在上海外国语学社学习俄语;同年冬,加入中国社会主义青年团。1921 年 5 月,赴莫斯科东方大学学习;同年,在共产国际召开的远东各国共产党及民族革命团体第一次代表大会上任俄语翻译;同年,加入中国共产党。1924 年夏回国,任上海大学社会学系世界史、俄文课程教授。1925 年 2 月,参加创造社。1926 年,创作出版《少年飘泊者》。1927 年 11 月,创作出版反映上海工人武装起义的中篇小说《短裤党》,为中国无产阶级革命文学最初的成果之一。1928 年 1 月,参与创立由中国共产党领导和组织的第一个革命文学团体太阳社。1931 年 8 月在上海病逝。

金仲文(1881—1950),朝鲜人。又名圭植、奎植。曾任韩国第一代政府外务总长、皇城基督教青年会教育部干事,是韩国光复运动团体联合会、韩国三一节、朝鲜民族战线联盟重要人物,是巴黎和会时的朝鲜代表。后到中国从事教育事业,在上海创办博达学院等多所学校,并在上海大学、复旦大学等大学任教。1932 年,受中韩民众大同盟派遣赴美宣传朝中人民联合抗日。1935 年,朝鲜民族革命党创立,任党主席兼中央委员会委员长。抗日战争全面爆发后,赴四川大学从事抗敌和复国活动,成立四川大学抗敌委员会,加入战时工作委员会。1940 年,任大韩民国临时政府国务委员会副主席。1946 年,任韩国过渡立法委员会委员长。1950 年,在韩国战争中被朝鲜人民军拘捕。

金祖惠(1898—1986),字逊迪,一说孙迪,浙江义乌人。金华火腿最大作坊"金永和"老板金重辉之子。1916 年,赴日本庆应大学留学。1926 年,任上海大学教授。曾任上海法科大学、平原省师范学院教授,中华民国驻朝鲜京城总领馆领事、新义州领事。八一三淞沪会战后,拒绝承认日本支持的华北伪政权,率新义州领事成员撤离。南京汪伪政权成立后,任汪伪政府工商部驻沪办事处主任、参事兼接收日军管理工厂委员会驻沪办事处主任。新中国成立后,任河南大学教授。

匡互生(1891—1933),字子俊,号务逊,又号日休,湖南邵阳人。1915年,进入北京高等师范学校学习。1919年,参加五四运动,与傅斯年、段锡朋一起组织五四运动天安门集会和会后游行;同年夏,从北京高等师范学校毕业后回湖南任教于长沙楚怡小学。1920年,任湖南省立第一师范学校教务主任,聘请毛泽东到校任教。曾参加新民学会,与毛泽东共同成立文化书社。1922年,到上海中国公学任教。1924年,任浙江上虞春晖中学训育主任。1925年2月前,任上海大学中学部教员;同年春,创办立达中学。

乐嗣炳(1901—1984),曾用名乐山、乐观等,浙江镇海人。1916年,任中华民国国语研究会干事。1920年秋,任上海国音推行会主持人。曾任上海大学、复旦大学、暨南大学、广西大学等校教授。新中国成立后,将其收藏的大量文物无偿捐赠给上海博物馆、上海革命历史博物馆、广西壮族自治区博物馆、海南省民族博物馆等。生前写有《回忆上海大学》一文。有著作《国语概论》《国语辨音》《国语会话》《怎样教学普通话》等。

李超士(1893—1971),名骥,广东梅州人。1905年,到南洋中学学习。1911年公费赴英国留学,1912年转赴法国学习美术。1919年毕业于巴黎美术大学,后至印象派画家德加工作室工作。回国后任教于上海美术专科学校。1922年10月后,任上海大学美术科西画课程教授。新中国成立后,参与创建山东师范学院美术科并任教授。1952年,任中国美术家协会山东分会首任主席。1971年12月在济南病逝。

李达(1890—1966),中国哲学家,马克思主义传播的先驱者。名庭芳,字永锡,号鹤鸣,湖南永州人。1920年,从日本留学回国;同年8月,在上海与陈独秀、李汉俊等共同成立中国共产党的发起组织。1921年,出席中国共产党第一次全国代表大会,当选中央局宣传主任。1923年离开党组织。1924年8月,任上海大学社会学系社会思想史、社会运动史等课程教授。参加北伐,任国民革命军总政治部编审委员会主席等,出版《现代社会学》一书。四一二反革命政变后,在白区长期担任大学教授,坚持宣传马克思主义,著有《社会学大纲》等。1949年12月,重新加入中国共产党。曾任湖南大学校长、武汉大学校长。为中国科学院哲学社会科学部委员、第一任中国哲学学会会长。重要论著编入《李达文集》。

李大钊(1889—1927),中国无产阶级革命家,中国最早的马克思主义者,中国共产党的主要创始人和早期领导人。原名耆年,字寿昌,后改名大钊,字守常,直隶乐亭(今属河北)人。1923年4月,向于右任推荐邓中夏、瞿秋白等共产党人到上海大学任职任教;同年4—11月,曾五次到上海大学,作"演化与进步""美术应将现代社会之困苦悲哀表现出来""社会主义释疑""史学概论""劳动问题概论"等演讲。1924年8月,被聘为上海大学经济学系主任。1927年4月6日,被奉系军阀逮捕,28日在北京就义。

李汉俊(1890—1927),原名书诗,湖北潜江人。1918年,毕业于日本东京帝国大学。回国后创办《劳动界》并参加《新青年》《星期评论》《共产党》等刊物编辑工作。1920年8

月,在上海与陈独秀、李达等共同成立中国共产党的发起组织;同年12月,代理发起组织的支部书记,负责全面领导工作。1921年,出席中国共产党第一次全国代表大会。1922年,赴武汉从事革命工作。后脱离党组织。1923年,参加京汉铁路工人大罢工。1926年春,任上海大学社会学系唯物史观课程教授。1926年8月,北伐军进驻武汉,任湖北政务委员会委员兼接受保管委员会主任委员。在桂系军阀占领武汉后,与国民党右派的反共活动进行斗争。1927年12月在武汉被桂系军阀胡宗铎部杀害。

李季(1892—1967),又名原博、卓之,字懋猷,号协梦、移山郎,湖南平江人。1915年,考入北京大学英文系,毕业后任北京大学预科一年级英文作文和文化教员。1920年,参加中国共产党发起组织;同年底,随陈独秀到广州参加中国共产党早期组织的创建工作。1922年到德国法兰克福大学经济系学习,1924年转入苏联莫斯科东方大学学习。五卅运动后回国,任上海大学社会学系教授。1926年4月,任上海大学社会学系主任。1929年,参加托派组织被开除党籍。1934年,自行脱离托派组织,从事编译著述。新中国成立后,任国家出版总署特约翻译。1967年2月在上海病逝。著作有《马克思传》等,译著有《马克思恩格斯通讯集》《现代资本主义》等。

李石岑(1892—1934),中国哲学家。湖南醴陵人。早年留学日本。1919年回国,任商务印书馆编辑,主办《民铎》杂志。1922年1月,任商务印书馆《教育杂志》主编,兼《时事新报》副刊《学灯》主笔。同一时期,任上海大学中国文学系哲学史课程教授。1927年,赴法、英、德等国考察西方哲学。1933年3月,为纪念马克思逝世50周年,在上海宣讲"科学的社会主义哲学"等。1934年在上海病逝。著作有《人生哲学》《中国哲学十讲》《哲学概论》等。

李未农(生卒年不详),京兆(今北京市)人。曾任湖南第一师范英文科教育科主任教员。1924年春到上海大学中学部任教,教授英文、世界史、社会学等课程。

刘大白(1880—1932),中国诗人。原名金庆棪,字伯贞,后改姓刘,又名靖裔,别号白屋,浙江绍兴人。1913年,东渡日本并加入同盟会。1915年,转赴南洋,在新加坡、苏门答腊等地华侨学校教授中文。1916年回国。1924年春,任上海大学中国文学系中国文学史等课程教授。1928年1月,任浙江大学秘书长。后到教育部任职。有《刘大白诗集》等行世。

刘含初(1895—1927),又名翰章,陕西黄陵人。1916年,进入北京大学学习。1919年,参加五四运动。1923年,任上海大学教授。1924年春,在上海大学加入中国共产党;同年10月,任上海大学校务长。1925年春,赴陕西从事统一战线工作。四一二反革命政变后,遭国民党当局通缉。1927年8月被特务追踪枪杀。

刘薰宇(1896—1967),贵州贵阳人。1919年,毕业于北京高等师范学校。1925年3月,任上海大学中学部主任;同年8月,离开上海大学到立达学园任教。1928年,赴法国巴黎大学留学。1930年回国,先后在中学和大学任教。1950年,任人民教育出版社副总编辑。1956年,加入中国共产党。有《马先生谈算学》《数学趣味》《数学的园地》(统称"数学三书")行世。

毛飞(1893—1973),字松园,湖南沅江人。毕业于上海复旦大学政治经济系。1924年春,到上海大学英数高等补习科任教,教授英文等课程。1936年,任国民党中央组织部研究室主任。1973年在台北去世。

梅电龙(1900—1975),又名龚彬,湖北黄梅人。1924年,加入中国社会主义青年团。曾任上海学生联合会副会长。1925年,加入中国共产党。五卅运动期间,为上海学生运动负责人。1926年1月,任国民党上海市党部执行委员、中共党团书记;同年3月,任上海大学中学部政治经济课程教员。1926年底,参加北伐,任第40军第12师政治部主任。后任暨南大学、中山大学、香港达德学院教授。新中国成立后,为第二和第三届全国政协委员、副秘书长,中央财经委员会委员,第二和第三届全国人大常委会委员,民革中央常委、秘书长。

潘念之(1902—1988),中国法学家。又名枫涂、湘澄,浙江新昌人。1919年,先后在浙江省立第四师范学校、上海江苏第二师范学校学习。1924年,加入中国社会主义青年团。1925年,加入中国共产党。五卅惨案后,任共青团上海闸北部委委员;同期任上海大学中学部教员。后任共青团宁波地委书记、中共宁波特别支部委员。1926年3月,任国民党浙江省党部常委兼组织部部长、国民党浙江省党部党团书记。四一二反革命政变后,流亡日本,后回国从事抗战救亡和统一战线等工作。新中国成立后,任华东军政委员会参事室副主任,华东政法学院副院长,上海社会科学院顾问,为上海市人大常委会委员、政法委员会副主任,上海市法学会和政治学会名誉会长,中国法学会顾问。1988年在上海病逝。著作有《宪法论初步》等。

彭述之(1894—1983),湖南邵阳人。1919年,就读于北京大学并参加五四运动。1920年秋,加入中国社会主义青年团。1921年8月,赴莫斯科学习;同年冬,加入中国共产党,是中共莫斯科支部负责人之一。1924年8月回国后主编《向导》周报和《新青年》,同期任上海大学社会学系社会学课程教授。在中国共产党第四次全国代表大会上当选中央执行委员会委员、中央局委员,中国共产党第五次全国代表大会上当选中央委员。四一二反革命政变后,同陈独秀等人结成"中国共产党左派反对派",进行反党活动,被开除党籍。1948年去香港,后去巴黎,1973年移居美国。1983年11月在法国巴黎病逝。

钱病鹤(1879—1944),本名鑫,又名云鹤,字味辛,浙江湖州人。1924年4月前,任上海大学美术科国画等课程教授。后到上海美术专科学校任教。有《病鹤画丛》《病鹤新画》行世。

瞿秋白(1899—1935),中国无产阶级革命家、理论家、宣传家,中国共产党早期领导人。又名霜,江苏常州人。1917年,就读于北京俄文专修馆。五四运动期间,参加领导北京学生爱国运动。1920年,以《晨报》记者身份采访苏俄,写了大量通讯,为向国内介绍俄国十月革命后真实情况的第一人。1922年,加入中国共产党。曾出席远东各国共产党及民族革命团体第一次代表大会和共产国际第三、第四次代表大会。1923年回国,在上海

负责《新青年》《前锋》《向导》等刊物的编辑工作;同年 7 月,任上海大学教务长兼社会学系主任、教授;同年 8 月 8 日,当选上海大学最高决策机构评议会评议员。1925 年 1 月,在中国共产党第四次全国代表大会上当选中央执行委员会委员、中央局委员。1927 年 5 月,在中国共产党第五次全国代表大会第一次全体会议上当选中共中央政治局委员,后任中央政治局常委。主持召开八七会议,任中共中央临时政治局常委、主席。1928 年,赴莫斯科参加中国共产党第六次全国代表大会、共产国际第六次代表大会,当选中共中央政治局委员、中共驻共产国际代表团团长和共产国际执行委员会委员、主席团委员。1931 年 1 月,在中国共产党第六次全国代表大会第四次全体会议上遭共产国际代表米夫及其支持的王明等人打击,被解除中央领导职务。后在上海同鲁迅一起领导左翼文化运动。1934 年,进入中央革命根据地,任中华苏维埃共和国中央执行委员会委员、教育人民委员。中央红军主力长征后,留在南方,任中共苏区中央分局宣传部部长兼中央办事处教育部部长。1935 年 2 月突围转移途中在福建长汀被俘,6 月 18 日在长汀就义。遗著编有《瞿秋白文集》《瞿秋白选集》。

任弼时(1904—1950),马克思列宁主义者,无产阶级革命家、政治家、组织家,中国共产党、中国人民解放军的主要领导人。原名培国,湖南湘阴(今汨罗)人。1915 年夏,考入长沙第一师范学校,结识了毛泽东、蔡和森等。1920 年 10 月,进入上海外国语学社学习俄语;同年,加入中国社会主义青年团。1921 年 5 月,赴莫斯科东方大学习。1922 年,加入中国共产党。1924 年夏,到上海大学任教,讲授俄文并从事党团工作。1925 年 7 月,辞去上海大学教职,任共青团中央总书记兼组织部主任。1927 年 5 月,在中国共产党第五次全国代表大会上当选中央委员。在八七会议上当选中共中央临时政治局委员。1931 年,在中共六届四中全会上当选中央政治局委员。1935 年 11 月,参加长征,任红军第二方面军政委、中共中央西北局副书记。抗日战争全面爆发后,任八路军政治部主任和中央军委总政治部主任。1941 年起,任中共中央秘书长。1945 年,在中共七届一中全会上当选中央政治局委员、中央书记处书记。1950 年 10 月 27 日在北京去世。

任中敏(1897—1991),中国戏曲史家、戏曲理论家。原名讷,笔名二北、半塘,江苏扬州人。1918 年,就读于北京大学国文系,师从吴梅研究词曲。1920 年从北京大学毕业后至晚在 1926 年 4 月前,任上海大学中国文学系教授。1951 年,任四川大学教授。1980 年后,任扬州师范学院词曲研究室主任、中国古代文化研究所名誉所长。1981 年,被国务院学位委员会批准为中国首批博士生导师。1991 年 12 月在扬州病逝。主要著作有《敦煌曲初探》《敦煌歌曲校录》《唐戏弄》《教坊记笺订》《优语集》《唐声诗》《敦煌歌辞集总编》《隋唐五代燕乐杂言歌辞集》等。

任卓宣(1896—1990),原名君彰,又名叶启彰,笔名叶青,四川南充人。1919 年,就读于北京高等法文专修馆。1920 年 6 月,赴法国勤工俭学。1923 年,加入中国共产党,任中共旅法支部书记。后赴莫斯科中山大学学习,1926 年底奉命回国。曾任上海大学社会学系哲学等课程教授。后任黄埔军校政治教官。参加广州起义,曾任中共湖南省委书记等职。1928年被捕后叛变。曾任国民党中央宣传部副部长。1990年在台湾病逝。

潘公展(1894—1975),原名有猷,字干卿,浙江湖州人。毕业于上海圣约翰大学。参加五四运动,任全国学生联合会会报主编。1926年前后,任上海大学教授。1927年4月后,任上海市农工商局局长、社会局局长、教育局局长。抗日战争期间,任国民党中央宣传部副部长、新闻检查处处长、中央图书杂志审查委员会主任委员等。抗日战争胜利后,任《申报》董事长兼社长、上海文化运动委员会主任委员、上海市第一届参议会议长等。1949年到香港,1950年赴美定居,1975年6月在美国纽约病逝。

潘念之(1902—1988),中国法学家。又名枫涂、湘澄,浙江新昌人。1919年,先后在浙江省立第四师范学校、上海江苏第二师范学校学习。1924年,加入中国社会主义青年团。1925年,加入中国共产党。五卅惨案后,任共青团上海闸北部委委员;同期任上海大学中学部教员。后任共青团宁波地委书记、中共宁波特别支部委员。1926年3月,任国民党浙江省党部常委兼组织部部长、国民党浙江省党部党团书记。四一二反革命政变后,流亡日本,后回国从事抗战救亡和统一战线等工作。新中国成立后,任华东军政委员会参事室副主任,华东政法学院副院长,上海社会科学院顾问,为上海市人大常委会委员、政法委员会副主任,上海市法学会和政治学会名誉会长,中国法学会顾问。1988年在上海病逝。著作有《宪法论初步》等。

邵力子(1882—1967),原名闻泰,字仲辉,浙江绍兴人。清末举人。早年留学日本,加入中国同盟会。为中国共产党发起组织成员。1919年6月,任上海《民国日报》主笔并开办副刊《觉悟》。1922年10月后,任上海大学副校长、代理校长,教授中国古代散文等课程。同一时期,任《民国日报》副刊《觉悟》主编。《觉悟》刊登了大量中国早期共产党人和上海大学教师李大钊、陈独秀、瞿秋白、李达、李汉俊、恽代英、沈雁冰、沈泽民、萧楚女、向警予、包惠僧、刘仁静、张闻天、张太雷、方志敏、蒋光赤、任弼时、杨贤江、罗章龙、陈毅、杨之华等人的文章,以及马列著作译文,成为当时传播马克思列宁主义的一个重要阵地。1923年8月8日,当选上海大学最高决策机构评议会评议员。1925年,因受租界当局迫害,离开上海大学赴广州任黄埔军校秘书长。1926年,经中共中央批准,退出中国共产党;同年11月,赴苏联参加共产国际第七次扩大会议。后任国民革命军总司令部秘书长、中国公学校长、陕西省政府主席、国民党中央宣传部部长、驻苏联大使、国民参政会秘书长。1949年,为国民政府和平谈判代表团成员;同年,出席中国人民政治协商会议第一届全体会议。后任政务院政务委员、中苏友好协会副会长、民革中央常委。为第一至第三届全国人大常委会委员、第一至第四届全国政协常委,《辞海》第二版主编。1967年在北京病逝。有《邵力子文集》行世。

邵元冲(1888—1936),字翼如,浙江绍兴人。1906年,加入中国同盟会;同年,考入浙江高等学堂。1911年,赴日本留学。1912年回国,任《民国新闻》总编辑。1917年9月,广州军政府成立,任大元帅府秘书。1919年冬,赴美国留学。1924年,在国民党第一次全国代表大会上当选候补中央执行委员,随后递补为中央执行委员。1924年夏,任国民党

中央执行委员会常委。1925年前后,任教于上海大学。孙中山北上时任随行机要秘书,孙中山逝世时为遗嘱证明人之一。1936年,在西安事变中受伤后去世。

邵诗舟(生卒年不详),浙江绍兴人。邵力子堂弟。1923年,任上海大学英国文学系小说、西方史等课程教授兼中学部高三英文等课程教员。后任复旦大学英文翻译和会话等课程教授。

沈雁冰(1896—1981),中国作家、社会活动家。原名德鸿,浙江桐乡人。1916年夏从北京大学预科毕业后,任上海商务印书馆编译所编辑。为中国共产党发起组织成员。1923年5月,任上海大学中国文学系欧洲文学史、小说等课程教授。曾当选上海大学行政委员会委员。五卅运动期间,与上海大学师生一起参加示威游行。1925年6月,发表《"五卅"事件的外交背景》,参加《公理日报》编辑工作,报道五卅惨案真相。1925年底离开上海大学,赴广州参加国民党第二次全国代表大会。四一二反革命政变后,以"茅盾"为笔名开始文学创作。新中国成立后,任文化部部长、中国作家协会主席、全国政协副主席等。1981年3月在北京病逝。著有长篇小说《子夜》等文学作品。

沈亦珍(1900—1993),名祎,江苏高邮人。1917年考入南京高等师范工科,1918年转入香港大学,1922年毕业后在集美师范学校任教,后到暨南中学主持校务。1926年4月前后,任上海大学英国文学系教授。1933年赴美留学,先后获美国密歇根大学教育学院硕士学位、哥伦比亚大学教育学院博士学位。回国后,先后在国立中山大学、复旦大学任教。1949年后,任台湾大学、台湾师范大学教授。1962年赴香港,任苏浙公学校长。后任香港中文大学新亚书院校长兼中文大学副校长。1981年,接受中国大陆灾胞救济总会邀请,任调景岭中学董事长兼职监。退休后,任香港中国文化协会主任委员。

沈泽民(1900—1933),中国无产阶级革命家。又名德济,浙江桐乡人。沈雁冰胞弟。1917年,考入南京河海工程专门学校。1920年7月赴日本东京帝国大学留学,1921年回国,为中国共产党发起组织成员。1923年底,任上海大学社会学系教授。五卅惨案后,任中国共产党出版的第一张日报《热血日报》编辑。1926年春,随由刘少奇率领的中国职工代表团赴莫斯科出席国际职工大会,会后留在莫斯科中山大学学习,后又到红色教授学院学习,1930年奉调回国。1931年1月,列席中共六届四中全会,补选为中央委员,后任中共中央宣传部部长;同年3月,任中共鄂豫皖中央分局常委、鄂豫皖革命军事委员会委员、鄂豫皖省委书记。1933年11月在黄安病逝。有《沈泽民文集》行世。

沈志远(1902—1965),中国经济学家。原名会春,曾用名观澜,浙江萧山人。毕业于南洋公学附中。1925年3月,任上海大学中学部教员;同年,在上海大学加入中国共产党。1926年8月前后,任上海大学中学部教务副主任兼事务主任;同年12月,受党组织派遣,赴苏联莫斯科中山大学学习。1929年,考取莫斯科中国问题研究所研究生,参加《列宁选集》第六卷的翻译出版工作。1931年12月回国,先后在暨南大学、北京大学、西北大学任教。1949年9月,参加中国人民政治协商会议第一届全体会议。新中国成立后,任国家出版总署编译局局长、华东军政委员会文教委员会副主任。为中国科学院哲学社会科学部委员、中国民主同盟上海市委主任委员、上海市政协副主席等。1965 年在上海病逝。著作有 100 余种。

沈仲九（1887—1968），浙江绍兴人。曾任湖南第一师范学校、吴淞中国公学教员。1923 秋，任上海大学中国文学系语体文等课程教授。1925 年秋，赴日本游学。1927 年 6 月，任国立劳动大学工学院院长。1948 年下半年至 1949 年初，参与策划国民党浙江省政府主席陈仪起义。新中国成立后，任中华书局编审、平明出版社编辑。1955 年 2 月，任上海市文史馆馆员。1968 年在上海病逝。

施存统（1899—1970），中国爱国民主人士。曾用名光亮，改名复亮，浙江金华人。1917 年，考入浙江省立第一师范学校。1920 年，参加中国共产党发起组织；同年赴日本留学，创建旅日中国共产党早期组织。1921 年回国，在中国社会主义青年团第一次全国代表大会上当选团中央书记，是中国社会主义青年团中央第一任书记。1923 年秋，任上海大学社会学系社会思想史、社会问题、社会运动史等课程教授（上海书店出版的《社会科学讲义》收录其课程讲义）。1924 年 10 月后，任上海大学社会学系主任。1926 年下半年离开上海大学，任黄埔军校政治教官、武汉中央军事政治学校政治部主任。四一二反革命政变后脱党。1945 年，参与筹建中国民主建国会，任常务理事。1949 年，出席中国人民政治协商会议第一届全体会议，当选全国政协常委。新中国成立后，任劳动部副部长等。是第一至第三届全国人大常委会委员、第一届全国政协常委兼副秘书长、第二至第四届全国政协常委。1970 年 11 月在北京病逝。

唐鸣时（1901—1982），浙江嘉善人。1923 年，毕业于杭州之江大学外文系，任上海商务印刷馆书报英文部编译。同期，任上海大学外语教授。1929 年，任上海罗家衡法律事务所律师。1926 年，通过法官考试并参加上海律师公会。1927 年 5 月，上海大学被查封后，与陈望道等一起处理善后事宜；同年，参加上海济难会工作。抗日战争全面爆发后，转入新闻界，在《导报》《申报》任职。抗日战争胜利后，长期在上海市工务局任主任秘书。新中国成立后，在华东军政委员会司法部工作。1955 年，任全国人大常委会编译室组长。

陶希圣（1899—1988），原名汇曾，湖北黄冈人。毕业于北京大学法律系。1923 年，任上海商务印书馆编译所编辑。五卅运动期间，任上海学生联合会法律顾问并主编《独立评论》周刊。1925 年 8 月，任上海大学社会学系教授。1929 年后，任教于复旦大学、中央大学、北京大学、北京师范大学等。抗日战争全面爆发后，赴南京任国防参议会议员。1939 年，在上海出席汪伪国民党六大，一度参与汪精卫"和平运动"。1940 年，脱离汪伪集团，在香港揭露《日汪密约》内容。1942 年初，回重庆任蒋介石侍从室第五组组长。后任国民党中央宣传部副部长、《中央日报》总主笔、《中央日报》社董事长等。1988 年 6 月在台北去世。

滕固（1901—1941），中国美术史家、作家。原名成，字若渠，上海宝山人。早年毕业于上海美术专科学校，后赴日本留学，获硕士学位。1924 年 8 月，任上海大学中国文学系诗歌概论课程教授。1929 年，赴德国柏林大学留学，获美术史学博士学位。回国后任重庆中央大学教授、昆明国立艺术专科学校校长。1941年在重庆自杀身亡。

田汉(1898—1968),中国戏剧活动家、剧作家。原名寿昌,湖南长沙人。1916年赴日本东京高等师范留学。1919年在东京加入李大钊等组织的少年中国学会。1921年,与郭沫若等组织创造社,倡导新文学。1922年回国,在上海中华书局编辑所任职并创办南国社。1923年8月,任上海大学中国文学系文学概论、近代戏剧等课程教授。1927年秋,任上海艺术大学校长。1932年,加入中国共产党。1934年秋,为电影《风云儿女》创作的长诗最后一节被选为电影主题曲《义勇军进行曲》的歌词。1949年9月,中国人民政治协商会议第一届全体会议通过《关于中华人民共和国国都、纪年、国歌、国旗的决议》,规定在中华人民共和国国歌未正式制定前,以《义勇军进行曲》为国歌。1982年12月4日,第五届全国人民代表大会第五次会议决议,以《义勇军进行曲》为中华人民共和国国歌。后还为《桃李劫》等电影创作《毕业歌》等主题曲。新中国成立后,任中国文联副主席、中国剧协主席、文化部戏曲改进局局长、艺术事业管理局局长等。1968年12月去世。有《田汉文集》行世。

万古蟾(1900—1995),原名嘉祺,字古蟾,江苏南京人。1919年考入上海美术专科学校西画科,1921年毕业后留校任教。1923年,任上海大学美术科教授。1925年,任上海商务印书馆影片部美术设计,与哥哥万籁鸣、弟弟万超尘一起摄制中国第一部动画广告片《舒振东华文打字机》。1926年,任长城画片公司美工,与万籁鸣合作绘制中国第一部动画短片《大闹画室》。抗日战争期间,参加制作动画短片《抗战歌》(7集)和《抗战标语》(5集),用电影动画艺术宣传抗日。新中国成立前,在上海与万籁鸣等编导了中国第一部大型有声动画片《铁扇公主》。新中国成立后,任上海美术电影制片厂导演。1958年,完成中国第一部彩色剪纸片《猪八戒吃西瓜》。其作品曾获民主德国第四届莱比锡国际短片和纪录片电影节荣誉奖、埃及第一届亚历山大国际电影节最佳儿童片奖、印度尼西亚第三届亚非电影节卢蒙巴奖等。

万籁天(1899—1977),又名群,湖北武昌人。1919年,赴日本东京留学。1921年2月回国,同年8月进入北京人艺戏剧专门学校学习。1924年起,任明星电影公司编导兼明星影戏学校教务主任。同一时期,任上海大学美术科教授。抗日战争全面爆发后,应田汉邀请赴武汉国民政府军事委员会政治部第三厅工作。1944年9月,任私立成都南虹戏剧学校戏剧科主任、重庆陪都剧艺社社长、中华剧专教授。新中国成立后,任中国人民解放军三兵团文工团戏剧指导、东北鲁迅文艺学院戏剧部教授、辽宁人民艺术剧院导演兼艺术委员会主任、中国戏剧家协会辽宁分会主席、辽宁省文联副主席等,为辽宁省政协常委。1977年4月在盘锦病逝。

汪馥泉(1900—1959),字浚,浙江杭州人。毕业于杭州浙江省立甲种工业学校。1919年,参加五四运动;同年赴日本留学,1922年回国,从事翻译工作。1925年8月,任上海大学中学部教员。新中国成立后,任东北人民大学中文系教授兼图书馆馆长。1959年在长春病逝。

王开疆(1890—1940),字启黄,江苏如皋东乡(今如东)人。早年就读于中国公学法律系,后赴日本东京早稻田大学法政科攻读法律专业。回国后从事律师工作。1923年1月,以律师身份调解东南高等专科师范学校与上海大学诉讼案,后任上海大学兼职教授。1927年后,任南京国民政府法官惩戒委员会秘书长、司法院中央公务员惩戒委员会委员。1938年,与友人一起创办三吴大学以掩护抗日救亡活动。1940年初,因拒任伪职遭日伪特务追捕,跳海殉国。

王陆一(1896—1943),又名肇巽、天士,陕西三原人。因家贫于西北大学辍学,任陕西省图书馆管理员。于右任任职陕西靖国军总司令时,任机要秘书。1922年,随于右任到上海参与创办上海大学,任校长办公室文书。后奉派回陕西在西安成德中学任教。1924年秋,奉于右任之命,赴北京、张家口一带联络军事,参与冯玉祥、胡景翼发动的北京政变。1925年夏,赴莫斯科中山大学学习。1926年冬,回国参加北伐。1928年5月,任国民党中央党部秘书处书记长。后任安徽大学文学院院长、国民党中央民众运动指导委员会副主任、监察院秘书长、国民党第五届中央执行委员会执行委员、中央政治委员会委员兼中央党部民众训练部副部长等。抗日战争期间,以国民政府军委会军风纪巡察团委员身份来往于各战区巡察,审视军防。1943年10月在西安病逝。有《长毋相忘诗词集》行世。

吴建寅(1874—1949),字芷敬,陕西泾阳人。中国比较文学开创者吴宓生父。师从关中近世大儒刘古愚,泾阳县学增生。肄业于味经书院。曾自费赴日本留学,任三原县善堂董事,后在上海家中收留避难至沪的于右任,参与上海民立报社工作。1922年11月,任上海大学会计员。1932年5月21日,任国民政府监察院科员,在会计科工作。撰有《天算解题》《味经书院通儒台经纬仪用法》等。

吴梦非(1893—1979),五四时期有影响的音乐教育家,中国美学界奠基人之一。学名翼荣,浙江东阳人。1911年,考入浙江省官立两级师范学堂,后随李叔同学音乐、美术。1919年,与丰子恺等创办上海艺术专科师范学校并任校长。1924年4月前,任上海大学美术科艺术教育等课程教授。新中国成立后,任浙江省文联组织部副部长、上海音乐学院教务处副处长。20世纪二三十年代,编译的《和声学大纲》被学校广泛采用。

吴志青(1887—1951),安徽歙县人。毕业于上海中国体操学校。1912年后,任南京第四师范学校、江苏省第一工业学校、上海民主中学等校体育主任。1917年,任江苏省体育研究会副会长。1919年,创办中华武术会并任会长,曾获孙中山嘉许。1922年,当选体育研究会会长。1923年,创立中华体育师范学校,任军警武术教练。1923年秋,任上海大学选科教授,教授体育课程。1928年后,任全国国术考试筹备处副主任、中央国术馆教务处副主任、中国国术馆编审处处长。1942年,任西南联大体育教授。著作有《太极正宗》《国术理论概要》《尚武楼丛书》《国术论丛》等。

向浒(1898—1983),又名伯虎、李铁根,湖北汉川人。毕业于两湖陆军学校。1923年秋,任上海大学斋务员。1924年,加入中国共产党。后到黄埔军校学习,毕业后参加北伐。1927年,参加南昌起义。1948年毕业于苏联列宁格勒列宾美术学院油画系,1955年

回国。曾任中央美术学院油画系教授。为中国美术家协会会员。作品《缝军鞋》由苏联列宾美术学院收藏,《长征路上》参加庆祝建军30周年美术作品展览。

萧楚女(1893—1927),原名树烈,学名楚汝,字秋,湖北武汉人。早年参加武昌起义、五四运动。1920年,参加利群书社,后与恽代英等发起组织共存社。1922年,加入中国共产党。不久去四川办学任教并任《新蜀报》主笔。1924年,任中共中央驻四川特派员,领导重庆社会主义青年团工作和四川的革命斗争,其间曾两次到上海大学发表演讲。1925年5月,任上海大学教授,同时继续从事党的理论宣传工作,与恽代英等主编《中国青年》,支持五卅运动并撰文同"戴季陶主义"和"国家主义派"作斗争。1926年,赴广州协助毛泽东编辑《政治周报》。曾任广州农民运动讲习所专职教员、黄埔军校政治教官。在四一五广州大屠杀中就义。

萧朴生(1897—1926),原名树域,字朴儒,四川德阳人。1919年秋,考入成都留法勤工俭学预备学校。1920年冬,赴法国勤工俭学,改名朴生。1922年6月,与赵世炎、周恩来、王若飞、李维汉等组建旅欧中国少年共产党;同年转为中国共产党党员,并与汪泽楷一起介绍邓小平加入中国社会主义青年团。1925年初,当选中共旅欧支部执行委员会书记;同年8月回国,任上海大学社会学系哲学等课程教授。1926年4月,任中华全国济难会党团书记;同年10月在上海病逝。

谢六逸(1898—1945),号光燊,贵州贵阳人。1917年,以官费生赴日本早稻田大学留学。1921年,在日本加入由郑振铎、沈雁冰等发起的文学研究会,投身新文学运动。1922年毕业回国后到商务印书馆工作。1926年4月前后,任上海大学中国文学系教授。1930年,任复旦大学中文系主任,后又创设新闻系并任系主任,为中国新闻教育事业的开拓者之一。1937年底,先后任大夏大学教授兼文学院院长、文史研究室和社会研究部主任,贵州大学、贵阳师范学院教授。1945年8月在贵阳病逝。有《谢六逸选集》《谢六逸集》行世。

许德良(1900—1991),江苏苏州人。1921年,任上海伊文思图书公司职员,业余教授英文。1922年,加入中国共产党。1923年,进入复旦大学经济学系学习。1924年春,任上海大学庶务员,兼任中学部英文教员。曾参加上海工人第二次、第三次武装起义。1927年4月,根据党组织安排离开上海大学。1930年12月,与沙千里等一起创建进步群众团体蚁社。新中国成立后,任上海中医学院副院长等。

许绍棣(1900—1980),字尊如,浙江临海人。毕业于复旦大学商科。1924年春,任上海大学英数高等补习科英文、作文等课程教员。北伐期间,任国民革命军后方总政治部秘书。1934年,任浙江省政府委员及教育厅厅长。1980年12月在台北病逝。

严既澄(1899—?),名锲,广西四会人。早年留学于日本横滨,回国后入北京高等工业学校学习。1921年,进入上海商务印书馆。1924年8月,任上海大学中国文学系教授,讲授诗歌等课程。1929年后,任北京大学、北京师范大学、中法大学教授。

杨明轩(1891—1967),原名荃骏,字明轩,陕西户县人。1913年秋,赴日本东京同文书院留学。1915年,考入北京高等师范学校。1921年,任陕西省立第一师范学校校长。1924年1月,任上海大学中学部主任。1925年3月,应陕西地区中国共产党组织创始人之一的李子洲邀请,离开上海大学,到陕北革命的策源地和活动中心、被誉为"陕西的上海大学"的陕西省立绥德第四师范学校任教务主任。1926年12月,加入中国共产党。1937年1月,任西北教育界抗日救国大同盟执行委员会主席。1948年3月,任陕甘宁边区政府副主席。1949年8月,出席中国人民政治协商会议第一次全体会议,当选政协第一届全国委员会委员。1950年后,任西北军政委员会委员兼文教委员会主任、党组书记、西北行政委员会副主席等。1963年,任中国民主同盟中央主席。1965年,在第三届全国人民代表大会第一次会议上当选全国人大常委会副委员长。长期兼任光明日报社社长、中央社会主义学院副院长等。1967年8月在北京病逝。

杨贤江(1895—1931),中国教育理论家、青年教育家。又名李浩吾,字英甫,浙江慈溪人。1917年,毕业于浙江省立第一师范学校,后到南京高等师范学校任职。1921年,任商务印书馆主办的《学生杂志》主编。1922年,加入中国共产党。1923年,任上海大学社会学系教授并在中学部担任初高中人文科学科主任。1927年,参加上海工人第三次武装起义。四一二反革命政变后,到武汉北伐军总政治部担任革命军日报社社长。1927年底到日本,后写成《教育史ABC》,用历史唯物主义观点研究教育史、根据社会发展形态叙述教育发展过程。1929年5月回上海,后写成《新教育史大纲》,系统地用马克思主义观点阐明教育原理。1931年7月到日本治病,8月在日本长崎病逝。

杨杏佛(1893—1933),中国爱国民主人士。名铨,谱名宏甫,又宇死灰,江西清江(今樟树)人。1907年,到上海吴淞中国公学学习。1909年,加入同盟会。1912年,任《民竞报》驻京记者;同年11月,留学美国,获哈佛大学商学院商科硕士学位。1914年,在美国与任鸿隽等几位同学一起创办中国第一份综合性科学杂志《科学》月刊并于1915年1月在上海印刷;同年,发起成立中国第一个学术团队中国科学社。1918年回国后,任东南大学教授。1924年8月,任上海大学政治学系教授;同年11月,任孙中山秘书。1927年,任国民党上海市党部常委,支持中国共产党领导的上海工人第三次武装起义,当选上海特别市临时政府执委会常委。曾任中央研究院总干事。九一八事变后,积极参加抗日救亡活动。1932年12月,与宋庆龄、蔡元培等在上海发起组织中国民权保障同盟,任总干事。1933年6月18日在上海被国民党特务暗杀。

姚伯谦(1882—1948),字轩卿、志千,号选青、行一,浙江省诸暨人。宣统己酉科(1909)拔贡生。曾在浙江省立绍兴中学、温州中学、严州中学、春晖中学、杭州高级中学、浙大附中、绍兴越光中学、宁波三一中学、复旦大学等校任教,曾任诸暨县立中学校长。1926年4月前后,任上海大学中国文学系教授。著作有《蠢膏随笔》。

叶楚伧(1887—1946),原名宗源,字卓书,江苏苏州人。苏州高等学堂肄业。早年参加同盟会。1916年,与邵力子合办《民国日报》,任总编辑。1922年10月,任上海大学教务主任,教授诗歌、小说等课程。1924年秋,离开上海大学。1926年,任国民党中央政治

会议秘书长、国民政府联席会议秘书长。南京国民政府成立后,任国民党中央工人部代理部长、宣传部部长,江苏省政府主席,立法院副院长,国民党中央执行委员会常委兼秘书长。1946 年在上海去世。

俞平伯(1900—1990),中国作家,古典文学学者,红学家。原名铭衡,浙江德清人。1919 年 12 月,毕业于北京大学。1923 年 8 月,任上海大学中国文学系诗歌、小说等课程教授。1925 年后,任教于燕京大学、北京大学、清华大学。新中国成立后,任北京大学教授、中国社会科学院文学研究所研究员。所著《红楼梦研究》为"新红学派"代表作之一。1990 年在北京去世。

于右任(1879—1964),原名伯循,陕西三原人。清末举人。1906 年,加入中国同盟会。曾参与创办复旦公学。1907 年起,在上海创办《神州日报》《民呼日报》《民吁日报》《民立报》等,宣传革命。1912 年后,任南京临时政府交通部次长。1918 年,赴陕西任靖国军总司令。1922 年 10 月,参与创办上海大学并任校长。1923 年 4 月,接受李大钊的推荐,聘请共产党人邓中夏、瞿秋白任上海大学总务长和教务长。1927 年起,任国民军联军驻陕总司令、陕西省政府主席、国民党中央执行委员会常委、国民政府审计院院长和监察院院长、国防最高委员会委员。1936 年 3 月,推动国民党中央常务委员会通过追认上海大学学生学籍、与国立大学享有同等待遇的决定并积极准备复办上海大学。1949 年春,支持国共和谈。后去台湾。1964 年 11 月在台北病逝。长于书法、诗词,有《右任文存》《右任诗存》等行世。

恽代英(1895—1931),中国无产阶级革命家,中国早期青年运动领导人。又名蘧轩,字子毅,江苏武进人。1918 年武昌中华大学毕业后,任教于中华大学中学部、安徽宣城师范学校、川南联合师范学校。1921 年,加入中国共产党。1923 年起,任共青团中央宣传部部长兼《中国青年》主编;同年夏,任上海大学社会学系国内政治、国际问题和现代政治等课程教授。1926 年 5 月,任黄埔军校政治主任教官。1927 年 1 月,到武汉主持中央军事政治学校工作,任政治总教官;同年 7 月,赴九江任中共中央前敌委员会委员,参加组织南昌起义,起义后当选革命委员会主席团成员;同年 12 月,参加领导广州起义,任广州苏维埃政府秘书长。1928 年 6 月,任中共中央宣传部秘书长。1929 年,任中共中央组织部秘书长。是中共第五届中央委员、第六届中央候补委员。1930 年 5 月在上海被捕,1931 年 4 月在南京就义。主要著作编为《恽代英文集》等。

曾杰(1886—1942),字伯兴,湖南新化人。曾就读于湖南高等学堂。1912 年,赴德国柏林大学留学。1916 年回国,与谭人凤等组织湖南革命党,参与组织中部同盟会,任北平民国大学教授,后任南京国民政府立法委员,负责湖南党务。1923 年前后,任上海大学中国文学系英文等课程教授。1942 年,因反对蒋介石从长沙撤退,在长沙被暗杀。

张伯简(1898—1926),字稚青,白族,云南剑川人。1919 年赴法国勤工俭学,后赴德国、奥地利等国考察学习,在德国加入中国共产党并任旅欧中国少年共产党组织委员。不久赴莫斯科东方大学学习。1924 年秋回国,应瞿秋白邀请任上海大学政治经济学教授。

在上海和京汉铁路从事革命工作并任中共中央出版部书记、中共广东区委军委书记。1925年,任中共中央罢工委员会书记,领导过省港大罢工,1926年因积劳病逝。编纂的《社会进化简史》是中国较早用历史唯物主义原理阐述人类社会发展史的理论著作,为马克思主义在中国的传播作出贡献。

张君谋(1894—1958),名乃燕,浙江湖州人。国民党元老、上海大学校董之侄。1912年,加入中国国民党。1913年赴欧洲留学,1919年获日内瓦大学理学博士学位。1923年3月,任上海大学文学科主任、教授;同年8月前后离开上海大学。1928年,任国立中央大学首任校长。1933年任驻比利时国全权公使并受政府建设委员会之托考察欧洲各国建设事业,1935年5月回国。1958年在上海去世。

张厉生(1901—1971),原名光周,改名维新,字少武,直隶乐亭(今属河北)人。1917年,考入天津南开学校。1920年赴法国留学,1922年考入巴黎大学。1923年,在巴黎加入中国国民党。1925年回国,任上海大学教授。1926年底,参加北伐,任北伐军第10军政治部秘书。1929年,任国民党中央组织部秘书。1935年,任国民党中央执行委员会委员。1936年,任国民党中央组织部部长。抗日战争期间,任国民党中央军事委员会政治部秘书长。1944年,任国民政府内政部部长。1971年4月在台北病逝。

张秋人(1898—1928),学名慕翰,别号秋莼,浙江诸暨人。1920年,在上海结识陈独秀等,接受马克思主义,积极投身革命活动。1922年初,加入中国共产党。1923年5月,任上海大学英文教授兼中学部英文教员。1925年1月,中国社会主义青年团在上海召开第三次代表大会,当选团中央执行委员。1926年3月,辞去上海大学教职赴广州,先在毛泽东主持的第六期广州农民运动讲习所任教员,后任黄埔军校政治教官,与恽代英、萧楚女并称"广州三杰"。四一二反革命政变后,任中共浙江省委书记。1927年9月被国民党当局抓捕,1928年2月就义。

张石樵(生卒年不详),江西贵溪人。曾任湖南第一师范、福建第二师范、浙江第五中学教员。1924年春,到上海大学中学部任教,教授国文、论理学等课程。1927年,任贵溪县教育局局长。1938年,和彭程万一起创办贵溪私立象山中学。

张太雷(1898—1927),中国无产阶级革命家,广州起义领导人。原名曾让,字泰来,江苏常州人。1915年秋,考入北京大学;同年冬,考入天津北洋大学。1920年10月,加入北京中国共产党早期组织;同年,共产国际代表维经斯基到北京同李大钊等人讨论建立中国共产党事宜,张太雷担任翻译。1921年春,赴苏俄任共产国际远东书记处中国科书记。1922年5月,当选中国社会主义青年团中央委员。1924年春,在社会主义青年团中央工作并任《民国日报》主笔;同年8月,任上海大学社会学系政治学、政治学史、英文等课程教授。1925年1月,中国社会主义青年团第三次全国代表大会在上海召开,会议决定将中国社会主义青年团改为中国共产主义青年团,张太雷主持会议并当选团中央书记。会后不久,奉命赴广州工作。1927年12月11日,与叶挺、恽代英、叶剑英、杨殷、聂荣臻等一起领导了广州起义并任广州苏维埃政府代理主席兼人民陆海军委员;同月12日,在率部

与敌作战时牺牲。

张奚若(1889—1973),又名熙若,陕西大荔人。早年加入中国同盟会,参加辛亥革命,后赴美国哥伦比亚大学留学,1920 年获政治学硕士学位。1924 年 8 月,任上海大学政治学系主任。曾任中央大学、清华大学教授。与胡适共同组建现代评论社。抗日战争全面爆发后,任西南联合大学政治学系主任、国民参政会参政员。新中国成立后,任中央人民政府委员、政务院政法委员会副主任、教育部部长、对外文化联络委员会主任、中国人民外交学会会长。为第一至第四届全国政协常委。

张作人(1900—1991),中国动物学家。原名念悌,号觉任,江苏泰兴人。1921 年北京高等师范学校毕业后,即由泰兴县出资赴日本东亚高等预备学校留学,后决定赴欧洲留学并于当年回国筹措留学经费。1925 年 2 月,任上海大学中学部生物学等课程教员。1927 年 4 月,任上海大学中学部代理主任。1928 年,赴比利时布鲁塞尔大学动物研究所留学,1930 年获科学博士学位。1932 年获法国自然科学博士学位;同年回国,任中山大学生物系教授,1937 年起兼任生物系主任。新中国成立后,任同济大学教授兼动物系主任、华东师范大学生物系教授兼系主任、上海自然博物馆学术委员会主任和动物馆馆长。1984 年 6 月,加入中国共产党。

章乃羹(1885—1959),字梅先,浙江富阳人。1924 年,参加商务印书馆《辞海续编》《中国人名大辞典》编纂工作。1926 年 4 月前后,任上海大学中国文学系教授。后任蓝田师范学院、浙江大学龙泉分校教授。新中国成立后,任浙江文史馆馆员。

赵景深(1902—1985),中国戏曲史家、戏曲理论家。笔名邹啸,浙江丽水人。1920 年,考入天津棉业专门学校。1923 年,加入文学研究会。1924 年秋,任长沙第一师范学校国文教员。早年翻译的安徒生童话《皇帝的新衣》《火绒匣》《白鸽》等在商务印书馆的《少年杂志》上发表,是较早把安徒生作品介绍给中国读者的翻译家。1925 年 9 月,任上海大学中国文学系文学概论等课程教授。1927 年后,任开明书店编辑并主编《文学周报》。1930 年,任北新书局总编辑、复旦大学中文系教授。新中国成立后,任中国民间文学研究会上海分会主席、上海昆曲研习社社长等。1985 年 1 月在上海病逝。

郑超麟(1901—1998),笔名林伊文、林超真等,福建漳平人。1919 年,赴法国勤工俭学。1922 年,成为中国旅欧少年共产党 18 名代表之一。1923 年春,被选派到莫斯科东方大学学习。1924 年春,加入中国共产党;同年 9 月,奉命回国在上海中共中央宣传部工作,其间翻译了布哈林所著《共产主义 ABC》。同期任上海大学社会学系教授。五卅惨案后,任中国共产党出版的第一张日报《热血日报》编辑。1927 年 5 月,赴武汉参加中国共产党第五次全国代表大会,会后任湖北省委宣传部部长。八七会议后随中央秘密回到上海,任中央出版局局长,主编机关刊物《布尔什维克》。后参加国际托派组织,为中国托派代表人物之一。新中国成立后,曾任上海市第六届政协委员。著作有《郑超麟回忆录》《从第一国际到第四国际》等。

郑振铎(1898—1958),中国作家、文学史家。笔名西谛、郭源新,福建长乐人。1917

年,到北京铁路管理学校学习。1921年,与沈雁冰、王统照等组织文学研究会;同年,任商务印书馆编辑。1923年后,主编《小说月报》。同期任上海大学中国文学系文学概论等课程教授。五卅惨案后创刊的《公理日报》编辑部就设在其家中。1927年先后旅居英国、法国,1931年回国后任燕京大学教授。1935年,任暨南大学文学院院长兼中文系主任。1949年9月,参加中国人民政治协商会议第一届全体会议,当选全国委员会委员。新中国成立后,任中国科学院考古研究所所长、文学研究所所长、文化部副部长兼文物局局长等。为中国科学院哲学社会科学部委员。1958年10月7日,率领中国文化代表团出访途中因飞机失事遇难。有《郑振铎文集》行世。

周建人(1888—1984),原名乔峰,浙江绍兴人。鲁迅胞弟。1920年,到北京大学哲学系学习。1921年10月,任商务印书馆编辑。1924年春,任上海大学社会学系生物哲学课程教授。1932年,加入中国民权保障同盟。1945年,与马叙伦等在上海发起成立中国民主促进会。1948年4月,加入中国共产党。新中国成立后,任高等教育部副部长、浙江省省长,为全国人大常委会副委员长、全国政协副主席、民进中央主席。1984年7月在北京去世。有《周建人文选》行世。

周水平(1894—1926),原名倪,又名树平,字刚直,江苏江阴人。1917年,赴日本东京高等体育学校留学。1920年回国,任徐州师范教务主任兼国文教育教员。1924年4月前,任上海大学中学部体育教员;同年4月12日,在《民国日报》副刊《觉悟》发表《下风底死》一文,被上海大学中学部主任侯绍裘编入教材《国语文选》。1925年春,加入中国共产党;同年7月,赴江阴、无锡、常熟三县边区开展农民减租斗争,成为江苏地区农民运动先驱;同年11月被捕,1926年1月被军阀孙传芳密令杀害。2009年9月,被评选为"50位为新中国成立作出突出贡献的江苏英雄模范人物"之一。

周颂西(1883—1965),浙江湖州人。毕业于上海震旦学院文科。早年追随孙中山参加同盟会。1912年,加入中国国民党。1923年,任上海大学中国文学系英文等课程教授;同年8月8日,当选上海大学最高决策机构评议会评议员。曾任国民党上海大学区分部书记。1924年,任国民党上海执行部调查部干事、交际部副部长。为湖州商人1924年创办的湖社成员。1932年12月,任淳安县县长,规划兴建淳安至遂安、淳安至建德公路。后任余杭县县长。抗日战争胜利后,任中央信托局专员。1965年在台北病逝。

周由廑(生卒年不详),浙江湖州人。周越然堂兄。早年在湖州湖郡女校任教。1922年,任教于海澜英文专门学校,后在商务印书馆编译所英文部工作,任《英语周刊》主编、英语函授社英语正音讲习会干事长、函授学校教务主任。曾任万国语音学会(即国际语音学协会)会员、湖州旅沪同乡会—湖社执行委员兼《湖州月刊》主编、湖州旅沪初级中学校长。1925年8月,任上海大学英国文学系教授。1926年8月前后,代理上海大学英国文学系主任。1927年3月,任上海大学行政委员会委员。上海大学被武力封闭后,负责债务处理工作。较早在中国系统讲解国际音标,参与编译《韦氏大学字典》,翻译莫泊桑的《金刚钻颈串》(《项链》)。

周越然(1885—1962),本名文彦,又名复盦,浙江湖州人。清末秀才。1901年,入华英学堂。1908年后,到苏州英文专修馆、江苏高等学堂任教。1913年,任安徽高等学校英文教员兼教务主任,后到上海商务印书馆编译所英文部工作。1924年12月,任上海大学英国文学系主任、教授。1926年8月,因身体原因辞去英国文学系主任职务。1936年,在《上海大学留沪同学会成立大会特刊》发表《一件喜事》,"希望上大众同学,本其旧有之精神,继续研究之而不绝不止"。新中国成立后,任上海水产学院英语教授。1962年夏在上海病逝。

周予同(1898—1981),中国经学史家。原名毓懋,学名豫桐、蘧,浙江瑞安人。五四运动期间,参与组织火烧赵家楼。1920年,毕业于北京高等师范学校。曾任上海商务印书馆国文部编辑、教育杂志社编辑主任。曾到上海大学任教。后任安徽大学、暨南大学教授,开明书店编辑兼襄理。新中国成立后,任复旦大学教授、历史系主任、副教务长,上海市人民委员会委员,上海历史研究所副所长,《辞海》副主编,上海市文教委员会副主任。为中国民主同盟上海市委副主任委员、第三届全国人大代表。1981年在上海病逝。主要著作有《经今古文学》《群经概论》《中国历史文选》。

朱复(1898—1982),又名恢伯,上海人。1917年就读于南京高等师范学校,1922年进入香港大学学习,毕业后任教于南京江苏省立一中。其间,在《学衡》杂志译介西方古典文化,成为学衡派成员。1922年10月,任全国教育会联合会组织的新学制课程标准起草委员会委员,参与起草《高级中学外国语课程纲要》。1925年2月,任上海大学英国文学系教授。1926年3月,当选上海大学最高决策机构评议会评议员。1927年,任吴淞中学校长。后任教于复旦大学外文系。

朱光潜(1897—1986),中国美学家。别名孟实,安徽桐城人。中学毕业后到武昌高等师范学校中文系学习。1918年赴香港大学学习。1923年后,任上海大学英国文学系诗歌社会学课程教授。1925年起,先后赴英国、法国研习哲学、心理学和艺术史,获博士学位。1933年回国,任四川大学、武汉大学、北京大学教授。新中国成立后,任北京大学教授、中华全国美学学会会长等。为中国科学院哲学社会科学部委员,民盟第三至第五届中央委员,第二至第五届全国政协委员,第六届全国政协常委。1986年3月在北京病逝。主要著作有《文艺心理学》《谈美》《西方美学史》《悲剧心理学》等;主要译著有黑格尔《美学》、莱辛《拉奥孔》、柏拉图《文艺对话集》等。

朱湘(1904—1933),中国诗人。字子沅,安徽太湖人。早年就读于清华学校,开始新诗创作,与同学饶孟侃(字子理)、孙大雨(字子潜)和杨世恩(字子惠)并称"清华四子"。1924年,参加文学研究会。1925年初,任上海大学英国文学系文学概论、英语等课程教授。1933年12月,在上海到南京的客轮上投江自杀。

朱自清(1898—1948),中国散文家、诗人、古典文学学者。原名自华,字佩弦,浙江绍兴人。1920年,毕业于北京大学。1922年,与叶圣陶等创办中国新文学史上第一个诗刊《诗》,倡导新诗。1924年前后,到上海大学任教。1925年,任清华大学中文系教授。抗日战争期间,任西南联大教授。1948 年 8 月在北平病逝。所作《背影》《荷塘月色》等为中国现代散文早期代表作。有《朱自清全集》行世。

左舜生(1893—1969),又名学洲,号仲平,湖南长沙人。1911 年,进入长沙外国语专门学校学习。1914 年秋,进入上海震旦学院学习。1919 年,在上海中华书局编辑所工作。1923 年,与曾琦、李璜等发起组织中国青年党。1924 年,任中国青年党党刊《醒狮》周报总经理;同年,任上海大学社会学系中国近百年史等课程教授。1945 年 7 月,与傅斯年、黄炎培、章伯钧等六名参政员以私人身份访问延安,受到毛泽东等接待。1949 年 4 月,先后任教于香港新亚学院、清华书院。1969 年 9 月,赴台湾;同年 10 月在台湾病逝。

第二章
上海大学学生和相关人物传略

第一节 学 生

安剑平(1900—1978),名若定,字剑平,号天侠,江苏无锡人。1923年9月,进入上海大学社会学系学习。1924年1月,与同学糜文浩共同发起成立进步团体中国孤星社并任社长,创办《孤星》旬刊并任总编辑。1924年3月3日,孙中山应安剑平之请,为《孤星》题写刊名。1932年,在南京发起组织铸魂学社;同年,出版《大侠魂论》,表达其救国救民之情怀。1945年,发起组织中国少年劳动党并任党主席。1949年9月1日,接受中国共产党建议,解散中国少年劳动党,表示服从中国共产党领导。新中国成立后,任政务院参事、第二届全国政协委员。

包焕赓(1907—1947),江苏武进人。1925年,进入上海大学社会学系学习;同年,加入中国共产党。根据党组织安排,利用寒假回家乡进行党组织创建工作。1926年春节,在自己家中秘密成立中共横山桥支部并任支部书记。这是中国共产党在武进地区成立的第一个基层组织。

蔡鸿猷(1897—1928),字辉甫,号哲臣,浙江缙云人。1922年,加入中国共产党。1924年前后,进入上海大学学习;同年8月,赴黄埔军校学习,为第二期学员。曾任国民革命军排长、连长、连党代表等。1926年,任广州革命政府财政部缉私卫商总队第1团第1营党代表。1927年2月,任广州革命政府财政部税警团上校党代表。1927年4月16日被捕,1928年10月在广州就义。

蔡威(1907—1936),原名泽镛,字景芳,福建宁德人。1925年,进入上海大学学习。1926年,加入中国共产党;同年11月,回家乡开展建党工作。四一二反革命政变后,化名蔡威,赴上海从事党的地下工作。1931年10月,进入中共中央特科无线电训练班学习。1932年2月,与宋侃夫等一起创建红四方面军无线电台,任红四方面军总指挥部通信电台台长、通信站站长等。1935年7月,任中国工农红军总司令部第二局局长。1936年9月在长征途中病逝。

蔡孝乾(1905—1982),台湾彰化人。1919年就读于台湾彰化公学校,1922年毕业后留校任代教员。1924年前后,进入上海大学社会学系学习。1925年,加入中国共产党。1926年11月,根据上海大学党组织决定,随翁泽生赴福建漳州开展革命工作,后回台湾参加文化协会改组工作。1928年4月,在上海召开的台湾共产党成立大会上当选台共中央常委。1928年,赴江西瑞金中央苏区。1934年10月参加长征,到达延安,是唯一随红军长征的台湾人。1945年8月,任中国共产党台湾省工作委员会书记,为中共台湾地下组织领导人。1950年,被捕后叛变。1982年在台湾去世。

曹天风(1902—1992),原名祖建、国材,浙江天台人。1918年,就读于天台中学。1922年,进入上海大学学习。1924年暑假,回家乡与范守渊等组织与众同乐部宣传革命。参加五卅运动。在家乡,经共产党员、国民党浙江省党部党团书记宣中华介绍加入国民党,投身天台地区国民运动。四一二反革命政变后,被迫离开天台。抗日战争期间,任战旗杂志社社长兼主编,撰写社论,宣传抗日。1943年,回家乡任天台中学校长。新中国成立后,再任天台中学校长,后任浙江省文史馆馆员。有诗集《水平集》行世。

曹雪松(1904—1985),原名锡松,江苏宜兴人。1925年9月,进入上海大学中国文学系学习。由他作词的电影插曲《搬夫曲》《船家女》,分别由冼星海、沙梅谱曲。新中国成立后,在中学任教,创作有《杨贵妃》等电影剧本。曾接受专访,有《回忆上海大学》记录稿藏于上海市档案馆。1985年在上海病逝。

曹渊(1901—1926),原名俊宽,字溥泉,安徽寿县人。1921年秋,就读于芜湖公立职业学校,后因领导学生运动被学校开除。1923年,进入上海大学旁听。1924年5月,赴黄埔军校学习,为第一期学员,毕业后任黄埔军校教导团学生连党代表,是黄埔军校政治部主任周恩来组建和领导的中国青年军人联合会骨干成员;同年,加入中国共产党。1926年5月,参加北伐,任国民革命军第四军独立团第1营营长;同年9月5日,在战斗中牺牲。

曹蕴真(1901—1927),原名定怀,安徽寿县人。1919年,就读于芜湖公立职业学校学习,毕业后留校任教。1921年,加入中国社会主义青年团。1922年春,加入中国共产党。1923年秋,进入上海大学社会学系学习。1923年底,利用寒假回家乡成立中共寿县小甸集特别支部并任支部书记,受党中央直接领导。1924年5月,赴黄埔军校学习,后留校任政治部宣传科员。1925年,奉命回家乡从事农民运动。1926年12月,参加北伐。1927年10月在寿县病逝。

陈伯达(1904—1989),原名声训,曾用名建相,字尚友,福建惠安人。1924年9月,进入上海大学中国文学系学习。1927年,加入中国共产党;同年赴莫斯科中山大学学习,1930年回国。曾任中共北平市委委员、中国大学教授等。1937年,任中共中央党校中国问题研究室主任。新中国成立后,任中共中央宣传部副部长、中国科学院副院长、中共中央农村工作部副部长、《红旗》杂志总编辑。1966年,任中央"文革"小组组长,在中国共产党第八次全国代表大会第十一次全体会议上增补为中央政治局委员并当选常委。1969

年,当选中国共产党第九届中央政治局常委(任职至 1971 年 9 月)。"文革"期间,积极参与林彪、江青夺取最高权力的阴谋活动。1973 年 8 月,被开除党籍,撤销党内外一切职务。1981 年 1 月,被最高人民法院特别法庭作为"林彪、江青反革命集团案"主犯,判处有期徒刑 18 年,剥夺政治权利 5 年。

陈垂斌(1902—1933),广东三亚人。1922 年,就读于南京高等师范学校。1924 年,进入上海大学社会学系学习;同年,加入中国共产党。根据党组织安排,与同学王文明等在上海成立琼崖青年旅沪社,出版《琼崖青年》。1926 年 1 月,参加国民革命军第二师讨伐琼崖军阀邓本殷;同年 6 月,任中共琼崖地委委员兼组织部部长,后任中共澄迈县委书记。在澄迈中学成立邓仲("澄中"的谐音)支部并任支部书记。四一二反革命政变后,回家乡组织武装斗争。1933 年 2 月在战斗中被捕,同年 3 月就义。

陈独真(1904—1971),字静吾,江苏盐城人。从盐城师范学校毕业后,进上海大学社会学系学习。1924 年加入中国国民党。后历任上海警察厅督察长,南京及武汉警备司令部稽查处处长,南京防空副司令,华南区民防副司令,联勤总司令部总务处处长等职。后去台湾。1971 年 3 月去世。

陈林(1902—1990),原名思隆、前农,四川宜宾人。1919 年,就读于成都华阳中学。1925 年 7 月,进入上海大学社会学系学习;同年,加入中国共产党。曾任中共闸北部委组织部部长。1926 年,任中共宜宾特别支部书记。1927 年,赴南昌参加起义,因路途受阻,转赴广东找到起义部队,从事文书和宣传工作;同年 10 月,赴莫斯科高等射击学校、步兵学校学习。1930 年回国,任中共皖南特委特派员及广德、郎溪、宣城中心县委书记。1937 年,任延安联防军区卫生部政治部主任等。1945 年,任东北军区总后勤部政治部副主任、东北财经委员会党务处长等。1949 年,任中共宜宾地委书记、宜宾专员公署专员、宜宾军事管制委员会主任、宜宾军分区政委。新中国成立后,任中央民族学院党委书记、国家民族事务委员会顾问等。

陈明(1902—1941),原名若星,字少微,福建龙岩人。1921 年,毕业于福建省立第九中学。1923 年,与邓子恢等共同创办进步刊物《岩声》,后赴厦门任教于集美中学、中山中学。1925 年秋,进入上海大学,以半工半读的方式在社会学系学习;同年 10 月,加入中国共产党。1926 年 7 月,参加北伐,在东路总指挥部政治部负责宣传工作并兼任情报股股长。1927 年春,任中共龙溪中心县委书记。后任中共闽南特委书记、中共福建省临时委员会书记。1928 年 9 月,赴莫斯科东方大学学习。1931 年冬,任红一军总政治部宣传部宣传科科长兼瑞金红军学校教官。1934 年 10 月,参加长征。抗日战争期间,任八路军第 115 师政治部宣传部部长。1941 年 4 月,任山东省战时工作推行委员会副主任委员兼秘书长;同年 11 月在沂蒙山区对日作战中牺牲。

陈式纯(1903—1935),浙江苍南人。1922 年,毕业于温州省立第十中学;同年,进入上海大学学习。1926 年春,任镇嵩军军官学校英语教员。1926 年 11 月,加入中国共产党。先后在焦作、武汉、苏州、上海等地进行革命活动,曾任中共江苏省委委员。1932 年

10月在上海被捕,1935年2月在狱中病逝。

陈兴霖(1905—1987),又名子坚,江苏铜山人。1925年,加入中国共产党。1926年9月,进入上海大学学习。后参加北伐,任国民革命军第24师政治部主任。参加南昌起义,随军南下时任潮州革命委员会行政委员长,起义部队主力被打散后在朱德为副军长的第9军任后勤部部长。1928年5月,到杨虎城部队。曾任宣传处处长、南阳守备司令部办公室主任、长安县长、西安绥靖公署办公厅主任等,后与党组织失去联系。抗日战争期间,任第38军参谋长。解放战争期间,参与策划长沙起义并赴香港做统战工作。新中国成立后,曾在全国政协工作。1987年在北京病逝。

程锡简(1903—1930),字竹轩、阔庭,安徽凤台人。1922年,进入上海大学学习。1923年,加入中国共产党。1924年,回家乡创建中共高皇特别支部并任支部书记。后赴黄埔军校学习,为第三期学员。参加南昌起义。1928年,根据党组织安排,参加柏文蔚在寿县创办的学兵团。1930年在"肃反"扩大化中遇害。

程永言(1897—1967),又名嘉咏,安徽祁门人。1922年春,进入东南高等专科师范学校美术科学习,参与领导学潮,为上海大学的成立作了准备,后转入上海大学半工半读,任校义务书记。曾在南京国民政府监察院任职。1936年11月,在南京召开的上海大学同学会第一次理事会上当选理事长。1940年回乡经商。解放战争时期,为屯溪和平解放作出贡献。新中国成立后,在上海银行系统工作,是上海市闸北区政协委员。

崔小立(1901—1941),原名绍立,又名晓立、尚辛,浙江宁波人。1919年,毕业于宁波师范讲习所。1924年春,进入上海大学社会学系学习,其间发表大量宣传马克思主义和反帝反军阀的文章。1925年5月,加入中国共产党。1926年春,赴苏联莫斯科中山大学学习。1928年奉命回国,从事党的地下工作;同年12月被捕,关押在浙江陆军监狱长达八年。抗日战争全面爆发后,奉命在家乡进行抗战。1941年8月牺牲。

戴邦定(1902—1972),又名介民,曾用名巴克,浙江黄岩人。1922年夏,毕业于浙江省立第六师范学校。1924年春,进入上海大学中国文学系学习。1925年11月,加入中国共产党,是浙江黄岩籍最早的共产党员。1926年下半年,任中共上海大学支部委员;同年12月,赴杭州从事革命工作。1927年2月,任中共临海特别支部书记。1928年秋,奉命回上海参与创办明日书店,传播进步文化。1930年,与党组织失去联系。1939年7月,在上海创办建承中学并任校长,为中国共产党在学校建立地下组织和交通联络点提供方便。1945年5月,被日本宪兵抓获。后党组织根据其在狱中表现,批准他重新入党。新中国成立后,任华东师范大学历史系教材教法教研室主任。

戴望舒(1905—1950),中国诗人。原名朝寀,浙江杭州人。1919年,就读于宗文中学。1923年9月,进入上海大学中国文学系学习。1923年11月,与施蛰存、杜衡等共同发起成立上海大学青凤文学会。1925年,上海大学校舍被武力封闭后进入震旦大学法文班学习。1926年3月,与施蛰存、杜衡一起创办《璎珞》旬刊;同年底,加入中国共产主义青年团。1928年,发表诗歌代表作《雨巷》。1932年11月赴法国巴黎大学、里昂中法大学

留学,1935年回国。1941年底,因在香港宣传革命被日军逮捕。1949年3月,赴北平任华北联合大学研究员并从事翻译工作;同年7月,参加第一次全国文代会。新中国成立后,任国家新闻出版总署国际新闻局法文科主任,从事编译工作。毛泽东《论人民民主专政》法文版和西班牙文版,毛泽东、周恩来所作报告法文版,都由其翻译。1950年2月在北京病逝。诗集有《望舒草》《望舒诗稿》《灾难的岁月》等,译作有梵·第根《比较文学论》等。

党伯弧(1906—1985),陕西合阳人。1925年,进入上海大学学习;同年,加入中国共产党。曾任上海大学党支部负责人。四一二反革命政变后,在上海高等学校从事党的宣传工作。1930年,与党组织失去联系。1935年,任国民党政府长武县县长。新中国成立后,任西安市政协秘书处处长、秘书长,为西安市政协常委。曾在《西安文史资料》第四期发表《大革命时期陕籍青年在上海大学》一文。

党维蓉(1908—1931),陕西富平人。1925年,进入上海大学社会学系学习;同年秋,加入中国共产党。参加上海工人三次武装起义。四一二反革命政变后,被国民党新军阀逮捕并判刑八年,后中共组织通过于右任具保获释。曾任中共上海沪西区委组织部部长、中共山东临时省委宣传部部长、青岛市委书记等。1931年4月5日在济南就义。

邓果白(1907—1967),又名戈北、义昌、文昌,安徽萧县人。毕业于高等专科师范学校。1925年秋,进入上海大学社会学系学习;同年,加入中国共产党;同年冬,根据党组织安排,回家乡开展农民运动。1926年初,受派赴武昌中央农民运动讲习所学习;同年7月,随北伐战区动员委员会到河南,后回萧县从事农民运动和统战工作。1930年,参加党领导的苏州暴动,失败后与党组织失去联系。抗日战争期间,任萧县抗战动员委员会干事、抗日义勇队萧县支队参谋、萧县县政府优抗主任。1946年,进入冀州军政大学学习。1947年,随刘邓大军南下,后在豫皖苏三专署任交通科科长。1948年,恢复党籍。新中国成立后,任萧县农业局副局长等。

丁嘉树(1907—?),又名森、雨林、丁丁,浙江嘉善人。1925年9月,进入上海大学中国文学系学习。后任中学校长、大学教授、报馆主笔、总编辑等。1936年9月,在《上海大学留沪同学会成立大会特刊》上发表关于上海大学同学会筹备经过的文章。1949年赴香港定居。

丁玲(1904—1986),女,中国女作家。原名蒋伟,字冰之,湖南临澧人。1919年下半年,进入长沙周南女子中学学习。1922年2月,进入上海平民女校学习。1923年,进入上海大学中国文学系学习。1924年暑假后,离开上海大学到北京继续求学。1927年起,发表《梦珂》《莎菲女士的日记》等作品,引起强烈的社会反响。1930年,参加中国左翼作家联盟。1931年,任左联机关刊物《北斗》主编。1932年,加入中国共产党并任左联党团书记。先后创作《水》《母亲》等重要作品。1933年,被国民党政府逮捕,1936年逃离后赴陕北革命根据地。任革命根据地中国文艺协会主任、中央警卫团政治部副主任、西北战地服务团团长、《解放日报》文艺副刊主编、陕甘宁边区文协副主任。1946年,到晋察冀边区参加土改运动。1948年,创作长篇小说《太阳照在桑干河上》,1951年获苏联斯大林文学奖金二等奖。新中国成立后,任《文艺报》主编、中央文学研究所所长、中共中央宣传部文艺处处长、中国作家协会副主席、《人民文学》主编、中国文联党组副书记。为全国政协委员。"文革"中被囚禁,后平反,任中国作协副主席,为第六届全国政协常委。晚年创办并主编文学杂志《中国》。1986年3月在北京病逝。有《丁玲全集》行世。

丁郁(1900—?),女。1924年,进入上海大学社会学系学习。1925年初,加入中国共产党。五卅前夜在上海大学报名参加敢死队并留下绝命书。在南京路老闸捕房对面演讲时被捕。曾任中共上海区执行委员会候补委员、妇女运动委员会主任、妇女部主任、上海女界国民会议促成会书记。离开上海大学后,根据党组织安排,在邓中夏领导下从事材料整理和剪报等工作。新中国成立后,写有回忆文章《五卅时期上海大学点滴》。

董每戡(1907—1980),中国戏剧家。又名国清、董华,浙江温州人。1923年,进入上海大学中国文学系学习,其间加入中国共产党。1926年,毕业后投身进步电影、戏剧事业。1927年8月,回家乡重建党组织,后因叛徒告密遭通缉。1931年,加入中国左翼作家联盟、中国左翼戏剧家联盟。1932年,创作三幕话剧《C夫人的肖像》,在中国革命的话剧史上留下重要一笔。抗日战争全面爆发后,率领抗战戏剧团体到各地演出,并创作《保卫领空》《天罗地网》等剧。1943年起,任四川三台东北大学、金陵女子文理学院、大夏大学教授及商务印书馆编审等。新中国成立后,任湖南大学、中山大学教授。1980年2月在广州病逝。有《董每戡文集》行世。

杜衡(1907—1964),原名戴克崇,浙江杭州人。1923年,进入上海大学中国文学系学习;同年11月,与施蛰存、戴望舒等共同发起成立上海大学青凤文学会。1926年3月,与施蛰存、戴望舒一起创办《璎珞》旬刊;同年,参与编辑《现代》月刊,提出"第三种人"的文艺自由主张,与左翼文人展开论战。1941年,赴重庆任南方印书馆编辑主任、《中央日报》主笔。1964年在台湾去世。

杜嗣尧(1900—1969),字少雄,陕西榆林人。1923年,就读于陕西省立第四师范学校。1924年秋,加入中国共产党;同年底,任中国共产党陕北地方委员会委员。1925年秋,被党组织派到上海大学学习。1926年暑假,回陕西任中共葭县支部书记。1927年,被陕西省教育厅长杨明轩任命为葭县教育局局长,在葭县组建中共葭县特别支部并任书记;同年7月,组建中国共产党葭县委员会并任县委书记。抗日战争期间,当选陕甘宁边区参议员。1944年,任绥德专署教育科科长。1946年春,当选葭县县长。1959年,任陕西省政协副秘书长。

范守渊(1906—1988),浙江天台人。曾在上海大学英国文学系学习。1929年,毕业于同德医学院。八一三淞沪抗战时正任上海劳工医院院长,即率领医护人员全力救治抗战军民。上海沦陷后,拒不接受伪职而离开医院。抗日战争胜利后,重回医院任院长。

方运炽(1906—1932),又名高中林,安徽寿县人。1919年,考入芜湖公立职业学校。1923年5月,与曹蕴真、薛卓汉等一起创立进步社团爱社;同年,进入上海大学学习并加

入中国共产党;同年底,与曹蕴真等一起在寿县创建中共小甸集特别支部,直属党中央领导。1926年冬,赴莫斯科中山大学学习。1929年奉命回国,改名方英,到上海任中共中央交通局秘书;同年10月,以中央巡视员身份到安徽各地视察和指导工作;同年11月,领导安徽独山暴动。1931年4月,任鄂豫皖中央分局委员兼特委书记;同年12月,任中共皖西北道委书记。1932年9月在行军途中病逝。

冯润璋(1902—1994),陕西泾阳人。1924年9月考进上海大学中国文学系学习。在学习期间加入中国共产党。爱好文学,与同学孟超等人组织"流萤社",创办《流萤》半月刊,刊载文学习作。1929年,参加中国左翼作家联盟。1930年回陕西开展革命工作。后受到反动当局追捕,潜至上海,与党组织失去联系。在上海期间,从事革命文化活动。1934年返回陕西,从事教育工作。1949年夏,参加中国人民解放军,任西北军政大学政治教员。编有《西北农村政治教材》《西北农村识字课本》等书。新中国成立后,在陕西省教育厅编审室工作。1994年8月在西安病逝。

傅以和(1904—1980),又名佩德,浙江遂昌人。曾就读于杭州法政学校。1927年4月,进入上海大学社会系学习。1928年4月,任中共浙西特委委员、中共遂昌县委书记。新中国成立后,任江山县人民银行副行长、行长。

葛克信(1905—1976),江苏如皋葛家桥(今属海安)人。从如皋县立中学毕业以后,于1923年8月考入上海大学中学部学习,后转入英国文学系。毕业以后先后任国民党汉口市党部秘书、汉口市政府参议员、《武汉日报》主编、仪征县县长等职。抗日战争时期隐居上海,坚持不就汪伪政权伪职。抗战胜利后先后任国民党上海市政府参议、上海市社会局局长。多次利用职务之便营救共产党人。上海解放之前夕,参与策动上海、南京、北平等地原国民党中央立法委员53人起义,通电拥护中共中央和平建国等政治主张。新中国成立后,任上海文汇报管理部副主任兼文汇印刷厂厂长。1976年7月逝世。

葛琴(1907—1995),女,江苏宜兴人。经侯绍裘介绍进入上海大学旁听,同时在工人夜校任教。1926年,加入中国共产主义青年团;同年11月,加入中国共产党。1927年,参加上海工人第三次武装起义。曾在中共上海中央局宣传部任内部交通员。后在上海、江苏、浙江一些小学任教。1932年春,开始从事文学创作。1933年12月拜访鲁迅,鲁迅于同月25日为其小说集《总退却》作序。抗日战争全面爆发后,与丈夫邵荃麟一起参加抗日救亡宣传工作。曾任《青年文艺》《东南战线》《力报》和《大刚报》副刊编辑、中共中央南方局文委委员、《小说月报》编委。新中国成立后,任中央电影局编剧、北京电影制片厂副厂长等。1953年,加入中国作家协会。1995年在北京病逝。有《葛琴创作集》行世,另有电影文学剧本《女司机》《三年》《海燕》等。

龚际飞(1903—1927),原名际虞,字子熙,湖南双峰人。毕业于长沙兑泽中学。1922年1月,加入中国社会主义青年团。1923年秋,进入上海大学英国文学系学习;同年,加入中国共产党。1924年1月,任中共上海地方兼区执委会第三组代组长。1924年夏,回家乡从事革命工作。根据党组织安排,参与国民党湖南省党部筹建工作,任国民党湖南省党部执行委员兼宣传部部长、青年部部长,共青团衡阳地委书记。1925年,任中共衡阳区委负责人。1926年4月,赴长沙领导全省学生运动。1927年10月7日被捕,19日在长沙就义。

顾作霖(1908—1934),中国无产阶级革命家。字冬荣,上海嘉定人。1922年,就读于南京东南大学附属中学,因参加五卅运动被学校除名,同年进入暨南大学,后转入上海大学社会学系三年级。1926年初,加入中国共产党,不久任中共杨树浦部委委员、共青团杨树浦部委书记。1927年3月,参加上海工人第三次武装起义。四一二反革命政变后,任中共山东省委常委、共青团山东省委书记。1929年4月,任中共江苏省委委员、共青团江苏省委书记,后调任共青团中央组织部部长。1931年2月,参加中共苏区中央局领导工作。1934年1月,在瑞金召开的中国共产党第六次全国代表大会第五次会议上当选中央政治局委员,后任中国工农红军总政治部代理主任兼红一方面军野战政治部主任;同年5月在瑞金红军医院病逝。

关向应(1902—1946),中国无产阶级革命家,中国工农红军和八路军高级指挥员。满族,原名致祥,辽宁金州人。1924年4月,加入中国社会主义青年团;同年5月,进入上海大学学习,其间在上海闸北市民协会从事革命工作;同年冬,赴莫斯科东方大学学习。1925年1月,加入中国共产党;同年回国。曾任共青团山东省委书记,1928年6月,出席在莫斯科召开的中国共产党第六次全国代表大会;同年7月,当选共青团中央书记。1931年11月,当选中央革命军事委员会委员。两次当选中华苏维埃共和国中央执行委员。1932年1月,赴湘鄂西革命根据地,任中共湘鄂西中央分局委员、湘鄂西革命军事委员会主席、湘鄂西红军第三军政治委员、红二军团副政治委员、中共湘鄂川黔省委委员、军委分会委员和省军区副政治委员。1935年11月,与贺龙、任弼时等指挥红二、红六军团开始长征。1936年7月,与红四方面军会师后任红二方面军副政治委员、中共中央西北局委员。到陕北后,任红二方面军政治委员、中央革命军事委员会委员。抗日战争全面爆发后,任八路军第120师、冀中区总指挥部、晋西北军区、晋绥军区和陕甘宁晋绥联防军政治委员、中共中央晋绥分局书记。是中共第六届中央政治局委员、第七届中央委员。1946年在延安病逝。

关中哲(1903—1995),笔名索军、宗则、大森,陕西华县(今渭南华州区)人。1922年冬,任华县咸林中学教员。1923年,在北京加入中国社会主义青年团。1924年2月,进入上海大学社会学系学习,其间与陕西籍同学一起坚持反对陕西反动军阀,参加由上海大学陕西同乡会主办的进步刊物《新群》编辑工作。1925年,加入中国共产党。1926年,根据党组织安排回陕西任绥德第四师范学校教员兼政治课主任,为中共绥德特别支部成员。四一二反革命政变后,参加中共华县委员会工作。1929年,赴日本明治大学留学。1934年,回国后与党组织失去联系。后长期在陕西的中学、大学任教。新中国成立后,任西北民族学院教授、图书馆馆长、甘肃省文史馆副馆长等。

郭伯和(1900—1927),又名象豫,四川南溪人。1923年,进入上海大学学习。1924

年,加入中国共产党;同年10月10日,在纪念辛亥革命13周年举行的国民大会上,上海大学学生黄仁被国民党右派唆使的流氓打伤致死,郭伯和也身负重伤。他撰写《黄仁烈士传》刊登在《上大四川同学会追悼黄烈士特刊》上。1925年11月,任中共小沙渡部委书记。1927年3月,参加上海工人第三次武装起义,率领工人纠察队和上海大学学生纠察队攻下闸北地区所有据点;同年,任中共江苏省委组织部部长;同年6月26日被捕,7月13日在龙华就义。

郭儒灏(1903—1990),海南琼海人。1922年,就读于南京暨南学校。1925年9月,进入上海大学社会学系学习;同年,加入中国共产党。1926年,根据党组织安排回琼崖工作。1927年4月,到中共琼崖地委工作,任琼崖工农革命军政治部主任、琼崖苏维埃政府委员等。1931年3月,到中共江苏省委宣传部工作;同年5月,任中共中央宣传部《真话报》编辑。1933年4月被捕,1937年8月出狱后与党组织失去联系,1946年与党组织恢复联系。奉命在国民党军中从事地下工作。1949年1月,中共中央华东分局同意恢复其党籍。新中国成立后,任海南区党委统战部副部长兼海南军政委员会参事室副主任、暨南大学基本建设委员会副主任。1990年2月在广州病逝。

郭毅(1905—1942),又名君毅、均宜,上海南汇人。1920年,就读于南汇县第六高级小学,后就读于上海中华职业学校、南汇县师范学校。1924年,进入上海大学社会学系学习。1926年9月,进入北伐军前敌总指挥部政治训练班学习,结业后加入北伐军,任第36军某师政治部宣传干事。1927年5月,参加平定夏斗寅叛乱。四一二反革命政变后,回家乡从事教育工作。抗日战争全面爆发后,参加抗日武装队伍南汇县保卫团第二中队并任参谋。1942年遭国民党"忠义救国"军劫持并杀害。

郭肇唐(1905—1988),俄文名阿·克·克里莫夫,笔名叶甫琴尼·郭,浙江慈溪人。以半工半读方式就读于上虞春晖中学。1922年,进入上海大学校办石印厂工作,同时在上海大学旁听。1925年6月23日,参加上海大学学生会临时委员会,当选学校暑期负责专员;同年,加入中国共产党,后赴莫斯科学习。1927年回国,1928年再赴苏联,由共产国际执委会和联共(布)中央安排进入红色教授学院党史部学习,并加入联共(布)。1934年,获博士学位。1935年7月,加入苏联国籍。曾任共产国际东方书记处主任助理、民族殖民地问题科学研究所科学部副主任。1938年蒙冤被捕,1954年平反昭雪。后任苏联科学院远东问题研究所研究员等。1988年在苏联去世。

韩步先(1895—?),浙江绍兴人。1919年,任《绍兴教育周刊》负责人并创办《绍兴爱社》周刊。1923年,加入中国共产党。1925年2月,进入上海大学社会学系学习。1927年,任中共江苏省委秘书长兼宣传部部长;同年6月26日,召开省委会议时被捕,后叛变革命,并向敌人告密,导致陈延年、赵世炎被杀害。

何秉彝(1902—1925),字念兹,四川彭州人。1921年,毕业于成都工业专门学校。1924年初,进入上海大同大学学习;同年7月,转入上海大学社会学系学习;同年10月10日,与同学黄仁、郭伯和等一起参加纪念辛亥革命胜利13周年的国民大会,遭到围攻殴打,黄仁被国民党右派唆使的流氓打伤致死。1925年初,任上海学生联合会秘书、共青团上海地委组织主任;同年3月,加入中国共产党;同年5月30日,为揭露日本资本家枪杀中国工人顾正红真相,在演讲中遭英国捕头枪击身受重伤,第二天因抢救无效身亡。

何成湘(1900—1967),名敬州,又名忠汉、何湘,四川珙县人。1921年,毕业于宜宾叙属联中。1922年,进入上海大学学习。1924年,加入中国共产党。五卅运动期间,在任弼时安排下,与李硕勋、阳翰笙一起到全国学联和上海学联工作,任全国学联总务处负责人。1926年6月,在第八届全国学联代表大会上当选全国学联总会执委会委员兼秘书长;同年冬,任共青团江浙区委秘书长。1927年3月,任共青团湖北省委组织部部长。四一二反革命政变后,任共青团江苏省委书记、顺直省委书记。九一八事变后,任中共满洲省委组织部部长、代理中共满洲省委书记。抗日战争期间,根据党组织安排,任国民政府军事委员会政治部第三厅上校主任、文化工作委员会主任。1945年8月,任中共代表团副秘书长参加重庆谈判。解放战争期间,任中共中央城工部秘书、中共中央统战部第一室副主任。新中国成立后,任国务院宗教事务局局长、甘肃省副省长兼省工委秘书长。1967年9月在兰州去世。

何洛(?—1927),又名大同、幻生,重庆涪陵人。上海大学社会学系学生,参加上海工人三次武装起义,是第三次武装起义胜利后成立的上海特别市临时政府委员。四一二反革命政变后被捕遇害。

何尚志(1897—1931),笔名上止,陕西铜川人。1919年,就读于三原渭北中学。1923年秋,进入上海大学中国文学系学习;同年冬,加入中国社会主义青年团。1924年,加入中国共产党。五卅运动后,根据党组织安排,任国民革命军第一军苏联顾问团翻译。1926年10月赴莫斯科中山大学学习,1930年奉调回国。1931年1月,参与创建鄂北苏区,任红九军第26师参谋长。在鄂北枣阳指挥战斗中负伤被捕后就义。

何挺颖(1905—1929),中国工农红军高级指挥员。字策庸,陕西南郑人。1924年5月,毕业于汉中联立中学;同年秋,进入上海大同大学数学系学习。1925年,进入上海大学社会学系学习;同年冬,加入中国共产党。1926年初,根据党组织安排,任工人夜校教师;同年夏,根据党组织安排,任国民革命军第8师团指导员,参加北伐。1927年6月,任武汉国民革命军第二方面军总指挥部警卫团干部连排长、连党代表;同年9月,参加湘赣边界秋收起义。三湾改编后,任第1团党代表。1928年4月,任红四军第31团党代表,后参加黄洋界保卫战。1929年1月跟随毛泽东、朱德率领的红四军主力转战赣南闽西,14日在江西大庚战斗中负伤,15日牺牲。

何挺杰(1908—1966),字亚尘,陕西南郑人。何挺颖胞弟。早年就读于汉中联立中学。1923年,进入西安成德中学学习并加入中国社会主义青年团。曾在上海大学学习。1925年,加入中国共产党。1926年初,任共青团西安地委组织部部长。1927年3月,出席中共陕甘边区第一次代表会议,成为边区领导成员之一;同年7月11日,中共陕西省委成立时当选省委委员,后改任中共渭南县委书记兼东路特派员。1928年初,在上海开办

长风书店继续从事革命工作。1929年10月,赴日本东京法政大学经济系学习。九一八事变后回国,任南京国民政府监察院院长于右任书记官。新中国成立后,在北京辅仁大学任教,加入中国民主同盟。1952年,任北京师范大学经济系教授。1957年,被错定为"右派分子"和"反革命分子"。1981年3月平反昭雪。

贺昌(1906—1935),中国工农红军高级指挥员。原名颖,又名其颖,字悟庵,又字伯聪,山西柳林人。1920年春,就读于山西省立第一中学。1921年5月,加入中国社会主义青年团。1922年5月,出席中国社会主义青年团第一次全国代表大会;同年9月,任团太原地方执委会书记。1923年7月,加入中国共产党;同年9月,调上海团中央工作并进入上海大学学习。1925年1月,在中国社会主义青年团第三次全国代表大会上当选中央执行委员会委员,并与张太雷、恽代英、任弼时、张秋人一起组成团中央局。1925年,参加和领导上海各界反对英帝国主义的"三罢"斗争;同年10月,兼任共青团上海地委书记,是上海交通大学第一位学生党员张永和的入党介绍人。1926年4月,任中共江浙区委委员及共青团江浙区委书记;同年11月,赴江西南昌、九江一带负责北伐支前工作。参加南昌起义后又参加广州起义的准备工作。1929年夏,任中共广东省委书记,并协助邓小平策划百色起义。1930年春,任中共中央北方局书记。1931年,任中华苏维埃共和国中央革命军事委员会总政治部代主任,中国工农红军总政治部副主任、代主任,红一方面军政治部主任。1934年10月,红军长征后任中共中央苏区分局委员、中央军区政治部主任,与项英、陈毅等留在赣南坚持游击战争。1935年3月在江西会昌战斗中牺牲。

贺威圣(1902—1926),字刚峰,浙江象山人。1923年,就读于沪江大学,其间因积极从事反帝反军阀宣传活动被勒令退学,即转入南方大学就读。1924年春,进入上海大学社会学系学习;同年,加入中国共产党。1925年,任共青团闸北部委书记。在上海大学学习期间,利用寒假回家乡创建象山县第一个党组织。1926年6月,离开上海大学,任中共杭州地委书记,成功策动浙江省省长夏超公开反对军阀孙传芳;同年11月被捕并就义。

洪朝宗(?—1931),台湾台北人。先后到厦门集美中学、中华中学读书。1925年5月,进入上海大学社会学系学习,并在上海大学加入中国共产党。1928年4月,台湾共产党在上海成立,当选为中央委员,分管农民运动。1931年被日本警署逮捕就义。

胡睦修(1900—1950),浙江庆元人。1922年毕业于处州中学,后进入上海大学学习。1925年3月,赴黄埔军校学习,为第四期学员。参加北伐。抗日战争期间,任第100军第63师第189团团长,参加衡阳保卫战。1947年,因反对内战而退出军界回到家乡。

胡允恭(1902—1991),又名萍舟、邦宪,安徽寿县人。1920年秋,就读于安徽省立第二甲种农业学校。1923年,进入上海大学社会学系学习;同年,加入中国共产党。1924年暑假,回家乡秘密进行党团组织的创建工作,参与创建中共淮上中学补习社支部,直属中共中央领导。1925年,根据党组织安排赴广州任《革命青年军人联合会》周刊主编。1926年4月,奉调任国民革命军第四军第12师第35团政治指导员;同年6月,随军北伐。1929年秋,任驻烟台中央军事特派员。1930年后,任中共青岛市委宣传部部长、济南市委书记、山东省委宣传部部长、山东省委书记等。新中国成立后,任福建师范学院院长、南京大学历史系教授。1991 年 6 月在南京病逝。有《金陵丛谈》行世。

胡钟吾(1906—2005),安徽绩溪人。曾在上海大学社会学系、群治大学政治经济系、中央农民运动讲习所学习。曾任安徽省政府视察,《皖报》副刊主编,督修东流、铜陵江堤委员,督办阜阳区国防经济建设专员兼亳县建教合作示范区主任等职。1938 年,任安徽省宣城县县长。1939 年,任泾县县长。1940 年,任绩溪中学校长。1941 年,任绩溪县参议会议长兼苏浙皖三省政府参议。1948 年,当选第一届"国民大会"代表。去台湾后,仍为"国民大会"代表。著作有《民生主义经济学论丛》《西北水利考察纪要》《河南省凿井工程》《皖北平原国防经济建设计划》《督修江淮水利纪要》《宣城抗战史略》《战时泾县行政》《中华民国处变自强之道》等。

黄昌炜(1899—1928),字辉如,笔名亦雄,海南琼海人。1921 年,毕业于琼崖东路中学。1922 年夏,进入上海大学学习。1924 年春,因父亲去世辍学回家,在琼东中学任教。后复到上海学习并加入中国共产党。五卅惨案爆发后,赴新加坡成立南洋公团联合会,团结侨胞反对英日帝国主义。1926 年 6 月,任共青团琼崖地委书记;同年 9 月,任共青团广东区委秘书长。1927 年 9 月,负责中共琼崖特委、军委在琼崖东路乐会、万宁方面的工作。1928 年 1 月在战斗中牺牲。

黄玠然(1901—2004),原名文容,浙江浦江人。中学毕业后进入浙江法政专科学校学习。五卅运动爆发后任学校五卅后援会主席,与张崇文、周泽等被学校当局开除。1926 年,进入上海大学社会学系学习;同年,加入中国共产党;同年 8 月,到中共中央宣传部工作。1927 年初,任陈独秀秘书;同年 4 月,作为工作人员筹备和参加中国共产党第五次全国代表大会。后任中共中央秘书处处长。1933 年,任上海中央局委员兼组织部部长。1937 年,任山西牺盟总会宣传部部长。新中国成立后,任华东纺织管理局秘书处处长、华东纺织工学院副院长、全国工商联党组副书记、中央工商行政管理局副局长等。2004 年 4 月在北京去世。

黄欧东(1905—1993),又名次洲,江西永丰人。1925 年 6 月,加入中国共产党。1926 年,进入上海大学社会学系学习。参加南昌起义。1930 年,参加中国工农红军。1934 年 10 月参加长征,到陕北后任陕北红军大学地方干部营政委、庆阳教导师团政委。抗日战争期间,任中共陇东特委副书记兼秘书长、延安马列学院副书记、八路军第 129 师政治部宣传部部长、中央军委办公厅主任兼总政治部锄奸部副部长。解放战争期间,任冀热辽军区政治部主任、嫩江省建设厅厅长、中共黑龙江省委委员兼建设厅厅长、辽北省人民政府副主席。新中国成立后,任沈阳市委书记,东北局常委、秘书长,中共辽宁省委第一书记,辽宁省省长,为辽宁省政协主席、辽宁省人大常委会主任。1993 年 11 月在沈阳病逝。

黄让之(1902—1934),安徽天长人。1922 年,就读于安徽公学。1923 年,进入上海大学中国文学系学习;同年,加入中国共产党。1924 年暑假,回家乡开设图书室,传播马克思主义。参加北伐,在由邓演达领导的国民革命军总政部宣传科任职。四一二反革命政

变后,与党组织失去联系,后到北平开展由邓演达领导的中国国民党临时行动委员会的筹建活动。1931年10月,任中国国民党临时行动委员会北平支部负责人。1933年,赴福建帮助李济深及第19路军蔡廷锴组织反蒋斗争,建立革命政府。1934年初抱病回乡,10月去世。

黄仁(1904—1924),字人觉,四川富顺人。1923年,就读于中华职业学校机械班。1924年9月,进入上海大学社会学系学习;同年,加入中国共产党;同年10月10日,与何秉彝、郭伯和、林钧等作为上海大学代表出席上海各界在北河南路(今河南北路)天后宫举行的纪念辛亥革命13周年的国民大会,在与国民党右派斗争中被推下高台后不治身亡;同年10月26日,在上海大学举行黄仁烈士追悼大会,上海大学教授陈望道任大会主席,教授瞿秋白、恽代英等发表演说。

黄绍耿(生卒年不详),广西容县人。1925年,进入上海大学社会学系学习。五卅惨案爆发后,赴张家口在冯玉祥部队的学生军讲习所参加军运工作。1926年,任广西省贺县县长,后任广西省贵县县长、北流县县长兼建国日报社首任社长、战时工作服务团团长,后调任安徽省皖南行署主任兼保安司令。后任广西省宾阳县县长、广西省府委员、广西省教育厅厅长。1948年,与李品仙、黄旭初、程思远等发起成立中国国民党重建委员会。

吉国桢(1899—1932),又名凤洲,字干卿,陕西华县人。1920年,考入咸林中学,开始接受新思想并参加进步团体青年励志社。1924年夏,进入上海大学社会学系学习;同年,加入中国社会主义青年团。参加五卅运动。1926年夏,根据党组织安排赴莫斯科学习;同年秋,加入中国共产党。1929年奉命回国,任中共陕北特委书记、中共陕西省委常委兼西安市委书记、陕西临时省委书记、中共河南省委书记等。九一八事变后,在河南领导成立抗日组织,开展抗日救亡运动。1932年7月,因叛徒告密在郑州被捕,8月22日在开封就义。

嵇直(1901—1983),江苏镇江人。1922年2月,进入东南高等专科师范学校学习,参与领导学潮,为上海大学的成立作了准备。后进入南方大学学习。1925年,加入中国共产党。新中国成立后,任农业部办公厅副主任、北京图书馆副馆长、民政部民政司副司长等。1983年1月在北京病逝。曾接受专访,有《我所知道的上海大学的由来》记录稿存世。

季步高(1906—1928),名大纶,号凌云,笔名布高,浙江龙泉人。1921年,就读于杭州法政专门学校。1922年夏,进入上海东南高等专科师范学校,后转入上海大学中国文学系。1925年6月,赴黄埔军校学习,为第四期学员;同年9月,加入中国共产党。1926年春,根据党组织安排,任中华全国总工会省港罢工委员会工人纠察队训育处训育长,帮助邓中夏培训工人的同时,参加《工人之路》编辑工作。1927年11月,参加广州起义。1928年1月30日,任中共广州市委书记;同年7月被捕,同年冬在广州红花岗就义。

贾南坡(1904—1927),浙江金华人。浙江省立第一师范学校毕业后进入上海大学学习。1924年,加入中国共产党。1926年,任中国共产主义青年团闸北区委宣传部部长。

1927年3月,参加上海工人第三次武装起义。后调任中国共产主义青年团杭州地委宣传部部长。1927年,参与组织金(华)兰(溪)地区农民暴动。1927年7月在杭州被捕,8月就义。

蒋抱一(1895—1977),原名蒋天佐、蒋天助,福建泉州人。1923年9月,考进上海大学中国文学系二年级学习。毕业以后,到南京国民党中央党部任职员、监察院总务科长。抗日战争时期,在重庆任监察院秘书。1949年到印度尼西亚。1977年病逝。

蒋坚忍(1902—1993),字孝全,浙江奉化人。曾在上海大学学习,后赴黄埔军校学习,为第四期学员。北伐时期,任第26军政治部主任。后任汉口特别市政府社会局局长、总司令行营宣传处处长、杭州笕桥航空学校副校长。1993年在台湾病逝。

蒋如琮(1898—1961),字瑞青,号瑞卿,浙江三门人。1922年,就读于上海大同大学。1925年,进入上海大学社会学系学习;同年9月,加入中国共产党。1926年9月,创建宁海中学,并在宁海中学创建中国共产党在宁海的第一个支部,任支部书记。1927年1月,参加北伐,任北伐军东路总指挥部宣传科科长。参加南昌起义后回家乡,根据党组织安排到天台建立中共天台特别支部并任支部书记。1928年5月,参加三门亭旁起义,失败后避居南洋继续从事革命工作。1933年,因遭通缉与党组织失去联系。1945年12月,任南京政府中央警察学校政治部副主任、教授。新中国成立后,在天水铁路中学任教。1953年,加入中国国民党革命委员会。

金仲椿(1906—1976),字铸,浙江嵊州人。1923年,毕业于上海南洋中学;同年9月,进入上海大学社会学系学习。1930年,任陇海铁路管理局秘书。1938年,任国民政府军政部兵工署宜昌办事处主任。1948年,任浙江省政府人事处处长。1954年12月,当选民革浙江省第一届委员会副主任委员。1956年,兼任民革浙江省委会对台工作委员会主任、民革专职副主委。1976年在杭州去世。

康友铨(1907—1932),又名康友川、康以闻、化名王贵堂,浙江镇海(今属宁波市北仑区)人。1922年考入宁波浙江省立第四中学。后进上海大学学习。1927年初加入中国共产党。曾任中国共产主义青年团宁波市委宣传委员、支部指导委员会委员。同年10月被捕,1932年病故于国民党南京中央军人监狱。

柯柏年(1904—1985),原名李春蕃,广东潮州人。1923年,就读于沪江大学社会学系,因翻译列宁《帝国主义论》被学校开除,在瞿秋白、张太雷的建议下转入上海大学社会学系。在上海大学学习期间,加入中国共产党。1925年8月,应广东澄海中学校长杜国庠邀请到澄海中学任教。1925年11月,应周恩来邀请到黄埔军校潮州分校讲课。1926年夏,奉调广州任国民革命军第三军政治教官。四一二反革命政变后,改名柯柏年。抗日战争全面爆发后,赴延安任中央马列学院西方革命史室主任、中央研究院国际问题研究室主任、中央军委外事组高级联络官。抗日战争胜利后,任中共中央外事组研究处处长。新中国成立后,任外交部首任美澳司司长。1955年后,任驻罗马尼亚人民共和国、丹麦王国大使。1981年,任中华人民共和国外交史编辑委员会主任委员。1985年8月在北京去

世。主要译著有《社会主义从空想到科学的发展》《哥达纲领批判》《帝国主义论》《社会革命论》《社会问题大纲》《辩证法的逻辑》《法国的革命和反革命》《马恩通信选集》《拿破仑第三政变记》《法兰西阶级斗争》《经济学辞典》等。

孔另境(1904—1972),原名令俊,字若君,浙江桐乡人。沈雁冰内弟。1922年,进入浙江嘉兴第二中学学习。1923年,进入上海大学中国文学系学习。1925年,加入中国共产党。1926年春,赴广州参加国民革命,在国民党中央宣传部任职。北伐开始后,任武汉前敌总指挥部宣传科科长。四一二反革命政变后,任中共杭州县委宣传部秘书。后县委遭到破坏,与党组织失去联系。1928年后,主要从事写作和教书工作。新中国成立后,任大公职业学校校长、山东齐鲁大学中文系教授、春明书店总编辑、上海文化出版社及上海文艺出版社编辑部主任、上海出版文献资料编辑所编审等。1971年9月去世。著作有散文集《齐声辑》《秋窗集》《我的记忆——孔另境散文选》等。

匡亚明(1906—1996),原名洁玉,又名世,江苏丹阳人。1926年暑假后,插班进入上海大学中国文学系二年级学习;同年9月下旬,加入中国共产主义青年团,不久转为中国共产党党员;同年11月初,任引翔港团部委书记兼中共引翔港部委委员。后任共青团上海沪东、沪西、闸北等区的区委书记,共青团无锡中心县委书记,共青团江苏省委巡视员。1927年后,以江苏团省委特派员名义领导宜兴的秋收起义。在白区坚持地下斗争时,先后四次被捕。抗日战争、解放战争期间,任中共中央社会部政治研究室副主任,华东局宣传部副部长兼中共中央华东局机关报《大众日报》社长、总编辑,中共中央山东分局宣传部部长兼政策研究室主任。新中国成立后,任华东政治研究院党委书记兼院长、中共华东局宣传部常务副部长、东北人民大学常务书记兼校长、南京大学党委书记兼校长。为江苏省第五、第六届人大常委会副主任。1996年在南京病逝。

雷晓晖(1905—2005),女,又名兴政、志烈,四川安岳人。1920年,就读于成都省立第一女子师范学校中学部,其间因参加成都为争取教育经费独立的学生罢课游行请愿活动被校方开除,后进入重庆第二师范学校学习。1925年7月,进入上海大学社会学系学习;同年12月,加入中国共产党。1926年1月,参加由上海大学建筑校舍募捐委员会组成的募捐团,赴广州进行募捐;同年3月,赴重庆,在中共四川省工委书记杨闇公(杨尚昆四哥)领导下工作。1927年,参加中国共产党第五次全国代表大会。1928年初,与杨衡石(杨尚昆二哥)一起建立潼南县第一个地方党组织中共双江支部。1931年9月,在李硕勋就义后,把李硕勋夫人赵君陶和一双儿女接到家中一起生活半年多。新中国成立后,在广安、南充教育系统工作。2005年1月在南充病逝。

李秉乾(1901—1966),又名子健,陕西三原人。1922年,毕业于渭北中学。1923年,进入上海大学社会学系学习。1924年,加入中国社会主义青年团,不久加入中国共产党。1924年8月,利用暑假回家乡建立青年团三原特别支部。返校后与杨明轩、马文彦等一起创办上海大学陕西同乡会会刊《新群》。1925年10月赴苏联学习,1926年11月回国。1927年7月,先后任中共陕西省委委员、省委常委、宣传部部长。1928年被捕,1929年5

月出狱后脱党,加入中国民主同盟。新中国成立后,任陕西省林业厅厅长、陕西省人民政府副秘书长、民盟陕西省委员会副主任委员。

李炳祥(1905—1959),又名永孝,广西平南人,生于菲律宾马尼拉。1924年9月,进入上海大学经济学系学习;同年,加入中国共产党。1925年,被派往苏驻华使馆及冯玉祥部工作。1926年,参加北伐,后赴汉口任苏联顾问鲍罗廷英文翻译。四一二反革命政变后,奉中共中央之命陪同鲍罗廷撤回苏联并留在莫斯科学习。抗日战争期间,在菲律宾发动华侨和国际友人支援国内抗战。1946年,在香港负责海外华侨工作。新中国成立后,在中央机关从事外事工作。1959年6月在北京病逝。

李春鏵(1905—2004),广东潮州人。李春涛胞弟,柯柏年(李春蕃)堂弟。1926年前后,进入上海大学社会学系学习,任第一届社会学系同学会总务委员、丁卯级同学会执行委员会委员。参加南昌起义,任第11军第10师第1营第1连指导员。后在上海从事文学创作和译著工作,参加左联。

李得钊(1905—1936),又名林子明,浙江永嘉人。1924年,加入中国社会主义青年团。1925年7月,进入上海大学社会学系学习。1925年,加入中国共产党,赴莫斯科东方大学学习。1927年2月回国,受共产国际和中共中央委派在广州、武汉、南昌等地为莫斯科东方大学招收学员。1928年,在共青团中央工作,任《红旗》杂志编辑。1930年,在中共中央特科秘书处工作。1933年,在中共中央特科总务部、上海中央局工作。1934年6月被捕,1936年在南京就义。

李锦蓉(1909—1999),女,生于菲律宾马尼拉。李炳祥胞妹。1924年9月,进入上海大学中学部学习。1925年,加入中国共产主义青年团,参加过接待宋庆龄、何香凝的活动;同年,赴莫斯科中山大学学习。1982年7月,在北京接待过有关人员访问,有《回忆上海大学》访问记录稿。1999年在北京病逝。

李敬泰(1901—1974),又名品先,陕西渭南人。1921年,就读于天津南开大学。1923年8月,进入上海大学社会学系学习。1925年5月,加入中国共产党;同年6月,与同学王环心等11人到河南辉县从事兵运工作。1927年3月,任中共西安第二部委书记。1928年,参加渭华起义。新中国成立后,任西北军政大学教员、长安二中校长、陕西省图书馆历史文献部主任等。

李平心(1907—1966),中国历史学家。原名循钺,又名圣悦,江西南昌人。1925年8月,进入上海大学社会学系学习。1927年1月,到浙江第六师范学校任教;同年2月,加入中国共产党。1928年2月,加入蒋光慈、钱杏邨等领导的太阳社。1931年2月后与党组织失去联系。1945年12月,与马叙伦、许广平、赵朴初、周建人等共同发起组织中国民主促进会。新中国成立后,任全国政协委员、华东师范大学历史系教授。有《平心文集》行世。

李清漪(1902—1927),字泮溪,山东沂水人。曾就读于临沂山东胜利第五中学和济南育英中学。1923年,进入上海大学中国文学系学习,后转入社会学系。1924年,加入中国

共产党。是马克思主义在沂水最早传播者、沂水县党组织创建人之一。五卅惨案后,在上海总工会工作。后根据党组织安排,随于右任北上策应北伐,从事军运工作。1927年5月被捕,同月23日在济南就义。

李士群(1907—1943),浙江遂昌人。1924年考入上海美术专科学习,后转入上海大学学习。曾加入中国共产党。后到莫斯科东方大学学习,1928年底回国,从事党的地下工作。1932年被捕叛变,后任国民党中央组织部党务调查科上海区直属情报员。1938年投靠日本特务,在上海为日本使馆搜集情报。1939年2月在日本特务头子土肥原支持下,建立七十六号特工组织,破坏抗战,同年夏与汪伪集团合流。曾任汪伪政府行政院特工总部主任、警政部长、清乡委员会秘书长、江苏省主席等职。1943年9月,被周佛海与日本上海宪兵队特高科长冈村合谋毒死。

李逸民(1904—1982),原名叶书,字有基,浙江龙泉人。1921年,就读于杭州法政专门学校。1922年夏,进入上海东南高等专科师范学校学习,后转入上海大学中国文学系。1925年,赴黄埔军校学习,为第四期学员;同年9月,加入中国共产党。1927年,任国民革命军第11军第24师教导大队政治指导员。参加南昌起义。后到上海从事党的地下工作,任中共江苏省委军委兵运委员。1928年春被捕入狱,抗日战争全面爆发后出狱赴延安,任中国人民抗日军事政治大学第三分校政治部主任、中共中央情报部第一局局长等。解放战争期间,任冀热辽军区政治部宣传部部长、北平军调处执行部第二十六小组中共代表。1946年10月起,任牡丹江省政府委员兼建设厅厅长、东北人民政府财经计划委员会常务委员兼秘书长等。新中国成立后,任公安部队政治部副主任、中国人民解放军总参谋部警备部副部长兼政治部主任、军委总直属队政治部主任、《解放军报》总编辑、中国人民解放军总政治部文化部部长等。1955年,被授予少将军衔。1982年6月在北京去世。

李宇超(1906—1968),字任西,山东诸城人。1921年,就读于济南正谊中学。1925年,进入上海大学学习。五卅惨案后,与同学孟超、张少卿等一起赴济南宣传五卅运动、介绍五卅惨案真相。1926年10月,参加中共中央军事部在上海举办的军事训练班,结业后到济南开展兵运工作,由王尽美介绍加入中国共产党。1930年,调中央特科工作。1931年,任中共中央内部交通主任。1934年,任上海中央局秘书长。1935年,调陕北苏区。抗日战争期间,在中央政治研究室、延安交际处等工作。1947年7月,随刘邓大军挺进大别山,任中共罗麻工委委员兼工作队长。1949年6月,任华东大学副校长兼党委书记。新中国成立后,任中共中央山东分局统战部副部长、山东省副省长等。

李硕勋(1903—1931),原名开灼,又名陶,字叔薰,四川高县人。1921年1月,就读于四川省立第一中学;同年秋,与同学阳翰笙一起成立成都社会主义青年团,不久改称四川社会主义青年团。1923年,进入上海大学社会学系学习。1924年,加入中国共产党。五卅运动期间,当选上海学生联合会代表、全国学生联合总会会长、全国学生联合总会党团书记。1925—1926年,主持召开第七、第八届全国学生代表大会。1926年10月,国民革命军北伐攻占武昌,根据党组织安排赴武昌,先后任中共武昌地委组织部部长、共青团湖北省委书记、国民革命军第4军第25师政治部主任。率部参加南昌起义,任起义军第11军第25师党代表兼政治部主任。后受朱德派遣赴上海向党中央汇报和请示工作,被留在上海从事党的地下工作。1930年起,任中共中央军委委员、中共江南省委军书记、中共两广省委军委书记。1931年8月被捕,9月5日在海口就义。

李晓芳(生卒年不详),又名晓峰,台湾嘉义人。原在北京大学中文系学习,1926年初,转入上海大学中国文学系继续学习。1926年11月,根据上海大学党组织的决定,随翁泽生一起到福建漳州开展革命工作。大革命失败后,回到台湾。

梁伯隆(1904—1930),又名廷栋、尚志、靖超、兴谷、伯龙,四川江安人。1923年,上海中华职业学校毕业后进入上海震旦大学法政科学习。1924年,加入中国共产党;同年秋,赴黄埔军校任职。1925年春,因病返回震旦大学继续学习,后转入上海大学社会学系三年级;同年底,赴广州北伐军总政治部工作。1926年初,赴第6军从事政治工作。参加南昌起义,任第11军政治部秘书。1928年底,赴重庆从事文化教育工作,创办重庆高级中学、西南学院、西南大学等。1930年6月被捕,10月31日在成都就义。

梁披云(1907—2010),又名龙光、雪予,福建泉州人。1923年进入武昌师范大学学习,1924年转入上海大学。五卅惨案爆发后,曾南下广东宣传五卅惨案真相。从上海大学毕业后两度赴日本留学。1929年春,在泉州创办黎明中学。抗日战争期间,在马来西亚等地从事抗日救亡工作。1944年回国,任国立福建音乐专科学校校长。后侨居澳门。1984年,创办泉州黎明职业大学。为全国政协委员,澳门特别行政区筹委会委员、政府推选委员会委员。2002年2月,获澳门特别行政区颁发的银莲花勋章。2007年,获澳门特别行政区颁发的大莲花勋章。2010年在澳门病逝。

林淡秋(1906—1981),原名泽荣,浙江三门人。1922年就读于上海大同中学,毕业后进入大同大学。1926年,进入上海大学英国文学系学习。1927年,上海大学被封闭后回家乡,与柔石等宁海籍青年一起在宁海中学义务教书,受柔石影响走上文学创作和翻译道路。1935年,参加中国左翼作家联盟。1936年,加入中国共产党。抗日战争期间,带领上海文化界内地服务团前往江浙皖宣传抗日。1942年,奉命到新四军根据地工作。解放战争期间,任《时代日报》主编。新中国成立后,任《人民日报》副总编辑兼文艺部主任。1958年后,任杭州大学副校长、中共浙江省委宣传部副部长、浙江省文联党组书记、浙江省文联主席等。1981年12月在杭州病逝。有《林淡秋选集》行世。

林钧(1897—1944),又名少白,上海川沙人。早年就读于江苏省立第一师范学校,因家贫辍学到南汇、川沙等小学任教。1924年7月,进入上海大学社会学系学习;同年,加入中国共产党。1925年6月11日,上海工商学联合会在南市公共体育场举行市民大会,任大会主席。后任上海学界、工商界五卅烈士丧葬筹备处主任。1926年5月29日,主持上海各界在闸北方家桥举行的五卅烈士公墓奠基仪式;同年12月,任上海市特别市民公会党团书记。1927年3月22日,上海特别市临时政府成立,当选市政府委员兼秘书长,主持市政府日常工作;同年,参加中国共产党第五次全国代表大会。参加南昌起义,在随

起义部队南下途中被打散,与部队失去联系后回家乡任中共浦东工作委员会书记、中共淞浦特委宣传部部长等。抗日战争期间,在川沙、崇明等地开展抗日武装斗争。1936年11月17日,上海大学同学会总会召开第一次理事会,林钧任会议主席并当选常务理事。1944年5月遇害。

林登岳(1898—1979),新中国著名核物理学家。原名登鳌,浙江武义人。1923年9月,进入上海大学中国文学系学习。1925年5月,加入中国共产党。五卅运动期间,在杨树浦、吴淞、浦东、引翔港等地从事工人运动。1926年11月,赴莫斯科中山大学学习。1928年秋,被苏共派到远东斯列井斯工作。1936年在苏联"肃反"扩大化中被捕,在押期间努力钻研尖端科技。1957年,在中共中央干预下回国,任中国科学院技术情报研究所副主任,写成《原子核结构的晶体模型》《关于场作用下的能量质量问题》等科学论文,并参与重大科学实验。1979年9月在北京去世。

林剑华(1901—1966),原名景滢,号兼化,福建莆田人。毕业于上海大学中国文学系。1927年,经于右任推荐任江西南昌《国民日报》总编辑。1942年,任国民党莆田县党部书记长,中山中学校董、校长。

林木顺(1905—?),又名木森,台湾南投人。1922年就读于台北师范学校,其间积极参加抗日爱国活动,1924年遭学校退学后来到上海,进入上海总工会和赤色救济会工作。1925年6月,进入杭州大学学习,经安体诚和宣中华介绍加入中国共产主义青年团;同年8月,加入中国共产党;同年9月,进入上海大学社会学系学习。1926年12月,赴莫斯科东方大学学习。1927年11月,根据共产国际的安排回国,在上海参加台湾共产党的筹建工作。1928年4月,台湾共产党正式成立,当选台湾共产党"中央委员会"常任委员、"中央常任委员会"书记长并负责组织工作。1931年后失去音讯。

刘峻山(1899—1985),又名九峰、竣山,江西吉安人。1921年,毕业于江西省立第一师范学校。1924年,进入上海大学中国文学系学习,后转入社会学系;同年,加入中国共产党。1925年,任共青团上海地委学运部部长;五卅运动爆发后,任上海学生联合会宣传部副部长、部长;同年8月,任上海学生联合会党团书记。1926年1月,任全国学生联合总会常务委员兼宣传部部长;同年2月,赴南昌巡视检查工作,后任共青团南昌地委书记;北伐开始后,任特派员赴江西整顿党团组织。1927年,在中国共产党第五次全国代表大会上当选中央监察委员会委员;四一二反革命政变后,参加南昌起义的地方宣传组织工作。后在浙江、江苏、上海等地党组织任职。1932年脱党。1947年,在南昌加入中国民主同盟。新中国成立后,任江西省人民政府体育运动委员会副主任、民盟江西省委副主任委员。1985年4月在南昌病逝。

刘披云(1905—1983),又名荣简,四川岳池人。1925年,因反对校长江亢虎致废帝溥仪的请求觐见书,参加"驱江运动"而被上海南方大学开除;同年下半年,进入上海大学学习;同年,加入中国共产党。作为上海大学代表参加上海学联工作,继上海大学学生刘一清、李硕勋后任第八届全国学生联合总会委员长。后任共青团南市部委书记,参加上海工人第三次武装起义,聆听周恩来在起义前作的秘密报告。1927年3月,赴重庆任川西特别委员会书记、中共四川省委常委兼宣传部部长。四一二反革命政变后,与党组织失去联系。1935年,赴日本留学。抗日战争全面爆发后,弃学回国参加抗日救亡运动,经党组织考察恢复党籍。1940年5月赴延安,任陕甘宁边区行政学院教育处处长、延安大学代理副校长。新中国成立后,任川南行署副主任、中共川南区党委宣传部部长、天津南开大学党委书记兼副校长、云南省副省长、中共云南省委常委、云南大学党委书记兼校长。1983年5月在昆明病逝。

刘华(1899—1925),原名炽荣,字剑华,四川宜宾人。1920年秋,到中华书局印刷厂工作。1923年8月,进入上海大学中学部学习。不久,加入中国社会主义青年团,任上海大学学生会执行委员、四川同学会主席。1924年,加入中国共产党;同年秋,根据党组织安排,到小沙渡沪西工友俱乐部工作。1925年1月,中国共产党第四次全国代表大会决定成立中共中央职工委员会,委员会由张国焘、李立三、刘少奇、项英、刘华等组成;同年2月,任二月罢工前沿总指挥。五卅惨案发生后当晚,中共中央在上海召开紧急会议,决定由瞿秋白、蔡和森、李立三、刘少奇、刘华组成行动委员会,建立各阶级反帝统一战线,发动全上海罢市、罢工、罢课,抗议帝国主义者屠杀中国人民;决定公开上海总工会组织,由李立三任委员长、刘华任副委员长兼第四办事处主任。1925年11月被捕,12月17日就义。

刘家聚(1903—1928),江西永新人。1923年,进入上海大学学习,在校加入中国共产党。1927年初,到武昌参加中央农民运动讲习所学习;同年2月,任江西省总工会宣传部部长。参加南昌起义,并随部队南下广东,从事农民运动。1928年7月,在九江遭国民党逮捕,在南昌刑场就义。

刘锡吾(1904—1970),又名锡五,河南孟县人。1924年,毕业于开封圣安德烈中学。1924年,加入中国社会主义青年团。1925年,进入上海大学社会学系学习。在上海大学学习期间,加入中国共产党,任中共上海大学支部干事、中共上海浦东区委委员。1926年,参加上海工人第一次武装起义。后在中共河南省委军委工作。四一二反革命政变后,在江苏、上海从事党的地下工作。1930年,赴东北、华北工作,任中共满洲省委代理职工部部长、全国总工会华北特派员兼铁路总工会党团书记、中共顺直省委委员;同年12月,任中共北平市委书记。1931年7月,因叛徒出卖被捕。1936年被救出狱,后赴延安任中共中央组织部干事、地方工作科科长和训练班主任等。1939年,赴太行山任北方局组织部部长,主持出版《党的生活》。抗日战争胜利后,赴东北参加建立和巩固东北根据地的斗争,任中共西满二地委书记、军分区政委,中共嫩江省委书记兼嫩江省军区政委,中共中央东北局组织部副部长、部长。新中国成立后,任中共吉林省委书记,中共中央监察委员会副书记。1959年7月,接受专访,有《有关上海大学的情况》记录稿存世。1970年2月在郑州病逝。

刘晓浦(1903—1931),又名太和、昱厚、小甫,山东沂水人。中学毕业后考入江苏南通职业纺织学校。因参加学生运动被学校开除。后进入上海大学学习。1923年夏,加入中

国共产党。1927年,任中共江苏省委组织部部长。1929年4月,与刘谦初一起到济南重建遭到严重破坏的中共山东省委,任省委执行委员兼秘书长;同年7月,因叛徒出卖被捕。其兄刘云浦变卖家产赎其出狱,被其拒绝。1931年4月,与刘一梦等在济南就义。

刘一梦(1905—1931),原名增容,又名大觉,山东沂水人。山东省立第五中学毕业后考入南京金陵大学文学系。1923年,进入上海大学社会学系学习;同年,加入中国共产党。在上海大学学习期间,与共产党员、同在上海大学学习的叔叔刘晓浦利用寒暑假回家乡宣传革命。参加五卅运动。1927年冬,参加由蒋光慈、钱杏邨、洪灵菲等共产党人创办的革命文化团体太阳社,为社内党组织负责人之一。1928年秋,任共青团山东省委书记。1929年4月被捕,1931年4月与刘晓浦等在济南就义。

刘仲言(1903—1993),陕西三原人。上海大学附属中学毕业。1923年,经于右任介绍入黄埔军校学习。曾参加东征、北伐,后任陕西耀县三民军官学校(杨虎城任校长,上海大学教授王宗山任代理校长,上海大学教授刘含初任政治教官)第二队队长。曾在西安市公安局、省保安司令部、汉中保安部等任职。1949年赴台湾。

龙大道(1901—1931),侗族,原名康庄,字坦之,贵州锦屏人。1918年春,考入武昌中华大学附中。1922年冬,进入上海大学学习。1923年11月,加入中国共产党。1924年9月,奉派赴莫斯科东方大学学习。五卅运动爆发后奉命回国,到上海从事工人运动。参加上海工人第二、第三次武装起义。1927年3月,任上海总工会经济斗争部部长。四一二反革命政变后撤离上海,作为上海代表赴武汉参加中国共产党第五次全国代表大会。1928年4月后,先后任浙江省委工人部部长、省委常委、代理省委书记。1930年,任上海总工会秘书长兼上海市各界人民自由运动大同盟主席、党团书记。1931年1月,因叛徒出卖被捕,2月7日在龙华就义。

罗尔纲(1901—1997),中国历史学家。广西贵港人。1924年,就读于上海浦东中学特别班。1926年,进入上海大学社会学系学习;同年10月20日,在《民国日报》副刊《觉悟》上发表《石达开故居》一文。1927年,上海大学被武力封闭后,转入中国公学大学部文学系。毕业后,在校长胡适的指导下整理胡适父亲胡传遗集并兼做家庭教师。1931年,随胡适迁居北京。1936年,在北京大学文科研究所任助教兼中央研究院社会研究所助理研究员。1937年,写成《太平天国史纲》。新中国成立后,为中国科学院经济研究所研究员、中国科学院近代史研究所一级研究员,曾主动提出降薪。1958年,《人民日报》刊登其加入中国共产党的消息。1997年在北京去世。有《罗尔纲全集》行世。

罗化千(1901—1986),又名空,号浮云,浙江富阳人。从浙江省立蚕桑学校毕业后,进入上海大学社会学系学习。后参加北伐,在国民革命军总政治部从事宣传工作。九一八事变后,义卖楹联700余幅,所得1 000余元捐献给上海赈济东北难民联合会。抗日战争全面爆发后,赴重庆任军政部会计处科长。新中国成立后,参加中国国民党革命委员会,曾任民革江苏省第四届委员会顾问。又应中国科学院农业遗产研究室邀请,参与校勘明代徐光启著《农政全书》。1980年后,任江苏省文史研究馆馆员,为南京市白下区政协委员。1986年3月在南京病逝。

罗石冰(1896—1931),又名石彬、菁华、庆元,号子实,江西吉安人。1919年,毕业于南昌省立第一师范学校。1924年2月,进入上海大学社会学系学习;同年,加入中国共产党。五卅运动期间,根据党组织安排,在上海总工会工作。1926年1月,受中共中央指派赴江西巡视,领导建立吉安第一个党组织中共吉安小组,隶属中共南昌支部;同年2月,在吉安县塘东第九小学发展胡庭铨、郭士俊、刘秀启、郭家庆、罗万等五人为党员并建立吉安农村第一个党支部中共延福支部;同年3月,领导组建中共吉安特别支部,隶属江西地委。1927年1月,任中共江西区委委员兼吉安地委书记;同年4月,任中共江西区委宣传部部长;同年8月,参加南昌起义。1929年赴莫斯科中山大学学习,1930年回国后任中共青岛市委书记。1931年,因叛徒告密在上海被捕,2月7日在龙华就义,为龙华二十四烈士之一。

罗世文(1904—1946),原名世闻,四川威远人。1923年夏,加入中国社会主义青年团,为重庆地区最早的青年团员之一。1924年,与杨闇公、萧楚女等发起四川劳工互助社等进步团体,为重庆党组织的建立与发展奠定了基础。1925年,进入上海大学社会学系学习;同年,加入中国共产党并赴莫斯科中山大学学习。回国后,先后任中共四川临时省委宣传部部长、省委军委书记、省委书记,参与领导江津等多地农民暴动和兵变。1933年,赴川陕根据地工作,参加长征。1937年回四川,任中共四川省临时工作委员会书记、川康特委书记。1940年3月在成都被捕。1946年7月,被押解回重庆渣滓洞监狱;同年8月18日在狱中就义。

罗髫渔(1902—1988),笔名陈和山,四川兴文人。1923年,进入上海大学社会学系学习。1925年,加入中国共产主义青年团。1926年,加入中国共产党;同年,任黄埔军校政治教官。参加北伐、南昌起义。后到上海从事党的地下工作,任中共沪中区组织委员、中央交通员、《蜀道通讯社》总编辑、上海印刷总工会党团书记等。1931年被捕,1935年获释。在狱中和出狱后,以陈和山的笔名坚持写作和翻译,后赴香港任《天文台政治评论报》主编。1938年2月,根据党组织安排,赴国民政府军事委员会政治部第三厅从事抗日宣传工作。新中国成立后,任四川大学校管委会副主任、川西人民行政公署委员兼新闻出版处处长、西南区中苏友好协会总干事、中国人民大学教授、《教学与研究》总编辑、清史研究所所长,为全国政协委员。1988年1月在北京病逝。

马凌山(1902—1931),又名生武,陕西合阳人。1920年,考入郃阳中学。1924年初,进入上海大学社会学系学习。1926年,加入中国共产党。1927年4月,任中共兰州特别支部宣传委员。1927年5月30日,在兰州举行的五卅纪念大会上代表中国共产党发表演讲,严厉谴责蒋介石发动的四一二反革命政变,鼓励各界爱国和进步人士与蒋介石为代表的反动派作坚决斗争;同年6月下旬,赴西北军杨虎城部做兵运工作。1931年2月,在河北唐山病逝。

马文彦(1902—1983),化名曹骏天,陕西三原人。先后就读于三原县小学、渭北中学。

1923年，进入上海大学中国文学系学习，在校期间加入中国共产党，曾参与由上海大学陕西同乡会主办的进步刊物《新群》的筹建工作。1925年初，根据党组织安排，到河南郑州从事工人运动。1926年5月，经李大钊推荐，陪同于右任赴苏联与冯玉祥取得联系并任俄文翻译。1927年1月，任国民军联军驻陕总司令部秘书。1933年7月，因叛徒出卖，陕西党组织受到破坏，避居上海，与党组织失去联系。1936年，作为杨虎城参议参加西安事变。抗日战争全面爆发后，作为秘书随于右任撤至重庆。1941年，加入中国民主同盟。新中国成立后，任西北民盟总支委员兼副秘书长。1955年后，任西安市建筑工程局副局长、西安市政协副主席。

马汝良（1905—?），江苏徐州人。1924年秋，进入上海大学社会学系学习。五卅运动以后，回到徐州，宣传五卅运动，介绍五卅惨案真相。7月，任中国共产主义青年团徐州地委书记。大革命失败以后，参加南昌起义。之后和党组织失去联系。

毛庆善（1906—1940），浙江奉化人。国民政府监察院监察委员毛颖甫之子。1923年，在宁波四中读书时加入中国社会主义青年团，毕业后进入上海大学学习并加入中国共产党。曾任国民党空军部队教练、轰炸机大队长等职。1940年，在对日作战中牺牲。

毛一波（1901—1996），又名纶明，字颖若、尹若，四川富顺人。1922年，考入泸县川南师范学校。1924年秋，进入上海大学社会学系学习。1926年后，从事报刊编辑和写作工作。1929年赴日本留学，1931年回国后在上海从事文化工作。抗日战争期间，任《华西日报》等报刊主笔，宣传抗日。1947年，赴台北从事新闻工作。1956年4月，发表《于右任与上海大学》。1980年，赴美国定居。1996年3月在美国旧金山病逝。

孟超（1902—1976），原名宪启，字励吾，山东诸城人。1917年，就读于济南省立一中，后因参与学潮被开除。1924年秋，进入上海大学中国文学系学习。五卅惨案后，与同学李宇超、张少卿等一起赴济南宣传五卅运动、介绍五卅惨案真相，后回家乡组织成立五卅惨案后援会。1926年，加入中国共产党。1927年，上海大学被武力封闭后，到全国总工会宣传部工作。1928年初，与原上海大学教授蒋光慈一起组织太阳社。1929年秋，参与筹建中国左翼作家联盟。1930年4月起，任中共上海市闸北区行动委员会宣传委员、上海市总工联宣传部部长。1932年3月在组织沪西纱厂工人罢工时被捕，1933年7月出狱后与党组织失去联系，1948年11月重新加入中国共产党。新中国成立后，任国家出版总署图书馆副馆长、人民美术出版社创作室副主任、戏剧出版社副总编辑、人民文学出版社副总编辑等。为北方昆剧院创作改编的昆曲《李慧娘》公演后受到好评，又因《李慧娘》一剧受到康生等诬陷迫害，1976年去世。1979年3月，平反昭雪。

孟芳洲（1905—1933），又名舫洲、瀛洲，陕西洛川人。1923年就读于陕北联合县立榆林中学，不久转入绥德省立第四师范学校。1925年春，转入渭南固市渭阳中学；同年冬，进入上海大学社会学系学习，其间参与编辑《新群》。1926年，加入中国共产党。1927年2月，任中共三原县团地委书记。1929年夏，任中共青岛市委秘书。1932年11月，任中共陕南特委书记，积极创立地方游击队。1933年2月中旬，为军事指挥部成员兼西乡、城固边区苏维埃政府主席和红一团政委。1933年4月被叛徒杀害。

糜文浩(1901—1927),又名李仲苏,江苏无锡人。1915年,就读于江苏省立第二甲种工业学校。后辍学回家乡任小学教员。1922年,在上海邮政总局工作。1923年,在上海商务印书馆编译所工作;同年,进入上海大学社会学系学习,下半年加入中国共产党,后赴莫斯科东方大学学习。回国后任中共上海区委沪西部委组织委员,从事工运工作。1926年4月,任中共中央秘书处秘书。1927年3月,参加上海工人第三次武装起义,任上海总工会机关报《平民日报》编辑部主任,《平民日报》被封后改成《青天白日报》继续出版;同年5月被捕,11日在枫林桥刑场就义。

潘钦信(1906—1951),台湾台北人。毕业于台北太平公学校。1924年10月,进入上海大学中学部学习,其间加入中国共产党。1951年在上海病逝。

皮言智(1901—1926),安徽英山(今属湖北)人。1918年,考入安徽省立第一师范学校。1921年,参与筹建安徽社会主义青年团。曾任安徽省学联负责人。1923年秋,因参加安徽反对曹锟贿选及痛打吹捧曹锟的"议员"遭安徽军阀当局通缉而逃亡上海。1924年10月,进入上海大学学习。后赴黄埔军校学习并加入中国共产党。在黄埔军校学习期间参加东征。1926年在作战中牺牲。

濮德治(1905—1997),又名清泉、一凡,安徽安庆人。陈独秀表弟。1923年前后,进入上海大学英国文学系学习;1924年11月,曾在上海大学和王步文等安徽籍同学一起发表反对安徽军阀倪道烺的通电。1925年,赴日本早稻田大学留学,负责组建中共东京支部,任支部宣传与组织委员。1927年,赴莫斯科东方大学学习。四一二反革命政变后回国,追随陈独秀参加托派。新中国成立后,曾在云南工作。

蒲克敏(1903—1939),字志政、子政,陕西蒲城人。1919年,就读于三原省立第三师范学校。1925年春,加入中国共产主义青年团;同年9月,进入上海大学社会学系学习并加入中国共产党,其间与陕籍同学一起以上海大学陕西同乡会名义创办《新群》,宣传革命,传播马克思主义。1927年7月,任中共陕西省委委员、五一县委书记;同年12月,调任中共西安市委书记。1928年6月,任中共陕西省委常委。1931年4月,赴英国伦敦大学经济学院留学。1933年5月回国,任西安绥靖公署少校秘书兼政治教官。1939年10月奉命赴宜川秋林,在返回途中遇日机空袭牺牲。

秦邦宪(1907—1946),中国无产阶级革命家。又名博古,字则民,江苏无锡人。1921年9月,就读于江苏省立第二工业学校预科。1924年夏,先后加入上海大学孤星社和锡社。1925年春,加入中国共产主义青年团。1925年9月,进入上海大学社会学系学习;同年10月,加入中国共产党。1926年10月,参加上海工人第一次武装起义;同年11月,赴莫斯科中山大学学习,取俄文名博古诺夫,后遂以博古名世。1930年5月,奉命回国。1931年9月,任中共临时中央负责人。1935年1月遵义会议后,任红军总政治部代理主任。长征到陕北后,任中华苏维埃共和国中央政府西北办事处主任。1937年后,任新华通讯社社长、中央组织部部长、中共中央南方局委员兼组织部部长。1946年,作为中央代

表赴重庆参加政协宪草审议小组工作;同年4月8日,由重庆返回延安途中因飞机失事遇难。译著有《苏联共产党历史简明教程》《辩证唯物论与历史唯物论基本问题》《共产党宣言》《社会主义从空想到科学的发展》《卡尔·马克思》《论一元论历史观之发展》等。

邱清泉(1902—1949),原名青钱,字雨庵,浙江永嘉人。1921年,毕业于浙江省立第十中学。1923年8月,进入上海大学英国文学系学习。1924年7月,赴黄埔军校学习,为第二期学员。1926年1月,参加北伐。1934年7月赴德国柏林陆军大学学习,1937年5月回国。抗日战争期间,参加淞沪会战、南京保卫战、昆仑关战役。1948年,任国民党军第二兵团司令官。1949年1月在淮海战役中被中国人民解放军击毙。

瞿景白(1906—?),江苏常州人。瞿秋白三弟。1921年夏,就读于浙江省第一师范学校。1923年秋,进入上海大学社会学系学习。1924年,加入中国共产党。五卅运动中被捕,在租界会审公廨与美国副领事及会审官作机智勇敢的斗争。1925年秋,任上海曹家渡共青团书记,从事工运工作。1928年4月,赴莫斯科中山大学学习。后因公开反对王明等人的宗派活动而受到打击并失踪。新中国成立后,平反昭雪,追认为革命烈士。

任卓宣(1896—1990),原名任君彰,笔名叶青,四川南充人。1919年考入北京高等法文专修馆,1920年6月,赴法国勤工俭学。1923年加入中国共产党,任中共旅法支部书记。后去莫斯科中山大学就读。1926年底回国。曾到上海大学社会学系任教授,讲授哲学等课程。后到黄埔军校任政治教官。1927年参加广州起义,担任过中共湖南省委书记等职;1928年被捕后叛变投敌。担任过国民党中央宣传部副部长。

尚辛友(1903—1937),又名士英、华友,陕西洋县人。1923年,就读于上海惠灵英文专修学校。1924年,赴黄埔军校学习,为第一期学员;同年,加入中国共产党。后进入广州农民运动讲习所学习。1926年初,进入上海大学学习。1927年3月,参加上海工人第三次武装起义。四一二反革命政变后,回家乡从事党的地下工作。1929年8月,与阎灵初、杨子英等组建中共洋县小组并任组长;同年10月,小组改称特别支部,任特支书记。1930年,根据党组织安排任洋县政府财政局局长。1931年,赴河南开封继续为党工作。1937年在抗日战争中牺牲。

沙文求(1904—1928),又名仲巳、端巳,化名史永,浙江宁波人。1924年夏,毕业于宁波效实中学。1925年春,进入上海大学社会学系学习,其间参加五卅运动。1925年上海大学校舍被武力封闭后转入复旦大学,同年冬辍学回乡后加入中国共产党。1926年初,在家乡沙村建立第一个党组织并任支部书记;同年7月,赴广东大学哲学系学习并开展学运工作。1927年,任广东大学共青团支部书记;同年11月,参加广州起义。1928年8月被捕,在广州红花岗就义。

佘埃生(1896—1932),又名爱生、佘惠,湖南慈利人。1923年,进入上海大学英国文学系学习并以半工半读的形式在大学部任义务书记。后赴广州参加北伐并加入中国共产党。参加南昌起义、百色起义。1931年,随红七军进入湘赣边根据地。1932年,在中央苏区的"肃反"扩大化中遇害。1945年,平反昭雪,追认为烈士。

沈方中(1900—1932),女,原名梧珍,浙江长兴人。1922年,毕业于湖州女子师范学校。1925年进入上海大同大学学习,同年9月转入上海大学社会学系。1926年,深入杨树浦、吴淞、闸北等工人居住区从事青年妇女工作。1927年春,加入中国共产党;同年3月,参加上海工人第三次武装起义。1928年,任中共东台县委委员。1929年,在共青团江苏省委和中共中央机关工作。1932年9月被捕,12月在狱中病逝。

盛幼宣(1908—1979),又名世铎,上海南汇人。1921年,就读于江苏省立第二师范学校。1924年7月,进入上海大学中学部学习;同年,加入中国共产党。1927年3月,任上海特别市临时市民政府机要秘书,负责保管文印。参加南昌起义,后回家乡在南汇一带从事农运工作。新中国成立后,从事教育工作。

施蛰存(1905—2003),中国作家、翻译家、古典文学学者。名德普,浙江杭州人。1922年,就读于杭州之江大学,其间因参加非基运动为学校所不容而自动退学。1923年9月,进入上海大学中国文学系学习;同年11月,与戴望舒、杜衡等共同发起成立上海大学青凤文学会。1926年3月,与戴望舒、杜衡一起创办《璎珞》旬刊。1927年,到松江任中学教员。后在上海从事文学创作和文学期刊编辑工作。新中国成立后,任华东师范大学教授。1993年,被授予上海市文学艺术杰出贡献奖。2003年11月在上海病逝。有《施蛰存文集》行世。

师集贤(1899—1930),原名道立,化名露冷,陕西合阳人。1917年,考入西安成德中学。后考入上海东南高等专科师范学校,上海大学成立后转入美术科图音组学习。1922年,加入中国共产党。1924年,毕业后在西安美术学校、西安中山中学任教。1930年夏,在南京被捕,9月在雨花台就义。

宋桂煌(1903—1987),笔名伯明,祖籍江苏苏州。1923年,进入上海大学英国文学系学习。曾任无锡江苏省立教育学院成人心理研究室助理研究员、浙江大学图书馆馆员、《苏中日报》副总编辑、《时与潮》《时事评论》编辑等。新中国成立后,任上海市政府调查研究室研究员、上海文艺出版社文艺室编辑。1953年,加入中国作家协会。有《上海大学琐忆》回忆文章发表。

孙玉如(1903—1975),陕西合阳人。1925年,进入上海大学学习。1926年,加入中国共产党。1927年,被党组织派回陕西,任中共陕甘区委秘书、西安第二部委书记;同年8月,到合阳建立中共合阳特别支部并任书记;同年10月,任中共韩城县委书记。1928年,到合阳中学任教。1932年,任中共三原中学支部书记。杜衡叛变后,自行和党组织脱离关系。新中国成立后,在西北军政大学、西安市政府研究室、市文委办公室和省民主促进会任职。曾当选陕西省人民代表大会代表。

孙仲宇(1905—1969),又名金鉴、卓梧,江苏泰县人。1925年7月,进入上海大学社会学系三年级学习。1930年,加入中国共产党。1932年被捕,1935年出狱,1938年重新加入中国共产党。新中国成立后,在云南昆明工业学校任教。1962年11月,以书面形式接受上海历史研究所函调,有《关于上海大学的一些资料》藏于上海市档案馆。

谭其骧(1911—1992),中国历史学家、历史地理学家。字季龙,浙江嘉兴人。1923年,就读于嘉兴秀州中学,因不满校方对学生的处置,高中未毕业就愤然离校。1926年夏,进入上海大学社会学系学习,不久加入中国共产主义青年团。1927年,上海大学被武力封闭后进入暨南大学学习。1930年,进入燕京大学研究生院学习,师从顾颉刚。1934年春,协助顾颉刚筹办禹贡学会,主编《禹贡》。新中国成立后,任复旦大学历史系教授。为中国科学院学部委员(院士)。1982年,任中国历史地理研究所所长。1983年,加入中国共产党。1992年8月在上海去世。

唐棣华(1904—1989),女,上海青浦人。1925年,进入上海大学中学部学习,其间任中学部学生会副主席。五卅运动期间,任上海学联会计。1980年,在北京接受专访,有《回忆上海大学》记录稿存世。1989年5月在北京去世。

陶淮(1904—1927),安徽寿县下塘集(今属长丰)人。安徽芜湖省立第二甲种农业学校毕业,1923年9月考进上海大学社会学系。当年加入中国共产党。1925年到莫斯科东方大学学习。1926年回国,在武汉全国总工会从事工人运动。1927年武汉发生七一五反革命叛乱,被逮捕,于当年秋天被国民党反动派杀害在武汉。

陶新畲(1901—1957),安徽寿县人。1923年,进入上海大学学习;同年,加入中国共产党。1928年,赴莫斯科学习,是中国共产党第六次全国代表大会工作人员。1930年回国,先后任上海市工联书记、淞浦特委军委书记兼红十九军军长等。1933年6月7日,代理察哈尔省政府秘书长。抗日战争胜利后,以经商等形式继续为党工作。1957年在上海去世。

童玉堂(1905—1951),浙江兰溪人。浙江省立第七中学毕业后进入上海大学社会学系学习。1925年,加入中国共产主义青年团。1926年,加入中国共产党,为兰溪地区第一位共产党员。1927年2月,受国民党浙江省党部中共党团组织委派,创建中共兰溪临时特别支部并任支部书记。四一二反革命政变后,三次被捕,关押时间长达十年,出狱后与党组织失去联系。新中国成立后,在中学任教。1951年3月在杭州去世。

汪佑春(1898—1933),字泽鉴,号子华,江西上饶人。1922年,进入上海东南高等专科师范学校学习,后转入上海大学,其间参加五卅运动。1926年,经方志敏介绍加入中国共产党。1927年,参加南昌起义。起义军撤离南昌时,回家乡开展革命工作,建立上饶县第一个党组织——中共革坂小组并任组长。1930年,任中国工农红军第10军某营政治委员。1933年在"肃反"扩大化中遇害,新中国成立后平反昭雪。

王伯协(生卒年不详),陕西洋县人。1926年秋,进入上海大学社会学系学习。1927年3月,参加上海第三次工人武装起义。新中国成立后,任洋县政协委员。

王步文(1898—1931),又名朱华、王华,字伟模,安徽岳西人。先后就读于安庆六邑中学、安庆第一师范学校。1923年,加入中国共产党。1924年,进入上海大学社会学系学习。在上海大学学习期间,根据党组织安排,深入工人群众宣传革命道理。1925年6月,赴日本留学,参与组织中共东京特别支部并任特支常委。1927年奉调回国,在中共中央政治部工作,参加上海工人第三次武装起义;同年12月,领导安庆地区一二·八暴动。1929年,任中共中央巡视员,深入皖中皖西等地指导工作。1930年9月,任中共安徽省委书记,为中共安徽省委第一任书记。1931年4月被捕,5月在安庆就义。

王超北(1903—1985),初名士奇,化名祥初、庞智,陕西澄城人。1922年,从陕西省第一中学毕业后考入南通医科专门学校。1923年,进入上海大学学习。1924年,加入中国社会主义青年团。1925年,加入中国共产党;同年暑假,根据党组织安排,先后在澄城中学和肤施(延安)第四中学创建中国共产主义青年团特别支部。四一二反革命政变后,在上海中央局特科从事情报工作。西安事变后,任八路军西安办事处总务科长。抗日战争全面爆发后,以经商为掩护从事情报工作。1939年,任党中央在西安成立的情报处处长。新中国成立后,任中国人民解放军西安警备区副司令员、西安市公安局局长等。1985年10月在北京病逝。

王剑虹(1901—1924),女,土家族,四川酉阳(今重庆酉阳土家族苗族自治县)人。1916年,考入湖南桃源县第二女子师范学校。1921年,进入上海平民女子学校学习并任中国共产党创办的第一个妇女刊物《妇女声》编辑。1923年秋,进入上海大学中国文学系学习。1924年1月,与瞿秋白结婚;同年7月在上海病逝。

王稼祥(1906—1974),中国无产阶级革命家,中国共产党和中国人民解放军领导人。原名嘉祥,又名稼蔷,安徽泾县人。1925年,加入中国共产主义青年团;同年8月底,进入上海大学中学部高中三年级学习并任中学部学生会主席;同年11月赴苏联,先后在莫斯科中山大学和红色教授学院学习。1928年,加入中国共产党。1930年3月,回国。1931年4月,任中共苏区中央局委员、红军总政治部主任、中央革命军事委员会副主席。两次当选中华苏维埃共和国中央执行委员会委员兼外交人民委员,任外交部部长。1934年10月,参加长征。1935年1月,在遵义会议上坚决支持毛泽东的正确主张,对确立以毛泽东为代表的新的党中央的正确领导发挥了重要作用。随后又成为三人军事指挥小组成员,负责指挥全军的军事行动。后任西北革命军事委员会委员、中央革命军事委员会委员。1937年6月赴苏联,任中共驻共产国际代表。1938年8月回国,任中共中央军委副主席、总政治部主任等。1946年5月,赴苏联治病。1947年5月回国,任中共中央东北局委员、城工部部长、宣传部代理部长。新中国成立后,任驻苏联大使、外交部副部长、中共中央对外联络部部长、中共中央书记处书记。是中共第六届中央政治局委员,第七、第八、第十届中央委员;第二至第四届全国政协常委。主要著作编为《王稼祥选集》。

王一知(1901—1991),女,原名杨代诚,湖南芷江人。1915年考入湖南桃源省立第二女子师范学校,1921年毕业后任向警予创办的溆浦小学教员。1922年2月,进入上海平民女校学习;同年8月,经俞秀松、刘少奇介绍加入中国共产党。1923年夏,进入上海大学学习;同年7月,中共上海地委兼区委决定将上海的中共党员按居住地编成五个组,第一组为上海大学组,王一知和上海大学教授瞿秋白、邓中夏、施存统等编在第一组;同年9月,任上海大学组组长。在上海大学学习期间,在向警予领导下从事妇女运动。1925年

底,赴广州任邓颖超领导的广州妇女协会宣传部主任,主编《光明》周刊。四一二反革命政变后,长期在白区坚持地下斗争,担任党的地下电台收送密电的交通员。新中国成立后,先后任上海吴淞中学校长、北京一〇一中学校长兼党支部书记。1991年11月在北京病逝。

王友直(1902—1992),号正卿,陕西韩城人。1924年7月,进入上海大学中国文学系学习。在上海大学学习期间,加入中国社会主义青年团。1925年3月,在上海大学陕西同乡会主办的《新群》半月刊上发表长诗《悼孙中山先生》。1926年底,在赴莫斯科中山大学学习途中加入中国共产党。在莫斯科中山大学学习期间,与蒋经国同住一个宿舍。1931年奉命回国,担任中共上海浦东区委组织宣传部部长。1933年被捕。1934年出狱后宣布脱离共产党,加入国民党。1947年7月,被蒋经国推荐为西安市市长。在中国共产党地下组织的策划和帮助下,为西安和平解放作出贡献。新中国成立后,任陕西省政协常委,民革中央监察委员、团结委员等。1992年在西安病逝。

王灿芝(1901—1967),女,名桂芬,别号小侠,湖南湘乡人。王廷钧、秋瑾之女。曾就读于长沙艺芳女校。1924年,进入上海南方大学学习;同年,进入上海大学英算高等补习班学习。1929年,赴美国纽约大学航空专科留学。为中国首位女飞行员,后任军政部航校教官。后去台湾。

王符生(1904—?),又名长熙,江苏灌云人。1922年,毕业于南京正谊中学;同年10月,进入上海大学社会学系学习。1923年,投考黄埔军校,复试落选,后就读于济南直鲁将校学校。1926年5月,任国民革命军铁血军政治部代主任。参加北伐。1927年12月后,任江苏省东海县新浦公安分局代局长。1933年11月,被李济深任命为福建省苏北军事政治特派员,前往上海开展抗日反蒋工作。1942年11月,任淮海警备司令,组织武装打击日军。新中国成立后,任湖南省人民政府参事、武汉市人民政府参事等职。

王环心(1901—1927),江西永修人。毕业于南昌省立第二中学。1922年初,进入东南高等专科师范学校学习,后转入上海大学中国文学系。1924年4月,加入中国共产党。在上海大学学习期间,根据党组织安排,回永修创建社会主义青年团组织。1925年夏,接受党组织指派,到河南、河北等地从事兵运工作。1926年春,奉命回到江西,以特派员身份到景德镇视察指导工作;同年9月,任中共永修支部书记;同年11月5日,北伐军攻下永修,经北伐军第6军党代表兼政治部主任林伯渠批准,任永修县县长。1927年2月,任中共永修地委书记;同年6月,任中共永修县委书记。1927年11月,因叛徒告密被捕,12月在南昌就义。

王秋心(1899—1987),江西永修人。早年毕业于江西第一师范学校。1922年初,进入东南高等专科师范学校学习,后转入上海大学中国文学系。1924年4月,加入中国共产党。新中国成立后,在永修中国民主同盟工作。曾接受江苏镇江市委党史办专访,有记录稿《我在上海大学的生活片段》发表在《江苏革命史料选辑》1983年第6期上。1987年在永修病逝。

王绍虞(1897—1928),安徽六安人。小学毕业后考入设在安庆的皖江体育专科学校。1923年,进入上海大学学习。1924年1月,利用寒假回家乡六安联络进步青年周范文、胡苏明等发起并组织六安青年励进会,团结和吸收当地青年学生在六安西门外紫竹林小庙集会,一起学习研究马克思主义,探索革命真理。返校后即被党组织吸收为党员。1925年寒假,受党组织派遣再次回到六安,组建共产党组织。同从芜湖、杭州、上海等地回乡的共产党员、共青团员王亦良、王立权、蔡邦瑜、刘大蒙、徐为浚等一起以开设青年实业社为掩护,创建中国共产党在六安最早的基层组织中共六安特别支部,任支部书记,直属党中央领导。1927年3月,北伐军进驻安庆,参加领导安徽农民运动。四一二反革命政变后,化名李静卿,在芜湖建立安徽省济难会并任主任,营救、资助和保护了大批共产党员和革命者。1928年1月被捕,4月在安庆就义。

王文明(1894—1930),字钦甫,号恩安,海南琼海人。1917年秋,考入琼崖中学。1922年,与罗汉、王大鹏等创办嘉积农工职业学校并任教务主任;同年秋,加入中国共产党。1924年秋,进入上海大学社会学系学习。是琼崖革命同志大同盟主要负责人之一。1926年6月,在海口主持召开中国共产党琼崖第一次代表大会,成立中共琼崖地方委员会,当选书记。八七会议后,领导打响琼崖暴动第一枪。1928年8月12日,琼崖苏维埃政府成立,当选主席。后开辟母瑞山农村革命根据地,是海南岛地区党组织和革命根据地的创始人。1930年1月17日在母瑞山病逝。

王逸常(1896—1986),字纯熙,安徽六安人。1921年,加入中国社会主义青年团。1923年9月,进入上海大学社会学系学习;同年11月,加入中国共产党。1924年5月,赴黄埔军校学习,为第一期学员,毕业后留校,任中共黄埔军校第一期支部宣传委员、中国青年军人联合会秘书、第一军政治部上校组织科长。1929年,任中共六安、霍山联合县委书记。1932年脱党,进入国民党中央政治学校学习和任教。抗日战争期间,先后在第一战区司令长官部政治部、军事委员会政治部任职。1946年退役,后任重庆私立中学校长。新中国成立后,先后在重庆市人民政府干部文化学校、重庆十三中学、重庆十二中学等任教。1962年,任武汉市文史研究馆馆员。1986年10月在武汉病逝。

王耘庄(1904—1961),谱名宗德,笔名怀西,浙江嵊县人。1923年,毕业于天津南开中学。1923年9月,进入上海大学中国文学系学习。1924年11月,任上海大学学生社团中国孤星社行政委员。后转入上海大同大学中文系。1925年9月,加入中国共产主义青年团,不久加入中国共产党。1926年7月,考入清华大学研究院。1927年7月,与党组织失去联系。1934年2月,任上海法学院教授。抗日战争期间,回浙江参加抗日斗争。新中国成立后,任西北大学历史系教授兼图书馆馆长。

王亚璋(1902—1990),女,又名志渊、芝宇,浙江定海人。1924年,进入上海大学学习。1925年1月,加入中国共产党。1926年3月,任中共上海区委委员兼妇女部主任。1927年1月,任中共湖北省委妇女委员会委员;同年4月,出席中国共产党第五次全国代表大会,当选中央候补委员。四一二反革命政变后,随丈夫李炳祥(上海大学学生)转移至

马尼拉,继续从事革命工作。抗日战争期间,在菲律宾从事抗日宣传活动,任中国妇女慰劳前线抗日将士慰劳会菲律宾华侨分会委员兼组织部副主任。1944年11月,参加华侨抗日游击队,做俘虏教育工作。1946年,随华侨党组织撤至香港。1949年3月,在中共中央统战部二处工作。新中国成立后,任中共中央对外联络部研究员、机关学校校长等。1990年2月在北京去世。

王仲芳(1895—1932),原名王启勋,字友卿,广东乐会(今属海南)人。1913年考进琼崖中学。1924年秋,进入上海大学学习。1925年春,跟随王文明到广州从事革命工作,在广州加入中国共产党。1927年春,到海口市郊农民运动办事处工作。大革命失败以后,于5月初,在乐会县党组织的领导下组建了农民武装大队。6月,任中共乐四区委书记。1928年2月,任中共乐会县委书记。1928年8月,在母瑞山根据地坚持斗争。1932年夏,因"肃反"扩大化被杀害。1951年平反昭雪,追认为烈士。

翁泽生(1903—1939),又名廷川、振华,福建厦门人。1924年9月,就读于厦门大学。1925年初,进入上海大学学习;同年7月,加入中国共产党。1926年,秘密开展党团活动,成立漳州第一个团支部。1927年1月,领导成立漳州第一个党支部并任支部书记。1928年4月,与台湾籍的谢雪红、林木顺等一起创立台湾共产党。1932年下半年,奉调上海负责台湾共产党与中共中央的联络工作并任中华全国总工会党团秘书长,直接在陈云、廖承志等领导下从事工人运动。1933年3月,在上海被捕,转押台北日本殖民统治当局监狱并被判刑13年。1939年3月1日,因病情恶化保外就医,19日病逝。

巫钲一(1906—1927),江苏南通人。1924年7月,进入上海大学社会学系学习。五卅惨案后,回到南通,宣传五卅运动,介绍五卅惨案真相。1926年,留学日本,考入早稻田大学经济系。1927年在东京病逝。

吴静焘(1904—1933),女,又名吴祥宝、吴蔷葆,江苏武进(今常州武进区)人。1925年进上海大学中学部学习同年加入中国共产党。1926年任中共上海区委妇女运动委员会委员。中国共产党党员。大革命失败以后与丈夫余泽鸿一起在党中央机关工作。后到中央苏区任建宁中心县委宣传部部长、妇委书记。1933年在国民党"围剿"中牺牲。

吴开先(1899—1990),上海青浦人。早年就读于上海东亚同文书院,后进入上海大学社会学系学习。1928年起,任国民党上海特别市执行委员会和监察委员会常务委员、国民党政府立法委员、中国民众训练委员。抗日战争期间,任国民党中央组织部副部长。抗日战争胜利后,任上海社会局局长兼市党部委员。是CC系重要骨干。1990年在台北病逝。

吴谦(1905—1992),又名力生,浙江松阳人。1921年,就读于浙江省立第十一师范学校。1924年,进入上海大学学习。1925年春,加入中国共产党。后长期在上海从事翻译工作。新中国成立后,在上海新文艺出版社等处工作。

吴绍澍(1905—?),字雨生、雨声,上海松江人。曾就读于上海大学社会学系。曾任中国国民党上海市党部组织部主任、中央组织部干事、平汉铁路特别党部筹备委员会委员、汉口市党部主任委员等。1937年4月1日,任中国国民党第五届中央民众训练部委员。1938年夏,任三青团上海支团部书记。1939年冬,任中国国民党上海市地下党部主任委员,其间任国民政府军事委员会第六处少将处长、中国国民党中央宣传部委员。1942年2月,特派为监察院江苏区监察使。1943年,在三青团第一次全国代表大会上当选中央干事会干事。1945年5月,当选中国国民党第六届中央执行委员;同年8月15日,任上海市副市长,20日兼任社会局局长。1946年11月,当选制宪国民大会代表。1947年12月13日,任立法院立法委员。1949年5月,当选立法院立法委员、交通委员会委员。新中国成立后,曾任交通部参事。

吴云(1903—1978),安徽凤台人。吴震胞兄。1923年夏,进入上海大学社会学系学习;同年,加入中国共产党。1924年暑假,回家乡秘密进行党团组织的创建工作,参与创建中共淮上中学补习社支部,直属中共中央领导。1930年12月,任中共凤台县委书记。1947年,任凤台县副县长。1978年12月在合肥去世。

吴震(1904—1931),安徽凤台人。吴云胞弟。1923年夏,进入上海大学英国文学系学习;同年,加入中国共产党。1924年暑假,回家乡秘密进行党团组织的创建工作,参与创建中共淮上中学补习社支部,直属中共中央领导。1925年,赴黄埔军校学习。1926年赴苏联学习,1929年回国赴鄂豫皖革命根据地工作。1931年,因张国焘的错误路线遭杀害。

吴霆(1905—1937),又名天喟,字晓天,安徽凤台人。毕业于南京成美中学。1923年夏,进入上海大学社会学系学习;同年,加入中国共产党。在上海大学学习期间,担任平民学校国语课程教员、上海大学平民学校委员会委员并负责学校庶务。1924年下半年,根据党组织安排,赴奉天从事革命工作。1925年9月,任中国共产主义青年团奉天特别支部第一任支部书记;同年10月,兼任中共奉天支部书记。1926年10月,任共青团北满地委书记。1929年夏,任中共大连特别支部宣传委员。1933年在天津被捕,抗日战争全面爆发后获释,返乡途中在定县病逝。

吴维中(1902—1937),又名芗生,江苏武进人。1925年,进入上海大学学习并加入中国共产党。根据党组织安排赴黄埔军校学习,为第四期学员。1926年7月,参加北伐。1927年,参加南昌起义,任第24师第71团军需官;同年10月,任中共武进县委常委兼军委书记。1933年春被捕,抗日战争全面爆发后获释,在赴延安途中遇难。

吴振鹏(1906—1933),字季冰,化名静生,安徽怀宁人。1923年,在安徽省立第一师范学校学习期间加入中国社会主义青年团。1925年,经党组织推荐进入上海大学社会学系学习。1925年夏,加入中国共产党。1927年4月,任共青团江西省委书记。1928年6月,赴莫斯科参加中国共产主义青年团第五次全国代表大会并当选团中央委员。1929年,任共青团江苏省(兼上海市)委书记、团中央宣传部部长。1930年7月,任江苏省总行动委员会委员、主席团成员;同年8月,任中央总行动委员会委员;同年10月,任中共中央苏维埃区域中央局委员。1933年5月被捕,同年6月在南京就义。

武止戈(1902—1933),又名熹祖,陕西渭南人。1922年6月,毕业于天津南开中学。1923年初,参加中国共产党;同年夏,任中国社会主义青年团北京地委书记。1924年初,根据党组织安排,进入上海大学英国文学系学习;同年暑期,赴陕西辅佐王尚德创建渭南赤水中国社会主义青年团支部,协助魏野畴创建西安地区第一个并由团中央直接领导的中国社会主义青年团支部。回校后,赴莫斯科中山大学学习。1932年2月,回国参加抗日斗争,后任中共张家口特委委员。1933年5月,在共产党的帮助和推动下,冯玉祥、方振武、吉鸿昌等在张家口成立察哈尔民众抗日同盟军,吉鸿昌任前敌总指挥,武止戈任参谋长;同年10月13日,在对日作战中牺牲。

项一椴(生卒年不详),女,浙江临海人。1925年9月,进入上海大学社会学系学习。为上海大学中国文学系学生戴邦定妻子。1939年7月,曾典卖首饰,帮助戴邦定在上海创建建承中学并在小学部工作。与戴邦定一起在学校设立党的地下交通站,为党组织和学生在校开展革命活动提供方便。

谢雪红(1901—1970),女,原名阿女,又名飞英,福建泉州人。1925年8月,加入中国共产党;同年9月,经党组织推荐,以特别生资格进入上海大学社会学系学习;同年12月,赴莫斯科东方大学学习。1927年11月,根据共产国际安排回国,在上海参加台湾共产党筹建工作。1928年4月,与台湾籍的翁泽生、林木顺等一起创立台湾共产党,当选台共中央候补委员;同年6月,在台北召开的台湾共产党第一届第二次中央委员会会议上增补为中央委员。1931年被捕,1939年出狱。抗日战争胜利后,发起组织人民协会、农民协会。1947年二二八起义时,参与领导台湾中部地区人民武装斗争,失败后转赴香港发起组织台湾民主自治同盟并任主席。1949年,参加中国人民政治协商会议第一届全体会议。新中国成立后,任政务院政法委员会委员、华东军政委员会委员、台湾民主自治同盟总部理事会主席等。1970年11月在北京去世。

徐梦秋(1901—1976),安徽寿县人。1923年9月,进入上海大学社会学系学习;同年,加入中国共产党;同年冬,与同学曹蕴真、薛卓汉等一起回家乡创建安徽农村第一个党组织中共小甸集特别支部。1925年8月,任国民革命军第一师政治部主任。四一二反革命政变后赴莫斯科东方大学学习,1930年8月奉命回国。长征时任红一军团政治部主任。1935年9月,任红三军团宣传部部长。1942年叛变,在军统任职。南京解放后被判无期徒刑,1976年5月在狱中病逝。

徐鹏翥(1902—1976),又名志辉,字云轩,山东成武人。1922年,就读于山东省立农林专科学校。1923年9月,进入上海大学社会学系学习。1924年,加入中国社会主义青年团。1927年2月,根据党组织安排,进入中央军事政治学校武汉分校学习;同年3月,加入中国共产党;同年10月,创建鲁西南地区第一个党组织曹州支部并任支部书记。1933年春,奉中共陕西省委指示,从事兵运工作。1934年春,经组织同意,先后潜入国民党复兴社和CC组织,获取大量情报。新中国成立后,任陕西省民族事务委员会办公室副主任、陕西省委统战部办公室主任。1976年2月在西安病逝。

徐石麟(1901—1976),又名石林,安徽望江人。1923年8月,进入上海大学中国文学系学习。1924年5月,赴黄埔军校学习,为第一期学员。参加北伐,任国民革命军第四军第10师28团营长。参加南昌起义后任杭州军官训练团、中央军校教导总队团长、副旅长。抗日战争期间,任鄂豫皖边游击挺进第三纵队副司令。1946年7月退役。新中国成立后,任全国政协文史资料委员会专员。

许继慎(1901—1931),中国无产阶级革命家、军事家,中国工农红军高级指挥员。原名绍周,字谨生,安徽六安人。1920年,就读于安徽省立第一师范学校。1921年4月,加入中国社会主义青年团。1923年秋,因参加安徽反对曹锟贿选及痛打吹捧曹锟的"议员"遭安徽军阀当局通缉而逃亡上海,在党组织安排下进入上海大学社会学系旁听。1924年5月,考入黄埔军校,为第一期学员;同年,加入中国共产党。毕业后留校任教导第2团排长、连长,第三期学生队队长,后调任国民革命军第1军第3师第7团代理党代表。参加两次东征、北伐。1926年起,任国民革命军第4军叶挺独立团第2营营长、第25师第73团参谋长、第24师第72团团长。四一二反革命政变后,到上海中共中央军委机关工作。1930年春,赴鄂豫皖革命根据地任鄂豫皖红军第1军军长、中共鄂豫皖边特委委员、中共第1军前委委员,领导整编鄂东北、豫东南、皖西三块革命根据地,实现了鄂豫皖红军的统一领导和指挥。1931年1月,鄂豫皖红军第1军、鄂东南红军第15军合编为鄂豫皖第4军后,任第11师师长、第12师师长,后兼中共鄂豫皖革命军事委员会皖西北分会主席;同年11月,在"肃反"中遭诬陷,被错杀于河南光山新集。1945年,平反昭雪,追认为烈士。

许乃昌(1906—1975),笔名秀湖、秀湖生、沫云等,台湾彰化人。1923年9月,进入上海大学社会学系学习;同年11月,被中共上海地方兼区委员会正式批准成为中国共产党候补党员。同时入党的还有刘华、龙大道、薛卓汉等七人,被编在中共上海地方兼区委第一组,即上海大学组。1924年8月,经陈独秀介绍,赴莫斯科东方大学学习。在上海大学台籍学生中,是最早被党组织派到苏联去留学的。1925年8月,赴日本留学,与东京帝国大学、中央大学的同学一起成立台湾新文化学会。1927年,主导成立社会科学研究部。

许侠夫(1901—1927),原名声鹏,字秀南,广东文昌(今属海南)人。1923年,就读于暨南大学。1924年,进入上海大学社会学系学习。1925年4月,当选上海大学广东同学会执行委员;同年5月,在上海大学刊物《南语》上发表《告琼崖诸同胞》一文,号召琼崖人民联合起来,反抗军阀邓本殷;同年秋,加入中国共产党。1926年4月,当选上海大学社会学系第一届同学会出版委员;同年回琼崖从事革命工作,当选中共琼崖地委委员兼宣传部部长。1927年6月,任中共文昌县委书记,建立革命武装组织;同年7月,任琼崖讨逆革命军第五路军党代表;同年12月在战斗中牺牲。

许心影(1908—1958),女,原名兰荪,号白鸥居士,广东澄海人。1926年,进入上海大学中国文学系学习,其间加入中国共产主义青年团。1927年4月,在武汉革命政府妇女部任文书。四一二反革命政变后,在福建龙溪教书。后到上海从事文学创作,参加左翼文学活动。抗日战争期间,在广东潮州教书。新中国成立后,在汕头专区戏剧改革委员会从

事潮剧旧剧本整理工作。1958年6月在汕头病逝。有诗集《腊梅余芬别裁集》行世。

薛尚实(1902—1977),原名梁华昌,别名梁化苍、杨良,广东梅州人。1921年,就读于广益中学。1926年秋,进入上海大学社会学系学习。1927年3月,上海工人第三次武装起义中参加上海大学学生军。参加广州起义。1928年2月,加入中国共产党。抗日战争期间,任中共福建省委组织部部长、浙江省委组织部部长、中共阜东县委书记、苏北区党委敌工部部长等。解放战争期间,任苏北盐阜地委宣传部部长、华中分局宣传部部长、青岛市委副书记等。新中国成立后,任中共青岛市委书记、上海同济大学党委书记、同济大学校长等。1977年在上海去世。

薛卓汉(1898—1931),安徽寿县人。1919年,就读于安徽省立第二甲种农业学校。1922年,加入中国社会主义青年团。1923年秋,进入上海大学社会学系学习;同年11月,加入中国共产党。1924年冬,与同学曹蕴真、徐梦秋等一起回家乡创建安徽农村第一个党组织中共小甸集特别支部。1925年9月,赴广州参加由彭湃主办的第五期农民运动讲习所学习。1926年,参加北伐,同期任毛泽东秘书。1927年3月,当选安徽省农民协会会长。四一二反革命政变后,从事兵运工作。1930年,赴鄂豫皖苏区任红一军政治部副主任。1931年冬,在"肃反"中遇害。

阎灵初(1904—1930),陕西洋县人。1924年,进入上海大学学习。1926年,加入中国共产党。1927年3月,参加上海工人第三次武装起义。1928年,回家乡从事革命工作。1929年,任洋县中学教师;同年8月,与上海大学同学、共产党员尚辛友等组织中共洋县小组,10月改为中共洋县特别支部,任组织委员。

严信民(1902—1988),陕西澄城人。早年就读于陕西省立第一师范学校。1922年,在上海加入中国共产党。1923年前后,进入上海大学社会学系学习。与王一知都是上海大学学生中最早的一批共产党员。1924年1月,赴莫斯科东方大学学习。1925年秋,奉命回国。1927年初,由中共陕西省委派往西安中山学院任教兼国民军联驻陕西总司令于右任秘书。四一二反革命政变后,与党组织失去联系。1942年夏,在重庆加入中华民族解放行动委员会(中国农工民主党前身)。1946年夏,进入陕甘宁边区。1947年2月,当选中国农工民主党中央执行委员;同年9月,作为中国农工民主党代表出席中国人民政治协商会议第一届全体会议。新中国成立后,任政务院参事、中央民族事务委员会参事室主任、中央民族学院副院长、中国农工民主党中央副主席等,为全国政协常委。1988年8月在北京去世。

阳翰笙(1902—1993),中国电影剧作家、作家、戏剧家。原名欧阳本义,字继修,笔名华汉等,四川高县人。1920年,就读于成都省立第一中学。1924年,进入上海大学社会学系学习。在上海大学学习期间,参加工人夜校教育工作和工人运动。五卅运动期间,与李硕勋一起受党组织指派到上海学联总会工作。1925年,加入中国共产党;同年10月底,任中共闸北部委书记。1926年1月,根据党组织安排赴黄埔军校任政治教官。参加南昌起义。1929年,任中共中央文委书记、中国左翼文化总同盟党团书记。抗日战争期间,任国民政府军事委员会政治部第三厅主任秘书、文化工作委员会副主任委员。1949 年 7 月,参加第一次全国文代会,当选大会主席团、常务主席团成员。新中国成立后,任中华全国电影工作者协会主席,政务院文教委员会副秘书长、总理办公室副主任,全国文联副主席、党组书记,中国人民对外文化协会副会长、党组书记等。1993 年 6 月在北京去世。

杨达(1902—1928),原名先达,字闻非,四川彭州人。1924 年 4 月,就读于上海同济大学医科班。1925 年初,进入上海大学社会学系学习;同年,加入中国共产党。1926 年,根据党组织安排赴黄埔军校工作,不久参加北伐。1927 年初,在朱德领导的国民革命军第 3 军军官教导团任参谋长兼秘书,朱德兼任南昌市公安局局长后,杨达又在公安局任秘书。在南昌起义中开展兵运工作,起义部队撤离后,在丰城和南昌一带从事党的地下工作。1928 年 2 月被捕,在南昌就义。

杨觉天(1904—1970),又名耀,陕西南郑人。1923 年,进入上海大学社会学系学习。1924 年,经于右任介绍入黄埔军校学习,毕业后留校任教导团副排长、连长等。1926 年,参加北伐,任国民革命军第 2 师第 4 团少校营长。1935 年,任第 17 路军独立第 3 旅旅长。1937 年,任第 38 军第 177 师参谋长兼第 529 旅旅长。抗日战争全面爆发后,在山西参加抗战。1940 年,任陕西省国民军训委员会军官训练班副主任。1949 年,任第 18 绥靖区参谋长;同年 11 月,任陕西绥靖总司令部参谋长;同年 12 月,在四川绵阳脱离部队潜赴成都与解放军取得联系。1951 年,进入西南军区高研班学习,任四川军区参议。

杨溥泉(1900—1927),原名本祖,又名文渊,号宗光,安徽六安人。1920 年秋,就读于安庆省立第一甲种工业学校。1923 年,加入中国社会主义青年团;同年秋,就读于芜湖省立第二甲种农业学校。1924 年春,进入上海大学社会学系旁听;同年 4 月,根据党组织安排,赴黄埔军校学习,为第一期学员;同年,加入中国共产党。北伐期间,任国民革命军第四军营长、副团长。1927 年 8 月参加南昌起义,同年 9 月在进袭广东潮州时牺牲。

杨士颖(1903—1931),又名式颖,化名再我,河南南阳人。1921 年就读于浦东中学,1923 年转入开封圣安德列学校学习。1924 年,进入上海大学英国文学系学习,其间加入中国共产党。1926 年 5 月,参与组建南阳第一个党组织中共南阳支部,任支部书记,负责青运工作。1927 年春,赴武汉加入国民革命军第二方面军教导团,参加两次北伐;同年 12 月,随团参加广州起义。1931 年夏被捕,同年在广州就义。

杨振铎(1905—1933),字警轩,化名金铎,山西芮城人。1925 年,加入中国共产党。1926 年,经党组织推荐进入上海大学社会学系学习,其间任上海大学共青团支部书记。1927 年 3 月,参加上海工人第三次武装起义。曾任共青团江苏省委书记、上海沪中区行委书记等。1930 年 4 月,在上海主持召开沪中区行委会议时被捕,1933 年 4 月在南京就义。

杨之华(1900—1973),女,又名杜宁,浙江杭州人。1919 年,就读于浙江省立女子师范学校并参加五四运动。1922 年,加入中国社会主义青年团。1924 年,进入上海大学社会学系学习;同年,加入中国共产党。1925 年,任上海各界妇女联合会主任,参加五卅运

动。1927年,参加上海工人三次武装起义;同年,在中国共产党第五次全国代表大会上当选中央委员。1928年,赴莫斯科参加中国共产党第六次全国代表大会,后进入莫斯科中山大学特别班学习。1935年,赴苏联参加共产国际第七次代表大会,任国际红色救济会常务委员。1941年回国,在新疆被捕,1945年出狱后赴延安任中共中央妇女委员会委员、中共晋冀鲁豫中央局妇女委员会书记。新中国成立后,任全国妇联国际部部长、副主席,全国总工会女工部部长。1962年,在中国共产党第八次全国代表大会第十次会议上当选中共中央监察委员会委员、候补常委。为第一、第二届全国人大代表和第三届全国人大常委会委员,第一、第二届全国政协委员。"文革"中受迫害致死,1979年平反昭雪。

杨志云(1899—1975),又名念平,河北滦县人。1924年1月,加入中国社会主义青年团;同年,进入上海大学社会学系学习。后任团中央秘书。1925年1月,赴大连组建社会主义青年团大连地方委员会,任书记。1926年1月,加入中国共产党员,任中共大连特别支部书记。1927年6月在奉天领导工人罢工斗争时被捕,出狱后与党组织失去联系,1975年在滦县病逝。

羊牧之(1901—1999),江苏常州人。1925年9月,进入上海大学社会学系半工半读。1926年6月前后,到中共中央宣传部工作。长期在上海、江苏、湖南等地任教。新中国成立后,为常州市人大代表、常州市政协常委、政协专职副秘书长。1980年10月,在常州接受专访,有《回忆上海大学》记录稿存世。

姚天羽(生卒年不详),又名天宇,江苏苏州人。1924年,进入上海大学社会学系学习。1936年,参与筹备上海大学同学会总会,总会成立后任候补监事。新中国成立后,在上海市劳动局工作。1960年撰写的《培养革命干部的洪炉——上海大学》刊登于1980年出版的《党史资料丛刊(第二辑)》。

于芝秀(1902—1969),女,陕西三原人。于右任长女。1922年4月2日,与屈武结为伉俪。1923年8月,进入上海大学学习。1925年10月,作为第一批留苏学生赴莫斯科中山大学学习,同行者还有张闻天、王稼祥等。1927年回国。1969年在西安去世。

俞昌准(1907—1928),又名仲则,化名陈青文,安徽南陵人。1925年7月,进入上海大学中学部学习;同年秋,加入中国共产主义青年团。1926年,加入中国共产党;同年8月,经党组织批准,回家乡开展农民运动和党组织建设工作;同年11月,中共南陵县特别支部成立,任宣传委员兼秘书。1927年春,任中共芜湖特支书记。1928年1月,领导成立安徽第一个红色农民运动政权南芜边区苏维埃政府并任副主席。后到安徽大学以学生身份作掩护领导开展学生运动,任中共怀宁县委员兼共青团怀宁县委书记。1928年11月因叛徒出卖被捕,12月16日在安庆就义。

俞岳(1901—1979),字允文,浙江三门人。浙江省立第六中学毕业后进入上海大同大学,后转入上海大学社会学系。1926年,与上海大学同学蒋如琮等一起创建宁海中学并任教务主任。1928年,三门亭旁起义失败后为保护中共地下党员家属而被捕入狱,直到西安事变后才获释放。后长期从事教育工作。新中国成立后,在宁海中学任教。

余泽鸿(1903—1935),原名世恩,字因心,四川长宁人。1921 年,就读于泸州川南联合县立师范学校,其间受教师恽代英影响,加入中国社会主义青年团并任团支部书记。1923 年,进入四川外语专科学校学习。1924 年 9 月,进入上海大学社会学系学习。1925 年春,加入中国共产党,任上海学联党团书记。1927 年 2 月,在中共上海区委全体会议上当选学生运动委员会主任;同年 3 月,负责训练上海学生军,协助组织上海工人第三次武装起义。四一二反革命政变后,任中共湖北省委秘书长。1928 年初任中共中央组织部秘书,1929 年夏接替邓小平任中共中央秘书长。长征开始后,任中共中央直属纵队干部团政治科长兼上级干部团政委。1935 年 2 月,任中共川南特委宣传部部长、游击队政治部主任,后任中共川南特委书记、川滇黔边区特委书记、游击纵队政委;同年 12 月在战斗中牺牲。

曾延生(1897—1928),学名宪瑞,字麟书,江西吉安人。1924 年,进入上海大学社会学系学习;同年,加入中国共产党。1925 年初,参与领导上海日商纱厂罢工;五卅运动中领导杨树浦工人宣传队;同年 6 月,以上海工商界宣传代表身份赴南昌说明五卅惨案真相;同年 8 月,利用暑假回家乡秘密组建进步团体觉群社,为吉安正式建立中国共产党组织创造条件;同年 10 月回上海大学,不久任共青团上海地委引翔港部委书记、中共引翔港部委宣传委员。1926 年 8 月,任中共九江地委书记。1927 年 12 月,任赣南特委书记,组织赣南暴动。1928 年 3 月在开会时与妻子蒋竞英一起被捕,4 月 4 日双双就义。

张崇德(1903—?),浙江临海人。张崇文胞兄。毕业于上海澄衷中学。1924 年,进入上海大学英国文学系学习兼中学部英文教员。五卅运动期间,加入中国共产党。参加上海工人三次武装起义。四一二反革命政变后,赴莫斯科中山大学学习。1930 年,苏联"肃反"扩大化时被捕后失踪。

张崇文(1906—1995),浙江临海人。张崇德胞弟。1923 年,就读于杭州法政专门学校。因参加五卅运动,与黄玠然、周泽等被学校当局开除。1926 年,经李硕勋介绍进入上海大学社会学系学习;同年 10 月,加入中国共产党并参加上海工人第一次武装起义;同年 11 月,回家乡与张伯炘、陈赓平等一起创建中共临海县特别支部并任支部书记。1927 年 4 月,任中共杭州中心区委书记;同年 8 月,赴莫斯科中山大学学习。抗日战争全面爆发后,任中共临海临时工作委员会书记。1938 年 5 月,参加新四军,任新四军第一师宣传部部长、苏浙军区政治部宣传部部长。解放战争期间,任华中野战军随营干校校长、华东军政大学教育长、华东野战军第七纵队政治部主任、第 25 军政治部主任、华东军政大学政治部副主任等。新中国成立后,任第三步兵学校副政治委员、铁道兵政治部副主任。1955 年,被授予少将军衔。1995 年 9 月在北京病逝。

张景曾(1898—1937),河北蠡县人。1922 年,任保定第二师范学校教员;同年,加入中国社会主义青年团。1923 年 3 月,任西安第三中学教员;同年秋,进入上海大学学习;同年 11 月,加入中国共产党。1924 年 1 月赴苏联学习,1925 年初回国后在上海党中央机关工作;同年,任共青团信阳地方执行委员会书记。1926 年 2 月,任中共豫陕区委委员,

负责宣传委员会工作。1927 年,任中共河南省委代理书记、省委常委、秘书长兼宣传部部长及豫中特委书记。1928 年,任中共河南省委书记。1929 年 5 月,赴莫斯科中国劳动大学学习;同年秋,被错定为"托派分子",开除党籍。1937 年 12 月 10 日,被苏联错误枪决。1989 年 4 月 29 日,苏联为其平反昭雪。

张开元(1896—1986),又名张硕,江苏泗阳人。1924 年,进入上海大学美术科学习。1928 年,在南京国民政府审计院任文职办事员。1931 年,任监察院秘书处科员。1949 年去台湾,在艺术专科学校讲授美术、音乐课程。

张其雄(1902—1926),湖北广济人。1922 年,经董必武、李汉俊介绍加入中国共产党。曾在上海大学社会学系学习。1924 年 5 月,被中共汉口地委选送并经于右任保荐进入黄埔军校学习,为第一期学员。1925 年后,参加东征、北伐,任国民革命军第 8 军政治部副主任兼秘书长、政治部党代表,授陆军少将军衔。1926 年 10 月在前线病逝。

张琴秋(1904—1968),女,中国工农红军高级指挥员。又名梧,浙江桐乡人。1923 年底,进入上海大学社会学系学习,其间参加平民女校工作。1924 年 11 月,加入中国共产党。1925 年 11 月,赴莫斯科中山大学学习。1931 年 4 月,赴鄂豫皖苏区任苏维埃学校校长、红四方面军第 73 师政治部主任、红四方面军总政治部主任等。1934 年 1 月,当选中华苏维埃共和国中央执行委员。后任中共川陕省委妇女部部长、红四方面军总政治部部长等。1936 年 11 月,任西路军政治部组织部部长。1937 年,在西路军突围中被俘,后经营救出狱回延安。曾任中国人民抗日军事政治大学女生大队大队长、中国女子大学教务处处长、中共中央妇女委员会委员、纺织工业部副部长。为第一届全国政协委员、第一至第三届全国妇联执行委员。1968 年 4 月在北京去世。

张庆孚(1901—1968),江苏江阴人。1916 年,就读于江苏省立第三师范学校。1923 年前后,进入上海大学英国文学系学习,其间参与创建上海大学学生社团孤星社,任上海大学平民学校校长。1925 年,加入中国共产党。1926 年 8 月,任黄埔军校第六期营政治教官。为宋时轮入党介绍人。四一二反革命政变后,从事兵运工作。1932 年,在中央特科从事情报工作。1934 年 10 月,赴陕北开展根据地建设工作。解放战争时期,任中国人民解放军东北军区后勤部秘书长、东北军区军需学校政治委员、党委书记,东北军区、中南军区政治部主任。新中国成立后,任林垦部党组副书记、国家林业部副部长等。1968 年 8 月在北京去世。

张弦(1898—1936),现代中国美术界先驱者之一。字亦琴,浙江青田人。1923 年,毕业于上海大学美术科。20 世纪 20 年代初,赴巴黎美术学院学习西画,毕业后留校任教。回国后任上海美术专科学校、国立美术专科学校、南京中央大学艺术系教授。

张应春(1901—1927),女,原名蓉城,字秋石,江苏吴江人。1922 年,毕业于上海中国女子体育专门学校,后在松江景贤女子中学等校任教。1925 年 8 月,任国民党江苏省党部执行委员兼妇女部部长;同年,进入上海大学学习;同年 11 月,加入中国共产党。1926 年 3 月,创办并主编《吴江妇女》。1927 年 4 月赴南京从事革命工作,4 月 10 日夜参加中共南京地委紧急扩大会议时被捕,数日后牺牲。

张治中(1890—1969),中国爱国民主人士。原名本尧,字文白,安徽巢湖人。1916年12月,毕业于保定军官学校。1917年,赴广东参加护法运动,后任川军第五师少校参谋、第三独立旅参谋长。1923年,进入上海大学随瞿秋白学习俄文。1924年初,任黄埔军校教官、学生队总队长。1926年,参加北伐。1932年1月,任第五军军长兼京沪警备司令官,参加一·二八淞沪抗战。1936年11月,上海大学同学会在南京召开第一次理事会,当选监事长。1937年8月,任第九集团军总司令,参加指挥八一三淞沪抗战;同年,任湖南省主席。抗日战争后期,作为国民党方面代表参加国共谈判,维护国共合作。抗日战争胜利后,迎送毛泽东到重庆与蒋介石谈判。兼任新疆省主席期间,营救狱中的共产党员和爱国民主人士。1949年,任国民党首席代表,与中国共产党代表在北平举行和平谈判。谈判破裂后留在北京,不久又促进了新疆的和平解放,被授予一级解放勋章。新中国成立后,任西北军政委员会副主席、全国人大常委会副委员长、国防委员会副主席、民革中央副主席等,为全国政协常委。1969年4月在北京病逝。

张仲实(1903—1987),中国马列主义著作翻译家。原名安人,笔名任远、实甫等,陕西陇县人。1922年夏,就读于陕西省立甲种工业学校。1924年,加入中国社会主义青年团。1925年,加入中国共产党,任中共渭北特别支部书记。1926年,进入上海大学社会学系学习,同年赴莫斯科东方大学学习,后转入莫斯科中山大学。1930年回国,在唐山任中共京东特委宣传部部长。1931年,在上海从事进步文化活动和马克思主义理论传播工作。1935年,任生活书店总经理,后兼理事会主席。1940年赴延安,任马列学院编辑部主任、中宣部出版科科长等。新中国成立后,任中共中央马恩列斯著作编译局副局长、顾问,为中国科学院哲学社会科学部委员,第四、第五届全国政协委员,第六届全国政协常委。1987年2月在北京病逝。

赵君陶(1903—1985),女,土家族,原名世萱,又名郁仙,重庆酉阳人。赵世炎胞妹。1919年,就读于北京师范大学附中女子部。1925年4月,进入上海大学社会学系学习。1926年,加入中国共产党;同年冬,任湖北妇女学会宣传部部长。1939年,任重庆第三保育院院长。抗日战争胜利后,任哈尔滨第四中学校长。新中国成立后,先后创办中南试验工农速成中学、天津南开大学工农速成中学,参与创办北京化工学院并任副院长。1985年12月在北京病逝。

赵希松(生卒年不详),早年在南京东南中学学习。1925年6月,进入上海大学学习,为中国共产主义青年团员。1926年夏,根据共青团组织的安排,到杨树浦地区从事工人运动,办工人夜校和组织工人俱乐部活动;下半年被调到杭州工作。

赵祚传(1903—1929),云南大姚人。先考入上海同德医学院,后转入上海大学。1926年秋,赴广州国民革命军第三军政治训练班学习并加入中国共产党。1927年初,回云南工作,任云南省特委委员、云南省临委委员、云南省特别委员会书记等。1928年9月被捕,1929年3月在大姚就义。

郑仲武(1900—1956),福建莆田人。毕业于上海大学社会学系。经于右任推荐,任国民党江西省党部特派员。曾任国民党江西省党务指导委员兼考察员、江西省党部执行委员、江西省第四次代表大会秘书长、福建省党部执行委员等。1942年,在莆田公学旧址筹办私立中山中学。1944年,在学校修建右任堂。1948年2月,任民国政府监察院监察委员。1956年在台湾去世。

钟伯庸(1898—1988),浙江萧山人。毕业于浙江省立第一师范学校。1924年,进入上海大学社会学系学习;同年6月,任国民党绍兴临时县党部执委;同年8月,与韩步先等联名致函省长,提出驱逐杭州一中校长、聘请经子渊的要求。1925年,任上海大学中学部教员。1926年,任上海大学中学部教务主任。1928年,任杭州育婴所主任。1930年,任杭州教育会干事,后任浙江省教育厅社教科科长、杭州教育局局长兼市立中学校长。1946年,任浙江省立第一师范学校教师,参与筹建明远学社、明远中学,任明远中学校董。为中华书局版《辞海》编辑、浙江省文史馆馆员。1981年3月,在杭州接受专访,有《回忆上海大学》记录稿存世。

钟复光(1903—1992),女,重庆江津人。1919年,就读于四川省立第二女子师范学校。1923年,进入上海大学社会学系学习,其间在向警予领导下从事妇运工作。1924年冬,加入中国共产党。1925年6月,以上海大学学生代表身份赴南京、芜湖、安庆、九江、武汉、长沙、宜昌、沙市、重庆等地宣传五卅运动,说明五卅惨案真相;同年8月完成任务返校,任中共上海区委妇女委员会书记。1926年春,根据党组织安排任黄埔军校武汉分校女生队政治指导员。1927年5月,率领女生队参加平定夏斗寅叛乱。新中国成立后,任北京经济学院图书馆主任、办公室副主任,为全国妇联执委、全国政协委员。1992年在北京病逝。

周传鼎(1905—1929年),字延祚,安徽阜阳人。周传业胞兄。1920年,就读于南京中英中学。1923年,加入中国社会主义青年团。1924年,加入中国共产党。同年,在阜阳籍的共产党员张子珍领导下,与弟弟周传业一起创建中国共产党在阜阳地区最早的基层组织中共阜阳小组。1925年2月,进入上海大学中学部学习。1927年,任中共阜阳县委委员。1928年2月,参加党领导的以阜阳为中心的四九起义,点燃皖北的革命烈火。起义失败后,与周传业等一起重建中共阜阳临时县委。1929年与周传业同时被捕,同年10月在安庆就义。

周传业(1907—1929),字励久,安徽阜阳人。周传鼎胞弟。1920年,就读于东南大学附属中学。1923年,加入中国社会主义青年团。1924年,加入中国共产党。在阜阳籍共产党员张子珍领导下,与哥哥周传鼎一起创建中国共产党在阜阳地区最早的基层组织中共阜阳小组。1925年7月,进入上海大学社会学系学习。1926年4月,与同在上海求学的三位同乡组建四维社,编辑出版《阜阳青年》半月刊。1927年,根据党组织安排,回家乡从事革命工作。1928年2月,参加党领导的以阜阳为中心的四九起义,点燃皖北的革命烈火。起义失败后,与周传鼎等一起重建中共阜阳临时县委。1929年与周传鼎同时被捕,同年 10 月在安庆就义。

周大根(1906—1938),原名根发,又名秋萍,上海南汇人。1924 年,进入上海大学社会学系学习。1926 年,赴黄埔军校武汉分校学习,为第六期学员。1927 年 5 月,参加平定夏斗寅叛乱;参加南昌起义,起义部队被打散后回到浦东;同年 9 月,加入中国共产党,以小学教师身份为掩护从事党的地下工作。1928 年 8 月,中共南汇县委成立后任县委书记,是南汇第一任中国共产党县委书记。抗日战争期间,任南汇县保卫团第二中队中队长。1938 年,在对日作战中牺牲。

周文在(1906—1994),江苏常熟人。1925 年 2 月,进入上海大学中学部学习。1925 年 12 月,加入中国共产党。1926 年初,任中共引翔港部委宣传委员;同年 2 月,与李强一起创建常熟第一个中国共产党组织中共常熟特别支部,隶中共江浙区委直接领导。1926 年夏,赴黄埔军校学习,为第六期学员。参加南昌起义后回江南开展党的地下工作。抗日战争期间,任新四军挺进纵队第一团营政治教导员、副营长,苏北指挥部第一纵队军需处处长,苏中泰兴县独立团政治委员,泰兴县委书记,苏中军区第二军分区政治部主任。解放战争期间,任苏中军区政治部组织部部长、华东野战军苏北兵团政治部组织部部长、第十兵团政治部组织部部长。新中国成立后,任第十兵团干部部部长、福州军区政治部副主任、福建省军区副政治委员,为江苏省政协副主席。1955 年,获少将军衔。1994 年 4 月在苏州病逝。

朱三进(1909—1930),江苏泰州人。1926 年前后,进入上海大学学习,并在上海大学参加中国共产党。1926 年,受党的派遣回苏北从事革命斗争。1929 年秋,创办周机小学,任校长。在学校秘密成立党支部,为支部委员。1930 年,参与领导"五一"农民暴动。同年 5 月 27 日被捕后就义。

朱义本(1907—1969),字叔鹏、天宽,绍兴马鞍人。1925 年前后,进入上海大学社会学系学习;同年,加入中国共产主义青年团;1926 年,加入中国共产党;同年 12 月,奉调任中共绍兴地委书记兼组织委员。四一二反革命政变后,先后在上海任新亚中学教导主任、上海美美术专科学校教授等。新中国成立后,任杭州中山中学校长、萧山中学生物教师等。

庄泗川(1905—?),字贵岩,台湾嘉义人。早年就读于福建省私立集美学校。1925 年,进入上海大学中国文学系学习。后加入中国共产主义青年团。1926 年 11 月,根据上海大学党组织决定,随翁泽生赴福建漳州开展革命工作,后回台湾参加文化协会改组工作。后从事工商业和新闻工作。日伪时期沦为汉奸。1952 年,任台湾《台中日报》总编辑。在台湾去世。

邹均(1900—1930),原名师守遵,又名邹遵,号复良,陕西富平人。1923 年夏,加入中国共产党。1924 年初,进入上海大学社会学系学习。1925 年 1 月,与陕西籍同学一起以上海大学陕西同乡会名义创办《新群》,宣传革命,传播马克思主义;同年,根据党组织安排,到国民军二军驻京办事处从事对外联络工作,做中共北方区委负责人李大钊、赵世炎

和胡景翼之间的沟通联络工作。1926年春赴莫斯科中山大学学习,同年秋回国后受李大钊指派赴奉军从事兵运工作。1927年4月,任国民军联军驻陕总部驻武汉全权代表。1928年赴苏联学习,同年底回国。1930年夏,任中共河南省委军委书记。因反对"左"倾错误路线,抵制组织中心城市武装暴动而遭撤职,被开除党籍,但继续努力为党工作。1930年秋,率部开展游击战争时在河南新乡牺牲。1931年经杨虎城将军安排,遗骸运回西安葬于南郊兴善寺旁,新中国成立后移入西安革命烈士陵园。

第二节 中共上海兼区委第一组上海大学组成员

1923年7月9日,中共上海地方兼区执行委员会举行第一次会议,决定将上海总共53名党员,按照居住相近的原则分组,除了因离开上海、被捕和驻地不明的暂不编组外,余下的党员共计43人,编为五个组,上海大学为第一组。中共上海地方兼区执行委员会从1923年7月9日到1924年1月13日,共有五次开会研究党员编组问题。在这五次研究讨论中,上海大学作为第一组没有变动,而组员则一直在不断地变动。组内成员除了上海大学的教师、学生以外,还有的并不在上海大学任职任教或者学习,他们中间有蔡林蒸、刘伯伦、向警予、徐白民、张国焘、张人亚等人。

蔡林蒸(1889—1925),原名麓仙,字润民,号泽庶。湖南双峰人。蔡和森胞兄。1919年底,弟弟蔡和森、妹妹蔡畅和母亲葛健豪赴法勤工俭学后,与妻子挑起来赡养父亲、照顾大姐的家庭重担。1922年,到上海从事工人运动。1923年,加入中国共产党,并改名为林蒸。1923年7月9日,中共上海地方兼区执行委员会决定将全市党员编为五个组,蔡林蒸被编在第一组上海大学组并任组长;同年8月12日,又被安排到第三组,即西门组任组长;同年9月12日,则被编在第二组,即商务印书馆组。中国共产党第三次全国代表大会以后,到中央局机关工作。1924年,考入黄埔军校,为第一期学员。1925年,参加省港大罢工,任工人纠察队支队长;同年11月,在反抗港英当局武装进攻时中弹牺牲。

刘伯伦(1901—1960),别号拜农,江西铜鼓人。1919年秋,毕业于江西省立第一中学。1923年1月,与方志敏、赵醒侬、袁玉冰等一起发起组织中国社会主义青年团江西地方团,任临时书记。1923年4月,因遭江西军阀蔡成勋通缉到上海,在《民国日报》任职;同年6月,由邓中夏、徐梅坤介绍加入中国共产党;同年9月12日,中共上海地方兼区执行委员会第十二次会议讨论党员重新编组问题,刘伯伦被编在第一组上海大学组。1924年秋,到香港《香港晨报》工作。1925年春,到广州《民国日报》工作;同年10月,以随军记者身份参加国民革命军东征并任政治部宣传干事;同年底,任省港大罢工文书部主任。大革命失败后,脱离共产党。1938年10月,任江西省各界民众抗敌后援会主任秘书。1949年4月加入中国农工民主党。新中国成立后,曾任南昌市图书馆管理员。1960年,在劳动中意外死亡。

向警予(1895—1928),女,土家族。中国无产阶级革命家,中国早期妇女运动领导人。原名俊贤,湖南溆浦人,早年在家创办新式学堂。1919年,参加新民学会;同年,赴法国勤工俭学。1920年5月,在法国蒙达尼和蔡和森结婚。1921年12月,与蔡和森一起回国到达上海。1922年1月,加入中国共产党;同年7月,在上海参加中国共产党第一次全国代表大会,被任命为中央妇女部部长。1923年6月,在广州参加中国共产党第三次全国代表大会,被任命为中央妇女运动委员会书记、中央妇女工作委员会委员长,主编《妇女周报》;同年7月,与蔡和森到上海的中共中央机关工作;同年9月12日,中共上海地方兼区执行委员会第十二次会议讨论党员重新编组问题,被编在第一组上海大学组。其间,经常到上海大学参加党的会议,领导上海的妇女运动。上海大学的女学生杨之华、张琴秋、王一知、钟复光等都在她的领导下从事妇女运动并成长为中国妇女运动的领导和骨干。1925年,与蔡和森等一起赴莫斯科东方大学学习。1927年回国,先后在武汉总工会、中央汉口市委和湖北省委宣传部工作,主编《大江》。为中共"二大""三大"候补中央执行委员。1928年在汉口因叛徒告密被捕遇害。

徐白民(1895—1963),又名麟书,字凌虚,浙江诸暨人。1915年,考入浙江省立第一师范学校。参加五四运动,成为杭州地区的学生领袖。1921年,在一师附小任教并参加萧山的农民运动。1922年,加入中国社会主义青年团;同年11月,任萧山《责任》周刊主编,因登载《杀宣统》一文,被当局逐出萧山。1923年1月,在上海加入中国共产党;同年8至11月间,党组织关系被编在第一组上海大学组。曾任中共上海地方兼区执行委员会委员、中央发行机关"上海书店"经理。四一二反革命政变发生后,在杭州被捕。1932年10月出狱,与党组织失去联系,在浙江以教书为业。新中国成立后,在上海东亚中学任教。

张国焘(1897—1979),又名张特立、凯音,江西萍乡人。早年就读于北京大学。参加五四运动。1920年10月,加入北京早期共产党组织。1921年7月,出席中国共产党第一次全国代表大会,当选为中央局委员,任组织部主任,后兼任中国劳动组合书记部主任。1923年8月12日,中共上海地委兼区执行委员会召开会议,讨论党员小组改组问题,被编在第一组上海大学组。1924年5月,在北京被北洋政府逮捕,变节自首,出狱后隐瞒变节行为。1925年起,任中共中央军事部部长、中共中央组织部部长。大革命失败后,曾干扰南昌起义的举行。1928年,赴苏联莫斯科学习并在中共驻共产国际代表团工作。1931年回国,任中共鄂豫皖中央分局书记兼军委主席,后任西北革命军事委员会主席。两次被选为中华苏维埃共和国临时中央政府副主席。在鄂豫皖、川陕苏区推行"左"倾冒险主义,并在"肃反"中诬陷杀害大批革命干部。1935年6月,红四方面军和中央红军会师后,任中央革命军事委员会副主席、红军总政治委员,进行分裂党和红军的活动,并公然另立"中央"。1936年6月,被迫取消另立的"中央"。后任中共中央西北局书记、陕甘宁边区政府代主席。1938年4月,乘祭黄帝陵之际,逃往武汉,充当国民党特务,被中共中央开除党籍。

张人亚(1898—1932),原名静泉,谱名守和,浙江镇海人。从镇海县立中学初中毕业

后即到上海老凤祥银楼做工。1921年,加入中国共产党,是上海最早的几名工人党员之一。1922年,根据党组织安排任上海金银业工人俱乐部主任,后又被安排到商务印书馆工作,从事工人运动。1923年9月12日,中共上海地方兼区执行委员会第十二次会议讨论党员重新编组问题,张人亚被编在第一组上海大学组。1924年,被派往苏联学习。1927年初,回国任中共江浙区委宣传部分配局负责人,负责《平民日报》的发行工作。1929年,受命到安徽芜湖开了一家金铺,为党筹集经费。1931年11月,奉命到江西瑞金任中央工农检察委员会委员。1932年6月,任中华苏维埃共和国出版局局长兼发行部部长,代理印刷局局长;同年12月,带病赴福建长汀检查工作,中途因病殉职。在四一二反革命政变发生后,曾冒着生命危险将一大包党的珍贵书报文件秘密送回自己的老家,交给父亲张爵谦保存。新中国成立后,其父将这批秘密珍藏的党的文件共36件,交给了国家,现分别被保管在国家博物馆、中央档案馆和中共一大、二大会址纪念馆中。

余绪
追认学籍,筹划复校

上海大学被国民党当局封闭以后,其校址先由国民党白崇禧部驻扎,后成为新成立的劳动大学农学院校舍。抗日战争爆发以后,校址遭日军轰炸,成为废墟。

上海大学解体以后,国民政府教育部一直不承认上海大学学生的学籍,致使曾在上海大学就学的将近两千名学生在就业、晋升等方面受到不公正的待遇。上海大学老校长、时任国民党中央常务委员会委员、国民政府监察院院长的于右任,为争取上海大学学生的大学学籍资格,与国民党当局一再交涉,终于在1936年3月,经国民党中央常务委员会第八次会议讨论,通过于右任提出的"追认上海大学学生学籍与国立大学同等待遇"案的决定。

国民党中央常务委员会第八次会议通过"追认上海大学学生学籍与国立大学同等待遇"的决定后,于右任一直在推动上海大学的复校工作,多次到上海召集校友、学生讨论上海大学复校的具体事宜。1936年4月30日,上海大学同学会在上海愚园路华华中学举行于右任60诞辰庆祝会,提出恢复上海大学,并责成上海大学同学会总会负责办理[①]。9月27日,上海大学留沪学生在法租界景平中学举行"上海大学同学会"成立大会,校长于右任,教职员代表周由廑、周越然、唐鸣时、汪馥泉及学生等共100多人参加了大会。会议通过了提案、会章,选举林钧、高尔柏、丁丁[②]、曹雪松等11人为执行委员,吴开先、陈贵之、唐纯茵等三人为监察委员。同学会成立后,又出版了《上海大学留沪同学会成立大会特刊》,于右任为特刊题了刊名。

1936年11月10日,上海大学同学会总会在南京成立,到会各地代表有500余人。会议通过了《上海大学同学会总会章程》,决定在南京、上海、西安等处创办中学,并呈请于右任设法收回上海大学校产,恢复母校。会议选出林钧等理事21人、张治中等监事9人,后理事会、监事会开会分别推选程永言任理事长、张治中任监事长[③]。对于自己被推选为上海大学同学会监事会监事长,张治中在回忆录中称,他虽曾一再辞谢,但最后不得不接受,

---

[①]《上海大学同学会·庆祝于院长寿辰》,《新闻报》1937年5月1日。
[②] 即丁嘉树。
[③]《上海大学同学会总会业已成立》,《中央日报》1936年11月13日;《上海大学同学会昨开首次理事会·程永言任理事长 张治中为监事长》,《中央日报》1936年11月18日。

"真是有点'却之不恭,受之有愧'了"①。

1945年9月17日,《申报》刊登《上海大学复校招生》简讯,称:"前由监察院院长于右任氏所长之上海大学,本学期决定在沪复校,分文理法商教育五学院,十四学系。本月二十五日将举行第一次招生。报名暂设四马路三八四弄复兴大口三楼,一俟校址确定,即将迁入办公。"

1945年10月9日,《民国日报》刊登《于右任校长电促上海大学复校》的报道,称:"本市上海大学为党国元老于右任氏所创,民国十七年停办。兹决定复校,继续招生。闻该校现已录取新生二百六十名。昨日于兼校长自重庆来电,敦促早日上课。一俟校舍觅妥,当可正式开班。"

1947年6月23日,《申报》刊登《二十年前旧学府上海大学将重建》的消息,称:"廿年前之上海大学,为党国元老于右任所创办。本年于氏六九寿诞时,曾集沪上校友称觞。席间决定于最短期间,重筹该校。现闻校舍业经重定,经费亦已筹得一部分。嗣后将现行开办上大中学。一俟筹备就绪,当再开办大学。"

从1936年3月国民党中常委通过"追认上海大学学生学籍与国立大学同等待遇"的决定开始,一直到1947年6月,包括校长于右任、代理校长邵力子在内的上海大学领导和校友,十多年来,坚持复办上海大学的努力一直就没有停止过。

---

① 中国人民政治协商会议全国委员会文史资料研究委员会:《张治中回忆录》,文史资料出版社1985年版。

参考文献

1. 本书编委会编:《20世纪20年代的上海大学(上下卷)》,上海大学出版社2014年版。
2. 黄美真、石源华、张云编:《上海大学史料》,复旦大学出版社1984年版。
3. 王家贵、蔡锡瑶编著:《上海大学(1922—1927)》,上海社会科学院出版社1986年版。
4. 张元隆著:《上海大学与现代名人(1922—1927)》,上海大学出版社2011年版。
5. 中共上海市委党史资料征集委员会编:《中共上海党史大事记(1919.5—1949.5)》,知识出版社1988年版。
6. 中共安徽省委党史工作委员会编:《中共安徽党史大事记(1919—1949)》,安徽人民出版社1992年版。
7. 中共安浙江省委党史资料征集委员会编:《中共浙江党史大事记(1919—1949)》,浙江人民出版社1990年版。
8. 中共江苏省委党史工作委员会、江苏省档案馆编:《中共江苏党史大事记(1919—1949)》,中共党史资料出版社1990年版。
9. 中共山东省委党史资料征集研究委员会编:《中共山东党史大事记(1921—1949)》,山东人民出版社1986年版。
10. 中共江西省委党史资料征集委员会编:《中国共产党江西历史大事记(1919—1998)》,新华出版社1999年版。
11. 中共陕西省委党校党史教研室、陕西省社会科学院党史研究室编:《新民主主义革命时陕西大事记述》,陕西人民出版社1980年版。
12. 中共常熟市委党史工作办公室编著:《中共常熟地方史(第一卷 1919—1949)》,中共党史出版社2011年版。
13. 中共阜阳市委党史研究室编:《中国共产党阜阳地方党史大事记》,2011年版。
14. 中共温州市委党史研究室编:《中国共产党浙南历史大事记(1919年5月—1949年10月)》,中共党史出版社2000年版。
15. 中共南阳市宛城区委党史研究室编:《中共南阳县历史(第1卷)》,中共党史出版社1998年版。

16. 王健英编：《中国共产党组织史资料汇编——领导机构沿革和成员名录》，红旗出版社1983年版。
17. 欧阳淞、曲青山主编：《红色往事：党史人物忆党史 第1册 政治卷（上）》，济南出版社2012年版。
18. 杨尚昆著：《杨尚昆回忆录》，中央文献出版社2001年版。
19. 中共中央党史研究室编：《杨尚昆年谱（1907—1998）（上卷）》，中共党史出版社2007年版。
20. 中共中央党史研究室、中共中央对外联络部、中国人民解放军总政治部编：《王稼祥》，中共党史出版社1996年版。
21. 徐则浩编著：《王稼祥年谱（1906—1974）》，中央文献出版社2001年版。
22. 中国人民政治协商会议全国委员会文史资料研究委员会编：《张治中回忆录》，中国文史出版社1985年版。
23. 《茅盾自传》，江苏文艺出版社1996年版。
24. 《丁玲自传》，江苏文艺出版社1996年版。
25. 陆米强编：《陈绍康中共党史研究文集》，上海古籍出版社2007年版。
26. 中共临海市委、临海市人民政府编：《临海揽要》，西泠印社出版社2014年版。
27. 王荣福主编：《新民主主义革命时期临海党史图志》，浙江大学出版社2011年版。
28. 孔海珠、孔乃茜、孔明珠编：《我的记忆——孔另境散文选》，上海文艺出版社1987年版。
29. 谢燕著：《张琴秋的一生》，浙江人民出版社2018年版。
30. 中共凤台县委党史办公室编：《凤台县革命回忆录》，2016年版。
31. 何池著：《翁泽生传》，海风出版社2004年版。
32. 谢雪红口述、杨克煌笔录：《我的半生记》，杨翠华1997年印行于台北。
33. 〔俄〕郭杰、白安娜：《台湾共产党和共产国际（1924—1932）研究·档案》，台北"中央研究院"台湾史研究所2010年版。
34. 蓝博洲编著：《民族纯血的脉动——日据时期台湾学生运动（1913—1945）》，海峡学术出版社2006年版。
35. 梅昌明整理：《梅龚彬回忆录》，团结出版社2002年版。
36. 马纯古、章蕴等著：《回忆杨之华》，安徽人民出版社1983年版。
37. 中国人民政治协商会议全国委员会文史资料研究委员会办公室编：《和平老人邵力子》，文史资料出版社1985年版。
38. 政协龙泉市委员会文史资料研究委员会编：《龙泉文史资料（第12辑）》，1992年版。
39. 邓明以著：《陈望道传》，复旦大学出版社2005年版。
40. 龙溪地区中共党史研究分会英烈传编审组、福建省龙溪地区民政局合编：《闽南英烈（第1卷）》，1985年版。

41. 周越然著：《六十回忆》，北方文艺出版社 2019 年版。
42. 胡允恭著：《金陵丛谈》，人民出版社 1985 年版。
43. 杨之华：《回忆秋白》，人民出版社 1984 年版。
44. 宋帮强著：《日据时期台湾共产党研究》，中国社会科学出版社 2012 年版。
45. 上海人民出版社党史丛刊编辑部编：《党史资料丛刊（第 1 辑）》，上海人民出版社 1980 年版。
46. 上海人民出版社党史丛刊编辑部编：《党史资料丛刊（第 2 辑）》，上海人民出版社 1980 年版。
47. 上海人民出版社党史丛刊编辑部编：《党史资料丛刊（第 3 辑）》，上海人民出版社 1980 年版。
48. 上海人民出版社党史丛刊编辑部编：《党史资料丛刊（第 4 辑）》，上海人民出版社 1980 年版。
49. 中国人民政治协商会议福建省泉州市鲤城区委员会文史资料委员会编：《泉州鲤城文史资料（第 8 辑）》，1991 年版。
50. 中国人民政治协商会议全国委员会文史资料研究委员会《文史资料选辑》编辑部编：《文史资料选辑（第 18 辑）》，中国文史出版社 1989 年版。
51. 中国人民政治协商会议上海市委员会文史资料工作委员会、中共上海市委统战部统战工作史料征集组编：《上海文史资料选辑——统战工作史料专辑（八）》，上海人民出版社 1989 年版。
52. 傅学文编：《邵力子文集》（上、下册），中华书局 1985 年版。
53. 《忆秋白》编辑小组编：《忆秋白》，人民文学出版社 1981 年版。
54. 人民出版社编辑部编：《回忆张太雷》，人民出版社 1984 年版。
55. 吴云著：《无悔的奋斗——吴云回忆录》，大众文艺出版社 2010 年版。
56. 李鹏：《纪念我的母亲赵君陶》，《人民日报》2003 年 1 月 21 日。
57. 郑超麟著：《郑超麟回忆录》，东方出版社 2004 年版。
58. 国务院学位委员会办公室编：《中国社会科学家自述》，上海教育出版社 1997 年版。
59. 上海社会科学院历史研究所编：《五卅运动史料（第 1 卷）》，上海人民出版社 1981 年版。
60. 《李大钊传》编写组编：《李大钊传》，人民出版社 1979 年版。
61. 中共湖南省委宣传部、中共湖南省委党史研究室、中共怀化市委编：《向警予纪念文集》，湖南人民出版社 2005 年版。
62. 屈武口述、陈江鹏执笔：《屈武回忆录》，团结出版社 2002 年版。
63. 中共安徽省委党史研究室著：《中国共产党安徽历史（第一卷 1923—1949）》，中共党史出版社 2021 年版。
64. 本书编写组编：《中国共产党简史》，人民出版社、中共党史出版社 2021 年版。

65. 中共中央党史研究室著：《中国共产党历史 第一卷（1921—1949）》，中共党史出版社 2011 年版。
66. 金立人、贺世友著：《杨贤江传记》，江苏教育出版社 1990 年版。
67. 中共中央党史研究室著：《中国共产党的九十年》，中共党史出版社、党史读物出版社 2016 年版。
68. 胡申生编著：《从上海大学（1922—1927）走出来的英雄烈士》，上海大学出版社 2020 年版。
69. 胡申生编著：《他们从上海大学（1922—1927）走进新中国》，上海大学出版社 2021 年版。
70. 胡申生编注：《上海大学（1922—1927）师生诗文书信选》，上海大学出版社 2021 年版。
71. 胡申生编：《上海大学（1922—1927）研究文选（1980—2020）》，上海大学出版社 2021 年版。
72. 本书编委会编：《上海大学（1922—1927）演讲集》，上海大学出版社 2021 年版。
73. 本书编委会编：《上海大学（1922—1927）师生回忆录》，上海大学出版社 2021 年版。
74. 本书编委会编：《上海大学（1922—1927）教材：施存统〈社会运动史〉〈社会思想史〉〈社会问题〉邓中夏 李立三〈劳动常识〉胡朴安〈文字学 ABC〉》，上海大学出版社 2021 年版。
75. 本书编委会编：《上海大学（1922—1927）教材：瞿秋白〈现代社会学〉〈社会哲学概论〉安体诚〈现代经济学〉蔡和森〈社会进化史〉》，上海大学出版社 2021 年版。
76. 王敏、徐未晚主编：《上海大学（1922—1927）与五卅运动》，上海大学出版社 2021 年版。
77. 王敏、徐未晚主编：《上海大学（1922—1927）与五卅运动外文史料选辑》，上海大学出版社 2021 年版。
78. 洪佳惠编：《〈民国日报〉中的上海大学（1922—1927）》，上海大学出版社 2021 年版。
79. 洪佳惠编：《〈新闻报〉〈大公报〉〈时报〉〈中央日报〉中的上海大学（1922—1927）》，上海大学出版社 2021 年版。
80. 上海市青年运动史研究会、共青团上海市青运史研究室编：《上海学生运动史》，学林出版社 1995 年版。
81. 复旦大学历史系、上海社会科学院历史研究所著：《1927 年前的上海工人运动史》，上海社会科学院出版社 2021 年版。
82. 上海市总工会、上海工人运动史料委员会编：《五卅运动六十周年纪念集》（内部发行），1985 年版。
83. 辞海编辑委员会：《辞海（第六版）》，上海辞书出版社 2009 年版。
84. 中共海南省委党史研究室编：《中国共产党早期的海南人》，海南出版社 2011 年版。

后 记

本书是在著者所编著的《从上海大学(1922—1927)走出来的英雄烈士》(上海大学出版社 2020 年版)、《他们从上海大学(1922—1927)走进新中国》(上海大学出版社 2021 年版)这两本书的基础上写成的。在 2021 年,又在《20 世纪 20 年代的上海大学》(上海大学出版社 2014 年版)的基础上,与上海大学出版社的傅玉芳、刘强等一起,进一步开阔和提高史料搜寻查找的广度与深度,在 2021 年编纂出版了《上海大学(1922—1927)师生诗文书信选》《上海大学(1922—1927)研究文选(1980—2020)》《上海大学(1922—1927)演讲集》《上海大学(1922—1927)师生回忆录》《上海大学(1922—1927)教材》等。上海大学出版社在精心编辑出版上述著述的同时,又出版了由上海大学文学院、上海大学档案馆主持编纂的《上海大学(1922—1927)与五卅运动》《上海大学(1922—1927)与五卅运动外文史料选辑》《〈民国日报〉中的上海大学(1922—1927)》《〈新闻报〉〈大公报〉〈时报〉〈中央日报〉中的上海大学(1922—1927)》等著述。这些著述的编辑出版,为本书的写成提供了更坚实的史料基础。2021 年,上海大学文学院的领导和教授,又从我国的台湾地区和俄罗斯等国家搜集到新的档案史料,使著者在编纂本书时能及时参考和使用。在这里,要向所有老上海大学新史料的发掘者、提供者和编纂者,表示诚挚的感谢。

在本书中,通过注释和胪列参考文献的方式,刊登了所引用的文章和书籍。在此,向所有著作者和出版单位表示诚挚的感谢。

我要特别感谢上海大学出版社的傅玉芳、刘强两位责任编辑和美术编辑柯国富,他们的工作已经大大超过自己作为编辑的范围,近几年来,他们和著者一起,在史料、图片、旧文献的发掘、辨别、考订、修整等方面,花了大量的精力,体现出极高的专业素养。他们这种甘为他人做嫁裳而不计个人得失的职业精神和职业道德,是令人感动的。我还要特别感谢上海大学出版社社长戴骏豪和上海大学出版社期刊社党委书记曾桂娥,没有他们对我一如既往的鼓励和支持,我不可能完成包括本书在内的一系列著述。

本书的写作,在资料的搜集方面,还得到上海大学教授曾文彪、上海大学社会学院教授耿敬、上海大学文学院教授刘长林等的支持和指点;得到上海大学档案馆副研究馆员洪佳惠、纪慧梅的支持和帮助,洪佳惠还为本书精心制作了相应的表格;上海大学党委宣传

部的谢瑾、孙蕊等,也对本书的编著和出版给予各种支持和帮助。在此,一并表示感谢。

我作为上海大学的一名退休教师,在本书的编纂工作中,一直得到上海大学离退休党委余志龙、王宇华以及郭亮等人的关心和支持,在此,向他们表示忱挚谢意。

本书的写作,在资料的搜集整理和文字的校订方面,华东师范大学教育高等研究院的胡乐野、上海古籍出版社编审姜俊俊一如既往地给予大力支持和帮助,再次向她们表示诚挚的感谢。

本书在史料的搜集引用、在行文等方面,一定会有疏漏和不当,敬请读者随时批评指正。

胡申生

2022 年 3 月